Die Chronik-Bibliothek des 20. Jahrhunderts

Antonia Meiners

Chronik 1925

Tag für Tag in Wort und Bild

Chronik Verlag

Abbildungen auf dem Schutzumschlag
(oben links beginnend)
Überlebensgroße Büste von Paul von Hindenburg
Gustav Stresemann (M.) nach Unterzeichnung des Locarnovertrages
Einmarsch der deutschen Schutzpolizei ins Ruhrgebiet
Adolf Hitler (M.) bei der Neugründung der NSDAP
Reklame der italienischen Autofirma Bugatti
Suzanne Lenglen in Wimbledon
Pavillon du Printemps von Sauvage auf der »Exposition Internationale des Arts Décoratifs et Industriels Modernes« in Paris

Lektorat: Werner Wahls
Fachautoren: Dr. Ingrid Loschek (Mode), Jochen Rentsch (Musik)
Anhang: Ludwig Hertel, Bernhard Pollmann, Karl Adolf Scherer
Bildredaktion: Klaus zu Klampen
Graphiken: Roman Necki, Birgit Frentrup
Redaktionelle Abwicklung: Barbara Reppold-Hinz, Annette Retinski
Gesamtherstellung: Mohndruck Graphische Betriebe GmbH, Gütersloh

Leihgeber für Zeitungen und Zeitschriften: Institut für Zeitungsforschung, Dortmund

ISBN 3-570-14025-3

Inhalt

Der vorliegende Band aus der »Chronik-Bibliothek des 20. Jahrhunderts« führt Sie zuverlässig durch das Jahr 1925 und gibt Ihnen – aus der Sicht des Zeitzeugen, aber vor dem Hintergrund des Wissens von heute – einen vollständigen Überblick über die weltweit wichtigsten Ereignisse in Politik und Wirtschaft, Kultur und Sport, Alltag und Gesellschaft. Sie können das Jahr in chronologischer Folge an sich vorüberziehen lassen, die »Chronik 1925« aber auch als Nachschlagewerk oder als Lesebuch benutzen. Das »Chronik«-System verbindet eine schier unübersehbare Fülle von Artikeln, Kalendereinträgen, Fotos, Grafiken und Übersichten nach einheitlichen Kriterien und macht damit die Daten dieses Bandes mit jedem anderen Band vergleichbar. Wer die »Chronik-Bibliothek« sammelt, erhält ein Dokumentationssystem, wie es in dieser Dichte und Genauigkeit nirgends sonst zu haben ist.

Hauptteil (ab Seite 8)

Jeder Monat beginnt mit einem Kalendarium, in dem die wichtigsten Ereignisse chronologisch geordnet und in knappen Texten dargestellt sind. Sonn- und Feiertage sind durch farbigen Druck hervorgehoben. Pfeile verweisen auf ergänzende Bild- und Textbeiträge auf den folgenden Seiten. Faksimiles von Zeitungen und Zeitschriften, die im jeweiligen Monat des Jahres 1925 erschienen sind, spiegeln Zeitgeist und herausragende Ereignisse.
Wichtige Ereignisse des Jahres 1925 werden – zusätzlich zu den Eintragungen im Kalendarium – in Wort und Bild beschrieben. Jeder der 368 Einzelartikel dieses Bandes bietet eine in sich abgeschlossene Information. Die Pfeile des Verweissystems machen auf Artikel aufmerksam, die an anderer Stelle dieses Bandes ergänzende Informationen zu dem jeweiligen Thema vermitteln.
614 teils farbige Abbildungen und grafische Darstellungen illustrieren die Ereignisse und Entwicklungen des Jahres 1925 und werden damit zu einem historischen Kaleidoskop besonderer Art.
Hinter dem Hauptteil (auf S. 212) geben originalgetreue Abbildungen einen Überblick über alle Postwertzeichen, die im Jahr 1925 im Deutschen Reich neu ausgegeben wurden.

Übersichtsartikel (ab Seite 22)

19 Übersichtsartikel, am blauen Untergrund zu erkennen, stellen Entwicklungen des Jahres 1925 zusammenfassend dar.
Alle Übersichtsartikel aus den verschiedenen Jahrgangsbänden ergeben – zusammengenommen – eine sehr spezielle Chronik zu den jeweiligen Themenbereichen (z. B. Film von 1900 bis 2000).

Anhang (ab Seite 213)

Der Anhang zeigt das Jahr 1925 in Statistiken und anderen Übersichten. Ausgehend von den offiziellen Daten für das Deutsche Reich, Österreich und die Schweiz, regen die Zahlen und Fakten zu einem Vergleich mit vorausgegangenen und nachfolgenden Jahren an.
Für alle wichtigen Länder der Erde sind die Staats- und Regierungschefs im Jahr 1925 aufgeführt und werden wichtige Veränderungen aufgezeigt. Die Zusammenstellungen herausragender Neuerscheinungen auf dem Buchmarkt sowie der Premieren auf Bühne und Leinwand werden zu einem Führer durch das kulturelle Leben des Jahres.
Das Kapitel »Sportereignisse und -rekorde« spiegelt die Höhepunkte des Sportjahres 1925.
Internationale und deutsche Meisterschaften, die Entwicklung der Leichtathletik- und Schwimmrekorde sowie alle Ergebnisse der großen internationalen Wettbewerbe im Automobilsport, Eiskunstlauf, Fußball, Gewichtheben, Pferde-, Rad- und Wintersport sowie im Tennis sind wie die Boxweltmeister im Schwergewicht nachgewiesen.
Der Nekrolog enthält Kurzbiographien von Persönlichkeiten, die 1925 verstorben sind.

Register (ab Seite 233)

Das *Personenregister* nennt – in Verbindung mit der jeweiligen Seitenzahl – alle Personen, deren Namen in diesem Band verzeichnet sind.
Werden Personen abgebildet, so sind die Seitenzahlen kursiv gesetzt. Herrscher und Angehörige regierender Häuser mit selben Namen sind alphabetisch nach den Ländern ihrer Herkunft geordnet.
Wer ein bestimmtes Ereignis des Jahres 1925 nachschlagen möchte, das genaue Datum oder die Namen der beteiligten Personen aber nicht präsent hat, findet über das spezielle *Sachregister* Zugang zu den gesuchten Informationen.
Oberbegriffe und Ländernamen erleichtern das Suchen und machen zugleich deutlich, welche weiteren Artikel und Informationen zu diesem Themenfeld im vorliegenden Band zu finden sind. Querverweise helfen bei der Erschließung der immensen Informationsvielfalt.

Das Jahr 1925

Der Weimarer Republik ist eine Atempause vergönnt: Inflation und Not sind weitgehend überwunden, die Wirtschaft hat sich stabilisiert, und in den Beziehungen zu den ehemaligen Kriegsgegnern des Wilhelminischen Reichs setzen sich die Kräfte der Vernunft durch. Wenige ahnen, daß diese zwölf Monate in der Mitte des Jahrzehnts der »goldenen Zwanziger« gleichzeitig eine Wende zu einer politischen Entwicklung einleiten, die den Boden für die nationalsozialistische Machtergreifung nur wenige Jahre später bereitet.

Die Zwiespältigkeit dieser von Hoffnung erfüllten Phase wird bereits im Frühjahr deutlich. Nach dem Tod des sozialdemokratischen Reichspräsidenten Friedrich Ebert wählt die Mehrheit der Deutschen den einstigen Generalfeldmarschall des Kaisers, Paul von Hindenburg, zum neuen Oberhaupt der Republik – ein Ereignis, das Erschütterung bei den Demokraten im In- und Ausland auslöst. Zeigt dieses Ergebnis doch, wie viele Menschen noch dem alten System und seinen nationalistischen Bestrebungen verhaftet sind. Den Einfluß reaktionärer Kräfte innerhalb des Beamtenapparates der Weimarer Republik beweist auch die Wiederzulassung der Nationalsozialisten. Bereits im Februar, nicht einmal eineinhalb Jahre nach dem mißglückten Münchener Putsch, kann Adolf Hitler die NSDAP neu gründen und wenige Monate später seine programmatische Schrift »Mein Kampf« veröffentlichen. Daß seine agitatorischen Auftritte von der Öffentlichkeit kaum beachtet werden, hat seine Ursachen in dem relativen Wohlstand größerer Bevölkerungskreise als Folge einer aufstrebenden Wirtschaft.

Mit dem Inkrafttreten des Dawesplans aus dem Jahr 1924 wurde Deutschlands dringendste Forderung seit dem Abschluß des Versailler Vertrags erfüllt: Eine ökonomisch vertretbare Regelung der Reparationszahlungen. Ausländische Gelder fließen nun in die deutsche Wirtschaft. Die Industrie kann modernisieren, rationalisieren und wieder als ernstzunehmender Konkurrent auf dem internationalen Markt auftreten. Die so ermöglichte ökonomische Stabilisierung bringt Beruhigung in die politische Landschaft. Radikalisierungstendenzen rechter und linker Gruppen zu Beginn des Vorjahres weichen einer Stärkung der Parteien der Mitte. Zwar beteiligen sich erstmals seit Bestehen der Weimarer Republik die Völkischen an der Regierung, doch können ihre Minister trotz intensiver Bemühungen – gemeinsam mit den Deutschnationalen – die Unterzeichnung des Locarnopakts Ende des Jahres nicht verhindern. Mit diesem Vertrag verbinden sich die Hoffnungen auf einen dauerhaften Frieden in Europa. Die Einigung über die Grenzen zwischen Frankreich und dem Deutschen Reich, der Abzug der alliierten Besatzungstruppen aus den Rheinlandzonen und dem Ruhrgebiet könnten die Voraussetzung für ein Ende des Völkerhasses in Europa sein.

Ökonomische Konsolidierung ist auch ein Ziel der Regierungen in den übrigen europäischen Ländern. Frankreich ergreift Maßnahmen gegen inflationäre Tendenzen, und die Sowjetunion nimmt endgültig Abschied von der These der Weltrevolution. Die Tatsache, daß sich der Kapitalismus nach der Katastrophe des Ersten Weltkriegs wieder gefestigt hat, veranlaßt Stalin zur Propagierung des sozialistischen Aufbaus nur in seinem Land sowie zur Einschwörung der internationalen kommunistischen Bewegung auf seinen Kurs. Nicht mehr Umsturz ist das aktuelle Ziel, sondern Einflußnahme z. B. über die Gewerkschaften. Das bedeutet ein Zurückdrängen radikaler Kreise in den kommunistischen Parteien, im Deutschen Reich die Ablösung der linken KPD-Führung durch Ernst Thälmann.

Der Aufschwung im wirtschaftlichen und politischen Bereich spiegelt sich auch in einer breiten Kulturentfaltung wider. Einflüsse einer rasant voranschreitenden Technik sind in allen Bereichen der Kunst sichtbar, in Musik, Literatur, Theater, Malerei und Design. Der zum Symbol dieser Jahre gewordene Begriff der »goldenen Zwanziger« geht vor allem auf die Unterhaltungsindustrie zurück, auf ihren Flitter und grellen Schein. Aufwendige Revuen, ekstatische Tänze wie Charleston, Shimmy, Black Bottom und die aus Amerika importierte Jazzmusik bestimmen das Nachtleben der Großstädte.

Die neue Kunst will nicht mehr das Pathos des Expressionismus, sondern die Auseinandersetzung mit der Wirklichkeit. Sichtbar wird dies in den erstmals in Mannheim ausgestellten Bildern der »Neuen Sachlichkeit« und im Programm des »Bauhauses«. Nach dem Weggang aus Weimar und der Wiederaufnahme des Lehrbetriebs in Dessau formuliert das »Bauhaus« als Ziel eine funktionelle Gestaltung der Umwelt des Menschen, ein Zusammenführen von Kunst und Technik. Neu ist auch der Einsatz des modernen Mediums Film auf der traditionellen Bühne des Theaters. Für die monumentale Aufführung der proletarischen Revue »Trotz alledem« anläßlich des 10. Parteitages der KPD in Berlin verwendet Erwin Piscator erstmals Filmausschnitte und Fotoprojektionen. Die Einbeziehung der Ebene des Unbewußten in die Kunst dokumentiert die Ausstellung der Surrealisten in Paris. Erstmals zeigen hier die Künstler gemeinsam ihre Werke, die u. a. von der Psychoanalyse Sigmund Freuds sehr stark beeinflußt wurden.

Internationale Aufmerksamkeit ganz anderer Art erregt eine weitere, im April in der französischen Hauptstadt veranstaltete Ausstellung, die »Exposition Internationale des Arts Décoratifs et Industriels Modernes«. Ästhetisch durchgestaltete und aus edlen Materialien gefertigte Inneneinrichtungen, Stoffe, Mode und kunstgewerbliche Ensembles zeigen weniger eine zwiespältige zerrissene Realität, sondern die Schönheit einer künstlichen Welt.

Antonia Meiners

◁ *Ein historischer Moment: Das Vertragswerk von Locarno wird am 1. Dezember in London offiziell unterzeichnet*

Januar 1925

Mo	Di	Mi	Do	Fr	Sa	So
			1	2	3	4
5	6	7	8	9	10	11
12	13	14	15	16	17	18
19	20	21	22	23	24	25
26	27	28	29	30	31	

1. Januar, Neujahr

In Berlin empfängt Reichspräsident Friedrich Ebert (SPD) die Chefs der ausländischen Vertretungen zur Neujahrsgratulation. Die Glückwünsche des diplomatischen Korps überbringt traditionsgemäß der apostolische Nuntius, Monsignore Pacelli. → S. 14

In Portugal beschließen Regierungsdelegationen des Gastgeberlandes und des Deutschen Reiches die Fortsetzung des 1923 geschlossenen Handelsvertrages.

Durch die Zusammenlegung von drei Elekrizitätswerken entstehen in Dortmund die Vereinigten Elektrizitätswerke Westfalen GmbH (VEW).

Norwegens Hauptstadt Christiania wird wieder in Oslo umbenannt. → S. 19

Auf der elektrifizierten Bahnlinie München – Garmisch-Partenkirchen finden erste Probefahrten statt. → S. 24

Aus Anlaß der Inbetriebnahme des ersten Wiener Wasserkraftwerks in Opponitz erstrahlt das Rathaus der österreichischen Metropole in festlicher Beleuchtung. Das Kraftwerk soll jährlich 50 Millionen Kilowattstunden liefern.

Mit Beginn dieses Jahres treten Änderungen in der deutschen Reitturnierordnung in Kraft. → S. 30

2. Januar, Freitag

Die Regierung des jugoslawischen Königreiches der Serben, Kroaten und Slowenen gibt in Agram (Zagreb) das Verbot der von Stjepan Radić 1904 gegründeten kroatischen republikanischen Bauernpartei bekannt (→ 5. 1./S. 18).

Im Wiener Landgericht durften die Häftlinge erstmals Radiosendungen hören. Der Eindruck, den die Musik auf die Gefangenen machte, war äußerst positiv. Wachpersonal und Gefängnisleitung erwägen daher, das Radio als Erziehungsmittel einzusetzen.

3. Januar, Sonnabend

Der italienische Ministerpräsident und Duce Benito Mussolini kündigt eine verstärkte Unterdrückung antifaschistischer Organisationen an. → S. 17

Im Schauspielhaus von Frankfurt am Main findet die Aufführung des Stückes »Der Kreidekreis« von dem deutschen Autor Klabund statt. → S. 29

Das alljährlich in der britischen Stadt Hastings zur Weihnachtszeit stattfindende Schachturnier geht mit dem Sieg des Meisters Maroczy zu Ende. → S. 30

Heftige Schneefälle in New York bringen den Verkehr der Stadt für zwei Tage völlig zum Erliegen. → S. 20

4. Januar, Sonntag

Der Vertreter Italiens im Völkerbund und Vorsitzende der Nationalliberalen Partei, Antonio Salandra, kündigt seinen Rücktritt aus der internationalen Organisation an, da seine liberalen Auffassungen mit der Regierungspolitik Benito Mussolinis nicht mehr übereinstimmten (→ 3. 1./S. 17).

Wegen der milden Witterung in Europa müssen die meisten geplanten Wintersportwettkämpfe verschoben werden. Lediglich das erste große Skispringen in Davos (Schweiz) kann stattfinden. Hier siegen bei den Senioren Kaspar Buol und bei den Junioren Christian Meißer. Meißer erreicht mit 35 m die größte Weite.

5. Januar, Montag

Auf seiner ersten Sitzung berät der am 7. Dezember 1924 neu gewählte Reichstag in Berlin den Reichshaushaltsplan für 1925. Der Reichsrat hatte ihn bereits im November 1924 verabschiedet.

Die Botschafter Großbritanniens, Frankreichs und Japans sowie der belgische Gesandte überreichen in Berlin der Regierung des Deutschen Reiches eine Kollektivnote zur Frage der Räumung des nördlichen Rheingebietes. Darin lehnen sie die vereinbarte Räumung vorerst ab, da Deutschland die Entwaffnungsbedingungen verletzt habe. → S. 15

Die polnische Post läßt in der Freien Stadt Danzig eigene Briefkästen aufstellen. Daraufhin kommt es zu heftigen Protesten seitens der Stadtverwaltung bei der Regierung in Warschau sowie beim Völkerbund in Genf. → S. 18

In der Stadt Agram (Zagreb) wird der Führer der kroatischen Bauernpartei Stjepan Radić verhaftet. → S. 18

6. Januar, Dienstag

Die Minister der Deutschen Volkspartei (DVP) verlassen die preußische Regierung in Berlin und beenden damit die Große Koalition (→ 15. 1./S. 12).

Das in Paris tagende Internationale Komitee der Metallarbeiter hat u. a. eine Resolution angenommen, worin die Durchführung des Achtstundentages in allen Ländern gefordert wird. → S. 20

Beim Fischer-Verlag erscheint Bernhard Kellermanns Drama »Die Wiedertäufer von Münster«.

7. Januar, Mittwoch

In einer Antwortnote an die alliierten Regierungen spricht sich die deutsche Regierung gegen die Nichträumung der Rheinlandzone aus (→ 5. 1./S. 15).

Der im Dezember 1924 gewählte Reichstag wählt mit 231 Stimmen den Sozialdemokraten Paul Löbe zum neuen Reichstagspräsidenten (→ 15. 1./S. 12).

In Moskau fordert der Volkskommissar der Finanzen Grigóri Sókólnikow eine aktivere Handelsbilanz. Aus diesem Grunde gibt er eine Erhöhung der diesjährigen Einfuhren auf eine Milliarde Rubel bekannt.

Die »Emden«, der erste seit der Unterzeichnung des Versailler Vertrages in Deutschland gebaute Kreuzer, läuft in der Wilhelmshavener Marinewerft vom Stapel. Es ist zugleich das 100. in dieser Werft gebaute Schiff. → S. 24

8. Januar, Donnerstag

In Darmstadt beginnt der vierte Deutsche Hochschultag (bis 10. 1.) des Verbandes der Deutschen Hochschulen.

Nur zwei Wochen nach der Erstausgabe erscheint bei dem im Jahr 1919 in Berlin gegründeten Rowohlt-Verlag der Roman »Napoleon« von Emil Ludwig in der zweiten Auflage.

Der Antrag auf Aufnahme Deutschlands in den Internationalen Eishockey-Verband wird von dem 12. Kongreß des Verbandes in Prag (7. – 9. 1.) abgelehnt, da das Deutsche Reich nicht Mitglied des Völkerbundes und des Internationalen Olympischen Komitees sei.

9. Januar, Freitag

Wegen des Korruptionsskandals um Julius Barmat tritt Reichspostminister Anton Höfle (Zentrum) zurück. Der Reichstag setzt einen parlamentarischen Untersuchungsausschuß zur Aufklärung der Affäre ein. → S. 16

Der neue Münchner Stadtrat beschließt, die vom früheren Stadtrat aus Repräsentations- und Sitzungssälen sowie aus Schulgebäuden entfernten Bilder der bayerischen Fürsten und Könige wieder aufzuhängen.

Die August-Thyssen-Hütte erhält von dem New Yorker Bankhaus Dillon, Read & Co. eine Anleihe in Höhe von zwölf Millionen US-Dollar. → S. 15

In einer Auflage von 50 000 Exemplaren erscheint das »Radiobastelbuch« mit detaillierten Anleitungen zum Selbstbauen von Rundfunkempfängern.

10. Januar, Sonnabend

Die Bestimmungen des Versailler Vertrages über die meistbegünstigte Zollbehandlung tritt außer Kraft. Gleichzeitig wird das Saargebiet aus dem deutschen Zollsystem herausgenommen und gezwungen, mit Frankreich eine Zollunion einzugehen (→ 11. 7./S. 127).

Die Nationalsozialistische Freiheitspartei bringt im Reichstag einen Antrag ein, worin sie die Absetzung von Reichspräsident Friedrich Ebert (SPD) fordern. Als Begründung führen sie ein Urteil des Magdeburger Schöffengerichts vom Dezember 1924 an, das Ebert des Landesverrats bezichtigt (→ 28. 2./S. 41).

In Südtirol führt die italienische Regierung eine Vorzensur für die Presse ein.

Im Stadttheater Dortmund wird das Drama »Die Gesteinigten« von Karl Irmler uraufgeführt.

11. Januar, Sonntag

Die wegen des milden Wetters in Prag auf den Zzorbasee in der Hohen Tatra verlegten Eishockey-Europameisterschaften (9. – 11. 1.) enden mit einem Sieg der Tschechoslowakei vor Österreich, der Schweiz und Belgien (→ 1. 2./S. 51).

In Nürnberg besiegt der ungarische Fußballmeister MTK Budapest den deutschen Meister 1. FC Nürnberg mit 4:2. → S. 31

In Berlin wird die Radrennbahn am Kaiserdamm eingeweiht. → S. 31

12. Januar, Montag

In der chinesischen Stadt Schanghai kommt es zu heftigen Kämpfen zwischen den Truppen des ehemaligen Militärgouverneurs der Provinz Kiangsu, Schi Sie-juin und ausländischen Soldaten. → S. 20

Auf der Sitzung der Stadtverordneten Leipzigs stimmen die Teilnehmer für die Schließung aller öffentlichen Häuser. Zur Zeit gibt es in Leipzig noch 31 Bordelle mit 135 Beschäftigten.

In Berlin erscheint der 42. Band »Kürschners Deutscher Literaturkalender« und erstmals als Ergänzung »Kürschners Deutscher Gelehrtenkalender«.

In einem Freundschaftsspiel in Halberstadt besiegt der deutsche Wasserballmeister Hellas Magdeburg den sächsischen Meister SC Stern Leipzig mit 6:2.

13. Januar, Dienstag

Die vollständige Unabhängigkeit Ägyptens ist das erklärte Ziel der in Kairo neugegründeten Partei Al Ittehad.

Bei Herne verunglückt der D-Zug Berlin – Köln. 23 Menschen kommen dabei ums Leben, viele werden verletzt.

14. Januar, Mittwoch

In Paris geht die am 7. Januar begonnene Konferenz der interalliierten Finanzminister mit der Unterzeichnung eines Abkommens zu Ende, das u. a. die weiteren Reparationszahlungen durch das Deutsche Reich modifiziert.

Die sowjetische Regierung verabschiedet ein Gesetz, das die Freiheit des Arbeitsmarktes wiederherstellt.

Der evangelische Arzt und Theologe Albert Schweitzer wird 50 Jahre alt.

15. Januar, Donnerstag

In Berlin stellt der parteilose Reichskanzler Hans Luther sein neues Kabinett vor; es ist das zwölfte seit der Gründung der Weimarer Republik im Jahr 1919. Der Regierungskoalition gehören erstmals auch Abgeordnete der rechten extrem nationalistisch ausgerichteten Deutschnationalen Volkspartei (DNVP) an. → S. 12

Der bayerische Landtag nimmt mit 73 gegen 52 Stimmen das Mantelgesetz zum

Eines der Hauptthemen europäischer Zeitungen ist der Aufstand der Rifkabylen in Marokko gegen die spanischen Besatzungstruppen. Die Titelseite der Wochen-Illustrierten »London News« vom 24. Januar 1925 zeigt, wie eine spanische Patrouille in den Hinterhalt der Aufständischen am Rande des Rifgebirges gerät.

THE ILLUSTRATED LONDON NEWS,

REGISTERED AS A NEWSPAPER FOR TRANSMISSION IN THE UNITED KINGDOM AND TO CANADA AND NEWFOUNDLAND BY MAGAZINE POST.

SATURDAY, JANUARY 24, 1925.

The Copyright of all the Editorial Matter, both Engravings and Letterpress, is Strictly Reserved in Great Britain, the Colonies, Europe, and the United States of America.

THE CHIEF CAUSE OF THE SPANISH LOSSES IN MOROCCO: RIFFIAN SNIPERS PICK OFF MEN IN A SPANISH PATROL ON THE TETUAN-SHESHUAN ROAD IN A DEFILE OF THE MOUNTAINS.

The losses inflicted on the Spanish troops in Morocco have been largely caused by sniping, to which the nature of the country particularly lends itself. "The above drawing," writes the artist, "shows a Spanish patrol caught on the Tetuan-Sheshuan road by Riffian snipers. This road throughout its length runs along a valley everywhere overlooked by the mountains. In withdrawing from Sheshuan the Spanish High Command has undoubtedly acted wisely." The Marquis de Estella (General Primo de Rivera), the head of the Spanish Directory, who went himself to Morocco and organised the withdrawal, established a new seventy-five-mile front, known as the Primo de Rivera line, running westward from Tetuan towards Tangier. In an article on page 124 Lieut-Colonel C. P. Hawkes points out that many of the so-called Moors really belong to the ancient race of Berbers, a white-skinned people.

Konkordat und zu den Staatsverträgen mit der evangelischen Kirche an. → S. 16

Im Frankfurter Neuen Theater werden die Stücke »Wollust der Ehrlichkeit« und »Der Musikant« des Italieners Luigi Pirandello uraufgeführt.

16. Januar, Freitag

Die Aufführung des Films »Wilhelm Tell« wird von den alliierten Besatzungstruppen in allen Kinos der Stadt Duisburg verboten.

Bei einem Hallenwettkampf in New York verbessert der finnische Langstreckenläufer Paavo Nurmi den inoffiziellen Hallenrekord des US-Amerikaners Joe Ray über 3000 m um vier Sekunden. Der 27jährige Paavo Nurmi läuft diese Strecke in 8:26,8 min.

17. Januar, Sonnabend

In Paris beschließt die französische Regierung die Gründung eines Sachlieferungsamtes. Ein solches Amt sei durch den erhöhten Anteil der Sachlieferungen bei den deutschen Reparationszahlungen in letzter Zeit notwendig geworden (→ 17. 6./S. 110).

Die US-Regierung gibt den Rücktritt des Außenministers Charles E. Hughes bekannt. Sein Nachfolger wird der bisherige Botschafter in London, Frank Billings Kellogg.

Von Josef W. Stalin gezwungen, tritt in Moskau der sowjetische Politiker und Revolutionär Leo Trotzki von seinem Amt als Volkskommissar für Verteidigung zurück. → S. 19

Das italienische Parlament in Rom lehnt einen Gesetzentwurf über die künftige Einführung des Frauenstimmrechts ab (→ 7. 4./S. 86).

In Madrid beginnt eine Allgemeine Bau- und Wohnungsausstellung, an der sich auch Deutschland beteiligt. Sie dauert bis zum 2. Februar.

18. Januar, Sonntag

Bei den Landtagswahlen in Lippe-Detmold ergeben sich nur geringe Veränderungen gegenüber 1921. Stärkste Fraktion bleiben die Sozialdemokraten (SPD) mit acht, gefolgt von der Deutschnationalen Volkspartei (DNVP) und der Deutschvölkischen Freiheitspartei (DVFP) mit jeweils sechs Sitzen.

Etwa 25 000 Menschen nehmen in Berlin an einer Demonstration der Kommunistischen Partei teil, die zum Gedenken der Ermordung von Karl Liebknecht und Rosa Luxemburg im Januar 1919 veranstaltet wird.

In der finnischen Stadt Helsingfors (Helsinki) geht die am 15. Januar begonnene Außenministerkonferenz der ehemaligen russischen Ostseestaaten (Finnland, Polen, Estland, Lettland) mit der Willensbekundung zu einem ständigen Dialog zu Ende. → S. 18

Bei einem Städtevergleichskampf der Turner aus Nürnberg, Hannover, Frankfurt am Main und Essen siegt in Hannover die Mannschaft aus Nürnberg.

19. Januar, Montag

In der Sitzung des Deutschen Reichstages in Berlin erläutert der parteilose Reichskanzler Hans Luther das Regierungsprogramm. Die Debatte darüber endet erst am 22. Januar mit einer Billigungsformel (→ 15. 1./S. 12).

Die US-amerikanische Marine präsentiert Pressevertretern eine neu entwikkelte Startmöglichkeit für Militärflugzeuge, den sog. Katapultstart. → S. 24

20. Januar, Dienstag

Die ungarische Nationalversammlung beschließt die Aufhebung des Ausschlusses von 25 oppositionellen Abgeordneten. Die im linken Block vertretenen oppositionellen Parteien boykottieren jedoch weiterhin aus Protest gegenüber der Regierungspolitik das Parlament in Budapest.

In Warschau lehnt der Sejm, das polnische Parlament, einen Antrag der deutschen Abgeordneten ab, worin die Beherrschung der polnischen Sprache nicht für alle unterrichtenden Lehrer obligatorisch sein solle.

In dem Vertrag von Peking erkennt die japanische Regierung die Sowjetunion an und erklärt sich zur Rückgabe der Insel Sachalin an die UdSSR bereit. → S. 19

Im US-Senat kommt es zu einer polemischen Diskussion um die Schuldenrückzahlung Frankreichs an die Vereinigten Staaten. Frankreich wird vorgeworfen, die USA übervorteilen zu wollen.

Da die Gesetzesvorlage über die Eisenbahnkonvention mit Belgien vor dem Parlament in Luxemburg gescheitert ist, erklärt die luxemburgische Regierung ihren sofortigen Rücktritt.

21. Januar, Mittwoch

In Albanien proklamiert die Nationalversammlung feierlich die Republik. Am 31. Januar wählt sie Achmed Zogu zum Präsidenten für sieben Jahre. → S. 18

Anläßlich des Todes von Wladimir I. Lenin vor einem Jahr wird in der Sowjetunion eine Lenin-Woche durchgeführt.

In Rom unterzeichnen Delegationen der italienischen und der österreichischen Regierung ein Abkommen über Eisenbahntarife im Eisenbahnverkehr.

Das 13. Berliner Sechstagerennen gewinnt die Mannschaft Walter Rütt/Jean Aerts mit 385 Punkten. → S. 31

22. Januar, Donnerstag

In Chile revoltieren die Offiziere der Garnison von Santiago de Chile gegen das Regime und fordern die Rückkehr des nach einer Militärrevolte emigrierten Präsidenten Arturo Alessandri.

Fast täglich veröffentlichen sowjetische Zeitungen Berichte über sensationelle Goldfunde in Sibirien. → S. 24

23. Januar, Freitag

Nachdem fünf Parteien des preußischen Landtages der Regierung das Mißtrauen ausgesprochen haben, tritt Ministerpräsident Otto Braun (SPD) in Berlin von seinem Amt zurück (→ 19. 3./S. 60).

In Berlin verabschiedet der Reichstag das Abkommen zwischen Polen und dem Deutschen Reich über die Staatsangehörigkeiten (→ 24. 7./S. 126).

Im Berliner Kino »Alhambra« wird Berthold Viertels Film »Die Perücke« mit dem Schauspieler Otto Gebühr in der Hauptrolle uraufgeführt.

In der australischen Stadt Adelaide findet das dritte Kricket-Punktspiel zwischen der australischen und der englischen Mannschaft statt. → S. 30

24. Januar, Sonnabend

Nach Absprache mit den Börsenvorständen in Essen und Düsseldorf stellt die Dortmunder Börse ihre Tätigkeit wegen der schlechten Wirtschaftslage in dem vergangenen Jahr ein.

In der ungarischen Nationalversammlung fordert der Abgeordnete Georg Lukács die Außerkraftsetzung des Numerus clausus. → S. 18

In New York und weiten Teilen der Vereinigten Staaten ist eine totale Sonnenfinsternis zu beobachten. → S. 24

In Berlin entscheidet der Bezirksausschuß, daß im Freibad Wannsee keine alkoholischen Getränke ausgeschenkt werden dürfen. → S. 25

25. Januar, Sonntag

Landwirte und Winzer aus den mittelrheinischen Gebieten versammeln sich in Mainz zu einer Kundgebung, auf der sie u. a. von den Politikern eine für deutsche Landwirtschaftserzeugnisse günstige Zollpolitik fordern (→ 24. 7./S. 131).

Auf einer Massenversammlung in Madrid rechtfertigt der spanische Präsident Miguel Primo de Rivera y Orbaneja seine diktatorische Politik sowie den Einsatz von spanischen Truppen in Marokko (→ 30. 1./S. 20).

In New York versammeln sich mehrere hundert Vertreter verschiedener US-amerikanischer Organisationen zu einer Friedenstagung. → S. 20

In Luxor wird das vor elf Monaten während der Ausgrabungsarbeiten geschlossene Grab des Pharaos Tutanchamun wieder geöffnet. → S. 28

Die Umbauarbeiten für ein neues Premieren-Film-Theater, den »Gloria-Palast«, beginnen in Berlin. → S. 29

26. Januar, Montag

Von einer New Yorker Bank erhält der Siemens-Konzern einen Kredit über zehn Millionen US-Dollar (→ 9. 1./S. 15).

Der britische Politiker Herbert Henry Asquith tritt, nachdem er geadelt worden ist, in das britische Oberhaus als Earl of Oxford ein. → S. 18

Über die Stadt Herrin (US-Staat Illinois) ist der Belagerungszustand verhängt worden, da es wiederholt zu gewalttätigen Auseinandersetzungen mit der Organisation des Ku Klux Klan gekommen war (→ 8. 8./S. 145).

27. Januar, Dienstag

Themen der bis zum 29. Januar stattfindenden Tagung des Reichstages sind die Aufwertungsfrage, der Haushaltsetat sowie die Außenpolitik.

Die Rallye Monte Carlo, zu der Teilnehmer aus 15 europäischen Städten gestartet waren, endet mit dem Sieg des Franzosen François Repusseau auf Renault.

28. Januar, Mittwoch

Im Deutschen Reichstag in Berlin kommt es zu heftigen Debatten über die Entschädigung für Ruhrindustrielle, da die Regierung ohne Kenntnis des Parlaments 715 Millionen Goldmark an die Konzerne zahlte. → S. 15

In Mainz bilden deutsche und französische Lehrer eine Arbeitsgemeinschaft zum Ausbau der republikanischen und pazifistischen Schule.

29. Januar, Donnerstag

Die »Frankfurter Zeitung« berichtet von einem Flug in die Höhen des Himalaja-Gebiets. → S. 25

30. Januar, Freitag

Die Abgeordneten des Preußischen Landtages wählen den am 23. Januar zurückgetretenen Otto Braun (SPD) wieder zum Ministerpräsidenten (→ 19. 3./S. 60).

Nach dem Sieg des Führers der Rifkabylen, Abd el-Krim, über seinen Rivalen Cayd Raysuli zeichnet sich für die spanischen Truppen in Spanisch-Marokko eine kritische Situation ab. → S. 20

31. Januar, Sonnabend

Die nationalen Organisationen Stahlhelm, Jungdeutscher Orden und Nationalverband deutscher Berufsverbände gründen den sog. Nationalausschuß.

Nach mehreren vom New Yorker Publikum begeistert aufgenommenen Konzerten verläßt der deutsche Dirigent Wilhelm Furtwängler New York. → S. 29

Die Attraktion einer Flugveranstaltung in Garmisch-Partenkirchen ist der Flug rund um die Zugspitze. → S. 25

Das Wetter im Monat Januar

Station	Mittlere Lufttemperatur (°C)	Niederschlag (mm)	Sonnenscheindauer (Std.)
Aachen	4,5 (1,8)	135 (72)	– (51)
Berlin	–3,2 (–0,4)	59 (43)	– (56)
Bremen	–4,3 (0,6)	33 (57)	– (47)
München	–1,7 (–2,1)	15 (55)	– (56)
Wien	– (–0,9)	– (40)	– (56)
Zürich	–1,9 (–1,0)	55 (68)	63 (46)

( ) Langjähriger Mittelwert für diesen Monat
– Wert nicht ermittelt

Das Karussell der Liebe möge sich auch weiterhin drehen, wünscht die Zeitschrift »Jugend« ihren Lesern zum Jahresbeginn 1925 in Anspielung auf die heiter-erotischen Szenen »Der Reigen« von Arthur Schnitzler

Reichskanzler Luther bildet neue Reichsregierung

15. Januar. In Berlin gibt der parteilose Reichskanzler Hans Luther die Bildung des neuen Kabinetts des Deutschen Reiches bekannt. Es ist die zwölfte Regierung innerhalb von sechs Jahren mit dem neunten Reichskanzler.

Mitglieder des zwölften Kabinetts
Reichskanzler: Hans Luther (parteilos)
Äußeres: Gustav Stresemann (DVP)
Inneres: Martin Schiele (DNVP)
Finanzen: Otto v. Schlieben (DNVP)
Wirtschaft: Albert Neuhaus (DNVP)
Arbeit: Heinrich Brauns (Zentrum)
Justiz: Josef Frenken (Zentrum)
Reichswehr: Otto Geßler (DDP)
Post: Karl Stingl (BVP)
Verkehr: Rudolf Krohne (DVP)
Ernährung: Gerhard von Kanitz (parteilos)
Besetzte Gebiete: Josef Frenken (Zentrum)

Das neue Kabinett war notwendig geworden, nachdem am 15. Dezember 1924 die Koalitionsregierung unter Wilhelm Marx (Zentrum) zurückgetreten war. Eine Woche zuvor, am 7. Dezember 1924, hatten Reichstagswahlen stattgefunden – die zweiten innerhalb eines Jahres. Von den Neuwahlen hatten sich vor allem die gemäßigten Parteien einen Aufschwung erhofft. Diese Erwartungen wurden dann auch nicht enttäuscht. Eine Abkehr von den radikalen Flügelparteien war deutlich: Die Kommunisten (KPD) verloren 17, die Nationalsozialisten (NSDAP) 18 Sitze. Hingegen gewannen die Sozialdemokraten (SPD) 31, die Deutschnationalen (DNVP) sieben, das Zentrum vier, die Deutsche Volkspartei (DVP) sieben und die Demokraten (DDP) vier Sitze hinzu. Die Regierungsbildung entwickelte sich indes zu einem schwierigen Balanceakt zwischen den verschiedenen Interessen. Die Deutsche Volkspartei bestand auf einer Beteiligung der Deutschnationalen; die Demokraten forderten die Teilnahme der Sozialdemokraten, und das Zentrum wünschte sowohl die einen als auch die anderen als Mitglieder einer »Regierung der Volksgemeinschaft«. Schließlich bildet der parteilose, der Deutschen Volkspartei nahestehende Kanzler Hans Luther ein Kabinett des »Bürgerblocks«. Erstmals in der Geschichte der Weimarer Republik sind nun »Völkische« an der Macht beteiligt, eine Tatsache, die auf Protest bei Sozialdemokraten und Kommunisten stößt, da diese einen politischen Rechtsruck befürchten. Auch Demokraten und Zentrumsmitglieder zeigen sich enttäuscht darüber, daß Luther sich den lautstarken Forderungen der DNVP, an der Regierung beteiligt zu werden, untergeordnet hat.

Der 45jährige Luther ist Jurist, von 1918 bis 1922 war er Oberbürgermeister von Essen, 1922/23 Reichsernährungsminister und von 1923 bis 1925 Reichsfinanzminister. In dieser Funktion hatte er maßgeblichen Anteil an der Überwindung der Inflation sowie am Abschluß des Dawesplans von 1924.

Trotz der Gegenstimmen von den Linken und Stimmenthaltung der Demokraten billigt der Reichstag am 22. Januar das Programm der neuen Regierung.

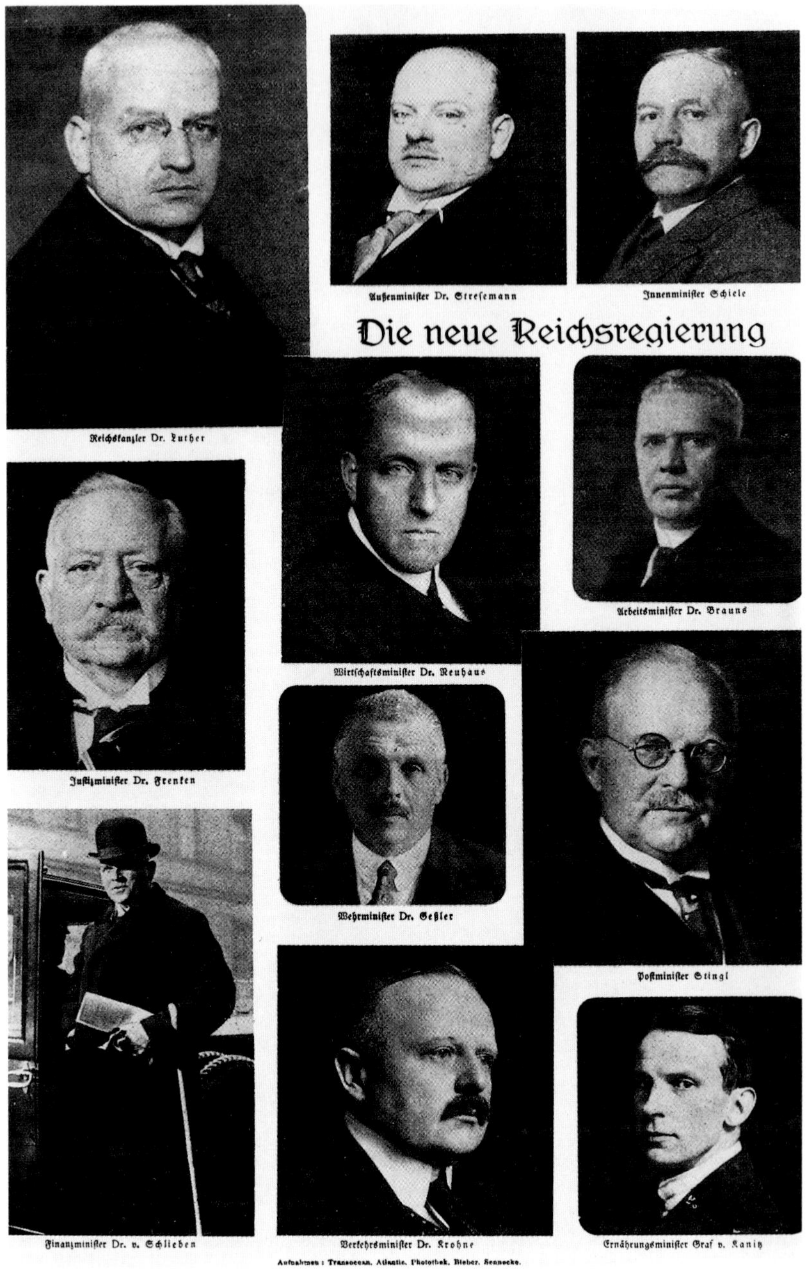

Das nebenstehende Bild, abgedruckt in der »Leipziger Illustrirten Zeitung«, zeigt Korpsstudenten auf der Reichsgründungsfeier am 21. Januar im Großen Saal des Zoologischen Gartens in Leipzig. Sie haben sich zusammengefunden, um der vor 54 Jahren erfolgten Gründung des Deutschen Reiches durch Kaiser Wilhelm I. zu gedenken. In seiner Ansprache fordert Reichspräsident Friedrich Ebert seine zumeist konservativen Zuhörer auf, durch Treue und Verbundenheit mit dem deutschen Vaterland und dem Deutschen Volk die Weimarer Republik zu unterstützen. ▷

Reichstagsmitglieder verlassen nach dem Eröffnungsgottesdienst den Berliner Dom

Das neue Reichskabinett während einer seiner ersten Sitzungen am 26. Januar im Reichskanzlerpalais; auf der Tagesordnung steht die Beratung über die Reaktion der deutschen Regierung auf die Nichträumung der Kölner Zone

Nachdem Reichskanzler Hans Luther (X) die Mitglieder seines Kabinetts den Abgeordneten des Reichstages vorgestellt hat, gibt er am 19. Januar vor dem Parlament seine Regierungserklärung ab

Fototermin der neuen Regierung für die Presse: Sitzend v. l. Gustav Stresemann, Kanzler Hans Luther, Martin Schiele, Josef Frenken; 2. R. v. l. Gerhard von Kanitz, Heinrich Brauns, Albert Neuhaus, Karl Stingl, Rudolf Krohne, Otto von Schlieben

Fakten aus der Geschichte der jungen Weimarer Republik

9. November 1918: Nach Abdankung des Kaisers ruft in Berlin der Sozialdemokrat Philipp Scheidemann die Deutsche Republik aus.
19. Januar 1919: Wahlen zur Nationalversammlung.
Februar 1919: Die in Weimar zusammengetretene Nationalversammlung wählt Friedrich Ebert zum Reichspräsidenten; eine Koalitionsregierung aus SPD, DDP und Zentrum beendet die Macht der Arbeiter- und Soldatenräte.
Mai 1919: Die bayerische Räterepublik wird in München mit Hilfe von Freikorps niedergeschlagen.
28. Juni 1919: Unterzeichnung des Friedensvertrages in Versailles. Die darin festgelegten harten Bedingungen für Deutschland stoßen nicht nur bei konservativen und rechten Parteien auf starken Protest in den kommenden Jahren.
11. August 1919: Die »Weimarer Verfassung« tritt in Kraft.
13. März 1920: Der Kapp-Putsch, ein Versuch des alldeutschen Wolfgang Kapp, die Regierung mit Freikorps-Brigaden zu stürzen, scheitert am Generalstreik.
16. April 1922: Außenminister Walter Rathenau (DDP) unterschreibt überraschend in Rapallo einen deutsch-sowjetischen Vertrag.
18. Juli 1922: Rathenau wird von Rechtsradikalen ermordet.
August 1922: Der schnelle Verfall der Reichswährung beginnt.
11. Januar 1923: Französische Truppen besetzen das Ruhrgebiet, Beginn der Ruhrkämpfe. Sie dauern bis zum September 1923.
8./9. November 1923: In München scheitert der Putsch Adolf Hitlers.
15. November 1923: Gründung der Deutschen Rentenbank – dies bedeutet das Ende der Inflation.
16. Juli 1924: Unterzeichnung des Dawesplans in London. Er regelt die Reparationszahlungen und schafft die Grundlage für eine wirtschaftliche Stabilisierung.

Politiker erhoffen sich für 1925 Sicherung des Friedens

1. Januar. Im wesentlichen optimistisch sind die Erwartungen der europäischen Politiker für das Jahr 1925. In ihren Neujahrsansprachen geben sie der Hoffnung Ausdruck, daß der gute Wille der Menschen die Verständigung der Völker in Zukunft fördern wird.

Der Apostolische Nuntius der deutschen Reichsregierung in Berlin, Eugenio Maria Pacelli (ab 1939 Pius XII., Papst), überbringt der deutschen Reichsregierung in Berlin die Glückwünsche des diplomatischen Korps

»Wir sind glücklich, die Morgenröte dieses neuen Jahres zu begrüßen als eine Morgenröte des Wiederaufbaus und des Fortschritts. In dem Jahr, das soeben zur Neige gegangen ist, sind sehr ernste und schwierige internationale Probleme ihrer Lösung nähergebracht worden. Mit neuer Kraft haben die Völker an die Arbeit gehen können ... So dehnt der Mensch, Erde, Wasser und Lüfte meisternd, die friedlichen Errungenschaften der Wissenschaft und die wunderbaren Fortschritte der Technik auf alle Gebiete der Natur aus ... Möchten mit Hilfe der Forschung diese hervorragenden Erfolge das Unterpfand bilden für einen engeren Zusammenhalt, für eine innigere und herzlichere Brüderlichkeit zwischen den Völkern, möchten sie das Wahrzeichen eines mächtigen Emporstiegs der Seelen sein zu den höheren Regionen der Wahrheit, Gerechtigkeit und Güte.«

Friedrich Ebert (SPD), deutscher Reichspräsident, unterstützt die Hoffnung auf internationale Verständigung:

»Möge der Wille zur Gerechtigkeit und der Geist des Friedens auch im kommenden Jahr die Regierungen bei den noch der Lösung harrenden Entscheidungen beseelen, und möge so das, was im vergangenen Jahr so erfolgreich begonnen wurde, auch im kommenden Jahr glücklich weitergeführt werden. Auch die Fragen, deren Regelung noch offen steht und deren Lösung der nächsten Zeit vorbehalten ist, sind von schwerwiegender und weittragender Bedeutung für die Zukunft nicht nur Deutschlands, sondern auch Europas und der Welt, in der friedliche Völker in edlem Wettstreit gemeinsam arbeiten am Fortschritt der Geistesbildung und einer in den Dienst des Friedens gestellten Technik. Das deutsche Volk ... wünscht dazu beitragen zu können, daß für die ganze Welt eine neue Ära des Fortschritts, der Freundschaft und des Friedens anheben möge.«

Der amtierende Reichskanzler Wilhelm Marx von der Zentrums-Partei erhofft sich für das kommende Jahr eine wirtschaftliche Stabilisierung in Deutschland und Europa sowie eine Räumung der Rheinlandzone

»Vor Jahresfrist durfte ich hier den Wunsch aussprechen, das Jahr 1924 möge ein erfolgreiches sein für den Wiederaufstieg unseres Volkes und Reiches. Dieser Wunsch hat sich wenigstens zu einem Teil erfüllt. Unsere Wirtschaft hat, wenn auch unter Überwindung schwerer Krisen, wieder festeren Boden gewonnen, die Arbeitslosigkeit hat abgenommen, und die Bevölkerung des besetzten Gebietes ... hat erfreulicherweise eine Erleichterung ihrer Lage erfahren. Leider scheinen die Erwartungen, die wir nach dem Abschluß der Londoner Verhandlungen hegen durften, zu Beginn des Jahres 1925 zunächst nicht verwirklicht zu werden. Nach den uns vorliegenden Nachrichten müssen wir annehmen, daß die alliierten Mächte den im Versailler Vertrag für die Räumung der ersten Rheinlandzone vorgesehenen Termin ... nicht innehalten wollen, und zwar aus Gründen, die wir nicht anerkennen können.«

Frankreichs Präsident Gaston Doumergue nimmt auf dem Neujahrsempfang in Paris Stellung zur internationalen Friedenspolitik

Er erklärt u. a., daß alle Völker einen Frieden herbeisehnten. Um sich mit Sicherheit gegen mögliche Konflikte zu schützen, sei es notwendig, daß jede Regierung an dieser Aufgabe aufrichtig mitarbeite, indem sie entschlossen für sich eine Friedenspolitik betreibe. Frankreich habe die Überzeugung, im abgelaufenen Jahr ein Beispiel in dieser Richtung gegeben zu haben, indem es sich bemüht habe, die Frage, die seine größten Interessen berührte, in einem Geiste des Entgegenkommens, der Gerechtigkeit und der menschlichen Solidarität zu lösen.

Auf die ökonomische Situation seines Landes geht der österreichische Bundeskanzler Rudolf Ramek (Christlichsoziale Partei) ein.

Trotz aller Kritik sieht er es als Tatsache an, daß die österreichische Wiederaufrichtungspolitik schon jetzt den größten Teil des von ihr erwarteten Erfolges gebracht habe. Österreichs Regierung bliebe auch für die nächste Zeit von der Erwägung geleitet, daß sie nicht, nur um gegen augenblickliche Not zu steuern, die Grundlagen der dauernden Gesundung Österreichs preisgeben werde und nicht in die Inflationswirtschaft zurückgleiten dürfe.

Papst Pius XI. während des Neujahrsempfanges in Rom vor Kirchenvertretern und dem diplomatischen Korps

Kölner Zone bleibt weiterhin besetzt

5. Januar. In Berlin überreichen die Botschafter der Alliierten dem amtierenden deutschen Reichskanzler Wilhelm Marx (Zentrum) eine Kollektivnote, in der mitgeteilt wird, daß die am 10. Januar vorgesehene Räumung der Rheinlandzone nicht stattfinden wird.

Begründet wird diese Entscheidung von den Regierungen Großbritanniens, Frankreichs, Japans und Belgiens mit einer vollkommen ungenügenden deutschen Abrüstung.

Die Besetzung des linken Rheinufers sowie der Brückenköpfe Köln, Koblenz und Mainz erfolgte aufgrund des Versailler Friedensvertrages vom 28. Juni 1919. Die Siegermächte des Weltkrieges – allen voran Frankreich – wollten damit nicht nur wirtschaftliche Vorteile erlangen, sondern auch Sicherheitsbereiche schaffen. In Etappen von fünf, zehn und 15 Jahren sollten diese Zonen geräumt werden; die Räumung der Kölner Zone war ursprünglich für den 10. Januar 1925 geplant.

Die Nichteinhaltung des Termins stößt im Deutschen Reich auf Unverständnis, zumal die Begründung als fadenscheinig empfunden wird. In Köln und Berlin finden Protestdemonstrationen statt, der Kölner Oberbürgermeister Konrad Adenauer (Zentrum) bezeichnet dies als den »härtesten Schlag, der das Gebiet seit dem Zusammenbruch des Jahres 1918 trifft«.

Tatsächlich sind die Vorwürfe der Alliierten sehr allgemein gehalten; die wahren Gründe sind wohl eher in der innenpolitischen Situation Frankreichs zu suchen, dessen Bevölkerung noch immer äußerst empfindlich auf Zugeständnisse Deutschland gegenüber reagiert.

In den Antwortnoten vom 6. und 27. Januar wendet sich der amtierende deutsche Außenminister Gustav Stresemann (DVP) gegen den Vorwurf der ungenügenden Abrüstung, doch vermeidet er jede Schärfe. Er sucht weiterhin den Weg der Verständigung und überreicht deshalb am → 9. Februar (S. 38) Vorschläge für Sicherheitsgarantien.

Sie haben Deutschland sehr wachsam im Blick: Französische Soldaten am Deutschen Eck, dem Zusammenfluß von Mosel und Rhein bei Koblenz

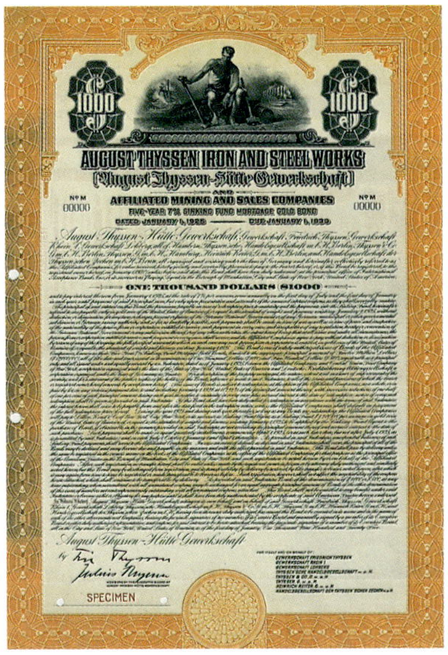

1000-Dollar-Zertifikat der Amerika-Anleihe für die Thyssen-Hütte

US-Dollar für den Thyssen-Konzern

9. Januar. Vertreter der August-Thyssen-Hütte und des US-amerikanischen Bankhauses Dillon, Read & Co. unterzeichnen einen Vertrag über eine Anleihe von zwölf Millionen US-Dollar. Der Eisen- und Stahlkonzern erhält diesen Kredit für eine Laufzeit von fünf Jahren bei einem Zinssatz von 7%. Als Sicherheit bringt Thyssen den Konzernbesitz im Wert von 17 183 500 US-Dollar in den Abschluß mit ein.

Geschichte des Unternehmens

1867 gründete August Thyssen gemeinsam mit seinem Vater ein Band- und Stabeisenwalzwerk, die Thyssen & Co. Kommanditgesellschaft in Mülheim an der Ruhr. Mit dem späteren Erwerb von Maschinenfabriken, Steinkohlefeldern sowie französischen Werken entstand schließlich der Thyssen-Konzern, neben Krupp das größte deutsche Eisen- und Stahlunternehmen. Der Konzernsitz ist in Duisburg.

Mangel an Finanzkapital herrscht nicht nur im Thyssen-Konzern. Aufgrund des Weltkrieges und der nachfolgenden Krise – kapitalkräftige Unternehmen legten ihre Bargeldwerte während der Inflation in Sachwerten an – ist die gesamte deutsche Industrie geschwächt. Zahlreiche Industrieunternehmen suchen deshalb ausländische Geldgeber, um ihre Werke ausbauen zu können.

Entschädigung für die Schwerindustrie

28. Januar. Nach der Rede des Finanzministers Otto von Schlieben (DNVP) vor dem Haushaltsausschuß des Deutschen Reichstages in Berlin kommt es zu einer heftigen Debatte über Entschädigungszahlungen an deutsche Großindustrielle von Rhein und Ruhr.

Aufgrund einer Anfrage des SPD-Abgeordneten Hermann Müller gibt die Regierung bekannt, daß sie bisher 715 Millionen Reichsmark an die Schwerindustrie als Wiedergutmachung für im Jahr 1923 geleistete Reparationen gezahlt habe. Die Unternehmen lieferten damals auf Druck der Besatzungstruppen hin Kohle u. a. Erzeugnisse an die Alliierten. Grundlage dafür bildeten die sog. MICUM-Verträge – benannt nach der internationalen Kontrollkommission für Hütten- und Bergwerke. Der damalige Reichskanzler Gustav Stresemann (DVP) garantierte der Ruhrindustrie seinerzeit brieflich den Ersatz aller Schäden. Diese Zusagen nehmen nun die Regierungsvertreter als Rechtfertigung für ihre Zahlungen, die sie ohne Zustimmung des Reichstages vorgenommen haben. Neben dieser Verletzung des Bewilligungsrechtes stößt auch die ungerechte Verteilung auf Protest. Obwohl damals auch Klein- und Mittelbetriebe von den Besatzern zur Kasse gebeten wurden, erhielten bisher nur die großen Industrieunternehmen einen Ersatz.

Der Stahlindustrielle Albert Vögler wird nach der Gründung der Vereinigten Stahlwerke AG im Jahr 1925 Vorstandsvorsitzender

Finanzminister Otto von Schlieben (DNVP) rechtfertigt vor dem Reichstag Entschädigungszahlungen für die Schwerindustrie

Hugo Stinnes jr. hofft, durch die Finanzhilfe des Reiches das hochverschuldete größte deutsche Unternehmen sanieren zu können

In die Affäre verwickelt: V. l. Postminister Höfle, der ehem. Staatsbankpräsident Dombois, Barmat, der Beamte Michael, Preußens Finanzminister v. Richter

Korruptionsaffäre um den Postminister

9. Januar. Der Deutsche Reichstag in Berlin setzt einen Untersuchungsausschuß zur Aufklärung der Korruptionsaffäre um den Konzern der Gebrüder Barmat ein.
In diesen Skandal sind mehrere Politiker verwickelt, u. a. Anton Höfle (Zentrum). Er tritt aus diesem Grund von seinem Amt als Reichspostminister zurück, wird später verhaftet und stirbt am 21. April im Untersuchungsgefängnis.
Julius Barmat, der am 31. Dezember 1924 verhaftet wurde, betrieb mit seinen Brüdern einen Lebensmittelkonzern, der besonders während der Inflation große Gewinne erzielte. Ihre guten Beziehungen zu deutschen Politikern nutzten die Brüder in den Verhandlungen über Kredite. So erhielt der Barmat-Konzern u. a. von der Reichspost ab Juni 1924 14,5 Millionen Reichsmark. Mit dem Zusammenbruch des Unternehmens Ende 1924 muß nun der Staat die Verluste tragen, was von der deutschnationalen Presse zu einer Verleumdungskampagne gegen Politiker des Zentrums und der Sozialdemokratie benutzt wird, der u. a. auch Reichspräsident Friedrich Ebert (SPD) – allerdings unbegründet – ausgesetzt ist. Man versucht so, die Republik als einen Nährboden für Korruption und Vetternwirtschaft zu diskriminieren.

In der »Jugend« veröffentlichte Karikatur zum »Barmat-Sumpf«

Eberts Verhalten durchaus korrekt

30. Januar. Auf der Sitzung des »Barmat-Ausschusses« (→ 9. 1. / S. 16) kommen die Beziehungen zwischen SPD und dem Lebensmittelkonzern zur Sprache. Dabei wird festgestellt, daß »führende Herren der Sozialdemokratie« während eines internationalen Sozialistenkongresses Anfang Mai 1919 in Amsterdam mit Herrn Julius Barmat bekannt wurden. Gleichzeitig wird aber bewiesen, daß sich der Reichspräsident Friedrich Ebert (SPD) in keinerlei Geschäfte mit den Brüdern einließ.

Der bayerische Landtag stimmt für das Konkordat

15. Januar. Der bayerische Landtag in München bestätigt das am 29. März 1924 zwischen der katholischen Kirche und dem bayerischen Staat geschlossene Konkordat.
Gleichzeitig akzeptiert das Parlament ähnliche Verträge mit der evangelischen Kirche im links- und rechtsrheinischen Gebiet.
Von den Abgeordneten stimmten 73 dafür, 52 – in der Hauptsache Sozialdemokraten, Kommunisten und Völkische – dagegen. Letztlich hing die Entscheidung von den Deutschnationalen ab. Die DNVP verlangte, daß einige ihrer Forderungen aufgenommen würden, z. B. die Aufrechterhaltung der staatlichen Schulaufsicht. Als man sich auf entsprechende Formulierungen geeinigt hatte, stand einer Abstimmung nichts mehr im Wege.
In 16 Artikeln regelt das Vertragswerk die Beziehungen zwischen der katholischen Kirche und dem bayerischen Staat. Es werden u. a. der christliche Charakter Bayerns und das Selbstbestimmungsrecht der Kirche sowie der staatliche Schutz für die Kirche festgeschrieben. Der Religionsunterricht wird im Rahmen des allgemeinen Schulunterrichts fest verankert.
Die »Frankfurter Zeitung« nimmt kritisch dazu Stellung: »Die Rechte des Staates sind durch die zustandegekommenen Verträge zugunsten der Kirche in einem Maße eingeschränkt worden, wie seit über einem Jahrhundert nicht mehr.«

Feierlicher Schlußakt der Verhandlungen um das Konkordat zwischen der bayerischen Regierung und dem Päpstlichen Stuhl mit Nuntius Pacelli (M., sitzend) und dem bayerischen Ministerpräsidenten Heinrich Held

Mussolini schafft den totalitären Staat

3. Januar. In seiner Rede vor dem italienischen Parlament kündigt der italienische Ministerpräsident Benito Mussolini verschärfte gesetzliche Maßnahmen gegen oppositionelle Kräfte an.
Bereits am 31. Dezember 1924 waren die liberalen und linken Zeitungen beschlagnahmt und bei den wichtigsten antifaschistischen Persönlichkeiten Hausdurchsuchungen durchgeführt worden. Nach der Rede des Duce (→ Rede des Duce vor dem Parlament), von der er selbst sagt, sie sei »vielleicht nicht mehr als parlamentarisch zu bewerten«, kommt es im ganzen Land zu Massenverhaftungen, Verbot von Vereinen, Hunderten von Hausdurchsuchungen und gewalttätigen Übergriffen auf Gegner des Regimes.
Am 5. Januar werden die restlichen rechtsliberalen Minister zum Rücktritt gezwungen. Der neue Justizminister Alfredo Rocca erläßt die »Leggi fasci stissime«, durch die der Ministerpräsident ermächtigt wird, Dekrete anstelle von Gesetzen zu erlassen. Damit hat Mussolini die volle Verfügungsgewalt über die Exekutive. Das bedeutet den Anfang des totalitären faschistischen Italien. Proteste und Widerstand oppositioneller Kräfte werden niedergeschlagen, Gewerkschaften gleichgeschaltet, gegnerische Parteien verboten. Zahlreiche politische Gegner werden zu Zwangsaufenthalten auf den Mittelmeerinseln verurteilt.
Am 2. Februar übernimmt der Radikalfaschist Roberto Farinacci das Amt des obersten Parteisekretärs, und im Juni spricht Mussolini vom »granitenen Block des Faschismus«, vom »trotzigen totalitären Willen« und von der »Faschisierung der Nation«, die vom Willen zur Schaffung eines Imperiums erfüllt sein werde.

Mussolini (2. v. r.) auf einer Kundgebung in Mailand; Anlaß ist der Jahrestag des Marsches auf Rom und der Machtübernahme am 28. Oktober 1922

Nach der Verkündung verschärfter gesetzlicher Maßnahmen gegen die italienische Opposition kommt es in den Straßen Roms zu heftigen Auseinandersetzungen zwischen Faschisten und demokratischen Oppositionellen

Rede des Duce vor dem Parlament

Mit seiner Rede am 3. Januar 1925 vor dem Parlament in Rom leitet der Duce Benito Mussolini endgültig die faschistische Diktatur in Italien ein.
»Man täuscht sich in der Annahme, daß die Kraft des Faschismus gebrochen sei . . . Man sagt: Der Faschismus ist eine Barbarenhorde, die sich inmitten der Nation niedergelassen hat. Eine Bewegung von Banditen und Räubern. Man inszeniert die bei uns wohlbekannte ›moralische Frage‹. Wir kennen die traurige Geschichte der ›moralischen Frage‹ in Italien. – Nun, ich erkläre hier vor dem Angesicht dieser Versammlung, angesichts des ganzen italienischen Volkes, daß ich ganz allein die politische, moralische und historische Verantwortung für alles Vorgefallene auf mich nehme! – Wenn mehr oder weniger verstümmelte Phrasen genügen, einen Menschen dem Galgen auszuliefern, dann heraus mit Knüppel und Heugabel! Daß der Faschismus mehr war als die gewaltsame Anwendung von Rizinusöl und Prügelstrafe, daß er eine herrliche Leidenschaft der besten italienischen Jugend war, daran bin ich schuld, ich ganz allein! Wenn der Faschismus eine Vereinigung zwecks Verbrechen war, so bin ich deren Haupt! . . .
Bedenken Sie, daß ich zu solchen Maßregeln nicht gegriffen hätte, wenn nicht die Interessen der Nation auf dem Spiel gestanden hätten. Aber ein Volk achtet eine Regierung nicht, die sich geringschätzig behandeln läßt. Ein Volk will seine eigene Würde in der Würde der Regierung widergespiegelt sehen! Schon ehe ich es wagte, rief das Volk: Genug! Das Maß ist voll! Und warum war es voll? Weil die Empörungen des Aventin [Zusammenschluß der nichtkommunistischen Gegner des Faschismus] republikanische Ursachen haben . . . Ich habe das Parlament . . . geprüft und beherrsche die Sachlage. Nun gut – 48 Stunden nach meiner Rede wird die Lage völlig geklärt sein.«

Parteiführer in Kroatien verhaftet

5. Januar. Die Regierung des demokratischen Königreiches der Serben, Kroaten und Slowenen (Jugoslawien) läßt in Agram (Zagreb) den Führer der kroatischen Bauernpartei, Stjepan Radić, verhaften. Dem Politiker werden Kontakte zur Komintern vorgeworfen. Zwar bezeichnet Radić sich nicht als Kommunist, jedoch erhoffte er sich von den Gesprächen in Moskau eine Stärkung seiner Position. Ziel der von Radić 1904 gegründeten Bauernpartei ist die Autonomie Kroatiens innerhalb eines föderalistischen Verbundes mit Serbien und Slowenien. Dem entgegen steht der Führungsanspruch der serbischen Regierung in Zagreb in einem zentralistisch regierten Staat mit mehr als 15 Nationalitäten (→ 17. 7./S. 127).

Briefkastenstreit innerhalb Danzigs

5. Januar. Polen stellt in Danzig Briefkästen auf und errichtet somit einen eigenen Postdienst in der Freien Stadt.
Tags darauf schon protestiert der Danziger Senat bei der Regierung in Warschau gegen diesen Vorgang und verlangt die sofortige Beseitigung der Kästen außerhalb des polnischen Postgrundstückes. Die Danziger Stadtherren sehen in den Maßnahmen Polens den Versuch, die eigenen Hoheitsrechte zu erweitern und erheben deshalb auch Einspruch beim Völkerbund.
Die Errichtung eines polnischen Staates mit Zugang zur Ostsee führte nach dem Weltkrieg zur Ausgliederung Danzigs aus dem Deutschen Reich; es wurde zur »Freien Stadt« erklärt (→ 22. 10. / S. 175).

Baltische Minister in Helsingfors

18. Januar. In der finnischen Stadt Helsingfors (Helsinki) geht die am 15. Januar begonnene Konferenz der Außenminister Finnlands, Polens, Estlands und Lettlands zu Ende. In ihrem Abschlußkommuniqué stellen die Politiker der ehemals russischen Ostseestaaten Übereinstimmung in allen behandelten Fragen fest. Keine unterschiedlichen Auffassungen gab es z. B. hinsichtlich der Bemühungen des Völkerbundes um die Durchführung des Schiedsgerichtssystems und der Abrüstung; man beschloß einen ständigen Dialog zwischen den Regierungen. Weitere Konferenzthemen waren Erleichterungen im zwischenstaatlichen Verkehrs- und Zollwesen sowie die kulturelle Zusammenarbeit zwischen den einzelnen Ländern.

Georg Lukács gegen Numerus clausus

24. Januar. Die Außerkraftsetzung des Numerus clausus fordert im ungarischen Nationalrat der kommunistische Abgeordnete und Literaturhistoriker Georg Lukács.
An den ungarischen Universitäten besteht eine Beschränkung für jüdische Bewerber: Sie dürfen insgesamt nur sechs Prozent der Studierenden stellen. Unter der Zustimmung eines großen Teils der Abgeordneten erklärt Lukács, daß so die jüdische Jugend gezwungen werde, ins Ausland zu gehen und sich so dem Ungartum entfremde. Ministerpräsident István Graf Bethlen von Bethlen hält jedoch eine Änderung für unnötig, da der Numerus clausus nur für die jüdische Rasse gelte, nicht aber für die assimilationsbereiten Jugendlichen.

Demokratie im Land der Skipetaren

21. Januar. Die Nationalversammlung von Albanien proklamiert die Republik und erklärt den 21. Januar zum Nationalfeiertag. Der bisherige Ministerpräsident Achmed Zogu wird zehn Tage darauf zum Präsidenten für sieben Jahre gewählt und das im Innern des Landes liegende Tirana zur künftigen Hauptstadt der Republik Albanien erklärt.
Dieser demokratische Akt beendet innenpolitische Auseinandersetzungen, die 1921 nach der internationalen Anerkennung der Unabhängigkeit Albaniens begonnen hatten. Im wesentlichen standen sich zwei Gruppierungen gegenüber, die wiederum den rivalisierenden Nachbarländern verbunden waren: Die christlichen Stämme unter Führung des orthodoxen Bischofs Fan Noli kooperierten mit der italienischen Regierung, und Achmed Zogu suchte Unterstützung bei den Serben in Jugoslawien.
Als im Juni 1924 Fan Noli die Macht übernahm, stellte Zogu eine Truppe aus Jugoslawen zusammen und konnte mit diesen Soldaten im Dezember Fan Noli besiegen. Im Anschluß daran wurden Katholiken verhaftet, das Gymnasium der Franziskaner in Skutari geschlossen und deren albanische Bibliothek fast gänzlich zerstört.
Die Tatsache, daß Zogu fremde Söldner ins Land holte, stößt allerdings auf wenig Sympathie bei den Albanern – zumal die Städte Kriegskontributionen auferlegt bekommen, damit die Militärs ausbezahlt werden können. Zunächst hat Zogu deshalb Probleme, Bereitwillige für die Ministerposten zu finden, so daß er vier Ämter für die erste Zeit zunächst selbst übernimmt.
Allgemein wird angenommen, daß der serbenfreundliche Politiker eine Föderation mit Südslawien anstrebt. Als erstes leitet er dann auch die Verhandlungen für den Abschluß einer Zollunion mit dem serbischen Nachbarn ein.

Achmed Zogu, Präsident der Republik in den albanischen Bergen

Albanisch-serbische Söldnertruppen auf dem Marsch in die künftige albanische Hauptstadt Tirana. Mit ihrer Hilfe übernimmt Achmed Zogu die Macht.

Der Earl of Oxford and Asquith

Premier Asquith nun im Oberhaus

26. Januar. Der bisherige Führer der Liberalen im britischen Unterhaus, Herbert Henry Asquith, tritt als Earl of Oxford and Asquith in das Oberhaus ein. Der 72jährige Politiker – u. a. war er von 1908 bis 1916 Premierminister – empfing zwei Tage zuvor den Titel von Georg V., König von Großbritannien. Als Angehöriger der nur aus Adligen gebildeten 1. Kammer hofft Asquith, seiner seit den letzten Wahlen geschwächten Partei von größerem Nutzen sein zu können.

Trotzki vom Parteigremium abgesetzt

17. Januar. Auf seiner Plenarsitzung in Moskau beschließt das Zentralkomitee der Kommunistischen Partei der Sowjetunion, Leo Trotzki vom Amt des Volkskommissars für Verteidigung zu suspendieren.
Von Trotzki, der aus Krankheitsgründen nicht anwesend ist, wird ein Schreiben verlesen, worin er sich u. a. gegen die Beschuldigung einer Revision des Leninismus und gegen den erhobenen Vorwurf des Pessimismus wendet. Weiterhin heißt es allerdings, er strebe weder eine Sonderstellung in der Partei an, noch lehne er es ab, sich der Disziplin zu unterwerfen oder Parteiaufträge auszuführen. Vielmehr sei er bereit, jede beliebige Arbeit unter jeder beliebigen Parteikontrolle auszuführen – deshalb, so betont er, sei gegen seine schleunigste Enthebung auch nichts einzuwenden.
Zu seinem Nachfolger wird Michail W. Frunse bestimmt, Trotzki erhält zunächst Aufgaben in der Wirtschaftsführung zugeteilt.
Die Absetzung Trotzkis erregt vor allem im Ausland Aufsehen, da man bis jetzt annahm, er könne ein Nachfolger des 1924 verstorbenen Parteivorsitzenden Wladimir I. Lenin werden. Trotzki war zusammen mit Lenin einer der entscheidenden Führer und ein bedeutender Agitator während der Oktoberrevolution 1917.

Der 45jährige Revolutionär und Politiker Trotzki während einer Ansprache vor russischen Soldaten. Nach seiner Ernennung zum Volkskommissar für Verteidigung im Jahr 1918 schuf er die Rote Armee zum Schutz der Sowjetunion und damit die Voraussetzung für den Sieg der Bolschewiki im Bürgerkrieg während der Jahre 1918–22.

Den erfolgreichen Ausgang des nachfolgenden Bürgerkrieges verdankt die junge Sowjetmacht vor allem ihm als dem Begründer, hervorragenden Organisator und Kommandeur der Roten Armee (→ 21. 3./S. 62).

Stalin beginnt den Machtkampf

Der Rücktritt Leo Trotzkis von seinem Regierungsamt (→ 17. 1.) ist eine Folge der schon seit Jahren bestehenden Rivalität zwischen ihm und Josef W. Stalin, die seit dem Tod Wladimir I. Lenins am 21. Januar 1924 offen ausgetragen wird.
Wenn auch Lenin in seinem Testament eine kollektive Machtausübung für die Zukunft empfahl, dachten doch wohl beide an eine alleinige Nachfolge. Stalin gelingt es allerdings sehr schnell, seinen kritischen Widersacher Trotzki innerhalb der Parteiführung zu isolieren.
Trotzki wendet sich gegen die wachsende Bürokratie des Parteiapparates und erklärt sich nicht mit Stalins Theorie vom »Sozialismus in einem Land« einverstanden. Er vertritt nach wie vor die Meinung, daß der Kommunismus nicht ohne Weltrevolution erreicht würde – eine Ansicht, die er mit den Schriften Lenins rechtfertigt.

Anläßlich der Umbenennung Kristianias in Oslo blüht das Geschäft mit Blumen und Kränzen

Neuer Name für Norwegens Metropole

1. Januar. *Die norwegische Hauptstadt erhält ihren früheren Namen Oslo zurück. Die ganze Stadt wird mit Blumen geschmückt, um die anläßlich des 300jährigen Stadtjubiläums 1924 beschlossene Namensänderung zu feiern. 1048 hatte König Harald III., Hardråde von Norwegen, hier einen Handelsplatz gegründet, der bald zur wichtigsten Residenz des Landes wurde. Nachdem die Stadt 1567 fast völlig niedergebrannt war, ließ König Christian IV. von Dänemark und Norwegen die Stadt 1624 neu aufbauen und nannte sie Christiania (ab 1877 Kristiania). Seit der Lösung von Schweden 1905 ist sie Norwegens Hauptstadt.*

Unterzeichnung durch Japans Minister Yoshizawa (l.) und den russischen Botschafter Karakhan (v.)

Tokio und Moskau einigen sich in Peking

20. Januar. *In Peking unterzeichnen Vertreter der japanischen und der sowjetischen Regierungen einen Vertrag über gegenseitige diplomatische Anerkennung. Außerdem erklären beide Länder die Ungültigkeit aller während der Zarenzeit zwischen Rußland und Japan geschlossenen Abkommen und einigen sich über den Modus der Schuldenrückzahlungen. Die z. Z. von Japan besetzte Insel Sachalin erhält die UdSSR unter der Bedingung zurück, daß sie Japan Konzessionen für den Abbau von Erdöl und Kohle auf Sachalin garantiert. Seit dem Ende des russisch-japanischen Krieges 1905 ist Südsachalin in japanischer Hand.*

Politische Wirren im Reich der Mitte

12. Januar. *Bei dem Versuch, die chinesische Stadt Schanghai zu besetzen, kommt es zu heftigen Straßenkämpfen zwischen den Truppen des Generals Schi Siejuin und den dort stationierten ausländischen Soldaten sowie Polizisten. Besonders betroffen ist die einheimische Bevölkerung; die Einnahme des Ausländerviertels wird verhindert.*
Die politische Lage in China bietet z. Z. ein verworrenes Bild. Mehrere Generäle versuchen mit ihren Einheiten, gegen die verschiedenen Regierungen im Norden und Süden des Landes Siege zu erringen, um die ihnen nicht genehme Entwicklung des Reiches zu einer Republik aufzuhalten. Dabei gibt es jedoch kein gemeinsames Vorgehen, vielmehr machen sie sich untereinander die militärische Vorherrschaft streitig. Als dritte Macht verfolgen ausländische Staaten vehement das Ziel der finanziellen Ausbeutung des »Reichs der Mitte« *(→ 30. 5./S. 99).*

Verwundete Soldaten mit den Särgen ihrer gefallenen Kameraden auf dem Heimweg

Coolidge auf der Friedenskundgebung

25. Januar. In New York treffen sich mehrere tausend Vertreter aus allen Teilen der Vereinigten Staaten zu einer Friedenstagung.
Erklärtes Ziel der Konferenz ist es, die Sache des Friedens zu fördern. Die Teilnehmer gehören verschiedenen Vereinen an, so befinden sich z. B. Delegierte von neun großen Frauenorganisationen darunter. Wichtiger Punkt ihrer Forderung ist der Beitritt der USA zum Haager Schiedshof, eine Einrichtung, die in Ausführung des Haager Abkommens von 1899 zur friedlichen Erledigung internationaler Streitigkeiten geschaffen wurde. Die Mitgliedschaft der USA am Weltgerichtshof scheiterte bisher an der ablehnenden Haltung des Senats. In seiner Rede vor der Konferenz gibt US-Präsident Calvin Coolidge seiner Hoffnung Ausdruck, daß der Widerstand des Gremiums in dieser Frage bald gebrochen sein werde. Ein Zusammenbruch sei unvermeidlich, wenn es der Welt nicht gelänge, eine Methode zu finden, wodurch Kriege verhindert würden. Die Menschen in Amerika und überall auf der Welt ersehnten den Frieden.

Erfolg der Aufständischen in Marokko

30. Januar. In der von den Spaniern besetzten Zone Marokkos gelingt es den aufständischen Rifkabylen (ein Berberstamm im marokkanischen Rifatlas) unter Abd el-Krim, die Dscheballastämme des Caid Raysuli zu schlagen. Der bisher mit der spanischen Besatzungsmacht kooperierende Raysuli schließt sich daraufhin den Aufständischen an. Damit strebt die Krise im spanisch und französisch besetzten Marokko einem neuen Höhepunkt zu.
Zunächst war der 1921 begonnene Aufstand der Rifkabylen eine lokal begrenzte Erhebung im spanisch besetzten Teil von Marokko, dem »Marruecos Espanol«. Marokko verlor seine Souveränität 1912 im Protektoratsvertrag von Fes an Frankreich, das in einem Abkommen mit Spanien gleichzeitig die spanisch besetzten Gebiete von der französischen Zone abtrennte. Seitdem sorgen immer wieder Aufstände für Unruhe. Am 1. Februar 1922 schließlich gründete Abd el-Krim eine unabhängige Rifrepublik, 1923 mußten sich die spanischen Truppen auf die Nordwestspitze Marokkos zurückziehen. Seit Ende des Jahres 1924 rücken die Aufständischen immer weiter vor und kommen nun den Städten Fes und Tara schon gefährlich nahe. Mit dem Übertritt von Caid Raysuli ist nun auch das französische Protektorat in Marokko bedroht (→ 22. 6./S. 112).

Spaniens Verbündeter Caid Raysuli unterliegt gegen die Rifkabylen

Abd el-Krim verteidigt das Gebiet im Rifgebirge gegen die Eindringlinge

Metallarbeiter für den Achtstundentag

6. Januar. Unter dem Vorsitz des schweizerischen Delegierten Konrad Ilg treffen die Mitglieder des Internationalen Komitees der Metallarbeiter in Paris zu ihrer Jahressitzung zusammen.
Anwesend sind Vertreter aus zwölf europäischen Ländern. Als Themen stehen auf der Tagesordnung: Arbeitszeit- und Lohnfragen sowie die Situation der Metallindustrie in den verschiedenen Staaten. Nach einer Diskussion über die Arbeitszeitverkürzung beschließen die Delegierten, eine internationale Aktion zur allgemeinen Durchsetzung des schon lange geforderten Achtstundentages zu organisieren. Die Arbeitszeitbeschränkung auf acht Stunden täglich ist bisher nur in wenigen Ländern Gesetz. Auch im Deutschen Reich hatten die Unternehmer 1923 die seit der Novemberrevolution gültige Regelung wieder abgeschafft – als Voraussetzung für die »Stabilisierung« der Weimarer Republik (→ 6. 4. / S. 75).

Zum Einkauf kommen diese britischen Hausfrauen nur per Boot; auch für das Fahrrad ist Platz

Ablösung durch den Schiffsführer: Aus dem gestrandeten Bus nahe Maiderheads werden die Insassen geborgen

Nur mit Mühe kann sich der Linienbus im Wasser fortbewegen

Einem Kanal gleicht diese unpassierbare Straße in Shepperton

Auf die britische Post ist Verlaß – auch wenn sie durchs Wasser muß

Ein seltener Anblick: Die zugefrorenen Niagarafälle

Die Niagarafälle sind 49 m hoch und 790 m breit

Frost in Amerika – Frühling in Europa

2. Januar. Ein gewaltiger Wirbelsturm, der zum Teil ungeheure Schneemassen mit sich führt, fegt über die gesamte Ostküste Nordamerikas hinweg. Er verursacht Störungen im Straßen- und Eisenbahnverkehr, vernichtet Telefonleitungen und bringt die Luftfahrt zum Erliegen. In New York kommen Busse und Automobile kaum noch durch die beängstigend hohen Verwehungen, vielerorts blockieren aufgetürmte Schneeberge Haus- und U-Bahneingänge. Diesem Unwetter folgt bald eisige Kälte nach. Menschen erfrieren in ihren Wohnungen, weil sie nicht genügend Heizmaterial besitzen, Obdachlose sterben, da sie bei Temperaturen von mehr als minus 20 °C im Freien übernachten müssen.

Bis hoch nach Kanada bringt der Frost die Landschaft zum Erstarren und verleiht ihr dabei auch einen sehr eigenen – eisigen – Reiz. Tausende von Besuchern lockt der faszinierende Anblick der gefrorenen Niagara-Fälle an, denn dieses bizarre Schauspiel kann nur selten beobachtet werden.

Zur selben Zeit herrscht in großen Teilen Europas frühlingshaftes Wetter. Am Abend des 3. Januar beträgt die Temperatur in Frankfurt am Main z. B. 13,4 °C über dem Gefrierpunkt. Seit 1834 ist das der höchste im Monat Januar gemessene Temperaturwert.

Allerdings toben auch an der europäischen Atlantikküste orkanartige Stürme, die im Verein mit heftigen Regenfällen für große Überschwemmungen in Belgien und den Niederlanden sorgen. Besonders betroffen ist Großbritannien. Der Wasserstand der Themse steigt so schnell, daß keine Vorsorge mehr getroffen werden kann und der Fluß an mehreren Stellen über die Ufer tritt. Die Schiffahrt auf der Themse ist nur unter größten Schwierigkeiten aufrechtzuhalten. An der Südküste halten viele Deiche dem Druck nicht mehr stand, weite Teile des Landes werden von Wassermassen überflutet.

Nach den Aussagen der Meteorologen sind derartig viele Stürme hintereinander von einer solchen Intensität seit November 1893 hier im nördlichen Mitteleuropa nicht mehr aufgetreten.

Gesundheit 1925:

Vorbeugemaßnahmen als Inhalte medizinischer Programme

In den vergangenen Jahren lenkte das Gesundheitswesen im Deutschen Reich sein Augenmerk besonders auf die Bekämpfung von Massenerkrankungen, deren Ursachen vor allem in der herrschenden Not nach dem Krieg und während der Inflationszeit zu suchen waren. Eine Besserung des allgemeinen Lebensstandards und staatliche soziale Maßnahmen führen zu einem leichten Rückgang der Ausbreitung z. B. von Rachitis und Tuberkulose. So versucht man u. a. durch gesetzliche Schritte das Wohnungselend vor allem in den Großstädten zu beseitigen; in Berlin tritt eine neue Bauordung in Kraft, die eine Errichtung neuer sogenannter Mietskasernen verhindern soll.

Auch die Kinder- und Säuglingssterblichkeit ist leicht zurückgegangen. Starben 1919 in Hessen z. B. noch 118,2 Kinder von tausend im ersten Lebensjahr, waren es 1924 nur noch 82. 1912 zählte man sogar 121,6. Die Mütter- und Säuglingsforschung sieht die Ursache dafür im gewachsenen Verständnis der Frauen für Hygiene und moderne Kinderpflege.

Ärzteverbände und öffentliche Fürsorgeeinrichtungen richten ihre Aufmerksamkeit nunmehr auf die Verhinderung von Krankheiten. Wichtiger Punkt hierbei ist die Aufklärung der Bevölkerung. In Ausstellungen und Kampagnen versucht man der Bevölkerung klarzumachen, wie wichtig Körperhygiene und gesunde Lebensweise als vorbeugende Maßnahmen für die Gesundheit sind.

In Karlsruhe weisen Zahnärzte und Dentisten gleich mit zwei großen Aktionen auf die »Bedeutung der Pflege von Zahn und Mundhöhle für die Volksgesundheit« hin. 12 000 Schulkinder bekommen je eine Zahnbürste und eine Zahnpastatube geschenkt, außerdem wird eine fahrbare, überall einsatzbereite Schulzahnklinik vorgestellt.

Bekämpfung durch Vorbeugung ist auch Thema einer medizinischen Woche unter dem Motto »Medizinische Wissenschaft und das Volk« in Essen, organisiert von der »Notgemeinschaft deutscher Wissenschaft«. Als Mitveranstalter treten hier auch die Gewerkschaften auf. Neben der Bekämpfung von Massenkrankheiten interessiert sie vor allem die Unfallverhütung. Ärzte der verschiedenen Richtungen setzen sich seit einiger Zeit damit auseinander, u. a. auch der Berliner Mediziner Paul Plaut. Er veröffentlicht in der »Frankfurter Zeitung« einen Beitrag über die psychologische Unfallprophylaxe und stellt darin fest, daß 80 bis 90% der Unfälle – ob nun im Straßenverkehr oder in der Arbeitswelt – psychologische Ursachen haben. Dabei sieht er in persönlichen Faktoren eine gewisse Unfalldisposition: Mangel an Geistesgegenwart, leichte Ablenkbarkeit, Leichtsinn, Sorglosigkeit, geringe Sinnestüchtigkeit etc. Um die verheerenden Folgen eines von solchen Kriterien bestimmten Verhaltens so gering wie möglich zu halten, seien zunächst weitgehende »physikalische Vorsichtsmaßnahmen« in den Fabriken notwendig, also der Einbau von Arbeitsschutzvorrichtungen. Einer weiteren Unfallursache – Ermüdungserscheinungen – müsse mit einer Verminderung der Arbeitszeit unter Beachtung von Arbeitstempo, -dauer und der Temperatur am Arbeitsplatz begegnet werden. Dazu kämen dann vorbeugende Maßnahmen im psychologischen Bereich. Zu diesem Zweck hat der Verband der Deutschen Berufsgenossenschaften in freier Trägerschaft eine »Unfallverhütungs A. G.« ins Leben gerufen.

Da sich in Deutschland nicht nur der Leistungs-, sondern auch der Massensport mehr und mehr durchsetzt, konzentrieren sich immer öfter Mediziner auf diesen Bereich, um auch hier gesundheitlichen Schäden vorzubeugen. Eine Einführung des sportmedizinischen Lehrfaches an den Universitäten ist deshalb für die nächste Zeit geplant.

Umfangreiche Untersuchungen führt die Sportärztliche Vereinigung auf der I. Internationalen Arbeiterolympiade im Juli in Frankfurt am Main durch (→ 24. 7. / S. 136). Die Sportärzte verfolgen mit ihrer Arbeit zwei große Ziele: Einerseits wollen sie verhindern, daß die Aktiven durch falsches oder ungenügendes Training, ungeschickte Techniken, Überanstrengung etc. körperliche Schäden erleiden, andererseits interessieren sie sich für physiologische Veränderungen während und durch Belastungen. Außerdem fordern sie für alle bei Wettkämpfen startenden Sportler die Einführung einer »pflichtgemäßen ärztlichen Feststellung der Startfähigkeit«.

Im September treffen die Ärzte des Deutschen Reiches in Leipzig zu ihrer alljährlichen Tagung zusammen. Neben dem Referat »Ärztestand und Leibesübungen« findet vor allem der Vortrag über »Die Bekämpfung der Abtreibungsseuche« Beachtung in der Presse. Anlaß für die Behandlung dieses Themas ist die Diskussion über den Entwurf eines neuen Strafgesetzbuches, das dem Deutschen Reichstag in diesem Jahr vorgelegt wird. Von diesem Gesetz erwarten sich vor allem

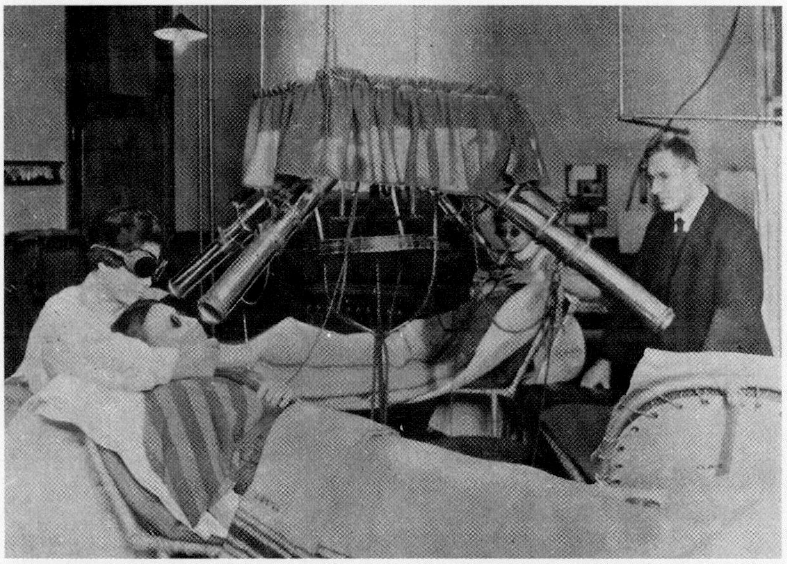

Lichtbehandlung mit einer Finsen-Lampe im Londoner Guy's Hospital. Diese Lampe kann mit ihrer kurzwelligen Strahlung u. a. Hauttuberkulose bekämpfen. Entwickelt wurde sie von dem 1904 verstorbenen dänischen Mediziner Niels Ryberg Finsen, der dafür 1903 den Nobelpreis für Medizin erhielt.

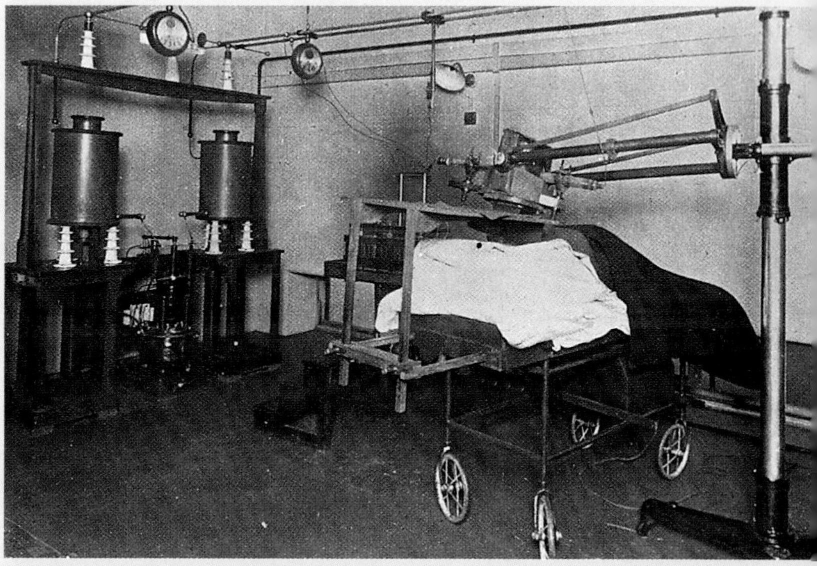

Durch die Entdeckung unterschiedlicher Strahlen in den vergangenen Jahren ergeben sich für die Heilmedizin neue Möglichkeiten. Das Foto zeigt ein im Londoner Guy's Hospital installiertes Instrument, das mit Hilfe einer Spannung von 300 000 Volt Röntgenstrahlen zur Krebsbekämpfung erzeugt.

Künstliche Sonne gegen Tuberkulose

Dieses Bild zeigt schwache und tuberkulöse Kinder, die Höhensonnenbestrahlung als Therapie erhalten. Gemeinsam laufen sie mit der Krankenschwester im Kreis um die Energiequelle, um so Hautverbrennungen zu vermeiden.
Die Tuberkulose ist eine der weitverbreitetsten Krankheiten in Mitteleuropa. In Deutschland, wo sie inzwischen meldepflichtig ist, existieren vor allem in großen Städten Vereine der Tuberkulose-Fürsorge, denen ein wesentlicher Anteil am leichten Rückgang der Erkrankungen zuerkannt werden muß. Großen Wert legen diese Vereine auf eine Früherkennung durch regelmäßige Untersuchungen besonders gefährdeter Personenkreise.

die Frauen die Abschaffung des Abtreibungsparagraphen 218. Mehrere tausend werden alljährlich wegen Abtreibungen verurteilt. Meist kommen sie aus Kreisen der Arbeiterfamilien und haben oft keinerlei Kenntnisse über Verhütungsmittel. Aus sozialer Not sind sie häufig gezwungen, von »Kurpfuschern« Eingriffe vornehmen zu lassen. Tausende von Frauen sterben nach Schätzungen des Deutschen Ärztetages jährlich an den Folgen »unerlaubter Eingriffe«, viele bleiben zeitlebens krank. Trotzdem befürworten die Ärzte zwar eine Schwangerschaftsunterbrechung, wenn das Leben der Schwangeren gefährdet ist, lehnen jedoch eine soziale Indikation fast einhellig ab. In ihren Augen wäre eine Aufhebung der gesetzlichen Strafbestimmungen ein verhängnisvoller Mißgriff; weitere Verwilderung der Geschlechtssitten und eine Vermehrung der Geschlechtskrankheiten wären ihrer Meinung nach die Folgen.
Sexualreformen und vernünftige Sexualpolitik sind seit Jahren Ziel des Wissenschaftlers Magnus Hirschfeld. Der am 14. Mai 1868 in Kolberg geborene Wissenschaftler beschäftigt sich u. a. mit der Entwicklung und den Störungen des sexuellen Verhaltens. 1919 gründete er in Berlin das »Institut für Sexualwissenschaft«. Es dient als Lehr- und Forschungsstätte, als Heilungs- und Zufluchtsort, wie ein Schild über dem Eingang verkündet. Hier finden auch Vorträge, Filmvorführungen und Kurse statt. Dieses Institut wird zum Ausgangspunkt für überall in Deutschland entstehende Zentren – wie z. B. in Bremen, Hamburg, im Ruhrgebiet, in Dresden und in Frankfurt am Main. Zumeist haben sie freie Träger, etwa den »Reichsverband für Geburtenregelung und Sexualhygiene« oder die »Internationale Arbeiterhilfe«. Aufgaben und Ziele der Sexualberatungsstellen erstrecken sich im wesentlichen auf drei Bereiche: Die Verbreitung von Informationen über medizinische und psychologische Fragen des Geschlechtslebens, Beratung über Empfängnisverhütung und Hilfe bei ungewollter Schwangerschaft.

Der Franzose Émile Coué, hier im Kreise seiner Patientinnen, entwickelt mit der Autosuggestion ein zwar umstrittenes, aber erfolgreiches neues psychotherapeutisches Heilverfahren.

J. E. Barnard (l.) und W. E. Gye in London. Die Arbeiten der beiden Engländer über »bösartige neue Gewächse« führen zu wesentlichen Erkenntnissen in der Krebsbekämpfung.

Der verstärkte Einsatz von moderner Technik in der Medizin veranlaßte einen Zeichner zu diesem Bild eines Arztes der Zukunft, der mit einem »Fernapparat« von seinem Zimmer aus den Patienten überwacht.

Feierlicher Stapellauf des Kreuzers »Emden« in Wilhelmshaven

Ein Schiff für die Marine

7. Januar. *In der Werft von Wilhelmshaven läuft der erste nach dem Weltkrieg gebaute Kreuzer der Deutschen Kriegsmarine vom Stapel. Die »Emden« entspricht in ihren Ausmaßen den Bestimmungen des Versailler Vertrages: Sie besitzt eine Wasserverdrängung von 6000 t, ist 130 m lang, 15 m breit und erreicht 54 km/h.*

Foto eines gerade vom Kriegsschiff gestarteten Flugzeuges

Katapultstart auf hoher See

19. Januar. *Eine neue Startmöglichkeit für auf Schlachtschiffen stationierte Flugzeuge entwickelte die US-amerikanische Marine. Die Maschine wird auf Träger aufgesetzt und durch vor den Rädern plazierte Hemmschuhe festgehalten. Zieht man diese bei laufendem Motor weg, schießt das Flugzeug nach vorn und steigt auf.*

Ein moderner Zug der Reichsbahn auf der Strecke nach Garmisch

Per Elektrozug in die Alpen

1. Januar. *Die Elektrifizierung der ersten Strecke des südbayerischen Bahnnetzes ist so weit fortgeschritten, daß Probefahrten von München nach Garmisch-Partenkirchen (auf dem Bild das Wettersteingebirge im Hintergund) aufgenommen werden. Die Elektrolok benötigt 20 Minuten weniger als ein Dampfzug.*

Millionen sehen totale Sonnenfinsternis

24. Januar. In den USA – auf dem ungefähren Gebiet des Staates New York – ist eine totale Sonnenfinsternis zu beobachten. Wissenschaftler verfolgen das Vorbeiziehen des Mondschattens in extra eingerichteten Bodenstationen, und von der im Luftschiff »Los Angeles« installierten Kamera verspricht man sich besonders gute Aufnahmen. Die Witterungsbedingungen sind ideal, und so bevölkern Millionen von Menschen die Straßen, Plätze und Dächer New Yorks, um das seltene Schauspiel mit dunklen Brillen und Scheiben am Himmel betrachten zu können.

Vier Phasen der totalen Sonnenfinsternis (v. l. n. r.) vom 24. Januar; deutlich kann man erkennen, wie sich der Mond vor den Sonnenball schiebt

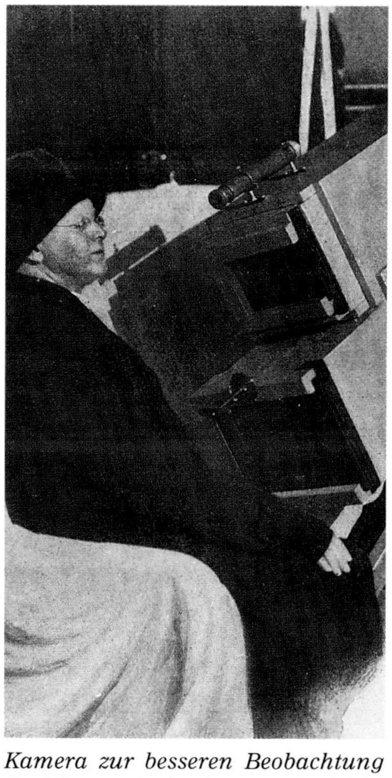

Kamera zur besseren Beobachtung der Finsternis, in einem Luftschiff

Goldrausch in dem fernen Sibirien

22. Januar. Sowjetische Zeitungen berichten über sensationelle Goldfunde in Ostsibirien. Diese seit etwa einem Jahr vermehrt auftauchenden Gerüchte lösten inzwischen ein wahres Goldfieber jenseits des Urals aus. Tausende von Goldgräbern v. a. asiatischer Herkunft – Kirgisen, Jakuten, Tschungusen, Chinesen, aber auch Russen – zieht es in die fernen Gebiete. Ganze Dörfer werden verlassen, da ihre Bewohner sich den ersehnten Reichtum erhoffen.

Das Gold wurde im Becken des Flußnetzes Aldan, eines Nebenflusses der Lena, entdeckt. Das gesamte Goldvorkommen wird auf etwa 232 000 kg geschätzt. Die Schürfer verpflichteten sich, 20% ihrer Funde an den Staat abzugeben, allerdings erhielt dieser in einem halben Jahr nur 1200 kg ausgehändigt. Das übrige Gold verschwand wahrscheinlich über private Händler in dunklen Kanälen auch bis ins Ausland. Man will deshalb das Gebiet für private Goldgräber sperren.

In seinem Kleinflugzeug umkreist der Sieger des Wettfluges um die Zugspitze den Ostgipfel des Berges

Mit einem 14-PS-Motor um den höchsten deutschen Alpengipfel

31. Januar. *Zwölf Flugzeuge starten in Garmisch-Partenkirchen zu einem Wettflug um den Gipfel der Zugspitze, mit einer Höhe von 2968 m der höchste Berg in Deutschland. Von den zwölf Konkurrenten erreicht H. Botsch als Erster das Ziel. Den zweiten Platz belegt Ernst Udet, im Ersten Weltkrieg Jagdflieger, nun durch Schau- und Kunstflüge bekannt und ein großes deutsches Fliegeridol. Obwohl Udets Tiefdecker mit einem 55-PS-Motor dem Flugzeug von Botsch überlegen ist (Botschs Bahnbedarfs-Kleinflugzeug verfügt nur über einen 14-PS-Motor), wird Botsch souveräner Sieger. Seinen Erfolg verdankt er wohl im wesentlichen seinen beim Segelfliegen gemachten Erfahrungen. Er war am besten in der Lage, die Gebirgswinde zu nutzen.*

Blick vom Himmel auf den Himalaja

29. Januar. Vom Flug des britischen Piloten Alan Cobham in das Himalaja-Gebirge von Indien aus berichtet die »Frankfurter Zeitung«.
Cobham, der erst Ende des vergangenen Jahres den Weg von Großbritannien nach Indien in der Luft zurücklegte, schreibt selbst darüber: »Wir flogen von Kalkutta nach Jalpaiguri, um die beste Luftroute zur Bergstation Dardschiling ausfindig zu machen. Gleichzeitig beabsichtigten wir, einen günstigen Überblick über das Everestgebiet von der Luft aus zu gewinnen und die beste Möglickeit für die Annäherung an den Gipfel zu finden . . . Von Jalpaiguri flogen wir am frühen Morgen mit photographischen Apparaten ausgestattet . . . los. Nach wenigen Minuten sahen wir vor uns die Bergmassen, die aus einer Ebene, die fast in Meeresspiegelhöhe liegt, innerhalb von 50 Meilen (etwa 80 km) bis zu 29 000 Fuß (8845 m) aufsteigen . . .«
Zum Abschluß seines Berichtes stellt Cobham fest, sein Probeflug habe ihm bewiesen, daß mit einer geeigneten Flugmaschine das ganze Himalaja-Gebiet in naher Zukunft umflogen werden könne.

Kein Alkohol im Freibad Wannsee

24. Januar. In einem Streitfall zwischen der Verwaltung des Freibades Wannsee und der Polizeidirektion von Berlin entscheidet der Bezirksausschuß zugunsten der staatlichen Behörde. Letztere weigerte sich, dem Freibad den Ausschank alkoholischer Getränke an Badegäste jeden Alters zu gestatten.
Der Sprecher des Polizeipräsidenten begründet die Ablehnung der Schankkonzession mit dem Standpunkt, daß diese in einem Familienbad im Interesse der Ordnung und Sitte sehr bedenklich sei. Es liege auf der Hand, daß bei dem Betrieb des Freibades eine gewisse Ungezwungenheit vorherrschend sei und daß alkoholische Reizmittel die Gefahr von Ausschreitungen in sittlicher Beziehung nahebringen. Insbesondere liege eine Gefährdung der Jugend vor, welche die Freibäder in erheblichem Maße besuche. Deshalb sei die Schankkonzession der Freibadverwaltung bisher auch regelmäßig versagt worden.

Verkehr 1925:

Auto und Flugzeug sind Favoriten

Die Entwicklung des Verkehrswesens ist geprägt durch die Zunahme von Autos und Flugzeugen. Sie werden zur Konkurrenz der Bahnen, die deshalb große Anstrengungen unternehmen, um Personen- und Gütertransporte per Schiene attraktiver zu machen. Streckennetze werden, wie in Bayern (→ 1. 1. / S. 24), elektrifiziert, der Gleiskörper wird verbessert, und es werden u. a. schnellere Lokomotiven eingesetzt. Durch diese Maßnahmen hofft man, mit Straße und Flugzeug konkurrieren zu können. 72% der Züge fahren im Durchschnitt nur 65 km/h; mit Sommerbeginn werden allerdings zwei Schnellzüge eingesetzt: Berlin – Hamburg und Berlin – Köln mit einer Durchschnittsgeschwindigkeit von rund 73 km/h.

Die Zahl der zugelassenen Autos in Deutschland steigt ständig. Zwar gibt es in Deutschland lange nicht so viele Kraftfahrzeuge wie in den USA, wo teilweise schon jeder dritte Einwohner einen Wagen besitzt, doch zählte man an der Berliner Kreuzung Unter den Linden/Friedrichstraße in der Minute immerhin 123 Autos in eine Richtung fahrend. Die Straßen, zumeist noch für die Belastungen durch Pferdefuhrwerke ausgerichtet, genügen den Anforderungen nicht mehr, deshalb müssen neue gebaut, andere begradigt oder verstärkt werden.

Auch der Flugverkehr breitet sich immer mehr aus. Die Einsatzzahlen von Junkers-Flugzeugen mögen als Beispiel dienen. Kamen 1923 im Linienverkehr 60 Maschinen zum Einsatz, die auf 1 266 769 Streckenkilometern 26 509 Personen beförderten, waren es ein Jahr darauf schon 78 Maschinen mit 40 298 Fahrgästen auf 1 875 371 km. Die Zahl der Passagiere wird nicht nur durch das neue Junkers-Großflugzeug, das zehn Passagieren Platz bietet, ansteigen. Auch die nunmehr gegebene Möglichkeit von Nachtflügen und eine Ausweitung des Flugplans auf die Wintermonate wird für eine immer größere Verbreitung des Passagierflugverkehrs sorgen. Aus diesem Grund wird eine bessere Koordination und auch eine Reorganisation der Fluggesellschaften notwendig (→ 28. 11./S. 190).

△ Auf der Strecke von Friedenau zum Stettiner Bahnhof erproben die Berliner Verkehrsbetriebe den Einsatz eines zweistöckigen Omnibusses, der sich in der britischen Hauptstadt bestens bewährt hat.

◁ Vorortzug Pt 3717 mit den Dampflokomotiven 78 418 und 78 389 in Hamburg. Um der Konkurrenz des Autoverkehrs begegnen zu können, ist die Reichsbahn um mehr Attraktivität bemüht.

▽ Unterschiedliche Bauarten von Autostraßen werden auf einem Versuchsgelände bei Braunschweig getestet. Das Foto zeigt ein Stück mit Kleinpflasterung.

△ *Die Zunahme an Kraftfahrzeugen animierte einen Zeichner zu diesem Bild vom zukünftigen Verkehrszentrum Paris, abgedruckt in der französischen »L'Illustration«; das gefürchtete Chaos wird schon bald Realität sein*

◁ *Blick in die Passagierkabine des Junkers-Großflugzeugs; auf den Flügen zwischen den Städten Europas haben hier zehn Fluggäste Platz*

▽ *Um dem steigenden Bedarf im Luftverkehr begegnen zu können, setzt Junkers dieses dreimotorige Großflugzeug im Linienverkehr ein*

Ruhe des Tutanchamun nach über 3000 Jahren gestört

25. Januar. Im Beisein ägyptischer Regierungsvertreter wird in Luxor das vor elf Monaten während der Ausgrabungsarbeiten verschlossene Grab des ägyptischen Königs Tutanchamun wieder geöffnet.

Die Schließung erfolgte aufgrund einer Auseinandersetzung zwischen der ägyptischen Regierung und dem Archäologen Howard Carter um die Konzessionen. Sie konnte am 13. Januar beigelegt werden. Der Brite Carter – am 26. November 1922 hatte er gemeinsam mit dem inzwischen verstorbenen Earl of Carnarvon die Grabanlage entdeckt – setzt nun seine Arbeiten fort.

Entfernung der hölzernen Tür, hinter der sich die Grabfunde befinden

Nach gründlichen Vorbereitungen öffnen der Forscher und sein Team dann am 10. Oktober den ersten Sarg des im Jahr 1337 v. Chr. beigesetzten Herrschers. Dieser Sarg in Mumienform ruht in einem Quarzitsarkophag, der wiederum von vier Schreinen aus vergoldetem Holz umgeben war. Im ersten Sarg befinden sich zwei weitere Särge, die ebenfalls noch in diesem Jahr freigelegt werden. Der letzte, bestehend aus purem Gold, umgibt die reichlich mit Schmuck ausgestattete Mumie.

Die Ausgrabungsarbeiten bei Luxor stoßen weltweit auf großes Interesse, in z. T. prächtigen Aufmachungen berichtet die Presse von den sensationellen Funden. Touristen aus Europa und den USA strömen ins einstige Theben und bevölkern nicht immer zur Freude der Wissenschaftler das einstmals so ruhige Tal der Könige, wo nun bald die Reiseunternehmen den Ton angeben.

Dieses Foto aus der »London News« zeigt den oberen Teil des ersten mumienförmigen Sarges des Pharao, geschmückt mit den königlichen Merkmalen: Über dem Kopf sitzt das von beiden Wappentieren des ober- und unterägyptischen Königtums – Ursäus und Nechbet – bekrönte Nemes-Kopftuch. Die Uräusschlange, Symbol der Göttin Uta, und der Geier als Symbol der Göttin Nechbet sind umkränzt von der »Krone der Rechtfertigung«, bestehend aus Oliven- und Blütenblättern. Unter dem Kinn der Götterbart und die über kreuz gehaltenen Insignien, Zepter und Geißel. Dieser und der zweite mumienförmige Sarg bestehen aus vergoldetem Holz, der innerste Sarg hingegen ist aus reinem Gold.

Publikumserfolg für »Kreidekreis«

3. Januar. Unter der Regie Richard Weicherts hat im Frankfurter Schauspielhaus, drei Tage nach der Uraufführung in Meißen, das Schauspiel »Der Kreidekreis« von Klabund Premiere.
Als Vorlage diente dem Autor, 1891 als Alfred Henschke geboren, ein altchinesisches Singspiel, worin der Streit zweier Mütter um ein Kind eine wichtige Rolle spielt. Eigentlich dachte Klabund an eine erste Premiere am Berliner Lessing-Theater mit Elisabeth Bergner – jedoch kam diese nicht zustande.
Der Theaterabend in Frankfurt und auch in Hannover, wo das Stück ebenfalls am 3. Januar gezeigt wird, endet mit begeistertem Beifall. Die Berliner können den »Kreidekreis« allerdings erst im Oktober sehen. Max Reinhardt inszeniert ihn mit der Bergner im Deutschen Theater.

»Der Kreidekreis« von Klabund in Berlin; Elisabeth Bergner und Eugen Klöpfer in den Hauptrollen

Wilhelm Furtwängler, geb. am 25. 1. 1886, ist u. a. ein bedeutender Interpret der Musik des 19. Jahrhunderts

Furtwängler zu Gast in New York

31. Januar. Der deutsche Dirigent Wilhelm Furtwängler beendet eine Konzertreihe in New York.
Trotz Vorschußlorbeeren übertrifft der Beifall in der Carnegie-Hall alle Erwartungen. Die Ovationen des Publikums wollen kein Ende nehmen, als Furtwängler die New Yorker Philharmoniker mit dem Cellisten Pablo Casals dirigiert. Die US-amerikanische Presse schwärmt für den »gottbegnadeten« Künstler von »unzweifelhafter Größe«. Man bietet ihm sogar den Posten eines Direktors des New Yorker Orchesters an. Das aber lehnt Furtwängler ab. Als Leipziger Gewandhauskapellmeister und als Gastdirigent in Wien, vor allem aber als Chef der Berliner Philharmoniker, deren Leiter der 39jährige seit 1922 ist, besitzt er ohnehin einen ausreichend großen Aufgabenbereich.

Neuer Kinopalast am Kurfürstendamm

25. Januar. In dem 1895 gegenüber der Gedächtniskirche in Berlin errichteten »Romanischen Haus« beginnen umfangreiche Arbeiten für den Einbau eines neuen Kinos, des »Gloria-Palastes«. Es ist geplant als ein repräsentatives Uraufführungstheater, gleichbedeutend dem »Ufa-Palast« am Zoo. Denn die Gunst des Publikums wendet sich verstärkt dem Kino zu – oft zu Lasten von Zirkus und Varieté.
Das »Romanische Viertel«, gelegen zwischen Gedächtniskirche, Kurfürstendamm und Kantstraße, wandelte sich während der Kriegs- und Nachkriegszeit von einer vornehmen Wohngegend zum Vergnügungsviertel, einem zweiten Zentrum Berlins. Berühmt ist es vor allem durch das »Romanische Café«, Treffpunkt der Künstler und Intellektuellen. Hanns Lippmann, Direktor der Gloria-Filmgesellschaft, sieht hier den idealen Standort für die »Einrichtung eines Lichtspielhauses allergrößten Stils«. Gemeinsam mit der Ufa wird das Projekt in Angriff genommen. Hinter der unter Denkmalschutz stehenden romanischen Fassade entsteht nun das modernste Kino Berlins im Stil des Spätbarock. Es wird 1200 Besuchern Platz bieten.

Die »Scala«, das berühmte Varieté-Theater

Berliner »Capitol« – eines von 3000 deutschen Kinos

Blick vom Bahnhof Zoo in Berlin auf den »Ufa-Palast«; das Premierenkino wurde bereits 1919 eröffnet

Der »Gloria-Palast« (r. im Bild) nach seiner Fertigstellung gegenüber der Berliner Gedächtniskirche

Ein Simultan-Sieger gegen 22 Gegner

3. Januar. In Hastings geht das internationale Schachturnier zu Ende. Es gewinnen jeweils in ihrer Gruppe Maroczy und Tartakower. In einer Ehrenrunde der Gewinner treffen sie noch einmal aufeinander und spielen remis. Begonnen hatten sie diese nicht gewertete Partie mit der Aljochin-Eröffnung.

Seit 1919 findet das Hastings-Turnier, zu dem die britischen Veranstalter auch regelmäßig ausländische Meister einladen, alljährlich um die Weihnachtszeit statt.

Dieses Turnier zum Jahresausklang bildet gleichzeitig auch den Auftakt für die kommende Saison. Das Jahr 1925 bietet einige interessante Schachveranstaltungen, u. a. das vom Allrussischen Verband in Moskau organisierte große internationale Schachturnier im Monat Dezember (→ 6. 12./S. 209).

Einen besonderen Reiz für das Publikum hat der Vergleichskampf in Paris, wo der 33jährige in Frankreich lebende Russe Alexandr A. Aljochin im Simultanschach gegen 28 angetretene Gegner insgesamt 22 Partien gewinnen kann.

Das Pariser Schachturnier, auf dem Alexandr Aljochin (im Kreis) im Simultanspiel gegen 28 Gegner 22 Partien gewinnt

Kricket-Erfolg über Australien

23. Januar. In der australischen Stadt Adelaide treffen die Kricketmannschaften Englands und Australiens im dritten Match der insgesamt vier Spiele umfassenden Meisterschaft aufeinander. Wie in den vorangegangenen Begegnungen in Sydney und Melbourne unterliegen auch hier die Gäste aus Europa, jedoch können sie ihre Leistung wesentlich verbessern. Lagen sie bisher mit 115 und 59 Punkten im Rückstand, sind es in Adelaide nur noch elf. Beim letzten Treffen des »Test Match« am 18. Februar in Melbourne gelingt dann die Überraschung. Zum ersten Mal seit 1911 siegt eine englische Mannschaft über ein australisches Team. Die Briten benötigen dafür nur einen einzigen Einsatz als schlagende Partei und insgesamt 29 Läufe.

Zu einer Kricketmannschaft, die jeweils als Schlag- und als Feldpartei auf dem Rasenplatz zum Einsatz kommt, gehören elf Aktive. Bekannt ist das Schlagballspiel bereits seit dem 15. Jahrhundert.

Ein spannender Moment während des Punktspiels der Kricketmannschaften Englands und Australiens: Der englische Starspieler Sutcliffe nach dem Schlag

Änderungen in der Reitturnierordnung

1. Januar. Mit Beginn des Jahres 1925 treten einige Veränderungen der Reitturnierordnung in Kraft: 1. Bei Dressurprüfungen – das Dressurreiten ist Grundlage der Pferdeausbildung und Reiterei – unterscheidet man jetzt zwischen solchen mit Pferden, die von den Reitern mindestens sechs Monate lang trainiert wurden, und solchen, bei denen die Reiter ihnen unbekannte Pferde reiten müssen. 2. Die einfachen Hochsprünge bei Jagdspringen sind in der Anfängerklasse um 10 cm ermäßigt und werden jetzt von 70 bis 100 cm Höhe aufgebaut. In der mittleren Klasse ist die Grenze von 1,20 m auf 1,30 m erhöht, in der schweren Klasse hingegen das Mindestmaß von 1,40 auf 1,30 m herabgesetzt worden. 3. Bei gleicher Fehlerzahl ist nicht die Zeit entscheidend, sondern es wird ein Stechen durchgeführt. 4. Bei allen Material- und Eignungsprüfungen für Reit- und Jagdpferde sind die im Besitz von Polizei und Truppenteilen befindlichen Tiere ausgeschlossen.

Sechstagerennen begeistert Berlin

21. Januar. Schlußtag des 13. Berliner Sechstagerennens, des ältesten Rennens dieser Art in Europa. 1909 startete man hier erstmals zu diesem Mammutwettkampf, der aus den USA herübergekommen ist.
Punkt 12 Uhr verkünden drei Schüsse das Ende des Rennens. Sieger ist das Team Werner Rütt/Jean Aerts. Vor genau 144 Stunden gab Schauspieler Emil Jannings das Startsignal, und seitdem wurden insgesamt 4002,410 km auf der 200 m langen Bahn zurückgelegt. Von den Fahrern, die sich nach Bedarf mit ihrem Mannschaftspartner abwechseln, mag das Sechstagerennen als Strapaze empfunden werden, für das Berliner Publikum ist es ein wahres Vergnügen. Ein Zeitungskorrespondent schreibt: »Die ganzen hohen Wände entlang Gesichter, Gesichter, Gesichter. Die Ränge sehen aus wie Regale, Kopf steht gepreßt an Kopf . . . Diese Köpfe stecken auf Körpern und die Körper sind durch die Klebstoffe Schweiß und Begeisterung mit den Sitzen verbunden. Aus zehntausend Kehlen fährt ein wilder Schrei, ein einziger Schrei . . . Unten ist ein Fahrer ›vorgestoßen‹ . . . Auf der spiegelglatten Bahn kreisen die Fahrer . . . Stunden, Stunden, Kilometer, Kilometer . . . tropfender Schweiß, um sich die Menge, am Ende der sechs Tage ein Preis, ein Bad, ein langer Schlaf . . .«

»Ein aufregender Moment« heißt die Bildzeile zu dieser Zeichnung vom Berliner Sechstagerennen in der »Leipziger Illustrirten Zeitung« vom Januar

Moeskops, Lorenz und Rütt (v. l.) mit ihren Betreuern vor dem Start zum »Preis der Nationen« in dem Berliner Velodrom

Die neuen Embleme am Rücken sollen den Zuschauern das Erkennen der Fahrer erleichtern

Ungarns Meister besiegt Nürnberg

11. Januar. Der ungarische Meister MTK Budapest schlägt in Nürnberg den mehrfachen deutschen Fußballmeister FC Nürnberg 4:2.
Das Zusammentreffen der beiden Mannschaften erwarten die 12 000 Zuschauer mit besonderer Spannung, denn immerhin konnte der MTK seinen Meistertitel seit 1920 erfolgreich verteidigen. Star der Budapester ist György Roth, ein Fußballer, der auf allen Positionen gleich gut spielt; in der Nationalmannschaft überzeugte er sogar schon aushilfsweise als Torwart.
Schon bald zeigt sich die Überlegenheit der Gäste, als in der siebenten Minute den Ungarn das 1:0 gelingt. Von nun an wirken die Gastgeber zerfahren, kein vernünftiger Angriff kommt zustande. In der 20. Minute fällt der zweite Treffer, sieben Minuten nach Beginn der zweiten Halbzeit das dritte und sechs Minuten später das vierte Tor für die Ungarn. Nun erst rafft sich Nürnbergs Elf auf. Aus einem Gedränge heraus schießt Träg in der 70. das erste und in der 88. Minute das zweite Tor.

Neue Radrennbahn am Kaiserdamm

11. Januar. Mit mehreren Bahnradkämpfen, zu denen Teilnehmer aus Frankreich, Italien, Belgien, den Niederlanden und der Schweiz angereist sind, beginnt im Velodrom am Kaiserdamm die diesjährige Berliner Radsportsaison. Die 200 m lange Bahn mit überhöhten Kurven befindet sich in der Avus-Halle, wo nach dem Ende des Winters wieder Ausstellungen stattfinden werden.
Die Zuschauer, die zu mehreren Tausenden hierhergeströmt sind, erwarten vor allem die Rennen um den »Preis der Nationen« mit großer Spannung. Von der Teilnahme der mehrmaligen Weltmeister Pieter Daniel Moeskops aus den Niederlanden und Walter Rütt aus Deutschland erhofft man sich ein spannendes Duell. In der Gesamtwertung erreichen sie dann auch jeweils 23 Punkte. Der ersehnte Zweikampf bleibt jedoch aus. Moeskops verzichtet auf den Entscheidungslauf, und die Rennleitung erklärt Walter Rütt zum Sieger. Der vor allem als Sechstagefahrer bekannte Rütt begann 1900 mit dem Berufssport.

Februar 1925

Mo	Di	Mi	Do	Fr	Sa	So
						1
2	3	4	5	6	7	8
9	10	11	12	13	14	15
16	17	18	19	20	21	22
23	24	25	26	27	28	

1. Februar, Sonntag

Der kommunistische Rotfrontkämpferbund (RFB) kommt in Berlin zur ersten Reichskonferenz zusammen. Sein Ziel ist die Sammlung aller »proletarischen Kräfte gegen Militarismus und Faschismus«. Zum Vorsitzenden wird Ernst Thälmann gewählt (→ 21. 5./S. 96).

In London stimmt das Parlament einer Kabinettsvorlage zu, worin den Betrieben der »Schlüsselindustrien« die Gewährung von Schutzzöllen in Aussicht gestellt wird (→ 31. 7./S. 131).

Die sowjetische Regierung in Moskau erläßt eine neue Wahlordnung, die vor allem bei den Kommunalwahlen eine größere Beteiligung aller wahlberechtigten Bürger sichern soll.

Zum ersten Mal erscheint die amtliche Zeitschrift der Deutschen Reichsbahn-Gesellschaft, »Die Reichsbahn«.

In Davos (Schweiz) erkämpft sich zum vierten Mal Herma Jaross-Szábo für Österreich den Weltmeistertitel im Eiskunstlauf der Damen (→ S. 51), der Eisschnellaufwettkampf endet ebenfalls mit einem österreichischen Sieg. → S. 50

2. Februar, Montag

Der Völkerbund teilt der Regierung in Warschau offiziell mit, daß Polen zur Aufstellung von Briefkästen in Danzig nicht berechtigt ist (→ 5. 1./S. 18).

In Schreiberhau im Riesengebirge veranstaltet der Deutsche Arbeiter-Turn- und Sportbund (ATSB) im Auftrag der Luzerner Sport-Internationale (LSI) »Wintersportliche Wettkämpfe des 1. Internationalen Arbeiter-Olympia«, bei dem es fünf Männer- und auch eine Frauenkonkurrenz gibt. Es handelt sich um nordische Skiwettkämpfe über 6 km (Langlauf der Frauen), 15 und 30 km (Langlauf der Männer), im Schnee-Waldlauf, im Skispringen und in der Nordischen Kombination.

3. Februar, Dienstag

Die Regierung in Paris beschließt die Auflösung der französischen Botschaft im Vatikan. → S. 42

Auf der Tagung des internationalen Bergarbeiter-Komitees in Hannover wenden sich die Teilnehmer gegen den verschärften internationalen Konkurrenzkampf in der Kohleindustrie (→ 31. 7./S. 131).

4. Februar, Mittwoch

In Berlin konferieren die Finanzminister der Länder mit dem Reichsfinanzminister Otto von Schlieben (DNVP) über den Finanzausgleich.

In Saarbrücken eröffnet der Landrat eine Generaldebatte, worin die wirtschaftlichen, politischen und kulturellen Abhängigkeiten des Saarlandes von Frankreich kritisiert werden (→ 11. 7./S. 127).

Der auswärtige Ausschuß des Repräsentantenhauses in Washington stimmt für einen Antrag zugunsten einer Abrüstungskonferenz durch die US-Regierung und für den Beitritt der USA zum Weltgericht in Den Haag (→ 25. 1. / S. 20).

Der italienische Senat in Rom verkündet, daß Südtirol in wenigen Jahren italienisiert sein werde (→ 20. 2./S. 43).

Zwischen dem Theaterregisseur Max Reinhardt und der Wiener Hochschule für Musik kommt es zu einem Vertragsabschluß über eine Lehrtätigkeit Reinhardts in Österreichs Hauptstadt.

Anläßlich des 70. Geburtstages Ernst von Wolzogens ediert der Westermann-Verlag dessen Roman »Der Erzhetzer«.

Beim Fischer-Verlag in Berlin erscheint Gerhart Hauptmanns Roman »Die Insel der großen Mutter« in der 50. Auflage.

5. Februar, Donnerstag

Der neue Senat Bremens wählt die Senatoren Martin Donandt und Theodor Spitta in die Bürgermeisterämter.

In Brüssel beschließt die liberale Fraktion das Ende der Regierungskoalition. Grund ist die Parlamentsvorlage zum Frauenwahlrecht, wogegen sich die Liberalen wenden (→ 5. 4./S. 76).

In der Freien Stadt Danzig wird die dritte Internationale Messe (bis 8. 2.) eröffnet.

Die Regierung in Reval bestätigt ein Gesetz, daß den Deutschen in Estland kulturelle Autonomie gewährt.

In Amsterdam öffnet eine Internationale Automobilausstellung ihre Tore. Sie dauert bis zum 10. Februar.

6. Februar, Freitag

Vor den Wahlen in Jugoslawien kommt es in Südslawien wiederholt zu blutigen Auseinandersetzungen zwischen den Parteianhängern. Zahlreiche Kandidaten der Bauernpartei wurden auf Anordnung der Regierung verhaftet, um deren Wahlkampf zu verhindern (→ 5. 1./S. 18).

Die Tagespresse veröffentlicht beunruhigende Meldungen über stark ansteigende Getreidepreise auf dem internationalen Markt (→ 9. 2./S. 44).

7. Februar, Sonnabend

In der Sowjetunion gründet sich unter der Führung von Jemeljan Jaroslawski der Bund militanter Atheisten, der zum Zweck antireligiöser Propaganda die Zeitung »Besboschnik« (»Der Gottlose«) herausgibt. → S. 43

Die Goodyear Zeppelin-Gesellschaft in Akron (USA) hat das erste von sechs Luftschiffen für die US-amerikanische Armee fertiggestellt. Das Lenkluftschiff ist 62,5 Meter lang, faßt 66 Kubikmeter Helium und verfügt über einen Durchmesser von 48 Metern.

In Moskau startet eine in Deutschland entwickelte und gebaute Diesel-Lokomotive zu einer Probefahrt. Die neue Technik des Elektro-Dieselmotors ist besonders für die weiten Entfernungen in Sibirien geeignet, da auf diesen Strecken dort nicht genügend Kohle und Wasser vorhanden sind.

8. Februar, Sonntag

Der ehemalige Reichskanzler Gustav Bauer (SPD) legt infolge schwerer Belastungen im Barmat-Skandal sein Reichstagsmandat nieder (→ 9. 1./S. 16).

Auf dem Berliner Messegelände werden die Fachmesse der deutschen Bekleidungsindustrie und die zweite Messe der Schuh- und Lederwirtschaft eröffnet.

In Karlsruhe geht die am 31. Januar begonnene deutsche Luftfahrtausstellung zu Ende. → S. 49

Das statistische Amt gibt bekannt, daß zur Zeit im gesamten Deutschen Reich 200 000 Personenkraftwagen sowie 100 000 Motorräder zugelassen sind (→ S. 26/27).

Bei den Europameisterschaften im Eisschnellauf in St. Moritz (Schweiz) erkämpft sich Roald Larsen (Norwegen) über 500 m den Sieg. Dreifacher Europameister wird Polaczek (Österreich) über 1500 m, 5000 m und 10 000 m.

Neuer Deutscher Eishockeymeister wird auf dem Rießersee bei Garmisch wiederum der Berliner Schlittschuhklub. Die Berliner gewannen alle Spiele.

9. Februar, Montag

Die Regierung des Deutschen Reiches übermittelt den Alliierten das Angebot eines Sicherheitspaktes. → S. 38

In Köln begrüßt Oberbürgermeister Konrad Adenauer (Zentrum) den neuen Reichskanzler Hans Luther (parteilos), der der Stadt einen Besuch abstattet.

Zu regelrechten Tumulten kommt es an der Chicagoer Weizenbörse wegen der plötzlich fallenden Getreidepreise auf dem Weltmarkt. → S. 45

10. Februar, Dienstag

Vom preußischen Landtag in Berlin wird Wilhelm Marx (Zentrum), der vorherige Reichskanzler, zum neuen preußischen Ministerpräsidenten gewählt (→ 19. 3./S. 60).

Aus Protest gegen die Vorgänge im Zusammenhang mit dem Barmat-Skandal tritt der frühere Staatssekretär August Müller aus der Sozialdemokratischen Partei (SPD) aus (→ 9. 1./S. 16).

In den tschechoslowakischen Städten Brünn und Prag finden Demonstrationen gegen Lebensmittel-Preiserhöhungen statt, gegen die Polizeitruppen mit brutaler Gewalt vorgehen.

Ein Übungsplan für die Vorbereitung der Olympischen Spiele 1928 verabschiedet die Sportbehörde für Leichtathletik in der Stadt Hannover. → S. 50

11. Februar, Mittwoch

Der neue Reichskanzler Hans Luther (parteilos) beginnt in München seine Antrittsbesuche durch die drei süddeutschen Staaten Bayern, Württemberg und Baden.

Mit 213 gegen 39 Stimmen nimmt das US-amerikanische Repräsentantenhaus in Washington ein Gesetz an, das die Ausweisung von Ausländern vorsieht, die sich bestimmter Verbrechen, z. B. Verletzung des Prohibitionsgesetzes, schuldig gemacht haben.

Die griechische Regierung appelliert an den Völkerbund in Genf, in den griechisch-türkischen Konflikt einzugreifen. Er wurde durch die Ausweisung des ökumenischen Patriarchen und Erzbischofs von Konstantinopel durch die türkische Regierung ausgelöst (→ 1. 2./S. 42).

Bei einem Grubenunglück auf der Zeche Minister Stein in Dortmund sterben 136 Bergleute. → S. 45

Die »Frankfurter Zeitung« berichtet von bedeutenden Ausgrabungen aus der Römerzeit in der Stadt Trier. → S. 49

In Paris stirbt der bekannte französische Dichter und Chansonnier Aristide Bruant. → S. 45

12. Februar, Donnerstag

Infolge der Auflösung der französischen Botschaft im Vatikan kommt es in Marseille zu blutigen Zusammenstößen zwischen klerikalen und antiklerikalen Kräften (→ 3. 2./S. 42).

Der Film »Schicksal« mit Conrad Veidt und Eduard von Winterstein wird in Berlin uraufgeführt.

13. Februar, Freitag

Erich Ludendorff gibt die Führung der Nationalsozialistischen Freiheitspartei ab, bald darauf löst sich diese Partei auf. Ihre Mitglieder treten zumeist in die NSDAP ein. → S. 39

Ludwig Berger inszeniert am Berliner Schauspielhaus das Drama von Heinrich von Kleist »Der Prinz von Homburg«. In den Hauptrollen spielen Werner Krauss, Arthur Kraussneck und Paul Hartmann.

Neue deutsche Meister im Eiskunstlauf werden auf dem Titisee bei den Damen Ellen Brockhöfft, bei den Herren Werner Rittberger (beide aus Berlin).

14. Februar, Sonnabend

Der von der Reichsregierung ausgearbeitete Entwurf des Aufwertungsgesetzes ist fertiggestellt und kann dem Reichstag vorgelegt werden (→ 15. 7./S. 129).

Im mittelasiatischen Gebiet der Sowjetunion wird eine neue autonome Sowjetrepublik, die Tadschikische ASSR, gegründet. → S. 43

Tausende von Griechen versammeln sich in Athen, um gegen die Ausweisung des Patriarchen Konstantin VI. aus Konstantinopel durch die Türken zu protestieren, der französischen Zeitung »L'Illustration« ist das am 14. Februar 1925 eine Titelseite wert

Avec ce numéro, LA PETITE ILLUSTRATION contenant
la troisième et dernière partie du roman : RÉGINE ROMANI, par M. Albéric Cahuet.

L'ILLUSTRATION

RENÉ BASCHET, directeur. | SAMEDI 14 FÉVRIER 1925 | Gaston SORBETS, rédacteur en chef.

83e Année. — No 4276.

LA PROTESTATION DES ATHÉNIENS CONTRE L'EXPULSION DE TURQUIE DU PATRIARCHE ŒCUMÉNIQUE

Le peuple d'Athènes et du Pirée, assemblé devant les Colonnes de Jupiter, manifeste en faveur de son chef spirituel, le patriarche Constantin, expulsé de Constantinople.

Phot. Vaucoglou et Papadopoulo. — Voir l'article, page 153.

In Dübendorf (Schweiz) führt das eidgenössische Luftamt die ersten vier Flüge des Junkers-Großverkehrsflugzeuges durch. Es besteht ganz aus Metall und bietet zehn Passagieren Platz (→ S. 26/27).

15. Februar, Sonntag

Die Gemeinde- und Kreistagswahlen in Braunschweig gehen zugunsten der bürgerlichen Parteien zu Ende.

Mit einer Rede über die Fragen der östlichen Grenzen eröffnet Reichskanzler Hans Luther (parteilos) die deutsche Ostmesse in Königsberg. → S. 38

Die Polizei konfisziert die Gedichte »Vorwärts du Rote Front!« von Johannes R. Becher (→ 20. 8./S. 150).

Bei den am Vortag begonnenen Weltmeisterschaften im Eiskunstlauf für Herren und Paare gewinnen in Wien Willi Bökkel sowie Herma Jaross-Szábo/Ludwig Wrede die Titel für Österreich.

Der schwedische Meisterschwimmer Arne Borg verbessert in den USA den 1923 von Johnny Weißmuller mit 5:50,4 min aufgestellten Weltrekord über 500 Yards um 1,4 sec.

16. Februar, Montag

Bei den Präsidentenwahlen in Finnland erhält Lauri Christian Relander (Bauernpartei) 172 Stimmen der 300 Wahlmänner.

Das Werk Telefunken stellt einen kleinen Röhrensender für eine drahtlose Telegrafie und Telefonübertragung vor, der speziell für den Einsatz bei der Feuerwehr entwickelt wurde.

17. Februar, Dienstag

Das italienische Parlament verabschiedet ein neues Wahlgesetz (→ 3. 1./S. 17).

In der Türkei wird offiziell die Aufhebung des Naturalzehnts bekanntgegeben. Diese Maßnahme ist Bestandteil des sog. Europäisierungsprogramms (→ 2. 9./S. 158).

Aufgrund der Ermordung eines kommunistischen Abgeordneten kommt es in Sofia zu Unruhen, in dessen Folge über zwölf bulgarische Bezirke der Ausnahmezustand verhängt wird (→ 16. 4./S. 77).

Die Opfer der Bergwerkskatastrophe auf der Zeche Minister Stein in Dortmund werden auf dem Zentralfriedhof beigesetzt (→ 11. 2./S. 45).

18. Februar, Mittwoch

In Budapest beendet die Nationalversammlung ihre am 12. Februar begonnene Zusammenkunft zum Thema der Bodenreform. Es wird festgestellt, daß eine solche Reform etwa 300 Millionen Goldkronen kosten werde. Die Finanzierung soll mit Hilfe ausländischen Kapitals erfolgen.

Die polnische Regierung genehmigt das am 10. Februar in Rom abgeschlossene Konkordat zwischen Polen und der katholischen Kirche. Folge des Vertrages ist u. a. die Neuordnung der Bischofsbezirke, die sich nun mit den Landesgrenzen decken. (→ S. 42).

Am Schauspielhaus in Hamburg wird das Stück »Ein Spiel von Tod und Liebe« von Romain Rolland uraufgeführt.

19. Februar, Donnerstag

Während einer Rede des Ministerpräsidenten Edouard Herriot, die gegen einen Hirtenbrief der katholischen Kirche gerichtet ist, kommt es zu handgreiflichen Auseinandersetzungen im französischen Parlament (→ 3. 2./S. 42).

In Genf geht die internationale Opiumkonferenz zu Ende. Man einigte sich über eine verschärfte Überwachung des Opiumhandels. → S. 45

Die Münchener Akademie der Bildenden Künste ernennt den Maler Lovis Corinth zum Ehrenmitglied.

Das Konkursamt in Locarno (Schweiz) hat die beiden Inseln von Brissago zur Auktion freigegeben. Die 21,4 km² und 5 km² großen Eiländer gehörten der Baronin Antoinette St. Léger und werden für 109 600 Schweizer Franken angeboten.

Bei den Kreismeisterschaften im Gewichtheben in Zirndorf (Mittelfranken) gelingt dem Würzburger Franz Zinner im Beidarmgreifen ein neuer Weltrekord. Der 149 Pfund schwere Zinner kann 206 Pfund frei zur Hochstrecke reißen und sie auch noch über die Zeit hinaus halten.

20. Februar, Freitag

Das britische Unterhaus in London lehnt einen Antrag der Liberalen auf die Herabsetzung des Wahlalters für Frauen von 30 auf 21 Jahre ab. Begründet wird die Entscheidung mit dem allgemeinen Unwillen über damit notwendig werdende Neuwahlen (→ 7. 4./S. 86).

Das französische Parlament in Paris verabschiedet das Wiederaufbauprogramm für 1925 für die im Ersten Weltkrieg zerstörten Gebiete.

Am Gedenktag für Andreas Hofer, der vor 115 Jahren erschossen wurde, läßt die italienische Regierung in Südtirol Erinnerungstafeln entfernen. → S. 43

In Estland tritt ein Gesetz in Kraft, das künftig alle kommunistischen Organisationen verbietet.

Der erste elektrische Zug von Garmisch-Partenkirchen fährt am Starnberger Bahnhof in München ein (→ 1. 1./S. 24).

Die US-amerikanische Post hat mit dem Zeppelin »Los Angeles« einen regelmäßigen Postdienst zwischen New York und den Bermuda-Inseln eingerichtet. Jeden Freitag können hier 50 kg Postgut transportiert werden.

21. Februar, Sonnabend

In Marburg trifft sich die Arbeitsgemeinschaft demokratischer Frauen in Hessen-Nassau zu einem zweitägigen Kongreß. Das Hauptreferat hält Martha Dönhoff über »Die Mitarbeit der Frau in der demokratischen Partei« (→ 7. 4./S. 86).

Eine Übertragung von Darbietungen der Münchener Oper in das etwa 100 km entfernte Landshut ist tadellos gelungen. Wenn sich 50 Teilnehmer melden, soll eine regelmäßige Opernübertragung eingeführt werden, außerdem erwägt man die Einrichtung einer Hörstube für die Allgemeinheit. → S. 49

Neueste Messungen am Glockenturm des Turms von Pisa beweisen eine verstärkte Neigung des Bauwerks. → S. 45

Vor der Küste der britischen Stadt Dover werden umfangreiche Ölverschmutzungen des Wassers festgestellt. → S. 49

22. Februar, Sonntag

Vor dem Magdeburger Dom versammeln sich etwa 100 000 Menschen zu einer Kundgebung anläßlich der am Vortag begonnenen Tagung des Reichsbanners Schwarz-Rot-Gold. Die Teilnehmer bekunden ihre Loyalität gegenüber der Republik. → S. 36

Bei den Gemeinde- und Kreiswahlen in Thüringen erhalten die bürgerlichen Parteien die Mehrheit. → S. 38

In Warschau schließen Frankreich und Polen ein Abkommen über Bedingungen für ständig in Frankreich lebende polnische Arbeiter. → S. 44

Das Endspiel um den deutschen Bundespokal (früher Kronprinzenpokal) der Fußball-Landesverbände auf dem Viktoria-Platz in Hamburg gewinnt Norddeutschland gegen Süddeutschland 2:1.

23. Februar, Montag

Die türkische Nationalversammlung lehnt eine Vermittlung des Völkerbundes in der griechisch-türkischen Auseinandersetzung um die Ausweisung des ökumenischen Patriarchen Konstantin VI. ab (→ 1. 2./S. 42).

Mehrere deutsche Frauenberufsverbände schließen sich in Berlin zu einer Arbeitsgemeinschaft zusammen, die sich die Vertretung gemeinsamer Interessen zum Ziel gesetzt hat.

24. Februar, Dienstag

Die slowakischen Bischöfe veröffentlichen einen Hirtenbrief, der die Zugehörigkeit zu einer sozialistischen Partei mit kirchlichen Strafen bedroht. Anlaß hierfür ist die Forderung einer Trennung von Kirche und Staat durch die sozialdemokratische Partei im Parlament.

Im Unterhaus in London kommt es zu heftigen Debatten über das sogenannte Sicherheitsangebot der deutschen Regierung vom 9. Februar (→ S. 38). Der Haltung der britischen Regierung in dieser Frage messen die übrigen europäischen Länder große Bedeutung zu.

Der Exkaiser von China, Hsüan t'ung (P'u I; 1909 – 1911), verläßt die japanische Botschaft in Peking, wo er in letzter Zeit Zuflucht gefunden hatte. Mit seiner Familie siedelt er in die japanische Siedlung nach Tientsin über. → S. 44

25. Februar, Mittwoch

Gegen aufständische Kurden, deren Zahl mit 17 000 – 20 000 angegeben wird, setzt die türkische Regierung Bombengeschwader ein. Sie sollen u. a. die Residenz des Führers Scheich Said in dem Dorf Hasim zerstören. → S. 43

Die Komödie »Der Nobelpreis« des schwedischen Autors Hjalmar Bergman gelangt am Dramatischen Theater in Stockholm und am Lorensbergtheater in Göteborg zur Uraufführung.

26. Februar, Donnerstag

Der »Völkische Beobachter« erscheint erstmals wieder nach dem Verbot von 1924 (→ 27. 2./S. 40).

Der bekannte Pariser Tanzmeister und Erfinder des Gesellschaftstangos, Professor Robert, stellt der Öffentlichkeit seine neueste Tanzschöpfung, den »Raquette«, vor.

27. Februar, Freitag

In München gründet Adolf Hitler die Nationalsozialistische Deutsche Arbeiterpartei (NSDAP) nach dem Verbot im vergangenen Jahr neu. Der dem Verbot zugrundeliegende Ausnahmezustand in Bayern war am 14. Februar dieses Jahres aufgehoben worden. → S. 40

Auf einer Massenversammlung in Breslau nimmt Reichstagspräsident Paul Löbe (SPD) zum Barmat-Skandal Stellung und beschuldigt die Schwerindustrie, jene Vorkommnisse als Ablenkungsmanöver von der Ruhrentschädigung hochzuspielen (→ 9. 1./S. 16, →).

Große Aufmerksamkeit erfährt die Inszenierung des Stückes »Coriolan« von William Shakespeare durch Erich Engel im Lessing-Theater in Berlin.

28. Februar, Sonnabend

In Berlin stirbt Reichspräsident Friedrich Ebert (SPD) im Alter von 54 Jahren an einer verschleppten Blinddarmentzündung. Ebert war der erste Präsident der Weimarer Republik. → S. 41

Die seit Oktober 1924 laufenden Verhandlungen über einen Handelsvertrag zwischen Frankreich und dem Deutschen Reich werden in Paris mit einer vorläufigen Übereinstimmung vorerst beendet.

Einen Weltrekord im Dauerschwimmen stellt der Argentinier Pedro Cantiati in Buenos Aires mit 35 Stunden auf.

Das Wetter im Monat Februar

Station	Mittlere Lufttemperatur (°C)	Niederschlag (mm)	Sonnenscheindauer (Std.)
Aachen	5,0 (1,8)	68 (72)	– (51)
Berlin	4,7 (–0,4)	39 (43)	– (56)
Bremen	4,8 (0,6)	48 (57)	– (47)
München	4,2 (–2,1)	27 (55)	– (56)
Wien	– (–0,9)	– (40)	– (81)
Zürich	3,8 (–1,0)	44 (68)	107 (46)

( ) Langjähriger Mittelwert für diesen Monat
– Wert nicht ermittelt

Die Rolle der Frau in der Gesellschaft beginnt sich zu wandeln; die amerikanische Wochenzeitschrift »Liberty« zeigt diese sichtlich unzufriedene und gelangweilte Hausfrau bei einem mißlungenem Kochversuch. Immer mehr Frauen ziehen das Berufsleben dem Hausfrauendasein vor. Bevorzugt werden dabei Stellen als Sekretärinnen, Stenotypistinnen und Verkäuferinnen.

Machtvolles Bekenntnis zur Republik in Magdeburg

22. Februar. In Magdeburg versammeln sich über 100 000 Mitglieder des »Reichsbanners Schwarz-Rot-Gold« aus ganz Deutschland zu einer Kundgebung anläßlich des einjährigen Bestehens.

Seit Beginn der Zusammenkunft am gestrigen Tag treffen ununterbrochen Sonderzüge mit Delegierten der 32 Reichsbannergaue ein, mit ihren Trommler- und Pfeiferkorps freudig begrüßt von der republikanisch gesinnten Bevölkerung der Stadt an der Elbe.

Vor einem Jahr wurde aufgrund der Initiative Otto Hörsings hier in der Elbestadt das Reichsbanner, der »Bund Deutscher Kriegsteilnehmer und Republikaner«, gegründet. Geplant als ein Wehrverband all jener Parteien und Gruppen, die zur Verteidigung der Weimarer Republik entschlossen sind, waren in der Hauptsache jedoch sozialdemokratische Kräfte am Aufbau der Organisation beteiligt.

In seiner Rede während des offiziellen Festaktes im Stadttheater kann Hörsing, der jetzige Bundesvorsitzende, auf eine überaus erfolgreiche Arbeit der Reichsbannerleute in den vergangenen zwölf Monaten verweisen. So wuchs die Mitgliederzahl in dieser kurzen Zeit auf über drei Millionen – ein Ergebnis, woran 1924 noch keiner zu denken wagte.

Nach den rückblickenden Worten Hörsings tritt Reichstagspräsident Paul Löbe (SPD) an das Rednerpult. Oft unterbrochen von begeisterten Zwischenrufen spricht er über demokratische Ziele, die es für die Zukunft zu verteidigen gilt.

Zunächst erinnert er an seine eigene vor Jahresfrist gemachte Ankündigung, daß bald republikanische Bataillone aus der Erde wachsen würden, die das freie Deutschland zur Verteidigung der Republik aufstellen werde. Er habe damals nicht geglaubt, daß die Prophezeiung sich so schnell erfüllen werde. Tausendfach wehe heute die Fahne der Republik, wenn sie auch leider mehr ein Symbol des Reichsbannerbundes geworden sei. Die erste Periode der Unterwühlung der deutschen Republik, die Zeit der Putsche und Attentate sei vorüber, endgültig zum Abschluß gebracht erst durch das Reichsbanner. »Jetzt aber zieht die zweite Periode herauf«, sagt Löbe weiter, »vor allem durch den Geist der Verleumdung, der Vergiftung und Zermürbung, jetzt tritt die Stinkbombe an die Stelle des Revolvers. Die früheren Machthaber scheuen sich heute nicht, das Banner zu beflecken, um das sich die Besten unseres Volkes seit Jahrhunderten gesammelt haben und das wir nicht mehr einrollen werden, solange ein Reichsbannermann seinen Schaft noch umspannt ... Bleibt fest und unbeugsam im Interesse des deutschen Volkes! Die neue Phalanx der Verleumdung erfordert neue Pflichten. Wir dürfen der Republik nicht nur physischen Schutz gewähren, wir müssen auch die große geistige und moralische Front zu ihrer Verteidigung herstellen. Jedes unserer Mitglieder wollen wir erfüllen mit einem neuen Geist des freien und stolzen Staatsbürgers, der sich nicht mehr zum Untertanen degradieren läßt, der als vollwertiges Mitglied im demokratischen Staatswesen seine Rechte und seine Pflichten ausübt und den wir zur Reife dazu erziehen wollen ... Wir wollen keinen neuen preußischen Militarismus, wir streben nach einem freien, nach innen und nach außen freien Deutschland. Lassen Sie uns unsere Anhänger im Geist unserer Verfassung unterweisen, lehren wir sie, ihre demokratischen Rechte und Pflichten zu erfüllen, bilden wir eine geistige Phalanx, und nach zwei Jahren werden wir die Maulwürfe zertreten haben, und noch fester und freier sehen wir dann die deutsche Republik stehen.«

Nach weiteren Redebeiträgen, u. a. vom ehemaligen Reichskanzler Joseph Wirth (Zentrum) und vom Leiter der österreichischen Abordnung, Julius Deutsch, versammeln sich die Reichsbannerleute auf dem Platz vor dem 700 Jahre alten Dom. Es folgen erneut Ansprachen vor allen Delegierten, und anschließend ziehen die Hunderttausend dann unter den schwarzrotgoldenen Fahnen in einem drei Stunden dauernden Zug durch Magdeburg, bejubelt von Tausenden von Einwohnern der norddeutschen Industriestadt.

Der Festzug des »Reichsbanner« ▷ bahnt sich seinen Weg durch die unüberschaubare Menschenmenge vor dem Dom in Magdeburg

Fahnenträger der demokratischen Organisation »Reichsbanner« in ihren Uniformen während der Festveranstaltung in Magdeburg

»Schwarz-Rot-Gold« gegen den schwarzweißroten »Stahlhelm«

Schwarzrotgold, die Farben der noch jungen Weimarer Republik, sind auch Symbol des Reichsbannerordens, deren Mitglieder auf dem Domplatz in Magdeburg versammelt sind. Ihr erklärtes Ziel ist die Verteidigung der Demokratie gegenüber den in Verbänden organisierten reaktionären und radikalen Kräften. Diese entstanden schon bald nach 1918 als Reaktion auf die republikanische Entwicklung. Der Zulauf in die meist »Bünde« genannten Organisationen war teilweise recht groß. So zählt der »Stahlhelm-Bund der Frontsoldaten« 1924 eine Million Mitglieder. Nach dem Weltkrieg als überparteilich gegründet, entwikkelt er immer stärker rechtsradikale Tendenzen und wird zur Schutztruppe der republikfeindlichen Deutschnationalen. Sinnbild ihres reaktionären Charakters sind die Farben Schwarzweißrot. Vor allem heimkehrende Soldaten, die sich, geprägt von den Fronterlebnissen und dem Militarismus des kaiserlichen Deutschland, in den Wirren der Nachkriegszeit nicht zurechtfinden, reihen sich in diese Verbände ein.

Stresemann schlägt Sicherheitspakt vor

9. Februar. Der deutsche Botschafter in Paris überreicht dem französischen Ministerpräsidenten Édouard Herriot ein Memorandum mit dem Angebot eines Sicherheits- und Garantiepaktes der Deutschen Reichsregierung in Berlin.
Diese zunächst noch geheim gehaltene Initiative von Außenminister Gustav Stresemann trägt dem Sicherheitsbedürfnis Frankreichs gegenüber Deutschland Rechnung und soll die Zweifel am Friedenswillen Deutschlands beseitigen. Neben der Anregung, einen Vertrag auf den Verzicht kriegerischer Auseinandersetzungen zwischen dem Deutschen Reich und den anderen Mächten abzuschließen, beinhaltet die Note auch einen Vorschlag für die friedliche Lösung des komplizierten Problems der Rheingrenze: Eine Festschreibung gegenwärtiger territorialer Besitzstände.
Stresemann reagiert damit nicht nur auf die Entwaffnungsfrage sowie die Nichträumung der Kölner Zone (→ 5. 1. / S. 15), vielmehr leitet er eine neue Phase der Außenpolitik ein. Es ist der Versuch einer Friedenssicherung in Europa, der im Vertrag von Locarno seinen Niederschlag findet (→ 16. 10. / S. 172).
Durch die Ankündigung vom 20. Februar, die Angelegenheit erst einmal gründlich zu prüfen, bekundet Herriot vorläufig jedoch noch Mißtrauen gegenüber dem ehemaligen »Erzfeind«. Eine Antwort gibt Frankreich dann erst am 16. Juni.

»Die fidele Botschafterkonferenz« amüsiert sich über eine deutsche Protestnote zum Thema der besetzten Kölner Zone – Karikatur der »Jugend«

Kommunalwahlen im Thüringer Land

22. Februar. Die Kommunalwahlen in Thüringen gehen mit einem Sieg der bürgerlichen Parteien zu Ende. Dieses positive Ergebnis verdanken sie vor allem der Tatsache, daß sie sich vielerorts als bürgerlich-demokratischer Block dem Wähler stellten. Wo dies nicht geschah, konnten häufig die Rechtsparteien Gewinne verbuchen. Allerdings wurden deren hochgesteckte Erwartungen gegenüber den Sozialdemokraten nicht erfüllt. Ihre Hoffnungen, die SPD werde aufgrund der Barmat-Affäre (→ 9. 1./S. 16) an Popularität verlieren, erfüllte sich nicht. Zwar feierte die rechtsgerichtete Presse den Sieg der völkischen Parteien, kann jedoch ihre Enttäuschung über den geringen Stimmenzuwachs kaum verbergen.
Bis auf wenige Ausnahmen sind die diesjährigen Gemeinde- und Kreisratswahlen durch eine bedeutend geringere Wahlbeteiligung gegenüber den Reichstags- und Landtagswahlen gekennzeichnet. So haben z. B. in Weimar nur 50% der Wahlberechtigten von ihrem Stimmrecht Gebrauch gemacht. Daß dies weniger mit der allgemeinen politischen Entwicklung in Verbindung zu bringen ist, zeigt die Tatsache, daß in den Landkreisen das Interesse wiederum ebenso groß war wie an den überregionalen Entscheidungen des Vorjahres. Die Gründe für die Wahlmüdigkeit liegen anscheinend eher im kommunalen Bereich.

Reichskanzler fordert Autonomie für das Memelgebiet

15. Februar. Reichskanzler Hans Luther (parteilos) eröffnet in der ostpreußischen Stadt Königsberg die zehnte deutsche Ostmesse.
In seiner Rede geht Luther auf die schwierige Lage Ostpreußens ein, das durch den sog. Polnischen Korridor vom Deutschen Reich abgetrennt ist. Außerdem fordert er die litauische Regierung auf, die Autonomie des Memelgebietes anzuerkennen und Wahlen in der 1923 von ihr annektierten Region auszuschreiben. Das überwiegend von Deutschen besiedelte Memelgebiet war 1919 aufgrund des Versailler Vertrages an die Alliierten abgetreten, von französischen Truppen besetzt und während der Ruhrkrise von Litauen annektiert worden.

Ihre Sympathie für Deutschland bekunden die Einwohner von Königsberg dem ehemaligen deutschen Kronprinzen

Ludendorff tritt von der Reichsführerschaft zurück

13. Februar. Gemeinsam mit seinen Stellvertretern Gregor Strasser und Albrecht von Graefe tritt Erich Ludendorff von seiner Funktion als Reichsführer der »Nationalsozialistischen Freiheitsbewegung Großdeutschland« zurück. Die Partei löst sich daraufhin auf.

Die Bemühungen Ludendorffs, eine »Nationalsozialistische Freiheitspartei« aus dem Zusammenschluß der Deutschvölkischen Freiheitspartei (DVFP) und der Nationalsozialistischen Deutschen Arbeiterpartei (NSDAP) zu gründen, sind damit endgültig gescheitert. Die Ursachen dafür liegen in den unterschiedlichen programmatischen Vorstellungen von Erich Ludendorff und NSDAP-Führer Adolf Hitler. Die gegensätzlichen Ideen von einer völkischen Massenpartei wurden bereits in einer Unterredung nach der vorzeitigen Entlassung Hitlers aus der Haft im Dezember 1924 deutlich.

Hitler war aufgrund des gescheiterten Münchener Putsches im November 1923 zu fünf Jahren Freiheitsentzug verurteilt worden. Nach seiner Haftentlassung erklärte er, daß eine politische Zusammenarbeit zwischen ihm und Ludendorff künftig unmöglich sei. Der Grund dafür sei hauptsächlich die radikale antiklerikale Haltung des einstigen gefeierten Kriegshelden. Hitler, der unter Ausnutzung demokratischer Freiheiten seine Partei durch Wahlen an die Macht zu bringen versucht, empfindet dies als hemmend, da er religiöse Wählerschichten nicht verprellen möchte. Wie die »Fränkische Tagespost« berichtet, macht seit dem Weggang Ludendorffs auch die Angliederung partikularistisch-monarchistischer Strömungen an die nationalsozialistische Bewegung große Fortschritte.

Ein weiterer Grund für die Auseinandersetzung zwischen Hitler und Ludendorff sind die diktatorischen Bestrebungen des NSDAP-Führers. Er hält sowohl eine Reichsführerschaft als auch die Verbindung zwischen DVFP und NSDAP für überflüssig. Sein Ziel ist die alleinige Führerschaft über seine eigene Partei, die NSDAP.

Nach der Neugründung der NSDAP (→ 27. 2. / S. 40) tritt eine »Deutsch-Völkische Freiheitsbewegung« an die Öffentlichkeit, allerdings ohne Ludendorffs Beteiligung. Mit dem von ihr propagierten Ziel einer »Zerschlagung der jüdischen Weltherrschaft« unterscheidet sie sich zwar nicht von den Nationalsozialisten, jedoch polemisiert sie gegen den »Sonderweg, den Hitler meint einschlagen zu müssen«.

Die DVFP konzentriert sich in ihrer weiteren Arbeit auf die antiklerikale Propaganda und wendet sich später monarchistischen Vorstellungen zu. Den verlorenen Einfluß im rechten politischen Spektrum holt sie nicht mehr auf. Die meisten Anhänger wandern zur NSDAP ab.

Erich Ludendorff

Am 9. April 1865 wurde Erich Ludendorff bei Posen geboren und trat als Offizier 1895 in den Generalstab ein. Zu Beginn des Weltkrieges nahm er im spektakulären Handstreich die Zitadelle von Lüttich ein und war an der siegreichen Tannenbergschlacht beteiligt. Als Erster Generalquartiermeister bei der Obersten Heeresleitung (seit 1916) übte er mit Generalfeldmarschall Paul von Hindenburg praktisch eine Militärdiktatur aus. Er erklärte 1917 den uneingeschränkten U-Boot-Krieg und trug zum Sturz des Reichskanzlers Theobald von Bethmann Hollweg bei. Kurz vor der deutschen Kapitulation bat er um seinen Abschied aus der Reichswehr. Seitdem war er in rechtsgerichteten, antidemokratischen Kreisen aktiv, unterstützte den Kapp-Putsch 1920 und beteiligte sich in führender Position am Hitler-Putsch 1923. Von sympathisierenden Richtern wurde er von der Anklage des Hochverrats freigesprochen.

Als aufrechte Kämpfer werden sie vom Zeichner stilisiert, die Putschisten von 1923 bei der Urteilsverkündung

Erich Ludendorff (r.) als Generalstabsoffizier während der Schlacht bei Tannenberg im August 1914, in der die zweite russische Armee von der achten deutschen Armee unter Paul von Hindenburg (l.) vernichtend geschlagen wurde.

Ludendorff mit Hakenkreuz und Eichenlaub; »Des Feldherrn Abgesang« – »Verlassen, verlassen, verla-assen bin i« – satirischer Kommentar der Münchener Zeitschrift »Simplicissimus« zum Rücktritt Ludendorffs

Hakenkreuzbanner im Hinterzimmer; Neugründung der NSDAP mit Hitler, G. Strasser (2. v. r.) und H. Himmler (r.)

Neugründung der NSDAP in München

27. Februar. Auf einer Versammlung im Münchener Bürgerbräukeller gründet Adolf Hitler die Nationalsozialistische Deutsche Arbeiterpartei (NSDAP) neu.

Die bereits 1919 entstandene Partei war nach dem gescheiterten Putsch Hitlers und seiner Anhänger gegen die Weimarer Republik am 8./9. November 1923 verboten und Hitler zu fünf Jahren Festungshaft verurteilt worden. Nach seiner vorzeitigen Entlassung im Dezember 1924 beantragte er die Neuzulassung.

Am Vortag der Gründungsveranstaltung propagiert er im »Völkischen Beobachter«, der das erste Mal seit 1923 wieder erscheinen darf, das Legalitätsprinzip. Die NSDAP soll künftig im Rahmen der Verfassung die erstrebte politische Macht erringen. Nicht mehr im kurzen Sturmlauf würde sie zum Ziel kommen, sondern auf einem langen Marsch, auf dem es gelte, die Masse der Wähler mitzuziehen.

Bereits zwei Stunden vor dem offiziellen Beginn ist der Bürgerbräukeller überfüllt. Allerdings fehlen viele der einstigen Mitstreiter Hitlers, darunter Ernst Röhm und Erich Ludendorff (→ 13. 2. / S. 39). Röhm und seine Anhänger sprechen sich gegen die Wende hin zur »ehrbaren Bürgerlichkeit« aus.

Als Hitler erscheint, umjubeln ihn die Anhänger. Der Parteiführer fordert sie zur Einigkeit auf, da sich während der Zeit seiner Festungshaft die ehemaligen Parteimitglieder in mehrere rivalisierende Gruppen zerstritten hatten. Aufhebung der Streitigkeiten und Unterordnung unter den Führer der Partei postuliert Hitler als Notwendigkeit für die Aufnahme in die neue NSDAP: »Die Leitung der neuen Bewegung wird weniger Wert darauf legen, sofort einen großen Haufen zusammenzubringen, als vielmehr versuchen, die innere Einheit der Bewegung und ihrer Organisation von Grund auf zu sichern!« Und ein weiterer Grundsatz Hitlers: »Erst der Führer, dann die Organisation, und nicht umgekehrt.«

Aufmarsch zum Parteitag der NSDAP vor noch recht skeptischen Zuschauern; in der 1. Reihe Hitler (M.) und Heß (r.); hinter ihm Himmler

Von der DAP zum Münchner Putsch

Die Nationalsozialistische Deutsche Arbeiterpartei (NSDAP) ging aus der Deutschen Arbeiterpartei (DAP) hervor, die am 5. Januar 1919 von Anton Drexler in München gegründet wurde. Die DAP war eine jener zahllosen Gruppen, die sich angesichts der Niederlage im Weltkrieg, der Abdankung der Monarchie und der Wirren der Novemberrevolution 1918 bildeten, um die überkommene »Ordnung« zu wahren.

An einer Veranstaltung der DAP nahm am 12. September 1919 der ehemalige Gefreite Adolf Hitler als Informant der Reichswehr teil und trat kurz darauf der Partei bei. In der Folgezeit trat Hitler mit fanatischen antisemitischen und antirepublikanischen Volksreden hervor. Die DAP, die sich am 4. März 1920 in NSDAP umbenannte, gab 1920 ein Parteiprogramm heraus. Darin wurden die Aufhebung des Versailler Vertrages, die Rückgabe der Kolonien, die Abschaffung der parlamentarischen Demokratie und die Ächtung der Juden gefordert. Hitler ließ sich am 21. Juli 1921 zum Führer der NSDAP mit uneingeschränkten Vollmachten wählen und gründete die »Sturmabteilung« (SA), die sich als uniformierte Schlägertruppe einen Namen machte. Umtriebige Aktivitäten der NSDAP und der SA, die von unbekannten Geldgebern unterstützt wurden, ließen die Zahl der Parteimitglieder 1923 auf 55 000 ansteigen. In den meisten Ländern des Reiches wurden NSDAP und SA wegen Gefährdung der öffentlichen Sicherheit verboten, in Bayern jedoch nicht. In dem durch Inflation und Ruhrkampf geprägten Krisenjahr 1923 versuchte Hitler am 8. November in München, mit bewaffneter Gewalt die bayerische Regierung und die Reichsregierung abzusetzen. Der Putsch scheiterte kläglich. Hitler und die anderen Putschisten wurden festgenommen, die NSDAP verboten. Jedoch überdauerte das Verbot nicht einmal eineinhalb Jahre.

Reichspräsident Friedrich Ebert ist tot

28. Februar. Friedrich Ebert, erster Präsident der Weimarer Republik, stirbt im Alter von 54 Jahren in einem Berliner Krankenhaus. Um sich dem Untersuchungsausschuß des Barmat-Skandals (→ 9. 1. / S. 16) zu stellen, hatte Ebert eine Blinddarmentzündung verschleppt, was den tödlichen Blinddarmdurchbruch zur Folge hatte.

Sein Tod ist letztlich Ergebnis ständiger Angriffe reaktionärer und extremer Kräfte, mit denen diese seit seinem Amtsantritt versuchten, den Ruf des sozialdemokratischen Politikers zu untergraben. Nicht weniger als 173 Prozesse hatte Ebert um seine persönliche Ehre führen müssen. Besonders tief traf ihn die Behauptung, er habe im Januar 1918 Landesverrat begangen, als er in die Leitung des Berliner Metallarbeiterstreiks eingetreten war – eine Verleumdung, die vom Magdeburger Gericht im Urteil vom 23. Dezember 1923 als formaljuristisch gerechtfertigt anerkannt wurde.

Vom Sattler zum Staatsmann

Am 4. Februar 1871 wurde Ebert als Sohn eines Schneiders in Heidelberg geboren. Er lernte das Sattlerhandwerk, engagierte sich früh in der Gewerkschaft und kam 1889 zur SPD. 1900 wurde er Mitglied der Bremer Bürgerschaft, 1905 Sekretär des Parteivorstandes in Berlin, 1912 Abgeordneter im Reichstag. Als einen um Ausgleich zwischen rechten und linken Flügeln bemühten Funktionär wählte man ihn 1913 zum Vorsitzenden der SPD. Nach der Revolution war er Reichskanzler und Vorsitzender des »Rates der Volksbeauftragten«, seit dem 2. November 1919 Reichspräsident.

Im Anschluß an die offizielle Trauerfeier am 4. März, zu der zahlreiche Vertreter ausländischer Regierungen erschienen sind, geleiten Tausende den Sarg Eberts vom Präsidentenpalais in der Wilhelmstraße durch das Brandenburger Tor zum Reichstagsgebäude. Hier nehmen Tausende Abschied vom ehemaligen Staatsoberhaupt, um dann dem Sarg zum Potsdamer Bahnhof zu folgen. Von dort fährt der Trauerzug in Eberts Vaterstadt Heidelberg, wo am 5. März die Beisetzung auf dem dortigen Friedhof stattfindet.

△ Hier im West-Sanatorium von Berlin-Charlottenburg starb Friedrich Ebert. Eine Garde der Reichswehr, Regierungsvertreter und Hunderte Berliner haben sich in der Nacht zum 1. März versammelt, um den Sarg mit dem Toten zu begleiten.

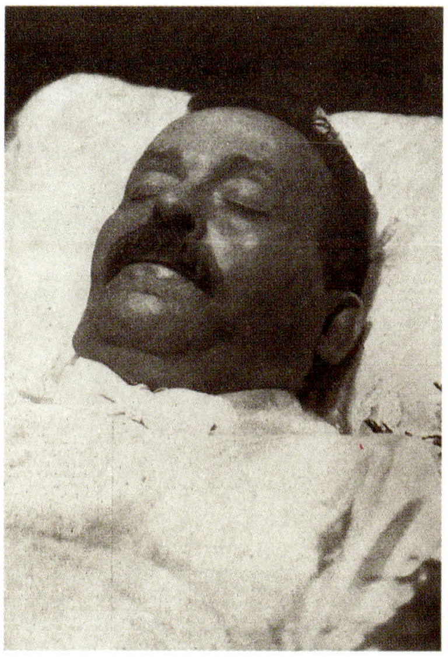

◁ Friedrich Ebert, der erste Präsident der Weimarer Republik auf dem Totenbett. Bis zum Tag der Überführung nach Heidelberg bleiben die sterblichen Überreste im Präsidentenpalais aufgebahrt.

▽ Tausende schließen sich am 4. März in Berlin dem Trauerzug zum Bahnhof an. Die Luftaufnahme zeigt die riesige Menschenmenge vor dem Reichstagsgebäude.

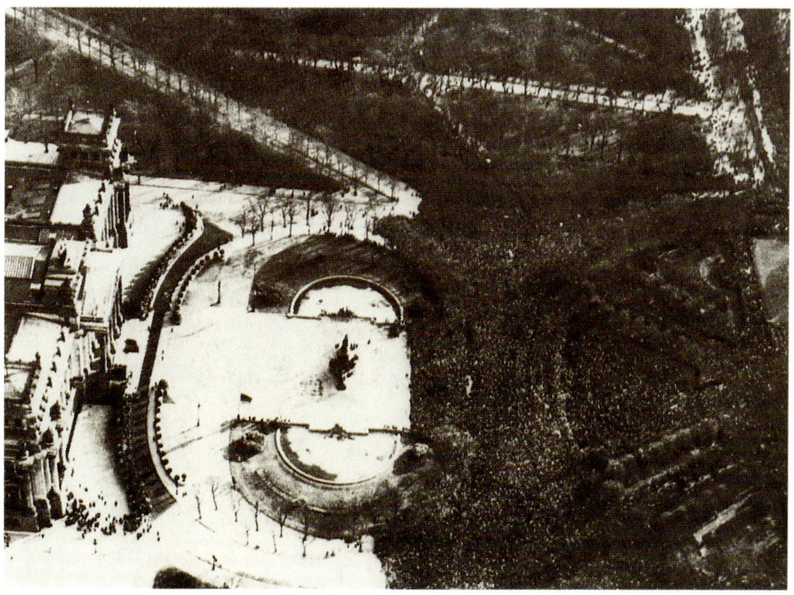

Ebert: Zwischen Achtung und Haß

Friedrich Ebert war eine der Schlüsselfiguren in den letzen Jahren des Kaiserreiches und in den ersten Jahren der Weimarer Republik. Als Sozialdemokrat übernahm er 1918 die Regierungsverantwortung und setzte eine demokratische Reichsverfassung durch. Vom linken Flügel der SPD sowie von der KPD wurde Ebert als »Arbeiterverräter« diffamiert, weil er die proletarische Revolution verhindert habe. Von den Rechtsparteien wurde Ebert als Repräsentant der verhaßten Republik angefeindet, der mit den Siegermächten des Weltkrieges gemeinsame Sache mache. Die Anerkennung, die Ebert von bürgerlichen Politikern erhielt, vergrößerte die Distanz zu seiner Partei. Seine Integrität sowie sein selbstloser Einsatz für die Republik wurden vom Volk geachtet; ein geliebter Präsident war Ebert jedoch nicht.

Warnung vor dem Nationalismus

28. Februar. In den Kommentaren ausländischer Zeitungen zum Ableben des deutschen Reichspräsidenten Friedrich Ebert drücken einige Autoren die Befürchtung aus, daß die demokratische Entwicklung nun schwierigen Belastungsproben ausgesetzt sein würde. So schreibt z. B. die in Paris erscheinende »Information«, daß Ebert durch seine starke Persönlichkeit eine der solidesten Stützen der Republik gewesen sei und die Verfassung mehrmals vor einem Zusammenbruch bewahrt habe. Er sei eine lebendige Garantie gegen jeden Versuch der Wiedereinsetzung der Hohenzollern gewesen. Der französische »Temps« erklärt, Ebert sei der letzte Wall der Republik gegen den Ansturm der Nationalisten gewesen, der Deutschland erneut in eine Politik der Abenteuer hineinzutreiben drohe. Ebert, der großen Anteil am Zustandekommen der Weimarer Verfassung gehabt habe, sei stets für ihre Verteidigung eingetreten. Gerade auf diesem Gebiet könne sein Tod sehr ernste Folgen für die künftige Entwicklung in Deutschland haben.

Paris ist gegen Beziehung zum Vatikan

3. Februar. Mit 314 gegen 250 Stimmen akzeptiert das Parlament in Paris den Antrag der Regierung auf Schließung der französischen Botschaft beim Vatikan.
Diese Maßnahme ist eine Folge von Verhandlungen über ein mögliches Konkordat zwischen Frankreich und der katholischen Kirche. Die Regierung der 3. Republik unter Ministerpräsident Édouard Herriot sieht durch ein Konkordat die Unabhängigkeit des Staates von der Kirche gefährdet. Auf die Forderung von Befürwortern kirchlicher Bindung, die Botschaft beizubehalten, erwidert Herriot, er wolle Frankreich nicht den Einfluß entziehen, den es ausüben könne, wenn es mit dem Katholizismus verbunden bleibe.

In Massenkundgebungen wie hier in Angers protestieren Anhänger der katholischen Kirche gegen die Schließung der Botschaft beim Vatikan in Rom

Aber die nationale Tradition Frankreichs müßte von allen Religionsbekenntnissen, auch von der katholischen Religion, respektiert werden. Die Tradition wolle, daß Frankreich über allen Bekenntnissen stehe.
Eine Sonderstellung allerdings nimmt das katholische Elsaß-Lothringen ein. Für deren Gesandtschaft beim Heiligen Stuhl beantragt die Regierung in Paris einen Kredit in Höhe von 58 000 Franc, den das Parlament genehmigen muß, ein Akt, der bei den sozialistischen und übrigen linken Abgeordneten auf heftigen Protest stößt. Schließlich kann ein Kompromiß erzielt werden: Die Kreditmittel belasten nicht das Budget des Außenministeriums, sondern das Spezialbudget für Elsaß-Lothringen. So bleibt der Grundsatz des Abbruchs der diplomatischen Beziehungen gewahrt.
Die katholische Kirche wendet sich energisch gegen diese Vorgänge, in einem Hirtenbrief fordert sie die Rücknahme des Abbruchs der Beziehungen. In ganz Frankreich kommt es zu gewalttätigen Auseinandersetzungen zwischen klerikalen und antiklerikalen Kräften. Im Elsaß folgen massive Proteste, z. B. gegen interkonfessionelle Schulen.

Wenig Sympathie für Konkordate

Der Abschluß von Konkordaten mit dem Heiligen Stuhl in Rom beschäftigt 1925 nicht nur das französische Parlament (→ 3. 2. / S. 42), sondern z. B. auch die Abgeordnetenhäuser in der Tschechoslowakei und in Polen. Vor allem in den Ländern mit starken sozialistischen Parteien fordert man eine klare Trennung zwischen Staat und Kirche. Man wendet sich gegen die Einmischung der Kurie in Probleme der Regierung, die faktisch in Konkordaten festgeschrieben sind.
Ein Konkordat ist die zwischen dem Vatikan für die katholische Kirche und einem Staat getroffene Vereinbarung zur Regelung von Angelegenheiten, die zugleich dem staatlichen und dem kirchlichen Interessenbereich angehören. Diese sogenannten gemischten Angelegenheiten können z. B. Besetzung wichtiger Kirchenämter, Umgrenzung der Diözesen, Bildung der Geistlichkeit, Seelsorge, aber auch Ehe- und Schulfragen sein.

Patriarchenstreit zwischen Griechenland und der Türkei

1. Februar. Wegen des sog. Patriarchenstreits zwischen Griechenland und der Türkei wendet sich die Regierung in Athen an die Völkerbundsversammlung in Genf.
Die Griechen fordern von den Türken die Zurücknahme der Ausweisung des Patriarchen der griechisch-orthodoxen Kirche, Konstantin VI., aus Konstantinopel (Istanbul). Diese Maßnahme verletze aufs tiefste die religiösen Gefühle der auf türkischem Gebiet lebenden Gläubigen und widerspräche auch den Verhandlungsgrundsätzen von Lausanne aus dem Jahr 1923. Nach Ansicht türkischer Stellen fällt der aus Kleinasien gebürtige Geistliche unter die sog. Austauschregeln dieses Vertrages, deshalb sei die Ausweisung gerechtfertigt.

Von der Ausweisung bedroht: Konstantin VI. in Konstantinopel

Ausgewiesene Gläubige aus Kleinasien zwischen Wäscheleinen und notdürftig verstautem Hausrat in der Loge der Athener Oper; die Wohnungsnot ist groß

Der von beiden Regierungen als Argument herangezogene Vertrag wurde am 24. Juli 1923 nach der Niederlage Griechenlands im Krieg zwischen beiden Ländern (1921/22) abgeschlossen. Jahrhundertealte griechisch-türkische Spannungen und der Streit um die griechische Besiedlung Kleinasiens sollten so endgültig gelöst werden.
U. a. wurde ein Austauschabkommen von noch nicht aus Kleinasien geflohenen griechisch-orthodoxen türkischen Staatsangehörigen – ausgenommen Konstantinopel – gegen in Griechenland lebende Moslems vereinbart. Da der Patriarch zwar in Konstantinopel lebt, aber in Kleinasien geboren ist, können sich beide Seiten auf dieses Abkommen mit gleichem Recht berufen.
Erst im April wird der Patriarchenstreit beigelegt. Konstantin VI. tritt von seinem Amt zurück, so daß die Synode in Athen einen nicht von diesem Abkommen betroffenen Nachfolger wählen kann.

Gegen deutsche Tradition in Tirol

20. Februar. Italienische Polizisten entfernen am Sandwirtshaus in Passeier (Südtirol) sämtliche an den Volkshelden Andreas Hofer erinnernde Aufschriften.
Hofer, einstmals der »Sandwirt von Passeier«, hatte 1809 den Kampf um die Freiheit Tirols geführt und wird seitdem von den Bewohnern der Alpenregion als Nationalheld gefeiert. Die nur unter der deutschen Bevölkerung gepflegte Tradition wollen die italienischen Behörden unterbinden, deshalb beschlagnahmen sie auch alle in Südtirol erscheinenden Zeitungen, die in ihren Ausgaben auf den 115. Jahrestag der Hinrichtung Hofers in Mantua eingehen.
Dieses Vorgehen der offiziellen Stellen ist eine von vielen Maßnahmen, mit denen die Italienisierung des in der Mehrheit von Deutschen bewohnten Gebietes in Norditalien vorangetrieben wird. Bald nach der Machtergreifung Benito Mussolinis 1923 veröffentlichte die Regierung in Rom ein entsprechendes Programm, in deren Folge wesentliche Maßnahmen gegen die deutsche Tradition und die Eigenständigkeit der deutschen Bevölkerung in diesem Gebiet durchgeführt wurden.

»Unser Vater, das Kapital« lautet die Textzeile dieser Karikatur

»Himmelsstürmer« – Titelblatt der Zeitschrift »Besboschnik«

Kampagne der »Gottlosen« gegen die russisch-orthodoxe Kirche

7. Februar. *In Moskau gründet sich die »Liga kämpferischer Gottloser«, deren erklärtes Ziel die endgültige Ausrottung der Religion in der Sowjetunion ist. Die Organisation steht unter der Leitung von Jemeljan Jaroslawski. Zuallererst sieht die Liga ihre Hauptaufgabe darin, durch eine kämpferische Propagandatätigkeit gegen den traditionell sehr tief im Volk verwurzelten Glauben vorzugehen. Zu diesem Zweck gründet die Liga die Zeitschrift »Besboschnik« (»Der Gottlose«). In dieser Zeitschrift werden mit Hilfe von Satire und Karikaturen sämtliche religiösen Erscheinungen aufs Korn genommen und lächerlich gemacht.*
Die antireligiöse Kampagne begann bereits gleich nach der Revolution 1918, nachdem die sowjetische Regierung ein Dekret über die Trennung von Kirche und Staat erlassen hatte. Damals entwickelte sich die russisch-orthodoxe Kirche schnell zum Sammelbecken des Widerstands gegen den Bolschewismus.

Kurdenaufstand gegen Kemal Atatürk

25. Februar. Die türkische Regierung beschließt den Einsatz von Bombenflugzeugen gegen die aufständischen Kurden im Südosten des Landes. Man will zunächst versuchen, das Zentrum der Erhebung, das Dorf Hasim, zu zerstören. In diesem Dorf residiert der Führer der Aufständischen, Scheich Said. Außerdem werden zur Unterdrückung des Aufstandes fünf Jahrgänge des Reservedienstes mobilisiert und britische sowie französische Soldaten in Bereitschaft versetzt. Die Briten und Franzosen fürchten ein Übergreifen der Kämpfe auf ihre benachbarten Mandatsgebiete Irak und Syrien (→ 2. 9. / S. 157).
Said fordert mit seinen ca. 20 000 Anhängern die Absetzung der Regierung in Angora (Ankara). Die Kurden wenden sich gegen die seit 1923 bestehende Republik unter Präsident Mustafa Kemal Pascha (Kemal Atatürk), da der kurdischen Stammesaristokratie mit einer demokratischen Verfassung unvereinbare Privilegien entzogen wurden. Wenn es auch nicht ihr erklärtes Ziel ist, so spiegelt ihr Programm doch monarchistische Tendenzen wider. Mit den Kurden verbünden sich reaktionäre feudale Kräfte anderer Stämme, die auf eine Wiedererrichtung des Sultanats in der Türkei hoffen. Viele sympathisieren mit der »Republikanischen Fortschrittspartei«. Sie wendet sich trotz ihres modernen Namens gegen die aufklärerisch-europäische Richtung der Regierung Kemal Atatürks (→ 2. 9. / S. 158).

Mit Pferden und Gewehren gegen Bombenflugzeuge: Nur wenig Chancen haben diese kurdischen Reiter, sich gegen die Regierung durchzusetzen

Sowjetrepublik in Asien gegründet

14. Februar. In der zentralasiatischen Stadt Duschanbe wird im Rahmen einer feierlichen Veranstaltung die neue autonome Sowjetrepublik Tadschikistan proklamiert.
Das zum großen Teil im schwer zugänglichen Hochgebirgsland gelegene, etwa 140 000 km² große Gebiet war bisher der Turkestanischen Sowjetrepublik zugeordnet. Nach einer Aufgliederung Turkestans in Turkmenische SSR (= Sowjetrepublik), Kirgisische SSR und Usbekische SSR, zählt es nun zunächst zu Usbekistan, besitzt aber autonomen Status (ASSR). Im Jahr 1929 wird es selbst in eine SSR umgewandelt.
Der Stamm der Tadschiken, deren Mitglieder meist dem islamischen Glauben angehören, bildet den größten Teil der Bevölkerung. Rund 85% der Bevölkerung lebt in Höhen von etwa 1600 m. Sie ernähren sich hauptsächlich von der Viehzucht, auch die Seidenraupenzucht hat eine große Tradition.

Preissturz an der US-Weizenbörse

9. Februar. An der Weizenbörse in Chicago kommt es zu Tumulten durch einen plötzlichen Preissturz, der die geschäftliche Existenz vieler Händler bedroht. Noch in den vergangenen Wochen waren die Preise für Weizen ständig gestiegen, da Sowjetrußland als bisher klassisches Exportland für Getreide riesige Mengen von Mehl einführen muß. Ursache dafür ist eine totale Mißernte in Rußland und in allen osteuropäischen und südosteuropäischen Ländern. Vertreter aus Moskau kaufen nun in den USA, Kanada sowie Argentinien. Aufgrund dieser Nachfrage schnellten die internationalen Getreidepreise in die Höhe, eine Situation, die ein Großhändler, der sog. »Getreide-Feldherr« Alfred Cutter, für umfangreiche Spekulationen ausnutzte. Er kaufte zusätzlich auf und stieß plötzlich wieder riesige Mengen ab. Auf den dadurch hervorgerufenen abrupten Preisverfall können die meisten Händler nicht rechtzeitig reagieren, so daß viele von ihnen vor dem Ruin stehen.

Regelungen für polnische Arbeiter

22. Februar. In Warschau schließen polnische und französische Regierungsvertreter ein Abkommen über die Einwanderung polnischer Arbeiter nach Frankreich.
Es wird die Einrichtung besonderer Ämter in beiden Hauptstädten beschlossen, die Ein- bzw. Auswanderungen regeln und überwachen sollen. Die dem Arbeitsministerium angeschlossene französische Behörde wird sich u. a. mit der Arbeitsvermittlung sowie der Sozialversicherung befassen. Einig ist man sich darüber, daß die Löhne der zugereisten Arbeiter nicht unter denen der heimischen liegen dürfen, eine Maßnahme, die eine Verdrängung französischer Beschäftigter verhindern soll. Die Regierung in Paris erklärt sich zu leichteren Bedingungen für die Einbürgerung von in Frankreich lebenden Polen bereit. Man schätzt die Zahl betroffener Arbeiter auf etwa 250 000, einschließlich der Familien etwa 450 000 Personen.
Keine Regelung erzielten die Länder in der Frage des Militärdienstes im Gastland, die Verhandlungen wurden auf spätere Zeit verschoben.

Fotografie vom chinesischen Kaiser (M.) aus früherer Zeit: Während einer Bootsfahrt in Peking mit seinem Privatlehrer aus England

Hsüan-t'ung, der letzte Kaiser von China, auf der Flucht nach Tientsin

24. Februar. *Der erst 19jährige chinesische Ex-Kaiser Hsüan-t'ung (P'u I, geb. 1906) flieht aus der japanischen Gesandtschaft in Peking nach Tientsin, einem großen Handelshafen im Nordosten Chinas.*
Die japanische Botschaft diente dem letzten Kaiser von China seit 1924 als Zufluchtsstätte. Im Oktober 1924 war er aus dem Kaiserlichen Palast in der Verbotenen Stadt ausgewiesen worden.
Nur in Begleitung seines Sekretärs entkommt er, als Diener verkleidet, unerkannt nach Tientsin. Seine beiden Lieblingsfrauen, die mit ihm das Exil teilen, folgen ihm einige Zeit später nach. In Tientsin suchen sie Zuflucht im dortigen Yamato-Hotel, das vor allem von Europäern sehr gerne frequentiert wird.
Als Grund für die überstürzte Flucht nach Tientsin gibt die japanische Gesandtschaft ständige Angriffe der chinesischen Presse gegen den Ex-Kaiser an. So wurde P'u I beschuldigt, an mehreren Attentaten der vergangenen Zeit teilgenommen zu haben.
P'u I wurde im November 1908 als dreijähriges Kind nach dem Tod von Kuang-hsü (wahrscheinlich ermordet) unter der Regierungsdevise Hsüan-t'ung zum Ch'ing(Mandschu)-Kaiser bestimmt. Seine Amtsperiode endete jedoch schon 1911, als er aufgrund revolutionärer Wirren, außenpolitischer Niederlagen und einer unzuverlässigen Armee zum Rücktritt gezwungen wurde. Am 29. Dezember 1911 wurde die Republik China gegründet und Sun Yat-sen (1866–1925), unbestrittener Führer des aufständischen »Einheitsbundes«, zum Präsidenten proklamiert *(→ 12. 3. / S. 63)*.

Grubenunglück im Dortmunder Revier

11. Februar. Bei einem schweren Grubenunglück auf der Zeche »Minister Stein« in Dortmund-Eving sterben 136 Bergleute.

Das Unglück ereignet sich aufgrund einer Schlagwetterexplosion um 20.10 Uhr in Schacht III, wo sich 138 Mann der Mittagschicht befinden. Die sofort eingeleiteten Rettungsarbeiten bleiben zunächst erfolglos, da giftige Gase das Vordringen der Mannschaften verhindern. Das führt dazu, daß ein Trupp von 16 Kumpels, die noch etwa 24 Stunden lebten und hofften, ebenfalls nur tot geborgen werden kann.

Gleich nach Bekanntwerden der Katastrophe versammeln sich vor dem Zechentor Tausende von Menschen, zumeist Kollegen und Angehörige der Verunglückten. Erst nach einigen Stunden gibt die Zechenleitung einige spärliche Informationen bekannt. Dieses Verhalten löst Unmut unter den Bergleuten aus, der sich in den nächsten Tagen verstärkt. Sie verlangen von den Unternehmern bessere Sicherheitsvorkehrungen und Arbeitsbedingungen, denn die Unfallzahlen in deutschen Bergbaubetrieben sind allgemein erschreckend hoch. Allein im Ruhrgebiet betrug ihre Zahl 1924 etwa 65 000, wovon der Großteil auf das zweite Halbjahr entfiel: 37 000 Verletzte und 360 Tote. Die SPD fordert vor dem Reichstag in Berlin am 14. Februar staatliche Aufsicht bei der Verbesserung der Sicherheitsmaßnahmen in Gruben und Zechen überall in deutschen Kohlegebieten.

△ Die Beisetzung der Opfer der Dortmunder Grubenkatastrophe am 17. Februar. Gesenkte Fahnen mit dem schwarzen Trauerflor an den Gräbern der 136 toten Kumpel. Über 20 000 Menschen nehmen an der Beerdigung teil, darunter Abordnungen italienischer und französischer Bergarbeiter, die zu den offiziellen Trauerfeierlichkeiten in das Ruhrgebiet gekommen sind.

◁ Titelblatt der Berliner Illustrierten. Eindrucksvoll bringt Zeichner Willibald Krain Trauer und Ohnmacht der Dortmunder Bergleute zum Ausdruck, die nicht nur von den Arbeitern im Ruhrgebiet geteilt werden. Überall in Deutschland gedenkt man der Opfer.

Opium-Konferenz in Genf beendet

19. Februar. In Genf endet die bereits 1924 begonnene internationale Opiumkonferenz.

Die Teilnehmer beschlossen, in die Haager Konvention von 1912 verschärfte Bestimmungen zur Überwachung des Opiumhandels aufzunehmen. Jedoch unterschreiben einige Vertreter der beteiligten Regierungen die neuen Richtlinien für die Bekämpfung der Mißbräuche des Vertriebs von Opium und Opiumprodukten im internationalen Verkehr nur mit Vorbehalt. Sie hätten sich weitergehende Maßnahmen gewünscht. Ein diesen Vorstellungen entsprechender Antrag von der Delegation aus den Vereinigten Staaten von Amerika war am Widerspruch Großbritanniens, den Niederlanden und Frankreichs gescheitert, da diese medizinische Ausnahmeregelungen fordern. Die USA fordern die Abschaffung des Rauchopiums innerhalb von zehn Jahren.

Nachdem darüber keine Einigung erzielt werden konnte, verließen die Abgeordneten Chinas und der USA die Genfer Konferenz bereits am 7. Februar. In der Denkschrift, worin die USA ihre Abreise erklärt, heißt es u. a.: Nach dreimonatigen Debatten und Vertagungen sei klar geworden, daß sich die Konferenz als unfähig erwiesen habe, gesetzliche Regeln zur Einschränkung des Anbaus sowie der Ausfuhr von Rohopium zu schaffen. So werde auch die Kontrolle der Erzeugung von Opiumderivaten nicht gelingen.

Turm von Pisa schiefer

21. Februar. Neue Messungen am sogenannten schiefen Turm von Pisa beweisen, daß sich die Neigung des italienischen Bauwerks wiederum verstärkt hat.

Der Kampanile (Glockenturm) des Domes der toskanischen Stadt entstand bereits im 12. Jahrhundert. Die Meister Bonannus von Pisa und Wilhelm von Innsbruck hatten 1174 mit seiner Errichtung angefangen. Schon während der Bauphase senkte sich der Turm auf dem nachgebenden Untergrund, so daß in den oberen Stockwerken die Nordseite verstärkt und in einer Bogenlinie fortgeführt werden mußte. 1350 beendete Tomaso Pisano das schiefe Wahrzeichen Pisas.

Seit der Errichtung weist der Turm in Pisa eine Neigung auf

Chansonnier Bruant tot

Plakat von Toulouse-Lautrec mit dem typischen Konterfei Bruants

11. Februar. In Paris stirbt im Alter von 73 Jahren der bekannte Pariser Chansonnier Aristide Bruant. Am Ausgang des vergangenen Jahrhunderts war er der gefeierte Star des berühmten Pariser Kabaretts »Chat Noir«, zu dessen Aufführungen u. a. der französische Maler Henri de Toulouse-Lautrec Plakate gestaltete. Seine Lieder, in denen häufig von Außenseitern, Dirnen und Ganoven die Rede war, trug er in dem für ihn charakteristischen Habitus vor: Als Bohemien in schwarzer Samtjacke, Pumphosen, hohen Stiefeln und mit breitkrempigem Schlapphut. Nach dem Krieg zog er sich vom Kabarett zurück, schrieb mehrere Romane und veröffentlichte Gedichte.

Bildungswesen 1925:

Streben nach einer einheitlichen Bildungspolitik im Reich

In den bildungspolitischen Diskussionen des Jahres 1925 nehmen reformerische Bestrebungen im Grund- und Volksschulbereich sowie Veränderungen im Aufbau höherer Schulen breiten Raum ein. Seit Bestehen der Weimarer Republik hat es mehrere Versuche gegeben, das Schulwesen zu vereinheitlichen. Dadurch, daß die Regierungen der 18 Länder selbständig in bildungspolitischen Fragen entscheiden konnten, ist das Schulwesen zersplittert – eine Situation, die durch Reichsschulgesetze verändert werden soll.

Im November 1924 hatte der Reichsschulausschuß seine Arbeit aufgenommen. Die Unterrichtsverwaltungen von Preußen, Bayern und Sachsen verfügen darin über je einen Sitz, die Vertretung der übrigen Länder ist kollektiv geregelt. Auf der Grundlage der Ausschußarbeit wird im Juni dem Reichsrat der Entwurf für ein Reichsvolksschulgesetz vorgelegt, woran sich heftige parteipolitische Auseinandersetzungen entzünden. Umstrittener Punkt ist u. a. die Grundschulnovelle, worin die allgemeine vierjährige Grundschule vorgeschlagen wird. Nach Besuch dieser für alle Kinder verbindlichen Einrichtung kann entschieden werden, ob die fünfjährige weiterführende Schule zur mittleren Reife oder die achtjährige bis zur Hochschulreife gewählt wird. Gegner der Grundschule sind vor allem die deutschnationale (DNVP) und die deutschvölkische (DVP) Partei. Sie plädieren für ein Weiterbestehen der alten Volksschule neben den anderen Einrichtungen (Gymnasium; Oberrealschule, seit 1890; Realgymnasium, seit 1900). Für besonders begabte Volksschüler wird 1925 zunächst probeweise die Oberschule, eine sog. Aufbauschule, geschaffen: Im Anschluß an die acht Jahre dauernde Volksschule erlangen sie dort nach sechsjährigem Unterricht ebenfalls die Hochschulreife. Vertreter der bürglichen Parteien befürworten die allgemeine Grundschule, jedoch wollen sie die Möglichkeit eines Wechsels in die weiterführende Schule bei herausragenden Leistungen schon nach drei Jahren gewährleisten. Dagegen und auch gegen die beabsichtigte Beibehaltung noch bestehender konfessioneller Schulen sprechen sich SPD und auch das preußische Kultusministerium aus, so daß über die Grundschulnovelle 1925 keine Einigung erzielt wird.

Studentenseminar im Freien; progressive Unterrichtskonzepte für neue Schulmodelle erfordern natürlich auch alternative Lehr- und Lernmethoden

Ein Klassenraum der evangelischen Schule am Paschacker in Rheinhausen; trotz der Bemühungen um Bildungsreformen unterscheidet sich der Schulalltag vieler deutscher Kinder kaum von dem ihrer Eltern und Großeltern

Wesentliches Argument der Befürworter eines einheitlichen Bildungssystems ist die Chancengleichheit für die Kinder aller Bevölkerungskreise, die Abschaffung der Schulen mit »Klassencharakter«, wie es die SPD formuliert.

Eng mit diesem Problem verbunden ist auch die Frage der Kosten. Häufig scheitert der Besuch begabter Jugendlicher der unteren Schichten an einer höheren Lehranstalt oder Universität an den hohen finanziellen Aufwendungen. Zwar gründet sich die »Studienstiftung des deutschen Volkes«, doch reichen die von ihr zur Verfügung gestellten Stipendien nicht aus. Von den Söhnen und Töchtern der niederen Beamtenschicht, der Kleinbauern und Arbeiter, die 28,5% der Studenten ausmachen, müssen viele ihr Studium aus Geldmangel abbrechen.

Ein weiteres Reformvorhaben ist eine einheitliche Lehrplangestaltung für die höheren Schulen. Im April gibt das preußische Staatsministerium Richtlinien heraus, die Grundsätze der inneren Schulreform für alle Schularten und Unterrichtsfächer entwickelt. Sie beinhalten, daß nunmehr nicht nur Stoffübermittlung das Ziel sein soll, sondern Entwicklung der »Selbständigkeit im Urteil, der Methode und des Willens«. Als Anregung für einige der neu propagierten Grundsätze dienten in sog. Landschulheimen gemachte reformpädagogische Erfahrungen. Zu den bekanntesten Einrichtungen dieser Art im Deutschen Reich gehören die Schulen in Wickersdorf (Thüringen) sowie auf der Insel Juist. In diesen freien Schulen, deren erklärte Aufgabe die »Heranbildung vollwertiger Menschen« ist, leben etwa 1000 Schüler. Einhergehend mit der geplanten Umgestaltung des deutschen Schulwesens fordern die Kultusministerien der Länder auch eine qualifiziertere Ausbildung des Lehrpersonals. Da als Voraussetzung für den Lehrerberuf künftig das Abitur verlangt wird, erfolgt zum Sommer des kommenden Jahres die Auflösung aller Lehrerseminare, wo die Ausbildung bisher auch ohne Reifezeugnis möglich war. Statt dessen werden Institute für Lehrerbildung deren Aufgabe übernehmen.

△ *Unterricht im Freien in einer höheren Mädchenschule New Yorks. Das Wecken der Liebe zur Natur ist ein wesentlicher Bestandteil reformpädagogischer Bestrebungen in den 20er Jahren. Dies beruht auf der Erkenntnis, daß der Sinneseindruck und die sich daraus ergebende Sinnesfreude für die Entfaltung des Menschen in einem bestimmten Lebensalter sehr viel bedeutsamer sind, als die Erweiterung seines Horizontes durch gedankliche, am Begrifflichen orientierte Arbeit.*

◁ *Schüler bei dem Versuch, aus verschiedensten Materialien einen kleinen Motor zu konstruieren. In der sog. »Arbeitsschule« sehen Reformpädagogen eine Alternative zu den reinen »Lernschulen«. Grundlage der Unterrichtsgestaltung sind Aktivität und Spontaneität des Lernenden und die Forderung an den Schüler, einen Stoff selbständig zu erarbeiten. Die Arbeitsschule nimmt im bildungspolitischen Konzept der Weimarer Republik einen besonders breiten Raum ein.*

Und wieder einmal: Fasching & Karneval

24. Februar, Fastnacht. Fasching und Karneval sind auch für die Presse ein Anlaß, auf die übliche Seriosität zu verzichten und mehr oder weniger »Anzügliches« in den Februarausgaben zu veröffentlichen. Auch die satirische Zeitschrift »Simplicissimus« kommt in ihrer Nr. 46 nicht an diesem Thema vorbei. Folgendes Gedicht läßt den Schluß zu, daß viele Männer dem veränderten Schönheitsideal und dem intellektuellen Selbstbewußtsein moderner Frauen noch ratlos, wenn nicht gar ablehnend gegenüberstehen und sich nach der traditionelle Aufteilung der Geschlechterrollen zurücksehnen.

Münchner Fasching einst und jetzt
Von Peter Scher
In der guten alten Zeit, als Ludwig Thoma/ noch den Reznicek bedichtet hat,/ ja da war ein anderes Aroma/ um den Fasching in der Münchnerstadt!
Alle Mädchen hatten sogenannte Busen,/ wo man vorne trug in dem Gewand,/ und wenn Flöt und Klarinette blusen,/ nahm der Herr denselbigen in die Hand.
Und wenn Flöt und Klarinette schwiegen/ und die Weißwurst ihren Weg gemacht,/ sind sie meist ins falsche Bett gestiegen,/ und man hat auch noch dazu gelacht.
Aber heut in unsern vorgerückten Tagen/ sind die Mädchen vorn und hinten schlank/ und erinnern manchen sozusagen/ irgendwie an eine Hobelbank.
Für die intellektuellen jungen Leute/ ist die Schlankfasson von höh'rem Reiz,/ und ein Busen alten Stils ist heute/ mehr ein Hindernis beim Bau des Kleid's.
Wenn die Jazz-Band heftig dudelt und meschuggelt,/ gehn sie dennoch mit gelass'nem Schritt,/ sie mit ohne, er oft leicht gebuckelt,/ und der Intellekt geht immer mit./
Ohne Weißwurst hernach zu genehmigen/ sieht man beide im Fauteuil geklebt,/ wo dabei dann häufig so ein Dämchen/ einen Vortrag über Freud anhebt.
Ja da hamm wir's ja, da sieht man's wieder:/ohne Glauben, Weißwurst, Busen, Bett/ kommt er nicht hinauf und sie nicht nieder,/ welches kein Gemeinschaftssinn verrät.

Münchener Titelblatt der Zeitschrift »Jugend«

Die neue Freizügigkeit dokumentiert dieses Titelbild

Die politische Satire nutzt diese Lockerheit: Zum Thema »Abrüstung«

Eine lange Nacht geht dem Ende zu

Tanz nach den neuen Jazzklängen

Ölverschmutzung bedroht Fischerei

21. Februar. Die Nachrichtenagentur »Europapress« meldet eine starke Ölverschmutzung an der Küste vor der britischen Hafenstadt Dover, südöstlich von London.
Die Rückstände der Ölfeuerung auf Schiffen werden von Wind und Wellen in solchen Mengen ans Ufer gespült, daß man gezwungen ist, die Schmier- und Teerschicht an den Stränden zu verbrennen. Die Anwohner der betroffenen Gebiete fordern von den offiziellen Stellen, den Schiffen das Ablassen des Ölwasserballastes zu verbieten. Sie sehen nicht nur den Badebetrieb geschädigt, sondern beklagen auch die verheerende Wirkung der Ölschicht auf dem Wasser für die Tierwelt des Meeres. Der Ölfilm auf der Oberfläche tötet Kleinlebewesen sowie Fischlaich und bedroht damit auch die Fischerei in dem Gebiet.

Neue Funde aus der Römerzeit in Trier

11. Februar. Die »Frankfurter Zeitung« veröffentlicht einen Bericht über Funde aus der Römerzeit, die in der zwischen 16 und 13 v. Chr. von Kaiser Augustus gegründeten Stadt Trier gemacht wurden.
Schon länger vermuteten Fachleute, daß im Osten der Stadt Reste aus römischer und frühmittelalterlicher Zeit vorhanden sein müßten. Die ersten Ausgrabungen förderten dann auch Spuren eines Tempelbezirks des römischen Vororts Castil zu Tage. Zu den bedeutenden in den letzten Wochen gemachten Funden gehört eine große heilige Stätte mit einem Umgang. Einer Weihinschrift zufolge war es der heimischen Göttin Ritona geweiht, die meist im langen Gewand mit Fackel und Füllhorn dargestellt und als Muttergottheit verehrt wurde. Wertvoller noch und besser erhalten ist der Merkurtempel. Die dazugehörige Tafel, vermutlich aus den Jahren zwischen 89 und 96 n. Chr., weist als Stifter einen ehemaligen Soldaten der Rheinflotte aus, der sich später in Trier niederließ und einen einträglichen Bierhandel betrieb. Unter diesem Tempel wurde ein größerer Rundbau freigelegt, dessen Oberbau an einen Brunnen erinnert. Neueste Grabungen lassen darunter weitere archäologische Kostbarkeiten vermuten.

Tonaufnahme auf einer Pariser Bühne über noch recht große Mikrofone (r.)

Aufmerksame Zuhörer während einer Telefonübertragung in einer Wohnung

Opernübertragung nach Landshut durch eine Fernsprechleitung

21. Februar. *Zwischen München und Landshut gelingt die Übertragung einer Oper per Telefon. In dem 100 Kilometer entfernten Landshut versammeln sich Musikliebhaber in einem kleinen Raum, um den Klängen des »Bajazzo« von Ruggiero Leoncavallo zu lauschen.*
Die Fernsprechleitung, durch die diese Opernübertragung stattfindet, wurde extra für diese Veranstaltung freigemacht. Die Qualität der Übertragung ist sehr gut, sie steht in nichts den in Paris schon häufiger stattgefundenen Übertragungen nach.
Die Abbildungen dokumentieren eine solche Übertragung aus der Pariser Oper in eine Privatwohnung, ebenfalls mit Fernsprechleitung. Auf dem linken Bild sind die beiden Mikrofone an der Rampe zu erkennen.

Fluglinien von Kontinent zu Kontinent

8. Februar. In Karlsruhe endet die am 31. Januar begonnene Luftfahrtausstellung. Die dort gezeigten neuen und verbesserten Flugzeuge spiegeln eine verstärkte Entwicklung des zivilen Luftverkehrs wider – sowohl bei Inlands- als auch bei Auslandslinien. Interessant sind die Vorhaben französischer Luftfahrtgesellschaften, deren Bestrebungen dahin gehen, interkontinentale Liniennetze aufzubauen. U. a. planen sie regelmäßige Verbindungen zwischen Frankreich und Nordafrika sowie zwischen Frankreich und dem südamerikanischen Kontinent.

Ein französischer Probeflug über Afrika von Colomb-Béchar nach Beni-Abbè

Blumen in Montevideo nach einem Testflug Frankreich – Argentinien

Überprüfung der Motoren in Oran beim Testflug für die Afrika-Linie

12. Mai: Der erste Passagierflug zwischen Stuttgart – Leipzig – Berlin

Weltmeisterschaft im Eiskunstlauf

15. Februar. In Wien werden die am Vortag begonnenen Wettkämpfe um die Weltmeisterschaft im Eiskunstlauf der Herren und im Kunstlauf der Paare beendet.

Die Befürchtung der Veranstalter, daß die Wettbewerbe wegen frühlingshafter Temperaturen und der damit entstandenen Wasserschicht auf dem Eis nicht zu Ende geführt werden können, bewahrheitet sich nicht. So kann zunächst der Weltmeister der Herren ermittelt werden. Gegenüber dem Vorjahressieger Kachler setzt sich hier sein österreichischer Landsmann Willy Böckl durch. Er bietet zwar nicht so viele Schwierigkeiten in seiner Kür wie Kachler, überzeugt jedoch durch die sichere und perfeke Darbietung. Im Paarlauf kommt es zu einer knappen Entscheidung zwischen Herma Jaross-Szábo (sie ist auch Einzel-Weltmeisterin)/Ludwig Wrede aus Österreich und den Franzosen Andrée Joly/Pierre Brune. Trotz größeren Beifalls für diese, wird das Wiener Paar neuer Weltmeister.

Vorbereitung auf Olympische Spiele

10. Februar. In Hannover treffen Funktionäre der Leichtathletikverbände des Deutschen Reiches zusammen, um den Arbeitsplan für die Vorbereitung der Olympischen Spiele 1928 in Amsterdam zu besprechen.

Der Veranstalter, die Deutsche Sportbehörde für Leichtathletik, hatte die Vorsitzenden der einzelnen Landesverbände sowie die Mitglieder des Leichtathletikausschusses dazu eingeladen. In dem vorgelegten Arbeitsplan sind u. a. folgende Maßnahmen als vorrangig festgelegt:

- ▷ Die Ausbildung von Übungsleitern ist in solchem Umfang durchzuführen, daß in absehbarer Zeit jeder Verein über einen ständigen Lehrer verfügt
- ▷ Einheitliche Ausbildungsmethoden sollen neben einem biologischen und physiologischen Gymnastiksystem neueste Erfahrungen sportlichen Trainings und der Taktik einschließen.

Zur Gewährleistung gründlicher Informationen der einzelnen Verbände wird die Herausgabe einer monatlich erscheinenden DSB-Zeitung beschlossen.

Veranstaltungsplakat mit dem Bild eines rasanten Eisschnelläufers für die in Davos stattfindenden Weltmeisterschaften im Eisschnellaufen

Erfolg für Österreich bei den Eisschnellauf-Meisterschaften in Davos

1. Februar. *Bei den internationalen Eisschnellauf-Meisterschaften in Davos (Schweiz) sind die Sportler aus Österreich überaus erfolgreich. Polscher gewinnt sowohl den 1500-m-Lauf (2:30 min) als auch den 10 000-m-Lauf (19:20 min). Moser wird jeweils Zweiter mit 2:35,8 min und 20:13,4 min. Beide Sportler stammen aus Wien. Den 5000-m-Lauf gewinnt Polaczek in 9:33 min. Lediglich beim 500-m-Lauf kann sich ein Nicht-Österreicher durchsetzen, der Niederländer te Hoff ist Sieger auf dieser kurzen Sprint-Strecke.*

Eine lang ersehnte Hochsaison auf Eis und Schnee

1. Februar. Am zweiten und letzten Tag der Weltmeisterschaften im Eiskunstlauf der Damen erringt die Österreicherin Herma Jaross-Szábo den Titel vor der deutschen Meisterin Ellen Brockhöft aus Berlin. Herma Jaross-Szábo ist damit zum vierten Mal in Folge, seit 1922 die Titelkämpfe nach dem Krieg wieder durchgeführt wurden, Weltmeisterin im Wettbewerb der Damen. Im Gegensatz zu vielen anderen Wintersportwettkämpfen des Jahres 1925 hatten die Veranstalter hier in Davos keine Probleme mit dem Eis. Die Temperaturen in dem 1560 m hoch gelegenen Schweizer Kurort reichten aus, um den See zufrieren zu lassen. Anders war es z. B. in Prag, wo die Eishockey-Europameisterschaften im Januar stattfinden sollten. Zweimal verschob man sie in der Hoffnung, daß die milden Temperaturen endlich von kräftigem Frost abgelöst würden – vergeblich. Schließlich entschloß man sich, die Meisterschaft auf den Zzorbassee (Strbske Pleso) in der Hohen Tatra zu verlegen. Hier gewann die tschechoslowakische Mannschaft am 11. Januar die Goldmedaille.

Andere Wettbewerbe, wie z. B. die Ski- und Bobmeisterschaften, müssen oft mehrere Male verschoben werden oder fallen ganz aus, denn in einigen traditionellen Veranstaltungsorten, wie z. B. in Garmisch-Partenkirchen, herrschte den ganzen Januar über frühlingshaftes Wetter. In den tiefer gelegenen Regionen Europas wird es erst Mitte Februar winterlich. Nun endlich kommen auch die vielen Anhänger des Wintersports auf ihre Kosten, können wieder Wettbewerbe stattfinden. Teilweise führen die Skipisten noch bis in die Mitte der Ortschaften, und auch Schlittenpartien auf Straßen sind keine Seltenheit. Eine besondere Attraktion bietet St. Moritz seinen Wintergästen. Hier spielt man zur Freude des Publikums und der vom Faschingstrubel angeregten Mitspieler Hockey auf Skiern.

Ein besonderer Spaß für die Wintersportgäste im Schweizer Kurort St. Moritz zur Faschingszeit: Eishockey auf Skiern in Freizeitkleidung

Die Siegerin der Eiskunstlauf-Weltmeisterschaften in dem schweizerischen Kurort Davos, Herma Jaross-Szábo (l.) und die Zweite Ellen Brockhöft

Internationale Skiwettkämpfe im französischen Briançon; auf dem Bild das Ziel mitten in der Ortschaft

Musik 1925:

Zwischen der elitären Avantgarde und »Gebrauchsmusik«

In der Mitte der 20er Jahre hat sich die »Neue Musik« in den Konzertsälen der meisten deutschen Städte bereits etabliert. Ihren Charakter beschreibt Kritiker Karl Holl anläßlich eines Konzerts mit Werken von Sergei Prokofjew und Belá Bartók im November in Frankfurt am Main: »Die schon 1914 begonnene und noch immer andauernde Stilwende rechnet nicht nur mit dem früheren Tonsystem ab, sondern mit dem ganzen Geist, dem Fühlen und Wollen der vorausgegangenen Epoche.« Die Absage an Musiktraditionen richtet sich in erster Linie gegen den Zusammenhang von zugrundeliegenden »Programmen« (z. B. literarische Vorlagen oder auch philosophische Abhandlungen) und musikalischer Form. In der Hauptsache geht es vor allem wieder darum, »die Eigenmacht der Töne herzustellen«.

Die Durchsetzung der »Neuen Musik« in relativ kurzer Zeit wurde allerdings weniger aufgrund eines aufgeschlossenen Publikums möglich, für dessen Ohren die neuen Klänge ungewohnt sind. Vielmehr liegen die Ursachen in einer breiten Musikbewegung und großzügigen staatlichen Förderung. So unterstützt z. B. Leo Kestenberg, seit 1918 Musikreferent im Preußischen Ministerium, fortschrittliche Ansätze im Musikleben. Nicht zuletzt ihm ist es zu verdanken, daß Berlin zu einem Zentrum der Neuen Musik geworden ist.

Unter Arnold Schönberg und Igor Strawinski hatte sich der Stil der Neuen Musik zu einer von der Fachwelt anerkannten Musikrichtung entwickelt. Inzwischen gehen die Schüler des Schöpfers der Zwölftonmusik Schönberg teilweise schon ihre eigenen Wege, was sich vor allem auf den alljährlich veranstalteten Musikfesten in Prag, Kiel, Donaueschingen und Venedig dokumentiert. Diese Begegnungen, die der Information und dem Gedankenaustausch der Musiker dienen, sind so etwas wie ein Seismograph für sich abzeichnende Entwicklungen zeitgenössischer Musik. Hierbei stehen die Vertreter der expressionistischen Schönberg-Schule den »Anti-Expressiven« gegenüber. Letztere, zu denen u. a. Paul Hindemith zählt, nehmen sich neoklassischer Formen an und schreiben Musik im Stil der »Neuen Sachlichkeit«. Hindemith und Ernst Křenek komponieren für das diesjährige Treffen in Donaueschingen Beispiele moderner Madrigalkunst. Ziel dieser Arbeiten ist die radikale Zurückführung der melodischen und rhythmischen Formbildung sowie die Besinnung auf das Wesentliche in der kompositorischen Aussage der Neuen Musik.

Viele Musiker der jüngeren Generation nehmen Schönberg gegenüber eine kritisch-distanzierte Haltung ein. Sie sehen in dem Verzicht auf jegliche Wirkungsabsichten und in der Autonomie reiner Formensprache nur noch elitären, verselbständigten Avantgardismus. So stellt Ernst Křenek auf dem »Kongreß für Musikästhetik« in Karlsruhe die Frage nach der Existenzberechtigung der Musik schlechthin. Er wünscht sie sich als »Zweckkunst, das Lebenserfordernis wiederzugeben«, möchte sie soziologisch so vertiefen, daß sie ihre Stellung nicht mehr wie bisher neben der Gegenwart hat. Die einzige Chance einer Herauslösung aus der formalen Erstarrung sieht Křenek im Theater. Dieses Konzept teilt er mit vielen Künstlern, wie die Zukunft zeigen wird: Alban Bergs Oper »Wozzeck«, die am → 14. Dezember (S. 207) in Berlin uraufgeführt wird, leitet eine Erneuerung der Opernkunst ein.

Die Bemühungen um eine auf die Verschmelzung von Kunst und Lebenspraxis abzielende »Gebrauchsmusik« sind vielfältiger Art. Sie schließen volkstümliche Formen in der musikalischen Aussage und Jazzelemente ebenso ein wie die Verwendung mechanischer Rhythmen oder ungewohnte Instrumentenkombinationen. Auf dem Musikfest in Kiel führt Alexander Lászlo erstmals eine »Farblichtmusik« vor, »den Versuch des Pianisten, durch Kombination des Flügels mit einem eigens dafür konstruierten, rein optisch arbeitenden Farblichtklavier eine neue Kunst zu schaffen«. Ein wichtiger Faktor im Bestreben um eine massenwirksame Musik ist auch die technische Entwicklung der Radio- und Schallplattenproduktionen. Komponisten wie Hindemith und Hanns Eisler beschäftigen sich mit neuen Ausdrucksformen eigens für diese Medien. Der Schönberg-Schüler Eisler zieht 1925 nach Berlin. Auch er wendet sich gegen den rein ästhetischen Anspruch bürgerlicher Künstler, denn die zwecklose Kunst sei »in Wirklichkeit die Kunst für den Besitzenden«. Eisler widmet sich bald der kommunistischen Musikbewegung.

Kommt nach Berlin: Arnold Schönberg

Dirigiert in Frankfurt: Paul Hindemith

Lebt in Paris: Der Russe Igor Strawinski

Komponisten expressionistischer und anti-expressiver Musik 1925

Arnold Schönberg übernimmt in der Nachfolge des 1924 verstorbenen Ferruccio Busoni die Meisterklasse für Komposition an der Berliner Akademie der Künste. Der 51jährige lehrte bisher in Wien und ist einer der einflußreichsten zeitgenössischen Musiker, zu dessen Schülern u. a. Anton von Webern und Alban Berg gehörten. Für seine atonale Musiksprache entwickelte Schönberg die Zwölf-Ton-Reihe, welche die tonale Grundlage des 1923 erstmals aufgeführten Opus 23 (»Fünf Klavierstücke«) bildete.

Paul Hindemith, »Enfant terrible« der neuen deutschen Musik, dirigiert im Mai 1925 in Frankfurt am Main die Uraufführung seines Cellokonzerts (Kammermusik Nr. 3, op. 36 Nr. 2). Der Mitinitiator des Donaueschinger Musikfestes ist seit 1922 Bratscher im Amar-Quintett. In seinen Kompositionen Neuer Musik setzt er dem atonalen Radikalismus Schönbergs den sog. Neoklassizismus entgegen – eine Kunstform, die traditionelle Techniken übernimmt und sie durch Ausweitung der Harmoniegesetze verjüngt.

Igor Strawinski, der 43jährige russische Komponist, lebt seit 1922 in Paris. Mit Schönberg gilt er als einer der führenden Köpfe der »Neuen Musik«; er bedient sich jedoch im Gegensatz zu Schönberg klassizistischer Formen. Kritiker, die als verbindendes Glied beider die Liebe zu Schockeffekten ansehen, zeigen sich überrascht von seinem neuesten Werk. Im seinem Klavierkonzert wie auch schon im Oktett für Blasinstrumente (1923) greift er zurück auf Stilelemente von Johann Sebastian Bach und Gioacchino Rossini.

Anna Pawlowa, die berühmteste russische Tänzerin, steht in New York dem Maler Kinney Modell. Mit ihrer 1913 begründeten Ballettgruppe bereist sie seit Jahren die ganze Welt: China, Japan, Indien, Australien, fast alle europäischen Länder, Nord- und Südamerika und immer wieder die USA. Überall feiert sie Triumphe, vor allem mit dem »Sterbenden Schwan«. Diesen ungewöhnlich ausdrucksvollen Solotanz kreierte sie bereits im Jahr 1905 nach der Musik von C. Saint-Saëns.

◁ Im Covent Garden in London findet am 16. Juni die Premiere von Giacomo Puccinis »Tosca« statt, die wegen der unkonventionellen Art der Inszenierung die Aufmerksamkeit der internationalen Kritik auf sich zieht: Die Sänger und Sängerinnen kommen nicht in den bisher gewohnten historischen Kostümen, sondern in moderner Kleidung auf die Bühne. Die Wiener Sopranistin Maria Jeritza (Abb.) als Floria Tosca in der Aufführung.

Szene aus der Aufführung der Oper »Intermezzo« von Richard Strauss in der Staatsoper Berlin. Maria Hussa als Christine und Paul Stieber-Walter als Baron. Das komödiantische Musikwerk mit autobiographischem Charakter wurde bereits im November 1924 in der Dresdener Oper uraufgeführt.

Ihre deutsche Erstaufführung erlebt am 31. Januar in der Komischen Oper Königsberg die Oper »Kaddara« des skandinavischen Komponisten Hakon Boerresen, zu der Norman Hansen das Libretto schrieb. Handlungsort ist eine Eskimosiedlung, in der auch die obige Szene spielt.

März 1925

Mo	Di	Mi	Do	Fr	Sa	So
						1
2	3	4	5	6	7	8
9	10	11	12	13	14	15
16	17	18	19	20	21	22
23	24	25	26	27	28	29
30	31					

1. März, Sonntag

Zum ersten Mal wird im Deutschen Reich der Volkstrauertag im Gedenken an die Gefallenen des Krieges von 1914 bis 1918 begangen. → S. 60

Bei den Wahlen in Luxemburg erhalten die Parteien, die eine Eisenbahnkonvention mit Belgien befürworten, Stimmenmehrheit. Die Eisenbahnkonvention war Anlaß für die Auflösung des Parlaments im Januar.

In Österreich tritt die am 12. Dezember 1924 neu eingeführte Schilling-Währung in Kraft. Ein Schilling hat etwa den Wert von 10 000 Papierkronen.

Die sowjetische Regierung erläßt eine Verordnung, woraufhin künftig jede Frau bei der Eheschließung ihren künftigen Familiennamen selbst bestimmen kann. → S. 67

Die Schauspielerin und Regisseurin Hermine Körner, die seit 1919 das Münchener Schauspielhaus leitete, übernimmt die Direktion des Dresdener Albert-Theaters. → S. 68

Im Rahmen der Technischen Mustermesse in Leipzig, die vom 1. bis zum 11. März stattfindet, wird die zweite Braunkohlenfachmesse veranstaltet. → S. 61

2. März, Montag

In Japan wird das allgemeine Wahlrecht für die Männer eingeführt. Das bisherige war abhängig von den erbrachten Steuerleistungen. → S. 63

Die »New York Times« berichtet über den Versuch eines Tauchers im Hafen von Atlantic City, vom Meeresboden aus einen Rundspruch zu verbreiten. Es glückte mit Hilfe eines Telefonkabels.

In Miami (US-Bundesstaat Florida) verbessert der Schwede Arne Borg den Schwimmweltrekord über 300 m Freistil von dem US-Amerikaner Johnny Weißmuller um 6,8 sec auf 3:28,2 min. → S. 69

3. März, Dienstag

Die Kommunistische Partei Deutschlands (KPD) stellt Ernst Thälmann als ihren Kandidaten für die Reichspräsidentenwahl auf (→ 13. 3./S. 58).

In einem von der UdSSR-Regierung herausgegebenen Dekret wird die Enteignung der Großgrundbesitzer in der Sowjetunion bestimmt.

In Konstantinopel tritt die türkische Regierung unter Fethi Bei infolge des kurdischen Aufstandes zurück. Tags darauf übernimmt Ismet Pascha die Nachfolge Fethi Beis (→ 25. 2./S. 43).

Das Börsenblatt des Deutschen Buchhandels veröffentlicht die neuesten Zahlen über das Druckgewerbe. Danach existieren in Deutschland 7308 Buch- und Zeitungsverlage, davon 785 in Berlin. Die Zahl der Beschäftigten beträgt 148 997 Personen (→ 10. 5./S. 104/05).

Mit einer Gala-Vorstellung gedenkt man in der Pariser Opéra Comique des 3. März 1875. An diesem Tag wurde die Oper »Carmen« des französischen Komponisten Georges Bizet uraufgeführt.

4. März, Mittwoch

Der parteilose Reichskanzler Hans Luther hält die Gedenkrede auf den verstorbenen Reichspräsidenten Friedrich Ebert bei der offiziellen Trauerfeier im Präsidentenpalais in Berlin. Anschließend wird der Leichnam Eberts nach Heidelberg überführt (→ 28. 2./S. 41).

Die Sozialdemokratische Partei (SPD) gibt die Gründung einer Stiftung zu Ehren des verstorbenen Friedrich Ebert bekannt. Sie soll jungen befähigten Menschen Studienbeihilfen gewähren.

Der am 4. November 1924 gewählte Präsident der USA, Calvin Coolidge, tritt in Washington sein Amt an. Am selben Tag beschließt der US-amerikanische Senat, sich am Weltgerichtshof in Den Haag zu beteiligen. → S. 62

5. März, Donnerstag

In seinem Geburtsort Heidelberg findet die feierliche Beisetzung des am 28. Februar (S. 41) verstorbenen Reichspräsidenten Friedrich Ebert statt.

Bei den Stadtratswahlen in London erzielen die Konservativen die Mehrheit.

Im Deutschen Reich kommt eine neue Reichsbanknote zu 1000 Reichsmark in den Verkehr. Auf der Vorderseite mit hellbrauner Färbung ist ein dunkelbraun getöntes Porträt des Patriziers Hillebrand Wedigh nach einem Bildnis von Hans Holbein abgebildet.

6. März, Freitag

Der Hauptvorstand und Reichsausschuß des Verbandes der Sozialistischen Arbeiterjugend trifft in Hamburg zusammen. Der Verband besteht aus 2500 Ortsvereinen mit insgesamt 90 000 Mitgliedern.

In Sachsen und Thüringen sind über 3000 Beschäftigte der Reichsbahn in den Streik getreten. Sollten ihre Verhandlungen in Berlin um höhere Löhne erfolglos bleiben, wollen sich auch die Beschäftigten der Direktion Breslau dem Ausstand anschließen (→ 19. 3./S. 61).

Die Gemeindewahlen in Nordschleswig (Dänemark) gewinnen die Deutschen mit erheblicher Stimmenmehrheit.

Durch einen New Yorker Gerichtsbeschluß haben die Prohibitionsgesetze in den USA eine wesentliche Verschärfung erfahren. Nach diesem Beschluß ist es den US-amerikanischen Behörden erlaubt, auch außerhalb der Zwölfmeilenzone Schiffe, die des Alkoholschmuggels verdächtigt werden, zu durchsuchen.

Zu Massenentlassungen kommt es in den Münchener Großbrauereien, weil die Arbeitnehmerverbände nicht auf die neuneinhalb und zehnstündige Arbeitszeit eingehen wollen. → S. 61

Mit dem Stück »Liebeslust und -leid« von William Shakespeare werden in Frankfurt am Main die »Kammerspiele« eröffnet. → S. 68

7. März, Sonnabend

Die Sozialdemokratische Partei (SPD) nominiert Otto Braun als Präsidentschaftskandidaten (→ 13. 3./S. 58).

In Paris beenden der französische und der britische Außenminister, Édouard Herriot und Austen Chamberlain, ihre zweitägigen Beratungen u. a. über das deutsche Sicherheitsangebot von Gustav Stresemann (→ 9. 2./S. 38).

Die Soldaten der sowjetischen Roten Armee räumen die Äußere Mongolei, nachdem die Bolschewisierung des Landes gewährleistet scheint.

Die seit Monaten auf der Strecke Hamburg – Berlin durchgeführten Versuche zwecks Einrichtung eines Zugtelefons sind abgeschlossen. Die Zugtelefon AG beginnt nun mit dem Aufbau eines eigenen Telefonnetzes.

8. März, Sonntag

Zu einer totalen Arbeitseinstellung in den Kohlenminen von Neuschottland führt der Streik von 12 000 kanadischen Bergleuten um höhere Löhne.

9. März, Montag

Die bayerische Regierung erteilt Adolf Hitler Redeverbot in der Öffentlichkeit, da er in Versammlungen zu Gewalttätigkeiten aufgerufen hatte. Die meisten anderen Länder des Reiches, darunter auch Preußen, schließen sich diesem Verbot an (→ 27. 2./S. 40).

Im Reichstag kommt es zu heftigen Auseinandersetzungen wegen der Übernahme der Beerdigungskosten (ca. 200 000 Reichsmark) für den verstorbenen Reichspräsidenten Friedrich Ebert. Kommunisten und Nationalsozialisten wenden sich gegen eine Kostenübernahme durch das Deutsche Reich (→ 28. 2./S. 41).

In Genf beginnt die 23. Tagung des Völkerbundes (bis 14. 3.). → S. 63

Vertreter der US-amerikanischen Kabelgesellschaften »Western Union« und »Commercial Cable Co.« kommen nach Berlin, um mit dem Reichspostministerium letzte Vereinbarungen über die Errichtung eines direkten Telefonverkehrs zwischen Amerika und Deutschland zu treffen.

Im Malik-Verlag erscheint von George Grosz und Wieland Herzfelde das Buch »Die Kunst ist in Gefahr«. → S. 68

10. März, Dienstag

Die Fraktionen der Weimarer Koalition (Zentrum, Sozialdemokraten und Demokraten) stimmen bei der Wahl des preußischen Ministerpräsidenten für Wilhelm Marx (Zentrum). Damit ist Marx wiedergewählt (→ 19. 3./S. 60).

Zum neuen US-amerikanischen Botschafter im Deutschen Reich bestimmt die Regierung in Washington Jakob Gould Schurmann. Seit 1921 war der 71jährige Botschafter in Peking.

Die französischen Kardinäle und Bischöfe veröffentlichen einen Hirtenbrief gegen die von der Regierung in Paris angestrebte endgültige Trennung von Kirche und Staat (→ 3. 2./S. 42).

In Wien verübt der fanatische Nationalsozialist Otto Rothstock ein Revolverattentat auf den jüdischen Schriftsteller und Publizisten Hugo Bettauer. Dieser stirbt am 26. März an den Folgen seiner Verletzungen. → S. 61

11. März, Mittwoch

Aufgrund gesetzlicher Regelungen wird der Präsident des Reichsgerichts, Walter Simons, als stellvertretender Reichspräsident vereidigt. Er ist bis zum 30. April im Amt (→ 26. 4./S. 74).

Adolf Hitler beauftragt Gregor Strasser mit dem Aufbau der norddeutschen Organisation der Nationalsozialistischen Deutschen Arbeiterpartei (NSDAP) (→ 27. 2./S. 40).

12. März, Donnerstag

Wegen des seit Anfang März andauernden Eisenbahnerstreiks bei der Deutschen Reichsbahn, an dem sich inzwischen ca. 10 000 Arbeiter beteiligen, setzt die Bahn auf einigen Bahnhöfen die Technische Nothilfe ein (→ 19. 3./S. 61).

In Peking stirbt im Alter von 68 Jahren der erste Präsident der Republik China, Sun Yat-sen. → S. 63

13. März, Freitag

Auf einer Wahlkundgebung der KPD in Halle kommt es zu blutigen Auseinandersetzungen mit der Polizei, wobei zehn Menschen sterben. → S. 58

Das Unterhaus in London genehmigt einen Gesetzesvorschlag über die Annahme der ständigen Sommerzeit noch in diesem Jahr. → S. 67

14. März, Sonnabend

Im Städtischen Opernhaus Köln wird die Oper »Die Liebe zu den drei Orangen« in Anwesenheit des russischen Komponisten Sergei Prokofjew erstmals in Deutschland aufgeführt. → S. 68

Erfolgreich für die deutschen Fahrer endet in Köln die am 1. März begonnene »Internationale Deutschlandfahrt 1925«, ein Vergleichskampf in zehn Motorradklassen. → S. 69

15. März, Sonntag

Nach dem für ihn ungünstig ausgegangenen Wahlen am 13. März reicht der ägyptische Ministerpräsident Ziwar Pascha seinen Rücktritt ein (→ 22. 3./S. 63).

Der Sarg mit dem verstorbenen Reichspräsidenten Friedrich Ebert, aufgebahrt vor dem Hauptportal des Potsdamer Bahnhofs in Berlin vor seiner Überführung nach Heidelberg, der Geburtsstadt Eberts

15. März 1925
Nr. 11
34. Jahrgang

Berliner

Preis des Heftes 20 Pfennig

Illustrirte Zeitung

Verlag Ullstein Berlin SW 68

Die Totenfeier für den Reichspräsidenten. Phot. Ruge.

Vor dem Hauptportal des Potsdamer Bahnhofes in Berlin: Der aufgebahrte Sarg, vor dem die Abordnungen eine Stunde lang vorbeizogen.

Anläßlich der in Breslau stattfindenden Frühjahrsmesse wird der regelmäßige Flugverkehr zwischen Berlin und Breslau eröffnet.

16. März, Montag

In Elsaß-Lothringen werden etwa 90% der Schulen bestreikt. Zu dieser Aktion rief die katholische Kirche aus Protest gegen die Einführung der interkonfessionellen Schulen in Colmar auf (→ 3. 2./S. 42).

Aufträge für den Bau von 100 Flugzeugen, in der Hauptsache Jagd- und Beobachtungsflugzeuge, vergibt das US-amerikanische Kriegsministerium in Washington an die Industrie. Die Kosten werden auf etwa 1,4 Millionen US-Dollar veranschlagt.

Im Berliner Ufa-Palast am Zoo wird der neueste Ufa-Film »Wege zu Kraft und Schönheit« uraufgeführt. → S. 67

17. März, Dienstag

Mehrere Fraktionen des Reichstages reichen im Parlament einen Antrag ein, worin sie die Erhaltung gefährdeter Waldgebiete im Ruhrkohlenbezirk fordern.

Der US-amerikanische Senat in Washington lehnt den von Präsident Calvin Coolidge vorgeschlagenen ehemaligen Trustanwalt Charles W. Warren als neuen Justizminister ab. Hierauf ernennt Coolidge Oberstaatsanwalt John G. Sargent. Ihn akzeptiert der Senat.

18. März, Mittwoch

Zu einer eindrucksvollen Kundgebung gegen den reaktionären Kurs der Regierung unter Hans Luther (parteilos) in der Sozial-, Wirtschafts- und Finanzpolitik gestaltet sich die gemeinsame Sitzung der Bundesausschüsse des Allgemeinen Deutschen Gewerkschaftsbundes, des Afa-Bundes und des Allgemeinen Deutschen Beamtenbundes in der Reichshauptstadt Berlin.

In München beschäftigt sich der bayerische Landtag mit dem neuesten Finanzskandal bei der Bayerischen Girozentrale. Die Zentrale verlor einen Sieben-Millionen-Kredit an den Lehrer-von-Siemens-Konzern. → S. 60

Während der Reichstagsdebatte über eine Änderung des Ehescheidungsgesetzes erklärt Reichsjustizminister Josef Frenken, daß er einer Erleichterung der Ehescheidung nie zustimmen werde. Auch in der Abtreibungsfrage sei seine ablehnende Haltung unabänderlich.

Durch den Einfluß der faschistischen Gewerkschaften kann ein Metallarbeiterstreik in der Lombardei (Italien) beendet werden. Hinter der schnellen Erfüllung der Forderungen vermutet man eine Sympathiewerbung für die Faschisten. Es wird angenommen, daß die Faschisten selbst den Streik initiierten und Zugeständnisse vorher absprachen.

Durch einen Brand wird das Wachsfigurenkabinett der Madame Tussaud in London stark beschädigt. → S. 66

Im Marmorhaus in Berlin findet die Uraufführung des Films »Athleten« mit Asta Nielsen in der Hauptrolle statt.

Bei einem Großbrand im Norden Tokios werden etwa 3000 Häuser zerstört, mehr als 25 000 Einwohner sind obdachlos.

19. März, Donnerstag

Der preußische Ministerpräsident Wilhelm Marx (Zentrum) scheitert an der Regierungsbildung und verzichtet deshalb auf sein Amt. → S. 60

Den Anfang März begonnenen Streik der Eisenbahner-Gewerkschaft beendet der Reichsarbeitsminister durch die Verbindlichkeitserklärung des Schiedsspruches vom 16. März, den die Gewerkschaften abgelehnt hatten. → S. 61

Da der Reichstag in Helsinki die Ausdehnung des Verhältniswahlrechtes ablehnt, tritt die finnische Regierung unter Lauri Ingmann zurück. Der konservative Antti Tulenheimo bildet am 31. März ein neues, rechtsgerichtetes Kabinett.

Das Zentralkomitee der kommunistischen Partei in der Sowjetunion vergibt den Auftrag für sechs Filme zur 20-Jahr-Feier der Revolution von 1905. Darunter ist auch »Potemkin«, mit dessen Aufnahmen Regisseur Sergej M. Eisenstein am 31. März beginnt (→ 21. 12./S. 207).

Ein Wirbelsturm im Mittelwesten der USA fordert mehr als 1700 Todesopfer. Besonders betroffen sind die Staaten Mississippi, Indiana und Illinois. → S. 67

Auf einer Tagung der badischen Ärztekammer fordern die Teilnehmer von der Regierung energische Maßnahmen gegen den Kokainmißbrauch.

20. März, Freitag

Der Deutsche Reichstag verabschiedet gegen die Stimmen der Sozialdemokraten (SPD) und der Kommunisten (KPD) den Not-Etat 1925. Ein Mißtrauensvotum der Linksparteien wird abgelehnt.

Nach einem Militärputsch in China wird Chiang Kai-shek führender General der Kuomintang, der Nationalchinesischen Volkspartei (→ 12. 1./S. 20).

Der aus dem Exil nach Chile zurückgekehrte Arturo Alessandri y Palma übernimmt in Santiago de Chile wieder die Regierung.

In London stirbt der britische Politiker George Nathaniel Curzon. Nach ihm wurde die 1920 von ihm vorgeschlagene Demarkationslinie zwischen Sowjetrußland und Polen benannt. (Ihr Verlauf wurde im wesentlichen nach dem Zweiten Weltkrieg 1945 anerkannt.)

21. März, Sonnabend

Die spanische Regierung gibt den Erlaß eines neuen Status für die Provinzialverwaltungen heraus, der die Verwaltungsautonomie Kataloniens aufhebt.

Das in Moskau zusammengetretene fünfte Plenum des Kominternexekutivrates übernimmt die Erklärung Josef W. Stalins über die »teilweise, relative und vorübergehende Stabilisierung« des europäischen Kapitalismus. Die Tagung endet am 6. April. → S. 62

Aufgrund einer Volksabstimmung im Jahr 1913 stellen in der Schweiz sämtliche Spielbanken ihren Betrieb ein.

Die »London News« berichtet in ihrer neuesten Ausgabe von Ausgrabungen in Neu-Mexico. → S. 67

Die Ballettoper »L'Enfant et les sortilèges« (»Das Kind und die Zaubereien«) des Franzosen Maurice Ravel gelangt in Monte Carlo zur Uraufführung.

22. März, Sonntag

Die Delegierten des Alldeutschen Verbandes beenden ihr zweitägiges Treffen in Dresden mit einer Resolution gegen die Politik von Außenminister Gustav Stresemann (DVP). Seine Politik in Sicherheits- und Völkerbundsfragen verstoße gegen die Ehre des deutschen Volkes (→ 15. 9./S. 156).

Die Kommunistische Internationale in Moskau spricht gegenüber den deutschen Kommunisten Karl Radek, Heinrich Brandler und August Thalheimer einen scharfen Verweis wegen versuchter Fraktionsbildung innerhalb der Kommunistischen Partei (KPD) aus.

23. März, Montag

In Kairo löst König Fuad das Parlament unter Sad Saghlul auf, da dessen Programm – sein Ziel ist u. a. die Unabhängigkeit – den Vorstellungen des Königs widerspricht. → S. 63

Der Kriegskommissar in der sowjetischen Regierung und Nachfolger Leo Trotzkis, Michail Frunse, erläßt einen Befehl, der die Rechte der Politkommissare innerhalb der Roten Armee einschränkt (→ 17. 1./S. 19).

Das Reichshandelsministerium verfügt ein Einfuhrverbot für Milch und Sahne aus den Niederlanden (→ 24. 7./S. 131).

Das Reichsfinanzministerium beschließt, zur Erhaltung des Mainzer Doms 250 000 Reichsmark bereitzustellen.

24. März, Dienstag

Der hessische Landtag wählt den Sozialdemokraten Carl Ulrich wieder zum Staatspräsidenten von Hessen. Ulrich bildet eine Regierung mit der »Weimarer Koalition« (Zentrum, DDP, SPD).

25. März, Mittwoch

Im Drei-Masken-Verlag München erscheint der historische Roman »Jud Süß« von Lion Feuchtwanger.

26. März, Donnerstag

Bei einem Grubenunglück im saarländischen Merlebach kommen 51 Bergleute ums Leben.

Der sowjetische Autor Wladimir Majakowski schließt mit dem sowjetrussischen Verlag »Gosisdat« einen Vertrag über die Edition einer vierbändigen Ausgabe seiner gesammelten Werke.

27. März, Freitag

In Jerusalem kommt es anläßlich des Besuchs von Arthur James Earl of Balfour (25. 3. – 2. 4.), des ehemaligen britischen Außenministers, zu Protestdemonstrationen, da die christliche und mohammedanische Bevölkerung eine Besitzergreifung Palästinas durch die zionistische Bewegung fürchtet (→ 1. 4./S. 76).

28. März, Sonnabend

Auf der Sitzung des französischen Parlaments in Paris kommt es zu Auseinandersetzungen um die Einführung der interkonfessionellen Schule. Ministerpräsident Édouard Herriot lehnt jede Änderung der Schulpolitik ab (→ 3. 2./S. 42).

Der Österreichische Verfassungsgerichtshof bestätigt das von der Regierung ausgesprochene Verbot der Internationalen Roten Hilfe, einer Organisation der kommunistischen Parteien.

Die alljährlich stattfindende Ruderregatta zwischen den Achter-Booten der britischen Universitäten Cambridge und Oxford gewinnt die Mannschaft aus Cambridge. → S. 69

29. März, Sonntag

Bei den Reichspräsidentenwahlen erhält Karl Jarres (DVP), der gemeinsame Kandidat der Deutschen Volkspartei (DVP) und der Deutschnationalen Volkspartei (DNVP) vor dem Sozialdemokraten Otto Braun und den übrigen Kandidaten zwar die relative, jedoch nicht die notwendige absolute Mehrheit. → S. 59

30. März, Montag

In Dornach bei Basel in der Schweiz stirbt Rudolf Steiner, Schöpfer der Anthroposophie und Gründer der Anthroposophischen Gesellschaft. → S. 66

Im Berliner Mozartsaal erfolgt die Uraufführung des Films »Hedda Gabler« nach dem gleichnamigen Stück des norwegischen Schriftstellers Henrik Ibsen. In den Hauptrollen spielen Asta Nielsen, Albert Steinrück und Käte Haack.

31. März, Dienstag

Bei einer Felddienstübung der Reichswehr ertrinken 81 Soldaten, als eine Pontonfähre auf der Weser verunglückt.

Der preußische Landtag wählt Hermann Höpker-Aschoff von der Deutschen Demokratischen Partei (DDP) zum neuen Ministerpräsidenten (→ 19. 3./S. 60).

Das Wetter im Monat März

Station	Mittlere Lufttemperatur (°C)	Niederschlag (mm)	Sonnenscheindauer (Std.)
Aachen	2,4 (1,8)	81 (72)	– (51)
Berlin	2,1 (–0,4)	43 (43)	– (56)
Bremen	2,8 (0,6)	78 (57)	– (47)
München	1,1 (–2,1)	59 (55)	– (56)
Wien	– (–0,9)	– (40)	– (135)
Zürich	1,7 (–1,0)	33 (68)	85 (46)

( ) Langjähriger Mittelwert für diesen Monat
– Wert nicht ermittelt

Die russische Emigrantenzeitschrift »Zhar-Ptitsa« fand in Deutschland und Frankreich recht große Verbreitung; diese als Titelblatt verwendete Collage stammt von dem im Exil lebenden, russischen Künstler Mikhail F. Larionov

Bemühen um Einheitskandidaten ist gescheitert

13. März. Auf einer Wahlkundgebung mit dem kommunistischen Kandidaten für die Reichspräsidentenwahl, Ernst Thälmann, kommt es in Halle zu gewalttätigen Auseinandersetzungen mit der Polizei. Dabei werden zehn Teilnehmer dieser Wahlveranstaltung getötet.

Zu der Versammlung im Volkspark waren Tausende von Menschen erschienen, so daß ein zusätzlicher Saal für einen ausländischen Redner geöffnet wird. Im Anschluß an das Referat verbietet die Polizei die Übersetzung, was unter den Massen heftige Empörung verursacht. Infolge eines Handgemenges schießen einige Beamte.

Die aggressive Stimmung unter der Bevölkerung ist symptomatisch für die Zeit vor der Wahl des neuen deutschen Reichspräsidenten. Der Wahlkampf vor allem zwischen den Anhängern der rechten und der linken Parteien wird teilweise mit ziemlicher Härte geführt. Auf den Propagandareisen der Kandidaten durch Deutschland lassen sich oft tätliche Auseinandersetzungen zwischen den Kampforganisationen der Parteien – dem Rotfrontkämpferbund der KPD, den Reichsbannerleuten der SPD sowie den Kriegervereinen der Völkischen, z. B. dem »Stahlhelm« – nicht vermeiden.

Die vorzeitige Wahl eines neuen Staatsoberhauptes der Weimarer Republik war nach dem Tode Friedrich Eberts (SPD) am → 28. Februar (S. 41) notwendig geworden. Als Termin für den ersten Wahlgang legte die Reichsregierung den 29. März fest. An diesem Tag kann das deutsche Volk zum ersten Mal in seiner Geschichte auf dem direkten Weg seinen Präsidenten bestimmen.

Das Gerangel um die Aufstellung der Kandidaten innerhalb und zwischen den Parteien dauert fast zwei Wochen. Rechte und demokratische Parteien versuchen zunächst, sich auf einen Einheitskandidaten zu verständigen. Am 10. März versendet die Deutsche Demokratische Partei (DDP) an die übrigen Parteien ein Schreiben, worin sie die Notwendigkeit eines solchen Kandidaten begründet; u. a. heißt es darin: »Die Vorarbeiten zur Reichspräsidentenwahl lassen erkennen, daß die Gefahr einer erneuten Aufreißung der alten, verhängnisvollen Klassengegensätze täglich weiter wächst. Eine Wahlbewegung, in der eine weitere Anzahl von Kandidaten und Parteien auftreten, würde die Gegensätze verschärfen, die großen Linien der politischen Entscheidungen verwischen und zu einem Zufallsergebnis führen, das dem gewählten Präsidenten nicht das erforderliche Ansehen im In- und Ausland gibt. Die Vermeidung dieser Gefahren ist eine nationale Pflicht.«

»Simplicissimus«: »Das sind ja keine Wähler, das sind Kandidaten«

»Wahl muß sin un Geld muß et kosten. Da weeß ma, wofier ma hungert.«

Die DDP schlägt den parteilosen Walter Simons, Stellvertreter des Reichspräsidenten, vor. Simons wurde am 11. März für das Amt des Reichspräsidenten vereidigt. Er bekleidet es bis zur Amtsübernahme durch seinen gewählten Nachfolger. Inzwischen jedoch haben sich die Sozialdemokraten schon für Otto Braun (SPD) entschieden und die Deutschnationalen (DNVP) sowie die Volkspartei (DVP) für Karl Jarres. Das Zentrum indes präsentiert Wilhelm Marx, woraufhin nun die Demokraten den badischen Ministerpräsidenten Willy Hellpach aufstellen. Jetzt unternehmen die Rechtsparteien nochmals den Versuch, mit DDP und Zentrum einen gemeinsamen Kandidaten der bürgerlichen Parteien, also ohne SPD, zu finden. Diese Idee scheitert vor allem an der von ihnen ins Auge gefaßten Person: Reichswehrminister Otto Geßler (DDP). Insbesondere Außenminister Gustav Stresemann (DVP) befürchtet, daß das Ansehen der Republik durch einen Repräsentanten aus dem Militärbereich im Ausland Schaden nehmen könne.

Nachdem einige Tage darauf die Bayerische Volkspartei (BVP) noch mit Heinrich Held und die Nationalsozialisten mit Erich Ludendorff aufwarten, sind es schließlich sieben Kandidaten, zwischen denen sich die deutschen Wähler entscheiden müssen. Damit ist ein Scheitern des ersten Wahlganges am → 29. März (S. 59) schon vorprogrammiert, da keiner von ihnen auf die absolute Mehrheit hoffen kann.

Wahlkampf in Berlin: Anhänger eines völkischen Kandidaten auf den Autos beschimpfen Reichsbanner-Angehörige

Die Revolution von 1848 als Symbol der Demokratie

»Das Reichspräsidentschaftsrennen der Parteien«

Keine Mehrheit im ersten Wahlgang

29. März. Der erste Wahlgang der Reichspräsidentenwahl bringt erwartungsgemäß keine Entscheidung, da keiner der sieben Kandidaten die notwendige absolute Mehrheit auf sich vereinigen kann.

Von 26,87 Millionen gültigen Stimmen entfallen 38,8% auf Karl Jarres, aufgestellt von rechtsgerichteten Parteien (DVP, DNVP) und Organisationen, 29,0% auf Otto Braun (SPD), 14,5% auf Wilhelm Marx vom Zentrum und 7,0% auf Ernst Thälmann (KPD). Willy Hellpach von der DDP erhält 5,8%, Heinrich Held von der Bayerischen Volkspartei (BVP) 3,7% und der Kandidat der Nationalsozialisten, Erich Ludendorff, 1,1%.

Aufgrund dieses unentschiedenen Ergebnisses wird am → 26. April (S. 74) der zweite Wahlgang durchgeführt, wobei zwischen drei Kandidaten die Entscheidung gefällt werden muß: Paul von Hindenburg (für DNVP, DVP, BVP, NSDAP), Wilhelm Marx (für Zentrum, SPD, DDP) und Ernst Thälmann (KPD).

Ein entscheidender Grund dafür, daß am 29. März keiner der Kandidaten die erforderliche Mehrheit für das Amt des künftigen Staatsoberhauptes erreicht, ist die relativ große Zahl der Bewerber; hier die fünf meistgenannten: V. l. Wilhelm Marx, Otto Braun, Willy Hellpach, Karl Jarres und Ernst Thälmann

Fünf Kandidaten für das Amt des Reichspräsidenten

Wilhelm Marx ist preußischer Ministerpräsident, Kandidat und Vorsitzender der Zentrumspartei. Der 62jährige studierte Jura, war Senatspräsident am Kammergericht Berlin, seit 1920 Mitglied des Reichstages und von November 1923 bis Januar 1925 Reichskanzler.

Otto Braun, Sozialdemokrat und ehemaliger preußischer Ministerpräsident, wurde 1872 in Königsberg geboren und absolvierte dort eine Buchdruckerlehre. Seitdem ist er SPD-Mitglied, 1911 wählte man ihn in den Parteivorstand, und seit 1920 ist er Mitglied des Reichstages.

Willy Hellpach, badischer Staatspräsident, wurde von der Deutschen Demokratischen Partei als Kandidat aufgestellt. Der 1877 geborene Dr. phil. und Dr. med. war Professor für Psychologie und Pädagogik und wurde 1922 zum badischen Kultusminister gewählt.

Karl Jarres, Oberbürgermeister von Duisburg, gewählt von seiner Partei, der Deutschen Volkspartei (DVP), und rechter, nationalistischer Gruppen. 1874 in Remscheid geboren, studierte er Jura und war von November 1923 bis Januar 1925 Reichsminister des Innern.

Ernst Thälmann ist Kandidat der Kommunistischen Partei (KPD). Er kam 1886 in Hamburg zur Welt, war Hafen- und Transportarbeiter, trat 1903 der SPD bei, ging 1917 in die USPD und 1920 in die KPD. Seit 1924 gehört er der Parteiführung an und ist Mitglied des Reichstages.

Gesenkte Fahnen rechtsgerichteter Vaterländischer Verbände während der Feier zum Volkstrauertag in der Berliner Ausstellungshalle

Volkstrauertag zum Gedenken an die Opfer des Weltkrieges

1. März. *Zum ersten Mal wird im Deutschen Reich offiziell der Volkstrauertag begangen. Die Idee, an einem Tag des Jahres der Gefallenen des Krieges zu gedenken, geht vom Volksbund für Kriegsgräberfürsorge aus. Bereits in den vergangenen fünf Jahren hatten einzelne Verbände Gedenkveranstaltungen durchgeführt. Nun organisieren kirchliche und weltliche Verbände überall in Deutschland gemeinsam Gedenkfeiern, wie hier in der Berliner Ausstellungshalle. Vor den Versammlungsteilnehmern, von denen viele vaterländischen Vereinen angehören, fordern zahlreiche Redner zur Ächtung des Krieges auf.*

Preußische Regierung in der Dauerkrise

19. März. In Berlin gibt Wilhelm Marx (Zentrum) vor dem Landtag bekannt, daß er das Amt des Preußischen Ministerpräsidenten nicht annehmen werde. Marx war am 10. März gewählt worden.
Als Begründung für diesen Schritt gibt der Zentrums-Politiker ergebnislose Verhandlungen über eine Regierungsbildung mit den Vertretern der Deutschnationalen Volkspartei (DNVP) an. Diese geben zwar grundsätzlich ihre Zustimmung für ein überfraktionelles Beamtenkabinett, meinen jedoch, daß die Führung durch Marx nicht vertretbar sei. Sie lasse sich nicht mit dessen Reichspräsidentschaftskandidatur im März und im April vereinbaren. Hintergrund dieses Verhaltens der rechtsgerichteten, national-liberalen Partei ist eine Ablehnung der bisherigen Politik Preußens. Nach ihrer Auffassung ist das Land zu sehr von der Reichsregierung abhängig. Ziel der DNVP ist kein Einheitsstaat, sondern ein Deutsches Reich mit föderativem Charakter. Dieser Vorstellung widerspricht die bisherige Regierungspolitik unter Otto Braun (SPD), der seit 1920 das Amt des preußischen Ministerpräsidenten innehatte. Seit seinem Sturz infolge eines von DNVP, DVP, NSDAP, Wirtschaftspartei und KPD befürworteten Mißtrauensvotums am 23. Januar, versucht nun die DNVP, ihre Interessen bei der Kabinettsbildung durchzusetzen, was zu einer länger anhaltenden Regierungskrise im größten Land des Reiches führt (→ 8. 5. / S. 96).

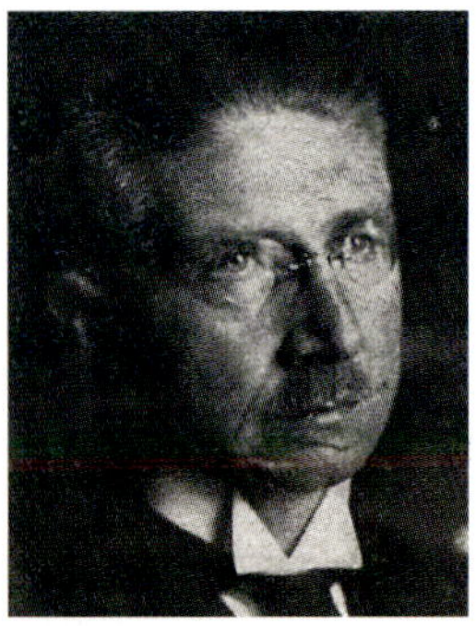

Höpker-Aschoff (DDP), preuß. Finanzminister

Marx, Parteivorsitzender des Zentrums

Schreiber (DDP), Handelsminister Preußens

Finanzskandal vor Bayerns Landtag

18. März. Der Wirtschaftsausschuß im Bayerischen Landtag beschließt eine schärfere Beaufsichtigung der Bayerischen Sparkasse und Girozentrale in München.
Auslöser für diese Maßnahme sind die »unbesonnenen und verlustreichen« Kreditgeschäfte der Geldinstitute. Die Girozentrale hatte satzungswidrig Millionenbeträge an die Industrie für Spekulationszwecke weitergegeben und dabei erhebliche Verluste erlitten. Pflichtbewußte Angestellte der Bezirkskassen, die auf Mißstände in der Zentrale hinwiesen, wurden entlassen. Schon 1923 erhoben einige von ihnen Einspruch, als ihr Direktor Rühm eigenmächtig dem Lehrer-von-Siemens-Konzern einen Kredit in Höhe von drei Millionen RM ohne Deckung zur Verfügung stellte. Rühm wird jedoch, da ihm keine »ehrenrührige Handlung« nachzuweisen ist, lediglich innerhalb der Zentrale des Geldinstituts versetzt.

Heinrich Held, Mitbegründer der 1918 gebildeten Bayerischen Volkspartei und seit 1924 bayerischer Ministerpräsident, äußert sich besorgt über die Korruptionsaffäre

»›Sie sind aber mager geworden in der Untersuchungshaft, Herr Generaldirektor.‹ – ›Kunststück, wenn man durch so viele Paragraphen durchschlüpfen muß!‹« (Karikatur aus dem »Simplicissimus«)

Leipziger Messe lockt die Besucher an

1. März. Bei strahlendem Sonnenschein wird in Leipzig die diesjährige, bis zum 11. März dauernde Frühjahrsmesse eröffnet.
Im Vergleich zum Vorjahr hat das Ausstellungsgelände wesentliche Erweiterungen erfahren, so daß die Bedeutung der wichtigsten deutschen Industriemesse noch gestiegen ist. So können sich die Besucher der Technischen Messe erstmals über sparsamen Energieverbrauch in der neuen Wärmehalle informieren, und in Halle neun hat der Verein deutscher Werkzeugmaschinenfabriken ein imposantes Präsentationsgebäude errichtet. Anziehungspunkt auch für Nichtfachleute ist der neue unterirdische Messepalast am Markt im Stadtzentrum.
Trotz des verstärkten Publikumsverkehrs sind die 14 000 Aussteller, von denen etwa 2000 auf der Technischen und 1500 auf der Textilmesse stehen, mit den Leipziger Ergebnissen unzufrieden. Die Geschäftsabschlüsse bleiben weit hinter den Erwartungen zurück; fehlendes Kapital in der deutschen Wirtschaft scheint dafür die Ursache zu sein, eine Tatsache, die sich auch auf anderen Messen und Ausstellungen im In- und Ausland bemerkbar macht. Sie erhalten immer stärker den Charakter von Informations- statt Verkaufsveranstaltungen.

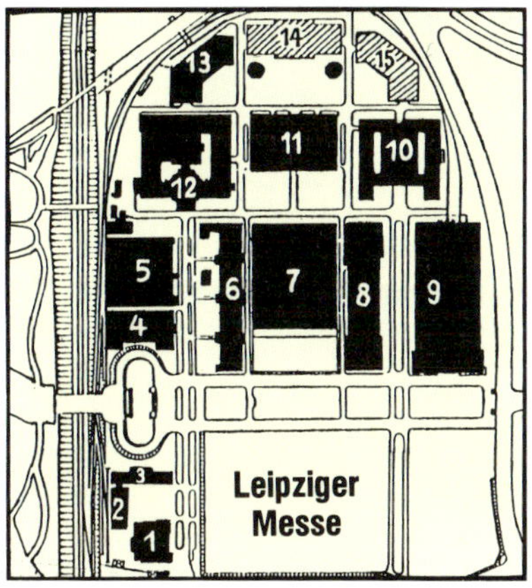

△ Eine Attraktion für Aussteller und Besucher gleichermaßen ist auf der diesjährigen Leipziger Messe die neue »Untergrundmessehalle« am Markt, direkt im Stadtzentrum. Auf der hier entstandenen Fläche von etwa 1800 m² können bis zu 175 Ausstellungsstände aufgestellt werden

◁ Die wichtigsten Hallen der Technischen Messe: 1 – 3: Baumesse; 4: Sanitäre Einrichtungen; 6: Fahrzeuge; 7: Schuh- und Ledermesse; 8: Braunkohlenfachmesse; 10: Elektrotechnik; 12: Eisen- und Stahlwaren

Jüdischer Publizist in Wien ermordet

10. März. In Wien wird der jüdische Schriftsteller und Publizist Hugo Bettauer Opfer eines Attentats: Der Nationalsozialist Otto Rothstock gibt mehrere Schüsse auf ihn ab. Am 26. März erliegt Bettauer den schweren Schußverletzungen.
Der 47jährige Publizist ist Herausgeber der »Wochenschrift für Lebenskultur und Erotik – Er und Sie«, die später als »Bettauers Wochenschrift« erscheint. Mehrere seiner Romane, die bekannt waren wegen der recht freizügigen Schreibweise, erreichten teilweise hohe Auflagen. Eines seiner Werke, »Die freudlose Gasse«, benutzen Regisseur Georg Wilhelm Pabst und Drehbuchautor Willy Haas als Vorlage für den gleichnamigen Film, der im Mai uraufgeführt wird (→ 23. 5. / S. 103).
Die in Bettauers Romanen spürbare projüdische Tendenz machte ihn zur Zielscheibe antisemitischer Extremisten, zu denen auch der 21jährige Attentäter zählt. Er war Mitglied der NSDAP sowie der SA, hatte sie jedoch 1924 verlassen, da er mit seinem Mordplan die Partei nicht belasten wollte. Trotz dieser vorsätzlichen Handlung spricht das Gericht Rothstock frei, da ihm die Gerichtsmediziner ein krankhaftes »Judeirresein« attestieren.

Projüdische Tendenzen und Pornographie wirft man Bettauer vor

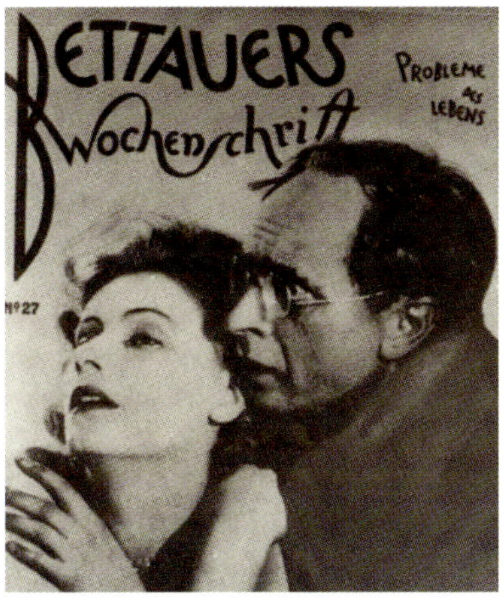

Zielscheibe der Kritik ist die »Wochenschrift für Kultur und Erotik«

Bierbrauer gegen lange Arbeitszeit

6. März. Fast in allen großen Münchener Bierbrauereien kommt es zu Massenentlassungen.
Diese Maßnahme der Arbeitgeber ist eine Reaktion auf schon seit mehreren Wochen andauernde Unruhen in den Herstellungsbetrieben für Bayerns liebstes Getränk. Die Gewerkschaften fordern eine Verkürzung bzw. Beibehaltung der Arbeitszeit auf acht Stunden täglich, die Arbeitgeber hingegen wünschen die Erhöhung der Arbeitszeit auf neuneinhalb bis zehn Stunden. Nach Kündigung der Tarifverträge kam es verschiedentlich zu Protestveranstaltungen. Als sich nun die Arbeiter weigern, länger als acht Stunden täglich zu arbeiten, setzen die Brauereibesitzer ihre Beschäftigten kurzerhand auf die Straße.
Im Zusammenhang damit stehen die Verhandlungen über die Bezahlung von Überstunden. Ein Kompromißvorschlag der Landesregierung in dieser Frage scheiterte.

Schiedsspruch im Eisenbahnerstreik

19. März. Durch einen Schiedsspruch des Reichsarbeitsministeriums wird ein seit Anfang März andauernder Eisenbahnerstreik im Deutschen Reich beendet.
Bei den Schlichtungsverhandlungen zwischen Gewerkschaften, Interessengruppen der Bahn und der Regierung konnten sich die Tarifpartner nicht einigen, weshalb die Regierung ihr Angebot für verbindlich erklärt. In drei Streitpunkten bietet sie Lösungen an:
▷ Verkürzung der Wochenarbeitszeit in extremen Fällen; teilweise beträgt sie mehr als 60 Stunden
▷ Lohnerhöhungen: Hier einigt man sich letztendlich auf drei Pfennige mehr pro Stunde
▷ Wiedereinstellung aller wegen des Streiks entlassenen Beschäftigten der Eisenbahn.
Insgesamt waren am Ausstand bei der Reichsbahn 11 097 Arbeiter beteiligt, das sind 2,4% der Gesamtbelegschaft. In einzelnen Gebieten, z. B. in Sachsen, wo der Ausstand seinen Anfang nahm, und in Berlin waren es etwa 20%. Zur Aufrechterhaltung des hauptsächlich betroffenen Güter- und Eilverkehrs setzte man die Technische Nothilfe ein.

Der im November 1924 zum Präsidenten der USA gewählte Calvin Coolidge (l.) mit seiner Gattin auf der Fahrt zu seiner Vereidigung im Capitol

US-Präsident vereidigt

4. März. Vor dem Kapitol in Washington wird der neue Präsident der Vereinigten Staaten von Amerika, Calvin Coolidge, vereidigt. Der Republikaner Coolidge war am 4. November gewählt worden, nachdem er zuvor schon seit 1923 das Präsidentenamt ausgeübt hatte. Er ersetzte damals seinen am 2. August 1923 verstorbenen Vorgänger Warren G. Harding.

In seiner Antrittsrede erläutert Coolidge die Grundzüge seiner künftigen Politik: Nach außen Wiederherstellung des Gleichgewichts der Welt, nach innen strengste Sparsamkeit. Die Hauptaufgabe in der Außenpolitik sieht er darin, die Unabhängigkeit Amerikas von ausländischen Verstrickungen beizubehalten und sich für den Frieden einzusetzen. Amerika bedürfe einer seiner Bedeutung entsprechenden Marine, doch müsse für weitere Rüstungsbeschränkungen gesorgt werden. Hierfür, wie überhaupt für die Regelung internationaler Fragen, seien internationale Konferenzen sowie die Teilnahme der USA an einem Weltschiedsgerichtshof in Den Haag (Niederlande) wichtig. Selbst dortige Mißerfolge seien für den Gedanken des Friedens nützlich.

Calvin Coolidge *wurde am 4. Juli 1872 in Plymouth (US-Staat Vermont) als Sohn eines Dorfladenbesitzers geboren. Der zurückhaltende republikanische Politiker war von 1912 bis 1915 Senator, 1919/20 Gouverneur in Massachusetts und ab 1921 Vizepräsident, auf Grund dessen er nach dem Tod Hardings 1923 die Präsidentschaft übernahm. Coolidge verkörpert die Tradition der individuellen Leistung und der Selbsthilfe. Aufgrund seiner bescheidenen Lebensführung nennen ihn die Washingtoner den »Puritaner von Babylon«.*

Truppenparade der Roten Armee vor dem Lenin-Mausoleum; hinter den hohen Mauern des Kremls wird über die Zukunft des Kommunismus beraten

Komintern tagt in Moskau

21. März. In Moskau kommen 244 Vertreter aus 34 Ländern zur V. Erweiterten Tagung des Exekutivkomitees der Kommunistischen Internationale (EKKI) zusammen. Bis zum 6. April beraten die Delegierten über die künftige Taktik innerhalb der kommunistischen Weltbewegung. In einer Rede vor der Komintern konstatiert der Vorsitzende der sowjetischen Bolschewisten, Josef W. Stalin, einen verlangsamten Entwicklungsgang der Revolution und eine relative Stabilisierung des Kapitalismus. Aufgrund dieser Tatsachen rechtfertigt er den Aufbau des Sozialismus nur in einem Land, in der UdSSR, und die Verabschiedung von der Theorie der Weltrevolution. Der sowjetischen Partei verleiht er die Führungsrolle innerhalb der internationalen kommunistischen Vereinigung, was letztendlich absolute Anpassung aller übrigen Kommunistischen Parteien bedeutet. Sie werden in den kommenden Jahren immer mehr zu Befehlsempfängern der Moskauer Zentrale degradiert.

Josef Wissarionowitsch Stalin *(eigtl. I. W. Dschugaschwili) wurde am 21. Dezember 1879 in Gori (Georgien) geboren. 1899 wurde er wegen kommunistischer Umtriebe aus dem Priesterseminar in Tiflis ausgeschlossen. Er wurde sechsmal verhaftet. 1903 schloß er sich W. I. Lenin an. 1917 war er als Mitglied des Politbüros der Bolschewiki an Vorbereitung und Durchführung der Oktoberrevolution beteiligt. Seit Lenins Tod im Jahr 1924 versucht er, sich als alleiniger Machthaber in der Partei, vor allem gegen Trotzki, durchzusetzen* *(→ 17. 1. / S. 19).*

In Genf, v. l.: Italien (V. Scialoja); Frankreich (A. Briand); Großbritannien (A. Chamberlain)

Völkerbundstagung wird in Genf eröffnet

9. März. *In Genf beginnt die 23. Sitzung des Völkerbunds (bis 14. 3.). Bereits am Anfang kommt es zu einem Streit zwischen dem britischen Außenminister Joseph Austen Chamberlain und seinem französischen Kollegen Aristide Briand über das Genfer Protokoll vom Oktober 1924 zur friedlichen Regelung internationaler Streitigkeiten. U. a. stellt das Protokoll Sanktionen gegen einen Aggressor über eine Rüstungsbeschränkung. Diese Regelung wird von Großbritannien abgelehnt.*

Neues Wahlrecht in Japan

2. März. In Tokio verabschiedet das japanische Parlament ein allgemeines Wahlrecht für Männer.

Von nun an sind alle Männer über 25 Jahren wahlberechtigt, ausgenommen Oberhäupter adliger Familien, aktive Offiziere, Regierungsbeamte, Geisteskranke, Empfänger öffentlicher Unterstützungen sowie Schwerverbrecher. Das passive Wahlrecht ist an das Alter von 30 Jahren geknüpft. Ein Wahlrecht für Frauen wird nicht diskutiert.

Durch diese Maßnahme erhöht sich die Zahl der Wahlberechtigten um das Vierfache. Eine Tatsache, die unter den herrschenden Schichten Japans auch Beunruhigung auslöst. Sie fürchten das neue Selbstbewußtsein von Mitgliedern unterer Einkommensklassen und fordern deshalb gleichzeitig Maßnahmen von der Regierung, die das demokratische Recht vor allem der Arbeiter neutralisiert. Eine Woche nach der Verkündung des Wahlrechts tritt dann auch das »Gesetz zur Wahrung des Friedens« in Kraft, das sich als eine der schlimmsten Unterdrükkungsmaßnahmen erweisen wird, die je in einem nichttotalitären Staat erlassen wurde. Darin wird jedem, der »eine Vereinigung mit dem Ziel der Änderung des Nationalgebildes oder der grundsätzlichen Bekämpfung der Privateigentumsordnung organisiert, oder einer solchen Vereinigung beitritt«, eine zehnjährige Gefängnisstrafe angedroht.

Japaner diskutieren in einer Versammlung die Wahlrechtsreform

Tod Sun Yat-sens in China

12. März. Sun Yat-sen, Gründer der Republik China, stirbt im Alter von 68 Jahren in Peking.

Der Sohn eines Landarbeiters studierte Medizin und gründete 1894 die »Vereinigung zur Erneuerung Chinas«. Nach 16jährigem Exil wurde er nach der Revolution in China 1912 Präsident der Republik, trat im selben Jahr zurück und führte die Gegenrevolution mit der »Nationalen Volkspartei« (»Kuomintang«).

Fuad löst Parlament auf

23. März. In Kairo eröffnet der ägyptische König Fuad mit einer Thronrede das Parlament. Er betont darin die Loyalität des nordafrikanischen Staates gegenüber dem ehemaligen Kolonialherrn Großbritannien.

Gleich im Anschluß daran kommt es jedoch zu einer Kontroverse innerhalb des Hauses, in deren Folge die Regierung zurücktritt und Fuad das Parlament auflöst.

Ursache für die Auseinandersetzung war die Wahl des Kammerpräsidenten. Mit 125 zu 85 Stimmen entschieden sich die Abgeordneten für den Vorsitzenden der Wafd-Partei, für Sad Saghlul. Saghlul erläutert in seiner Antrittsrede seine parlamentarischen Ziele, die denen in der Thronrede genannten entgegenstehen. Er fordert die völlige Unabhängigkeit Ägyptens von den Engländern. Dieser Anspruch wird verstärkt seit dem Ende des Krieges vertreten.

Großbritannien hatte 1922 die Unabhängigkeit des ägyptischen Königreiches anerkannt, und König Fuad verkündete 1923 die parlamentarische Monarchie. Das britische Militär blieb jedoch im Lande, denn in London will man die Verbindungen innerhalb des Weltreiches beibehalten, Ägypten gegen eine Aggression von außen her verteidigen sowie die dortigen ausländischen Interessen sichern (→ 9. 12./S. 205).

Nach alter chinesischer Tradition werden Staatsmänner immer als Gelehrte oder Wissenschaftler abgebildet. Hier Sun Yat-sen in einer solchen Positur. Der Präsident sitzt in typischer Hauskleidung am Tisch, in der Hand einen Stempel, vor sich Papier und Stempelkissen. Denn für die wichtigsten chinesischen Schriftzeichen gab es Stempel.

Wohnen und Design 1925:

Kunst vereint mit Technik

Das alltagsästhetische Repertoire des Jahres 1925 ist von markanten Veränderungen gekennzeichnet. Die Gestaltung der Gebrauchsgegenstände – vom Aschenbecher bis zur Wohnungseinrichtung – zeugt immer deutlicher von dem Bemühen der Designer, nicht nur bei Luxus-, sondern auch bei Massenkonsumartikeln künstlerisch-ästhetische Konzepte zu realisieren.

Infolge neuer industrieller Fertigungsmethoden und Materialien (z. B. Stahlrohrbearbeitung und Preßstoffe) haben die Designer stärker als bisher die Möglichkeit, stilistisch ausgereifte Gebrauchsgegenstände in großen Serien herstellen zu lassen. Die so beabsichtigte Realisierung eines kultur- und gesellschaftspolitischen Konzepts liegt den Designern ebenso am Herzen wie die Lösung formal-künstlerischer Probleme.

Neben der allgemeinen Forderung, »Kunst und Leben miteinander zu vereinen«, sieht man ein wesentliches Ziel darin, durch billige und zugleich schöne Gegenstände auch den einkommensschwachen Arbeitern eine Möglichkeit zu geben, ihre Umwelt entsprechend dieser Forderung zu gestalten.

»Kunst und Technik – eine neue Einheit« – dieses Motto von Walter Gropius, dem Direktor des »Bauhauses«, ist Ausdruck der Idee, mit Hilfe von Technik und Rationalisierung allen Menschen eine praktischere, wirtschaftlichere und schönere Umgebung zu schaffen. So erhofft man sich Verbesserung der Lebensqualität und – durch eine Ästhetisierung der Reproduktionssphäre – Freisetzen von Kreativität.

Nach dem Umzug des »Bauhauses« von Weimar nach Dessau im Frühjahr 1925 (→ 1. 4. / S. 88) sind es vor allem die dortigen Künstler, die sich um eine Realisierung dieser Idee bemühen. Es entstehen Gegenstände, die heute bereits zu den Klassikern im Design zählen und noch immer in unveränderter Form produziert werden, z. B. der »Wassily«-Sessel aus Stahlrohr, Ende 1925 entworfen von Marcel Breuer.

Eine Gegenbewegung zu der erstrebten Massenproduktion zeigt sich im »Art deco«, wobei das handwerklich-künstlerische Möbelstück eine neue Blüte erlebt. Wichtiger Bereich in der Möbelherstellung ist die Produktion von Mehrzweckmöbeln und Anbausystemen, die ebenfalls recht preiswert in den Handel kommen und den Bedürfnissen von Mietern der neu entstehenden Arbeiterwohnsiedlungen mit relativ kleinen Räumen entgegenkommen.

Allerdings stoßen die Neuentwicklungen der Designer nicht auf die erhoffte Nachfrage. Trotz günstiger Preise gehen gerade Käufer der unteren Bevölkerungsschichten an den einfachen Formen vorbei, verschmähen den neuen Stil und orientieren sich weiterhin an ihrem gewohnten Interieur.

Das Problem der Geschmacksbildung ist für die Formgestalter nicht neu. Schon vor dem Weltkrieg versuchten deshalb u. a. Künstler des »Werkbundes« gemeinsam mit der Industrie, durch schön gestaltete Alltagsgegenstände auf die Menschen in dieser Richtung innovativ einzuwirken. Mit den Maximen der Zweckmäßigkeit, Sachlichkeit und Funktionalität entwirft Peter Behrens seit dieser Zeit Formen für die Elektrogeräte der AEG, wie Staubsauger, Toaster, Küchenherde. Eine ähnliche Zusammenarbeit zwischen Künstlern und Industrie gibt es u. a. in der Keramik-, Porzellan-, Glas- und Möbelbranche.

Entsprechend den neuen Aufgaben vergrößern sich die Ausbildungskapazitäten für Formgestalter. Neben dem »Bauhaus« sind es vor allem die Kunstgewerbeschule Burg Giebichenstein bei Halle und die ehemalige Reimann-Schule, die seit einem Jahr zur »Vereinigten Staatsschule für freie und angewandte Kunst« gehört. In dieser Schule sind die seit 1882 in freie und angewandte Kunst getrennten Ausbildungswege wieder zusammengeführt worden. Die darin zum Ausdruck kommende offizielle Anerkennung des künstlerischen Charakters des Design-Bereichs drückt sich auch in der Gründung des ersten deutschen Design-Museums aus. Initiator der dem Bayerischen Nationalmuseum angeschlossenen »Neuen Sammlung« in München ist Günther von Pechmann, Gründungsmitglied des »Werkbundes«.

Selbst in diesem luxuriösen Badezimmer ist nichts Überflüssiges zu sehen, die Funktion eines jeden Gegenstandes wird durch Form und Material betont

Geradlinige, unaufdringliche Eleganz: Eine englische Landhausdiele

Wohn- und Eßzimmer mit dem repräsentativen Stuhl des Hausherrn

Eine von Otto Niedermoser entworfene Einzimmerwohnung; Matratze und Sessel sind aufeinander abgestimmt, das Bett dient tagsüber als Sofa

Für die am 29. April in Paris eröffnete Design-Ausstellung ist dieses Boudoir für kostbar eingerichtete Innenräume ein typisches Beispiel

Möblierung mit wertvollen Einzelstücken als aktueller Trend gegen die industrielle Formgestaltung: Entwurf eines Speisezimmers von R. Quibel

Empfangshalle im Haus des französischen Gelehrten Fontaine in Reims

Der Große Salon in einem luxuriösen Privathaus; von Ruhlmann

Wartehalle des französischen Ministeriums für Unterricht und Kunstpflege von Roux-Spitz

An Elemente des Jugendstils erinnert der Gartenentwurf von Marrast

Für gehobene Ansprüche: Der Salon einer Botschaft in der beherrschenden Stilrichtung dieser Zeit, dem Art deco

Rudolf Steiner stirbt in der Schweiz

30. März. In dem schweizerischen Ort Dornach bei Basel stirbt der Anthroposoph Rudolf Steiner.

Steiner begründete die anthroposophische Weltanschauungslehre mit einem Vortrag bei seinem Eintritt in die Theosophische Gesellschaft im Jahr 1902. Von dieser trennte er sich 1913 und schuf im selben Jahr die Anthroposophische Gesellschaft. Sie sollte einen weitreichenden Einfluß auf das künftige Kulturleben ausüben. Gleichzeitig entstand die von ihr getragene »Freie Hochschule« in Dornach, das Goetheanum. Von hier aus findet die Lehre Steiners ihre Verbreitung. Sie basiert u. a. auf der Vorstellung, daß die Welt in einer stufenweisen Entwicklung begriffen ist, die der Mensch einfühlend und erkennend nachzuvollziehen hat. So kann er höhere seelische Fähigkeiten entwickeln und mit ihrer Hilfe übersinnliche Erkenntnisse erlangen. Neben der Naturauffassung Johann Wolfgang von Goethes, auf die sich Steiner in starkem Maße berief, wurden christliche und jüdische Bibelelemente sowie Gedanken der indischen Religion und Philosophien okkulter Richtungen übernommen.

Eine praktische Umsetzung seiner Lehre erfährt Steiners anthroposophischer Entwurf u. a. in einem neuen Erziehungssystem an freien Schulen, von denen die erste 1919 in Stuttgart für die Arbeiterkinder der Waldorf-Astoria-Zigarettenfabrik eingerichtet wurde. Diese erste pädagogische Einrichtung verlieh auch den folgenden, den sog. »Waldorf-Schulen« ihren Namen.

Steiners Weltanschauung beeinflußte auch heilpädagogische Therapieformen und die Produktion pharmazeutischer sowie garten- und landwirtschaftlicher Erzeugnisse. Allerdings wurde seine Lehre, vor allem von Naturwissenschaftlern, seit ihrem Bestehen auch heftig angegriffen. Vielfach wird sie als »blanker Unsinn« abgetan, und in seinem schweizerischen Aufenthaltsort mußte Steiner sich wiederholt mit den Behörden wegen der Errichtung des Gebäudes für das Zentrum seiner Gesellschaft auseinandersetzen. Ständerat und Bundesrat beabsichtigten so, die Niederlassung Steiners zu verhindern. Sie versuchten z. B., die von der Gemeinde Dornach erteilte Baugenehmigung für das Goetheanum zurückzuziehen.

Der Anthroposoph Rudolf Steiner

Rudolf Steiner

Geboren am 27. Februar 1861 in Kraljevec (heute Jugoslawien), studierte der Sohn eines österreichischen Bahnbeamten Mathematik, Naturwissenschaften und Literatur. Er beschäftigte sich intensiv mit Goethe und wurde 1890 Mitarbeiter am Goethe- und Schiller-Archiv in Weimar. 1891 promovierte er in Philosophie und ging 1897 nach Berlin, wo er u. a. im Arbeiterbildungsverein lehrte und sich mit der Theosophie auseinandersetzte. 1913 trennte er sich von der Theosophischen Gesellschaft und widmet sich fortan der Anthroposophie in Berlin und im schweizerischen Dornach.

△ Das Goetheanum, die »Freie Hochschule für Geisteswissenschaften« in dem schweizerischen Ort Dornach, Hauptsitz der anthroposophischen Gesellschaft. Nach den Entwürfen Rudolf Steiners wurde mit dem Bau im Jahr 1924 begonnen, nachdem 1922/23 das erste hier bereits errichtete Haus abgebrannt war.

▷ Detail der Betonstruktur auf der Nordwestseite des Goetheanums in Dornach. Alle Gebäude wurden nach den Prinzipien der Anthroposophie konzipiert. Obwohl sie in ihrer bildhaften Anlage durchaus eine expressive Wirkung erzielen, spielen sie wegen ihrer weltanschaulichen Dimension in der Architektur des Expressionismus eine Sonderrolle.

Feuerwehrmänner im Einsatz gegen das Großfeuer bei Madame Tussaud

Großbrand bei Madame Tussaud

18. März. Durch ein Feuer wird ein Teil des berühmten Wachsfigurenkabinetts der Madame Tussaud in London zerstört.

Als um 22.15 Uhr Passanten den Brand in dem Gebäude der Marylebone Road bemerken, wird sofort Großalarm bei der Londoner Feuerwehr ausgelöst. Bereits 45 Minuten später sind 25 Motorpumpen im Einsatz, um die nun weithin sichtbaren Flammen zu löschen. Inzwischen haben sich auch schon Hunderte von Schaulustigen eingefunden, die gebannt die gewagten Rettungsarbeiten der Feuerwehrmänner verfolgen. Sie müssen mit ansehen, wie unter der enormen Hitze der lichterloh brennenden Ausstellungsräume Dach und Kuppel zusammenstürzen. Gegen 0.30 Uhr ist dann das Feuer gelöscht und das Ausmaß des Schadens sichtbar. Erhalten blieben – jedoch mit erheblichen Wasserschäden – lediglich die unteren Räume, darunter das sog. Gruselkabinett mit Abbildern berüchtigter Mörder. Das ganze obere Stockwerk ist zerstört und damit viele der wahrscheinlich von Madame Tussaud noch selbstgefertigten Wachsfiguren.

Schon 1802 gründete Madame Tussaud das Panoptikum in London. Mit lebensgroßen Nachbildungen von Persönlichkeiten der Französischen Revolution war sie damals aus Paris gekommen und leitete das Panoptikum, bis sie im Alter von 89 Jahren im Jahr 1850 starb.

Prähistorische Funde in New Mexico

21. März. In ihrer neuesten Ausgabe berichtet die Zeitschrift »London News« von bedeutenden Ausgrabungen im US-amerikanischen Bundesstaat New Mexico.
Dort stießen die Archäologen auf Reste eines Dorfes aus altamerikanischer Zeit mit runden Kivas, die unterirdisch angelegt waren. Ähnliche Funde machte man ebenfalls in Nevada. In beiden Gebieten siedelten einstmals Puebloindianer (Pueblo = Dorf) und deren Vorfahren aus der Anasazitradition. Bis etwa zum Jahr 700 lebten sie in Dörfern mit Grubenhäusern, erst danach gingen sie zum Bau oberirdischer Wohnungen über. Diese oft mehrstöckig angelegten Gebäude mit über- und nebeneinandergebauten Räumen waren anfangs nur über eine Leiter durch die Öffnung in der Decke für ihre Bewohner erreichbar.

Ein Junge auf der Stätte seiner prähistorischen Vorfahren; er steht am Rande eines Kivas, der meist unterirdisch angelegten Zeremonialkammer

Ufa-Film huldigt dem Körperkult

16. März. *In Berlin wird der Ufa-Film, der sog. Kulturfilm »Wege zu Kraft und Schönheit« von Wilhelm Prager uraufgeführt.*
Dieser überaus erfolgreiche Streifen inszeniert in Nachbildungen berühmter Gemälde sowie antiker und historischer Darstellungen die Idealisierung menschlicher Gestalten. In künstlich-exotischer Szenerie wird um den Preis des Wirklichkeitsverlustes die Harmonie zwischen vollkommenen Körpern und Seelen suggeriert.

△ Filmszene zum Kapitel »Der Morgen«

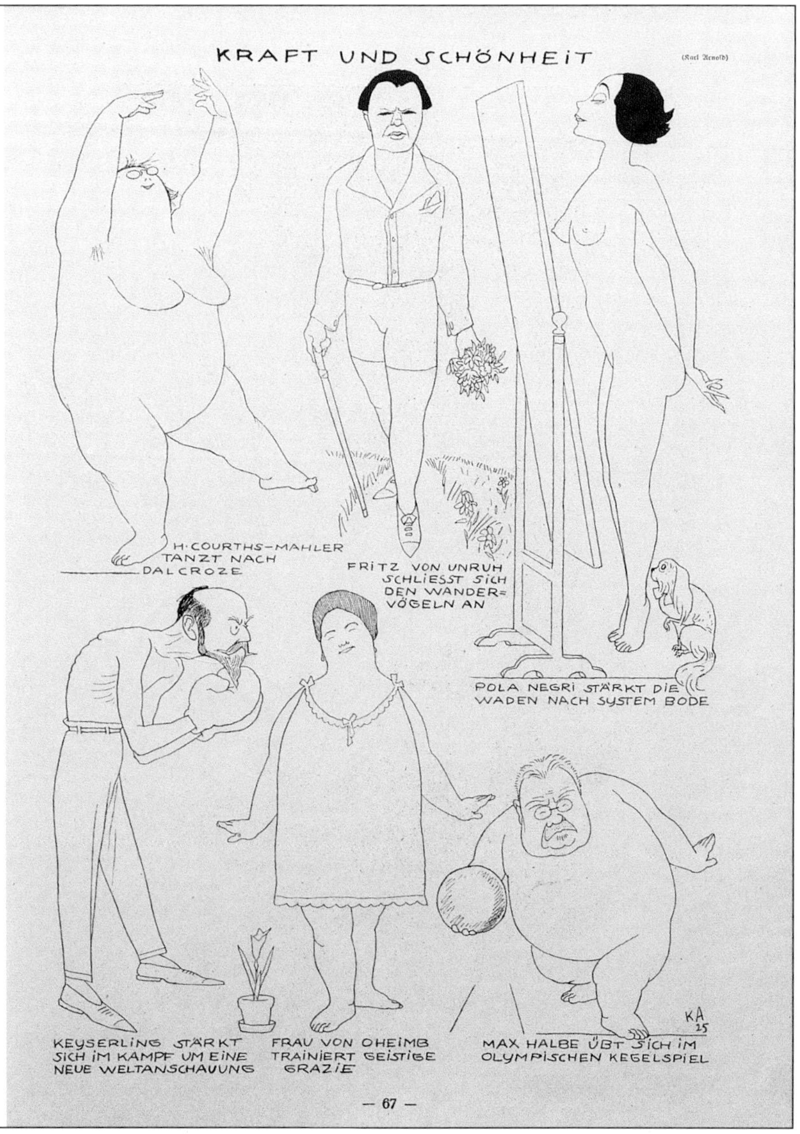

Persiflage des »Simplicissimus« zum Film ▷

Neues Gesetz über Familiennamen

1. März. In Moskau erläßt die Regierung der UdSSR eine neue Verordnung über die Eheschließung. Darin ist festgelegt, daß in der Sowjetunion die Frauen selbst über ihren Familiennamen bestimmen dürfen. Künftig hat das Mädchen als Ehefrau das Recht, ihren Geburtsnamen beizubehalten. Sollte sie darauf verzichten wollen, müssen Frau und Mann dem Standesamt mitteilen, ob als der gemeinsame Familienname der des Mannes oder der Frau gewünscht ist. Über die Namen für spätere Kinder müssen sich die Eltern vor der Hochzeit einigen, andernfalls erhalten die Nachkommen Doppelnamen.

Staaten streiten um die Sommerzeit

13. März. In London genehmigen die Abgeordneten des Unterhauses ein Gesetz über die Einführung der ständigen Sommerzeit.
In der Nacht vom 18. zum 19. April wird die Stundenzählung um 60 Minuten vorverlegt, um so das Tageslicht von April bis September besser ausnutzen zu können.
Der Versuch einer internationalen Vereinbarung über die Einführung der Sommerzeit in den Ländern der westeuropäischen Zeit scheiterte am 9. März in Brüssel, und so stellen Frankreich und Belgien schon am 4. und 5. April ihre Uhren um. Die Niederlande sind bisher unentschieden.

Wirbelsturm tobt über Nordamerika

19. März. Die US-amerikanischen Bundesstaaten Missouri, Illinois, Kentucky und Indiana werden von einer Sturmkatastrophe ungeheuren Ausmaßes heimgesucht. Etwa 1700 Menschen sterben unter den Trümmern ihrer zerstörten Häuser, mehr als 3000 sind schwer verletzt. Besonders betroffen sind die Orte Murphysborough, Westfrancfort, Desoto, Annapolis und Griffin. Häufig brechen in den zumeist aus Holzhäusern bestehenden Orten zusätzlich noch Brände aus. Deren Bekämpfung stellt die Einwohner der Städte vor weitere Probleme, da der Tornado häufig auch die Wasserleitungen zerstört hat.

Hermine Körner geht nach Dresden

1. März. Die Direktion des Dresdener Alberttheaters und der dortigen Komödie übernimmt Hermine Körner, die zuvor bereits sechs Jahre ebenfalls in der Intendanz des Münchener Schauspielhauses tätig war. Die 47jährige Hermine Körner, eine »der letzten Tragödinnen deutscher Sprache«, begann mit 20 Jahren ihre schauspielerische Laufbahn am Wiener Burgtheater, erhielt bald Engagements auch in Berlin und ging von 1905 bis 1909 nach Düsseldorf. Nach sechs Jahren am Dresdener Hoftheater versuchte sie sich dann während ihrer Zeit am Deutschen Theater in Berlin (1915 – 1919) in der Regie. Auch darin hatte sie Erfolg, und so war sie eine der ersten Frauen, die sich in diesem Metier in Europa durchsetzen konnte.

Nach Aussagen ihrer Mitarbeiter verkörpert die Schauspielerin und Regisseurin Hermine Körner (geb. 30. 5. 1882) als Theaterleiterin den Typ einer Prinzipalin, deren Ziel die Bewahrung klassischer Traditionen in der gegenwärtigen Theaterkunst ist

Das Frankfurter Schauspielhaus ist ein typisches Beispiel der Architektur der Gründerzeit; hier hat sich das Bürgertum selbst ein Denkmal gesetzt

Neues Theater eröffnet

6. März. In Frankfurt am Main werden mit der Aufführung des Stückes »Liebeslust und -leid«, eine Bearbeitung der Komödie »Verlorene Liebesmüh« von William Shakespeare, die Kammerspiele eröffnet.

Das neue Theater der Städtischen Bühnen entstand durch den Umbau eines Saales in einem Gebäude, das einer Freimaurerloge gehört, der Loge »Carl«. Die Bühne erhielt eine moderne, wenn auch kleine Beleuchtungsanlage, durch einen Scheinwerfer im Zuschauerraum ergänzt. Wenn auch die Besucher zunächst über den viel zu sachten Anstieg des Bestuhlungsbodens irritiert sind, da sie allzusehr ihre Köpfe recken müssen, um den ganzen Schauspieler zu sehen, so freut man sich doch allgemein über die neue intime Spielstätte.

Prokofjew-Oper in Köln aufgeführt

14. März. Am Kölner Opernhaus wird erstmals in Europa die Oper des sowjetrussischen Komponisten Sergei S. Prokofjew, »Die Liebe zu den drei Orangen«, gezeigt. Die Aufführung, zu welcher der seit 1917 meist in Paris lebende Prokofjew selbst erschienen ist, findet beim Publikum lebhaften Beifall. Ausgesprochen positiv äußert sich auch die Kritik über die Märchenoper, die Prokofjew nach einem Stoff des Italieners Carlo Gozzi textete. Die Musik bezeichnet z. B. die »Kölnische Zeitung« als »feinsinnige, geistreiche Unterhaltung«, »mit eigener Atmosphäre«, und seine Phantasie sieht sie als eine »des zivilisierten Weltmannes, stark intellektuell angehaucht«. Uraufgeführt wurde die Oper bereits 1921 in Chicago.

Sergei S. Prokofjew, 1891 in Moskau geborener sowjetrussischer Komponist und Pianist, gehört zu den bekannten modernen Komponisten in Europa. Er lebt seit der Oktoberrevolution zumeist im Ausland. Erst 1932 kehrt er in die Sowjetunion zurück

In der Sammlung »Kleine Malik-Bücherei« erscheinen u. a. diese vier Titel. Es sind Werke, die aus dem Geist der Revolution und des Kampfes gegen Unterdrückung entstanden sind

George Grosz schreibt im Malik Verlag über die gegenwärtige Existenzberechtigung der Kunst

9. März. *In dem kleinen Berliner Malik Verlag erscheint das Buch »Die Kunst ist in Gefahr« von Wieland Herzfelde und George Grosz.*

In den darin abgedruckten Aufsätzen setzen sich der Verleger Herzfelde und der Grafiker Grosz mit den gegenwärtigen Aufgaben der Kunst auseinander. Grosz schreibt u. a.: »Der heutige Künstler, wenn er nicht ein Leerläufer, ein antiquierter Blindgänger sein will, kann nur zwischen Technik und Klassenkampfpropaganda wählen. In beiden Fällen muß er die Kunst aufgeben.« Die Schrift erscheint in der »Malik-Bücherei« des kleinen linken Verlages, der 1917 von Herzfelde und seinem Bruder John Heartfield gegründet worden war. Als erste Publikation hatten sie die Zeitschrift »Neue Jugend« herausgegeben, worin u. a. Beiträge von Grosz, Theodor Däubler, Albert Ehrenstein, Johannes R. Becher und Else Lasker-Schüler veröffentlicht wurden.

Borg schwimmt 300-m-Weltrekord

2. März. Bei einem internationalen Wettkampf in Miami (US-Bundesstaat Florida) kann der Schwede Arne Borg einen neuen Weltrekord über 300-Meter-Freistil aufstellen.

Der schwedische Schwimmer Arne Borg, einer der großen drei des Schwimmsports der 20er Jahre; bereits 1924 konnte er bei den Olympischen Spielen in Paris zwei Silber- und eine Bronzemedaille erringen

Mit 3:28,2 min ist er um 6,8 sec schneller als der bisherige Rekordhalter, der US-Amerikaner Johnny Weissmuller. Bei weiteren Wettkämpfen in Florida, an denen allerdings sein Konkurrent Weissmuller wie hier in Miami nicht teilnimmt, gelingen Borg noch weitere Bestleistungen. In St. Augustin verbessert der 24jährige Schwede den 1923 von Weissmuller aufgestellten Weltrekord über 300 Yards im Kraul um 1,4 sec auf 5:49 min und kann darüber hinaus seine eigene Zeit von 12:47,8 min über 1000 Yards im Kraul auf 12:12 min verbessern.

In der Klemme scheint der sitzende Jack Dempsey zu sein; jedoch unterliegt »Bull« letztendlich dessen ungeheurer Schnelligkeit und Geschicklichkeit

Boxweltmeister Jack Dempsey besiegt den Ringer aus Montana

Das Boxidol der 20er Jahre, der US-Amerikaner Jack Dempsey, begeistert das Publikum mit boxfremden Schaukämpfen, die sich – wie z. B. auch Dauertanzen – in den Vereinigten Staaten bei den Zuschauern besonderer Beliebtheit erfreuen. In der Begegnung mit dem Ringer »Bull« in Montana zeigt der Weltmeister im Schwergewicht, daß er nicht nur im Boxring, sondern auch im Catch-as-catch-can unschlagbar ist.

Oxfords Havarie auf der Themse

28. März. Bei dem traditionellen Ruderwettkampf zwischen den Achtern der renommierten britischen Universitäten Cambridge und Oxford gewinnt dieses Mal die Mannschaft aus Cambridge.

Wie jedes Jahr waren wieder viele Zuschauer an die Regattastrecke zwischen der Putney Bridge und Mortlake Brewery bei London gegangen, um das spannende Ruderduell zu verfolgen. Das Folgende, das sie dann zu sehen bekommen, überrascht sicherlich alle. Kurz hinter der Barnes Bridge gerät das Boot aus Oxford in plötzlich aufkommende Wellen, sie schwappen über die Bordwand, so daß acht Athleten im Wasser sitzen, was das Fortkommen doch ziemlich erschwert. Sie müssen schließlich aufgeben und können den Rivalen nur noch nachschauen. Für Cambridge ist es insgesamt der 36. Sieg des seit 1829 ausgetragenen Rennens.

Während der Cambridge-Achter auf ruhigem Wasser dahingleitet (o.), hat das Team aus Oxford Pech, im Nu schlägt das Boot mit Wasser voll (u.)

Motorradrennen für die Hersteller

14. März. In Köln endet die vom ADAC veranstaltete »Internationale Deutschlandfahrt 1925« für Motorräder. Am 1. März waren hier am Zielpunkt über 300 Motorräder zu der Tour gestartet, die in mehreren Etappen auf einer Strecke von 3000 km durch das Land führte.

In den zehn unterschiedlichen Klassen können bis auf eine Ausnahme alle ersten Plätze einheimische Fahrer erreichen, lediglich in der Klasse V (bis 750 cm^3) gewinnt ein Ausländer, der Schwede Ericson.

Unfreundliche Witterungsbedingungen wie Schnee, Regen und Glätte forderten von den Fahrern hohes Können, so daß die Reporter besonders die sportlichen Fähigkeiten der Beteiligten hervorheben. Noch vor Beginn des Rennens hatten sie heftige Kritik am Charakter des Wettbewerbs geübt, der äußerlich mehr einer Reklameschau für Motorradhersteller glich.

April 1925

Mo	Di	Mi	Do	Fr	Sa	So
		1	2	3	4	5
6	7	8	9	10	11	12
13	14	15	16	17	18	19
20	21	22	23	24	25	26
27	28	29	30			

1. April, Mittwoch

In Rom empfängt Papst Pius XI. den bayerischen Ministerpräsidenten Heinrich Held zu einer Privataudienz (→ 15. 1. / S. 16).

Nach drei Tage dauernder Diskussion verabschiedet der Schweizer Nationalrat mit 85 gegen 28 Stimmen die Vorlage des Bundesrates über die Einführung der Sozialversicherung.

In Anwesenheit des ehemaligen britischen Außenministers Arthur James Earl of Balfour wird in Jerusalem die Hebräische Universität von Chaim Weizmann eingeweiht. → S. 76

In Düsseldorf übernimmt Max Schlenker die nordwestliche Gruppe des Vereins deutscher Eisen- und Stahlindustrie.

In Berlin löst Carl Duisberg aus Leverkusen den bisherigen Präsidenten des Reichsverbandes der deutschen Industrie, Kurt Sorge, ab.

Das Bauhaus in Weimar löst sich aufgrund eines Beschlusses der thüringischen Landesregierung mit Wirkung des heutigen Datums auf und siedelt nach Dessau über. → S. 88

Die Stadt Berlin erwirbt auf der Zwangsversteigerung der Charlottenburger Oper den gesamten Fundus für 750 000 Reichsmark. Damit ist das Musiktheater endgültig in den Besitz der Stadt Berlin übergangen.

2. April, Donnerstag

Wilhelm Höpker-Aschoff (DDP) lehnt das Amt des preußischen Ministerpräsidenten ab. Am 31. März war er von der Mehrheit des Landtages für dieses Amt gewählt worden (→ 19. 3. / S. 60).

Gegen die Stimmen der Demokraten, Sozialdemokraten und Kommunisten verabschiedet der Thüringer Landtag ein Notgesetz über die Erhebung von Schulgeld, das eine Erhöhung des Beitrags beinhaltet.

In der Dresdener Staatsoper gelangt die Oper des Komponisten Ermanno Wolf Ferrari, »Das Liebesband der Marchesa«, zur Uraufführung.

Im Berliner Tauentzienpalast wird der Film »Der Demütige und die Tänzerin« mit Lil Dagover uraufgeführt.

Der italienische Schriftsteller und Regisseur Luigi Pirandello eröffnet in Rom sein eigenes Theater, das »Teatro d'Arte« (→ 12. 10./S. 178).

Im Vatikan in Rom versammeln sich die katholischen Würdenträger aus aller Welt zur diesjährigen Heiligsprechung durch Papst Pius XI. → S. 77

3. April, Freitag

Sozialdemokrat Otto Braun wird zum Ministerpräsident der preußischen Regierung gewählt (→ 19. 3. / S. 60).

Zwischen der Reemtsma AG in Altona-Bahrenfeld und der Standard Commercial Tobacco Cy in New York kommt es zu einem Vertragsabschluß, der »den deutschen Beteiligungen das Übergewicht verschafft« (→ 5. 11. / S. 191)

Die »Frankfurter Zeitung« berichtet von Differenzen zwischen den neuseeländischen Ureinwohnern, den Maori, und Großbritannien. → S. 86

4. April, Sonnabend

Auf eine Anfrage teilt das preußische Justizministerium mit, daß z. Z. 474 politische Gefangene in Preußen ihre Haftstrafen verbüßen.

In Brüssel unterzeichnen die Regierungsdelegationen Belgiens und des Deutschen Reiches ein gemeinsames Handelsabkommen.

Auf dem Berliner Messegelände am Kaiserdamm wird eine Reklamemesse eröffnet. Sie dauert bis 7. Mai. → S. 192/93

In den Berliner Ausstellungshallen am Messedamm endet die vor drei Wochen eröffnete »Volkskraftausstellung« mit Informationen über den Sport. → S. 87

Unter der Regie von Jürgen Fehling hat im Staatlichen Schauspielhaus Berlin »Die Sündflut« von Ernst Barlach Premiere. → S. 88

Der in der ganzen USA mit Spannung verfolgte Prozeß gegen den »Verbrecherkönig« Gerald Chapman endet in Hartford (US-Bundesstaat Connecticut) mit dem Todesurteil für den Angeklagten.

5. April, Sonntag

Bei den Wahlen in Belgien können erstmals auch Frauen teilnehmen, und zwar nicht wiederverheiratete Witwen, deren Männer während des Krieges gefallen oder während patriotischer Handlungen gegen den Feind ums Leben gekommen sind (→ 7. 4./S. 86). Einen überragenden Wahlsieg können die belgischen Sozialisten erringen. → S. 76

Einen Weltrekord erreicht Erich Rademacher beim Jubiläumsschwimmen des Leipziger Klubs »Poseidon«. Die 500 m Brust schwimmt er in 7:40,8 min. Bei den Damen verbessert Erna Murray aus Leipzig den Weltrekord über 200 m Brust auf 3:20,2 min. → S. 87

Bei der deutschen Waldlaufmeisterschaft auf dem Bergedorfer Gelände kann Fritz Graßmann aus Vielau seinen Vorjahressieg wiederholen. → S. 87

6. April, Montag

Infolge des am vergangenen Montag begonnenen Metallarbeiterstreiks in Berlin haben die Firmen »Schwartzkopff« und »Orenstein & Koppel« ihre Betriebe geschlossen; bei AEG, in der Lokomotivfabrik Hennigsdorf sowie bei Borsig wurden etwa 4000 Arbeiter entlassen. → S. 75

Ohne Ergebnis endet in Berlin eine Konferenz im Innenministerium mit Vertretern des Gaststättengewerbes der Hauptstadt. Sie fordern die Verlängerung der Polizeistunde in Groß-Berlin über 1.00 Uhr hinaus. → S. 86

7. April, Dienstag

Bei einer von den Kommunisten veranstalteten Arbeitslosenversammlung kommt es auf dem Wiener Rathausplatz zu blutigen Zusammenstößen mit der österreichischen Polizei.

Das Unterhaus in London genehmigt den Antrag der britischen Regierung auf Beseitigung der Reparationsabgabe. Das bedeutet eine Normalisierung des Handels mit dem Deutschen Reich.

In Paris akzeptiert das französische Abgeordnetenhaus mit 390 gegen 183 Stimmen das Frauenstimmrecht für Gemeinde- und Bezirkswahlen. → S. 86

8. April, Mittwoch

Die Deutschnationale Volkspartei, die Deutsche Volkspartei, die Bayerische Volkspartei und der Bayerische Bauernbund bilden einen »Reichsblock«. Als gemeinsamen Kandidaten für die Reichspräsidentenwahl stellen sie Paul von Hindenburg auf (→ 26. 4. / S. 74).

Das britische Unterhaus genehmigt eine Gesetzesvorlage, nach der Angehörige ehemals feindlicher Staaten den anderen Ausländern gleichgestellt werden.

In London endet die am 6. April begonnene Konferenz britischer und sowjetischer Gewerkschaften mit der Gründung eines gemeinsamen Komitees.

In einem aufsehenerregenden Flug überquert Pilot Brauer mit dem Junkers-Flugzeug »G 23 Baden« die Ostsee von Kopenhagen über Malmö, Bornholm, der Halbinsel Hela bis nach Königsberg. Für die etwa 600 km (davon 150 km über See) benötigte Brauer dreieinhalb Stunden.

9. April, Donnerstag

Als Kandidaten für das Amt des Reichspräsidenten stellen die Parteien der Weimarer Koalition (Zentrum, SPD, DDP), die sich zum »Volksblock« zusammengeschlossen haben, Wilhelm Marx (Zentrum) auf (→ 26. 4./S. 74).

Der Verein Deutscher Chemiker erläßt eine öffentliche Warnung vor der Aufnahme eines Chemiestudiums, da der Bedarf an ausgebildeten Chemikern in Deutschland gedeckt sei.

Im Deutschen Volkstheater Wien findet die Uraufführung des neuesten Stückes von Georg Kaiser, »Gas«, statt.

10. April, Karfreitag

In Paris tritt die französische Regierung unter Édouard Herriot wegen der Mißerfolge in der Finanzpolitik zurück. → S. 77

In dem in Frankfurt am Main ausgetragenen Spiel zwischen dem Schweizer Fußballklub Blue Star Zürich und Eintracht Frankfurt gewinnen die Gäste 3:2.

11. April, Sonnabend

Der seit 31. März andauernde Verkehrsstreik in Hamburg ist beendet. Man einigte sich auf die Beibehaltung des Achtstundentages und eine Lohnerhöhung von fünf Pfennigen pro Stunde.

Zum 100. Geburtstag von Ferdinand Lassalle erscheint bei der Deutschen Verlagsanstalt der sechste und letzte Band seiner »Nachgelassenen Briefe und Schriften«, herausgegeben von Gustav Mayer.

Auf dem Messegelände der spanischen Hauptstadt Madrid beginnt eine internationale Ausstellung für Lebensmittel und verwandte Gewerbe. Sie dauert bis zum 26. April.

In Heidelberg verliert die einheimische Rugby-Mannschaft das Spiel gegen die britischen Gäste, die Greyhounds aus Oxford, 6:14. → S. 87

12. April, Ostersonntag

Die griechische Nationalversammlung beschließt die Herabsetzung der Militärdienstzeit von 24 auf 18 Monate.

Der Gouverneur des US-Bundesstaates Tennessee hat ein Gesetz erlassen, das jedem Lehrer oder Professor an Schule oder Universität die Behauptung verbietet, der Mensch stamme von tierischen Wesen ab. Es werde kein Zweifel an der biblischen Schöpfungsgeschichte zugelassen (→ 10. 7. / S. 133).

13. April, Ostermontag

In Rheinsberg in der Mark veranstaltet der Reichsbannerbund (→ 22. 2. / S. 36) einen republikanischen Tag. Dabei kommt es zu Auseinandersetzungen mit völkischen Gruppen, die von der Ortspolizei unterstützt werden.

Nicht zuletzt durch das schöne Osterwetter verzeichnet Berlin den stärksten Ausflugsverkehr seit zehn Jahren. Mehr als elf Millionen Ausflügler suchten an den Feiertagen die Vororte der Hauptstadt auf. Allein auf den Straßenbahnen zählte man vier Millionen Fahrgäste.

14. April, Dienstag

In Ungarn kommt es zur Gründung der linksorientierten Ungarländischen Arbeiterpartei (USAP).

Die ungarische Regierung erklärt, daß der am 12. September abgeschlossene Handelsvertrag zwischen der Sowjetunion und Ungarn nicht ratifiziert wird. Das Abkommen scheitert an dem vorgesehenen Meistbegünstigungsprinzip, wovon die Regierung in Moskau Abstand nehmen wollte.

Ein vom Observatorium in Lindenberg bei Berlin gestarteter Registrierballon erreicht eine Höhe von 32 000 m. Es ist der bisher höchste unbemannte Ballonaufstieg. → S. 80

In großer Aufmachung berichten die Tageszeitungen in ihren Montagsausgaben von der Wahl Paul von Hindenburgs zum Reichspräsidenten; hier das »Berliner Tageblatt« mit dem berühmt gewordenen Kommentar ihres Chefredakteurs Theodor Wolff (T. W., s. a. S. 95), einem der einflußreichsten Publizisten der Weimarer Republik

54. Jahrgang — Abend-Ausgabe — Einzel-Nummer 10 Pfennig.

Berliner Tageblatt

Nr. 197 — und Handels-Zeitung — Montag, 27. April 1925

Chefredakteur Theodor Wolff in Berlin. — Druck und Verlag von Rudolf Mosse in Berlin.

Hindenburg Präsident der deutschen Republik.

Mit 14 600 000 Stimmen von insgesamt 30 300 000 Stimmen gewählt.

T. W. Die Republikaner haben eine Schlacht verloren, der bisher monarchistische Feldmarschall v. Hindenburg wird Präsident der deutschen Republik. Landbündler und Offiziersbündler lassen heute die Sektpfropfen knallen, wie nach der Ermordung Rathenaus, und die in der gesellschaftlichen Rangordnung etwas tiefer stehenden Leserinnen und Leser des „Lokal-Anzeigers" berauschen sich teils an Kaffee und teils an Bier. Sollen wir leugnen, daß, während jene trinken, uns andere ein Gefühl der Beschämung ergreift? Wir schämen uns nicht über die Niederlage — denn dann hätten auch Feldmarschälle schon oft das Haupt beugen müssen —, aber wir empfinden Scham über die politische Unreife so vieler Millionen, die nun wieder den Augen der achselzuckenden Welt sich zeigt. Die gestrige Wahl war eine Intelligenzprüfung, und vor der zuschauenden Weltgallerie, vor mitleidig entsetzten Freunden und höhnenden Feinden ist ungefähr die Hälfte des deutschen Volkes in dieser Prüfung durchgefallen. Was soll man, lautet das allgemeine Urteil, mit einem Volke anfangen, das aus seinem Unglück nichts lernt und sich immer wieder, auch zum zehnten und zwölften Male, von den gleichen Leuten am Halfterbande führen läßt? Gerade sah es so aus, als sollte es dem deutschen Volke etwas besser gehen und als sollte Deutschland in Ruhe und Ordnung auf den Weg allmählicher Wiederherstellung gelangen. Da erdachten die politischen Ränkeschmiede, die ihm Ruhe und Ordnung, Leben und Wohlstand immer zerstört haben, das Abenteuer der Hindenburg-Kandidatur, und diese Spekulation auf das „deutsche Gemüt", das offenbar mit keiner Vernunft vereinbar ist, hat sich tatsächlich abermals bewährt. Tragen die Anstifter der Kandidatur allein die Verantwortung für alles, was an Verwirrung, Schaden und Unheil aus dem gestrigen Wahlergebnis entstehen kann? Nein, diese Verantwortung lastet auch auf dem Kabinett Luther-Stresemann, das bis zuletzt, listig irregeführt, an die Kandidatur Hindenburgs nicht geglaubt, dann ohne jede Entschlußkraft die vollendete Tatsache hingenommen, je nach dem Steigen und Fallen der Chancen hierhin und dorthin geliebäugelt und, statt zu handeln, larmoyant gejammert hat.

Das Gefühl der Beschämung ist begreiflich, aber weder die in froher Begeisterung schon auf die wiederkehrende Monarchie toastenden Triarier und Lakeien noch die auswärtigen Zuschauer dürfen glauben, daß die deutschen Republikaner nun entmutigt seien. Hindenburg hat zwar neunmalhunderttausend Stimmen mehr als sein Gegenkandidat gefunden, aber das war doch nur möglich, weil er feierlich gelobte, die republikanische Verfassung zu achten, der von den republikanischen Kabinetten, lange vor der heutigen Bürgerblockregierung, eingeleiteten Verständigungspolitik sich anzupassen und streng all' die Bestrebungen zurückzuweisen, von denen seine Gefolgschaft eine Aenderung der Staatsform erhofft. Die Wahlmacher des alten Feldmarschalls haben es nicht gewagt, mit einem antirepublikanischen Bekenntnis vor die Wähler zu treten, und sie haben ihren Kandidaten nicht als Bannerträger der monarchischen Idee, sondern nur als sympathische, „überparteiliche" Persönlichkeit vorgeschickt. Auch nach ihrer Ueberzeugung ist also die Republik so fest verankert, daß man die staatsfeindliche Absicht verbergen muß, wenn man den Beifall der Massen erringen will. Der fast achtzigjährige Greis, der Paladin Wilhelms II., wird nun genötigt sein, in die Hände des sozialdemokratischen Reichstagspräsidenten Löbe den Eid auf die republikanische Verfassung zu leisten — unter der schwarzrotgoldenen Fahne, die über dieser merkwürdigen historischen Szene wehen wird. Wir hätten ihm und uns gern dieses Schauspiel erspart, aber entmutigend sollte es eigentlich mehr für diejenigen sein, die einsehen müssen, daß heute auch ihr Erwählter genötigt ist, der republikanischen Verfassung seine Huldigung darzubringen. O, wir wissen wohl, sie sagen sich, wie Paris dem vierten Heinrich eine Messe wert war, so sei die Eroberung der Präsidentschaft auch mit solch' einer Zeremonie nicht zu hoch bezahlt. Nicht in der Person des unzweifelhaft aufrichtigen Hindenburg, den wir als Kandidaten „mit allem Respekt" behandelt haben und auch als Reichspräsidenten respektieren werden, sondern in der Hinterhältigkeit seiner Begleiter liegt die Gefahr. Ein unübersehbarer Schwarm von stellenhungrigen, machtdurstigen Klienten wälzt sich hinter ihm her. Sie alle sind heute erhitzt von Hoffnung und Begierde, und bereit, sich wie der Sterne Chor um die Sonne zu stellen. Ihnen ist der Schwur auf die republikanische Verfassung, den Hindenburg zu leisten hat und gewiß mit reiner Seele leisten wird, nur ein pfiffiges Mittel, wie der Schwur ewiger Treue dem erprobten Don Juan. Sie werden schnell genug versuchen, die politische Unerfahrenheit des militärisch erzogenen, militärisch denkenden Reichspräsidenten auszunutzen und den Gegensatz zwischen ihm und jener demokratisch gesinnten Volkshälfte zu verschärfen, die gestern ihre Stimme gegen ihn abgegeben hat. Wenn er diese Ratgeber in seiner Nähe duldet, so droht bei jedem Schritte auf seinem Wege der Konflikt. Es ist staatsbürgerliche Pflicht, dem nach der Verfassung gewählten höchsten Beamten Achtung zu erweisen, solange er selber die Verfassung in keinem Punkte mißachtet, aber schärfste Wachsamkeit wird von nun ab gleichfalls zu einer sehr dringlichen staatsbürgerlichen Pflicht.

Die Denkfaulheit, die kindliche Naivität und die Gefühlsduselei konnten besonders überall dort hemmungslos wirken, wo die Demokratie über keine aufklärende Presse verfügt und nur der freiwillig dienende oder mit Inflationsgeld aufgekaufte Reaktionsschreibling die sogenannte öffentliche Meinung macht. Berlin hat auch gestern sich von dem allgemeinen Gefühlstaumel nicht mitreißen lassen, und es ist zwischen all den unerfreulichen Tatsachen eine erfreuliche, daß die gerade hier residierende Hugenberg-Presse sich in jedem Wahlkampfe als völlig ohnmächtig erweist, und mit all ihren Giftkünsten die stetige Ausbreitung des republikanischen Gedankens nicht verhindern kann. Was über das Verhalten der sächsischen Sozialdemokraten zu sagen ist, wird wohl von den sozialdemokratischen Führern selber gesagt werden, aber hat man nur in Sachsen engherzig und kurzsichtig über der Rankune, dem Vorurteil und dem kleinlichen Hader das allgemeine Volksinteresse vergessen und hat sich Aehnliches nicht, vielleicht in geringerem Maße, auch anderswo gezeigt? Es gibt zahlreiche Wahlkreise, in denen Marx gestern nicht die volle Stimmenzahl erhalten hat, die im ersten Wahlgange auf die Kandidaten der drei jetzt vereinigten Parteien fiel. Keinem von uns ist verborgen gewesen, daß die Kandidatur Marx bei gläubigen Protestanten und bei ungläubigen Freidenkern auf heftigen Widerstand stoßen und daß es konfessioneller Verhetzung leicht sein würde, diesen gerechten und vornehmen Mann als einen kulturfeindlichen, gefährlichen „Römling" hinzustellen. Es half nichts, den Leuten, deren Hirn so umnebelt wurde, zu sagen, daß die Kandidatur Hindenburgs von den „Römlingen" der Bayerischen Volkspartei gestützt werde, Jesuitismus besonders bei jenen Deutschnationalen sich finde, die einen Schwur auf die Verfassung mit einem Augenblinzeln begleiten, und die Kulturfeindschaft völkischer Hakenkreuzler die allerwiderlichste sei. Wir hätten, da diese Schwierigkeiten jedem klar waren, lieber einen Geßler oder einen Simons als Kandidaten genannt. Wie das vereitelt wurde, ist hinreichend bekannt. Mit den Gefühlvollen, die einem ehrwürdigen Kriegsmann die schwere Last aufbürden wollten, und den Zartsinnigen, die lieber den Staat als ihre konfessionelle Abneigung opferten, haben sich dann noch die Partikularisten von allen Farben vereint. Der Lorbeer des Feldherrn ist besser als dieser Salat.

Wir wiederholen, daß wir dem Reichspräsidenten Hindenburg die Achtung erweisen werden, die er selber der republikanischen Verfassung erweist. Zu jener Gemeinheit niederzusteigen, die den unvergeßlichen Ebert verfolgte, darf niemandem einfallen, der auf reine Hände und auf staatsbürgerliche Gesinnung hält. Zu gratulieren vermögen wir nicht, und weit richtiger scheint uns in diesem Falle der Ausdruck des aufrichtigsten Beileids zu sein. Bisher lag, neben der Sonne des Ruhms, der Schatten tragischen Geschehens auf der Lebensbahn des Herrn v. Hindenburg, aber der nun beginnende Weg ist in Dunkel getaucht. Leider ist auch die Zukunft des deutschen Volkes jetzt von einer sehr dunklen Wolke verhängt. Was gestern die vierzehn Millionen, und eine halbe, die unbelehrbar bleiben, dem Lande beschert haben, ist jedenfalls kein Glücksgeschenk. Die fast vierzehn Millionen Republikaner, die in dieser Wahl unterlagen, werden zuschauen und zu handeln wissen, wenn es nötig ist. Wie sollten sie entmutigt sein, da sie sehen, daß ihre Gegner nur in republikanischer Verkleidung zum Ziele gelangen konnten, und daß der alte, würdigste Paladin der Monarchie durch feierliches Gelübde sich zur republikanischen Staatsform bekennt? Und wer könnte entmutigt sein, der in diesen Tagen die Schwungkraft, den Ernst, die Zuversicht, die flammende Begeisterung, den festen Willen der republikanischen Massen gesehen hat? Wer, der am Abend vor der Wahl in den Straßen Berlins den großartigen Zug des Reichsbanners und der endlos vorbeimarschierenden Menge geschaut und in diese Gesichter geblickt hat, könnte glauben, daß es ein ungefährliches Prinzenspiel sein würde, den Kampf gegen das republikanische Volk zu beginnen? Ach nein, antirepublikanische Cliquen konnten dem deutschen Gemüt und der Gedankenlosigkeit ein Wahlresultat ablisten, aber wenn einige Millionen willenlos sich gängeln lassen, — vierzehn Millionen wissen, was sie wollen, und sie suchen nicht, aber fürchten auch

Das amtliche vorläufige Ergebnis.

Die amtlichen Zahlen.

Berlin, 27. April. (W. T. B.)

Es wurden 30 345 540 gültige Stimmen abgegeben. Davon entfielen auf:

Hindenburg . 14 639 399 (11 709 898),
Marx . . . 13 752 640 (13 258 623),
Thälmann . . 1 931 591 (1 871 815) Stimmen.
Zersplittert sind 21 910 Stimmen.

Hindenburg ist somit zum Reichspräsidenten gewählt.

(Die in Klammern beigefügten Zahlen bedeuten die Resultate des ersten Wahlgangs am 29. März 1925.)

Nach der Wahl.

Reichsregierung und Reichspräsident. — Vereidigung vor dem Reichstag auf die republikanische Verfassung.

Bei der Erörterung der **Konsequenzen der Reichspräsidentenwahl** wird in der Presse die Frage aufgeworfen, ob die Reichsregierung nach der Verfassung verpflichtet sei, dem neugewählten Reichspräsidenten v. Hindenburg ihr Amt zur Verfügung zu stellen. Demgegenüber wird von zuständiger Seite darauf hingewiesen, daß eine solche Verpflichtung nach der Verfassung nicht besteht. Die Reichsregierung bedarf lediglich des Vertrauens des Reichstags.

Das Reichskabinett hat sich offiziell noch nicht mit dieser Frage befaßt, so daß Beschlüsse hierüber nicht vorliegen. Eine **Kabinettssitzung,** in der sich die Reichsregierung mit der durch die Wahl Hindenburgs geschaffenen politischen Lage eingehend beschäftigen will, ist für die nächsten Tage vorgesehen. Sie wird einberufen, sobald der Reichsarbeitsminister Dr. Brauns von seinem Urlaub zurückgekehrt ist. Man rechnet damit, daß Dr. Brauns morgen in Berlin eintrifft. Die Entscheidung, ob sie eventuell dem Reichspräsidenten v. Hindenburg ihr Rücktrittsgesuch übergeben wird, wird die Reichsregierung vor allem auch von der Stellungnahme der Parteien abhängig machen.

Der Tag, an dem Hindenburg sein Amt als Reichspräsident antritt, steht noch nicht fest. Zunächst muß der Reichswahlleiter das endgültige amtliche Wahlergebnis abwarten, ehe er dem neugewählten Reichspräsidenten offiziell das Wahlergebnis mitteilen kann, auf Grund dessen der Gewählte sich zur Annahme der Wahl bereit erklären muß. Erst dann wird festgesetzt werden, wann **die Vereidigung vor dem Reichstag durch den Reichstagspräsidenten Löbe** erfolgen soll; mit der Vereidigung übernimmt der neue Reichspräsident die Amtsgeschäfte, die bis dahin der Stellvertreter des Reichspräsidenten, Dr. Simons, führt.

Die republikanischen Erfolge in Berlin.

Ständiger Fortschritt in allen drei Wahlkreisen seit Mai 1924.

Die Stimmziffern im Wahlkreis 2 (Berlin) sowie im Wahlkreis 3 (Potsdam II), zu dem die westlichen Vororte Berlins, und im Wahlkreis 4 (Potsdam I), zu dem die nördlichen Berliner Vororte gehören, zeigen ein ständiges erfreuliches Wachstum der republikanischen Parteien. Stellt man nämlich die Ziffern der letzten vier Wahlen zusammen, so ergibt sich folgendes Bild:

Wahlkreis 2 (Berlin).

	4. 5. 1924	7. 12. 1924	29. 3. 1925	26. 4. 1925
Volksblock:	379 028	530 050	576 538	654 132
Rechtsblock:	450 975	358 882	334 370	384 083
Kommunisten:	225 082	217 231	180 734	144 853

Wahlkreis 3 (Potsdam II).

	4. 5. 1924	7. 12. 1924	29. 3. 1925	26. 4. 1925
Volksblock:	278 672	389 573	418 002	430 257
Rechtsblock:	466 713	390 373	378 179	381 928
Kommunisten:	114 974	105 155	84 516	68 895

Wahlkreis 4 (Potsdam I).

	4. 5. 1924	7. 12. 1924	29. 3. 1925	26. 4. 1925
Volksblock:	250 279	354 543	372 384	408 512
Rechtsblock:	482 636	425 312	401 383	464 487
Kommunisten:	131 456	109 790	84 196	75 608

Aus diesen Zahlen ergaben sich das ständige Wachstum der republikanischen Parteien und die Verluste des Rechtsblocks, die so stark sind, daß die Rechtsparteien auch in der gestrigen Wahl, trotz der Zugkraft des Namens Hindenburg und trotz der größeren Wahlbeteiligung, noch an keiner Stelle die Ziffern vom 4. Mai 1924 wiedererlangt haben. In den drei Wahlkreisen zusammengenommen verfügte der Volksblock am 4. Mai 1924 über 907 979 Stimmen, am gestrigen Sonntag über 1 487 901 Stimmen, der Rechtsblock am 4. Mai 1924 über 1 400 324 Stimmen, am gestrigen Sonntag über 1 230 448 Stimmen. Der Volksblock hat also 579 922 Stimmen gewonnen, der Rechtsblock 169 877 Stimmen verloren. Vor einem Jahr war der Rechtsblock dem Volksblock um 492 345 Stimmen voraus. Gestern hat ihn der Volksblock um 257 453 Stimmen geschlagen.

15. April, Mittwoch

Nach Mitteilungen aus Konstantinopel gelang es den türkischen Truppen, den Aufstand der Kurden unter der Führung von Scheich Said endgültig niederzuschlagen (→ 25. 2. / S. 43).

Der am 19. Dezember 1924 vom Schwurgericht Hannover wegen 24fachen Mordes zum Tode verurteilte Fritz Haarmann wird im Hof des Hannoverschen Gerichtsgefängnisses durch das Fallbeil hingerichtet. → S. 80

In den Messehallen am Berliner Kaiserdamm geht nach zehn Tagen die Kolonialwoche zu Ende. Sie war verbunden mit einer umfangreichen Ausstellung kolonialer Produkte.

16. April, Donnerstag

Bei einem Sprengstoffanschlag in der Sophienkathedrale »Sveta Nedelja« in Sofia finden über 200 Menschen den Tod. Der Anschlag erfolgte während eines Trauergottesdienstes für einen ermordeten Vertreter der bulgarischen Regierung. König Boris III. hatte seine Teilnahme kurzfristig abgesagt. → S. 77

Das deutsche Forschungsschiff »Meteor« verläßt Wilhelmshaven in Richtung Südatlantik. → S. 81

Dem französischen Senat liegt ein Gesetzesvorschlag vor, worin der Schutz des Roquefort-Käses gewährleistet werden soll. Die Käsehersteller in Frankreich wollen sich damit gegen die Verfälschung dieser Spezialität durch Kuhmilch im In- und Ausland wehren.

17. April, Freitag

In Paris konstituiert sich die neue Regierung. Neuer Ministerpräsident ist Paul Painlevé, neuer Außenminister (Nachfolger von Édouard Herriot) Aristide Briand (→ 10. 4./S. 77).

Der bis 19. April dauernde sechste Reichsjugendtag der Sozialistischen Arbeiterjugendvereine beginnt in der Stadt Hildesheim. → S. 75

Auf einem Treffen linker Gruppen in Seoul kommt es zur Gründung der koreanischen kommunistischen Partei.

In Frankfurt am Main wird die diesjährige Frühjahrsmesse (bis 22. 4.) eröffnet.

Das durch einen Sturm in Not geratene britische Luftschiff »R III« landet nach 29stündiger Irrfahrt durch die Lüfte wieder an seinem Ausgangsort Pulham. Die glückliche Heimkehr verdankt die Besatzung u. a. auch der gut funktionierenden Radiofunkverbindung. → S. 81

18. April, Sonnabend

Griechenland und Österreich schließen in Wien einen Handelsvertrag.

Ein neuer Rekord in der Radioübermittlung wurde bei einem transpazifischen Versuch erreicht. Während dieser Probe konnte man in Melbourne (Australien) die Glocken von Long Island bei New York (USA) hören. Das ist die weiteste Strecke, über die bisher Radiosendungen übermittelt werden konnten.

19. April, Sonntag

In der portugiesischen Hauptstadt Lissabon scheitert der am 17. April begonnene Militärputsch unter Cunha Leal. → S. 76

Im Rahmen der Frankfurter Frühjahrsmesse wird die bis zum 22. April stattfindende Buchmesse eröffnet.

Großen Erfolg beim Publikum hat die Uraufführung des Schauspiels »Die fröhliche Stadt« von Hanns Johst. Sie findet im Städtischen Theater Düsseldorf in Anwesenheit des Autors statt.

Vor etwa 18 000 Zuschauern in der Reichshauptstadt endet der Städtekampf im Fußball zwischen München und Berlin unentschieden 1:1.

20. April, Montag

In einem Schreiben an den Völkerbund in Genf lehnt der sowjetische Außenminister Georgi W. Tschitscherin die Teilnahme seines Landes an Verhandlungen zum Vertrag über den internationalen Waffenhandel ab (→ 17. 6./S. 113).

In einem Berliner Krankenhaus stirbt der ehemalige Reichspostminister Anton Höfle (Zentrum). Er war im Januar wegen einer Korruptionsaffäre, dem sog. Barmat-Skandal, zum Rücktritt gezwungen worden (→ 9. 1./S. 16).

Die vierte rheinisch-westfälische Tabakmesse, die seit dem 16. April in Essen stattfand, geht zu Ende.

Zu einer Expedition auf die Galapagos-Inseln startet in Sandefjord das norwegische Schiff »Floreana«. Die Expeditionsteilnehmer wollen auf den vulkanischen Inseln südlich des Äquators die Möglichkeiten für den Fisch- und Walfang untersuchen und eventuell auch eine Konservenfabrik und Fischräucherei einrichten (→ 16. 4. / S. 81).

Am Magdeburger Stadttheater gelangt »Juarez und Maximilian« von Franz Werfel zur Uraufführung.

21. April, Dienstag

Der deutsche Außenminister Gustav Stresemann (DVP) stellt Strafantrag gegen Ernst Prigge vom rechten Fügel der Deutschnationalen Volkspartei (DNVP). Dieser hatte in Saalfeld Stresemann wegen seiner Außenpolitik als Landesverräter bezeichnet (→ 15. 9. / S. 156).

Auf Anforderung des US-amerikanischen Gouverneurs landen in Honduras US-amerikanische Truppen zur Bekämpfung von einheimischen Aufständischen. Zentrum des Aufstandes ist La Ciba, wo US-amerikanische Fruchtkompagnien über große Anbaugebiete und Ländereien verfügen. → S. 76

Zum neuen britischen Oberkommissar Ägyptens und Nachfolger von Edmund Henry Hynmann Allenby wird George Ambrose Lloyd of Dolobran ernannt. Lloyd war zuvor längere Zeit Gouverneur von Bengalen.

22. April, Mittwoch

Vom Reichsrat in Berlin werden verschiedene Steuer- und Aufwertungsvorlagen, u. a. ein Gesetz über die Erhöhung der Bier- und Tabaksteuer und ein Gesetzentwurf über den Finanzausgleich, verabschiedet. → S. 75

Am letzten Tag des zehn Wochen währenden sogenannten Tscheka-Prozesses spricht der Leipziger Staatsgerichtshof seine Urteile: Von den 16 Angeklagten erhalten drei die Todesstrafe, sieben eine Zuchthaus- und sechs eine Gefängnisstrafe. Den Angehörigen der Tscheka, eine Organisation innerhalb der Kommunistischen Partei, wird Staatsgefährdung vorgeworfen. → S. 75

23. April, Donnerstag

In Paris kommt es zu heftigen Auseinandersetzungen zwischen nationalistisch und kommunistisch gesinnten Demonstranten. Dabei werden vier Menschen getötet.

Die polnische und die tschechische Regierung unterzeichnen in Warschau einen Handels-, Liquidierungs- und Schiedsgerichtsvertrag, worin u. a. auch Grenzprobleme geklärt werden.

24. April, Freitag

Vor der Reichstagswahl halten die Kandidaten Paul von Hindenburg und Wilhelm Marx um 8.00 Uhr bzw. 9.30 Uhr eine Rundfunkrede. Erstmals wird hier der Hörfunk als Propagandainstrument genutzt. Dem kommunistischen Kandidaten Ernst Thälmann verweigerte das Innenministerium allerdings die Sendezeit (→ 26. 4./S. 74)

In Brüssel teilt Emil Vandervelde von der sozialistischen Partei in Belgien mit, daß sein Versuch einer Regierungsbildung an den Absagen der liberalen und katholischen Parteien gescheitert sei. Letztere lehnen eine Zusammenarbeit mit den Sozialisten ab, obwohl diese die Wahlen gewonnen hatten (→ 5. 4. / S. 76).

In Berlin wird der deutsch-französische Gemeinschaftsfilm »Der Maler und sein Modell« uraufgeführt.

In Lakehurst (USA) landet das Luftschiff »Los Angeles« nach seinem erfolgreichen Bermudaflug, der 20 Stunden und 45 Minuten dauerte.

25. April, Sonnabend

Die »Neue Freie Presse« veröffentlicht in ihrer heutigen Ausgabe einen Appell des Schriftstellers Thomas Mann an das deutsche Volk, worin er sich gegen eine Wahl des monarchistischen Reichsfeldmarschalls von Hindenburg zum Reichspräsidenten ausspricht. → S. 74

Im französischen Teil von Marokko kommt es wiederholt zu Kämpfen gegen die Truppen aus dem Rifgebiet unter Abd el-Krim (→ 30. 1. / S. 20).

26. April, Sonntag

Neuer Reichspräsident des Deutschen Reiches ist Paul von Hindenburg. Der Kandidat der Rechtsparteien erhält 14,7 Millionen Stimmen, Wilhelm Marx vom Zentrum, der Kandidat der Weimarer Koalitionsparteien, 13,9 Millionen Stimmen und Ernst Thälmann (KPD) 1,9 Millionen Stimmen. → S. 74

Postum erscheint der Roman Franz Kafkas »Der Prozeß«, herausgegeben von Max Brod. → S. 88

27. April, Montag

Im Anschluß an die Reichspräsidentenwahl kommt es in verschiedenen deutschen Städten, u. a. auch in Berlin, zu blutigen Zusammenstößen zwischen rechten und linken Gruppierungen (→ 26. 4. / S. 74).

In New York öffnet die Börse niedriger als erwartet, was Finanzfachleute auf die Wahl des monarchistischen deutschen Reichspräsidenten Paul von Hindenburg zurückführen (→ 26. 4. / S. 74).

In der Eifel wird mit den Bauarbeiten für eine Automobilrennstrecke, den Nürburgring, begonnen. Er soll 1927 fertiggestellt sein.

28. April, Dienstag

In London übernimmt Arthur James, Earl of Balfour als Nachfolger des am 20. März verstorbenen George Nathaniel Curzon das Amt des Lordpräsidenten im Geheimen Rat und die Führung des Oberhauses.

Unter dem Eindruck des Attentats vom 16. April in Sofia verzichtet der bulgarische Bauernbund auf seine bisherige oppositionelle Haltung gegenüber der Regierung (→ 16. 4. / S. 77).

29. April, Mittwoch

In Anwesenheit des Reichskanzlers Hans Luther tritt in Berlin der Deutsche Industrie- und Handelstag zu seiner 45. Vollversammlung zusammen. Das Treffen dauert bis zum 30. April.

In Paris beginnt eine internationale Weltausstellung für das Kunstgewerbe, die »Exposition Internationale des Arts Décoratifs« (Art deco). Die imposante Schau, Treffpunkt bedeutender Gestalter, ist Anziehungspunkt für viele interessierte Touristen. → S. 84

30. April, Donnerstag

Die Verhandlungen über deutsche Kredite in New York, deren Höhe insgesamt auf 35 Millionen US-Dollar geschätzt wird, sind infolge der Wahl Paul von Hindenburgs zum neuen Reichspräsidenten zunächst ins Stocken geraten (→ 26. 4./S. 72; S. 132).

Das Wetter im Monat April

Station	Mittlere Lufttemperatur (°C)	Niederschlag (mm)	Sonnenscheindauer (Std.)
Aachen	14,2 (12,8)	66 (67)	– (205)
Berlin	15,9 (13,7)	26 (46)	– (239)
Bremen	15,6 (12,8)	31 (56)	– (231)
München	13,8 (12,5)	55 (103)	– (217)
Wien	– (14,6)	– (71)	– (173)
Zürich	13,3 (12,5)	59 (107)	– (207)

( ) Langjähriger Mittelwert für diesen Monat
– Wert nicht ermittelt

Mit liebevoller Komik nimmt die amerikanische Wochenzeitschrift »Life« die nicht gerade leichte »Arbeit« der Gigolos aufs Korn; »A heavy date«, »Eine schwergewichtige Verabredung«, heißt es zu dieser Zeichnung

Knapper Sieg Hindenburgs

26. April. Mit einer relativen Mehrheit von 48,3% wird Generalfeldmarschall Paul von Hindenburg im zweiten Wahlgang zum neuen deutschen Reichspräsidenten gewählt.
Nach dem Scheitern des ersten Wahlganges am → 29. März (S. 59), bei dem aufgrund der vielen Kandidaten keiner die absolute Mehrheit erringen konnte, einigten sich die rechtsgerichteten Parteien – die Deutschnationale Volkspartei (DNVP), Deutsche Volkspartei (DVP) und die Bayerische Volkspartei (BVP) sowie die Nationalsozialisten (NSDAP) – auf Hindenburg. Von dessen Popularität als siegreicher Feldherr aus dem Ersten Weltkrieg erhofften sie sich die Überlegenheit gegenüber dem Kandidaten des demokratischen Blocks, Wilhelm Marx (Zentrum). Ihn hatten Sozialdemokraten (SPD), Demokraten (DDP) und die Zentrumspartei aufgestellt. Von den 30,35 Millionen gültigen Stimmen erhält er 45,3%; 6,4% entfallen auf Ernst Thälmann von der Kommunistischen Partei (KPD).
Hindenburg hatte sich erst nach einigem Zögern zur Annahme der Kandidatur entschlossen. Der Monarchist und Militär hatte Bedenken, sich als Repräsentant einer von ihm verachteten Republik zur Verfügung zu stellen, Bedenken, die demokratisch gesinnte Menschen im In- und Ausland durchaus mit ihm teilen (→ 11. 5./S. 94).

Hindenburg nach der Stimmabgabe von Wahlkämpferinnen flankiert

Der Zivilist und der Soldat; W. Marx (l.), erfahrener Diplomat und Kandidat des Volksblocks; P. v. Hindenburg, nominiert von den rechten Parteien

Thomas Mann appelliert an das deutsche Volk zur Wahl

Die Reichspräsidentschaftskandidatur des Generalfeldmarschalls Paul von Hindenburg, des einstigen Vertreters des wilhelminischen Kaiserreiches, sehen demokratische Kräfte im In- und Ausland als einen Rückschlag für die Weimarer Republik. Sie fordern das deutsche Volk auf, sich dieser reaktionären Entwicklung entgegenzustellen.

So schreibt die täglich in den USA erscheinende »New York Commercial« in ihrem Leitartikel, daß »es schwer zu glauben ist, daß die Wahl Hindenburgs die deutsche Politik nicht wesentlich beeinflussen würde«. Jede Stimme für Hindenburg würde als eine Stimme für den Militarismus und gegen die Republik gewertet. Besonders in Frankreich würde die Wahl des Feldmarschalls als eine Drohung aufgefaßt werden.
Thomas Mann veröffentlicht am Wahltag einen Appell in der Wiener »Neuen Freien Presse«:
»Rettet die Demokratie!
Ich mische mich sehr ungern in die politischen Tageskämpfe; aber zur Äußerung aufgerufen, muß ich bekennen, daß ich den Mißbrauch des Pflichtgefühls eines alten Soldaten durch die Parteien, die sich die nationalen nennen, die berechnungsvolle Ausnutzung der romantischen Liebe des deutschen Volkes als eine wirkliche, menschliche und politische Schlechtigkeit empfinde. Unheilvolle Folgen dieser Kandidatur sind leider in jedem Falle sicher. Denn die Wahl des Feldmarschalls von Hindenburg würde das Land in einen Zustand der Unruhe, der Unsicherheit und der inneren Kämpfe zurückwerfen, der glücklich überwunden schien. Und auch seine Nichterwählung würde nach der skrupellosen, sentimentalen Propaganda, mit der die Herzen bearbeitet worden sind, schwere Verbitterung erzeugen. Lassen Sie mich aber Ihnen auf Ihre Frage erklären, daß ich stolz sein würde auf die politische Zucht und den Lebens- und Zukunftsinstinkt unseres Volkes, wenn es am 26. April darauf verzichtet, einen Recken der Vorzeit zu seinem Oberhaupt zu wählen.«
Die Londoner Tageszeitung »Morning Post« schreibt: »Gewinnt Hindenburg, so wird dies als »Rückkehr zur Politik von Blut und Eisen und als Beweis, daß die Säulen der Republik einstürzen, ausgelegt werden.« Selbst wenn Hindenburg unterliegt, sei seine Kandidatur allein schon ein Grund tiefer Beunruhigung Europas und damit erneut ein Beweis für die unverbesserliche Torheit und Verblendung, welche Deutschland verleitet, sich Feinde zu schaffen, während seine Energie darauf eingestellt sein müßte, Freunde zu gewinnen.

Thomas Mann
Er wurde am 6. Juni 1875 in Lübeck geboren. Nach dem vorzeitigen Abbruch des Gymnasiums ging er 1893 nach München und wurde dort 1894 Mitarbeiter des »Simplicissimus«. 1901 erschien sein erster Roman »Die Buddenbrooks«. Seine Heirat mit der wohlhabenden Katja Pringsheim 1905 machte ihn finanziell unabhängig. Das zentrale Thema seiner frühen Schriften ist der Gegensatz zwischen Bürger und Künstler. Zeitlebens wehrte er sich gegen die Vereinnahmung der Kunst durch die Politik und den Staat. Im Gegensatz zu seinem Bruder Heinrich bezog er zunächst keinen aktiven politischen Standpunkt.

Tarifkonflikt der Metallindustrie

6. April. In den Berliner Metallbetrieben kommt es zu Entlassungen von mehreren tausend Arbeitern wegen des in der vergangenen Woche begonnenen Streiks. Der Ausstand war eine Folge der bisher ergebnislos verlaufenden Tarifverhandlungen, begleitet durch einen bereits sechswöchigen Streik in Bielefeld. Eine Einigung kommt erst durch den Schlichtungsausschuß mit Arbeitsminister Heinrich Brauns (Zentrum) zustande, der eine Lohnerhöhung von 10% sowie eine 48-Stunden-Woche festlegt. Sie kann in Ausnahmefällen auf 54 Stunden ausgedehnt werden. → S. 78

Heinrich Brauns, seit 1920 Reichsarbeitsminister, strebt durch eine staatlich gesteuerte Wirtschaftspolitik einen Ausgleich der Klassengegensätze an

Todesstrafe für drei Kommunisten

22. April. Vor dem Ersten Senat des Staatsgerichtshofes in Leipzig geht einer der bisher größten politischen Prozesse im Deutschen Reich, der sog. Tscheka-Prozeß, zu Ende. Von den 16 Angeklagten erhalten drei die Todesstrafe, sieben Zuchthaus- und sechs Gefängnisstrafen.

Die drei zum Tode Verurteilten, der Berliner Schriftsetzer Felix Neumann, der Leipziger Tischler Ernst Pöge sowie der sowjetische Staatsangehörige Alexander Skoblewski, sind wie die Mitangeklagten Mitglieder der Kommunistischen Partei. Ihnen wird Staatsgefährdung vorgeworfen aufgrund der Vorbereitung eines Aufstandes in Sachsen und Thüringen 1923. In Absprache mit dem Exekutivausschuß der Kommunistischen Internationale in Moskau sollte damals eine allgemeine Erhebung im Deutschen Reich durchgeführt werden. Erklärtes Ziel war die Errichtung einer kommunistischen Revolutionsregierung. Zu bewaffneten Auseinandersetzungen kam es jedoch nur in Hamburg.

Im Unterschied zu Verhandlungen gegen rechtsradikale Täter (→ 10. 3./S. 61) bekommen die Angeklagten des Tscheka-Prozesses (Tscheka = Organisation innerhalb der KPD, benannt nach gleichnamiger sowjetischer Staatssicherheitsorganisation bis 1922) die volle Schärfe des Gesetzes zu spüren – auch wenn die Todesstrafen später in lebenslange Zuchthausstrafen umgewandelt werden.

Der Aufruf trug den Angeklagten den Vorwurf der Staatsgefährdung ein

Reichsrat stimmt für Steuervorlage

22. April. In Berlin verabschieden die Vertreter der 18 Länder im Reichsrat Steuer- und Aufwertungsvorlagen. Unter Vorsitz des Reichsfinanzministers Otto von Schlieben (DNVP) sprechen sie sich für eine Neufassung des Vermögenssteuer- und Erwerbssteuergesetzes aus, weiterhin für eine Änderung der Verkehrssteuern. Gegen die Stimmen Bayerns, Württembergs, Sachsens, Bremens und Anhalts werden die Biersteuer sowie die Novelle zur Tabaksteuer verabschiedet.

Diskussionen gibt es um die Änderungen im Finanzausgleich und in der Aufwertungsfrage, da sich die Vorstellungen der Länder nicht mit denen der Reichsregierung decken. Der Reichsrat, die Vertretung der Länder, schlägt eine einheitliche, allen Hypotheken zukommende 20prozentige Aufwertung vor, rückwirkend bis 30. Juni 1922. Die Regierung hingegen ist nur für eine Aufwertung von 10%. Infolgedessen kommt es im Juli bei der Vorlage im Reichstag zu heftigen Auseinandersetzungen (→ 15. 7. / S. 129).

Jugend sucht nach Neuem

17. April. In Hildesheim beginnt der sechste Reichsjugendtag der Sozialistischen Arbeiterjugendvereine. An zwei Tagen diskutieren die Delegierten über die Rolle der Jugend in einer künftigen sozialistischen Gesellschaft. Sie erörtern die gegenwärtige wirtschaftliche, soziale und psychologische Situation der arbeitenden Jugend im Deutschen Reich und setzen sich mit Erziehungsproblemen im allgemeinen, aber auch im kulturellen und politischen Bereich auseinander.

Waldshuter Naturfreundehaus im Schwarzwald bei St. Blasien

Die »Sozialistische Arbeiterjugend« hat sich seit ihren Ursprüngen im Jahr 1903 zu einer Massenorganisation entwickelt. Es ist eine von vielen Jugendorganisationen, die, teils von Parteien unterstützt, teils unabhängig, unter den Jüngeren in den 20er Jahren große Popularität besitzen. Dazu gehören z. B. die »Pfadfinder«, »Naturfreunde«, die »Turn- und Sportjugend« und die kommunistischen Arbeitersportvereine.

Durch Wandern und naturnahe Lebensweise, durch Pflege von Freundschaften in der Gruppe und durch Hinwendung zum Einfachen und Volkstümlichen versuchen sie eine jugendgemäße Lebensform jenseits der großstädtischen Zwänge zu finden.

Diese Praxis, die noch vor dem Ersten Weltkrieg u. a. die Jugendbewegung der Mittelschicht prägte, nehmen inzwischen alle Jugendverbände auf. So steht im Programm der Jungsozialisten: »Die sozialistische Jugend erst hat die freideutsche Lebensform mit einem starken, einfachen, zukunftssicheren Inhalt erfüllt: Sozialismus auf jugendliche Weise zu leben, das ist der gemeinsame Sinn von Jungsozialismus und Arbeiterjugend. Dieser gelebte Sozialismus schließt in sich ein neues Gemeinschaftsgefühl, ein neues Kulturgefühl, ein neues Lebens- und Weltgefühl.« Allen Organisationen gemeinsam ist die Auflehnung gegen überkommene Lebensansichten. Es sollte etwas Neues entstehen – »ein neuer Mensch, ein neues Volk, ein neuer Staat, ein neuer Glaube«. Eine solche Einstellung gilt für alle Jugendorganisationen, gleichgültig, welcher politischen Richtung sie auch angehören.

Im Sonntagsanzug zum gemeinsamen Wandern, ein Bild fürs Familienalbum zur Erinnerung an erholsame Zeiten mit der Arbeiterjugend

Zur Eröffnung der Hebräischen Universität durch Lord Balfour haben sich Tausende am Berg Scopus versammelt

Hebräische Universität in Jerusalem

1. April. Gemeinsam mit dem späteren Gründer des israelischen Staates, Chaim Weizmann, weiht der ehemalige britische Außenminister Arthur James Balfour in Jerusalem die Hebräische Universität ein.
Zehntausende von Zuschauern, in Palästina wohnende Juden sowie Gäste aus Amerika und Europa, nehmen an diesem bedeutenden Ereignis teil. Finanziert von Juden aus aller Welt, errichtet von den Zionisten in Jerusalem, soll die neue Bildungseinrichtung den Grundstein bilden für eine neue jüdische Kultur. Anläßlich der Einweihung kommt es in Jerusalem allerdings auch zu Protesten unter der arabischen Bevölkerung. Die Ankunft Balfours am 25. März war Grund für Streiks und Kundgebungen, denn die Palästinenser fürchten eine politische Annexion durch die Zionisten. Gegen den britischen Außenminister richten sich ihre Proteste, da besonders er sich in der sog. Balfour-Deklaration vom 2. November 1917 für die »Errichtung der jüdischen nationalen Heimstätte« eingesetzt hatte. Ziel der Initiatoren war es, den besonders in den osteuropäischen Ländern unterdrückten Juden die Möglichkeit einer Ansiedlung zu geben, wo sie menschenwürdig leben können (→ 18. 8. / S. 144).

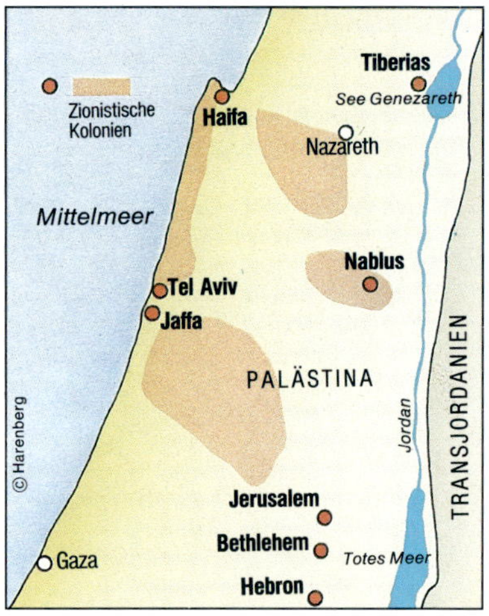

◁ *Die französische Zeitschrift »L'Illustration« vom 18. April veröffentlicht diese Karte Palästinas. Die schraffierten Flächen und unterstrichenen Namen kennzeichnen die vor allem von Zionisten bewohnten Gebiete. Die gestrichelte Linie kennzeichnet die Grenze Palästinas.*

▽ *Die im Jahre 1908 von zionistischen Siedlern gegründete Stadt Tel Aviv nahe der jahrtausendealten Hafenstadt Jaffa am Mittelmeer: Wo nun Straßen, Häuser und blühende Gärten zu sehen sind, war bis vor einigen Jahren noch unfruchtbarer Sandboden.*

US-Marine schützt Fruit Company

21. April. Im Norden des mittelamerikanischen Staates Honduras landen US-amerikanische Marine-Soldaten zum Schutz US-amerikanischer Besitzungen.
Seit Beginn des Monats finden heftige Kämpfe zwischen Revolutionären und Regierungstruppen statt. Die Rebellen befinden sich etwa 50 km nordwestlich der Hauptstadt Tegucigalpa, in der die Lage sehr gespannt ist. Beunruhigender für die Ausländer in Honduras ist jedoch die Tatsache, daß sich das Zentrum des Aufstandes bei La Ciba befindet. In diesem Gebiet gibt es riesige Bananenplantagen der US-amerikanischen Fruit Company, weshalb der Konsul der USA in Washington Hilfe erbat.

Erfolg in Belgien für Sozialisten

5. April. Aus den Wahlen in Belgien, an denen sich erstmals auch Frauen beteiligen konnten, gehen die Sozialisten als große Gewinner hervor. Sie können einen Zuwachs von zehn Mandaten verbuchen und zählen nun 78 Abgeordnete. Die Fraktion der Katholiken ist gleich groß, verlor allerdings zwei Mandate.
Aufgrund der Pattsituation zwischen diesen beiden Parteien kommt es bei der Regierungsbildung zu langwierigen Verhandlungen und in der Folgezeit zu immer wiederkehrenden Regierungskrisen.

Putsch in Portugal ist gescheitert

19. April. In Lissabon endet ein Aufstand der Militärs unter dem früheren portugiesischen Minister Cunha Leal mit einer Niederlage der aufständischen Rebellen.
Vor zwei Tagen forderten bewaffnete kommunistisch und auch national gesinnte Gruppen in einem Ultimatum die gegenwärtige Regierung zum Rücktritt auf. Gemeinsam mit verbündeten Truppenteilen hatten sie zu dieser Zeit mehrere Stadtteile Lissabons unter Kontrolle, woraufhin der Präsident Manuel Texeira Gomes mit einigen Ministern in eine Kaserne flüchtete. Bald darauf kam es zu heftigen Straßenkämpfen in der Hauptstadt, in deren Folge die Revolutionäre aufgeben mußten.

Auf den Stufen zum Élyséepalast: Der gescheiterte Aristide Briand

Regierungskrise in Frankreich

10. April. Vor dem Parlament in Paris gibt Ministerpräsident Édouard Herriot den Rücktritt der französischen Regierung bekannt. Der Demission waren Auseinandersetzungen um die Finanzpolitik und eine damit verbundene Steuerreform vorausgegangen.
Herriots Nachfolger, Paul Painlevé, stellt am 17. April die neue Regierung vor, nachdem zunächst Aristide Briand, künftiger Außenminister, an der Kabinettsneubildung gescheitert war (→ 22. 11. / S. 189).

Bombenattentat in Sophienkathedrale

16. April. Durch ein Bombenattentat in der Sophienkathedrale »Sveta Nedelja« in Sofia kommen 207 Menschen ums Leben, 525 werden zum Teil schwer verletzt.
In der Kirche sind zum Zeitpunkt des Anschlags etwa 2000 Menschen anläßlich eines Trauergottesdienstes für einen ermordeten Vertreter der bulgarischen Regierung versammelt. Als die auf dem äußeren Gesimse aufgestellte Bombe explodiert, stürzen zwei Kuppeln des Gotteshauses ein und begraben Hunderte von Menschen unter ihren Trümmern. Unter den Opfern befinden sich viele Regierungsmitglieder. Der für den König aufgestellte Thron zerspringt zwar in tausend Stücke, jedoch hatte Boris III., Zar von Bulgarien, kurzfristig seine Teilnahme abgesagt. So bleibt der Monarch unverletzt.
Unmittelbar nach dem Unglück wird über ganz Bulgarien der Ausnahmezustand verhängt. Ministerpräsident Alexandar Zankow ordnet sofortige Verhaftungen an. In den darauffolgenden Tagen werden im ganzen Land Hunderte von Menschen festgenommen, es kommt zu standrechtlichen Erschießungen besonders von Kommunisten und Mitgliedern der Bauernpartei. Obwohl nicht bewiesen, wird allgemein angenommen, daß die Attentäter der kommunistischen Partei in Bulgarien angehören.
Infolge des heftigen Vorgehens seitens der Regierung kommt es zu Unruhen im Land. Sie rufen Erinnerungen an den Septemberaufstand 1923 wach und werden deshalb mit verstärktem Terror unterdrückt. Damals versuchte die Bulgarische Kommunistische Partei, die Regierung Zankow zu stürzen. Die Erhebung wurde jedoch blutig niedergeschlagen. Zankow selbst war im Juni 1923 durch einen Staatsstreich an die Macht gekommen, in dessen Verlauf Ministerpräsident Alexander Stamboliski, Führer der Bauernpartei, ermordet worden war.

Eine Kirche nach einem Bombenattentat: Die fast völlig zerstörte Sophienkathedrale in Sofia; die Aufräumungsarbeiten haben bereits begonnen

Heiligsprechung der »Kleinen Theresia«

2. April. *Vor Würdenträgern der katholischen Kirche aus aller Welt verkündet Papst Pius XI. die Namen derer, die 1925 heiliggesprochen werden.*
Zu ihnen gehören u. a. die französische Ordensfrau und Mystikerin Theresia von Lisieux (1873–1897), genannt die »Kleine heilige Theresia« und der deutsche Jesuit Petrus Canisius (1521–1597), gleichzeitig erhoben zum Kirchenlehrer.
Die Heiligsprechungen bilden einen Höhepunkt des Heiligen Jahres, das am 24. Dezember 1924 mit der Öffnung des Jubeltores begonnen hat und mit dessen Neuvermauerung am Heiligen Abend 1925 endet. Es wird seit 1475 alle 25 Jahre begangen.

◁ Die Zeremonie der Heiligsprechung findet im Benediktinersaal des Vatikans statt

Arbeit und Soziales 1925:

Veränderte Strukturen verstärken die Widersprüche

Der Charakter der Arbeitswelt sowie damit verbundene soziale Entwicklungen und Strukturen sind Mitte der 20er Jahre im Deutschen Reich von einer fortschreitenden Industrialisierung geprägt. Industrie und Handwerk beschäftigen 1925 41,4% aller Erwerbstätigen, der Handel 16,5% und die Landwirtschaft 30,5%. Damit verbunden ist ein Wachstum der Städte in den industriellen Ballungsgebieten. Berlin hat z. B. über vier Millionen Einwohner (1923 noch 3,8 Mio). Etwa eine Million davon sind Arbeiter und rund 660 000 Angestellte. Von letzteren ist der überwiegende Teil ebenfalls der untersten Einkommensklasse zuzurechnen. Dazu kommen 130 000 Hausangestellte und 280 000 Erwerbstätige ohne Berufsangabe, man kann also davon ausgehen, daß etwa 70% der Bevölkerung zur Unterschicht gehören. Dieser hohe Prozentsatz verweist auf ein für die weitere Entwicklung der Weimarer Republik entscheidendes Problem: Die Deklassierung des bürgerlichen Mittelstandes. Der Erste Weltkrieg und die nachfolgende Wirtschaftskrise 1923 führten zu dessen Proletarisierung. Eine verhältnismäßig kleine finanzkräftige Oberschicht steht einer großen Masse Besitzloser gegenüber. Diese Sozialstruktur wird sich mit dem Ende der relativen Wohlstandsphase am Ausgang des Jahrzehnts als verhängnisvoll für die junge Demokratie erweisen. Die ökonomische und soziale Entwurzelung des Kleinbürgertums macht es in Krisenzeiten anfällig für die hemmungslose Propaganda vor allem der rechtsradikalen Parteien.

Die durch die Währungsreform (1924) sowie den Dawesplan vom August 1924 eingeleitete Stabilisierungsphase der deutschen Wirtschaft (→ S. 110) führt zu Veränderungen in den Produktionsstrukturen: Konzentration der Produktion in Konzernen, Großunternehmen, Kartellen und Rationalisierung zum Zweck der Produktivitätssteigerung. Ein einfaches Mittel, sie zu erreichen, ist für die Unternehmer die Verlängerung der Arbeitszeit. Der Achtstundentag, eine Errungenschaft der Revolution von 1918, war während der Krise 1923 faktisch wieder abgeschafft worden. Die mit der damaligen schlechten wirtschaftlichen Situation begründete Maßnahme soll nach Vorstellungen der Gewerkschaften nun wieder rückgängig gemacht werden – gegen den Willen der Arbeitgeber. Streiks der Beschäftigten (in der Weimarer Verfassung als verfassungsgemäß eingeführt) sind die Folge. In den 1766 durchgeführten Arbeitskämpfen des Jahres 1925 ist neben Lohnerhöhungen die Einführung des Achtstundentages eine Hauptforderung, denn die lange Arbeitszeit (z. B. die Zwölfstundenschicht) ist gerade bei Schwerstarbeitern häufig die Ursache für Arbeitsunfälle. Allerdings haben die Streikenden in diesem Punkt selten Erfolg. Lediglich in der Eisen- und Stahlindustrie müssen die Unternehmer nachgeben. Sie werden durch einen Regierungsbeschluß zur partiellen Wiedereinführung des von den Arbeitern geforderten Dreischichtsystems gezwungen.

Eine weitere Möglichkeit der Effektivitätssteigerung sehen die Industriellen in der Rationalisierung, wobei die breite Einführung des Fließbandsystems wohl die einschneidenste Maßnahme dieser Zeit ist. Die Zergliederung des Produktionsprozesses gestattet es den Arbeitgebern, immer mehr ungelernte und schlecht bezahlte Arbeitskräfte einzustellen. Weiterhin können Beschäftigte eingespart werden, so daß auch 1925, dem Jahr des stärker

Psychologische Eignungstests für die Karriere nach dem Schulabschluß

Webstuhl: Arbeitsplatz für Frauen

Abhängig vom Wohlwollen der Mitmenschen, die sog. »Fahrenden Leute«

Spannende Geschichten beim Zigarrendrehen: Ein Vorleser in Havanna

Moderne, rationelle Fließbandfertigung nach amerikanischem Vorbild: Auf dem Montageband der Firma Opel wird ein Sechszylinder montiert

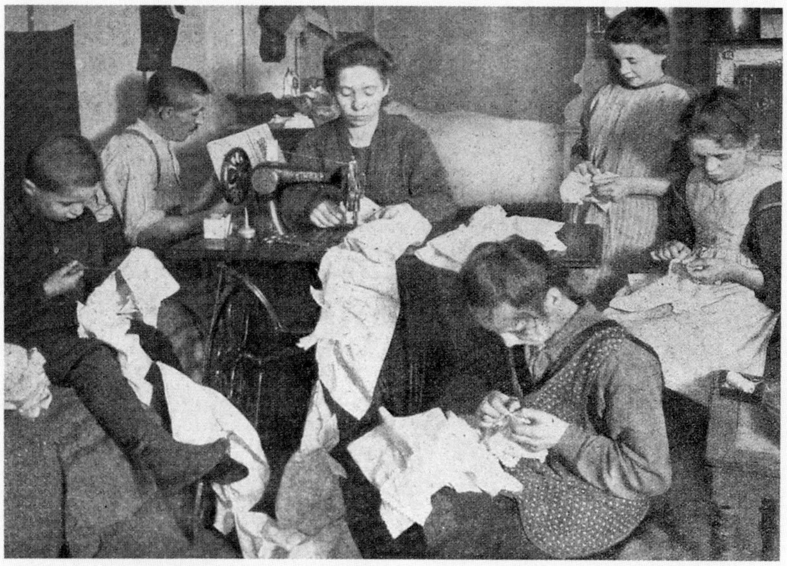

Diese thüringische Familie näht Puppenkleider für 10 Pf in der Stunde

einsetzenden wirtschaftlichen Aufschwungs, die Arbeitslosenquote immerhin 6,7% beträgt.

Veränderungen in der sozialen Wirklichkeit machen sich besonders im Leben der Frauen bemerkbar. Gerade der große Bedarf an Ungelernten ermöglicht vielen von ihnen, selbst erwerbstätig zu sein. 1925 gibt es in Deutschland insgesamt 11 478 000 vollbeschäftigte Frauen. Das sind 1,7 Millionen mehr als 1907 und bedeutet eine Erwerbsquote von 35,6%. Davon sind 18,4% Industriearbeiterinnen, die ungelernte oder angelernte Tätigkeiten ausüben. Lediglich in Branchen ohne männliche Konkurrenz werden Frauen zuweilen ausgebildet (z. B. in der Textilindustrie). Da sie für die gleiche Arbeit grundsätzlich weniger Lohn bekommen (etwa 20 – 40%) als ihre männlichen Kollegen, haben sie teilweise mehr Chancen auf dem Arbeitsmarkt als Männer. Das führt dazu, daß immer häufiger verheiratete Frauen in die Fabriken gehen, was eine Umorientierung innerhalb der Familie nach sich zieht. Häufig genug muß dann eine vielköpfige Familie von dem Verdienst der Frau leben.

Die Masse der berufstätigen Frauen bilden jedoch die jungen Angestellten. In den Sekretärinnen, Stenotypistinnen und den Verkäuferinnen sieht man die Prototypen weiblicher Emanzipation. Ihr Anteil an allen erwerbstätigen Frauen stieg von 5% im Jahr 1907 auf 12,6% im Jahr 1925. Erblicken später z. B. Gewerkschafter auch die »Feminisierung des Angestelltenberufs als größte Revolution in der sozialen Stellung der Frau«, so ist doch nicht zu übersehen, daß der Ausbruch aus der Familie vielfach nur einen Wechsel innerhalb einer Unterdrückungsmaschinerie bedeutet. Für die einfachsten schematischen Arbeiten, vor allem für die Bedienung der neuen Büromaschinen, werden Frauen eingestellt, wohingegen in qualifizierten Positionen (Buchhalter, Sachbearbeiter, Abteilungsleiter) zumeist Männer beschäftigt sind. Es bleibt also festzuhalten, daß trotz einer relativen Stabilisierung der Wirtschaft das Problem der Dauerarbeitslosigkeit nicht gelöst wird. Denn die wirtschaftliche Gesundung greift trotz eines Exportüberschusses nicht auf den Arbeitsmarkt über, da sie durch Rationalisierung und immer größere Konzentration der Unternehmen geprägt ist.

So bleibt ein Heer von unzufriedenen Arbeitslosen ohne Zukunftsperspektiven bestehen: Ausgemusterte Soldaten, oft genug aber auch jüngere Menschen, die eher durch die Nachkriegswirren geprägt wurden, als durch den Krieg selbst, werden zu einer schweren Hypothek für die Weimarer Republik. Die vielen hoffnungslos erscheinende wirtschaftliche Lage gibt den links- und rechtsradikalen Parteien im Deutschen Reich neuen Auftrieb.

Haarmann hingerichtet

15. April. Auf dem Hof des Gerichtsgefängnisses in Hannover wird der am 19. Dezember 1924 zum Tode Verurteilte Massenmörder Fritz Haarmann hingerichtet.
Im vorausgegangenen Jahr war der Mordfall Haarmann von der Presse in ganz Deutschland ausgiebig behandelt worden. Die Greueltaten des 1879 geborenen, der Polizei durch seine Homosexualität auffällig gewordenen Kriminellen beherrschten die Schlagzeilen und versetzten die Bürger Hannovers in Angst und Schrecken. Nach seiner Verhaftung am 23. Juni 1924 konnte ihm 24facher Mord nachgewiesen werden, meist begangen an jungen obdachlosen Männern.
Die Vollstreckung des Urteils war von Haarmann fast ungeduldig erwartet worden, denn mehr als den Tod fürchtete er die Rückkehr in eine Irrenanstalt. Er selbst äußerte: »Die Hinrichtung ist für mich eine Erlösung, das Leben ist mir eine Last. Wenn ich geköppt werde, habe ich meine Ruh'. Käme ich je wieder raus, würde ich ja doch in vier Wochen den nächsten abmurksen.« Durch das Sterben will er Buße tun und hofft so auf die Vergebung Gottes, »du hast es ja nicht wollen, das Totmachen«.
Am Abend vor der Hinrichtung erhält Haarmann auf eigenen Wunsch ein halbes Pfund Schinken, ein viertel Pfund Butter und drei Harzer Käse. Er ißt mit großem Appetit. Bis er aus seiner Todeszelle abgeholt wird, raucht er sechs Zigarren und trinkt größere Mengen starken Bohnenkaffee. Alkohol lehnt er ab, da er nicht »duhne« sein will auf dem letzten Weg. Nach Berichten des Hannoveraner Oberstaatsanwalts »wollte er als Mann sterben und tat dies durchaus gefaßt«. Um sechs Uhr morgens führt man ihn zu der Fallschwertmaschine – so die offizielle Bezeichnung des Fallbeils. Als ihn der Gehilfe des Scharfrichters festschnallt, ruft er den Umstehenden ein »Auf Wiedersehen« zu.

Der Massenmörder Fritz Haarmann

Ein Fachmann erklärt den Besuchern des Observatoriums Lindenberg Ballon und Instrumente

32 000 m über der Reichshauptstadt Berlin

14. April. *Gerade rechtzeitig zum 25jährigen Jubiläum des Instituts lassen Wissenschaftler des Observatoriums in Lindenberg bei Berlin einen Registrierballon in die Lüfte steigen, der eine Höhe von 32 000 m erreicht. Damit wird ein Höhenrekord für unbemannte Ballons erreicht. Doch nicht dieser Höhenrekord war das Ziel der Wissenschaftler, sondern die Möglichkeit, in großer Höhe mit Hilfe des Registrierballons Daten zu erhalten, die mit terrestrischen Messungen nicht zu erlangen sind. Es geht um Daten über das Höhenprofil von Luftdruck, Lufttemperatur und relativer Luftfeuchte. Direktor Hugo Hergesell erläutert vor geladenen Gästen die Wichtigkeit solcher Experimente. Die Gäste können beobachten, wie ein Ballon mit Hilfe eines Fallschirms sicher auf der Erde landet.*

Faszination des Kreuzworträtsels

Wenn man den Zeitungen und Illustrierten Glauben schenkt, so scheint überall in Europa und in Amerika das Kreuzworträtselfieber ausgebrochen zu sein. Woher dieser mit Leidenschaft betriebene Zeitvertreib kommt, läßt sich leider nicht feststellen, Tatsache ist aber, daß fast in jeder Publikation neuerdings die schwarzweißen Kästchenstrukturen auftauchen. In Büros und Straßenbahnen, im Café und Finanzamt, auf der Parkbank und beim Friseur – überall befinden sich Alte und Junge beiderlei Geschlechts kreuzworträtselratend. Für besonders fanatische Anhänger gibt es inzwischen auch schon Weltmeisterschaften in diesem faszinierenden Freizeit»sport«.

Die Weltmeisterin und ihre Herausforderin im öffentlichen Kreuzworträtsel-Wettkampf: Zwei Kampfrichterinnen beobachten ganz genau, ob auch alles mit rechten Dingen zugeht; an der rechten Tafel die amtierende Weltmeisterin dieses äußerst beliebten Gesellschaftsspiels, Ruth von Puth

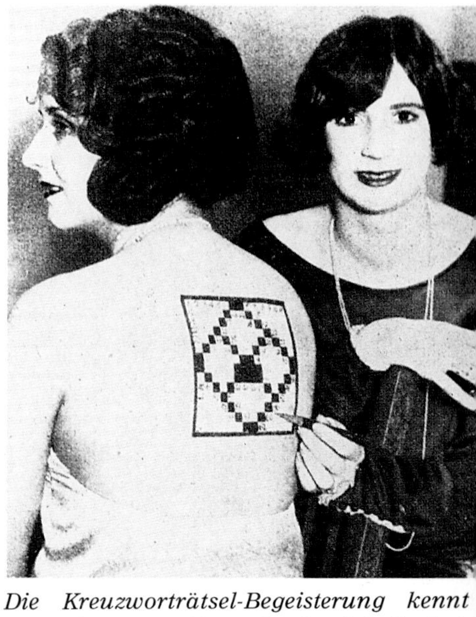

Die Kreuzworträtsel-Begeisterung kennt keine Grenzen: Dieses Rückendekolleté einer phantasiebegabten Dame wird beim Kostümfest jeder Langeweile vorbeugen

»Meteor« startet in Richtung Antarktis

16. April. Das deutsche Vermessungs- und Forschungsschiff »Meteor« verläßt Wilhelmshaven, um eine zweijährige Reise in den südlichen Atlantischen Ozean anzutreten. Zusammen mit der Marine, der »Notgemeinschaft der deutschen Wissenschaft« und einer Reihe anderer Institute ist diese Ozeanforschungsreise seit dem Jahr 1919 vorbereitet worden.

Die 136 Mann starke Besatzung hat die Aufgabe, von der »Meteor« aus den in seinen ozeanographischen Grundzügen bereits bekannten Südatlantik in systematischer Arbeit zu erforschen. Im Vordergund steht die Erforschung horizontaler und vertikaler Meeresströmungen auf einem Gebiet von 20° nördlicher Breite bis zur antarktischen Eisgrenze. Weiterhin sind chemische, morphologische und geologische Untersuchungen vorgesehen.

Neu entwickelte technische Hilfsmittel lassen auf genaue Beobachtungen und Ergebnisse hoffen. Besonders bemerkenswert ist eine Einrichtung, die es ermöglicht, bis zu einer Tiefe von 6000 m zu ankern – eine bisher von niemandem erreichte nautische Leistung.

Von der Auswertung der umfangreichen Forschungsvorhaben erhofft man sich auch späteren ökonomischen Nutzen, z. B. für die Handelsschiffahrt und den Walfang.

Im Sargasso-Meer: Mit dem Tiefseenetz wird die Meeresfauna eingefangen

Eine Wasserprobe wird entnommen

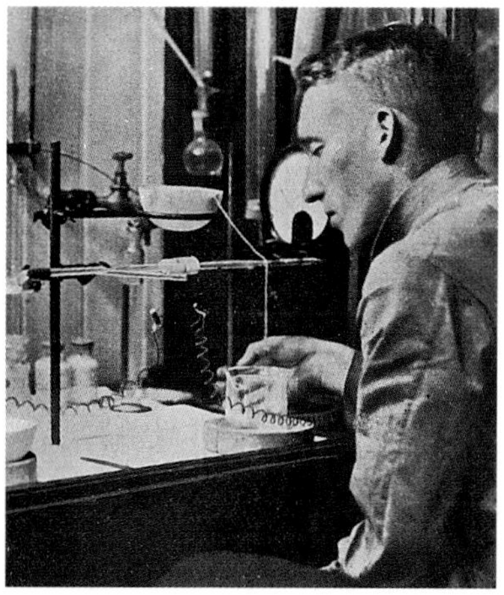

Die Wasserprobe wird untersucht

Luftschiffhavarie in Großbritannien

17. April. In einem langsamen und mühsamen Flug erreicht das britische Luftschiff »R 33« am Nachmittag seinen Ausgangspunkt Pulham. Die vergangenen zwei Tage waren für die Angehörigen der Besatzung mit bangem Warten erfüllt, denn vor 29 Stunden hatte der Sturm das Luftschiff von seinem Ankerplatz losgerissen. Es entschwand den Blicken der Beobachter, so daß man an einen Absturz glaubte.

Nach der glücklichen Landung berichtet Major Scott von der Station Pulham der Presse: »Ehe die ›R 33‹ vom Sturm entführt wurde, brach der Ankermast weg und das Schiff lag zunächst mit der Spitze nach unten. Nachdem jedoch der Kapitän dort Ballast abgehen ließ, konnte es sich aus dem Gefahrenbereich der Baulichkeiten des Hafens heraus in die Luft erheben. Beschädigungen am vorderen Rippenwerk, wodurch Gas ausströmte, wurden provisorisch repariert und so konnte die Mannschaft schließlich sich und den Koloß retten.«

Wie Scott sagt, sei es aufgrund der gemachten Erfahrungen notwendig, Luftschiffe mit größerer Eigengeschwindigkeit zu bauen. Nur dann könne man starken Stürmen trotzen. Die Durchschnittsgeschwindigkeit von »R 33« beträgt etwa 80 km/h (→ 3. 9. / S. 159).

»Morgentraining« lautet die Bildzeile zu diesem Foto aus der »Woche«; ob das Modell mit Nachthaube und Pyjama auch die richtigen Lösungen gefunden hat, ist nicht überliefert

Auch der Mode gelingt es nicht, sich der rasch um sich greifenden Kreuzworträtsel-Epidemie zu entziehen, wie dieses schwarzweiße Ensemble zeigt

Viel Spaß scheint es auch diesen älteren Herren zu machen, ihr Allgemeinwissen und ihre Kombinationsgabe auf die Probe zu stellen; sie gehören dem »Klub der netten jungen Leute« an, deren Mitglieder laut Satzung keinesfalls jünger als 80 Jahre sein dürfen

Wissenschaft und Technik 1925:

Forschung für die Industrie

Das Ziel, wissenschaftliche Erkenntnisse in eine praktische Nutzbarmachung umzusetzen, wird in den 20er Jahren immer wichtiger. In immer größerem Umfang beteiligt sich die Industrie an der Finanzierung wissenschaftlicher Forschung. Einerseits durch ihre Teilnahme an Stiftungen oder Organisationen, wie die nach dem Ersten Weltkrieg gegründete »Notgemeinschaft der deutschen Wissenschaft«, andererseits durch den Ausbau eigener Labors und Versuchsstätten. War um die Jahrhundertwende das Hauptziel der Forschung noch wissenschaftliche Erkenntnis, ist es nun immer mehr die Verwertung in Technik und Industrie. So sehen die meisten Studenten der Physik und Chemie ihre künftige Wirkungsstätte nicht an Schulen oder an wissenschaftlichen Instituten, sondern in den Betrieben v. a. der Großindustrie.

Absatzmöglichkeiten sollen durch neue Produkte erschlossen werden, notwendige Produktionssteigerungen erfordern Rationalisierungsmaßnahmen und neue Techniken.

Im Zuge der Rationalisierung haben die Unternehmen ein besonderes Augenmerk auf die Typisierung von Produkten. Einen weiteren Schwerpunkt legen sie auf rationelle Technologien, woraus sich ein neues Arbeitsgebiet für Hochschulabsolventen ergibt: Die wissenschaftliche Erfassung der Wirtschaftlichkeit des Produktionsverlaufs.

Von großer Bedeutung für die Industrie ist die Energiegewinnung. Kraftwerke entstehen, u. a. errichtet die AEG in Berlin das spätere Kraftwerk Klingenberg mit einer Leistung von 240 000 kW; fertiggestellt wird das Walchensee-Kraftwerk mit einer Leistung von 122 000 kW.

Noch ein zweiter Energieträger beginnt sich durchzusetzen: Die Druckluft. Mobile Kompressoren kommen ebenso auf den Markt, wie eine Vielfalt verschiedener Druckluftwerkzeuge.

Von großer Faszination für die Öffentlichkeit sind die ersten Versuche, Fernsehbilder zu übertragen. In Großbritannien gelingt am 25. Oktober John Baird erstmals die öffentliche Vorführung einer Kabelfernsehstrecke mit elektromechanischer Bildabtastung und -wiedergabe. Der russische Fernsehpionier Wladimir Kosma Zworykin erhält ein US-Patent auf die von ihm entwickelten Farbfernseh-Bildröhren. Und der Deutsche Max Dieckmann entwickelt schließlich einen elektronischen Bildfeldzerleger und überträgt mit diesem und einer Braunschen Röhre elektronische Bilder über mehrere Kilometer.

Zwei Marksteine hat schließlich die Physik zu verzeichnen. Werner Karl Heisenberg entwickelt seine Quantenmechanik (→ 29. 7. / S. 133), und der Physiker Balthazar van der Pol entdeckt bei umfangreichen Forschungen mit Radiowellen die Existenz der Ionosphäre.

△ Blick zur Spitze des neuen Funkturmes in Königswusterhausen bei Berlin; mit 293 m ist er das höchste Bauwerk im Deutschen Reich. Der Sender gehört der Reichspost und strahlte bereits 1920 Programme aus, drei Jahre, bevor am 29. 10. 1923 der öffentliche Rundfunk im Deutschen Reich eingeweiht wurde.

◁ Erstmals auf der Leipziger Frühjahrsmesse im März stellt die Firma Leitz aus Wetzlar dem Publikum die »Leica« vor. Pro Filmspule lassen sich mit ihr 36 Bilder im Format 24 × 35 mm aufnehmen. Ihre problemlose Handhabung und ihre hohe Qualität schaffen die Voraussetzung für eine weitere Verbreitung der Amateurfotografie.

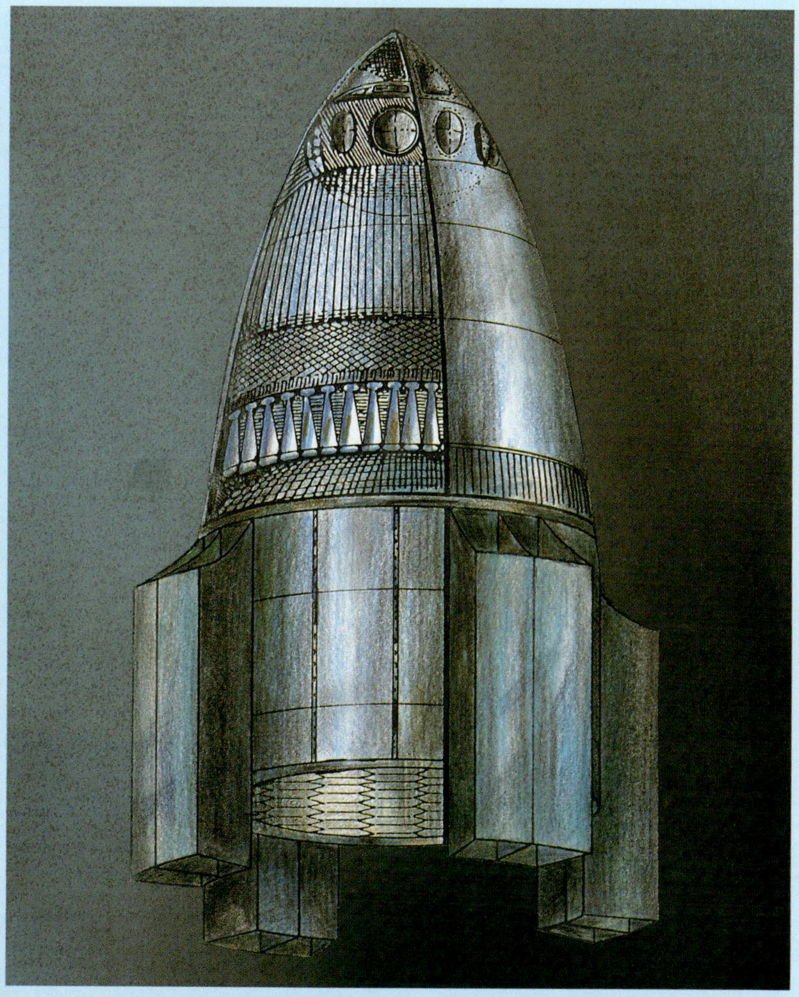

Raumschiff nach H. Oberth: Die untere Treibstoffrakete wird nach Gebrauch abgeworfen, die Wasserstoffrakete trägt die Raumkapsel ins All

Sehnsucht nach den fernen Welten

Im Mai beginnt die »Münchener Illustrierte Presse« mit dem Abdruck des Romans von Otto Willy Gail: »Der Schuß ins All«. Die Popularität dieses Sience-Fiction-Buches spiegelt das allgemeine Interesse an fernen Welten im Raum und an Erkenntnissen über das Entstehen unserer Erde wider. Zeitungen und Illustrierte berichten immer wieder von neuen Theorien. So geht z. B. Hanns Hörbiger in seiner Welteislehre davon aus, daß die Erde Planeten aus dem Raum anzieht, die dann zu Monden werden. Deren Abstand zur Erde verringert sich ständig bis zu einem letztendlichen Zusammenstoß. Eine Folge des Vergehens und Ankommens der Monde sind u. a. Sintfluten. So sei beim Auftauchen unseres jetzigen Trabanten Atlantis untergegangen.

Der alte Menschheitstraum, ins All zu fliegen, beschäftigt Wissenschaftler und Techniker gleichermaßen. Zwar steckt die Raumfahrt noch in den Kinderschuhen, doch schuf der 31jährige deutsch-österreichische Physiker Hermann Oberth in seinem 1923 erschienenen Buch »Die Rakete zu den Planetenräumen« für weiterführende Forschungsarbeiten bereits die wesentlichen Grundlagen.

Die Welteislehre: Kurz nach der Sintflut nähert sich der Mond

Der Mond prallt auf die Erde, die Meere treten über die Ufer

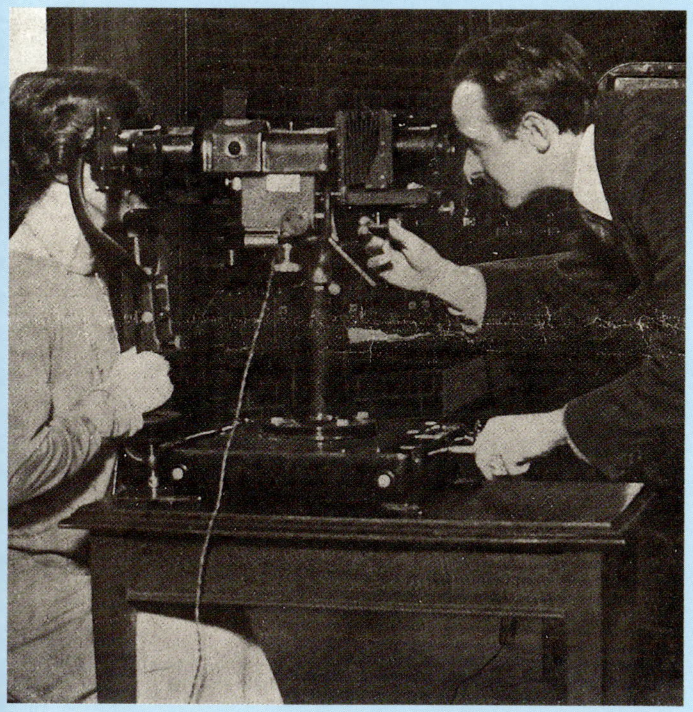

Auf einer Ausstellung in London wird dieses Ophtalmoskop vorgeführt, es ermöglicht Aufnahmen des Augenhintergrundes

Mit dieser Maschine wird das Satz-Negativ durch Filmbelichtung statt Typenguß hergestellt

Der heutige Erdmond tritt in den Anziehungsbereich der Erde ein

An eine mittelalterliche Stadtbefestigung erinnert dieser Entwurf des Architekten Patout für den Eingang zur Ausstellung an der Concordebrücke

»Art deco« fasziniert das Ausstellungspublikum in Paris

29. April. In Paris, auf der Esplanáde des Invalides, wird die »Exposition Internationale des Arts Décoratifs et Industriels Modernes« eröffnet. Innenarchitekten, Modeschöpfer und Designer zeigen hier in eigenen Pavillons ihre Erzeugnisse. Sie bilden dekorative Ensembles von zumeist exklusiver Ausstattung mit üppiger Ornamentik, geprägt vom Jugendstil bis zu Elementen in stereometrischen Formen.

Diese bedeutende Weltausstellung des Kunsthandwerks verleiht einer während der 20er und 30er Jahre vorherrschenden Stilrichtung in vielen künstlerischen Bereichen ihren Namen: »Art deco«.

Entwurf für den Garten des Pavillons der Porzellanmanufaktur von Sèvres auf dem Pariser Ausstellungsgelände

Der Eiffelturm im Stil der Zeit

Stilvolle Titelseite der »L'Illustration« zur Art-deco-Ausstellung

Beispielhaft für den neuen Stil: Der Frühlingspavillon von Sauvage

Entwurf für das Zimmer einer Comtesse; typisch sind die dekorativen Wandgemälde, die dem Raum die Höhe nehmen und zugleich das Interieur betonen

Eine lichtdurchflutete Ausstellungshalle von Sezelle und Repin

Keine Verlängerung der Polizeistunde

6. April. Eine vom Ministerium des Innern einberufene Konferenz über die Verlängerung der Polizeistunde in Groß-Berlin geht ohne ein Ergebnis zu Ende.

Die Vertreter des Gaststättengewerbes hatten um Genehmigung ersucht, zumindest größere Lokale auch über die Sperrstunde von 1.00 Uhr hinaus offen zu halten. Um zu einer Entscheidung zu gelangen, befragt das Ministerium in der Besprechung u. a. auch Mitglieder der Abstinenzbewegung, der Jugendwohlfahrt sowie der Fremdenverkehrsorganisationen. Deren Delegierter weist darauf hin, daß die nach Berlin kommenden Touristen, Deutsche wie Ausländer, immer wieder über die »Krähwinkelei« der Reichshauptstadt klagen. Anhand eines umfangreichen Zahlenmaterials wird der Regierung dargelegt, welch ungeheure Summen dem Gastwirtsgewerbe dadurch verloren gehen, daß man die Fremden zwingt, zu einer für ausländische Begriffe recht frühen Stunde zu Bett zu gehen. Durch die frühe Polizeistunde werde der heimliche Schankbetrieb geradezu gezüchtet, wodurch nicht zuletzt auch der Steuerbehörde beträchtliche Geldsummen unbemerkt verlorengingen.

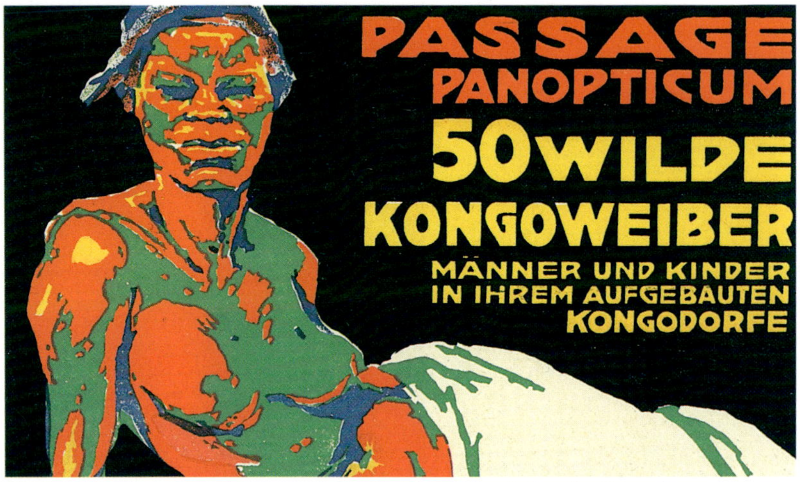

Mit exotischen Attraktionen lockt die Hauptstadt Berlin Besucher an

Die Schallplattenindustrie setzt auf amerikanische Jazzrhythmen

Tadel für Londons Gastfreundschaft

3. April. Nach Berichten aus London ist es unter den neuseeländischen Ureinwohnern, den Maori, zu Differenzen gekommen. Die täglich erscheinende »Frankfurter Zeitung« schreibt dazu:

»Der Prophet und internationale Heilkünstler Tahn Wiremu Ratana hatte gelegentlich einer Reise nach England festgestellt, daß die Engländer gegen die nach Maori-Begriffen oberste Pflicht, die der höflichen Behandlung von Gästen, verstoßen. Er wurde nämlich weder zu einer Audienz beim König, noch zu einer solchen beim Kronprinzen zugelassen, um eine Denkschrift betr. eines Grundstücks-Konflikts mit der Regierung zu überreichen ... In Japan dagegen wurde er mit der größten Höflichkeit und Freundschaft empfangen. Nach seiner Rückkehr gab er in einer Rede vor 5000 Maoris seinen Gefühlen freien Lauf und malte die Europäer, insbesondere die Engländer, in den dunkelsten und die Japaner ... in den hellsten Farben. Diese Rede wurde ihm von einem Teil seiner Anhänger, die er selber zur Loyalität gegen England erzogen hatte, derart übelgenommen, daß die Einheit der Maori-Bewegung ernstlich gestört ist.«

Das politische Wahlrecht ist noch immer Ziel der Frauen

7. April. Mit 390 gegen 183 Stimmen genehmigt das französische Abgeordnetenhaus in Paris das Recht der Frauen auf die Teilnahme an Gemeinde- und Bezirkswahlen.

Kampf um das Frauenwahlrecht

Der Kampf um das volle politische Wahlrecht für die weibliche Bevölkerung ist einer der wesentlichsten Punkte in der internationalen Frauenbewegung. Während in den USA bereits 1848 in den »Declarations of Sentiments« und in England 1866 die politische Gleichberechtigung gefordert wurde, setzte diese Bewegung im übrigen Europa erst um die Jahrhundertwende ein. Zwar hatten einige Länder, z. B. Österreich, Schweden und Norwegen bereits vor dem Ersten Weltkrieg ein beschränktes Wahlrecht für weibliche Erwachsene zugelassen, doch es waren die dänischen Frauen, die als erste das volle politische Stimmrecht erhielten. Es folgten nach den Revolutionen von 1917 die Russinnen und von 1918 die deutschen Frauen. Im selben Jahr konnten die Österreicherinnen und die englischen Selbständigen sowie Ehefrauen ab dem 30. Lebensjahr zur Wahlurne gehen. Erst 1920 wurde den Einwohnerinnen aller US-amerikanischen Staaten dieses Recht gewährt. Viele Regierungen scheuen allerdings noch diesen Schritt in Richtung weibliche Gleichberechtigung und begnügen sich wie Frankreich mit Teilzugeständnissen.

Immer häufiger engagieren sich auch Frauen bei politischen Fragen

So beobachtet der Zeichner der französischen Zeitung »L'Illustration« den spannenden Kampf zweier Rugby-Mannschaften im vollbesetzten Stadion

Greyhounds aus Oxford bieten Rugbyspiel wie aus dem Bilderbuch

11. April. *Der mit Spannung erwartete Rugbykampf zwischen der Mannschaft des Heidelberger Ruderklubs und den Oxforder Greyhounds endet in Heidelberg, dem Zentrum des Rugbysports in Deutschland, mit einem 14:6-Sieg für die Engländer. Die Gäste, die sich auf einer Wettkampftournee auf dem europäischen Festland befinden, zeigen den Zuschauern ein Spiel, wie man es von einer Mannschaft jenseits des Kanals erwartet. Ihre Stärke liegt zweifellos in der Arbeit des Sturms, der in diesem Spiel mit dem eiförmigen Ball versuchen muß, die gegnerischen Malstangen – eine Art Tor – zu erreichen. Dabei darf der Ball getreten, geworfen, gefangen und getragen werden, wobei sich die Aktiven auch gegenseitig behindern können. Das Spiel verdankt seinen Namen der Stadt Rugby, wo es 1823 zum ersten Mal gespielt wurde.*

Weltrekord von Rademacher in Leipzig

5. April. Bei dem zweitägigen internationalen Jubiläumsschwimmen des Leipziger Klubs »Poseidon« erreicht Erich Rademacher aus Magdeburg einen Weltrekord. Er schwimmt die 500 m Brust in 7:40,8 min und übertrifft damit den bisherigen Rekord von 7:55 min um fast 15 sec. Für die 100-m-Distanz im Brustschwimmen benötigt er 1:15,9 min, und über 4 × 50 m gewinnt die Mannschaft des Magdeburger Hellas mit Rademacher in 1:55 min – das ist deutscher Rekord. Erna Murray aus Leipzig verbessert über 200 m Brust den Weltrekord auf 3:20,2 min. Leider kann ihre schärfste Konkurrentin, Erna Huneus aus Mönchengladbach, wegen Krankheit in Leipzig nicht an den Start gehen.

Bei dem Wettkampf in Leipzig ist Erich Rademacher aus Magdeburg einer der wenigen deutschen Schwimmer von internationalem Format

Erst 16 Jahre alt und schon international bekannt: Erna Huneus

Speisenplan für Spitzensportler

4. April. In Berlin geht die vor drei Wochen begonnene »Volkskraftausstellung« zu Ende. Ziel der Veranstaltung war es, die Allgemeinheit über die Bedeutung des Sports für die körperliche Gesundheit sowie über die einzelnen Sportarten zu informieren.

Ein Bereich war dem Thema »Sport und Ernährung« gewidmet. U. a. wurde hier die Frage behandelt, inwieweit vegetarische Kost für den Aktiven sinnvoll ist. Anhand reich gedeckter Tische, auf denen der tägliche Lebensmittelbedarf für körperlich und geistig Tätige demonstriert wurde, fiel die Entscheidung eindeutig zugunsten einer Mischung aus pflanzlicher und tierischer Nahrung aus. Der Speisenplan für den professionellen Spitzensportler enthält z. B. folgende fünf Mahlzeiten:

Frühstück: Drei Scheiben Brot, 20 g Butter, 30 g Honig, zwei Tassen warmen Milchkakao;

2. Frühstück: Brot, Butter, Wurst;

Mittagessen: Ein Teller Kartoffelsuppe, weiterhin 200 g Kalbsbraten und 100 g Makkaroni;

Vesper: Brot, Butter, Marmelade;

Abendbrot: Drei Scheiben Brot, 20 g Butter, zwei Eier, 300 g deftige Bratkartoffeln.

Auftakt der Saison im Waldlaufen

5. April. In Hamburg-Bergedorf findet die alljährliche Deutsche Waldlaufmeisterschaft statt, das große Frühjahrsereignis der Leichtathletik. Auf der etwa zehn Kilometer langen Strecke kann der Vorjahressieger Fritz Graßmann aus Vielau seinen Titel gegenüber den 37 an den Start gegangenen Konkurrenten verteidigen. Er passiert nach 35:06,2 min das Ziel, gefolgt von dem Hamburger Boltze mit 35:21,2 min. In der Mannschaftswertung holt sich der Hamburger Polizeisportverein den Sieg mit 15 Punkten vor dem Polizeisportverein aus Berlin mit insgesamt 16 Punkten.

Zum Auftakt der Saison werden an diesem Wochenende noch weitere Waldlaufmeisterschaften in Berlin und Elmshorn ausgetragen: Im Berliner Ortsteil Reinickendorf die Brandenburgischen und in Elmshorn die Norddeutschen Meisterschaften der Deutschen Turnerschaft.

»Der Prozeß« erscheint

26. April. In Berlin, beim Verlag »Die Schmiede«, erscheint Franz Kafkas Roman »Der Prozeß«; ein literarisches Ereignis, das in der Presse kaum beachtet wird, da der Autor bisher nur wenigen bekannt ist. (Das Interesse eines breiten deutschen Leserkreises erwecken Kafkas Romane erst nach dem Ende des Zweiten Weltkrieges).

Herausgeber ist Max Brod, ein Freund und Schriftstellerkollege Kafkas. Er veröffentlicht das Manuskript aus dem Nachlaß des Dichters – gegen dessen letzte Verfügung. Vor seinem Tode im Juni 1924 bestimmte der nur 40 Jahre alt gewordene Kafka, daß all seine zu Lebzeiten nicht erschienenen Arbeiten vernichtet werden sollten.

»Der Prozeß« ist der erste unvollendete Roman, den Brod aus dem Nachlaß zum Druck freigibt. (Es folgen 1926 »Das Schloß«, 1927 »Amerika«.) Das Grundthema entspricht dem seiner übrigen Werke. In seiner sprachlich sehr genau gestalteten Prosa geht es um den aussichtslosen Kampf des einzelnen und seine Individualität, aussichtslos, weil er an ein mystifiziertes, unveränderliches Sein gefesselt ist. Ihm entgegen stellen sich anonyme, aber immer und überall gegenwärtige Mächte. Die mit dieser Situation verbundene, sehr starke Existenzangst verstärkt das Gefühl, einer als nicht mehr kontrollierbar empfundenen Alltagswirklichkeit hilflos ausgeliefert zu sein (→ S. 104/105).

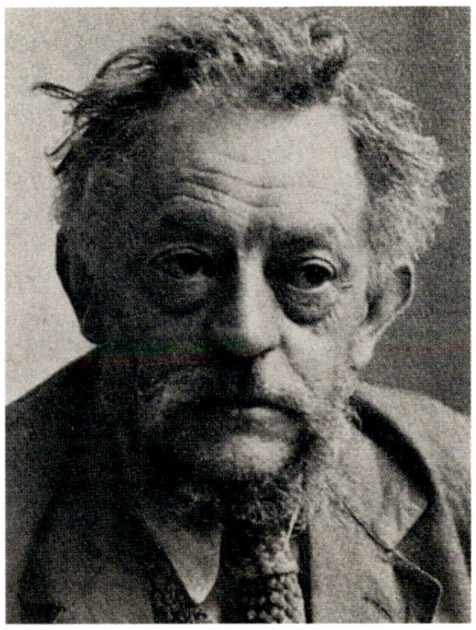

Der Bildhauer, Graphiker und Dichter Ernst Barlach gilt als Vertreter des Expressionismus

Franz Kafka, Autor des Romans »Der Prozeß«, ist ein Jahr nach seinem Tod noch fast unbekannt

Kritik an Barlachs Drama

4. April. Große Beachtung findet die Premiere des Stückes »Die Sündflut« von Ernst Barlach im Staatlichen Schauspielhaus Berlin. Regisseur Jürgen Fehling bringt dieses Drama in fünf Teilen auf die Bühne, obwohl es schon nach seiner Uraufführung in Stuttgart, am 27. September 1924, vielfach den Zorn des Publikums auf sich gezogen hat. Die Ursache dafür liegt nicht an der Art der Inszenierung, sondern am Werk selbst. Zwar ist es dank der einfachen Sprache, des szenischen Aufbaus und des biblischen Stoffes eines der verständlichsten Dramen Barlachs, jedoch scheiden sich die Geister an der Behandlung des Stoffes. Den Mythos von der Arche Noah gestaltet der 55jährige Autor in ketzerischer Freiheit. »Die Sündflut« handelt vom direkten Kampf gegen Gott, der ein anderer ist als der Gott in der Bibel. Er irrt als Fremder durch seine ihm fremd gewordene Schöpfung. Er tritt als Bettler auf, der seine Welt dem Wahnsinn verfallen, sein Ebenbild zur Fratze verzerrt wiederfindet.

Auch die Berliner Aufführung wird von der Kritik sehr unterschiedlich beurteilt. Setzt sich z. B. Herbert Ihering für Barlach ein, ist die Inszenierung für Franz Köppen wiederum Anlaß für heftige Attacken gegen Intendant Leopold Jessner.

»Bauhaus Weimar« aufgelöst

1. April. Mit Wirkung des heutigen Datums tritt die Kündigung des »Staatlichen Bauhauses Weimar« in Kraft, das daraufhin mit seinem Direktor Walter Gropius nach Dessau übersiedelt.

Der Auflösung vorausgegangen war eine Kontroverse mit der thüringischen Landesregierung, die den Bauhausmeistern im September 1924 eine »vorsorgliche« Kündigung zukommen ließ. Begründet wurde dies mit Sparmaßnahmen. Die Ursachen jedoch waren politischer Natur. Das Bauhaus war 1919 in Übereinstimmung mit der damals linksgerichteten Landesregierung durch die Zusammenlegung von der ehemals Sächsischen Kunstgewerbeschule und der Hochschule für Bildende Künste entstanden. Ziele, Art des Unterrichts und ein aufgeschlossenes Verhältnis zwischen Schülern und Lehrern, zu denen u. a. Lyonel Feininger, Paul Klee, Wassily Kandinsky, Oskar Schlemmer und László Moholy-Nagy gehören, waren bald Angriffsziele rechtsgerichteter Kreise. In deren Presse wurde das Bauhaus als »so etwas wie eine kommunistische Zentrale sowjetrussischer Aufmachung« attakiert. Die konservative Regierung, in Weimar seit 1923 an der Macht, versuchte durch finanziellen Druck, Einfluß auf den Lehrbetrieb zu gewinnen. Dies hätte die Aufgabe des Bauhaus-Konzepts bedeutet, und so wurde beschlossen, aus Weimar wegzuziehen. Das inzwischen gewachsene Ansehen der Schule gestaltete die Suche nach einem neuen Standort relativ einfach. Mehrere Städte bewarben sich darum, und so entschied man sich für das günstigste Angebot, für die aufstrebende Industriestadt Dessau.

»Bauhaus«-Direktor Walter Gropius wurde 1883 in Berlin geboren. Er studierte an der Technischen Hochschule in München und Berlin und arbeitete anschließend im Atelier von Peter Behrens. Seit 1910 arbeitet er als selbständiger Architekt. 1918 ging er nach Weimar.

Einladung zum Kehraus-Fest des Weimarer Bauhauses von Herbert Bayer

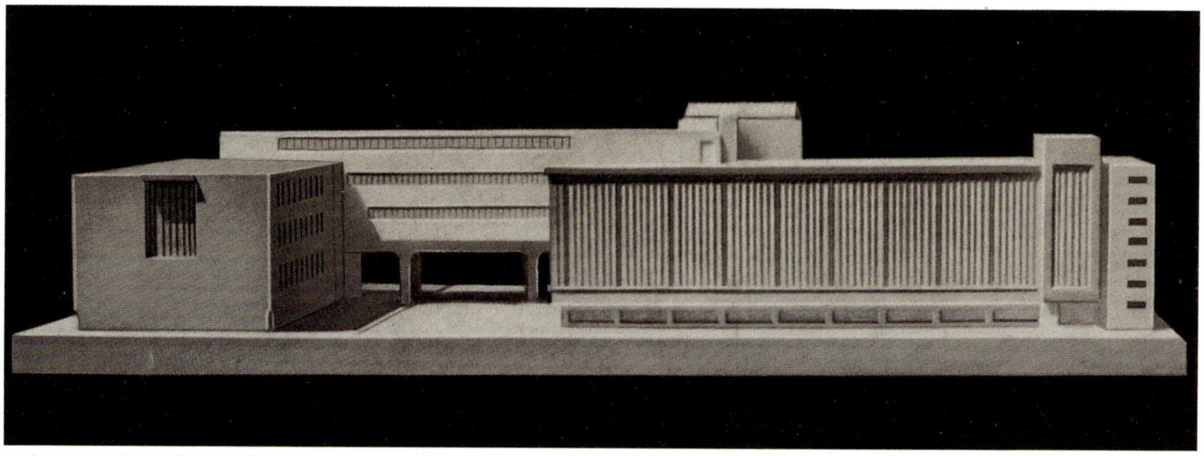

Schon vor dem Umzug der »Bauhaus«-Mitarbeiter von Weimar nach Dessau entstanden die ersten Entwürfe für ein künftiges Schulgebäude: Skizze von Carl Fieger (o.) und das Gipsmodell von Walter Gropius

Modell zu einem Mietshaus von Marcel Breuer

Oskar Schlemmer: »Treppenwitz«; Pantomime der Bauhausbühne

Plädoyer für eine funktionale Umwelt

In mehreren Schriften formuliert der Architekt Walter Gropius das Bauhausprogramm, dessen fernes Ziel die Errichtung des Einheitskunstwerks ist: Der große Bau. Denn »die Kunst zu Bauen ist an die Möglichkeit zu gemeinsamer Arbeit einer Vielheit von Schaffenden gebunden, ihre Werke sind, im Gegensatz zum isolierten Einzel- oder Teilbildwerk, orchestraler Art und mehr als dieses Abbild für den Geist der Gesamtheit«. Im Hinblick auf das Gesamtkunstwerk erstrebt das Bauhaus die Wiedervereinigung aller werkkünstlerischen Disziplinen – Bildhauerei, Malerei, Kunstgewerbe und Technik. Sie findet Ausdruck in der Ausbildung, wo jeder Schüler in der Durchdringung der jeweiligen Disziplinen künstlerisch-schöpferische als auch technische Fähigkeiten entwickeln sollte.

Parallel zu der Ortsveränderung von Weimar nach Dessau zeichnet sich eine etwa 1923 begonnene Entwicklung in der Realisierung des Bauhauskonzeptes deutlich ab: Die Hinwendung zur Technik. Künftig wird der Schwerpunkt der Bauhausproduktion auf dem Entwurf von Standardtypen für die industrielle Fertigung liegen. Verbindendes Glied zwischen moderner Technik und künstlerischer Gestaltung ist die Funktion des Gegenstandes. Durch funktionale Gestaltung soll die Umwelt des Individuums von unnötigem Ballast befreit und so dessen schöpferische Fähigkeiten herausgefordert werden. Durch rationelle Massenfertigung werden auch die gering Verdienenden in die Lage versetzt, sich mit schönen und zugleich praktischen sowie wirtschaftlichen Dingen zu umgeben. Gropius schreibt darüber: »Der moderne Mensch ... braucht auch moderne, ihm und seiner Zeit gemäße Wohngehäuse mit allen der Gegenwart entsprechenden Dingen des täglichen Gebrauchs.

... Entschlossene Bejahung der lebendigen Umwelt der Maschinen und Fahrzeuge. Organische Gestaltung der Dinge aus ihrem eigenen gegenwartsgebundenen Gesetz heraus, ohne romantische Beschönigungen und Verspieltheiten ... Einfachheit im Vielfachen, knappe Ausnutzung von Raum, Stoff, Zeit und Geld ...« (→ S. 64)

Mai 1925

Mo	Di	Mi	Do	Fr	Sa	So
				1	2	3
4	5	6	7	8	9	10
11	12	13	14	15	16	17
18	19	20	21	22	23	24
25	26	27	28	29	30	31

1. Mai, Freitag

Innerhalb der Nationalsozialistischen Deutschen Arbeiterpartei (NSDAP) wird eine Organisation zum Schutze ihrer Führer, die Schutzstaffel (SS), gegründet. Gleichzeitig legt Ernst Röhm die Führung der Sturmabteilung (SA) nieder (→ 27. 2./S. 40).

Die seit 1878 von Großbritannien verwaltete Mittelmeerinsel Zypern wird zur Kronkolonie erklärt. → S. 99

Vor Honolulu führen die US-amerikanischen Seestreitkräfte ein Manöver durch, woran fast die gesamte Flotte beteiligt ist. Dabei sollen die Verteidigungsmöglichkeiten der seit 1898 in US-amerikanischen Besitz befindlichen Hawaii-Inseln überprüft werden.

Auf dem zweiten Gesamtchinesischen Arbeiterkongreß in Guangzhou kommt es zur Gründung des Gesamtchinesischen Gewerkschaftsbundes.

Zwischen den Stationen Swaroschin und Preußisch-Stargard im polnischen Korridor entgleist der D-Zug D 4 Königsberg – Berlin und stürzt einen Abhang hinunter. 29 Menschen finden dabei den Tod.

Die Deutsche Reichsbahn erhöht ihre Tarife generell um 10%.

Die sechste Deutsche Erfinder- und Neuheitenmesse wird in Mannheim eröffnet.

2. Mai, Sonnabend

Mit 223 gegen 123 Stimmen lehnt das britische Unterhaus den Antrag der Labour-Party auf Annahme des Washingtoner Abkommens über den achtstündigen Arbeitstag ab (→ 6. 1./S. 20).

Die Abtretung des 100 km² großen Jubalandes im Sudan an Italien wird zwischen Großbritannien und Italien vertraglich geregelt.

Glenn Hartranft (USA) stellt in San Francisco mit 47,89 m einen Weltrekord im Diskuswerfen auf.

3. Mai, Sonntag

Bei den Landtagswahlen in Schaumburg-Lippe können die Sozialdemokraten ihre führende Rolle gegenüber den bürgerlichen Parteien behaupten.

Der von der Künstlervereinigung »Novembergruppe« fertiggestellte Streifen »Der absolute Film« mit »Entràcte« und »Ballet mécanique« gelangt in Berlin zur Uraufführung. → S. 164/65

Bei dem in Frankfurt am Main stattfindenden Endspiel um die deutsche Rugby-Meisterschaft schlägt Frankfurt 1880 den Sportklub Linden mit 33:13.

Das Langstreckenrennen auf dem kurvenreichen »Madonie«-Straßenkurs auf Sizilien (fünf Runden à 108 km) um die Targa Florio gewinnt der Bugatti-Fahrer Bartolomeo Constantini vor dem Franzosen André Boillot auf Peugeot.

4. Mai, Montag

Im Völkerbundpalast in Genf wird die internationale Waffenhandelskonferenz eröffnet, an der Vertreter aus 43 Staaten teilnehmen, darunter auch Delegierte aus dem Deutschen Reich, das bisher noch kein Mitglied des Völkerbundes ist (→ 17. 6./S. 113).

In seiner Ansprache anläßlich der Grundsteinlegung eines jüdischen Gotteshauses in Washington fordert der US-amerikanische Präsident Calvin Coolidge zum Abbau der negativen Vorurteile gegenüber den Juden auf.

5. Mai, Dienstag

Mit einer Eröffnungsfeier wird in München die Deutsche Akademie für die wissenschaftliche Erforschung und Pflege des Deutschtums gegründet.

Frauen aus 42 Staaten der Erde nehmen an der Internationalen Frauentagung in Washington teil (→ 7. 4./S. 86).

6. Mai, Mittwoch

Die US-amerikanische Publikation »Amerikanische Stimme« veröffentlicht in ihrer neuesten Ausgabe eine Zusammenstellung über die Werbeausgaben einheimischer Firmen. → S. 192/93

Vor der Aufnahme eines Medizinstudiums warnt der Württembergische Ärzteverband, da der Bedarf an Ärzten im Deutschen Reich bald gedeckt sei.

7. Mai, Donnerstag

Die Sozialdemokratische Partei (SPD) legt einen Einspruch gegen die Gültigkeit der Reichspräsidentenwahl vom → 26. April (S. 74) wegen gesetzwidriger Wahlbeeinflussung ein. Der Einspruch wird jedoch nicht akzeptiert.

Der von 20 inhaftierten Kommunisten am 1. Mai begonnene Hungerstreik im Berliner Untersuchungsgefängnis Moabit wird beendet, nachdem man dem Rechtsanwalt zugesagt hat, daß sich die Gefängniskost verbessern wird.

In München findet die feierliche Einweihung des neuen Baus des 1903 gegründeten Deutschen Museums auf der Isarinsel statt. → S. 97

8. Mai, Freitag

Ein Mißtrauensantrag der Deutschnationalen Volkspartei (DNVP) gegen die preußische Regierung wird mit 222:214 Stimmen abgelehnt. → S. 96

Wegen Beleidigung und Beschimpfung der Reichsfarben wird vom Charlottenburger Schöffengericht in Berlin ein Angeklagter zu zwei Wochen Gefängnis verurteilt. Der Angeklagte hatte die schwarzrotgoldene Fahne als »Fetzen« bezeichnet.

In der ungarischen Nationalversammlung beginnt die Debatte um eine Änderung des Wahlgesetzes. Es ist ein Versuch bürgerlicher Parteien, ihre Mehrheiten gegenüber der Arbeiterschicht sicherzustellen.

Anläßlich der Frankfurter Kunsttage gastiert Tairows Moskauer Kammertheater im Frankfurter Neuen Theater mit dem Stück des irischen Autors George Bernard Shaw, »Heilige Johanna«.

Der in Berlin stattfindende Boxkampf zwischen dem niederländischen Schwergewichtsmeister Piet van der Veer und dem Deutschen Hans Breitensträter endet unentschieden. → S. 103

9. Mai, Sonnabend

Vom 9. bis 11. Mai treffen in Bukarest die Außenminister der Kleinen Entente, der Tschechoslowakei, Jugoslawiens und Rumäniens, zusammen. Sie beraten über den Sicherheitspakt sowie die Beziehungen zu den Nachbarstaaten Ungarn, Österreich und Bulgarien. → S. 98

Der Maler und Präsident der Preußischen Akademie der Künste Berlin, Max Liebermann, eröffnet in Berlin die Frühjahrsausstellung der Akademie.

Im Londoner Wembley-Stadion wird die diesjährige Ausstellung des Britischen Königreiches eröffnet. → S. 103

10. Mai, Sonntag

Zu einem Großdeutschen Tag treffen sich in Frankfurt am Main Mitglieder der Organisation »Stahlhelm«. → S. 96

Bei dem am 3. Mai und dem heutigen Tag stattfindenden französischen Gemeinderatswahlen können vor allem die Sozialisten und Radikalsozialisten Stimmengewinne verbuchen.

Die Notwendigkeit verstärkter internationaler Zusammenarbeit auf technischem und wissenschaftlichem Gebiet betonen die Delegierten auf der Hauptversammlung des Vereins deutscher Ingenieure in Augsburg.

Sein 100jähriges Bestehen begeht der Börsenverein des Deutschen Buchhandels in Leipzig. → S. 104

Die deutsche Feldhockey-Auswahl gewinnt in Wien gegen Österreich mit 2:0.

11. Mai, Montag

Unter großem Jubel zieht der neue Reichspräsident Paul von Hindenburg in der Reichshauptstadt Berlin ein. → S. 94

In Amsterdam geht der Parteitag der Kommunistischen Partei der Niederlande nach drei Tagen Dauer zu Ende.

Die Südwestdeutsche Luftverkehrs AG eröffnet mit Junkers-Flugzeugen den regelmäßigen Luftverkehr zwischen Frankfurt am Main und Berlin.

Maria Schreker und Richard Tauber singen die Titelpartien der Oper »Der ferne Klang« von Franz Schreker, die in der Staatsoper Berlin Premiere hat.

12. Mai, Dienstag

Während der Vereidigung des neuen Reichspräsidenten Paul von Hindenburg verlassen die kommunistischen Abgeordneten als Zeichen des Protestes gegen das neue Staatsoberhaupt den Reichstag (→ 11. 5./S. 94). → S. 95

Die tschechische Regierung in Prag verbietet alle offiziellen Glückwunschtelegramme an den deutschen Reichspräsidenten Paul von Hindenburg, die eine »Kundgebung besonderer Ehrung und Ergebenheit« enthalten.

Die deutsch-österreichischen Verhandlungen haben zu einem Teilergebnis geführt. Zwar gelang der deutschen Delegation nicht die Aufhebung des Visumzwanges, aber doch eine Senkung der Visagebühren.

Im Kino am Berliner Nollendorfplatz wird der 1923 gedrehte Film »Götter von Tibet« von Regisseur Paul Wegener uraufgeführt. Hauptrollen spielen Asta Nielsen, Käte Haack und Paul Wegener.

13. Mai, Mittwoch

In der Redaktion der sozialdemokratischen Zeitung »Vorwärts« in Berlin läßt der Oberstaatsanwalt eine Hausdurchsuchung durchführen. Als Grund wird die »Überschreitung der preß-polizeilichen Vorschrift« angegeben.

Die Volksbühne in Berlin führt »Hamlet« von William Shakespeare auf. Das Bühnenbild schuf der bekannter Maler und Bildhauer des Bauhauses Oskar Schlemmer (*1888).

Ein Revolutions-Museum, das sich ausschließlich der Geschichte revolutionärer Bewegungen widmet, ist in Moskau gegründet worden.

Die von dem US-amerikanischen Leichtathletikverband vor fünf Tagen verhängte Suspension des finnischen Läufers Paavo Nurmi wegen »übertriebener Forderungen an Reisespesen« wird wieder aufgehoben. Die eingesetzte Untersuchungskommission kann den Vorwurf nicht bestätigen.

14. Mai, Donnerstag

Das Endspiel um die spanische Fußballmeisterschaft zwischen dem FC Barcelona und Arenas Bilbao in Sevilla gewinnt Barcelona 2:0.

15. Mai, Freitag

In Berlin wird die Reichsrundfunk-Gesellschaft gegründet. Die Zahl der Rundfunkhörer in Deutschland beträgt bereits fast eine Million. → S. 102

Franz Fischer und Hans Tropsch haben ein Verfahren zur Produktion von Kraftstoffen und Ölen auf synthetischem Wege entwickelt. → S. 102

Zur 21. Jahresversammlung, der mit einem Internationalen Reklamekongreß verbunden ist, treffen in Houston (US-Bundesstaat Texas) die Vertreter der Associated-Advertising Clubs of World zusammen. → S. 192/93

Die Tausendjahrfeiern der Rheinlande sind nicht nur Anlaß, auf die endgültige Räumung der besetzten Gebiete hinzuweisen; oft genug ist die vaterländische Begeisterung gepaart mit altgermanischer Symbolik, wie dieser Ritter auf der Titelseite der »Illustrirten Zeitung«, der mit entschlossenem Blick seinen Fuß auf das linksrheinische Ufer setzt

16. Mai, Sonnabend

Der Oberbürgermeister der Stadt Köln, Konrad Adenauer (Zentrum), eröffnet die dreimonatige Jahrtausendausstellung der Rheinlande. → S. 97

In Rio de Janeiro beginnt der zweite Parteitag der Kommunistischen Partei Brasiliens (bis 18. 5.).

Bei einem Zechenunglück in Dortmund-Dorstfeld sterben 46 Bergleute.

Unter der Regie von Leopold Jessner findet im Staatlichen Schauspielhaus Berlin die Uraufführung von Arnolt Bronnens Stück »Rheinische Rebellen« statt.

17. Mai, Sonntag

Bei den Wahlen zur Landesvertretung von Waldeck erhalten die bürgerlichen Parteien zwölf Mandate. Die Sozialdemokraten bekommen drei und die Deutschen Demokraten ein Mandat.

Auf der Tagung des Deutschen Mieterverbandes in Berlin beklagen die Delegierten die erheblichen Mietsteigerungen, vor allem in kleineren Städten.

In einem in Madrid veröffentlichten Dekret wird die Aufhebung des seit 1923 bestehenden Ausnahmezustandes in Spanien verfügt. → S. 98

Die am 8. Mai eröffnete Heimarbeitsausstellung in Berlin ist beendet. → S. 97

In Berlin gelangt der Film »Das goldene Kalb« mit Henny Porten und Albert Steinrück zur Uraufführung.

Bei den am Wochenende stattfindenden Frühjahrsflügen in Frankfurt am Main wird besonders der Flieger Ernst Udet vom Publikum gefeiert.

18. Mai, Montag

Das preußische Handelsministerium veröffentlicht neue Richtlinien für die Handhabung des seit 1918 bestehenden Nachtbackverbots. Die Vorverlegung des Arbeitsbeginns auf 5.00 Uhr soll nur in Ausnahmefällen gestattet werden.

Der Verband deutscher Faustkämpfer erklärt den am → 8. Mai (S. 103) zwischen Piet van der Veer und Hans Breitensträter in Berlin stattgefundenen Boxkampf zunächst für ungültig. Das Ergebnis soll vor dem Kampf abgesprochen worden sein, was letztendlich jedoch nicht bewiesen werden kann.

19. Mai, Dienstag

Im Genfer Völkerbundgebäude treffen Vertreter aus 57 Staaten zur siebenten Internationalen Arbeiterkonferenz zusammen (bis 10. Juni). → S. 98

20. Mai, Mittwoch

Die Chefredaktion der in Berlin erscheinenden, der Deutschen Volkspartei nahestehenden Tageszeitung »Zeit« gibt bekannt, daß sie ihr Erscheinen voraussichtlich zum 1. Juli einstellen wird. Das Organ soll in der seit 1924 erscheinenden »Täglichen Rundschau« aufgehen.

Die als Organ des Völkerbundes neu konstituierte Kommission gegen Frauenhandel und für internationalen Kinderschutz tritt in Genf zu ihrer ersten Sitzung zusammen.

In Prag endet das Orchestermusikfest der Internationalen Gesellschaft für Neue Musik, das am 15. Mai begann. U. a. kamen Werke von Bohuslav Martinu und Ernst Křenek zur Uraufführung. → S. 52/53

21. Mai, Christi Himmelfahrt

In Berlin findet das erste Reichstreffen des kommunistischen Rotfrontkämpferbundes mit 30 000 Teilnehmern statt. Es dauert bis zum 22. Mai. → S. 96

Unter der musikalischen Leitung von Fritz Busch gelangt in der Dresdner Staatsoper die Oper »Doktor Faust« des 1924 verstorbenen italienischen Komponisten Ferruccio Busoni zur Uraufführung. → S. 52/53

Der norwegische Polarforscher Roald Amundsen startet in der Kings Bai auf Spitzbergen mit zwei Wasserflugzeugen, um den Nordpol auf dem Luftweg zu erreichen (→ 18. 6./S. 116).

Mit einem feierlichen Einmarsch der Sportler wird in Frankfurt am Main das neue Waldstadion seiner Bestimmung übergeben.

22. Mai, Freitag

Die aus Katholiken gebildete belgische Minderheitsregierung tritt zurück, da die Liberalen und die Sozialisten ihre Unterstützung verweigern (→ 5. 4./S. 76).

Erstmals erscheint die Vierteljahreszeitschrift für Soziologie, Geschichts- und Kulturphilosophie »Ethos«.

23. Mai, Sonnabend

Reichstagspräsident Paul Löbe (SPD) hält die Festrede auf der Tagung des österreichisch-deutschen Volksbundes in Dortmund (→ 4. 6./S. 114).

Durch ein Erdbeben wurden die beiden japanischen Städte Kinosaki und Tayooka völlig zerstört. Die Zahl der Opfer geht in die Tausende.

In Paris endet nach drei Tagen der dritte Kongreß der internationalen Schriftstellervereinigung »PEN-Club«. Als deutsche Delegierte waren u. a. Rainer Maria Rilke, Hugo von Hofmannsthal und Heinrich Mann anwesend.

In Berlin findet die Uraufführung des Films »Die freudlose Gasse« von Georg Wilhelm Pabst statt. → S. 103

In Paris gelangt das Concertino für Klavier des Komponisten Arthur Honegger zur Uraufführung.

24. Mai, Sonntag

Bei den Landtagswahlen in Oldenburg erhalten die Rechtsparteien 15, das Zentrum zehn, die SPD neun, die Deutschen Demokraten (DDP) fünf und die Deutschvölkischen (DVP) einen Sitz.

Bei einer Volksabstimmung in der Schweiz stimmen 381 000 Wahlberechtigte gegen die sofortige Einführung der Alters-, Hinterbliebenen- und Invalidenversicherung; 279 000 sind dafür.

In Nürnberg endet die am 16. Mai begonnene Bayerische Lebensmittelmesse.

25. Mai, Montag

Die italienische Regierung erläßt ein Dekret, wodurch den Gemeinden in Südtirol das Recht entzogen wird, ihre Sekretäre zu wählen, sie werden künftig von den Präfekten bestimmt. Getroffen werden mit diesem Beschluß vor allem die deutschen Selbstverwaltungen in den Dörfern (→ 20. 2./S. 43).

Anläßlich der Aufführung des Stückes »Vatermord« von Arnolt Bronnen kommt es im Stadttheater Bremen zu einem Skandal, als deutschnationale Kräfte die Vorstellung durch Krawalle stören und deren Fortsetzung verhindern können.

Im Berliner Admiralspalast gastiert die US-amerikanische Sam-Wooding-Jazz-Band. Es ist die erste schwarze Band, die nach dem Ersten Weltkrieg in Deutschland spielt. → S. 118/19

In Westward Ho (Großbritannien) beginnen die Amateur-Golfmeisterschaften von Großbritannien und Irland (bis 29. 5.). Mit Hans Samek aus Hamburg nimmt erstmals ein deutscher Spieler an diesem Wettbewerb teil.

26. Mai, Dienstag

Der schwedische Reichstag in Stockholm verabschiedet die Abrüstungsvorlage, woraufhin u. a. die Zahl der Divisionen des schwedischen Heeres von sechs auf vier herabgesetzt wird.

27. Mai, Mittwoch

In Moskau geht der seit 13. Mai tagende Allrussische Sowjetkongreß zu Ende. U. a. versicherte Leo Trotzki dem Kongreß seine völlige Übereinstimmung mit den Parteigrundsätzen (→ 17. 1./S. 19).

Die Attentäter des Bombenanschlags auf die Kathedrale in Sofia am 26. April werden auf einem öffentlichen Platz in der bulgarischen Hauptstadt in Anwesenheit von etwa 50 000 Menschen gehenkt (→ 16. 4./S. 77).

28. Mai, Donnerstag

Wegen Beleidigung des Ullstein-Verlages in Berlin wird der Herausgeber der Grenzlandzeitschrift »Deutsche Arbeit« zu einer Geldstrafe von 500 Reichsmark verurteilt. Weil in einem vom Ullstein-Verlag herausgegebenen Weltatlas nur noch die tschechoslowakischen Ortsbezeichnungen aufgeführt waren, meinte der nationalistische Herausgeber, Ullstein sei nur noch im juristischen Sinne als deutscher Verlag zu bezeichnen.

Während einer Parlamentsdebatte über die bewaffneten Auseinandersetzungen in Marokko erklärt der französische Ministerpräsident Paul Painlevé, ein Friedensschluß sei erst möglich, wenn das militärische Prestige Frankreichs vollständig wiederhergestellt sei (→ 30. 1./S. 20; 10. 4./S. 77).

Der 49 Jahre alte belgische Graf Henri de Baillet-Latour wird in Prag zum Präsidenten des Internationalen Olympischen Komitees (IOC) gewählt. → S. 103

29. Mai, Freitag

Der sächsische Landtag beschließt eine neue Gemeindeordnung.

Auf der seit gestern stattfindenden Tagung des Internationalen Schwimmverbandes (FINA) in Prag wird die Wiederaufnahme Deutschlands bestätigt.

30. Mai, Sonnabend

In der chinesischen Stadt Schanghai kommt es zu blutigen Zusammenstößen zwischen Demonstranten und der Polizei. Anlaß ist ein Generalstreik der chinesischen Arbeiter, die damit gegen ausländische Unterdrücker in ihrem Land protestieren. → S. 99

Vor seinem Haus am Comer See feiern faschistische italienische Vereine den Lyriker und Freund Benito Mussolinis, Gabriele d'Annunzio. → S. 99

Im renovierten Düsseldorfer Kunstpalast wird die Jubiläumsausstellung »Die letzten 100 Jahre rheinischer Malerei« mit einer Abteilung bedeutender moderner Kunst eröffnet.

31. Mai, Pfingstsonntag

In Goslar tagt der Allgemeine Deutsche Burschenschaftlerbund. Ein Ergebnis dieser Zusammenkunft ist die Ablehnung jedweder Gemeinschaft mit dem »pazifistischen und international eingestellten« Reichsbanner.

Frankreichs Präsident Gaston Doumergue und Ministerpräsident Paul Painlevé besuchen Elsaß-Lothringen.

In Teplice (Tschechoslowakei) vereinigen sich revolutionäre und reformistische Freidenkerorganisationen aus Europa und Amerika zu den Internationalen proletarischen Freidenkern (IpF).

Anläßlich des Heiligen Jahres der katholischen Kirche erstrahlt der Petersdom in Rom in Festbeleuchtung. → S. 102

Vom Berliner Flughafen Tempelhofer Feld starten 55 Maschinen zum Deutschen Rundflug 1925, der bis zum 9. Juni durchgeführt wird. In fünf großen Schleifen von 1100 und 1200 km Länge führen die Strecken über ganz Deutschland, mit Ausnahme Ostpreußens und den besetzten rheinischen Gebieten.

Das Wetter im Monat Mai

Station	Mittlere Lufttemperatur (°C)	Niederschlag (mm)	Sonnenscheindauer (Std.)
Aachen	14,2 (12,8)	66 (67)	– (205)
Berlin	15,9 (13,7)	26 (46)	– (239)
Bremen	15,6 (12,8)	31 (56)	– (231)
München	13,8 (12,5)	55 (103)	– (217)
Wien	– (14,6)	– (71)	– (173)
Zürich	13,3 (12,5)	59 (107)	– (207)

( ) Langjähriger Mittelwert für diesen Monat
– Wert nicht ermittelt

In ihrer typischen, leicht frivolen Manier mit Anklängen an den Jugendstil bedeutet die Zeitschrift »Jugend« ihren Lesern, daß es nun, zu Beginn des Monats Mai, an der Zeit sei, der winterlichen »Puppe zu entschlüpfen« und das Leben zu genießen

Am Tag der Wahl: Eine riesige Büste von Hindenburg wird durch Berlin gefahren

Reichskanzler Luther begrüßt Hindenburg auf dem Bahnhof Heerstraße

Hindenburg während seiner Vereidigung zum Reichspräsidenten; am Pult Reichstagspräsident Löbe, der die Vereidigung vornimmt

Feldmarschall Hindenburg als Präsident der Republik

11. Mai. Der neue Präsident des Deutschen Reiches, Paul von Hindenburg, zieht am Nachmittag in der Reichshauptstadt Berlin ein.

Von der Ankunft des am → 26. April (S. 74) gewählten Staatsoberhauptes auf dem Bahnhof Heerstraße berichtet die bürgerlich-liberale »Frankfurter Zeitung«: »Zwei Minuten vor der festgesetzten Zeit, um 5.50 Uhr, lief der von zwei Maschinen gezogene D-Zug, den höhere Eisenbahnbeamte führten, langsam ein. Als der Zug hielt, erschien an der Türe des Salonwagens als erster, den Zylinder in der Hand, Reichspräsident v. Hindenburg. Auf seinen Stock gestützt, stieg er auf den Bahnsteig hinab. Hier begrüßte ihn als erster Reichskanzler Dr. Luther, dessen weiß gekleidetes Töchterchen dem Reichspräsidenten mit einem Gedicht einen Strauß gelber Rosen überreichte, während Dr. Luther der Schwiegertochter des Reichspräsidenten, Frau Major v. Hindenburg, einen Strauß Maiglöckchen als Willkommensgruß darbot . . . Dann ging es die Bahnhofstreppe hinauf zum Ausgang. In dem Augenblick, in dem Hindenburg neben Dr. Luther im Bahnhofsportal erschien, brach das auf der Heerstraße versammelte Publikum in Hoch-Rufe aus . . .«

Eine große Menschenmenge beobachtet das neue Staatsoberhaupt beim Abschreiten der Ehrenformation der Reichswehr

Die Fahrt zum Reichskanzlerpalais in der Wilhelmstraße, wo Hindenburg die erste Nacht in der Hauptstadt als Gast des Reichskanzlers verbringen wird, ist für Hindenburg ein Triumphzug. Mitglieder rechter Organisationen, des »Stahlhelm«, der »Wikinger«, des »Werwolf«, der »Baltikumer« etc. jubeln dem einstigen königlich-preußischen Feldmarschall zu. Die Farben des Kaiserreiches, Schwarz-Weiß-Rot, bestimmen dann auch die Szenerie für den Einzug des Präsidenten der Republik. Deren Symbol, die schwarzrotgoldene Fahne, ist höchst selten an diesem Tag zu sehen, da demokratisch Gesinnte der Zeremonie zumeist fernbleiben. Für sie ist dieser Tag Ausdruck ihrer bisher schmählichsten Niederlage in der Geschichte der Weimarer Republik. Die Wahl des »Ersatzkaisers« Hindenburg, wie ihn der liberale Publizist Theodor Eschenburg nennt, ist ein Symptom für eine weitverbreitete Sehnsucht unter den deutschen Bürgern nach der »guten alten Zeit«, und letztendlich verbindet ein Großteil der reaktionären Kräfte mit dem Jubel über den Sieg des Feldmarschalls die Hoffnung auf eine baldige Rückkehr des Kaisers in das Berliner Schloß. Hindenburg unterhält nach wie vor gute Beziehungen zu Wilhelm II.

Am Tag darauf, am 12. Mai, findet im Reichstagsgebäude die Vereidigung des Präsidenten statt. Beim Eintreten Hindenburgs in den Saal erheben sich die Abgeordneten mit Ausnahme der Kommunisten von den Plätzen. Diese rufen »Nieder mit den Monarchisten! Es lebe die Räterepublik!« und bringen ein dreifaches Hoch auf die Räterepublik aus. Unter den Pfiffen der Vertreter der rechtsgerichteten Parteien verlassen sie den Saal.

Nach diesem Zwischenfall legt Hindenburg vor dem Parlament der Weimarer Republik den Eid auf die Reichsverfassung ab, abgenommen vom sozialdemokratischen Reichstagspräsidenten Paul Löbe. → S. 95

Paul von Beneckendorff und von Hindenburg *wurde am 2. Oktober 1847 in Posen als Sohn einer preußischen Offiziers- und Gutsbesitzerfamilie geboren. 1866 nahm Hindenburg als Offizier am Deutschen Krieg und 1870/71 am Feldzug gegen Frankreich teil. 1903 wurde er zum Kommandierenden General ernannt und 1911 verabschiedet. 1914 wurde Hindenburg reaktiviert. Gemeinsam mit Erich Ludendorff (1. Generalquartiermeister) erhielt er als Stabschef und Generalfeldmarschall die Führung der achten Armee, die 1914/15 bei Tannenberg die nach Ostpreußen eingedrungenen russischen Truppen schlug. Als Chef der dritten Obersten Heeresleitung (seit 1916) trug er 1917 zum Sturz des Reichskanzlers Theobald von Bethmann Hollweg bei.*

Republikaner haben die Schlacht verloren

Die Wahl Paul von Hindenburgs zum deutschen Reichspräsidenten am → 26. April (S. 74) empfinden viele Demokraten als Niederlage für die Weimarer Republik. Am Tag nach der Wahl erscheint im »Berliner Tageblatt« folgender Leitartikel von Theodor Wolff, einem der einflußreichsten Publizisten der Weimarer Republik:
»Die Republikaner haben eine Schlacht verloren, der bisher monarchistische Feldmarschall von Hindenburg wird Präsident der deutschen Republik. Landbündler und Offiziersbündler lassen heute die Sektpropfen knallen, wie nach der Ermordung Rathenaus, und die in der gesellschaftlichen Rangordnung etwas tiefer stehenden Leserinnen und Leser des ›Lokal-Anzeigers‹ berauschen sich teils an Kaffee und teils an Bier. Sollen wir leugnen, daß, während jene trinken, uns andere ein Gefühl der Beschämung ergreift? Wir schämen uns nicht über die Niederlage – denn dann hätten auch Feldmarschälle schon oft das Haupt beugen müssen –, aber wir empfinden Scham über die politische Unreife so vieler Millionen, die nun wieder den Augen der achselzuckenden Welt sich zeigt. Die gestrige Wahl war eine Intelligenzprüfung, und vor der zuschauenden Weltgalerie, vor mitleidig entsetzten Freunden und höhnenden Feinden ist ungefähr die Hälfte des deutschen Volkes in dieser Prüfung durchgefallen, Gerade sah es so aus, als sollte es dem deutschen Volke etwas besser gehen . . . und es auf den Weg allmählicher Wiederherstellung gelangen. Da erdachten die politischen Ränkeschmiede . . . das Abenteuer der Hindenburg-Kandidatur, und diese Spekulation auf das ›deutsche Gemüt‹ . . . hat sich tatsächlich abermals bewährt. (. . .)
Wir wiederholen, daß wir dem Reichspräsidenten Hindenburg die Achtung erweisen werden, die er selber der republikanischen Verfassung erweist. Zu jener Gemeinheit niederzusteigen, die den unvergeßlichen Ebert verfolgte (→ 28. 2./S. 41), darf niemanden einfallen, der auf reine Hände und auf staatsbürgerliche Gesinnung hält. Zu gratulieren vermögen wir nicht, und weit richtiger erscheint uns in diesem Falle der Ausdruck des aufrichtigen Beileids zu sein. Bisher lag, neben der Sonne des Ruhms, der Schatten tragischen Geschehens auf der Lebensbahn des Herrn von Hindenburg, aber der nun beginnende Weg ist in Dunkel getaucht. Leider ist auch die Zukunft des deutschen Volkes jetzt von einer sehr dunklen Wolke verhängt. Was gestern die vierzehn Millionen, und eine halbe, die unbelehrt bleiben, dem Lande beschert haben, ist jedenfalls kein Glücksgeschenk. Die fast vierzehn Millionen Republikaner, die unterlagen, werden zuschauen und zu handeln wissen, wenn es nötig ist. Wie sollten sie entmutigt sein, da sie sehen, daß ihre Gegner nur in republikanischer Verkleidung zum Ziele gelangen konnten, und daß der alte, würdigste Paladin der Monarchie durch feierliches Gelübde sich zur republikanischen Staatsform bekennt? Und wer könnte entmutigt sein, der in diesen Tagen die Schwungkraft, den Ernst, die Zuversicht, die flammende Begeisterung, den festen Willen der republikanischen Massen gesehen hat. Wer, der am Abend vor der Wahl in den Straßen Berlins den großartigen Zug des Reichsbanners und der endlos vorbeimarschierenden Menge geschaut und in die Gesichter geblickt hat, könnte glauben, daß es ein ungefährliches Prinzenspiel sein würde, den Kampf gegen das republikanische Volk zu beginnen? Ach nein, antirepublikanische Cliquen konnten dem deutschen Gemüt und der Gedankenlosigkeit ein Wahlresultat ablisten, aber wenn einige Millionen willenlos sich gängeln lassen – vierzehn Millionen wissen, was sie wollen, und sie suchen nicht, aber sie fürchten auch nicht den Kampf. Wir sind überzeugt, daß auch der Reichspräsident Hindenburg keinen Kampf entzünden möchte, und seinen kriegslustigen Parteigängern sollte bekannt sein, daß man mitunter schon Schlachten gewonnen und doch den Sieg nicht errungen hat.«
Der Kandidat der Rechtsparteien, der aus seiner monarchistischen Haltung keinen Hehl macht, wird von den Wählern dem Demokraten Wilhem Marx vorgezogen.

Die höchsten Repräsentanten der Weimarer Republik im Reichskanzler-Palais: Reichspräsident Paul von Hindenburg und Reichskanzler Hans Luther

Loyal gegenüber Weimar

12. Mai. Nach Berichten aus vertrauten Kreisen soll Reichspräsident Paul von Hindenburg nach der Vereidigung auf die Weimarer Verfassung (→ S. 94) gesagt haben, er hätte diese jetzt erst gelesen, und er fände sie gar nicht so schlecht. Und der Diplomat Harry Graf Kessler berichtet über seinen Eindruck von der Vereidigung: »Eine etwas befangene, greisenhafte Generalstimme, die Ungewohntes und Unverstandenes vorlesen muß« . . . »Aber auffallend war doch der über Erwarten starke Nachdruck, den die Erklärung auf den republikanischen und demokratischen Charakter der Verfassung und insbesondere auf die Volkssouveränität legte.«
Diese Bemerkung deutet an, was gleichermaßen zur Überraschung linker als auch rechter Kräfte in Zukunft eintreten wird. Hindenburg verhält sich zunächst loyal zur Republik, wesentlich loyaler jedenfalls, als es Anhänger und Gegner von ihm erwartet hatten. Auch Außenminister Gustav Stresemann (DVP) äußert sich positiv über die Ansichten des ehemaligen Generalfeldmarschalls und erklärten Monarchisten in seinen Tagebuchaufzeichnungen vom 12. Mai: »Er gehörte mehr in die Periode Wilhelms I. als Wilhelms II. und wird sich sicherlich bemühen, ein konstitutioneller Präsident zu sein, sowohl der Verfassung wie der Regierung gegenüber. Die Ansprachen, die er . . . halten wird, sind von ihm durchgesehen und teilweise geändert worden, werden aber im ganzen der Linken mehr gefallen als der Rechten . . .« Nach einer Besprechung mit Hindenburg am 19. Mai schreibt Stresemann wiederum in sein Tagebuch: »Alles in allem hatte ich den Eindruck eines Mannes, der in konservativen Traditionen aufgewachsen ist und daraus auch kein Hehl macht, der aber konstitutionell denkt und jedenfalls die Absicht hat, in ehrlicher Weise und ohne Hintergedanken mit der Regierung auszukommen . . . Die Hauptsache ist, daß nicht unkontrollierbare Leute Einfluß auf ihn gewinnen.«

»Stahlhelm«-Treffen in Frankfurt am Main

10. Mai. Zu einem Frontkämpfertag versammeln sich in Frankfurt am Main mehrere tausend Mitglieder des »Stahlhelm«. Auf dem Programm dieses Treffens, wozu nicht nur Mitglieder der Organisation, sondern auch andere ehemalige Soldaten aus dem Deutschen Reich geladen waren, stehen u. a. eine Gedächtnisfeier für die Gefallenen des Weltkrieges, ein Festumzug sowie eine Bannerweihe. Die Teilnehmer zeigen sich enttäuscht über das mangelnde Interesse der Frankfurter. Nur wenige Fahnen in den reaktionären, monarchistischen Symbolfarben Schwarz-Weiß-Rot wehen zur Begrüßung in den Straßen. Einige Teilnehmer des Umzuges erklären dazu, daß man »von dieser internationalen Judenstadt« wohl nichts anderes erwarten könne. Antisemitische und antirepublikanische Gesinnung kennzeichnet einen Großteil der Anhänger des »Stahlhelm«.
Die Organisation mit dem vollständigen Namen »Stahlhelm, Bund der Frontsoldaten« ist der größte von zahlreichen aktiven deutschen Verbänden nationalistischer Prägung. Den inzwischen 100 000 Mitglieder zählenden Bund gründete im Dezember 1918 der Magdeburger Franz Seldte. Ehemalige Soldaten, Teilnehmer des Ersten Weltkrieges, fanden sich hier zusammen zu einem »Bund von Männern, die im Feuer den Wert kameradschaftlichen Zusammenseins erkannt« hatten. Schon bald nach der Revolution von 1918, die viele »Stahlhelm«-Leute als einen Verrat der Fronttradition empfanden, wandten sie sich gegen die weitere demokratische Entwicklung. Während der Inflationszeit 1922/23 entwickelt sich der »Stahlhelm« zu einem Sammelbecken rechtsgerichteter, antidemokratischer und terroristischer Kräfte, deren erklärtes Ziel die Abschaffung des parlamentarischen Systems ist. Unter ihnen befanden sich zum Teil auch jüngere Männer, die eher von den Wirren der Nachkriegszeit geprägt waren, als vom Krieg selbst. Während der Inflationszeit entwickelte Bundesvorsitzender Seldte Pläne für eine Krisenbewältigung, die z. B. die Erschießung jedes zehnten Streikenden vorsahen.

Banner des »Stahlhelm«-Bundes mit monarchistischen Symbolen

Otto Braun, der sozialdemokratische Ministerpräsident von Preußen

Mißtrauensvotum gegen Otto Braun

8. Mai. Ein von der Deutschnationalen Volkspartei (DNVP) eingebrachtes Mißtrauensvotum gegen den preußischen Ministerpräsidenten Otto Braun (SPD) wird mit 222 gegen 214 Stimmen abgelehnt. Mit dieser Entscheidung endet eine seit Beginn des Jahres andauernde Regierungskrise in Preußen, bei der die Rechtsparteien versuchten, ihren Einfluß bei der Kabinettsbildung geltend zu machen. Die Parteien der Weimarer Koalition (Zentrum, SPD, DDP) hatten zunächst versucht, eine Regierung der Großen Koalition zu bilden, was jedoch an der Forderung der Deutschen Volkspartei (DVP) scheiterte. Sie bestand auf einer Mitgliedschaft der weit rechts stehenden DNVP, die sich wiederum weigerte, gemeinsam mit den Sozialdemokraten zu regieren. Erst als Braun, der am 3. April mit absoluter Mehrheit gewählt worden war, droht, den Landtag bei Vertrauensverlust aufzulösen, akzeptiert das preußische Parlament nun endlich seine Regierung (→ 19. 3./S. 60).

Der 79jährige Zentrums-Politiker Peter Spahn, lange Jahre Leiter seiner Fraktion im preußischen Landtag, war 1917/18 preußischer Justizminister. Seit 1920 bis zu seinem Tod im August 1925 ist er Ehrenvorsitzender des Zentrums

30 000 Rotfrontkämpfer in der Hauptstadt

21. Mai. In Berlin findet das erste Reichstreffen des Roten Frontkämpferbundes (RFB) statt.
Über 30 000 Frontkämpfer und Angehörige des Roten Jungsturms – der Jugendabteilung des RFB – kommen aus allen Gegenden Deutschlands hier zusammen, um über künftige Aufgaben des Bundes zu beraten und informiert zu werden.
Der RFB wurde im Sommer 1923 von der Kommunistischen Partei (KPD) als Schutz- und Wehrorganisation gegründet. Hierin sollten alle »antimilitaristischen proletarischen Kräfte« gesammelt werden. Nicht alle Mitglieder des RFB sind Kommunisten, vielmehr wendet er sich wie die vaterländischen Vereine auch an ehemalige Kriegsteilnehmer. So hoffen die Führer des RFB, den reaktionären Kriegervereinen und Wehrverbänden, wie z. B. dem »Stahlhelm« (→ 10. 5.), eine starke Kraft entgegensetzen zu können.
Wie die sozialdemokratische Organisation »Reichsbanner« (→ 22. 2./S. 36) ist der RFB uniformiert, jedoch im wesentlichen unbewaffnet. Vorsitzender ist Ernst Thälmann, der über den RFB sagt, daß dieser seiner Zusammensetzung nach eine rein proletarische und seinen Zielen nach eine revolutionäre Organisation des Klassenkampfes sei – aber keine kommunistische. Entsprechend seinen Bestrebungen gehöre er jedoch zur internationalen kommunistischen Gesamtbewegung.

Mitglieder des Roten Frontkämpferbundes auf dem Weg zum Reichstreffen der Organisation am 21./22. Mai im Lichtenberger Stadion von Berlin

Adenauer eröffnet Rheinland-Schau

16. Mai. Auf dem Messegelände in Köln eröffnet der Oberbürgermeister der Stadt, Konrad Adenauer (Zentrum), in Anwesenheit des deutschen Reichskanzlers Hans Luther (parteilos) die Jahrtausendausstellung der Rheinlande.
Mit ihr hat es, wie Adenauer erklärt, »die Stadt Köln unternommen, in einer einzigen Schau den gewaltigen Querschnitt durch tausend Jahre rheinisch-deutscher Zusammengehörigkeit zu ziehen . . . Man hat die Kraft gehabt, den ehrwürdigsten Dokumenten einer großen deutschen Vergangenheit kirchlichen, kunststaatlichen und städtischen Lebens . . . die Absichten der Gegenwart gegenüberzustellen . . .« Die Ausstellung ist das Kernstück von Jahrtausendfeiern, die überall in Städten und Orten des Rheinlandes stattfinden werden. Aus Anlaß der 1000jährigen Zugehörigkeit der Rheinlande zum Deutschen Reich sollen die Gemeinsamkeiten dokumentiert werden. In ihren Reden anläßlich des Beginns der Feierlichkeiten betonen die Gäste die geschichtliche, kunsthistorische und vor allem die politische Bedeutung der Veranstaltungen in den besetzten Gebieten. Reichskanzler Luther fordert zu diesem Anlaß die Alliierten zur vollständigen Räumung der Kölner Zone auf, die bereits im Januar erfolgen sollte (→ 5. 1./S. 15).

Festveranstaltung des Provinziallandtages zur Jahrtausendfeier: Es spricht Reichskanzler Hans Luther im Kaisersaal der Tonhalle in Düsseldorf

Schlecht bezahlt für Heimarbeit

17. Mai. In Berlin geht die am 8. Mai begonnene deutsche Heimarbeitsausstellung zu Ende.
Berufsorganisationen und gewerkschaftliche Verbände versuchen damit die Aufmerksamkeit auf die Bedingungen heimindustrieller Fertigung zu lenken. Die Besucher können sich nicht nur über die hergestellten Produkte informieren, sondern erhalten auch Auskünfte über die im Vergleich zu den Fabrikarbeitern schlechteren Arbeits- und Lebensbedingungen der Heimarbeiter. Dabei werden z. B. große Unterschiede der Stundenlöhne sichtbar. So erhalten die in Gebirgsdörfern ansässigen Beschäftigten der Papier- und Spielwarenindustrie oftmals nur einen Stundenlohn von vier Pfennigen. Das Nähen für die Bekleidungsindustrie in Großstädten bringt für gleichwertige Arbeit hingegen zwischen 40 und 70 Pfennige, was etwa dem Fabriklohn entspricht.

Deutsches Museum wird eingeweiht

7. Mai. Im Beisein hoher Regierungsbeamter und des Reichskanzlers Hans Luther (parteilos) wird in München nach langer Bauzeit das »Deutsche Museum« der Öffentlichkeit übergeben.
Der Tag der Einweihung des Museums von »Meisterwerken der Naturwissenschaften und Technik« ist gleichzeitig auch der 70. Geburtstag seines Schöpfers Oskar von Miller. Auf seine Initiative hin wurde bereits im Jahr 1906 von Kaiser Wilhelm II. der Grundstein für das Gebäude auf der Isarinsel gelegt. Die Finanzierung des ehrgeizigen Projektes einer umfassenden naturwissenschaftlich-technischen Sammlung erfolgte durch die Stadt München, das Land Bayern, die Reichsregierung sowie industrielle Verbände.
Ziel der Einrichtung ist neben der Präsentation von Exponaten auch die Vermittlung naturwissenschaftlicher Kenntnisse an breite Bevölkerungsschichten. So werden z. B. an Nachbildungen, Modellen und Schautafeln Naturgesetze sowie die Funktionsweise technischer Apparaturen allgemeinverständlich gemacht.

Schon eine Woche vor der offiziellen Eröffnung des Deutschen Museums stimmt am 30. April die »Leipziger Illustrirte« ihre Leser mit Bildern von den verschiedenen Ausstellungshallen auf das große Ereignis ein

Konferenzteilnehmer der Kleinen Entente und ihre Frauen nach dem Abschluß der Gespräche auf der Sommerresidenz Bratianus in Florica: Ninczic (3. v. l.), Bratianu (4. v. l.), Beneš (r.)

Außenminister der Kleinen Entente beraten über Sicherheitsfragen in Rumäniens Hauptstadt

9. Mai. *Zu einer zweitägigen Konferenz treffen in der rumänischen Hauptstadt Bukarest die Außenminister der Kleinen Entente zusammen. Die Vertreter der drei in diesem Bündnis vereinigten Staaten, der Tschechoslowake Eduard Beneš, der Serbe Momcilo Ninczic und der Rumäne Jon Gheorghe Duca, rechts neben seinem Ministerpräsidenten Ion I. C. Bratianu, beraten vor allem Sicherheitsfragen und die allgemeine internationale politische Entwicklung. Zur Kleinen Entente vereinigten sich die Tschechoslowakische Republik, das Königreich der Serben, Kroaten und Slowenen (Jugoslawien) sowie das Königreich Rumänien in den Jahren 1920/21. Diese Staaten gehörten vor dem Weltkrieg zumindest teilweise zur Donaumonarchie, und ihr Ziel ist die Erhaltung ihrer Souveränität. Beneš hatte damals dieses Bündnis wegen der Großmachtbestrebungen Ungarns initiiert.*

Ausnahmezustand in Spanien beendet

17. Mai. Die spanische Regierung unter Ministerpräsident Miguel Primo de Rivera y Orbaneja veröffentlicht in Madrid ein Dekret, wodurch der seit zwei Jahren bestehende Ausnahmezustand in Spanien aufgehoben wird und bildet ein Militärdirektorium, das später in ein ziviles Kabinett umgewandelt wird. Fortschrittliche Kräfte hoffen, daß auch die geforderte Pressefreiheit und Verfassungsgarantien zugestanden werden.

Seit dem Ende des Ersten Weltkrieges, in dem sich Spanien neutral verhielt, gibt es zwar eine Art konstitutioneller Monarchie mit einem Parlament, die »Cortes«, doch in der Praxis wird Spanien von einem äußerst konservativen, autoritären Kreis von nur wenigen einflußreichen Familien beherrscht. Eine eigene Macht bildet wiederum das Militär, die große Masse des Volkes jedoch verfügt über keinerlei Mitspracherecht. Diese gesellschaftlichen Widersprüche führen zu extremen Gegensätzen zwischen den sozialen Klassen. Die UGT (Unión General de Trabajadores), eine starke sozialistische Gewerkschaft, versucht, die Rechte der Arbeiter auf reformerischem Wege durchzusetzen. Daneben existieren einflußreiche anarchistische Gruppen, die eine Abschaffung jedweder staatlichen Autorität anstreben. Als zu diesen ungelösten innenpolitischen Problemen noch militärische Niederlagen in Marokko (→ 30. 1./S. 20) kamen, errichtete Primo de Rivera im September 1923 mit Zustimmung des Königs Alfons XIII. eine Militärdiktatur (→ 3. 12./S. 204).

Der König und sein Diktator: General Miguel Primo de Rivera (l.) während einer Besprechung mit König Alfons XIII. in dessen Arbeitszimmer

Arbeitskonferenz in Genf eröffnet

19. Mai. Vertreter aus 42 Staaten treffen in Genf zur siebten Internationalen Arbeitskonferenz zusammen. Zu der seit 1918 jedes Jahr stattfindenden Konferenz schicken die teilnehmenden Länder zumindest zwei Regierungsvertreter, je einen Delegierten der Arbeitnehmer und Arbeitgeber sowie zusätzlich noch führende Wirtschafts- und Sozialpolitiker.

Zum Vorsitzenden der bis zum 10. Juni dauernden Tagung wird der tschechoslowakische Außenminister Eduard Beneš gewählt. Beneš, der sich als Professor der Soziologie intensiv mit sozialen Problemen beschäftigt hat, betont in seiner Rede u. a. die Bedeutung einer für alle gültigen Sozialversicherung.

Wesentliche Ziele des diesjährigen Treffens sind eine Einigung über die generelle Einführung des Achtstundentages (→ 6. 1./S. 20), die Durchsetzung eines Nachtbackverbotes für Bäcker, Maßnahmen für die Eindämmung der Berufskrankheiten und -unfälle sowie die Einführung von Unfallentschädigungen.

Chinesischer Protest gegen die Fremden

30. Mai. In der chinesischen Stadt Schanghai kommt es zu Demonstrationen streikender Arbeiter, in deren Verlauf mehrere Menschen von der Polizei erschossen werden.
Die daraufhin sich sehr schnell auch in anderen Städten ausbreitende Protestbewegung führt zu weiteren Zusammenstößen mit der Polizei sowie ausländischen Truppen. Letztere greifen ein, da sich die Demonstranten in der Hauptsache gegen deren Anwesenheit wenden. So fordern etwa 1500 Teilnehmer einer Versammlung in Schanghai den Boykott ausländischer Banknoten und Banken sowie die Kontrolle der städtischen Polizei durch Chinesen und fordern zum Generalstreik in allen Betrieben ausländischer Besitzer auf. Vielfach wird dieser Aufruf befolgt, auch noch in den kommenden Monaten. Immer wieder aufflakkernde Unruhen und teilweise bis zum nächsten Jahr andauernde Streiks sind die Folge, so daß die »Bewegung 30. Mai« als eine wichtige Etappe der »antiimperialistischen Bewegung« in die chinesische Geschichte eingehen wird.
Der Widerstand gegen ausländische Herrschaft ist eine der »Drei Grundlehren vom Volk«, die Sun Yat-sen, der am → 12. März (S. 63) verstorbene Führer der »Kuomintang« (»Nationale Volkspartei«), im Jahr 1924 formulierte. Darin sieht er China als eine Arte »Hyperkolonie«, die von mehreren imperialistischen Ländern, z. B. Großbritannien, Frankreich und Japan, ausgebeutet wird.
Chinas Entwicklung wird stark von der Politik ausländischer Mächte bestimmt, die bald den einen, bald den anderen der um die Vorherrschaft kämpfenden chinesischen Generäle (→ 12. 1./S. 20) unterstützen. Auf diese Weise sind sie beteiligt an der Zersplitterung des Riesenreiches und verhindern zum eigenen Vorteil die Entwicklung einer souveränen Republik. Sun forderte das chinesische Volk auf, sich unter der nationalen Idee gegen die Fremden zusammenzuschließen, z. B. durch passiven Widerstand, wie die Ablehnung einer Zusammenarbeit mit den Vertretern imperialistischer Mächte, oder durch den Boykott ihrer Waren. Diese Gedanken Sun Yat-sens führen weiter zum »Kampf gegen den Imperialismus«, einem der Hauptprogrammpunkte der Kommunisten – während dieser Zeit Verbündete der »Kuomintang«.

Studenten demonstrieren in Peking

Protestdemonstrationen gegen die Fremden beherrschen das Straßenbild von Schanghai; Rikschafahrer müssen oft große Umwege in Kauf nehmen

Nach einem Angriff von Studenten auf eine Polizeistation in Schanghai werden Schwerverletzte abtransportiert

Aufforderung an der Straße zum Hafen von Peking: »Verfluchte Engländer! Macht Euch über diese Straße davon«

Der Diktator und sein Poet: Mussolini (2. v. l.) und d'Annunzio (r.)

Dankbarer Jubel für d'Annunzio

30. Mai. Am Abend versammeln sich vor dem Haus des italienischen Dichters Gabriele d'Annunzio in Cargnacco mehrere hundert Anhänger der faschistischen Bewegung Italiens, um dem engen Freund des Diktators Benito Mussolini zuzujubeln. Damit erinnern die Schwarzhemden an die in den Jahren 1919/20 unter d'Annunzios Führung erfolgte Besetzung der Hafenstadt Fiume (Rijeka), wodurch die geplante Internationalisierung des Adriahafens verhindert wurde.
Seit 1921 lebt d'Annunzio, einer der formenreichsten und wortgewaltigsten Lyriker Italiens, zurückgezogen in seinem Haus am Gardasee.

Die Insel Zypern wird Kronkolonie

1. Mai. Die britische Regierung erklärt Zypern zur Kronkolonie. Die im östlichen Mittelmeer gelegene Insel verfügt somit nur über eine beschränkte Regierungsgewalt, da die oberste Verwaltung durch den von der britischen Regierung eingesetzten Gouverneur erfolgt.
Die Verwaltung Zyperns ging bereits im Jahr 1878 nach dem Russisch-Türkischen Krieg an Großbritannien über, allerdings bei formeller Anerkennung der türkischen Oberhoheit. Der Eintritt des Osmanischen Reiches in den Weltkrieg hatte die formelle Annexion durch Großbritannien zur Folge, die nun mit der Erhebung zur Kronkolonie manifestiert wird.

Eine ungewöhnliche Werbeanzeige aus Großbritannien: Eine Dame am Steuer des Luxuswagens Rolls-Royce

Mit dem Fahrstuhl in den 5. Stock: Das neue Parkhaus

1. Renault 18 CV; 2. Peugeot 5 CV; 3. ein lederbezogener Voisin; 4. Voisin mit einer Karosserie von Saoutchik; 5. Manessius mit einer Ganzmetallkarosserie; 6. Peugeot; 7. Apollo; 8. Rumpler Tropfenwagen; bei den deutschen Autos (7, 8) wird das Bemühen um eine Stromlinienform deutlich

Die Verbeugung vor dem Automobil: Die neue Autostraße in Italien von Mailand nach Varese (85 km)

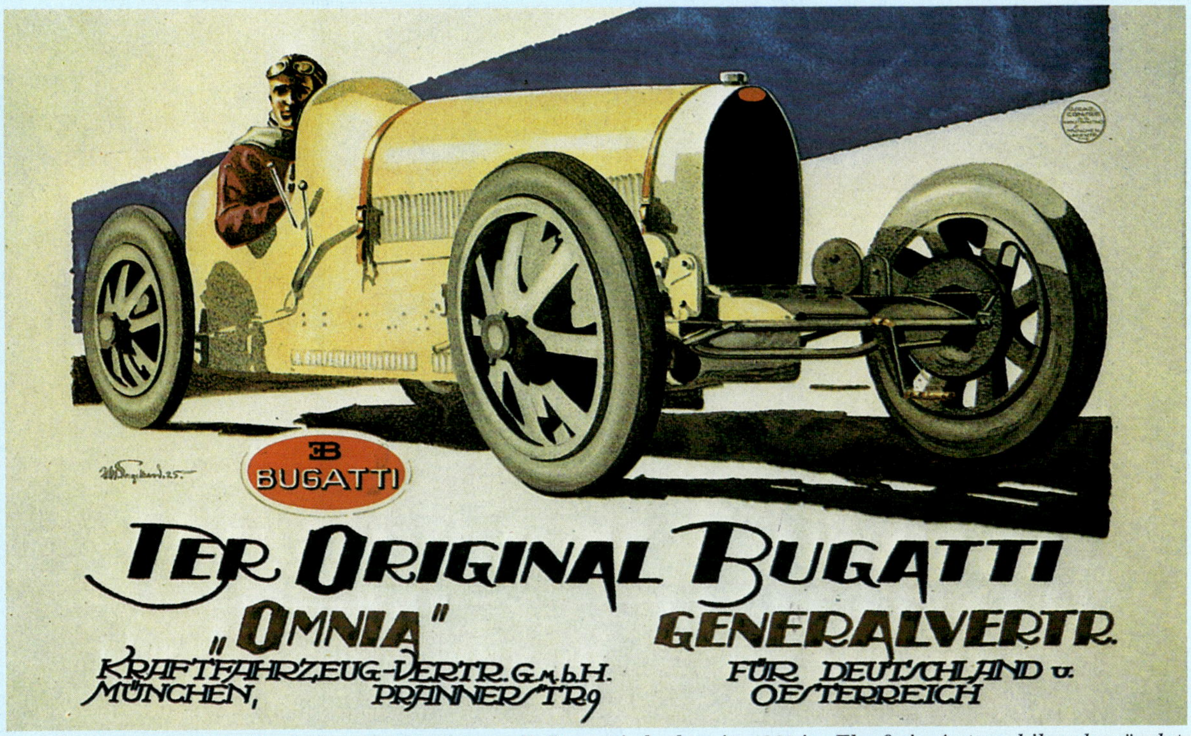

Ein Rennwagen des italienischen Konstrukteurs E. Bugatti, der bereits 1907 im Elsaß ein Automobilwerk gründete

Kleinstautos ohne große Zukunft

Die Hoffnung auf den Boom mit sog. Lilliputautos erweist sich 1925 als ein Flop. Nur wenige Kleinstwagen tauchen im Straßenbild auf, darunter als bekanntestes Modell das sog. »Kommißbrot« der Firma Hanomag (10 PS, 502 ccm Hubraum, 60 km/h). Der Preis von 2300 RM erscheint für einen Zweisitzer zu hoch. Der weitaus bequemere »Laubfrosch« von Opel (14 PS, 1016 ccm, 70 km/h) kostet 4000 RM. Billiger sind viele Motorräder, von denen es z. Z. im Deutschen Reich ohne Kleinkrafträder 161 508 gibt (PKW: 172 445). Eine Zündapp mit 2 bis 3 PS kostet immerhin nur 950 RM.

Vielversprechende LKW-Reklame

Buick – der Inbegriff für Luxus

Die stolzen Besitzer einer Autowaschanlage in den USA

Autowäsche in fünf Minuten braucht noch viel Personal

Auto 1925:

Deutsche fürchten Konkurrenz aus USA

Als Wilhelm Opel die Deutsche Automobilausstellung (26. 11. – 6. 12.) in Berlin eröffnet, vergißt er nicht, über die unliebsame Konkurrenz ausländischer Hersteller zu klagen. Immerhin gaben die Deutschen im vorausgegangenen Jahr etwa 100 Millionen Goldmark für importierte Kraftfahrzeuge aus, und so fordert ein großes Transparent über dem Eingang in den Hallen am Kaiserdamm auf: »Deutsche kauft deutsche Wagen.«

Ausländische Aussteller sind erst gar nicht zugelassen, sie veranstalten nur wenige Kilometer entfernt im Berliner Lunapark zu gleicher Zeit eine eigene Autoschau. Neben den Franzosen, Italienern und Belgiern ziehen hier vor allem amerikanische Wagen das Publikum an. Sie zeichnen sich oft durch mehr Bequemlichkeit, höhere PS-Zahlen und größere Wartungsfreundlichkeit aus. Im Detail allerdings sind sie den deutschen Fabrikaten unterlegen, da der Großteil der US-Wagen in Massenproduktion hergestellt wird. Die im Deutschen Reich noch kaum eingeführte Fließbandfertigung ist in den USA die Regel, was sich teilweise auch im niedrigeren Preisniveau ausdrückt. Schätzungen besagen, daß in den USA jeder sechste ein Auto fährt, in Deutschland ist es nicht einmal jeder hundertste. Die meisten Autobesitzer gibt es in Berlin, hier sind insgesamt 18 576 PKW gemeldet, in ganz Bayern hingegen nur 16 104. Dem Bedarf entsprechend bemüht sich die Industrie deshalb vorrangig im Bereich der Stadt- und Tourenwagen um Verbesserungen.

Zwar gibt es keine neuen Typen, jedoch technische Veränderungen, wie die Vierradbremse und den Ballonreifen. Die Brems- und Gashebel befinden sich meist schon im Innern des Wagens. Da sich die Berechnung der Autosteuer in Deutschland nach den PS-Zahlen richtet, versucht die Industrie, eine Erhöhung der Motorleistung nicht durch mehr PS zu erreichen, sondern durch mehr Hubraum. So werden viele Modelle auch mit drei oder vier Zylindern angeboten. Allgemein wird die Rechtssteuerung beibehalten (→ 26.11./S. 191).

Ein seltenes und faszinierendes Spektakel: Der Petersdom mit Fackeln und Kerzen geschmückt

Die Faszination setzt sich im Innern fort; alle Säle werden allein von Kerzen erhellt

7000 Flammen auf dem Dach des Petersdomes künden Römern und Gästen vom Heiligen Jahr

31. Mai. *Der Höhepunkt des in diesem Jahr begangenen Heiligen Jahres ist ohne Zweifel die festliche Beleuchtung des Petersdomes am Pfingstsonntag. Das Heilige Jahr wird seit 1475 nur alle 25 Jahre gefeiert. Erstmals seit den letzten Tagen der weltlichen Herrschaft des Papsttums hat der Vatikan einen alten Brauch wiederbelebt. Früher war es üblich gewesen, regelmäßig zum Krönungstag des regierenden Papstes und zu den höchsten Feiertagen der katholischen Kirche dieses Fest mit Tausenden von Kerzen auf der Kuppel des Petersdomes zu veranstalten. In Erwartung dieses Schauspiels sind Tausende von Katholiken aus aller Welt in der Ewigen Stadt zusammengekommen. Die Kirchenherren haben auf die technische Errungenschaft der Elektrizität verzichtet; all diese Lichter, die ganz Rom erstrahlen lassen, sind Kerzen und Fackeln, eine nach der anderen von Hand gezündet durch die »Sampietrini«, den angestellten Dienern und Handwerkern des Vatikan (→ 2. 4./S. 77).*

Staatlicher Einfluß auf den Rundfunk

15. Mai. Gemeinsam mit der Reichspost gründen in Berlin neun private deutsche Rundfunkanstalten die Reichsrundfunkgesellschaft.
Durch diese Einrichtung sichert sich der Staat seinen Einfluß auf die Entwicklung des Mediums und die Gestaltung der Programme. Seit dem Beginn des Rundfunks liegt die technische Ausrüstung der Sender in den Händen der Deutschen Reichspost. Die größeren und kleineren Sender überall in den Gebieten des Reiches wären finanziell kaum in der Lage gewesen, die sehr teuren technischen Anlagen selbst zu bauen und zu betreiben. Von den durch die Post eingezogenen Rundfunkgebühren der Teilnehmer erhalten die Programmgestalter drei Fünftel und die Post zwei Fünftel der Gesamtsumme. An dieser Regelung wollte die Reichsregierung nie etwas ändern, da sie eine unüberschaubare Entwicklung privater Rundfunkanstalten wie in den Vereinigten Staaten von Amerika auf jeden Fall vermeiden wollte.
Bei der nun entstandenen neuen Gesellschaft besitzt die Reichspost die Aktienmehrheit, und ihr obliegt die wirtschaftliche und verwaltungsmäßige Oberleitung der Sender. So ist ein direkter Einfluß der Regierung möglich. Sie bestimmt beispielsweise einen Reichsrundfunkkommissar, der die einzelnen Gesellschaften kontrolliert. Ab 1926 ist dies Hans von Bredow, Ministerialdirektor im Reichspostministerium und ehemaliger Ingenieur bei Telefunken. Er hat darauf zu achten, daß kein parteipolitischer Einfluß geltend gemacht wird. Für die Programme zeichnet ein vom Staat bestimmter kultureller Beirat mitverantwortlich, und als Nachrichten dürfen nur Sendungen von der »Drahtlosen Dienst AG« über den Äther gehen (→ 4. 9./S. 162).

Das Innere eines der knapp 20 reichsdeutschen Sender: Die riesigen Elektronenröhren brauchen eine Arbeitsspannung von 4000 bis 5000 Volt

Franz Fischer

Hans Tropsch

Erstes Verfahren zur Benzingewinnung

15. Mai. In der Öffentlichkeit wird bekannt, daß die Chemiker Franz Fischer und Hans Tropsch eine Möglichkeit der Benzingewinnung aus Kohle entwickelt haben.
Fischer, Direktor des Kaiser-Wilhelm-Instituts für Kohleforschung in Mülheim an der Ruhr und zugleich Professor in Berlin, erarbeitete in den vergangenen zwei Jahren gemeinsam mit seinem Kollegen Hans Tropsch die sog. Fischer-Tropsch-Synthese. Sie ist ein großtechnisches Verfahren zur Synthese von Kohlewasserstoffen aus Kohlenmonoxyd und Wasserstoff. Es hat vor allem Bedeutung für die Benzingewinnung, aber auch für Paraffin- und Motorölherstellung.

Hinwendung zum Realismus im Film

23. Mai. In Berlin wird der Film »Die freudlose Gasse« von Regisseur Georg Wilhelm Pabst und Drehbuchautor Willy Haas uraufgeführt. Als Vorlage diente Haas ein Roman des österreichischen Schriftstellers Hugo Bettauer (→ 10. 3./S. 61).

Die Handlung spielt in einer heruntergekommenen Wiener Gasse, in der ein Fleischermeister und eine Schneiderin das Elend und den Hunger der Bewohner hemmungslos ausnutzen. Der Fleischer nimmt Liebesdienste der Mädchen in Zahlung, sein weibliches Pendant zwingt diese zur Prostitution.

In diesem dritten Film von Pabst wird die Hinwendung zur Gegenwartsproblematik deutlich. Er verabschiedet sich vom Expressionismus, auch wenn er das dort und im Kammerspielfilm entwickelte Genre des Straßenfilms übernimmt. Doch gibt er ihm eine andere, für die neue Sachlichkeit typische Perspektive: Er zeigt das Leben »im breiten Querschnitt: nicht eines Menschen zufälliges Leben, sondern das typische Leben schlechthin« (Béla Balázs).

Pabst schildert die Zustände in Wien nach dem Weltkrieg und gibt ein Bild des verarmten Mittelstandes während der Hungerjahre und Inflationszeit. Unerbittlich zeigt er auf der Leinwand, wohin die Armut führen kann und wem sie dagegen nutzt. Für den bei der Sofar-Film in Berlin gedrehten Streifen, der bereits im März der Presse in Berlin gezeigt wurde, verpflichtete Regisseur Pabst so berühmte Schauspieler wie Asta Nielsen, Greta Garbo, Werner Krauss, Valeska Gert, Jaro Fürth.

Für die Menschen auf der Straße ist das Auto Symbol für Reichtum und Macht; Szene aus dem Stummfilm »Die freudlose Gasse« von G. W. Pabst

Nachfolger von Coubertin gewählt

28. Mai. In Prag wird der 49jährige belgische Graf Henri de Baillet-Latour neuer Präsident des Internationalen Olympischen Komitees (IOC). Er löst den 62jährigen Franzosen Pierre de Coubertin ab, der 1894 die Olympischen Spiele wiederbegründete und seit 1896 das IOC leitete. Obwohl Coubertin von seinem Amt zurücktreten will, wird er von elf IOC-Mitgliedern wiedergewählt, so daß Baillet-Latour zunächst nicht die erforderliche absolute Mehrheit erhält und deshalb ein zweiter Wahlgang notwendig wird.

Graf Henri de Baillet-Latour wurde 1876 in Gent geboren und ist seit 1903 Mitglied des Internationalen Olympischen Komitees. Als er die Führung des Komitees übernimmt, gehören ihm 62 Mitglieder aus 45 Ländern an.

Boxkampf wird für ungültig erklärt

8. Mai. Im Berliner Sportpalast endet der Boxkampf zwischen dem niederländischen Meister Piet van der Veer und dem Deutschen Hans Breitensträter unentschieden.

Der mit Spannung erwartete Kampf enttäuscht von Beginn an das Berliner Publikum. Es hat den Anschein, als ob der 198 Pfund schwere Niederländer gegenüber seinem Gegner, der 170 Pfund auf die Waage bringt, nicht sein volles Können zeigt. Das hauptsächlich im Nahkampf geführte Duell wird bis hin zur zwölften Runde zunehmend monotoner.

Einige Sportfunktionäre äußern den Verdacht eines im voraus manipulierten Ergebnisses, so daß eine Untersuchung eingeleitet wird. Am 18. Mai fällt der Verband deutscher Faustkämpfer folgendes Urteil: »Das Kampfresultat wird aufgehoben und der Kampf als ›kein Kampf‹ bezeichnet.« Beide Boxer müssen je 5000 Reichsmark Strafe zahlen, das Geld erhalten Bedürftige der Stadt Berlin. Außerdem werden Boxer, Manager und Ringrichter vorerst für weitere Wettkämpfe gesperrt. Aufgrund mangelnder Beweise werden die Maßnahmen am 20. Juni revidiert.

In einer vergoldeten Kutsche fährt das britische Königspaar, begleitet von Prinz Henry, in das Wembley-Stadion ein

21 Salutschüsse zur Eröffnung der Wembley-Ausstellung in London

9. Mai. *In Gegenwart Georgs V., König von Großbritannien, führender Vertreter der Regierung und weiterer Mitglieder des Königshauses wird in London die Ausstellung »Wembley 1925« eröffnet. Auf dem Gelände des Sportstadions zeigen die zum Britischen Empire gehörenden Länder typische Erzeugnisse ihrer Heimat. Gegenüber der Messe im Jahr 1924 gibt es keine wesentlichen Veränderungen, abgesehen von der Erweiterung des angeschlossenen Unterhaltungsparks. Das Königspaar fährt in einer vergoldeten Kutsche in das Stadion. Nach der feierlichen Eröffnung der Ausstellung werden 21 Salutschüsse abgefeuert.*

Zum 100jährigen Bestehen des Börsenvereins spricht dessen erster Vorsitzender Max Röder im großen Festsaal des Buchhändlerhauses in Leipzig

100 Jahre Börsenverein

10. Mai. In Leipzig, der Stadt seiner Gründung, feiert der Börsenverein der deutschen Buchhändler sein 100jähriges Bestehen.

Thema ist vor allem die Absatzkrise im deutschen Buchhandel. Obwohl die Zahl der Neuerscheinungen seit 1922 nach groben Schätzungen noch immer zurückgeht (1922 waren es 35 859, 1923 dann 30 734), scheinen die Lager aus den Nähten zu platzen. Das liegt zum einen an mangelnden finanziellen Mitteln eines durch die Inflation verarmten Mittelstandes, zum anderen an der Reduzierung des Absatzgebietes nach 1918. Der Versuch, dem Problem durch »Schleuderpreise« beizukommen, wird jedoch mehrheitlich abgelehnt. Bei der Gründung des Vereins, benannt nach der 1792 entstandenen Buchhändlerbörse, wurde das Abrechnungswesen auf Buchmessen vereinfacht. Später führte der Börsenverein feste Ladenpreise ein und forderte in vielen deutschen Ländern die Abschaffung der Zensur. 1912 war der Börsenverein maßgeblich an der Errichtung der »Deutschen Bücherei« in Leipzig beteiligt. Die Zeitschrift »Börsenblatt« erschien erstmals im Jahr 1834.

Münchener Titelblatt der satirischen Zeitschrift »Simplicissimus« vom 11. Mai zum Jubiläum des Börsenvereins der Buchhändler. Mit der Unterschrift »Die Botschaft hör' ich wohl, allein mir fehlt der Kunde!« spielt der Zeichner auf die schlechte wirtschaftliche Lage des Buchhandels an, der mit Hilfe verstärkter Werbung begegnet werden soll.

Literatur 1925:

Darstellung der Wirklichkeit

Von einem schnellen Wandel im ästhetisch-kulturellen Bewußtsein zeugen die literarischen und künstlerischen Entwicklungen im Deutschen Reich der 20er Jahre. Beherrschten zu Beginn des Jahrzehnts noch die gefühlsintensiven Expressionisten und im Protest darauf die alle bisherigen Kunstauffassungen in Frage stellenden Dadaisten die Szene, so rücken nun in der Mitte des Jahrzehnts die Aspekte des modernen, nüchternen Lebensgefühls ins Zentrum. Realistische Tendenzen prägen die künstlerische Produktion, zusammengefaßt unter dem literaturgeschichtlichen Begriff der »Neuen Sachlichkeit«. Das typische Merkmal dieser Sichtweise ist der Versuch einer objektiven, oft übergenauen Darstellung der Wirklichkeit (→ 14. 6. / S. 120). Die von den Künstlern gesehene Wirklichkeit ist allerdings eine andere als z. B. noch jene der naturalistischen Epoche vor dem Weltkrieg. Unter dem Eindruck moderner Wissenschaften, wie der von Sigmund Freud entwickelten Psychoanalyse und der Relativitätstheorie Albert Einsteins, erfährt der Wirklichkeitsbegriff wesentliche Erweiterungen. Der Blick auf die Umwelt ist differenzierter und komplexer geworden. Daraus resultiert eine zeitkritische Sicht, oft verbunden mit der Frage nach Veränderungsmöglichkeiten. Sie wird nach 1925 verstärkt in Ideologien gesucht.

Rabindranath Tagore. *Der indische Dichter wurde in Europa durch seine in bengalischer Sprache verfaßte Lyrik bekannt. 1913 erschien die Übersetzung seiner Gedichtsammlung »Gitanjali«, wofür er im gleichen Jahr den Nobelpreis erhielt. Der 61jährige befindet sich z. Z. auf einer längeren Reise durch europäische Länder und plant, auch nach Berlin zu kommen. Während seiner Aufenthalte in den einzelnen Staaten spricht er in Vorträgen und Diskussionen vor allem über seine pädagogischen Vorstellungen, worin er östliche und westliche Philosophien zum Wohle der Menschheit überall auf der Welt in Einklang bringen möchte.*

Wirklichkeitsdarstellung und der Versuch zur Aufdeckung ihrer Strukturen begegnen dem Leser dieser Zeit vor allem in der Prosa. Das Publikumsinteresse an neuen Romanen und Erzählungen ist groß. So ist der ein Jahr zuvor erschienene Roman von Thomas Mann »Der Zauberberg« eines der meistverkauften Bücher des S. Fischer Verlages. Viel beachtet wird der im Sommer erscheinende Roman »Jud Süß« von Lion Feuchtwanger. Im Verlag »Die Schmiede« erscheint Franz Kafkas »Der Prozeß« (→ 26. 4./S. 88). Der Malik Verlag (→ 9. 3./S. 68) bringt sieben Titel des US-amerikanischen Autors Upton Sinclair auf den Markt.

Unter den jungen Schriftstellern nimmt die amerikanische Literatur einen großen Stellenwert ein. Bertolt Brecht, Feuchtwanger und Arnolt Bronnen gehören zu den eifrigsten Sympathisanten der angloamerikanischen Welle. In der dortigen Wirklichkeit glauben sie die Entsprechung ihrer eigenen Illusionslosigkeit zu entdecken. Man glaubt, dort das moderne Zeitalter voller Exotik, ohne Attribute der Bourgeoisie zu finden. »Boxen, Ringkampf, Sechstagerennen erschienen als symbolische Formen des Kampfes ums Dasein, dem sich keiner durch die Flucht in eine literarische Ersatzwelt entziehen dürfe.« (Hermand/Trommler, »Die Kultur der Weimarer Republik«, 1978). Besonders deutlich treten diese Tendenzen in Brechts späteren Lehrstücken hervor; er befreundet sich in dieser Zeit auch mit dem Boxer

Kurt Tucholsky, geb. 1890

Upton Sinclair, geb. 1878

Lion Feuchtwanger, geb. 1884

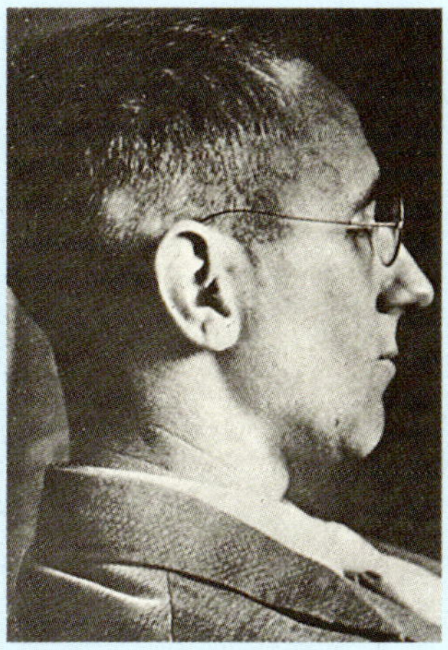

Bertolt Brecht, geb. 1898

Alfred Döblin, geb. 1878

Paul Samson-Körner und beginnt, »Die menschliche Kampfmaschine« zu schreiben. Werken wie »Der Zauberberg« stehen Autoren um Brecht sehr distanziert gegenüber. Sie sehen sie als Bildungsdichtung, die den Problemen der modernen Massengesellschaft nicht gerecht werde. Neue Erzählstrukturen werden gefordert, wie etwa die des US-amerikanischen Autors John Dos Passos in dessen Roman »Manhattan Transfer« (1925). Dos Passos bedient sich hier erstmals und sehr wirkungsvoll der Technik der Montage, um die von ihm gehaßte und gleichzeitig faszinierende industrielle, städtische Zivilisation darzustellen, und zwar in ihrer ganzen Unbarmherzigkeit, Brutalität und ihrem zwanghaften, immerwährenden Kampf um den Erfolg um jeden Preis.

Kritisches Engagement gegenüber den Zeitereignissen spiegelt sich während dieser Jahre verstärkt in kulturellen Publikationen und auch in der Tagespresse wider. Theaterkritiker wie Alfred Kerr und Walter Ihering, Autoren des ironischen und satirischen Stils wie Erich Kästner und Kurt Tucholsky, Feuilletonisten wie Siegfried Kracauer und Alfred Polgar sowie der bekannte Berichterstatter Egon Erwin Kisch zeugen von einem Journalismus ausgezeichneter Qualität und von großem Engagement. Von Kisch erscheinen unter dem Titel »Hetzjagd durch die Zeit« Reportagen bei Erich Reiss in Berlin.

Eine Vielzahl von Autoren verbindet mit der Forderung nach neuen literarischen Formen auch das Ziel einer Gesellschaftsveränderung, die, wie z. B. aus der Sicht Johannes R. Bechers, ihrerseits als materielle Grundlage zu einer Qualitätssteigerung von Literatur führen könne. Gemeinsam mit anderen linksgerichteten Autoren – Alfred Döblin, Brecht, Rudolf Leonhard, Kisch, Tucholsky, Leonhard Frank und Albert Ehrenstein – gründet er die »Gruppe 1925«. Während ihrer Zusammenkünfte in Berlin verständigen sie sich über die Aufgaben des Schriftstellers, allerdings ohne sich dabei auf spezifische Inhalte und Stile festzulegen. Ein pluralistisches Konzept verfolgt auch die am → 9. Oktober (S. 179) erstmals erscheinende Zeitschrift »Literarische Welt« von Willy Haas.

Vor allem in der Rückschau erscheint die große Zahl progressiver Künstler während der 20er Jahre beeindruckend. Dabei muß berücksichtigt werden, daß der Buchmarkt in erster Linie nicht von dieser Literatur, sondern von Autoren wie Hedwig Courths-Mahler, Ludwig Ganghofer und Karl May bestimmt wird. Courths-Mahler veröffentlicht von 1924 bis 1930 allein 59 Romane. (Siehe auch Übersicht »Buchneuerscheinungen« im Anhang.)

Eine Illustration, die den Leser der »Woche« in Spannung versetzen soll – so wie es sich die Redakteure der Zeitschrift auch vom Abdruck des Romans »Atlantis« von dem Schriftsteller Hans Dominik erhoffen

Die »Münchener Illustrierte« veröffentlicht den utopischen Roman »Der Schuß ins All« von Otto Willy Gail in Fortsetzung; Gail vermittelt ein der Realität oft sehr nahekommendes Bild von Menschen in einer technisierten Welt

Hochkonjunktur für die Utopie

Angeregt durch die rasante Entwicklung auf technischen und wissenschaftlichen Gebieten beschäftigen sich auch viele Schriftsteller mit den Möglichkeiten, die sich aufgrund neuer Kenntnisse für die menschliche Entwicklung ergeben. In Romanen entsteht eine zukünftige Welt, in der Menschen mit Hilfe von Raketen, Luftschiffen, Unterseebooten und Maschinen ferne Welten im All und in den Meeren erforschen und beherrschen lernen. Das Interesse an der unterhaltsamen Literatur ist groß, und so hoffen vor allem Illustriertenredaktionen, die Auflagenzahlen ihrer Blätter durch den Abdruck von utopischen Fortsetzungsromanen zu erhöhen. Häufig sind es Übersetzungen von erfolgreichen Werken US-amerikanischer Autoren, versehen mit oft aufwendiger, Spannung vermittelnder Illustration.

Juni 1925

Mo	Di	Mi	Do	Fr	Sa	So
1	2	3	4	5	6	7
8	9	10	11	12	13	14
15	16	17	18	19	20	21
22	23	24	25	26	27	28
29	30					

1. Juni, Pfingstmontag

Die anläßlich des zehnten bayerischen Arbeitersängerfestes (31. 5. / 1. 6.) in Nürnberg aufgezogenen schwarzrotgoldenen Fahnen wurden über Nacht heruntergerissen und verbrannt. Als Täter werden Angehörige der Landespolizei vermutet.

In München beginnt die deutsche Verkehrsausstellung, die bis zum 12. Oktober dauert. → S. 115

Unter der künstlerischen Leitung von Max Reinhardt wird in Berlin die »Internationale Pantomimengesellschaft« gegründet. Dem Aufsichtsrat gehören neben Reinhardt u. a. Richard Strauss und Hugo von Hofmannsthal an. → S. 120

Während ihrer Zusammenkunft in Prag beraten die Mitglieder des Internationalen Olympischen Komitees (IOC) über verbindliche Kennzeichen des Amateurstatus. Über die Frage, ob die Zahlung des Lohnausfalls für Sportler dem Amateurstatus widerspreche, kann keine Einigung erzielt werden.

2. Juni, Dienstag

Der schwedische Forscher Sven Hedin warnt in einem Vortrag vor norwegischen Studenten in Oslo vor einer »Friedensseligkeit«. Europa sei mit Unruhe und Zündstoff erfüllt, mehr noch als vor elf Jahren.

Vor dem kanadischen Parlament erklärt die Regierung, daß sie das Oberhoheitsrecht über alle evtl. am Nordpol neu entdeckten Gebiete übernehme.

3. Juni, Mittwoch

Das chinesische Außenministerium überreicht dem italienischen Botschafter in seiner Eigenschaft als Doyen der diplomatischen Vertreter eine Note über die Lage in Schanghai. Darin wird auch der massive Polizeieinsatz in der Konzessionszone kritisiert (→ 30. 5./S. 99).

Die Stadtverordnetenversammlung und der Magistrat von Berlin kommen überein, den Bau eines Kraftwerkes an der Oberspree in Rummelsburg zu beginnen. Das Kraftwerk soll später über eine Maschinenleistung von 240 000 kW verfügen (→ S. 82/83).

4. Juni, Donnerstag

Eine Delegation der Botschafterkonferenz überreicht in Berlin der Deutschen Regierung die sog. Entwaffnungsnote. Darin werden die Verletzungen der Friedensvertragsbestimmungen von Versailles aufgezählt und eine weitere Entwaffnung als Voraussetzung für die Räumung der Kölner Zone von den Besatzungstruppen gefordert. → S. 111

Im Sitzungssaal des alten Rathauses in Wien gründen einige hundert Österreicher den »Österreichisch-Deutschen Volksbund Wien«. Dessen Ziel ist der Anschluß Deutschösterreichs an das Deutsche Reich aufgrund des Selbstbestimmungsrechts der Völker. → S. 114

In Ludwigshafen protestiert der Pfälzer Bauernbund gegen den deutsch-spanischen Handelsvertrag, da er die Konkurrenz des spanischen Weines auf dem deutschen Markt fürchtet (→ 8. 8./S. 143).

5. Juni, Freitag

Die diesjährige Tagung des Allgemeinen Deutschen Frauenvereins (bis 7. 6.) beginnt in Eisenach mit einem Referat der Vorsitzenden Dorothee von Velsen, die eine wichtige Aufgabe der Frauen in der »Entgiftung« des politischen Kampfes sieht (→ 7. 4./S. 83).

Jean Cocteaus »Orphée« wird im Théatre des Arts in Paris uraufgeführt.

6. Juni, Sonnabend

In Tamatave auf Madagaskar streiken die Hafenarbeiter. Es ist der erste Arbeiterausstand auf der Insel, einer französischen Kolonie.

Der in München lebende Schriftsteller Thomas Mann begeht seinen 50. Geburtstag. Aus diesem Anlaß finden in München und Berlin offizielle Feiern statt. → S. 74

Im Kölner Schauspielhaus wird Fritz von Unruhs »Heinrich aus Andernach« uraufgeführt. Das Auftragswerk der Stadt Köln gemahnt zum Frieden zwischen dem französischen und dem deutschen Volk. → S. 120

Einen aufsehenerregenden Fund macht ein Archäologe auf dem jüdischen Friedhof in Krakau. Er entdeckt das seit fast vier Jahrhunderten vergeblich gesuchte Grab des berühmten hebräischen Dichters Rabbi Eliezer ben Eliahu Askenasi (1513–1586). → S. 114

Zur Verschrottung abtransportiert werden Lokomotiven, Personen- und Packwagen für die Strecke der ersten deutschen Eisenbahnlinie von Nürnberg nach Fürth. Premiere hatte die Ludwigsbahn am 7. Dezember 1835.

7. Juni, Sonntag

»Die Junge Bühne« bringt im Berliner Lessing-Theater »Die Exzesse« von Arnolt Bronnen zur Uraufführung.

In Karlsruhe geht die am 4. Juni begonnene Fachausstellung für das deutsche Badwesen zu Ende.

Eine internationale polizeitechnische Ausstellung wird in den Städtischen Ausstellungshallen in Karlsruhe eröffnet; sie dauert bis zum 13. Juni.

Die seit Tagen anhaltende Hitze im Osten der Vereinigten Staaten hat inzwischen 350 Todesopfer gefordert. → S. 117

Das Endspiel um die Deutsche Fußballmeisterschaft gewinnt in Frankfurt am Main der 1. FC Nürnberg mit 1:0 gegen den FSV Frankfurt. → S. 121

Einen Weltrekord über 3000 m läuft der schwedische Mittelstreckler Edvin Wide in Halmstad (Schweden). Mit 8:27,5 min verbessert er die bisherige Höchstleistung des Finnen Paavo Nurmi (8:28,6 min) aus dem Jahr 1922.

Der knapp 23 Jahre alte Radprofi Alfredo Binda aus Italien wird Gesamtsieger des 13. Giro d'Italia. → S. 121

8. Juni, Montag

Päpstlicher Nuntius in Berlin wird Eugenio Pacelli, der bisher vom Vatikan in Bayern eingesetzt war. Nuntius in Bayern wird nun Erzbischof Vasallo di Torregrossa. → S. 114

Die Juni-Session des Völkerbundrates beginnt in Genf. U. a. stehen auf der Tagesordnung die Frage der polnischen Staatsangehörigkeit sowie die der Militärkontrolle in der entmilitarisierten Rheinzone.

Auf der in Braunschweig eröffneten Ausstellung »Heim und Scholle«, die bis zum 7. Juli dauern wird, steht das Thema der Einführung von Technik und Ökonomie in Landwirtschaft und Gartenbau im Mittelpunkt. → S. 115

9. Juni, Dienstag

Die bulgarische Regierung beschließt die Einführung des obligatorischen Deutschunterrichtes in allen Schulen.

10. Juni, Mittwoch

Im Reichstag beginnt die Debatte über die »Entwaffnungsnote« der Alliierten vom → 4. Juni (S. 111).

Das britische Unterhaus lehnt den Antrag der Liberalen auf Aufhebung der Mac-Kenna-Zölle ab und genehmigt einen Zoll von $33^1/_3$% zum Schutz der Spitzenindustrie.

Zu Gesprächen über die Möglichkeiten einer erfolgreichen Bekämpfung der aufständischen Marokkaner im Rifgebiet trifft der französische Ministerpräsident Paul Painlevé in der marokkanischen Hauptstadt Rabat ein (→ 22. 6./S. 112).

11. Juni, Donnerstag

Auf der Insel Reichenau im Bodensee werden das Andenken an die Gründung des Klosters im Jahr 724 und die Überführung der kostbaren Reliquie »das heilige Blut Christi« im Jahr 925 mit Gedenkgottesdiensten, einer Prozession und Festveranstaltungen begangen.

Das Berliner Polizeipräsidium erläßt eine Ergänzungsverordnung über die Regelung des Fußgängerverkehrs in der Reichshauptstadt. Fußgänger dürfen danach den Fahrdamm von Straßen erster Ordnung in Zukunft nur an Straßenecken im Zuge eines Bürgersteiges überqueren (→ S. 26/27).

Der letzte von 18 im Gordon-Bennett-Wettfliegen am 7. Juni in Brüssel gestarteten Freiballons landet in dem etwa 470 km von Brüssel entfernten Henneville (Frankreich). Die weiteste Strecke legt der belgische Ballon »Belgica« zurück. Er landet nach 700 km bei Cap Finisterre (Halbinsel Brest) und wird damit Sieger.

12. Juni, Freitag

Reichspräsident Paul von Hindenburg empfängt Vertreter der evangelischen, katholischen und jüdischen Religionen im Berliner Reichspräsidentenpalais und fordert von ihnen »Sinn für Versöhnlichkeit, gegenseitige Achtung und einträchtige Zusammenarbeit«.

In Thüringen tritt ein neues Schulgesetz in Kraft, das die Elternrechte erweitert und jede körperliche Züchtigung in den Schulen verbietet.

In einer Verordnung über die Niederlassung von Ausländern legt der Schweizer Nationalrat die Entscheidungsbefugnisse von Bund und Kantonen fest.

Gegen die von der bayerischen Regierung erteilte Konzession für den Bau der Zugspitzbahn protestiert in einer Eingabe an den bayerischen Landtag der Deutsch-Österreichische Alpenverein. Die Mehrheit des Landtages spricht sich gegen die Eingabe aus. → S. 115

Der Berliner Sportclub Charlottenburg veranstaltet erstmals eine sportliche Frauen-Internationale in allen Leichtathletikdisziplinen.

13. Juni, Sonnabend

In Méziéver (Schweiz) wird die Oper »Judith« vom Komponisten Arthur Honegger uraufgeführt.

Bei der Staustufe Wieblingen beginnt das Neckarbauamt mit einem Probestau des Neckars, der bis zum 18. Juni dauert. Anschließend wird das Stauwasser abgelassen, um eine Überprüfung der Stauanlagen vornehmen zu können. → S. 115

In Chicago (USA) stellt der US-Amerikaner William de Hart Hubbard mit 7,89 m einen Weltrekord im Weitsprung auf. → S. 121

14. Juni, Sonntag

Zu heftigen Zusammenstößen zwischen Faschisten und Kommunisten kommt es bei Massenveranstaltungen in London.

In der Kunsthalle Mannheim wird die Ausstellung »Neue Sachlichkeit. Deutsche Malerei seit dem Expressionismus« eröffnet (bis 13. September). → S. 120

In Hamburg verteidigt der Berliner Richard Naujoks seinen Titel als deutscher Fliegengewichtsweltmeister der Berufsboxer; Harry Stein gewinnt die Meisterschaft im Weltergewicht.

Hervorragende Erfolge erzielen die Fechter aus Frankfurt am Main und Offenbach bei den Deutschen Fechtmeisterschaften in Köln.

15. Juni, Montag

Ein Mißtrauensvotum der linken Abgeordneten im Deutschen Reichstag ge-

Dieses Plakat von Djo Bourgeois kündigt eine Ausstellung an, die in diesem Sommer in Paris stattfindet und sich mit der Inhumanität der modernen Arbeitswelt befaßt

genüber Innenminister Martin Schiele von der Deutschnationalen Volkspartei (DNVP) scheitert.

Vertreter aus zwölf europäischen Ländern nehmen in Paris am internationalen Seidenkongreß teil. U. a. stehen Zollfragen und eine einheitliche Bezeichnung für Kunstseide auf dem Programm des Treffens.

16. Juni, Dienstag

Die französische Regierung überreicht in Berlin die Antwortnote auf den deutschen Sicherheitsvorschlag vom → 9. Februar (S. 38). Darin wird ein deutsch-polnischer Sicherheitspakt vorgeschlagen.

Im Deutschen Reich wird eine Volks-, Berufs- und Betriebszählung durchgeführt. Seit der letzten Volkszählung am 8. Oktober 1919 nahm die Bevölkerung um etwa 5,6% zu. → S. 111

Bei einem Zugunglück in der Nähe von Hachettstown (US-Staat New Yersey) kommen 38 Deutschamerikaner ums Leben. Der Sonderzug sollte sie von Chikago nach New York bringen, wo sie eine Besuchsreise nach Deutschland antreten wollten.

17. Juni, Mittwoch

In Berlin legen der Generalagent für die Reparationszahlungen sowie die Kommissare für die Beobachtungen der Ausführungen des Dawesplanes einen Bericht über die bisherigen Reparationsleistungen des Deutschen Reiches der Öffentlichkeit vor. → S. 110

Im Reichstag kommt es zu einer heftigen Debatte wegen des Konkordats, das Bayern mit dem Vatikan abgeschlossen hat. Die Sozialdemokraten halten es für verfassungswidrig (→ 15. 1./S. 16).

Auf der Schlußsitzung der Anfang Mai begonnenen internationalen Waffenhandelskonferenz in Genf unterzeichnen die Delegierten aus 27 Staaten ein Protokoll gegen chemische Waffen. → S. 113

Infolge einer umfangreichen Polizeirazzia gegen Alkoholschmuggler und -hersteller kommt es in Chicago zu regelrechten Straßenkämpfen. Es werden 48 illegale Brennereien ausgehoben sowie 1900 l Alkohol beschlagnahmt.

18. Juni, Donnerstag

Der rheinische Provinziallandtag in Düsseldorf eröffnet feierlich die Jahrtausendfeier der Rheinlande. Die bis zum 20. Juni stattfindenden Feiern sollen die Verbundenheit der Rheinlande mit dem Deutschen Reich demonstrieren (→ 16. 5./S. 97).

Bei einem Empfang des Vorstandes des Arbeitsausschusses deutscher Verbände in Berlin unterstützt Präsident Paul von Hindenburg deren Bemühungen, dagegen anzukämpfen, daß das Deutsche Reich international als der allein Schuldige am Ersten Weltkrieg gesehen wird.

In Warschau beschließt der polnische Ministerrat das Einfuhrverbot einer Anzahl deutscher Waren. Die Maßnahme wird mit dem deutschen Einfuhrverbot für polnische Kohle begründet (→ 31. 7./S. 131).

In einer vom Zentralkomitee der kommunistischen Partei in Moskau herausgegebenen Resolution wird das Recht auf eine Mitsprache der Partei in allen kulturellen Bereichen betont.

Auf Spitzbergen kehrt der norwegische Polarforscher Roald Amundsen von seinem am 21. Mai gestarteten Flug zum Nordpol zurück. Sein Ziel mußte er am 87. Breitengrad aufgeben. → S. 116

In Kiel führt der ungarische Komponist und Pianist Alexander Laszló erstmals eine »Farblichtmusik« vor. → S. 120

19. Juni, Freitag

Ein in Rom verabschiedetes Gesetz legt fest, daß bis Ende des kommenden Jahres keine Nichtfaschisten mehr im italienischen Beamtenapparat vertreten sein dürfen (→ 3. 1./S. 17).

Ausgelöst durch die Erschießung streikender Arbeiter in Qingdao, Hankou und Schanghai beginnt in der britischen Kronkolonie Hongkong ein Streik chinesischer Arbeiter, der bis zum Oktober 1926 andauert (→ 30. 5./S. 99).

In Stockholm trifft der finnische Staatspräsident Lauri Relander zu einem zweitägigen Staatsbesuch ein. → S. 117

Der Zivilsenat in Berlin lehnt die von der Berliner Funkstunde AG geforderte Aufhebung einer einstweiligen Verfügung gegen die Sendung eines Werkes von Hugo von Hofmannsthal ab. Hofmannsthal hatte die Verfügung wegen Verletzung seines geistigen Eigentums vom Gericht erwirkt.

20. Juni, Sonnabend

In Moskau wird die Gründung einer einheitlichen sowjetischen Nachrichtenagentur, TASS, beschlossen. → S. 117

21. Juni, Sonntag

Die in dem schweizerischen Kanton Graubünden stattfindende Volksabstimmung endet mit einem Sieg für die Autofahrer. Künftig wird der bisher untersagte Autoverkehr zugelassen.

In Stockholm verliert die deutsche Nationalmannschaft ein Fußball-Länderspiel gegen Schweden mit 0:1.

Die besten Leichtathleten aus zehn Nationen starten bei der heute in Berlin beginnenden dritten Berliner Turn- und Sportwoche.

Die am Wochenende im Taunus stattfindende 24-Stunden-Fahrt für Automobile beenden 20 Fahrer strafpunktfrei.

22. Juni, Montag

Während der vom 1. bis 27. Juni in Madrid stattfindenden Gespräche zwischen Frankreich und Spanien wird ein gemeinsames Vorgehen gegen die aufständischen Rifkabylen unter Abd el-Krim in Marokko beschlossen. → S. 112

Im Rahmen der Jahrtausendfeier wird in Saarbrücken das neue Rathaus der Stadt eingeweiht (→ 16. 5./S. 97).

23. Juni, Dienstag

Der französische Ministerrat in Paris billigt die vorgesehenen Maßnahmen zur endgültigen Räumung des Ruhrgebiets (→ 4. 6./S. 111).

In Prag spricht sich der tschechoslowakische Außenminister Eduard Beneš vor dem Abgeordnetenhaus gegen einen Anschluß Österreichs an das Deutsche Reich aus (→ 4. 6./S. 114).

24. Juni, Mittwoch

Die Regierungskommission des Saargebiets setzt eine Verordnung in Kraft, in deren Folge man für eine Einreise in das Saarland keine besondere Genehmigung mehr benötigt. Zukünftig muß nur noch ein Paß oder ein Personalausweis vorgelegt werden.

Der Steuerausschuß des Reichstages lehnt mit 15 gegen 13 Stimmen die Bier- und Tabaksteuervorlage der Reichsregierung ab (→ 24. 7./S. 131).

Nach ungewöhnlich heftigen Regenfällen kommt es in dem ausgedehnten Gebiet der Abruzzen (Italien) zu Überschwemmungen. Der Schaden wird auf etwa 15 Millionen Lire geschätzt.

In Moskau zeigen die sowjetischen Behörden den Vertretern der internationalen Presse einen wiederentdeckten Schatz des Fürsten Jussupow. → S. 120

25. Juni, Donnerstag

Auf der sechsten Jahresversammlung des Reichsverbandes Deutscher Industrie in Berlin hält Reichsbankpräsident Hjalmar Schacht ein international beachtetes Referat über die Stabilität der Währungspolitik.

In einem Prozeß des ehemaligen Herzogs von Sachsen-Coburg-Gotha gegen das Land Thüringen über das Gothaische Hausvermögen entscheidet das Reichsgericht in Leipzig zuungunsten Thüringens. Damit erhält der Herzog das gesamte im Jahr 1919 beschlagnahmte Vermögen zurück. → S. 111

Durch eine Militärrevolte in Athen, Patra und Saloniki wird die griechische Regierung unter Andreas Michalakopulos zum Rücktritt gezwungen. Die Macht übernimmt Theodoros Pangalos, der das Parlament bis Oktober vertagt. → S. 113

Die Internationale Chemikerkonferenz in Bukarest spricht sich gegen die Aufnahme des Deutschen Reiches aus, solange es noch nicht Mitglied des Völkerbundes ist.

26. Juni, Freitag

Der Prozeß vor dem Reichsgericht in Leipzig gegen zwei Männer, die der Beihilfe zum Mord an Walter Rathenau am 24. Juni 1922 angeklagt waren, ist beendet. Johannes Küchenmeister wird freigesprochen, Brandt erhält wegen unterlassener Anzeige vier Jahre Gefängnis.

Der vom französischen Finanzminister Joseph Caillaux eingebrachte Gesetzentwurf für die Sanierung der Finanzen des Staates wird vom Parlament in Paris nach langen Debatten angenommen (→ 10. 4./S. 77).

Auf der Insel Madagaskar endet eine französische Expedition, die Afrika mit Kraftfahrzeugen durchquerte. → S. 117

Das 55. Länderspiel des DFB gewinnt die deutsche Fußball-Nationalmannschaft gegen Finnland in Helsinki mit 5:3.

27. Juni, Sonnabend

Der am 22. Juni in Minden begonnene Prozeß gegen Oberstleutnant Jordan von der Reichswehr endet mit einem Freispruch. Für die am 31. März bei einem Fährunglück auf der Weser tödlich verunglückten Soldaten könne ihm nicht die Schuld gegeben werden, da er selbst überfordert gewesen sei.

Nach den neuesten veröffentlichten Statistiken der Stadt Los Angeles (US-Staat Kalifornien) gibt es hier mehr Ehescheidungen als in jeder anderen Stadt der USA. Seit dem Januar 1925 sind es 3600. Den Angaben zufolge trennen sich am häufigsten braunhaarige Frauen, am treuesten seien die rothaarigen. Über Blondinen und Schwarzhaarige gibt es keine detaillierten Angaben.

28. Juni, Sonntag

In Jena geht der am 26. Juni begonnene sechste Verbandstag der deutschen Volksbühnenvereine zu Ende. Über 220 Delegierte aus den deutschen Ländern nahmen daran teil.

Die marokkanischen Truppen unter Abd el-Krim können im Rifgebiet gegen die spanischen und französischen Truppen Erfolge erzielen (→ 22. 6./S. 112).

Den großen Automobilpreis von Europa im belgischen Spa-Francorchamps gewinnt der Italiener Antonio Ascari auf einem Alfa Romeo.

29. Juni, Montag

Ein von der Labour Party eingebrachtes Mißtrauensvotum im britischen Parlament gegen die Regierung wegen des Arbeitslosenproblems wird mit 371 gegen 143 Stimmen abgelehnt.

30. Juni, Dienstag

Weil zwei Einwohner des Ortes Oberfimten bei Mannheim während des Einmarschs eines Infanterieregiments der Besatzer die französische Fahne nicht grüßten, werden sie von einem Offizier brutal zusammengeschlagen.

Das Wetter im Monat Juni

Station	Mittlere Lufttemperatur (°C)	Niederschlag (mm)	Sonnenscheindauer (Std.)
Aachen	15,2 (15,9)	58 (77)	– (200)
Berlin	15,4 (16,5)	45 (62)	– (244)
Bremen	15,2 (16,0)	41 (59)	– (218)
München	16,1 (15,8)	84 (121)	– (201)
Wien	– (17,6)	– (68)	– (246)
Zürich	16,6 (15,5)	66 (138)	– (220)

( ) Langjähriger Mittelwert für diesen Monat
– Wert nicht ermittelt

Der »Simplicissimus« vom Juni 1925 nimmt die biertrinkenden »Grantler« aufs Korn, die sich mit so »neumodischem Kram« wie einem Museum nicht abgeben und meinen, auch dieser »Spuk« werde schnell vorbeigehen und sie in ihrer bierseligen Ruhe nicht weiter stören

Stuttgart, 22. Juni 1925 — Preis 60 Pfennig — 30. Jahrgang Nr. 12

SIMPLICISSIMUS

Herausgabe in München
Postversand in Stuttgart

Begründet von Albert Langen und Th. Th. Heine

Bezugspreis vierteljährlich 7.50 Reichsmark
Copyright 1925 by Simplicissimus-Verlag G. m. b. H. & Co., München

Münchner Bilder
III
Isar-Athener

(Karl Arnold)

„Dees mit dem deutschen Museum wird si aa net halt'n – wer red't denn heit no vo der Pinakothek!"

Bericht über die Reparationszahlungen

17. Juni. In Berlin stellen der Generalagent für Reparationen, der US-Amerikaner Seymour P. Gilbert, sowie die internationalen Kommissare und Treuhänder der Reparationskommission der Öffentlichkeit einen Bericht über ihre bisherige Arbeit und die deutschen Leistungen gemäß des Dawesplanes vor.

In dem Papier wird betont, daß durch die im Dawesplan festgelegten Bestimmungen nun endlich Klarheit über die finanziellen Verpflichtungen des Deutschen Reiches, die Möglichkeit einer geschäftsmäßigen Verwaltung der Reparationszahlungen und eine systematische Verteilung unter die Gläubigerländer geschaffen worden sei. Die im ersten Jahr geleisteten Zahlungen seien bis auf den Dienst der auswärtigen Anleihe fast gänzlich im Inland geleistet worden, wobei die größten Posten auf Leistungen für die Besatzer und verschiedenste Sachlieferungen entfallen.

Der am 16. August 1924 in London beschlossene Dawesplan, benannt nach dem US-amerikanischen Finanzpolitiker Charles G. Dawes, regelt die als Folge des Ersten Weltkrieges im Versailler Vertrag von 1919 festgelegten Reparationszahlungen des Deutschen Reiches.

Ziel des von einem Sachverständigenrat unter der Leitung von Dawes ausgearbeiteten Gutachtens war es, die Zahlungen durch das Deutsche Reich zu garantieren. Damit es dazu auch imstande sei, müßten zunächst entsprechende ökonomische Bedingungen geschaffen werden. Dazu zählte zum einen die Wiederherstellung einer wirtschaftlichen Einheit des Reichs, was den Verzicht Frankreichs auf die Industriezentren im Ruhrgebiet bedeutete, zum anderen wurde dem Deutschen Reich ein internationaler Kredit in Höhe von 800 Millionen Goldmark gewährt, um so die Wirtschaft anzukurbeln. Die Bewältigung des schwierigsten Problems der Reparationen, die Umwandlung deutscher Währung in ausländische, übernahm ein alliierter Generalagent, der Bankier Gilbert. Er entscheidet aufgrund eingehender Beobachtung der Situation der deutschen Wirtschaft, wieviel von den auf ein Reichsbankkonto des Agenten in Reichsmark (RM) gezahlten Schulden jeweils in ausländische Währungen transferiert werden können.

Ein Junkers-Großflugzeug vor der Landung in London; zahlreiche Maschinen dieses Typs bringen Reparationslieferungen nach Großbritannien

Der Dawesplan und die Politik

Hauptziel von Reichsaußenminister Gustav Stresemann (DVP) ist es, daß Deutschland wieder eine führende Stelle innerhalb Europas eingeräumt wird. Als Voraussetzungen dafür sieht er die wirtschaftliche Stabilisierung, die Sicherung der Westgrenzen und internationale Verträge vor allem mit Frankreich (→ 9. 2./S. 38).

Der Dawesplan von 1924 stellt im Konzept Stresemanns eine wichtige Etappe dar – auch wenn dieser für das Deutsche Reich schwere Lasten enthält: Die Zahlungsdauer der Reparationen bleibt offen, der Reparationsagent kontrolliert alle öffentlichen Haushalte, und die Alliierten üben Kontrolle über Reichsbahn und Reichsbank aus. Positiv zu sehen ist jedoch, daß bei den Zahlungsbedingungen die ökonomische Lage des Schuldners berücksichtigt wird und die Gläubiger mitverantwortlich für die Leistungen sind. Weiterhin soll die wirtschaftliche Trennung vom besetzten Gebiet aufgehoben werden, womit der französischen Interventionspolitik der Boden entzogen ist (→ 11. 7. / S. 127).

Sachleistungen als eine Möglichkeit der Schuldentilgung

Um sich einer kontinuierlichen Zahlung der Reparationsgelder durch Deutschland sicher zu sein, formulierten die internationalen Finanz- und Wirtschaftsexperten im Dawesplan von 1924 feste Bestimmungen und Auflagen für das Reich. Die Reichsbahn z. B. wurde in eine Gesellschaft umgewandelt, die mit zinspflichtigen Obligationen belastet wurde, ebenso wurden der Industrie verzinsliche Hypotheken aufgebürdet.

Ein Teil der Schuldenbegleichung geschieht über Sachleistungen.

Güterzug mit deutschen Landmaschinen für Frankreich

Französischer Soldat bewacht einen Kohlenzug

Seit dem Anlaufen des Dawesplanes im September 1924 kam es zur Ausführung von 130 Sachlieferungsverträgen. Neben Kohlelieferungen und Beförderungskosten (277 Mio Goldmark) an Frankreich, Belgien und Italien werden im Bericht vom 17. Juni Lieferungen an folgende Länder erwähnt:

Frankreich: 100 000 Telegrafenstangen und Bau zweier Schiffe (14,5 Mio Goldmark), 4000 Eisenbahngüterwagen (23,6 Mio Goldmark) sowie erstmals die Ausführung eines Werkvertrags, und zwar Baggerarbeiten auf der Seine

Belgien: Zwei Schwimmdocks

Rumänien: Diverses Eisenbahnmaterial und Lokomotiven (18,5 Mio Goldmark)

Griechenland: 185 Holzbaracken (85,3 Mio Goldmark).

Zweite Entwaffnungsnote der Alliierten

4. Juni. In Berlin überreichen die Botschafter von Großbritannien, Frankreich, Italien, Japan und Belgien der deutschen Reichsregierung eine Kollektivnote. In der sog. Neuen Entwaffnungsnote formulieren die Alliierten gemeinsam die Bedingungen für die Räumung der nördlichen Rheinlandzone.

Sie reagieren damit auf die Schreiben der Reichsregierung, worin diese gegen eine erste Entwaffnungsnote vom → 5. Januar (S. 15) und die damit verbundene Nichträumung der Kölner Zone bis zum 10. Januar protestiert hatte.

Im Januar gründeten die Alliierten den Vorwurf des Verstoßes gegen die im Versailler Vertrag formulierten Entwaffnungsbedingungen auf einen noch nicht beendeten Bericht von Sachverständigen. Er liegt nun vor und ist der Kollektivnote beigefügt. Darin werden Verletzungen der Friedensvertragsbestimmungen aufgezählt und eine weitergehende Entwaffnung gefordert. Zwar sind die Nennungen militärisch und technisch sehr detailliert, jedoch nicht sehr bedeutend. So wird bei gutem Willen der Deutschen eine baldige Räumung in Aussicht gestellt. Sie beginnt am 1. Dezember mit dem Abzug britischer Truppen nach dem Abschluß des Locarnovertrages am → 16. Oktober (S. 172).

△ Soldaten der Reichswehr bei der Ausbildung; die seit 1921 bestehende Streitmacht des Deutsches Reiches besteht aus dem 100 000 Mann starken Heer und 15 000 Soldaten der Marine

◁ Attrappen aus Holz dienen bei Übungen als Ersatz für richtige Kriegswaffen; die durch den Versailler Vertrag festgelegte Höchstzahl an Waffen reicht nicht für alle Truppenteile aus

Herzog erhält sein Vermögen zurück

25. Juni. Das Reichsgericht in Leipzig verurteilt das Land Thüringen zur Rückgabe des 1919 beschlagnahmten Eigentums an den früheren Herzog von Sachsen-Coburg-Gotha, Karl Eduard.

In dem seit über einem Jahr andauernden Prozeß klagte der ehemalige Herzog und englische Prinz auf die Herausgabe seines im Jahr 1919 von der damaligen unabhängig-sozialistischen Gothaischen Landesregierung konfiszierten Besitzes. Nach Ansicht des Gerichts hatten die damaligen Verantwortlichen nicht genügend Rechtsvorsicht walten lassen, so daß der § 1 des Beschlagnahmegesetzes von 1919 rechtsunwirksam sei. Zu dem nun wieder in adligen Privatbesitz übergehenden Vermögen gehören u. a. acht Oberförstereien im Thüringer Wald mit den dazugehörigen Waldungen, die Güter Tonna und Döllstedt, das Gothaer Schloß Friedenstein; in der Stadt Gotha das Theater, das Museum, ein Münzkabinett und das Landesmuseum, das Schloß Reinhardsbrunn in Friedrichsroda sowie eine größere Anzahl einträglicher Gasthöfe und Hotels im Thüringer Wald. Die Angestellten dieser Einrichtungen müssen gemäß dem Urteil allerdings weiterhin vom Land Thüringen bezahlt werden.

Volks-, Berufs- und Betriebszählung im Deutschen Reich

16. Juni. Im gesamten Deutschen Reich wird eine Volks-, Berufs- und Betriebszählung durchgeführt.

Es ist die umfangreichste, je im Deutschen Reich vorgenommene Zählung, da erstmalig die Volkszählung mit den beiden anderen Zählungen verbunden ist. Seit 1907 wurde keine Statistik mehr über die wirtschaftlichen Einrichtungen erstellt, eine Registrierung der Bevölkerung erfolgte letztmals 1919.

Von der Auswertung der Fragebögen, deren Inhalte keinesfalls an Steuerbehörden oder polizeiliche Meldestellen weitergegeben werden dürfen, versprechen sich die Politiker eine gründliche Auskunft über die nach dem Ersten Weltkrieg veränderten Arbeits- und Lebensbedingungen der Bevölkerung. Aufgrund der Vielfältigkeit der Fragen sollen z. B. Erkenntnisse über die sog. Wanderungsbewegung als eine Folge der territorialen Veränderungen nach 1918 gewonnen werden. Die kombinierte Auszählung von Berufszugehörigkeit und Lebensalter soll Grundlage für volkswirtschaftliche Maßnahmen im Bereich der Versorgung erwerbsunfähiger Personen geben und zugleich statistisches Material über die gestiegene Berufstätigkeit der Frauen liefern; weiterhin erhofft man sich genaue Angaben über die breite Abwanderung von Arbeitskräften aus der Landwirtschaft in die Industrie. Klarheit wird u. a. auch über soziale Umschichtungen nach der Inflation des Jahres 1923, insbesondere beim Mittelstand, erwartet.

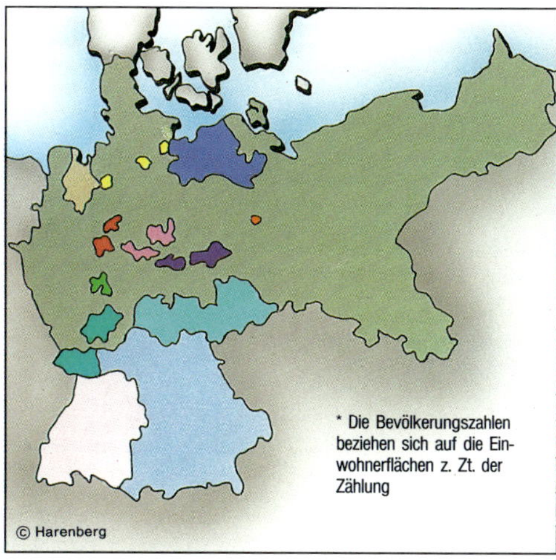

Entwicklung der Wohnbevölkerung des Deutschen Reiches von 1890–1925*

Länder und Landesteile	1890	1900	1910	1925
1. Berlin	1 578 794	1 888 848	2 071 257	4 013 588
2. Preußen (incl. Berlin)	29 957 367	34 472 509	40 165 219	38 054 172
3. Bayern	5 654 269	6 242 871	6 962 109	7 379 594
4. Sachsen und Thüringen	4 714 635	5 555 033	6 317 199	6 605 438
5. Württemberg und Baden	3 694 389	4 037 424	4 580 407	4 891 915
6. Hessen	992 883	1 119 893	1 282 051	1 347 295
7. Hamburg, Bremen, Lübeck	879 431	1 090 006	1 430 789	1 619 306
8. Mecklenburg-Schwerin u. -Strelitz	676 320	710 372	746 400	784 782
9. Oldenburg	354 968	399 180	483 042	545 749
10. Braunschweig	403 773	464 333	494 339	501 675
11. Anhalt	271 963	316 085	331 128	351 485
12. Lippe und Schaumburg- Lippe	167 658	182 084	197 589	211 621
13. Waldeck	56 281	57 918	61 707	55 750
Deutsches Reich	49 428 470	56 367 178	64 925 993	62 348 782

Marokkos Ziel: Unabhängigkeit

Nachdem Marokko 1911/12 in den Status eines französischen Protektorats gezwungen worden war, betrieben die französischen Machthaber einige Zeit eine relativ geschickte Ausgleichspolitik, denn sie verstanden es sehr gut, die marokkanische Aristokratie auf ihre Seite zu bringen.

So war der Aufstand der Rifkabylen, einem Berberstamm aus dem Rif-Küstengebirge, unter dem Kalif Abd el-Krim zunächst nur eine lokale Erhebung in den noch nicht eroberten Gebieten des Atlas. Der Aufstand richtete sich anfangs nur gegen die Spanier, die 1921 an der Küste vorrückten und den rivalisierenden Kabylenführer Caid Raysuli gefangennehmen konnten. Sie zwangen ihn damals auf die Seite von »Spanisch-Marokko« (→ 30. 1./S. 20). Als Spanien versuchte, weitere Gebiete im Innern des Landes zu besetzen, mußten sie am 21. Juli 1921 südlich der Hafenstadt Melilla eine empfindliche Niederlage einstecken. Nach seinem Sieg gründete Abd el-Krim im Februar 1922 die unabhängige Rif-Republik. Ein Jahr darauf, nach dem Rückzug der Spanier auf die Nordwestspitze Marokkos, konnten die Berber das von Spanien eingenommene Xauen zurückerobern. Abd el-Krim versuchte anschließend, auch gegen »Französisch-Marokko« südlich des Rifgebirges vorzugehen. Sein erklärtes Ziel ist die Unabhängigkeit des Landes.

Die Franzosen hatten am Südhang der Berge quer durch Gebiete verschiedener Stämme eine Ost-West-Grenzpostenlinie errichtet, was sich als ungünstig erwies. Zu Beginn der Offensive im April verbündeten sich bisher nicht in den Krieg verwickelte Stämme mit Abd el-Krim und schlossen die vereinzelten Postenstationen (→ 22. 6.) ein, die nun ohne Verbindung zur Truppe und Nachschub hilflos sind. Erst massive gemeinsame Angriffe der Spanier und Franzosen können Abd el-Krim im Jahr 1926 schließlich zur Kapitulation zwingen.

Blick auf ein Militärlager der Franzosen am Rande des Rif-Gebirges; bis hier dringen die Rifkabylen nicht vor

Rifkabylen rücken weiter gegen Fes vor

22. Juni. Auf der Madrider Marokkokonferenz beschließen Vertreter der französischen und spanischen Regierung gemeinsame militärische Aktionen gegen die aufständischen Rifkabylen im nordafrikanischen Gebiet des Atlasgebirges.

Kernpunkt der Aktionen soll zunächst eine Blockade sein, um so den Nachschub von Waffen, Munition und Proviant für die kämpfenden Berberstämme zu unterbinden. Das bringt vor allem auf dem Wasser Probleme mit sich, da die marokkanische Mittelmeer- und Atlantikküste seit Jahrhunderten berüchtigt ist als Sammelort für Schmuggler und Jagdrevier von Piraten. Kleinere Schiffe finden leicht Zugang zu den vielen Buchten, denen oftmals gefährliche Klippen vorgelagert sind. Kriegsschiffe können hier nicht viel ausrichten.

Nach Meldungen aus Marokko hat nördlich von Fes eine neue Offensive unter der Führung des Rifkabylen Abd el-Krim begonnen. Seit dem 14. April kommt es unter seiner Leitung wiederholt zu heftigen Angriffen auf die französischen Postenstationen, die verzweifelt eine Einnahme der Städte Tasa und Fes zu verhindern suchen. Ihre Aufgabe gestaltet sich recht schwierig, da die französischen Truppen, deren Stärke z. Z. auf etwa 45 000 Mann geschätzt wird, zwar mit moderneren Waffen wie Flugzeugen und Tanks ausgerüstet sind, diese aber in dem unwegsamen Rif-Gebirge oft nicht zum Einsatz bringen können. Mit ihrem hochtechnisierten Gerät sind sie außerdem ebenso abhängig vom Nachschub wie Abd el-Krim. Die französischen Lieferungen erfolgen über zwei Bahnstrecken südlich der Berge, Rabat – Fes und Rabat – Fes – Tasa – Algier, die seit April häufiges Angriffsziel der Marokkaner sind (→ 1. 9./S. 157).

Abd el-Krim (r.), der Führer der Rifkabylen, neben dem spanischen Großindustriellen Humberto Echevarieta; der Geschäftsmann hatte sich durch langjährige Handelsbeziehungen mit kabylischen Stämmen das Vertrauen des Marokkaners erworben und war von der spanischen Regierung als Vermittler in das Rif-Gebiet entsandt worden. Wider Erwarten gelingt es Echevarieta nicht, Friedensverhandlungen zwischen den Rifkabylen und der französischen Kolonialmacht einzuleiten, da Abd el-Krim auf die französischen Bedingungen auf keinen Fall einzugehen bereit ist.

Einzug des Sultans von Marokko, Mulai Jusuf, am 18. Juli in Fes; Frankreich hatte ihm formal die Macht über ein souveränes Marokko übertragen

Gegen chemische Waffen

17. Juni. In Genf endet die am 6. Mai begonnene internationale Waffenhandelskonferenz mit der Unterzeichnung eines Protokolls gegen den Krieg mit chemischen Waffen. Von insgesamt 40 teilnehmenden Staaten anerkennen 27 Delegationen mit ihrer Unterschrift das Verbot chemischer und bakteriologischer Kriegsmittel. Die 27 Länder, unter denen sich auch das Deutsche Reich befindet, sehen sich durch diesen Akt gegenseitig verpflichtet.

In den vergangenen eineinhalb Monaten berieten die internationalen Vertreter vor allem die Möglichkeit eines generellen Verbotes chemischer Waffen. Hier gab es u. a. juristische und handelspolitische Fragen zu überdenken, da eine wesentliche Voraussetzung zur Verhinderung von Kriegen mit Gas und anderen chemischen Kampfstoffen in deren absolutem Ausfuhrverbot gesehen wurde. Als problematisch erwiesen sich hier jedoch die Kontrollmöglichkeiten, da diese Erzeugnisse auch Verwendung in der chemischen und pharmazeutischen Industrie finden. Ein generelles Verbot chemischer und bakteriologischer Waffen überstieg wiederum die Kompetenz der Delegationsmitglieder. Die Unterzeichner hoffen jedoch, durch das verabschiedete Protokoll die entscheidenden Grundlagen für ein solches internationales Verbot geschaffen zu haben.

Nur mit Gewehren bewaffnet greifen Abd el-Krims Kampftruppen an

Französische Offiziere starten im Ballon zu einem Aufklärungsflug

Aufständische Truppen in den Straßen Athens; General Theodoros Pangálos (r. im Kreis) zwingt durch einen Putsch die Regierung zum Rücktritt

Einsatz französischer Artillerie gegen marokkanische Aufständische; trotz moderner Waffen sind die Erfolge der Franzosen zunächst jedoch gering

Militärrevolte in Athen

25. Juni. In den griechischen Städten Athen, Patras und Saloniki kommt es zu einem Aufstand der dort stationierten Truppen gegen die Regierung unter Ministerpräsident Andreas Michalakopulos.

Ursache für die Militärrevolte sind machtpolitische Auseinandersetzungen zwischen Michalakopulos und seinem Innenminister Georg Kondylis, in dessen Folge letzterer am 10. Juni zurückgetreten war. Die dadurch in die Opposition gezwungene große Gruppe seiner Anhänger versucht nun, mit Hilfe des Militärs die Situation zu ihren Gunsten zu verändern. Kondylis selbst war während der Revolution von 1924 General. In deren Folge wurde König Georg II. von Griechenland zum Abdanken gezwungen und am 25. 3. die Republik Griechenland ausgerufen. Die aus dieser Zeit herrührenden starken Bindungen zur Armee erweisen sich nun als sehr hilfreich. General Theodoros Pangálos zwingt Michalakopulos zum Rücktritt. Bevor Pangálos im Januar 1926 selbst den Posten des Ministerpräsidenten übernimmt, sprechen die Abgeordneten der neugebildeten Regierung unter Alexander N. Chatzikyriakos am 30. Juni mit 58 gegen 14 Stimmen das Vertrauen aus, nachdem Pangálos vor dem Parlament versichert, die neue Regierung werde eine unbestechliche Verwaltung des Landes schaffen (→ 9. 11./S. 188).

In Wien demonstrieren Zehntausende für einen Zusammenschluß Österreichs mit dem Deutschen Reich

Für den Anschluß an das Deutsche Reich

4. Juni. Im Sitzungssaal des alten Wiener Rathauses gründen mehrere hundert Österreicher den überparteilichen »Österreichisch-Deutschen Volksbund Wien«.

Erklärtes Ziel der Teilnehmer, zu denen Mitglieder aller Parteien des Landes gehören, ist der Anschluß Deutschösterreichs an das Deutsche Reich aufgrund des Selbstbestimmungsrechts der Völker. In ihren Reden vor der Versammlung betonen die Sprecher unter allgemeiner Zustimmung, daß der Mehrheitswille des österreichischen Volkes die Heimkehr zum großen deutschen Vaterlande verlange. Der Anschluß entspräche der österreichischen Würde und Tradition, den wirtschaftlichen und kulturellen Interessen des Landes und sei für die Mehrheit der Österreicher auch eine Gemütsnotwendigkeit.

Die von der Versammlung angenommenen Statuten ähneln denen des in Berlin existierenden Bundes gleicher Bezeichnung, jedoch wird betont, daß man sich nicht etwa als eine Filiale dieser Vereinigung verstehe. Die Wiener Gründung sei eine rein österreichische.

Die Anschlußbewegung ist eine Folge der aufgezwungenen Friedensbedingungen nach dem Ersten Weltkrieg und besitzt eine breite Basis in Österreich und im Deutschen Reich. In beiden Ländern kommt es immer wieder zu Kundgebungen mit der Forderung nach einem einheitlichen, föderativen Staat. Auch führende österreichische und deutsche Politiker sprechen sich wiederholt für den Anschluß aus.

Der österreichische Staat fühlte sich durch den Friedensvertrag von Saint-Germain-en-Laye vom 10. September 1919 um seine ureigensten Rechte betrogen. Dieses Abkommen, Bestandteil eines Konzepts für die Neuordnung Europas im Interesse der Siegermächte, machte aus der einst politisch und militärisch mächtigen Donaumonarchie nicht nur den »Rumpfstaat« Österreich, sondern verbot auch ausdrücklich den Anschluß Deutschösterreichs an das Deutsche Reich. Dies widersprach den Vorstellungen der am 12. November 1918 in Wien ausgerufenen Republik Deutschösterreich. Sie nämlich sollte nach dem Willen der Österreicher Bestandteil einer größeren deutschen Republik sein.

Die Delegierten aus Wien beim Verlassen des Schlosses in Saint Germain-en-Laye; hier unterzeichneten sie nach dem Weltkrieg am 10. September 1919 den Friedensvertrag zwischen den Entente-Mächten und Österreich

Nuntius Pacelli residiert in Berlin

8. Juni. Der bisherige päpstliche Nuntius in München, Eugenio Pacelli, wird zum Vertreter der Kurie beim Deutschen Reich ernannt und siedelt nach Berlin über.

Pacelli, der spätere Papst Pius XII. (1939 – 1958), übte seit 1917 sein Amt in Bayern aus und hatte wesentlichen Einfluß auf die Konkordatspolitik des Vatikans seit Beginn der 20er Jahre. Die Unterzeichnung des Konkordats mit Bayern am → 15. Januar (S. 16) geht im wesentlichen auf seine Initiative zurück. Der Versuch des Vatikans, mit dem Deutschen Reich ebenfalls ein Konkordat abzuschließen, scheiterte bisher jedoch am Widerstand der demokratischen Parteien, die einen damit verbundenen Einfluß der katholischen Kirche auf Bereiche des öffentlichen Lebens, z. B. im Bereich der Bildungspolitik, ablehnen.

Den Münchener Nuntiaturposten übernimmt noch in diesem Monat Erzbischof Alberto Vasallo di Torregrossa. → S. 42

Eugenio Pacelli wurde 1876 geboren und trat 1901 in das Staatssekretariat des Vatikans ein. 1917 wurde er Titularerzbischof von Sardes und Nuntius von Bayern, wo er sich intensiv für die Konkordatspolitik der katholischen Kirche einsetzte.

Askenasi-Grab in Krakau gefunden

6. Juni. Die »Frankfurter Zeitung« berichtet in ihrem ersten Morgenblatt von einem sensationellen Fund auf dem jüdischen Friedhof der Stadt Krakau. Bei Ausgrabungsarbeiten entdeckte ein junger Archäologe den Grabstein des besonders unter den polnischen Juden bekannten Gelehrten und Dichters Rabbi Eliezer ben Eliahu Askenasi.

Der Rabbi verstarb 1586 im Alter von 73 Jahren in Krakau, wo er sich im Anschluß an seine langen Reisen durch Zypern, Ägypten und Italien niedergelassen hatte. Seitdem suchte man vergeblich nach seiner letzten Ruhestätte. Er hinterließ mehrere Bände religiöser und wissenschaftlicher Werke.

1. Juni. *Eine Deutsche Verkehrsausstellung veranstaltet die Reichsbahn gemeinsam mit der Reichspost bis zum 12. Oktober in München. Das Plakat zeigt die Fortschritte moderner Technik, auf die die Initiatoren und Besucher sehr stolz sind. Zur festlichen Eröffnungsfeier wird ein Festspiel von Eugen Roth aufgeführt, das den Verkehr in seinen verschiedenen Formen als »Bändiger der Elemente« und als »Kern der Menschenwelt« feiert.*

Protest gegen Seilbahnen

12. Juni. Der Verfassungsausschuß des Bayerischen Landtages lehnt eine Eingabe des »Deutsch-Österreichischen Alpenvereins« ab, worin die Regierung in München ersucht wird, die erteilte Konzession für den Bau einer Seilbahn zum Gipfel der Zugspitze zurückzunehmen.

Der Ausschuß hält das Ansinnen des Vereins für erledigt, da keine Gefahr bestehe, daß zu viele Bergbahnen gebaut würden. Die Rentabilitätsfrage setze sich hier von selbst Grenzen. Auch sehe man nicht die Gefahr, daß »fremdländisches Treiben auf den Bergesgipfeln« in größerem Umfang begünstigt werde.

Gegen diesen Entscheid protestiert der Alpenverein, da seine Mitglieder im sich verstärkenden Tourismus eine Gefahr für die natürlichen Bedingungen der Alpenregion sehen. Sie fordern von der bayerischen Regierung einen Schutz des Gebirges gegen Industrialisierung, vor allem gegen den Bau von Bergbahnen, hinter denen ausschließlich finanzielle Interessen der Betreiber stünden. In einer Resolution betont der Verein, man werde sich »auch weiterhin gegen die Verschacherung und Zerstörung der Naturschätze einsetzen« und sich nicht mit dem bayerischen Landtagsbeschluß abfinden.

Aufwinden eines 35 000 kg schweren und 4600 m langen Tragseils

Errichtung eines Stahlträgers für die Seilbahn in 2000 m Höhe

Probelauf am Stau bei Wieblingen

13. Juni. Das Neckarbauamt beginnt mit einem einwöchigen Probestau des Neckar an der Staustufe Wieblingen bei Heidelberg.

Die Staustufe in Wieblingen ist Teil eines vom Südwestdeutschen Kanalverein in Angriff genommenen Projektes, eine Kanalverbindung Rhein – Donau über den Neckar südöstlich von Stuttgart zu schaffen. Gegen das Vorhaben hatte es von seiten Heidelberger Bürger Proteste gegeben, die durch diesen Bau eine Veränderung des Heidelberger Landschaftsbildes befürchten. Der Südwestdeutsche Kanalverein verspricht sich jedoch von einer Verbindung zwischen Rhein und Donau große Vorteile für die Schiffahrt.

»Heim und Scholle« in Braunschweig

8. Juni. In Braunschweig wird die bis zum 7. Juli dauernde Ausstellung »Heim und Scholle« eröffnet.

Die Schau orientiert sich an einer im Braunschweiger Gebiet verstärkten Siedlungsbewegung, die von bodenreformerischen Ideen getragen ist. »Heim und Scholle« soll die angestrebte enge Verbindung beider Elemente verdeutlichen, also das Verwachsen der Wohnung mit dem Garten. Neben theoretischen Konzepten bietet die Ausstellung dem Besucher einen Einblick in moderne Technik und Ökonomie für Landwirtschaft und Garten sowie auch fertige Häuser aus den verschiedenen Materialien und in unterschiedlichen Gestaltungsmöglichkeiten.

Mit dem Schiff werden die Flugzeuge, mit denen Amundsen den Nordpol erreichen will, nach Kings Bay gebracht

Amundsen aus dem Eis zurückgekehrt

18. Juni. An Bord des Schiffes »Heimball« kehrt der norwegische Polarforscher Roald Amundsen nach seinem mißglückten Versuch, den Nordpol mit dem Flugzeug zu erreichen, nach Kings Bay auf Spitzbergen zurück.

Von diesem Punkt aus war der 53jährige Forscher am 21. Mai mit sechs weiteren Männern in zwei Wasserflugzeugen Richtung Nordpol gestartet. Nach 24 Stunden wollten sie wieder zurück sein. Es wurde fast ein ganzer Monat daraus, ein Monat voller Strapazen und Entbehrungen. 250 km vom Pol entfernt, 87° 44' nördlicher Breite, mußten die Piloten beider Maschinen nach stundenlangem Flug im Nebel zwecks Standortbestimmung auf einer Eisscholle landen. Kurz darauf froren die beiden Dornier-Maschinen ein, so daß ein Weiterflug unmöglich wurde. Damit war die Expedition gescheitert, nun ging es den Expeditionsteilnehmern nur noch ums Überleben. Sie setzten alle Kräfte ein, um wenigstens ein Flugzeug frei zu bekommen und eine einigermaßen ebene Startbahn auf der Scholle fertigzustellen. Nach 25 Tagen endlich gelang ihnen der Abflug. Eine Zeit, über die der Polarforscher Amundsen sagt: »Die Südpolarexpedition war nichts im Vergleich zu diesem Flug . . . und ich hoffe, daß kein anderer jemals solche Dinge durchmachen muß wie wir.«

Polarforscher R. Amundsen nach seinem mißglückten Nordpolflug

Harter Kampf um die beiden Pole

Der Kampf um die beiden Pole, der Ehrgeiz, als erster Mensch den südlichsten oder nördlichsten Punkt der Erde zu betreten, war Anreiz für mehrere berühmte Polarforscher in den vorausgegangenen Jahrzehnten. Den Südpol erreichte der Norweger Roald Amundsen (→ 18. 6.) am 15. Dezember 1911 noch vor seinem britischen Rivalen Robert F. Scott, der mit allen Teilnehmern seiner Expedition auf dem Rückweg umgekommen war.

Amundsens Versuch, den Nordpol nun mit einem Flugzeug zu erreichen, war nach dessen eigenen Aussagen nicht so sehr im Interesse am geographischen Punkt begründet. Vielmehr sah er die Aktion als eine Generalprobe für einen später geplanten Flug von Spitzbergen nach Alaska an. Der Nordpol selbst reizte ihn nicht mehr, da ihn der US-Amerikaner Robert Edwin Peary bereits erobert hatte.

Der Marineoffizier Peary war am 1. März 1909 von der Nordküste Grönlands mit 24 Mann, 133 Hunden und 19 Schlitten aufgebrochen und konnte am 6. April am Nordpol zum ersten Mal das Sternenbanner hissen. Ob er wirklich der Erste war, bleibt ungeklärt, da sein Landsmann Frederick Cook behauptet, bereits ein Jahr zuvor, am 21. April 1908, dort gewesen zu sein. Infolge ungenügender Meßmethoden konnte er dies jedoch nicht beweisen, und so erkannte man diese Leistung nicht an.

Die Dornier in der Kings Bay vor Spitzbergen, wo die Expeditionsteilnehmer landeten und von einem Frachtschiff aufgenommen wurden

Triumphaler Empfang für Roald Amundsen und die Teilnehmer seiner Expedition in den Straßen Oslos und vor dem königlichen Schloß

Die königliche Barkasse bringt den finnischen Staatspräsidenten zum Schloß

Großer Empfang für Relander in Stockholm

19. Juni. *Der finnische Staatspräsident Lauri Relander trifft zu einem zweitägigen Besuch bei König Gustav von Schweden in Stockholm ein. Von Tausenden von Schweden aufs herzlichste bejubelt, empfängt der König seinen Gast mit allen militärischen Ehren. Obwohl Relander von seinem Außenminister sowie dem Generalstabschef begleitet wird, liegen dem Treffen keine bedeutenden politischen Absichten zugrunde. Es ist eher ein Freundschaftsbesuch. Schweden betont seine Neutralitätspolitik und empfiehlt seinem Nachbarn eine gleiche Haltung.*

Riskante Überquerungen von Flüssen sind für die Expeditionsteilnehmer tägliche Routine

Mit dem Geländewagen quer durch Afrika

26. Juni. *In Tananarive, einem Ort der vor der südostafrikanischen Küste gelegenen Insel Madagaskar, endet erfolgreich eine französische Afrikaexpedition, die am 28. Oktober 1924 in der algerischen Stadt Colomb-Béchar gestartet war. Die Teilnehmer durchquerten erstmals den afrikanischen Kontinent mit Automobilen. Für das Unternehmen hatte die Firma Citroën eigens mit Raupenketten versehene Fahrzeuge hergestellt, die sich nach Aussagen der Techniker auch in schwierigen Situationen, wie im tiefen Wüstensand oder im Schlamm, bewährten.*

Hitzewelle in New York

7. Juni. Infolge einsetzender nordatlantischer Winde sinken die Temperaturen in New York innerhalb einer Nacht um etwa 25 °C. Dieser plötzliche Temperatursturz beendet die seit einigen Wochen anhaltende Hitzewelle im Osten der USA. 350 Menschen starben in den 16 betroffenen Bundesstaaten an einem Hitzschlag. In den Städten wurden über 50 °C gemessen, so daß es kaum jemand in den Häusern aushielt. Auch die Revuegirls flüchteten von der Bühne auf den Broadway und gaben zur Freude der Passanten eine unerwartete Gratisvorstellung.

Eine angenehme Seite der wochenlangen Hitzewelle in New York: Revuegirls verlegen ihren Auftritt aus dem stickigen Theater auf die Straße

Presseagentur in Moskau gegründet

20. Juni. Der Rat der Volkskommissare der Sowjetunion beschließt in Moskau die Gründung der Nachrichtenagentur TASS (Telegrafnoje Agentstwo Sowetskowo Sojusa).

Die neue Telegrafenagentur erhält als zentrales Informationsorgan das ausschließliche Recht, in den Grenzen des Sowjetunion sowie im Ausland Meldungen zu sammeln und zu verbreiten, in Vertragsverhältnisse zu den ausländischen Telegrafenagenturen zu treten, Korrespondentenstellen im Ausland zu gründen etc. Unterstellt wird der neue Pressedienst direkt dem Rat der Volkskommissare, der einen für die Agentur verantwortlichen Leiter demnächst ernennen wird.

Als einzige sowjetische Nachrichtenagentur löst die TASS damit die bisherige »Rosta« ab bzw. stellt sie ihre Erweiterung dar. Diese war nach der Oktoberrevolution 1917 entstanden und erreichte durch die »Rosta-Fenster« große Popularität. Im Herbst 1919 hatten Künstler wie Wladimir W. Majakowski Schaufenster der Agentur mit aktuellen Bildgeschichten dekoriert.

Große Parade für König Georg V.

3. Juni. In London begeht Georg V., König von Großbritannien, seinen 60. Geburtstag. Den Höhepunkt der festlichen Veranstaltungen anläßlich dieses Ereignisses bilden die glanzvollen Paraden der königlichen Garde in der britischen Hauptstadt.

Die königliche Garde vor dem Buckingham-Palast in London

Unterhaltung 1925:

Glanzvolle Revuen in Berlin

Nicht etwa ein wirtschaftlicher Aufschwung und auch keine Verbesserung der allgemeinen Lebensbedingungen sind Ursachen der nostalgisch verklärten Meinung, die 20er Jahre seien eine »goldene« Zeit gewesen. Dieses Attribut gründet sich vielmehr auf eine explosionsartige Entwicklung der Unterhaltungsindustrie. Sie ist ein Kennzeichen des Jahrzehnts nach der Katastrophe des Ersten Weltkrieges. Voraussetzung dafür sind zum einen ein sich in Europa und Amerika verbreitendes neues Lebensgefühl und zum anderen die Möglichkeiten massenhafter Verbreitung von Musik über Rundfunk und Schallplatte.

Dominierend ist vor allem die Schlagerproduktion, die man schon fast als ein Markenzeichen der »goldenen Zwanziger« bezeichnen kann. Sie geht einher mit dem Jazzfieber, das aus den Vereinigten Staaten nach Europa herübergekommen war. Im Berliner Admiralspalast tritt 1925 die US-amerikanische Wooding-Jazz-Band auf, das erste wirkliche Neger-Jazz-Orchester, das in Deutschland live zu sehen und zu hören ist; in den USA macht der 25jährige Louis Armstrong in Chicago mit seinen »Hot Five« die erste Plattenaufnahme.

Die neuen Rhythmen entsprechen dem Lebensgefühl der Menschen in den Großstädten – Berlin wird zu einem Zentrum der Vergnügungsindustrie. Bourgeoise Snobs haben ebenso wie die hart arbeitenden »Tippfräuleins« aus den Büros Sehnsucht nach Unterhaltung und Zerstreuung. Ständig werden neue Tänze kreiert: In den Luxushotels tanzt man ebenso wie in den minderen Etablissement atemlos Shimmy, Black Bottom und Charleston. Lange Zeit erzwungene Prüderie macht einer noch nie gekannten sexuellen Freizügigkeit Platz, die sich in Schlagertexten, großen Nacktrevuen und Darbietungen in kleinen Cabarets in teilweise schrillen Tönen austobt. Gefeiert wird Anita Berber mit ihren expressionistisch-erotischen Tänzen. Auch das Theater zieht massenweise das Publikum mit riesigen Ausstattungsrevuen an. Anziehungspunkt dieser Revuen, dessen populärste Inszenierungen von Erik Charell, Hermann Haller und James Klein stammen, sind die Gruppentänzerinnen. Die »Tillergirls«, die in der Hauptsache bei Haller im Berliner Admiralspalast auftreten, zählen zu den beliebtesten Tänzerinnen. Tausende von Zuschauern ergötzen sich an ihren perfekten Bewegungen und den raffinierten Choreographien. Über dieses Phänomen schreibt der Schriftsteller Joseph Roth in der »Frankfurter Zeitung« am 28. April 1925: »Die ›Girls‹ sind jüngere und ältere Mädchen in Schwimmkostümen, die augenblicklich alle Varieté- und Revuebühnen Europas, die etwas auf sich halten, in trockene Strandbäder verwandeln. Die ohne Zweifel anmutig gebauten Geschöpfe können Beinchen schleudern, auf Seilen klettern, auf Händen gehn, Purzelbäumchen schlagen, und all das sehr exakt und auf Kommando. Sie sind wie eine Übersetzung des männlich-ernsten Militärexerzierens ins Weibliche. Ihre Spiele sind Kompositionen aus Militarismus und Erotik ... Die ›Girls‹ wurden jenseits des Ozeans, in Amerika, erfunden, wo jeder zweite Mann und Bürger das Urbild des ›sittlichen Normalmenschen‹ repräsentiert ... Die ›Girls‹ vollführen, obwohl sie ebensowenig anhaben wie ›Nackttänzerinnen‹, keine Nackttänze, sondern solide körperliche Ertüchtigung ... Ihre Nudität ist prüde. Ihre Schwimmkostüme sind weniger lockend als Nonnengewänder ...

Unsittlich sind nur die Besucher, die mit lüsternen Vorstellungen zu den Girl-Attraktionen wandern; jene Normalmenschen aber, deren ewiger Pubertät auch ein anatomischer Bilderbogen noch Nahrung gibt ...«

Eine Blütezeit hat auch die Kleinkunst in Berlin. Oft treten Theaterstars noch nach ihren Abendvorstellungen in den kleinen Kabaretts auf. Komponisten wie Friedrich Holländer, Texter wie Klabund und Sängerinnen wie Blandine Ebinger, Claire Waldoff und Annemarie Hase gehören hier zu den beliebtesten Stars. Auch die Operette gehört besonders in Berlin mit Komponisten wie Nico Dostal oder Paul Lincke zu den ganz großen Attraktionen dieser Jahre.

Die Tänzerin Anita Berber, gemalt von Otto Dix. Die 26jährige Künstlerin gehört zu den bekanntesten Vertreterinnen des expressionistischen Tanzes, der nach dem Weltkrieg in den Metropolen Europas das Publikum fasziniert. Sie wird im Berliner »Wintergarten« gefeiert und gilt als Königin der Boheme. Ihre radikale expressiv-erotische Kunst ist offenbar Ausdruck ihres Lebensstils. Nach dem Bild, das die Presse allgemein von ihr vermittelt, ist sie ein Vamp, ein Symbol für eine glänzende, aber verzweifelte Welt.

◁ △ Das Plakat von Paul Colin (o.) und die französische Karikatur (»Das Pariser Nachtleben im Zeitalter des Jazz wird zum Mekka amerikanischer Auswanderer«, u.) sind kennzeichnend für den wachsenden Einfluß des Jazz auf die mitteleuropäische Kultur. Die Rhythmen aus dem »Land der unbegrenzten Möglichkeiten«, die aus Elementen afroamerikanischer Volksmusik entstanden, werden zum Symbol der modernen Welt in Paris und Berlin. Gastspiele von Orchestern mit schwarzen Musikern sind eine Garantie für volle Revuetheater. Die farbige Tänzerin Josephine Baker feiert in Paris Triumphe als die »Schwarze Rose von St. Louis«. Ihre exotisch-erotischen Darbietungen treffen den internationalen Geschmack und Stil der Zeit.

Unangefochtene Stars der populären Ausstattungsrevues sind die Tillergirls aus Berlin; hier posieren sie für einen Fotografen im Schwimmbad

Binnie Hale und George Grossmith in dem Musical »No no Nanette«

Plakat für Mistinguett – gefeierte Sängerin und Tänzerin in Paris

Der Clown Bourbonnel (M.) vom Berliner Zirkus Busch; seine Auftritte gehören zu den Höhepunkten des Programms, das ein Publikumserfolg ist

Ausstellung der »Neuen Sachlichkeit«

14. Juni. Die bis zum 13. September dauernde Ausstellung »Neue Sachlichkeit« wird in der Kunsthalle Mannheim eröffnet.

Der Titel der Ausstellung kennzeichnet zugleich eine Stilrichtung in der deutschen Kunst, die vom Bemühen um eine objektive Darstellung der Wirklichkeit geprägt ist. Dies geschieht in einer bewußten Abgrenzung zu dem vom Gefühl bestimmten Expressionismus, wie es auch im Untertitel der Schau »Seit dem Expressionismus« zum Ausdruck kommt. In den vorhergegangenen zwei Jahren knüpfte Kunsthistoriker Gustav F. Hartlaub als Leiter der Mannheimer Kunsthalle zu jenen Künstlern in Deutschland Kontakt, die zumindest in Ansätzen im Stil der »Neuen Sachlichkeit« arbeiten. Nun bietet die Ausstellung mit 124 Bildern von 32 Malern eine erste Bestandsaufnahme der neuen Stilrichtung, die sich in unterschiedlichen Formen und Darstellungsweisen präsentiert.

So stehen z. B. für die Richtung die »neusachlichen«, übergenau scheinenden Stilleben des Müncheners Alexander Kanoldt und die figürlichen Darstellungen von Georg Schrimpf. Dem Karlsruher Karl Hubbuch stehen hingegen Max Beckmann, George Grosz und Otto Dix nahe, deren nüchtern-distanzierte, oft ins Groteske hinübergehende Darstellungen der Wirklichkeit von bedeutender Ausdruckskraft sind. In einer Besprechung der »Frankfurter Zeitung« heißt es dazu: »Eine klare harte Technik von verzehrend leidenschaftlicher Anbetung dessen, was ein ringendes Gehirn den Augen zu sehen eingibt, und das Ethos eines hundertfach hervorbrechenden: ›Ecce Homo‹ (G. Grosz), ›Seht welch eine Menschheit‹, ist das Herz dieser ›Neuen Sachlichkeit‹. Oft braucht sie die Sprache der Karikatur; selten ihren vollen Sinn; denn die Pointen kommen aus dem Ernst des Wahrheitsdrangs; da wird die Häßlichkeit zur Schönheit.«

»Drei Dirnen auf der Straße«, Bild des gesellschaftskritischen Malers und Graphikers Otto Dix, der mit seinen Arbeiten entlarvend schockiert

Reinhardt fördert Pantomimentheater

1. Juni. Theaterregisseur Max Reinhardt gründet in Berlin die »Internationale Pantomimengesellschaft«, deren künstlerische Oberleitung er selbst übernimmt.

Erklärtes Ziel der Gesellschaft, deren Aufsichtsrat u. a. auch der Schriftsteller Hugo von Hofmannsthal und der Komponist Richard Strauss angehören, ist die Verbreitung größerer Pantomimen- und Ballettwerke im In- und Ausland. Die ersten Produktionen wollen die Beteiligten im August bei den Salzburger Festspielen vorstellen. Danach sind Tourneen durch Europa und Nordamerika geplant.

Symbolstück auf der Kölner Bühne

6. Juni. Anläßlich der Jahrtausendfeier gelangt im Kölner Schauspielhaus Fritz von Unruhs Schauspiel »Heinrich aus Andernach« zur Uraufführung.

Dieses Theaterereignis wird vom Publikum der noch immer von alliierten Truppen besetzten Stadt Köln wegen seines Symbolgehalts mit großem Beifall aufgenommen. Unruhs Stück handelt von einem Winzer, der unter der Fremdherrschaft leidet, sich aber zur Erkenntnis gemeinsamer Schuld und gemeinsamer Sühne durchringt.

Juwelenfund im ehemaligen Fürstenpalast

24. Juni. In Moskau präsentieren die sowjetischen Behörden der internationalen Presse und Vertretern ausländischer Regierungen den wiedergefundenen Schatz von Felix Fürst Jussupow.

Sowjetische Experten überprüfen die Schmuckstücke auf ihre Echtheit

Ein Angestellter des Moskauer Militärmuseums hatte vor einigen Monaten den Schatz entdeckt. Im Museumsgebäude, dem ehemaligen Schloß des Fürsten Jussupow, war ihm aufgefallen, daß ein Wandabschnitt frische Farbe aufwies. Als die Mauer daraufhin von den Sachverständigen überprüft wurde, kam dahinter eine geheime Kammer zum Vorschein, die mit kostbaren Bildern, Juwelen, Gold- und Silberwaren ausgefüllt war. Der Wert dieses Fundes wird auf etwa 50 Millionen Rubel geschätzt. Fürst Jussupow selbst hatte diese Schätze in sein Palais einmauern lassen, bevor er während der kommunistischen Oktoberrevolution 1917 Rußland verlassen mußte.

Alexander Laszlos Farblichtmusik

18. Juni. In Kiel wird das am 14. Juni begonnene 55. deutsche Tonkünstlerfest beendet. Auf dem vom Allgemeinen Deutschen Musikverein veranstalteten Treffen kamen neben schon bekannten Opern auch noch nicht der Öffentlichkeit vorgestellte Kammermusiken sowie Orchesterwerke zur Aufführung. Am ausführlichsten berichtet die Presse von der Darbietung einer »Farblichtmusik« des ungarischen Komponisten Alexander Laszlo. Er führt dem Publikum eine Kombination von Klaviermusik und in der Bewegung nachvollziehbarer Farbmalerei vor. Die von der Kritik als »aufschlußreich« bezeichnete Darbietung nehmen die Zuschauer allerdings kaum ernst. Sie sehen die Farblichtmusik mehr als eine nette Unterhaltung an.

Vom Zeichner festgehalten: Ein spannender Moment im Endspiel um die deutsche Fußballmeisterschaft; die Nürnberger Spieler im roten Trikot bedrängen das Frankfurter Tor

Der 1. FC Nürnberg erringt bereits zum vierten Mal den begehrten deutschen Meistertitel

7. Juni. *Beim Endspiel um die deutsche Fußballmeisterschaft in Frankfurt am Main siegt der 1. FC Nürnberg gegen den FSV Frankfurt mit 1:0. Damit erringen die Nürnberger zum vierten Mal den Meistertitel. Mehrere tausend Frankfurter und auch einige Schlachtenbummler aus Nürnberg sind in das erst am Himmelfahrtstag eröffnete Frankfurter Waldstadion gekommen. Bei brütender Hitze verfolgen insgesamt 50 000 Zuschauer in dem ausverkauften Stadionrund das bis zur letzten Minute spannende Spiel. Als nach dem Ablauf der zweiten Halbzeit noch immer kein Tor gefallen ist, gibt es eine Verlängerung. Drei Minuten nach deren Beginn gelingt dem favorisierten Titelverteidiger aus Nürnberg durch den Halbstürmer Wieder dann endlich das 1:0. Die Hoffnung der Frankfurter Fans auf das Ausgleichstor erfüllt sich nicht. Der technisch perfekt und routiniert spielende »Club« – sieben der elf Nürnberger waren schon beim ersten Titelgewinn 1920 dabei – bringt den knappen Vorsprung sicher über die restlichen 27 Spielminuten.*

Neuer Weltrekord im Weitsprung

13. Juni. Mit einer Weite von 7,89 m erreicht der US-Amerikaner William de Hart Hubbard bei den Universitätsmeisterschaften in Chicago einen Weltrekord im Weitsprung. Er verbesserte die Bestmarke seines Landsmannes Robert Lebendre um zwölf Zentimeter.

Für den schwarzen Spitzensportler, seit 1922 ununterbrochen US-amerikanischer Weitsprungmeister, ist der Rekordsprung eine Genugtuung, vor allem, weil er und Lebendre sich nicht besonders mögen. Dieser hatte 1924 bei den Olympischen Spielen in Paris eine neue Bestmarke (7,77 m) während des Fünfkampfs aufgestellt. Hubbard aber war einen Tag später bei seinem Olympiasieg im Weitsprung nur auf 7,445 m gekommen.

William de Hart Hubbard bei seinem Weltrekordsprung von 7,89 m

Erfolg für Binda beim Giro d'Italia

7. Juni. Sieger des diesjährigen »Giro d'Italia« wird der italienische Fahrer Alfredo Binda. Für die 3419,6 km lange Strecke, die in zwölf Etappen zurückgelegt wird, benötigte Binda 137:31:3 h. Den zweiten Platz mit 4:58 min Rückstand belegt sein Landsmann Constante Girardengo, gefolgt von Giovanni Brunero (Italien), den schon 17:22 min vom Sieger des Rennens trennen.

Die Rundfahrt, die wegen der großen Hitze und der Steigungen in den Abruzzen und den Alpen zu den schwersten Radrundfahrten zählt, stellt hohe Anforderungen an die Kondition der Teilnehmer. Viele Sportler zeigten sich den Strapazen nicht gewachsen: Von den 130 am 16. Mai gestarteten Fahrern erreichen schließlich nur 49 das Ziel.

Überraschender Sieger des Giro d'Italia: Alfredo Binda

Juli 1925

Mo	Di	Mi	Do	Fr	Sa	So
		1	2	3	4	5
6	7	8	9	10	11	12
13	14	15	16	17	18	19
20	21	22	23	24	25	26
27	28	29	30	31		

1. Juli, Mittwoch

Die polnische Regierung und der Jüdische Klub in Warschau schließen ein Abkommen, worin die gegenseitige Anerkennung festgelegt ist.

Der in dem Schweizer Ort Bellinzona tagende Internationale Eisenbahnerkongreß befaßt sich mit der zunehmenden Konkurrenz von Kraftwagen-Transportunternehmen. → S. 26/27

In Moskau spricht sich der Oberste Wirtschaftsrat für den von Fridtjof Nansen ausgearbeiteten Plan einer Luftverbindung von Amsterdam (Niederlande) nach Yokohama (Japan) aus. Die Reise über Leningrad, Archangelsk, Nordsibirien und Kap Hope in Alaska würde siebeneinhalb Tage dauern.

Vor der Zivilkammer des Landgerichts Berlin kommt eine Klage prominenter Bühnenschauspieler gegen den Deutschen Bühnenverein zur Verhandlung, der die Festlegung einer Höchstgage forderte. → S. 136

In Paris stirbt der französische Komponist Erik Satie im Alter von 59 Jahren.

2. Juli, Donnerstag

An der Heidelberger Universität kommt es zu Auseinandersetzungen zwischen Studenten und Reichsbanner-Angehörigen wegen eines verbotenen Vortrags des Privatdozenten Julius Gumpel, einem ultralinken Sozialdemokraten.

Nach andauernden heftigen Regengüssen kommt es im polnischen Karpatengebiet zu folgenschweren Überschwemmungen.

3. Juli, Freitag

Das französische Parlament genehmigt den Staatshaushalt für das laufende Jahr. Neue Einnahmequellen sind die Erhöhung der Fremdensteuer, die Steuer auf Luxuskraftwagen, die Einkommensteuer für Junggesellen sowie Steuern auf Genußmittel.

Drei deutsche Studenten werden in Moskau zum Tode verurteilt. Die im Oktober 1924 Verhafteten sollen Wirtschaftsspionage betrieben und Mordpläne gegen führende sowjetische Politiker ausgearbeitet haben. → S. 127

In Hongkong tritt das gesamte chinesische Personal der Kanalisationswerke und des Regierungskrankenhauses in den Streik. Auch in den anderen Industrien halten die Anfang Juni begonnenen Ausstände weiterhin an.

Während der Arbeiten zur geplanten Rampenstraße in Trier werden Reste eines römischen Tempelbezirks gefunden.

Der Chirurg Ferdinand Sauerbruch, bekannt durch die Einführung eines Druckausgleichverfahrens für die Brustkorbchirurgie, wird 50 Jahre alt.

4. Juli, Sonnabend

Die Mehrheit des Reichstages spricht sich gegen den von den Sozialdemokraten eingebrachten Antrag auf eine außenpolitische Debatte aus.

Die seit mehreren Wochen mit häufigen Unterbrechungen in Paris stattfindende deutsch-französische Handelskonferenz ist endgültig auf das kommende Jahr verschoben worden.

In Angora (Ankara) unterzeichnen Vertreter der deutschen und türkischen Regierungen einen Handelsvertrag.

Im Berliner Schiller-Theater wird die Operette »Annemarie« von Jean und Robert Gilbert uraufgeführt.

40 Besucher eines Nachtklubs, des Pickwick-Klubs in Boston, werden beim Einsturz des fünfstöckigen Gebäudes getötet. Die Ursache des Unglücks führt man auf in der Nähe durchgeführte Erdarbeiten zurück.

In Wimbledon gehen die diesjährigen Tennismeisterschaften zu Ende. Alle Titel erringen Franzosen: Das Herreneinzel gewinnt René Lacoste gegen seinen Landsmann und Vorjahressieger Jean Borotra (6:3, 6:3, 4:6, 8:6), bei den Frauen kann sich die überlegene Suzanne Lenglen die Titel im Einzel, im Doppel sowie im Mixed holen. → S. 137

Einen triumphalen Empfang bereiten die Einwohner der norwegischen Stadt Horten dem Polarforscher Roald Amundsen nach seiner Rückkehr von seinem mißlungenen Versuch, den Nordpol mit dem Flugzeug zu erreichen (→ 18. 6./S. 116).

5. Juli, Sonntag

In Paris versammeln sich Exilbulgaren zu einem Protest gegen den faschistischen Terror in Bulgarien.

Hans Moldenhauer gewinnt im Spiel gegen Hannemann das Frankfurter Allgemeine Tennisturnier und damit den Preis der Stadt Frankfurt am Main mit 4:6, 6:1, 6:1.

Im ersten Ruderkampf zwischen den Achtermannschaften der Städte Berlin, Wien und Budapest gewinnen in der ungarischen Hauptstadt die Berliner.

6. Juli, Montag

Anläßlich des 510. Todestages des tschechischen Reformators Jan Hus erhebt die Regierung in Prag den 6. Juli zum Staatsfeiertag. Wegen des »antichristlichen Charakters« der Feiern verläßt der päpstliche Nuntius Monsignore Marmagi tags darauf aus Protest die Tschechoslowakei. → S. 127

Aufgrund einer von der Bank Frankreichs geführten Stützungsaktion kann sich der Kurs des Franc gegenüber der Vorwoche wieder erholen.

7. Juli, Dienstag

Auf der Fahrt in die Antarktis befindet sich das britische Forschungsschiff »Discovery«. Die Wissenschaftler an Bord wollen dort drei Jahre lang die Lebensgewohnheiten der Wale erforschen.

In Salzburg wird das Mozartmuseum nach einer sechsmonatigen Umbauzeit wieder für das Publikum geöffnet.

8. Juli, Mittwoch

Eine Mehrheit des sächsischen Landtages lehnt den Antrag der SPD, den Landtag aufzulösen, ab. Der SPD-Parteivorstand hat den Antrag wegen der Zerstrittenheit seiner Fraktion empfohlen.

Die von Georg Kolbe geschaffene Bronzebüste des verstorbenen Reichspräsidenten Friedrich Ebert (→ 28. 2./S. 41) ist im Foyer des Reichstagsgebäudes vor dem Präsidentenzimmer probeweise auf einer Holzsäule aufgestellt worden.

Der US-amerikanische Techniker und Erfinder der drahtlosen Automobilsteuerung, Francis Houndis, führt seine neueste Entwicklung der Öffentlichkeit vor. Im stärksten Verkehr auf der Fifth Avenue in New York präsentiert er erfolgreich sein Automobil per drahtlosem Befehl.

9. Juli, Donnerstag

Der Reichstag billigt das deutsch-polnische Abkommen über Erleichterungen im kleinen Grenzverkehr.

In einer Note an die spanische Regierung in Madrid lehnt Großbritannien die Beteiligung an einer Blockade gegen Marokko ab (→ 22. 6./S. 112).

Das französische Parlament genehmigt 183 Millionen Franc als Nachtragskredit für den Feldzug in Marokko gegen die Rifkabylen (→ 22. 6./S. 112).

Während einer Diskussion über eine Aushändigung von Eigentum der Fürsten Thurn und Taxis kommt es in Belgrad in der Skupschtina, dem südslawischen Parlament, zu tätlichen Auseinandersetzungen zwischen den Abgeordneten oppositioneller Parteien.

Durch einen Militärputsch in Ekuador wird die liberale Regierung unter dem Präsidenten Gonzalo Córdoba gestürzt.

Auf der 33. Hauptversammlung des Bayerischen Kanal- und Schiffahrtsvereins fordern die Teilnehmer den Baubeginn des Rhein-Main-Donau-Kanals.

10. Juli, Freitag

In Dayton (US-Bundesstaat Tennessee) beginnt ein Prozeß gegen den Verbreiter der Darwinschen Entwicklungslehre, Professor John T. Scopes. → S. 133

Bei einer Familie in einem Dorf der Autonomen Sowjetrepublik Grusinien werden bisher noch unbekannte Manuskripte von Romanen sowie Briefe und Tagebuchaufzeichnungen des russischen Schriftstellers Fjodor M. Dostojewski (1821–1881) aufgefunden.

Bei den Leichtathletikmeisterschaften in San Francisco (US-Bundesstaat Kalifornien) läuft der Olympiasieger von 1924, F. Morgan Taylor, mit 53,8 sec über 440 Yards Hürden Weltrekord.

11. Juli, Sonnabend

Die Belegschaften der Schachtanlagen I und II der Gelsenkirchener Zeche Rheinelbe erhalten die Mitteilung, daß der Betrieb bis spätestens 1. August stillgelegt wird. Von der Maßnahme sind 1728 Arbeiter betroffen (→ 31. 7./S. 131).

Das französische Parlament genehmigt das Saarabkommen zwischen dem Deutschen Reich und Frankreich; u. a. wird darin die zollfreie Ausfuhr beträchtlicher Kontingente saarländischer Erzeugnisse und Produkte nach Deutschland zugebilligt. → S. 127

Im Rahmen der Jahrtausendfeier wird in Mainz die Deutsche Rosenschau eröffnet. Die Besatzungsbehörden gestatten aus diesem Anlaß zwar das Aufhängen von Girlanden, jedoch nicht das Beflaggen von Privathäusern (→ 16. 5./S. 97).

12. Juli, Sonntag

In Berlin beginnt der bis zum 17. Juli andauernde zehnte Parteitag der Kommunistischen Partei Deutschlands (KPD). → S. 129

Anläßlich der Eröffnung des KPD-Parteitages wird unter der Regie von Erwin Piscator im Großen Berliner Schauspielhaus das Stück »Trotz alledem« aufgeführt. In der einmaligen Aufführung setzt Piscator erstmals filmisches Material als dramaturgisches Mittel auf der Theaterbühne ein. → S. 136

13. Juli, Montag

In der freien Stadt Danzig beschließt eine große Volksversammlung eine Eingabe an den Vatikan um Errichtung eines eigenen Bistums Danzig, damit die Danziger Katholiken nicht einem polnischen Bischof unterstellt werden.

Während der Tagung der Internationalen Frauenliga in Innsbruck kommt es zu Störungen durch nationalistisch gesinnte Kreise (→ 7. 4./S. 86).

14. Juli, Dienstag

Die alliierten Besatzungstruppen beginnen mit der endgültigen Räumung des Ruhrgebietes. → S. 128

Das Schwurgericht in Schwerin spricht in einem mecklenburgischen Fememordprozeß nach zehntägiger Verhandlung vier Todesurteile aus. Zwei Arbeiter, ein Landwirt und ein Offizier werden des Mordes an dem Berliner Helmut Holtz für schuldig befunden. → S. 129

Eine Delegation deutscher Arbeiter, die zu einer Reise (bis 28. August) in die UdSSR aufbricht, wird in Berlin feierlich verabschiedet.

15. Juli, Mittwoch

Die Mehrheit des Reichstages nimmt das Aufwertungsgesetz an. → S. 129

In Großbritannien wird der 100. Jahrestag der ersten Eisenbahn gebührend gefeiert; an der Ehrentribüne vorbei fährt die erste Eisenbahn der Welt noch einmal ihre damalige Strecke von Stockton nach Darlington, vorneweg wie vor 100 Jahren ein Reiter mit einer roten Flagge

THE ILLUSTRATED LONDON NEWS

REGISTERED AS A NEWSPAPER FOR TRANSMISSION IN THE UNITED KINGDOM AND TO CANADA AND NEWFOUNDLAND BY MAGAZINE POST.

SATURDAY, JULY 11, 1925.

PRECEDED BY A HORSEMAN CARRYING A RED DANGER-FLAG: "LOCOMOTION NO. 1" IN THE RAILWAY CENTENARY PROCESSION ALONG THE OLD STOCKTON AND DARLINGTON RAILWAY ROUTE.

The original "Locomotion No. 1," hauling a replica of the train that ran at the opening of the Stockton and Darlington Railway on September 27, 1825, was one of the most striking features of the Railway Centenary Procession held last week. This engine, built by Robert Stephenson at Newcastle-on-Tyne, showed itself to be in efficient working order, although over a hundred years old. Its train consisted of "Chaldron" waggons (the coal-waggons of the period) and "the long coach belonging to the Company"; with "many passengers and a band" in the waggons and "the directors of the Company" in the coach.

PHOTOGRAPH BY L.N.A.

Auf dem im Hafen von Kapstadt liegenden deutschen Forschungsschiff »Meteor« treffen weitere deutsche Wissenschaftler ein, die an der zweijährigen Tiefseeforschungsfahrt teilnehmen werden (→ 16. 4./S. 81).

16. Juli, Donnerstag

Ein neu gegründetes Institut für Konjunkturforschung beginnt in Berlin mit seiner Arbeit. → S. 131

In einem Schreiben an die Mitglieder des Reichstages wenden sich die weiblichen Angehörigen gegen den § 14 der Personalabbauverordnung, der die Entlassung von Beamtinnen im Falle der Eheschließung vorsieht.

In Göttingen wird das Kaiser-Wilhelm-Institut für Strömungsforschung, das Untersuchungen zur Aerodynamik vornehmen will, eingeweiht.

17. Juli, Freitag

In Südslawien wird eine neue Regierung gebildet, in der auch Vertreter der kroatischen Bauernpartei vertreten sind. Ihr inhaftierter Führer, Paul Radić, wird aus dem Gefängnis entlassen, sein Prozeß niedergeschlagen. → S. 127

Eine Beschwerde wegen Repressalien gegenüber der Bevölkerung im Mosul-Gebiet richtet die türkische Regierung an den Völkerbundsrat in Genf (→ 2. 9./S. 157).

In einem Brief teilt Mahatma Gandhi der Unabhängigkeitspartei mit, daß er sich aus der offiziellen indischen Politik zurückziehen werde. → S. 127

Der deutsche Maler Lovis Corinth stirbt in dem niederländischen Nordseebad Zandvoort im Alter von 66 Jahren.

In München beginnt die drei Tage dauernde Automobil- und Motorradwettfahrt nach Baden-Baden. → S. 136

18. Juli, Sonnabend

Der Münchener Franz-Eher-Verlag veröffentlicht den ersten Teil des programmatischen Buches von Adolf Hitler »Mein Kampf«. → S. 130

Der erste Kongreß des internationalen Verbandes der Straßenbahner findet in Brüssel statt.

Bei einer Sturmflutkatastrophe vor der Küste von Korea wird die Insel Toboto überschemmt. Mehrere tausend Menschen kommen dabei ums Leben.

19. Juli, Sonntag

Portugiesische Offiziere, die nach dem Staatsstreich am 19. April zunächst verhaftet, dann aber ausgebrochen waren, versuchen, die Regierung in Lissabon zu stürzen. Angeschlossen hat sich ihnen die Besatzung des Kreuzers »Vasco da Gama«. Schon am Abend ist der Putsch von Regierungstruppen niedergeschlagen (→ 19. 4./S. 76).

Die vom Deutschen Allgemeinen Automobilclub veranstalteten Deutschen Motorrad-Straßenmeisterschaften in den Klassen 175 cm³, 250 cm³, 350 cm³, 500 cm³, 750 cm³ und 1000 cm³ finden auf dem Schleizer Dreieck statt.

In Paris gewinnt der Italiener Ottavio Bottecchia die über insgesamt 5430 km führende Tour de France. → S. 137

20. Juli, Montag

Zum Abschluß der Agrardebatte im Sejm, dem polnischen Parlament in Warschau, wird das Gesetz über eine Agrarreform mit 200 gegen 90 Stimmen angenommen. Von dem Gesetz, das den Verkauf von Großgrundbesitz vorsieht, sind vor allem die deutschen Landbesitzer betroffen.

Ab sofort wird der sogenannte »Sandwichman« auf Londons Straßen vom britischen Verkehrsministerium verboten. Bilder, Flugblätter und Plakate dürfen nun nicht mehr zu Reklamezwecken durch die Straßen der Hauptstadt getragen und verteilt werden.

21. Juli, Dienstag

In Berlin treffen Vertreter kommunistischer Jugendverbände der europäischen Länder zu einer Konferenz zusammen.

Die chinesische Handelskammer beschließt einen Boykott britischer und japanischer Waren ab 30. Juli des Jahres sowie die Annullierung der Geschäftsbeziehungen zu britischen und japanischen Firmen (→ 30. 5./S. 99).

Ein Streik der Druckerei- und Transportarbeiter in Semarang (Java) wird von den niederländischen Kolonialbehörden mit Militär niedergeschlagen.

22. Juli, Mittwoch

Aus Anlaß der Reichspräsidentenwahl am → 26. April (S. 74) wird im gesamten Deutschen Reich eine Amnestie für die vor dem 15. Juni 1925 begangenen politischen Straftaten erlassen. → S. 129

Fünf Spitzenverbände der deutschen Industrie werden auf ihren Antrag hin in die Internationale Handelskammer aufgenommen. Die Kammer hat ihren ständigen Sitz in Paris.

In Tokio hat die Polizei ein generelles öffentliches Tanzverbot nach 22.00 Uhr verhängt. Die Stadtverwaltung fürchtet um die Moral der Besucher.

Der Ausschmückungsausschuß des Deutschen Reichstages hat beschlossen, eine von Georg Kolbe als Auftragswerk gefertigte Büste von Friedrich Ebert in dieser Form nicht anzunehmen.

23. Juli, Donnerstag

Im Anschluß an die außenpolitische Aussprache billigt der Deutsche Reichstag die Politik von Außenminister Gustav Stresemann (→ 15. 9./S. 156).

In den USA kommt es zur Gründung der International Labor Defense, einer US-amerikanischen Sektion der kommunistischen Organisation Internationale Rote Hilfe (IAH).

24. Juli, Freitag

Zu einer Kundgebung »Gegen Zollwucher und Volksbedrückung – für Brot und Arbeit« versammeln sich in Berlin Anhänger der Gewerkschaften und der Sozialdemokraten. → S. 131

Die polnische Regierung gibt bekannt, daß sie die deutschen Staatsangehörigen (Optanten) zum 1. August ausweisen werde. → S. 126

Eine Regierungsvorlage zum Ausbau der Bleilochtalsperre an der oberen Saale wird vom thüringischen Landtag in Erfurt angenommen.

In Frankfurt am Main beginnt die erste Internationale Arbeiterolympiade. Sie dauert bis zum 28. Juli. → S. 136

Der ehemalige Sultanspalast Yldiz-Kiosk von Konstantinopel ist von der Stadt für 30 000 türkische Pfund jährlich an eine Gesellschaft verpachtet worden, die darin ein Vergnügungsetablissement einrichten möchte.

25. Juli, Sonnabend

In seiner Rede vor einer Versammlung der Konservativen Partei in Knowsley betont der britische Premierminister Stanley Baldwin, daß Großbritannien und Frankreich einen baldigen Eintritt des Deutschen Reiches in den Völkerbund wünschen (→ 16. 10./S. 172).

Das historische Schauspiel »Anno 1634« von Wolf Meyer-Erlach wird in Nördlingen aufgeführt. Die Bürger der Stadt spielen darin die historische Schlacht aus dem Dreißigjährigen Krieg nach.

26. Juli, Sonntag

Emil Eichhorn, der ehemalige Polizeipräsident von Berlin (1918/19) und kommunistische Reichstagsabgeordnete, stirbt in der Hauptstadt.

Bei Wismar stirbt 76jährig der deutsche Mathematiker und Philosoph Gottlob Frege, Begründer der modernen mathematischen bzw. formalen Logik.

Vor etwa 15 000 Zuschauern finden in Breslau-Grüneiche die Deutschen Meisterschaften der Berufsrennfahrer statt. Die Fliegermeisterschaft gewinnt der Hannoveraner Gottfried, die Stehermeisterschaft Vorjahresmeister Saldow.

Den in Wien veranstalteten Leichtathletikwettkampf zwischen Österreich, Ungarn, der Tschechoslowakei, Jugoslawien und dem Deutschen Reich gewinnen die deutschen Sportler.

Auf der französischen Rennstrecke in Montlhéry verunglückt Antonio Ascari auf Alfa Romeo tödlich. → S. 137

Mit ihren Siegen in Noordwijk (Niederlande) steht die französische Tennismannschaft als Gewinner der Europarunde im Davispokal fest.

27. Juli, Montag

Aus Anlaß der in der Mainmetropole stattfindenden Arbeiterolympiade empfängt der Frankfurter Magistrat im Römer Vertreter ausländischer Sportvereine (→ 24. 7./S. 136).

Der sowjetische Schriftsteller Wladimir Majakowski trifft zu einem Besuch der Vereinigten Staaten in New York ein.

28. Juli, Dienstag

In einer Eingabe an den Reichstag fordert die Deutsche Friedensgesellschaft zur Gründung eines Europäischen Zollvereins auf. Er soll ein Gegengewicht sein zur wirtschaftlichen Übermacht USA.

In Berlin wird der von Gerhard Lamprecht inszenierte Film »Die Verrufenen – der fünfte Stand«, eine engagierte Darstellung des Lebens in den Berliner Slums, uraufgeführt.

29. Juli, Mittwoch

In Berlin empfängt Reichskanzler Hans Luther Vertreter der Berg- und Metallarbeitergewerkschaft aus dem Ruhrgebiet zu Gesprächen über die Bergbaukrise (→ 31. 7./S. 131).

Der österreichische Nationalrat in Wien verabschiedet ein Gesetz über eine Verwaltungs- und Verfassungsreform.

Der während der Unterhausdebatte über das Flottenprogramm ins britische Parlament eingebrachte Antrag der Labour Party auf Kürzung des Flottenetats wird von der Mehrheit abgelehnt.

In der Redaktion der »Zeitschrift für Physik« trifft Werner Heisenbergs Manuskript »Über quantentheoretische Umdeutung kinematischer und mechanischer Beziehungen« ein. → S. 133

30. Juli, Donnerstag

Während einer Grenzpatrouille wird ein sowjetischer Kommandant von einem polnischen Grenzsoldaten, der die Grenzlinie überschritten hatte, erschossen. In den vergangenen Monaten ist es schon häufiger zu Übergriffen polnischer Grenzsoldaten auf sowjetisches Gebiet gekommen.

31. Juli, Freitag

Die Räumung des seit Januar 1923 von alliierten Truppen besetzten Ruhrgebietes ist abgeschlossen (→ 14. 7./S. 128).

Infolge von Solidaritätsaktionen der Eisenbahner und Transportarbeiter entschließen sich die britischen Kohleindustriellen zu einer Rücknahme angekündigter Lohnkürzungen für Bergarbeiter. Der Tag geht als der »Red Friday« (Roter Freitag) in die Geschichte der britischen Arbeiterbewegung ein. → S. 131

Das Wetter im Monat Juli

Station	Mittlere Lufttemperatur (°C)	Niederschlag (mm)	Sonnenscheindauer (Std.)
Aachen	18,2 (17,5)	74 (75)	– (190)
Berlin	19,6 (18,3)	52 (70)	– (242)
Bremen	19,8 (17,4)	45 (92)	– (207)
München	17,9 (17,5)	118 (137)	– (226)
Wien	– (19,5)	– (84)	– (265)
Zürich	17,4 (17,2)	159 (139)	– (238)

( ) Langjähriger Mittelwert für diesen Monat
– Wert nicht ermittelt

Auf ihre gewohnt reizvolle, der Lust am Leben verschriebenen Art schickt die Zeitschrift »Jugend« ihre Leser in den wohlverdienten Sommerurlaub

Ausgewiesene Deutschstämmige aus Polen warten vor der Essensausgabe in einem Optantenlager in Schneidemühl

Polen weist die deutschen Optanten aus

24. Juli. In Warschau teilt die polnische Regierung mit, daß sie bis zum 1. August alle deutschen Staatsangehörigen (Optanten) ohne Landbesitz ausweisen werde.

Zu dieser Maßnahme ist Polen aufgrund eines im August 1924 verabschiedeten Schiedsspruches befugt. Bei den damaligen Verhandlungen in Wien wurde der Regierung Warschaus das Recht zugestanden, diejenigen Einwohner Polens, die sich für die Beibehaltung der deutschen Staatsangehörigkeit entschieden hatten, des Landes zu verweisen. Trotz intensiver Bemühungen der deutschen Delegation konnte dieser Schiedsspruch nicht verhindert werden, man einigte sich lediglich auf folgende Erleichterungen:

Abwandern müssen

- ▷ bis 1. August 1925 Personen ohne Grundeigentum,
- ▷ bis 1. November 1925 Personen, deren Grundbesitz im Bezirk einer Festung oder im zehn Kilometer breiten Grenzgebiet liegt
- ▷ bis 1. Juli 1926 alle übrigen Personen mit Grundbesitz.

Die Hoffnung der Betroffenen und auch der Reichsregierung auf einen Verzicht dieses Rechts durch die polnische Regierung wurde nun enttäuscht. Insgesamt etwa 30 000 Deutsche müssen ihre Heimatorte verlassen, etwa die Hälfte davon schon bis zum 1. August. Hauptübergangspunkt für sie ist Schneidemühl (Pila), wo die deutschen Behörden ein riesiges Rückgangslager eingerichtet haben. Von hier aus sollen ihnen Arbeits- und Wohnstätten im übrigen Deutschen Reich vermittelt werden. Da die Zahl der Rückwanderer innerhalb weniger Tage dort in die Tausende geht, hausen die Aussiedler teilweise unter katastrophalen Bedingungen.

Als die polnische Regierung am 6. August bekanntgibt, daß sie noch nicht Ausgewanderte zwangsweise ausweisen wird, beschließt die deutsche Regierung, mit polnischen Optanten ebenso zu verfahren.

Die Ursachen der Spannungen

Das politische Verhältnis zwischen Polen und dem Deutschen Reich ist seit dem Versailler Vertrag (1919) von Spannungen geprägt. Die Ursache dafür liegt in erster Linie in der Tatsache, daß die Reichsregierung die Festlegung der Ostgrenzen nicht akzeptieren will. Das Ziel, die an Polen abgetretenen Teile der Provinzen Schlesien, Posen und Westpreußen auf dem Verhandlungswege zurückzugewinnen, ist Bestandteil deutscher Außenpolitik. Dazu kommen ökonomische Auseinandersetzungen, die in den Verhandlungen über einen Handelsvertrag und im Protest gegen vom Deutschen Reich erhobene Zölle auf die Einfuhr polnischer Steinkohle deutlich werden. Die rigorose Ausweisung der Optanten aus ehemals deutschen Gebieten in Polen sieht die Regierung in Berlin als Reaktion auf diese Differenzen.

Lastwagen bringen Neuankömmlinge vom Bahnhof ins Lager

Der Strohkorb dient dieser kinderreichen Familie im überfüllten Flüchtlingslager in Schneidemühl als Kinderbett

Täglich treffen Transporte mit deutschen Familien aus Polen ein; ihre Situation wird immer schwieriger

Zollvergünstigung für die Saar-Industrie

11. Juli. In Paris unterzeichnen Delegierte der französischen und der deutschen Regierungen ein Abkommen über den Handel mit dem Saargebiet. Da das französische Parlament in die Sommerferien geht, wird es noch am gleichen Tag dort ebenfalls genehmigt.
Der Vertrag regelt für die Dauer von vier Monaten Ein- und Ausfuhr- sowie Zollbestimmungen für das Saargebiet. Nach Ablauf dieser Frist sollen neue Vereinbarungen innerhalb des deutsch-französischen Handelsvertrages getroffen werden.
Nach den Abmachungen im Versailler Vertrag von 1919 untersteht das Saargebiet der Verwaltung einer Völkerbundskommission und ist dem französischen Zollsystem zugeordnet. Um gegenwärtigen wirtschaftlichen Schwierigkeiten entgegentreten zu können, haben sich die Regierungsdelegationen entschlossen, die Zollmodalitäten zu ändern. Das bedeutet, daß für die Ausfuhr bestimmter Erzeugnisse des Saarlandes ins deutsche Zollgebiet und für die Einfuhr bestimmter Rohstoffe und Fertigfabrikate in das Saarland Zollfreiheit oder Zollvergünstigungen gewährt werden. Diesen Maßnahmen liegt die Erkenntnis zugrunde, daß Industrie und Wirtschaft des Saargebiets infolge ihrer ursprünglichen Zusammengehörigkeit mit dem Deutschen Reich kaum existieren können, wenn nicht wenigstens bis zu einem gewissen Maß der deutsche Markt sowohl als Absatz- als auch Bezugsgebiet für das Saarland erhalten bleibt.

Unter dem Beifall der Einwohner Saarbrückens fordern Teilnehmer eines Festes auf der Saar den Anschluß des Saargebiets an Deutschland

Todesurteil für drei Studenten

3. Juli. Der Oberste Gerichtshof der Sowjetunion verurteilt in Moskau drei deutsche Studenten wegen Wirtschaftsspionage und geplanter politischer Attentate zum Tode.
Die drei Studenten Wolscht, Kindermann und von Dittmar waren im Oktober 1924 verhaftet worden. Nach ihren eigenen Aussagen wollten sie eine wissenschaftliche Expedition bis nach Sibirien unternehmen. In ihrem Gepäck befanden sich auch mehrere Giftvorräte und Waffen, die sie zu ihrem Schutz in ihnen unbekannten Gebieten zu brauchen meinten. Diese Tatsache wird nun vom Gericht als ein wichtiges Indiz für die terroristischen Absichten der drei gesehen. Obwohl sie sich als kommunistische Sympathisanten bezeichnen, wird ihnen unterstellt, im Auftrag der rechtsextremistischen Organisation »Consul« Attentate auf sowjetische Parteiführer genau geplant zu haben.
Während des Verhandlungsverlaufs verstricken sie sich häufig in Widersprüche und bezichtigen sich z. T. gegenseitig antikommunistischer Absichten. Allerdings bleibt bis zuletzt unklar, ob manche Erklärungen nicht aufgrund der extremen Haftbedingungen zustandegekommen sind. Einige Prozeßbeobachter meinen, daß die Studenten aufgrund ihrer offensichtlichen Unerfahrenheit und Unreife von der Moskauer Regierung benutzt wurden, um faschistische Tendenzen im Deutschen Reich nachzuweisen.
Das Todesurteil wird im November allerdings zu einer zehnjährigen Haftstrafe umgewandelt.

Wolscht

Kindermann

von Dittmar

Kurie protestiert gegen Hus-Feier

6. Juli. In Prag wird der Gedenktag für den tschechischen Reformator Jan Hus (1370–1415), den die katholische Kirche vor 510 Jahren als Ketzer verbrennen ließ, feierlich begangen. An der Veranstaltung auf der Prager Burg, wo die Hussitenflagge (roter Kelch im weißen Feld) gehißt wird, nehmen offizielle Regierungsvertreter teil. Darunter ist auch Außenminister Eduard Beneš. Ihm war vorher der Protest des Vatikans gegen eine solche Veranstaltung mitgeteilt worden. Empört über das Ignorieren des von der katholischen Kirche ausgesprochenen Protestes, verläßt der päpstliche Nuntius noch am gleichen Tag Prag, um im Vatikan einen Bericht zu geben.

Eduard Beneš, seit 1918 Außenminister der Tschechoslowakei und 1921/22 zudem deren Ministerpräsident, wurde am 28. Mai 1884 in Kožlâng (Böhmen) geboren. Er war maßgeblich am Zustandekommen eines eigenständigen tschechoslowakischen Staates nach dem Weltkrieg beteiligt.

Vom Gefängnis in die Regierung

17. Juli. Der Führer der kroatischen Bauernpartei, Stjepan Radić, wird aus der Haft entlassen und kurz darauf von Alexander I., König der Serben, Kroaten und Slowenen, empfangen. Anlaß für dieses Gespräch ist die Bildung einer neuen Regierung, an der auch die bisher verfolgte Bauernpartei beteiligt sein soll. Radić strebt die Schaffung eines föderalistischen Systems des Vielvölkerstaates an und steht damit im Widerspruch zur bisherigen Regierung unter Nikola Pašić (→ 5. 1. / S. 18). Aufgrund der – allerdings nur vorübergehenden – Versöhnung zwischen Serben und Kroaten übernimmt Radić in der neuen Regierung auch ein Ministeramt.

Nicola Pašić wurde am 1. Januar 1846 in Zajecar geboren. 1881 gründete er die Radikale Volkspartei, war als Gegner von König Milan I. von 1883 bis 1889 im Exil. Seit 1919 ist er mit kurzen Unterbrechungen serbischer Ministerpräsident.

Gandhi fordert Unabhängigkeit

17. Juli. In einem Brief teilt Mahatma Gandhi der indischen Unabhängigkeitspartei mit, daß er gedenkt, sich in Zukunft aus der aktiven Politik zurückzuziehen.
Den Erfolg der Partei Motilal Nehrus (der Vater Jawaharlals) bei den Wählern sieht Gandhi nicht unbedingt als positiv an, da er eine Integration der Inder in das britische Verwaltungssystem befürchtet. Er gründet zur gleichen Zeit die »All India Spinners Association« und geht für vier Jahre über die Dörfer. Hier fordert er das indische Volk auf, Garne selbst zu spinnen und daraus die Stoffe selbst zu weben, um sich so von den ausländischen Waren unabhängig zu machen.

Mahatma Gandhi, geboren am 2. Oktober 1869, ist der Überzeugung, daß die Unabhängigkeit seiner Heimat Indien nur auf dem Weg des gewaltlosen Widerstandes erreicht werden kann.

Besatzungstruppen räumen Ruhrgebiet

14. Juli. Die alliierten Besatzungstruppen beginnen mit ihrem Abzug aus dem Ruhrgebiet.

Die Räumung geht in zwei Abschnitten vor sich: Bis zum 20. Juli abends ziehen die Soldaten aus der belgischen sowie aus dem in der Provinz Westfalen gelegenen östlichen Abschnitt der französischen Zone ab. Das restliche von Franzosen besetzte Gebiet mit der Stadt Essen ist bis zum 31. Juli abends wieder frei – 15 Tage vor dem in London vereinbarten Termin. Der Abzug vollzieht sich meist in kleinen Gruppen, die von der Bevölkerung bewußt kaum beachtet werden. Landesregierung und städtische Behörden hatten zudem alle Kundgebungen verboten, um Zwischenfälle zu vermeiden. Befreiungsfeiern finden erst im September statt, nachdem am 25. August auch die bereits 1921 besetzten Sanktionsstädte Düsseldorf, Duisburg und Ruhrort geräumt sind.

Stärke der Besatzungstruppen

Aus Anlaß der Räumung des Ruhrgebiets werden in der Presse Zahlen über die Gesamtstärke der Besatzungstruppen veröffentlicht. In diesen Zahlen sind auch die Angaben über die aufgrund des 1919 abgeschlossenen Versailler Vertrages in Deutschland stationierten Soldaten enthalten (→ 5. 1./S. 15):

Die Gesamtstärke der Truppen im besetzten Gebiet beträgt 115 600 Mann. Davon entfallen auf Großbritannien 8800, auf Frankreich 93 000, auf Belgien 13 800. Dazu kommen noch im Brückenkopf Kehl 1550 Mann, ferner im Saargebiet 4850. Die französische Besatzungsarmee gliedert sich in zwei Armeekorps mit insgesamt sechs Divisionen.

Zum Abzug der Truppen hatten sich Frankreich und Belgien während der Verhandlungen über den Dawesplan (→ 17. 6. / S. 110) vor Jahresfrist in London bereiterklärt. Die dort getroffenen Abmachungen über den Modus der Reparationszahlungen beseitigten die Ursache für die Ruhrbesetzung. Frankreich und Belgien waren im Januar 1923 von den Brükkenköpfen Düsseldorf und Duisburg in das Industrierevier einmarschiert, um sich überfällige Reparationszahlungen von Deutschland auf direktem Weg zu sichern.

△ Abmarsch französischer Soldaten in Mülheim. Mit dem Abzug der belgischen und französischen Truppen aus dem Ruhrgebiet endet die Besetzung des Industriereviers. Im Januar 1923 hatten die Regierungen in Paris und Brüssel Militär zur Sicherung von Reparationszahlungen in die Region entsandt.

◁ Von einer jubelnden Menschenmenge werden die in Essen einmarschierenden Truppen der deutschen Schutzpolizei begrüßt. Nach der Besetzung des Ruhrgebiets mußten sie das Revier verlassen; Sicherheitsaufgaben übernahmen die Besatzer.

▽ Befreiungsfeier vor dem Stadttheater in Duisburg am 30. August. Fünf Tage zuvor hatten Franzosen und Belgier die Stadt geräumt.

Befreit von einem seelischen Druck

Die Räumung des Ruhrgebiets wird überall in Deutschland mit Erleichterung begrüßt. Die Presse berichtet ausführlich über die Vorgänge an der Ruhr. Der folgende gekürzte Text erscheint am 28. Juli in der »Frankfurter Zeitung«:

»Für das Ruhrgebiet bedeutet die Räumung die Befreiung von schwerem materiellem und seelischem Druck; der einzelne Deutsche ist nicht mehr den Unberechenbarkeiten eines der Bevölkerung gegenüber völlig unverantwortlichen Regimes unterworfen; die kleinen Schikanen, die mit dem Paßzwang, der sogenannten Preisschilderverordnung und ähnlichen Dingen zusammenhingen, hören auf; der Wohnungsinhaber, der Besatzungsorgane beherbergte, fühlt sich nicht mehr in seinen eigenen Räumen rechtlos; die deutsche Verwaltung kann wieder mit freiem Blick arbeiten, sie braucht nicht mehr jede beabsichtigte Ernennung der Besatzungsbehörde zur Genehmigung vorzulegen; die zahlreichen beschlagnahmten öffentlichen Gebäude stehen ihr wieder zur Verfügung; es kann wieder ... ein regelrechter Schulunterricht stattfinden. Eine besondere Sorge gilt dem Schutz der öffentlichen Sicherheit im Augenblick des Abzuges der Truppen. Nach der Vertreibung der Schupo war im Laufe des Sommers 1923 in allen Teilen eine Ersatzpolizei unter spezieller Mitwirkung der Gewerkschaften gebildet worden, die sich um die Aufrechterhaltung der Ordnung große Verdienste erworben hat ... Die Verwaltung hat Vorkehrungen getroffen, daß nach dem Weggang der Besatzungstruppen die Schutzpolizei zurückkehrt ...

Stark beeinträchtigt wird die Räumung durch die überaus schwere wirtschaftliche Lage. Der Druck dieser Lage lastet in erster Linie natürlich auf der Arbeiterschaft, die einen entbehrungsreichen Winter mit steigenden Preisen, unzulänglichen Löhnen und wachsender Arbeitslosigkeit vor sich sieht.«

Demokratisch gesinnte Jugendliche bei einer Kundgebung gegen Kriege

Kinder auf einer deutsch-völkischen Veranstaltung in München

Die Parteiorganisationen verstärken die Politisierung der Jugend

2. Juli. *Auf einer Veranstaltung republikanischer Studenten in Tübingen kommt es zu gewalttätigen Auseinandersetzungen mit rechtsgerichteten Studenten.*
Solche Vorfälle kennzeichnen eine voranschreitende Politisierung der Jugend. Sie beschränkt sich nicht nur auf akademische Kreise, vielmehr sind vielen Parteien Jugend- oder auch Kinderorganisationen angeschlossen. Die Jüngeren verbringen dort ihre Freizeit gemeinsam bei Spiel und Sport und unterliegen dabei natürlich auch ideologischer Beeinflussung, eine Tatsache, die vor allem von bürgerlichen Pädagogen kritisiert wird. Sie versuchen, dem mit Verboten entgegenzutreten, die z. B. das Tragen von Abzeichen irgendwelcher Art in den Schulen untersagen.

Reichsrat stimmt für die Amnestie

22. Juli. Der Reichsrat genehmigt mit 38 gegen 17 Stimmen eine Gesetzesvorlage über die Amnestie für politische Straftaten.
Der von der deutschen Regierung anläßlich der Reichspräsidentenwahl vom 26. April eingereichte Gesetzentwurf sieht sowohl Straferlaß als auch die Niederschlagung anhängiger Verfahren bestimmter politischer Straftaten vor. Der Straferlaß soll gewährt werden bei Zuwiderhandlungen gegen folgende Paragraphen des Strafgesetzbuches:
- ▷ § 81 und § 88 – Hochverrat,
- ▷ § 128 und § 129 – Teilnahme an verbotenen Verbindungen, sowie bei Zuwiderhandlungen gegen das Republikschutzgesetz,
- ▷ § 7 und § 8 – Beschimpfung der Mitglieder einer republikanischen Regierung, Waffenbesitz, Teilnahme an verbotenen Vereinen, Gewalttätigkeiten gegen Regierungsmitglieder und die Beschimpfung der Landesfarben.

Von der Amnestie ausgeschlossen werden Straftaten, die in Verbindung mit gemeinen Verbrechen begangen wurden.

Zehnter Parteitag der Kommunisten

12. Juli. In Berlin beginnt der bis zum 17. Juli dauernde zehnte Parteitag der Kommunistischen Partei Deutschlands (KPD).
Wichtigste Diskussionspunkte sind die Auseinandersetzungen mit den ultralinken Kommunisten sowie die zukünftige Taktik der Partei. Auf Kritik stößt die bisherige Isolierung der Fraktion innerhalb des Parlaments, hervorgerufen durch eine generelle Opposition gegenüber allen von den übrigen Parteien initiierten Tagesordnungspunkten. Die Diskussion mündet in dem Beschluß, künftig in bestimmten Sachfragen auch mit anderen Parteien zusammenzuarbeiten.
Weiterhin beschließen die Delegierten eine Verstärkung der außerparlamentarischen Aktivitäten. Das bedeutet in der Hauptsache Ausbau kommunistischer Betriebsgruppen und mehr Kontakt zu Gewerkschaften. Trotz grundsätzlicher Diskussion mit den Ultralinken wird die linke Parteiführung mit Ruth Fischer bestätigt (→ 1. 9./S. 156).

Todesurteil für Fememord

14. Juli. In Schwerin verurteilt das Schwurgericht vier Mitglieder des Stahlhelmbundes zum Tode. Die Angeklagten werden für schuldig befunden, an dem Berliner Landarbeiter Helmuth Holtz 1923 einen Fememord begangen zu haben.
Obwohl die Öffentlichkeit vom Prozeß wegen »Gefährdung der Staatssicherheit« ausgeschlossen war, kann die Presse später doch Einzelheiten berichten: Holtz war 1922 als Landwirt für eine völkische Arbeitskolonne angeworben worden. Als er merkte, daß er in eine militärische Organisation bewaffneter Banden gekommen war, wollte er seine Stellung aufgeben und zu seiner Familie zurückkehren. Dort kam er jedoch nie an. Seine Leiche fand man erst zwei Jahre darauf. Die Aussagen von Belastungszeugen ergaben, daß Holtz ermordet wurde, weil er Mitwisser vieler rechtsradikaler Vergehen war und befürchtet wurde, er könne zum Ankläger der völkischen Organisationen werden.
Fememorde (illegale Eigenjustiz durch politische Organisation bei Verrat, Desertation o. ä.) verübten vor allem 1920 – 23 Mitglieder der verbotenen »Schwarzen Reichswehr«. Bisher wurden diese Straftaten kaum gerichtlich verfolgt. Das Verfahren vor dem Schweriner Gericht ist einer der ersten »Fememordprozesse«.

»Simplicissimus«: »Abjesehn von der nationalen Jesinnung – der Lump hat bloß zwei Mark bei sich!«

Entschädigung für Inflationsverluste

15. Juli. Mit knapper Mehrheit wird vom Deutschen Reichstag das Aufwertungsgesetz angenommen. Tags darauf verkündet Reichspräsident Paul von Hindenburg der Öffentlichkeit das neue Gesetz.
Das Aufwertungsgesetz regelt die Auswirkungen der Inflation des Jahres 1923 auf dem Gebiet der privaten Schulden und Forderungen. Über mögliche Kompromißlösungen wurde lange Zeit in Reichsrat und Reichstag diskutiert; letztendlich einigt man sich auf eine niemanden so recht befriedigende Lösung, um das Problem zu Ende zu bringen. Das verabschiedete Gesetzeswerk teilt sich in das Gesetz über die Aufwertung von Hypotheken und anderen Ansprüchen sowie in das Gesetz über die Ablösung öffentlicher Anleihen. U. a. wird festgelegt, daß für je 1000 RM der Reichsanleihen aus der Vorkriegs- und Kriegszeit 25 RM der Anleihe-Ablösungsschuld gewährt wird. Anleihen von weniger als 500 RM Nennwert bleiben vom Umtausch dagegen ausgeschlossen.

Adolf Hitler veröffentlicht das Buch »Mein Kampf«

18. Juli. In dem Münchener Verlag von Max Amann erscheint der erste Band von Adolf Hitlers »Mein Kampf«, worin er sein radikales politisches Programm präsentiert.

Hitler schrieb das Buch während seiner Festungshaft in Landsberg. Im April 1924 war er wegen des gescheiterten nationalsozialistischen Putsches vom November 1923 in München zu fünf Jahren Haft verurteilt worden. Bereits acht Monate später wurde er vorzeitig entlassen.

In der Haft selbst wurden ihm alle nur erdenklichen Freiheiten gewährt. Im Aufenthaltsraum, wo Hitler beim gemeinsamen Mittagessen mit seinen ebenfalls hier inhaftierten Gesinnungsgenossen den Vorsitz führte, las er aus seinem Werk vor, das er im Juli zu schreiben begonnen hatte. Es sollte ein Buch werden, worin er mit der Vergangenheit und der Gegenwart abrechnen und den Weg zur nationalsozialistischen Macht verbindlich deklarieren wollte. In seinem Zimmer diktierte er zunächst seinem Chauffeur Emil Maurice, später seinem Sekretär Rudolf Heß: »Bis spät in die Nacht hinein klapperte die Schreibmaschine, und man konnte ihn in der engen Stube seinem Freunde Heß diktieren hören. Die bereits fertigen Abschnitte las er dann meist an ... Samstagabenden seinen wie Jünger um ihn sitzenden Schicksalsgenossen vor« (J. C. Fest, Hitler, 1973). Nach Fertigstellung des Manuskripts korrigierte in der Hauptsache der ehemalige Ordenspater und antisemitische Publizist Bernhard Stempfle die Niederschrift unter dem ursprünglichen Titel »Viereinhalb Jahre Kampf gegen Lüge, Dummheit und Feigheit«. Erst der Verleger Amann gibt dem Werk seinen kurzen und prägnanten Titel. Er zeigt sich im übrigen zunächst enttäuscht von dem langweiligen Manuskript – »eine lange Anhäufung schwülstiger Dauerreden über die ewig gleichen Themen, geschrieben im fast unverändert gespreizten, anspruchsvollen Stil des Halbgebildeten« (K. D. Bracher, Die deutsche Diktatur, 1979). Erwartet hatte Amann einen spannenden Erlebnisbericht über den Münchener Putsch. Das versprochene Geschäft mit dem Buch, das für zwölf Reichsmark auf den Markt kommt, bleibt dann auch aus. Bis Jahresende werden 9374 Exemplare verkauft. Die hohen Auflagen (insgesamt an die 10 Millionen) werden erst später, mit dem Erstarken und der Machtergreifung der Nationalsozialisten erreicht.

Hitlers Buch »Mein Kampf« erscheint erstmals in München

So unzulänglich sich auch die äußere Form der Darstellung von Hitlers Weltanschauung hier darbietet, so enthält sie doch alle Elemente der nationalsozialistischen Ideologie. Sie ist eine Mischung aus pseudowissenschaftlichen Lehrmeinungen und politischen Wunschvorstellungen. Sozialdarwinistisches Gedankengut wird in einer erschreckend primitiven, aber für viele überzeugenden Argumentationslogik vorgestellt: In Natur und Gesellschaft herrscht ein ewiger gesetzmäßiger Kampf ums Dasein; Völker und Rassen kämpfen um Lebensräume, Krieg ist Normalzustand, Politik bedeutet Führung des völkischen Selbstbehauptungskampfes; die höherwertige, kulturschöpferische, arische Rasse setzt sich in diesem Kampf gegenüber minderwertigen Rassen durch. Hitler legt offen seine Ziele dar: Die Errichtung einer Zentralgewalt, die auf eine allmächtige Führerfigur ausgerichtet ist und die Vorherrschaft des Deutschtums sowie der arischen Rasse sichern soll, die Bekämpfung des Bolschewismus und die Ausschaltung der Juden. Letzteres sieht er als weltgeschichtliche Aufgabe, da sich die Juden weltweit verschworen hätten. Durch den Parlamentarismus rissen sie die Macht an sich und stürzten die Völker ins Verderben.

»Zwölf Mark kost' dees Büachl? A bißl teier, Herr Nachbar ... Zündhölzeln ha'm S'koane??« Die Zeichnung im »Simplicissimus« vom 31. August verdeutlicht die herrschende Meinung, die Nationalsozialisten wären passé.

Zitate aus Hitlers »Mein Kampf«

Zur Massenpropaganda:
»Die Aufnahmefähigkeit der großen Masse ist nur sehr beschränkt, das Veständnis klein, dafür jedoch die Vergeßlichkeit groß. Aus diesen Tatsachen heraus hat sich jede wirkungsvolle Propaganda auf nur sehr wenige Punkte zu beschränken und diese schlagwortartig so lange zu verwerten, bis auch bestimmt der letzte unter einem solchen Worte das Gewollte sich vorzustellen vermag.«

Zur Expansionspolitik:
»Die Grenzen des Jahres 1914 bedeuten für die Zukunft der deutschen Nation gar nichts. In ihnen lag weder ein Schutz der Vergangenheit, noch läge in ihnen eine Stärke für die Zukunft ... Demgegenüber müssen die Nationalsozialisten unverrückbar an unserem außenpolitischen Ziele festhalten, nämlich dem deutschen Volk den ihm gebührenden Grund und Boden auf dieser Erde zu sichern ... Der Grund und Boden, auf dem dereinst deutsche Bauerngeschlechter kraftvolle Söhne zeugen können, wird die Billigung des Einsatzes der Söhne von heute zulassen ... Staatsgrenzen werden durch Menschen geschaffen und durch Menschen geändert ... Deutschland wird entweder Weltmacht oder überhaupt nicht sein.«

Rassischer Größenwahn:
»Es gibt nur ein heiligstes Menschenrecht, und dieses Recht ist zugleich die heiligste Verpflichtung, nämlich: dafür zu sorgen, daß das Blut rein erhalten bleibt, um durch die Bewahrung des besten Menschentums die Möglichkeit einer edleren Entwicklung dieser Wesen zu geben. Ein völkischer Staat wird damit in erster Linie die Ehe aus dem Niveau einer dauernden Rassenschande herauszuheben haben, um ihr die Weihe jener Institution zu geben, die berufen ist, Ebenbilder des Herrn zu zeugen und nicht Mißgeburten zwischen Mensch und Affe.«

Von einer weltweiten Strukturkrise sind die Zechen im Steinkohlenbergbau bedroht, hier die Zeche Ewald

Die europäischen Bergarbeiter – hier ein Kumpel beim Abbau unter Tage – fürchten um ihren Arbeitsplatz

Weltweite Krise im Steinkohlenbergbau

31. Juli. Die britischen Kohlebergwerksbesitzer ziehen bereits ausgesprochene, umfangreiche Kündigungen zurück; ebenfalls verpflichten sie sich, angekündigte Zechenstillegungen vorläufig nun doch nicht durchzuführen.

Der Unternehmerbeschluß erfolgt aufgrund eines Kompromißvorschlages, den der britische Premierminister Stanley Baldwin nach dem Scheitern der Verhandlungen zwischen Arbeitgebern und Gewerkschaften unterbreitet hatte. Die britische Regierung erklärt sich zu einer beträchtlichen Finanzhilfe für die Bergbauindustrie bereit, so daß die von der Wirtschaft geforderten Lohnkürzungen sowie Arbeitszeitverlängerungen in Großbritannien vorerst unterbleiben.

Ursache für die schon länger anhaltenden Tarifauseinandersetzungen ist eine weltweite Krise im Kohlenbergbau, die vor allem mit einem Strukturwandel der Energiewirtschaft zu erklären ist. Der Bau von Wasserkraftwerken – z. B. im Deutschen Reich an Isar und Inn und in den USA bei den Niagarafällen – hat eine wesentliche Verkleinerung der Absatzmärkte zur Folge. Die Länder ergreifen deshalb Schutzmaßnahmen für die jeweils eigene Kohleindustrie: Frankreich erläßt ein Einfuhrverbot für deutsche Kohle, Deutschland erhöht die Importzölle für polnische Kohle, und Großbritannien gewährt ihrer Industrie finanzielle Unterstützung, damit niedrige Exportpreise für ihre Kohle gehalten werden können.

Einschränkungen der Produktion sowie Rationalisierungsmaßnahmen sind die Folge. Im Ruhrgebiet werden im Laufe des Jahres allein 34 Schachtanlagen mit einer Jahresförderung von 6,3 Mio t stillgelegt. Im laufenden Monat geben u. a. die Rheinstahlwerke für die Prosperschächte und die Abteilung Ahrenberg größere Entlassungen bekannt. Innerhalb des Zeitraumes vom 15. Juni bis zum 15. Juli steigt die Arbeitslosenzahl im Ruhrgebiet von 9119 auf etwa 15 000. Zwischen 1920 und 1926 schließen insgesamt 73 Zechen; mehr als 46 000 Bergleute verlieren ihren Arbeitsplatz.

Am 18. Juli überreicht die Ruhrhandelskammer der Reichsregierung eine Eingabe, worin die katastrophale Lage im Steinkohlenbergbau geschildert wird. Betraf die Stillegung bis zum 1. Juli (36 000 Entlassene im ersten Halbjahr) in der Hauptsache die südlichen Randzechen mit geringerem Kohlevorkommen, so wird nun daran gedacht, auch größere, überaus leistungsfähige Betriebe im Zentrum des Reviers zu schließen. In Mitleidenschaft gezogen wird dadurch auch die übrige Wirtschaft des Gebietes, inkl. Handel und Gewerbe.

Die Auswirkungen der Kohlenkrise in England hielt ein Zeichner der »London News« fest. Das Betriebsgelände einer von hundert geschlossenen Minen in Südwales dient inzwischen einem Schäfer als Weideplatz.

Demonstration gegen Zollvorlage

24. Juli. Im Lustgarten vor dem Berliner Schloß findet eine Kundgebung »Gegen Zollwucher und Volksbedrückung – für Brot und Arbeit« statt. Der Aufruf ging aus von den Freien Gewerkschaften und dem Bezirksverband Berlin der Sozialdemokratischen Partei (SPD). Angeschlossen haben sich auch die Kommunisten – wenn auch mit weitergehenden politischen Forderungen. Ihre Sprecher kommen allerdings erst nach dem Absingen der »Internationale«, dem Abschluß dieser SPD-Veranstaltung, zu Wort. Zuvor hatten Reichsbannergruppen (Kampforganisation der SPD) die Rednertribünen abgeriegelt, so daß nur die vorgesehenen Ansprachen vor den Tausenden von Menschen gehalten werden können. Darin wenden sich die Vertreter von Gewerkschaft und SPD gegen die von der Regierung geplante Zollvorlage und weisen auf die Folgen eines lückenlosen Zolltarifs hin, der die schon jetzt vorhandene allgemeine Teuerung ins Unerträgliche steigern würde. Der Protest richtet sich vor allem gegen die vorgesehenen Zölle für die Einfuhr landwirtschaftlicher Produkte, die zum Schutz eigener Agrarprodukte beitragen sollen. Sie hätten unweigerlich eine erhebliche Preissteigerung etlicher Grundnahrungsmittel zur Folge (→ 10. 8./S. 142).

Institut beurteilt die Konjunktur

16. Juli. Mit der Eröffnung des Kuratoriums beginnt in Berlin das Institut für Konjunkturforschung mit seiner Tätigkeit.

Das Arbeitsgebiet erstreckt sich sowohl auf allgemeine Konjunkturbeobachtung (Sammlung und laufende Veröffentlichung des wichtigsten Zahlen- und Tatsachenmaterials der Wirtschaftsbewegung des In- und Auslandes) als auch auf die Konjunkturforschung. Erforscht werden sollen vor allem eventuelle Gesetzmäßigkeiten des ökonomischen Kreislaufs und die sachlichen, zeitlichen und örtlichen Zusammenhänge wirtschaftlicher Teilerscheinungen. Finanzielle Unterstützung erhält die Einrichtung von staatlicher Seite sowie von Verbänden privater Industrie und den verschiedenen Gewerkschaften.

Wirtschaft 1925:

Aufschwung der Großunternehmen durch fremdes Kapital

Der Abschluß des Dawesplans (→ 17. 6. / S. 110) im August 1924 bildet die Voraussetzung für die seit diesem Datum einsetzende sog. Stabilisierungsphase der Weimarer Republik. Reparationszahlungen kann das Deutsche Reich nur leisten, wenn seine Industrieproduktion gesteigert wird. Dazu muß jedoch investiert werden. Deshalb schafft der Plan die Voraussetzung für die Gewährung von Auslandsanleihen. Insbesondere von US-amerikanischen Geldgebern fließen enorme finanzielle Mittel ins Land. Im April gibt z. B. das Handelsministerium in Washington bekannt, daß die Höhe der von Amerika dem Ausland gewährten Anleihen von Januar bis März 1925 insgesamt 297 Millionen US-Dollar betrug, davon gingen allein nach Deutschland 65 Millionen US-Dollar. Der große Kapitalmangel der deutschen Banken und Sparkassen seit der Währungsreform im Jahr 1923 sorgt für ein hohes Zinsniveau, und so ist es einfach, sich ausländische Kredite zu beschaffen. Nicht nur Industrieunternehmen machen davon Gebrauch, sondern zunehmend auch Kommunen. So beschließt die Stadt Frankfurt am Main im Dezember die Aufnahme einer 8-Millionen-RM-Anleihe bei US-amerikanischen Banken.

Die Wiederbelebung der deutschen Wirtschaft wird besonders in ihren exportintensiven Zweigen sichtbar. Der dadurch eintretende Strukturwandel von der Schwerindustrie weg erklärt sich aus den notwendigen Reparationsleistungen für das Ausland. Dort erwartet man von Deutschland nicht wie vor 1914 Rohstoffe und Halbfabrikate, sondern Maschinen, Apparate, Erzeugnisse der Chemie, Feinmechanik, Optik und Elektroindustrie.

Um sich innerhalb der starken Konkurrenz auf dem Weltmarkt behaupten zu können, werden moderne personalsparende Fertigungstechniken eingeführt. Die 1925 einsetzende Rationalisierungsbewegung bezieht weite Gebiete der Wirtschaft mit ein. Arbeitsteilung (z. B. am Fließband), Verkürzung der Transportwege, Festlegung maximaler Fertigungszeiten, Normung sowie Typisierung der Einzelteile und Halbfabrikate gehören dazu. Auf höherer Ebene wird die Wirtschaft durch die Bildung von Konzernen und Kartellen rationalisiert, eine Entwicklung, die bereits lange vor dem Weltkrieg eingesetzt hat, die aber jetzt zu neuen Dimensionen ökonomischer Verflechtung fortschreitet. Am 9. Dezember (→ S. 203) gründet sich z. B. die IG-Farben-A.G., in der etwa neun Zehntel aller chemischen Unternehmen des Deutschen Reiches fusionieren. Die Kartellisierung erfaßt sehr schnell alle Wirtschaftsbereiche; Ende 1925 gibt es im Deutschen Reich bereits 300 Verbände, die ihre Preise untereinander absprechen und so den Konkurrenzkampf innerhalb ganzer Industriezweige außer Kraft setzen.

Unbeeinflußt von Rationalisierungstendenzen bleiben vor allem aus finanziellen Gründen die Klein- und Mittelbetriebe. Im freien Konkurrenzkampf verlieren sie zwar zunehmend die Wettbewerbsanteile an die ›Großen‹, jedoch geben sie in den seltensten Fällen auf. Allerdings werden die Eigentümer aufgrund ihrer teilweise sehr geringen Gewinnspannen immer unzufriedener – eine Tatsache, die sie in den folgenden Jahren sehr anfällig für antidemokratische Tendenzen machen wird. Die gleiche Entwicklung zeichnet sich auch im Handel ab. Die 20er Jahre sind die Jahre der großen Warenhausketten – Tietz, Wertheim und Karstadt –, trotzdem gelingt ihnen nicht der erhoffte Einbruch in den Einzelhandel. Ihn beherrschen zumeist die kleinen Betriebe, in denen Familienmitglieder auch bei wenig Einkommen oft mehr als 60 Stunden in der Woche arbeiten. Am Umsatz der gesamten Branche sind die Warenhäuser mit 5% beteiligt.

Wie die kleinen Unternehmen haben auch der größte Teil der landwirtschaftlichen Betriebe keinen Anteil am wirtschaftlichen Aufschwung der »goldenen Zwanziger«. Sie profitierten von der Inflationszeit, als es keine ausländische Konkurrenz gab und die Geldentwertung Schulden- und Steuertilgung brachte. Doch dann schlug die sog. Agrarkonjunktur um. Importierte billige landwirtschaftliche Produkte aus den USA, Südamerika und Australien drücken die Preise; der größte Teil der Höfe ist 1925 schon wieder hoch verschuldet; das liegt zum Teil an den ungünstigen Produktionsbedingungen der ostdeutschen Gebiete, wo Klima, unfruchtbare Böden und lange Transportwege die Rentabilität verschlechtern. Bei den Großbetrieben Nord- und Ostdeutschlands zeigen sich ernsthafte Verfallserscheinungen. Ihre mangelnde Flexibilität macht sie besonders anfällig gegenüber den Preisschwankungen. Doch u. a. ist es die außerordentlich große Rentabilität der US-amerikanischen Landwirtschaft mit ihrem großflächigen Anbau und ihren modernen Maschinen, die der hiesigen Agrarwirtschaft zu schaffen macht.

Dieses Kraftwerk in Dortmund gehört zu den im Januar des Jahres gegründeten »Vereinigten Elektrizitätswerken Westfalen« (VEW)

Zahlen der Wirtschaft des Deutschen Reiches von 1913, 1924, 1925

	Angaben für		
Gütererzeugung	**1913[2]**	**1924**	**1925**
Kohleförderung[1] (in 1 000 000 t)	227	243	271
Roheisen (in 1 000 000 t)	10,9	7,8	10
Rohstahl (in 1 000 000 t)	11,7	9,7	12
Bautätigkeit			
Gebäude (in 1000)	–	162	255
Wohnungen (in 1000)	–	95	164
Außenhandel			
Einfuhr (Reiner Warenverkehr in Mrd RM)	10,77	9,08	12,36
Ausfuhr (Reiner Warenverkehr in Mrd RM)	10,09	6,55	9,29
Preise			
Agrarstoffe (Index: 1913 = 100)	100	119,6	133,0
Industrielle Fertigwaren (Index: 1913 = 100)	100	156,2	156,7
Index der Lebenshaltungskosten (1913 = 100)	100	127,6	139,8
Geld und Finanzen			
Geldumlauf (Jahresdurchschnitt in Mio RM)	–	3085	4468
Gold- und Deckungsdevisen (Jahresdurchsch. in Mio RM)	–	636	1474
Notenbankkredite (Jahresdurchschnitt in Mio RM)	–	–	1596
Sparkasseneinlagen: Stand Ende Dez. (in Mio RM)	19 689	595	1694
Konkurse (Zahl)	815	8034	14 805

1) ohne Saargebiete – 2) Umgerechnet auf den Gebietsumfang von 1929 © Harenberg

Gewerbebetriebe und ihre Gliederung 1925

	Gärtnerei, Tierzucht, und Hochseefischerei	Industrie und Handwerk	Handel und Verkehr (einschließlich Reichspost und Reichsbahn)	Theater, Musik und Schaustellung	Gesundheitswesen
Gesamtzahl der Niederlassungen:	17 996	1 852 737	1 517 823	17 057	83 761
darunter Hausgewerbebetriebe:	32	294 604	487	–	–
Zahl der beschäftigten Personen:	62 081	12 704 135	5 476 682	110 654	396 031
davon weiblich:	15 599	2 898 212	1 727 633	38 971	177 437
Alleinbetriebe:	4 566	751 102	547 966	5 311	32 040
Kleinbetriebe (bis 5 Personen einschließlich Alleinbetriebe):	16 387	1 614 069	1 391 479	12 926	74 333
Zahl der darin beschäftigten Personen:	31 963	2 837 306	2 327 866	25 674	137 313
Mittelbetriebe (6–50 Personen):	1 516	205 909	117 407	3 878	8 371
Zahl der darin beschäftigten Personen:	16 303	2 898 609	1 458 022	50 583	114 359
Großbetriebe (über 50 Personen):	93	32 759	8 937	253	1 057
Zahl der darin beschäftigten Personen:	13 815	6 968 220	1 690 794	34 397	144 359

© Harenberg

Richter Raulston beim Verlesen des Urteils gegen Professor Scopes

Clarence Darrow, Hauptverteidiger des Angeklagten, während einer Rede im überfüllten Gerichtssaal beim »Affenprozeß« im amerikanischen Dayton

Aufmerksamkeit für den »Affenprozeß«

10. Juli. In der Stadt Dayton des US-Bundesstaates Tennessee beginnt der mit Spannung erwartete sog. Affenprozeß gegen Professor John T. Scopes, einem Verfechter der Darwinschen Entwicklungslehre.

Der 23jährige Angeklagte verstieß gegen ein erst kürzlich vom Staat Tennessee erlassenes Gesetz, das die Verbreitung von Entwicklungstheorien des Menschen unter schwere Freiheitsstrafen stellt. Scopes hatte mit seiner Klasse die Darwinsche Lehre behandelt.

Die Diskussion über den nun beginnenden Prozeß beschäftigt gleichermaßen Wissenschaftler und Religionsanhänger überall in den USA. Der ehemalige Staatssekretär des einstigen US-Präsidenten Woodrow Wilson (1913 – 21), William J. Bryan, hat sich der Staatsanwaltschaft zur Verfügung gestellt und tritt als Nebenkläger auf. Er erklärt, der Prozeß sei ein Kampf auf Leben und Tod zwischen Gegnern und Freunden der Darwinschen Theorie. Wenn diese Theorie durchdringen sollte, sei das Ende des christlichen Glaubens gekommen.

Die Verteidigung hofft auf eine prinzipielle Entscheidung über das Recht eines Staates, im Gegensatz zur US-amerikanischen Verfassung die Lehrfreiheit zu beschneiden. Trotz der Einbeziehung wissenschaftlicher Gutachten namhafter Forscher bleibt sie jedoch erfolglos. Der Prozeß, der in seinem Verlauf immer mehr den Charakter eines mittelalterlichen Religionstribunals annimmt, endet am 21. Juli mit der Verurteilung Scopes zu einer Strafe von 100 US-Dollar.

W. J. Bryan predigt in Dayton gegen die Darwinsche Entwicklungslehre

Evolutionstheorie von Darwin

Als der britische Naturforscher Charles R. Darwin (1809 – 1882) damit begann, sein Wissen über die Entwicklungsgeschichte des Lebens auf der Erde zu Papier zu bringen, sei ihm zumute gewesen, als gestehe er einen Mord ein, so bekannte er 1844. – So tief war auch in ihm die Idee von der Konstanz der Arten lebendig gewesen. Auf seinen Forschungsreisen gemachte Beobachtungen und 20 Jahre währende wissenschaftliche Arbeit brachten ihn jedoch zu der Erkenntnis, daß die Lebewesen nicht unveränderlich erschaffen wurden. In seinem 1859 veröffentlichten Buch »Entstehung der Arten« führte er den Grundgedanken aus, daß sich die Tierwelt in langen Zeiträumen aus niederen, einfacheren zu höheren, komplizierter gebauten Formen entwickelt. Die Frage, ob allein der Mensch von der Evolution ausgeschlossen sei, beantwortete er in dem 1871 veröffentlichten Werk »Die Abstammung des Menschen«. Darin verwies er auf die gemeinsame Stammform von noch existierenden Menschenaffenrassen und den Menschen. Die »Abzweigung« des Menschen von der gemeinsamen Stammform (Simiae) verlegt Darwin in die Zeit des Eozän (vor 50 – 60 Millionen Jahren), spätere Deutungen in die Zeit von vor zehn oder zwölf Millionen Jahren.

Werner Heisenberg entwickelt die Quantenmechanik

29. Juli. Die Redaktion der Zeitschrift für Physik erhält das Manuskript für eine Veröffentlichung »über quantentheoretische Umdeutung kinematischer und mechanischer Beziehung«. Autor ist Werner Heisenberg.

In dem Aufsatz wendet Heisenberg erstmals das Konzept an, prinzipiell nur beobachtbare Größen in der Quantentheorie zu verwenden. Zusammen mit Max Born und Pascual Jordan begründet Heisenberg mit dieser Arbeit die Quantenmechanik, die Grundlage für ein neues physikalisches Weltbild, denn die Quantenmechanik ist ein Formalismus, der gestattet, das Geschehen des Mikrokosmos zu beschreiben.

Der Physiker Werner Heisenberg

Die Quantenmechanik ist eine Theorie zur in sich widerspruchsfreien Beschreibung der Physik der Elementarteilchen. Sie liefert u. a. eine Erklärung des Schalenaufbaus der Elektronenhülle der Atome, Molekülstruktur und der chemischen Bindungen sowie der physikalischen Eigenschaften der Festkörper. Formal ähneln die Gesetze der Quantenmechanik denen der klassischen Mechanik, doch fußen sie auf grundlegend anderen Vorstellungen: Geht die klassische Mechanik von stetigen Vorgängen aus, so setzt die Quantenmechanik jedes Geschehen aus einer Vielzahl einzelner sprunghafter Änderungen, den sog. Quantensprüngen, zusammen. Besitzen in der klassischen Mechanik Ort, Energie und Impuls in jedem Augenblick eines Vorgangs ganz bestimmte Werte, so geht die Quantenmechanik hingegen von einer statistischen Wahrscheinlichkeit dieser Werte im Mikrobereich aus. Erst die Mittelung der Daten aller Quanten eines Systems ergibt die Werte für das Gesamtsystem.

Für diese und seine späteren Arbeiten erhält Werner Heisenberg den Nobelpreis des Jahres 1932.

Mode 1925:

Art deco bestimmt den Trend

1925 tritt die Mode als Kunst in Frankreich in den Vordergrund durch die berühmte, der Epoche den Namen »Art deco« gebende Pariser »Exposition des Arts Décoratifs«. 72 Couturiers nehmen an der Ausstellung teil, für deren »Pavillion d'Élégance« Jeanne Lanvin die Dekoration gestaltet. Die Modepuppen sind stilisiert und in Gold, Silber, Grün oder Schwarz gehalten. Die meisten ausgestellten Kleidungsstücke zeigen üppige Ornamentik stilisierter Naturformen kombiniert mit ostasiatischen Motiven. Nur wenige Modelle setzen sich mit kubistischen und kinematographischen Schnitten und Dessins auseinander, doch sind sie es, die später von sich reden machen. So propagiert Lucien Lelong Kleider aus zarten, flatternden Stoffen, die im Stand die gerade Linie bewahren, bei der geringsten Bewegung aber durch ihre eingelegten Falten, Glocken, Tüten und verborgenen Zipfel aufspringen. Er will damit die Zeit mit dem »Geist der Schnelligkeit, dem Fieber der Bewegung und der Raserei des Charleston« deutlich machen.

Diese Anregungen der Haute Couture werden allgemein in der Sommermode deutlich, als beschwingte Kleider aus fließenden Stoffen mit großen Blumen und strengen geometrischen Mustern und in starken Farben auftauchen. Besonders favorisiert wird der Parmaveilchenton. Jedoch so kurze, kaum kniebedeckende Kleider, wie sie Paris vorstellt, wagt man im Ausland noch nicht. Trotz allen Einflusses gestalten die Berliner Couturiers weitgehend unabhängig ihre Mode.

Für die wärmere Tageskleidung bleibt hier die gerade Linie verbindlich, neuerdings mit einem weißen Chemisette oder Jabot als Auflokkerung. Daneben ist die sportliche Kleidung mit kniekurzem Faltenrock und hüftlangem Jumper mit V-Ausschnitt, mit Jerseykasack oder einem Strick- oder Hemdkleid wichtig. Für abends ist das später sog. Charlestonkleid, ein mit Straß, Pailletten und Jetterperlen reich besticktes Hängerkleid, unerläßlich, das bis zum äußersten dekolletiert (ohne die Brust zu betonen) und gerade kniebedeckend ist. Wem diese Linie zu streng erscheint, kann auf das ebenso modische, aber romantische Stilkleid mit tiefangesetztem weitem, wadenlangem Rock ausweichen. Als Gegensatz zu dieser »femininen« Mode erreicht der Garconne-Stil seinen Höhepunkt mit Herrenmantel, Smokingkostüm und Eton-Crop-Frisur, mit Melone, Spazierstock und Monokel.

Obwohl die mondäne Frau nicht mehr allzuviel »darunter« trägt, legt sie größten Wert auf die Ausführungen der Unterwäsche. Die sog. Combinaison, eine Verbindung aus Hemd oder Unterrock und Höschen, sowie ein schmaler Hüftgürtel und eventuell ein leichter Büstenhalter müssen aus glänzender Seide oder dünnem Musselin in Lachs-, Champagner- oder Aprikosenfarbe und mit Hohlsäumchen, echten Spitzeneinsätzen und aparten Stickereien, wie Schmetterlinge, verziert sein.

Der Pyjama findet in der Garconne-Mode als Haus- und Nachtgewand Anklang. Darüber aber ist die Männerwelt empört: »Nun aber genug! Was zuerst ein launisches Spiel der Fraumode war, wird allmählich zur peinlichen Verirrung. Zuerst wirkte es wie ein anmutiger Scherz; das zarte, zierliche Frauen sich das lange Frauenhaar abschnitten und mit Pagenfrisur erschienen . . ., daß sie die Röcke kürzten und die schlanken Beine bis zur stärksten Rundung der Waden sehen ließen . . ., aber immer weiter verbreitete sich die Frauensitte, das männliche Schlafgewand anzulegen, ja es womöglich noch als Morgentoilette zu tragen . . . Es ist hohe Zeit, daß sich der gesunde männliche Geschmack gegen solche üblen Moden wendet . . .« (Berliner Illustrirte, 29. 3.).

Die Herrenmode präsentiert sich sehr schnittig, obleich es selbstverständlich bleibt, daß der elegante Herr stets korrekt und mit sicherem modischem Geschmack gekleidet erscheint. Die modische Linie ist durchweg schlank. Der Stutzer liebt die überaus weiten Tangohosen und spitze Shimmy-Schuhe.

Modevorbilder sind Rudolph Valentino und Buster Keaton, der den Canotier (auch Matelot, Kreissäge oder Butterblume genannt) lanciert, Richard Tauber, der das Monokel Mode werden ließ, Victor de Kowa, Hans Albers und Willy Fritsch (mit modischer Schirmmütze) sowie der stets vorbildlich gekleidete Baron von Eelking.

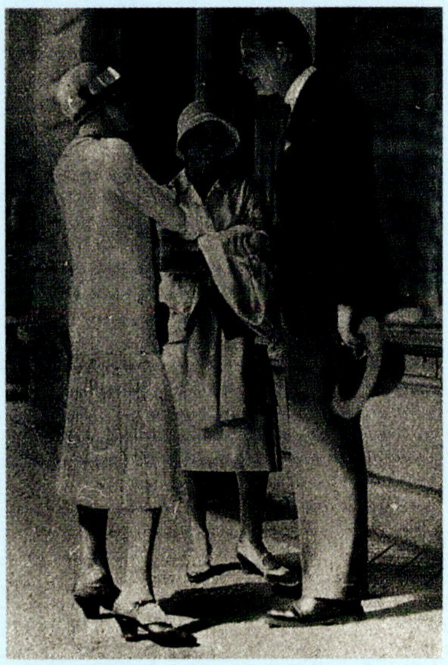

Sportlich-elegante Kostüme mit Faltenrock und Jerseykasack

Complets mit Jumperbluse und Glockenhut; Anzug mit kurzer Hose

Die Pariser Mode: Abendmäntel getragen zu Stilkleidern oder eleganten Hän

...zeichnend ist die Verarbeitung kostbarer Stoffe und Pelze

Die Schauspielerin Margarete Hruby mit strenger Etonkopf-Frisur

Die Schauspielerin M. Mindszenti mit kurzen Locken und Brautkranz

Modenschau an Deck mit elegant gerafftem Dinnerkleid und Mantel

Abendrobe mit Silberperlen und -fransen und Abendkappe von Friedländer

In Glocken ausfallendes Silberspitzenkleid; Straußenfächer

F. Hennings im Sommersakko aus hellem Fischgrät

Frackanzug mit Pikeeweste

Burberry aus imprägniertem Baumwollstoff

Stars verteidigen Gagen

1. Juli. Vor dem Berliner Kammergericht klagen prominente Schauspieler gegen eine Gagenkonvention des Deutschen Bühnenvereins. Dieser hatte angewiesen, daß seine Mitglieder, unter denen sich auch Theaterstars befinden, künftig für einen Abend nicht mehr als 300 RM zuzüglich 50% erhalten dürften. Begründet wird dies mit der schlechten wirtschaftlichen Lage der Bühnen, die den oft sehr hohen Gagenforderungen nicht gewachsen sind. So erhalte z. B. Max Pallenberg am Tag 1600 RM und seine Frau Fritzi Massary 25% der Bruttoeinnahmen. In drei Monaten verdienten die beiden Schauspieler etwa 400 000 RM.

Albert Bassermann

Henny Porten

Werner Krauss

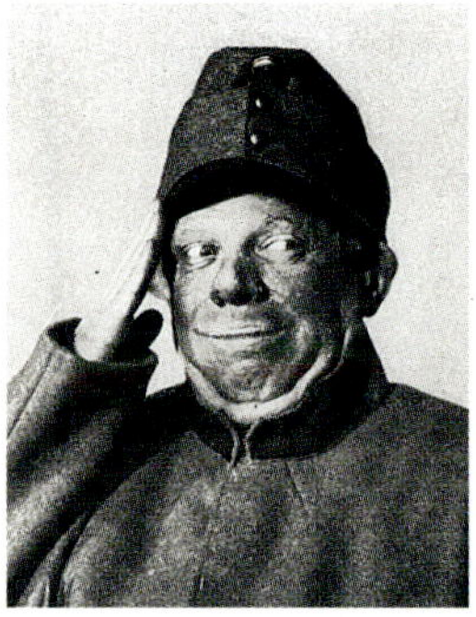

Max Pallenberg

Elisabeth Bergner (l.)

Käthe Dorsch

Erste Arbeiterolympiade

24. Juli. Mit dem Einmarsch der teilnehmenden Sportler aus elf europäischen Ländern in das Waldstadion beginnt in Frankfurt am Main die Erste Internationale Arbeiterolympiade. Nicht weniger als 150 000 Zuschauer besuchen die Wettkämpfe der bis zum 28. Juli dauernden Veranstaltung, an der 1100 Aktive beteiligt sind. Organisator dieses ersten »Körperkulturfestes des Proletariats« ist die Luzerner Sport-Internationale (LSI), dessen Zentralkommission für Arbeitersport und Körperpflege die festlichen olympischen Spiele ausrichtete.
Die leichtathletischen Vergleichskämpfe bilden den Mittelpunkt der Veranstaltung. Überlegen sind darin die finnischen Gäste, die in den 44 Wettbewerben 31 erste, 29 zweite und 14 dritte Plätze belegen. Die deutsche Mannschaft, die in den leichtathletischen Disziplinen 143 Frauen und Männer an den Start bringt, belegt in der Länderwertung den zweiten Rang.
Höhepunkt der internationalen Begegnung ist der Sonntag, an dem ein Festumzug, Massenfreiübungen und am Abend ein Weihespiel auf dem Programm stehen. Am »Festzug der Nationen« durch die Innenstadt beteiligen sich mehr als 100 000 Arbeitersportler, die so für die Völkerverständigung demonstrieren.

Plakat zur Arbeiterolympiade

Einmarsch der Mannschaft aus Lettland

Piscators Inszenierung für den Parteitag

12. Juli. Anläßlich des zehnten Parteitages der Kommunistischen Partei Deutschlands (KPD) wird im Berliner Großen Schauspielhaus »Trotz alledem«, eine »Historische Revue« von Felix Gasbarra und Erwin Piscator, aufgeführt (→ S. 129). Die musikalische Leitung hat Edmund Meisel, die Bühnenausstattung stammt von John Heartfield. Aus historisch-dokumentarischem Material wird hier die Geschichte der sozialistischen Bewegung von 1914 bis zur Ermordung Karl Liebknechts und Rosa Luxemburgs im Januar 1919 dargestellt. Zum ersten Mal dient hier der Film als Dokument, das die Bühnenhandlung mit der sozialen Wirklichkeit verbindet. Ohne jede Dekoration agieren die Akteure auf einem terrassenförmigen Spielgerüst mit Treppen und Schrägen unter Einbeziehung von Fotos, Reden, Aufsätzen, Zeitungsnotizen, Flugblättern und Filmen aus der Novemberrevolution von 1918. Es ist der erste große Versuch Piscators, ein echtes Massentheater zu begründen, das für ihn »ein einziger großer Versammlungssaal, eine einzige große Demonstration« ist.

In »Trotz alledem« bezieht Erwin Piscator erstmals Filmdokumente in die Bühnenhandlung mit ein – im Vordergrund der tote Karl Liebknecht

Automobilfahrt München–Baden

17. Juli. An der Theresienwiese in München beginnt die diesjährige »Robert-Batschari-Fahrt«, ein Auto- und Motorradrennen. Der Wettkampf ist eine Erneuerung der früheren »Prinz-Heinrich-Fahrt« und führt in Etappen von München nach Baden-Baden. Etwa 2000 km haben die Fahrer zurückzulegen, wovon sie die ersten 1000 km hintereinander in einer sog. Tages- und Nachtfahrt bewältigen müssen. Von den 50 gestarteten Kraftwagen und den 50 Motorrädern erreichen am 22. Juli 30 Autos und acht Krafträder das Ziel. Die meisten von ihnen nehmen am Zielort am Badener Turnier teil, das am Sonnabend mit der Schwierigkeitsfahrt im Kurpark sein Ende findet. Einen Preis, den Batschari-Becher, erhalten alle Teilnehmer, die strafpunktfrei geblieben sind.

Der Star von Wimbledon: Die französische Tennismeisterin Suzanne Lenglen in Aktion

Die Sieger S. Lenglen (r.) und R. Lacoste

Neben seiner Frau verfolgt der britische König (2. v. r.) das Halbfinale

Wieder unschlagbar in Wimbledon: Suzanne Lenglen zum sechsten Mal Siegerin im Einzel-Finale

4. Juli. *Mit dem Sieg des französischen Tennisspielers René Lacoste gehen die diesjährigen Meisterschaften in Wimbledon zu Ende.*
In Anwesenheit Georgs V., König von Großbritannien, besiegt Lacoste im Endspiel seinen Landsmann Jean Borotra 6:3, 6:3, 4:6, 8:6. Gemeinsam holen sie in einem überaus spannenden Match den Titel im Doppel gegen das US-amerikanische Team Hennessey/Casey in fünf Sätzen 6:4, 11:9, 4:6, 1:6, 6:3. Star der Meisterschaften ist wie schon in den Jahren zuvor Suzanne Lenglen. Die 26jährige Französin war bereits von 1919 bis 1923 Wimbledonsiegerin. 1924 schied sie, noch geschwächt von einer langen Krankheit, gegen die Britin Kitty McKane in der Vorschlußrunde aus; nun besiegt sie die Titelverteidigerin McKane im Halbfinale überzeugend mit 6:0, 6:0. Die »Göttliche«, wie Suzanne Lenglen genannt wird, gibt in den letzten drei Wimbledon-Runden nur im Finale gegen die 19jährige Britin Jean Fry zwei Spiele ab und holt sich auch den Titel im Damendoppel und Mixed.

Ascari verunglückt beim Grand Prix

26. Juli. Auf der Autorennbahn von Montlhéry, dem Austragungsort des Grand Prix von Frankreich, verunglückt der 42jährige italienische Fahrer Antonio Ascari tödlich.
Der Unfall ereignet sich nach 275 km, zu Beginn der 23. Runde: Ascari, der vom Start an in Führung liegt, rutscht in einer Kurve auf der nassen Straße mit seinem Alfa-Romeo an den Holzzaun, der den Innenraum von der Fahrbahn abgrenzt, und reißt diesen auf mehr als 100 m Länge um. Dann überschlägt sich der Wagen und erdrückt den Fahrer unter sich. Auf dem Weg ins Krankenhaus stirbt Ascari. Als nach zwei Stunden, etwa zur Hälfte des Rennens, die Todesnachricht endgültig bestätigt wird, zieht der Alfa-Rennstall seine beiden anderen Autos mit den jetzigen Spitzenreitern Giuseppe Campari und dem weit zurückliegenden Gastone Brilli-Peri aus dem Rennen zurück.
Den Großen Preis, der erstmals auf dem Rundkurs in Montlhéry stattfindet, gewinnt nun die französische Delage-Mannschaft Robert Benoist/Albert Divo vor Wagner/Torchy, ebenfalls auf Delage, und Graf Masetti auf Sunbeam. Die Siegerzeit für die 1000 km (80 Runden à 12,5 km) von 8:54:41,2 h entspricht einer Durchschnittsgeschwindigkeit von 112,215 km/h.
Aufgrund der langen Strecken hatte Delage – im Gegensatz zu den anderen Werkswagen von Alfa, Bugatti und Sunbeam – pro Wagen zwei Fahrer nominiert, die sich ablösten. Eine neue Bestimmung der Automobilklubs läßt nur noch einen Mann im Wagen zu. Bis 1924 fuhr generell ein Copilot mit.

Zum zweiten Mal Sieger der »Tour«

19. Juli. Die Tour de France endet mit dem Sieg des Italieners Ottavio Bottecchia. Wie bei seinem Vorjahreserfolg erobert der 31jährige das gelbe Trikot des Spitzenreiters schon auf der ersten Etappe am 21. Juni und gewinnt die letzte Tageswertung auf den Champs-Élysées. Mit vier Siegen, fünf zweiten und zwei dritten Plätzen in den 18 Etappen beherrscht der »Championissimo« diese Rundfahrt; in der Gesamtwertung liegt er eine Stunde vor dem Belgier Lucien Buysee.

Schwerverletzt wird der italienische Rennfahrer Antonio Ascari von der Rennbahn in Montlhery getragen

Bei einer Geschwindigkeit von 190 km/h überschlug sich Ascari mit seinem Auto und schlug in diesem Graben auf

Ein strahlender Ottavio Bottecchia, Gewinner der Tour de France

August 1925

Mo	Di	Mi	Do	Fr	Sa	So
					1	2
3	4	5	6	7	8	9
10	11	12	13	14	15	16
17	18	19	20	21	22	23
24	25	26	27	28	29	30
31						

1. August, Sonnabend

Aus Anlaß des in Wien bevorstehenden Zionistenkongresses kam es in der vergangenen Woche zu gewalttätigen Auseinandersetzungen nationalsozialistischer Gruppen. Bei einer kommunistischen Kundgebung gegen einen völkischen Zeitungsverkäufer am Praterstern wird ein Arbeiter getötet (→ 18. 8./S. 144).

Nach einer mit den Arbeitgebern vereinbarten Lohnerhöhung von 7% beschließen die Gewerkschaften das Ende des Bergarbeiterstreiks im Saarland.

Der am Anfang der Woche begonnene Streik der Bankbeamten von Paris breitet sich weiter aus. Etwa 80% der Angestellten fordern die Anerkennung gewerkschaftlicher Organisationen sowie eine Anpassung der Gehälter an die fortschreitende Teuerung.

In der Schweiz tritt das Bundesgesetz über die Betäubungsmittel in Kraft. Bisher waren Ein- und Ausfuhr sämtlicher Betäubungsmittel freigegeben.

Vor dem Schöffengericht in Berlin beginnt der Strafprozeß gegen den früheren Prager Rennstallbesitzer Siegmund Goldfaden. Aufgrund seiner Versprechungen, Schmuck im Ausland günstig anlegen zu können, hatten ihm führende Potsdamer Adelsfamilien ihren Familienschmuck anvertraut. Goldfaden verkaufte jedoch den Schmuck zu seinem eigenen Gewinn.

2. August, Sonntag

Bei den Kommunalwahlen in der sizilianischen Stadt Palermo gehen die Faschisten eindeutig als Sieger hervor. Das Ergebnis verdanken sie nicht zuletzt der geringen Wahlbeteiligung, etwa 50%.

In den zum ersten Mal nach dem Krieg durchgeführten nationalen Tennismeisterschaften im Deutschen Reich siegt in Braunschweig bei den Herren Hans Moldenhauer aus Berlin.

Bei dem am Wochenende stattfindenden Schwimmländerkampf in Magdeburg siegt die deutsche Mannschaft über die ungarischen Sportler.

Das mit drei Etappen längste deutsche Radrennen, Zürich – Berlin, endet mit dem Sieg des italienischen Berufsfahrers Gay und dem des deutschen Amateurs Rösen aus Köln.

3. August, Montag

Der thüringische Landtag in Erfurt beschließt die Auflösung der Thüringer Volkswirtschaftsschule. In ihr wurden vorrangig junge Gewerkschaftsführer ausgebildet.

In Anwesenheit des Schriftstellers Gerhart Hauptmann wird in Reichenberg eine »Schlesische Woche« eröffnet.

In New York beginnen Verhandlungen zwischen Abgeordneten der sowjetischen Regierung und der US-amerikanischen Industrie. Zum Abbau neu entdeckter Goldfelder im russischen Lena-Gebiet bemüht sich die Regierung in Moskau um ausländisches Kapital.

In der Aula der Technischen Hochschule wird eine Ausstellung »Der Zahnarzt« eröffnet (bis 9. August). Thema der gleichzeitig stattfindenden Zahnärztetagung ist die Zahnpflege bei Schulkindern und ihre Förderung.

In Frankreich wird der Körper der Heiligen Bernadette von Lourdes in der Klosterkapelle von Nevers feierlich beigesetzt. → S. 149

4. August, Dienstag

Als Antwort auf die Ausweisung der deutschen Optanten aus Polen beschließt der Münchener Stadtrat, polnischen Staatsbürgern bis auf weiteres die Einbürgerung in ihrer Kommune zu verweigern (→ 24. 7./S. 126).

Die französische Regierung veröffentlicht die konkreten Ausführungsbestimmungen zu dem am 26. Juni erlassenen Einfuhrverbot für deutsche Kohle (→ 31. 7./S. 131).

In Syrien kommt es zu Kämpfen zwischen französischen Truppen und aufständischen Drusen. → S. 145

Während der US-Schwimmeisterschaften in Seattle erreicht Johnny Weissmuller mit 50,4 sec über 100 Yards Freistil einen Weltrekord. → S. 151

5. August, Mittwoch

Eine Erleichterung im deutsch-schweizerischen Reiseverkehr wird in Basel eingeführt. Am Badischen Bahnhof können gültige Schweizer Visa ohne Konsulatsbeanspruchung erworben werden.

Auf den Besprechungen zwischen Vertretern der Bergarbeiterverbände und dem preußischen Handelsministerium werden Möglichkeiten einer Realisierung von Forschungsergebnissen von Friedrich Bergius erörtert. Bergius gelang es, aus verflüssigter Kohle Öl zu gewinnen. → S. 148

6. August, Donnerstag

Das britische Unterhaus in London genehmigt einen von Premierminister Stanley Baldwin geforderten Kredit über zehn Millionen Pfund für die Bergbauindustrie (→ 31. 7./S. 131).

Nach vermehrt ausgeführten Messungen der Meeresbodentiefe im Golf von Biscaya steht fest, daß sich der Grund des Ozeans in dieser Gegend an einigen Stellen in den letzten Jahren entscheidend gehoben hat. → S. 149

Der Budapester Polizei gelingt die Festnahme eines Kokainhändlerrings, zu dem ein Chemiker, ein Kellner, ein Apotheker und ein Handlungsgehilfe gehörten. Sie hatten überall in Europa schwunghaften Handel getrieben.

7. August, Freitag

Versuche einer direkten Telefonschaltung zwischen Frankfurt am Main und London sind geglückt. Durch die Umstellung von Oberleitungen zu unterirdisch verlegten Kabeln ist die akustische Qualität hervorragend.

In Zürich wird in Anwesenheit offizieller Persönlichkeiten der Regierung und des diplomatischen Korps die Internationale Kunstausstellung eröffnet. In der bis 13. September dauernden Schau sind vor allem Werke der letzten Jahre zu sehen.

Nach achttägiger Dauer geht in Genf der 17. Esperantokongreß zu Ende.

Die Pariser Akademie teilt mit, daß in der Umhüllung einer Mumie zwölf Papyrusfragmente mit Teilen der Odyssee-Handschrift aus dem letzten Drittel des dritten Jahrhunderts vor Christi gefunden worden sind.

In Berlin verhaftet die Polizei den Juristen Stefan Egiarsarian, der Chef einer Schmugglerbande war, die französisches Parfüm illegal nach Deutschland brachten.

8. August, Sonnabend

Die 48-Stunden-Woche fordern die Delegierten des 4. Reichsjugendtages der Sozialistischen Arbeiterjugend in der Hansestadt Hamburg.

In Washington versammeln sich etwa 200 000 Teilnehmer zur ersten nationalen Tagung der Geheimorganisation Ku-Klux-Klan. → S. 145

Eine bis 13. September dauernde »Reichsausstellung Deutscher Wein« wird in Koblenz eröffnet. → S. 143

9. August, Sonntag

An diesem Wochenende finden gleich vier deutsche Meisterschaften in folgenden Sportarten statt: Schwimmen in Bremen, Rudern in Hannover, Radfahren in Stettin und Leichtathletik in der Hauptstadt Berlin.

Einen neuen Weltrekord stellten zwei französische Piloten im Dauerflug auf. In 45 Stunden, elf Minuten und 59 Sekunden legten sie eine Entfernung von 4400 km ohne Zwischenlandung zurück.

10. August, Montag

Nach heftigen Auseinandersetzungen im Reichstag über die Zollvorlage entfernt die Polizei fünf kommunistische Abgeordnete, woraufhin alle kommunistischen, sozialdemokratischen und liberalen Fraktionsmitglieder die Sitzung verlassen (→ 12. 8./S. 142).

In London treffen die Außenminister Frankreichs und Großbritanniens, Aristide Briand und Joseph Austen Chamberlain, zu einer Konferenz über Fragen des europäischen Sicherheitspaktes zusammen. → S. 144

11. August, Dienstag

Anläßlich des sechsten Jahrestages der Weimarer Verfassung finden überall in Deutschland Verfassungsfeiern statt. In Berlin kommt es dabei auch zu gewalttätigen Auseinandersetzungen mit Nationalsozialisten. → S. 142

Die Delegierten des am 7. August in der britischen Stadt Scarborough begonnenen internationalen Gewerkschaftskongresses verabschieden am letzten Tag eine Resolution, worin die »Versklavung der deutschen Arbeiter durch den Dawesplan« aufs schärfste verurteilt wird (→ 17. 6./S. 110).

Bei wissenschaftlichen Arbeiten in den Archiven von Mexico-City fand man die berühmte Weltkarte, die der Westindienfahrer Sebastian Cabot im Jahr 1544 für die damalige Pariser Universität angefertigt hatte.

Ein über den Niederlanden tobender Wirbelsturm richtet Schäden in Millionenhöhe an. Zwei Menschen sterben.

12. August, Mittwoch

In Abwesenheit der sozialdemokratischen und kommunistischen Abgeordneten und bei Stimmenthaltung der Deutschen Demokratischen Partei nimmt der Reichstag die Zollvorlage der Regierung an. → S. 142

Reichspräsident Paul von Hindenburg beginnt eine Reise durch die deutschen Staaten mit einem Aufenthalt in dem Land Bayern.

Das zwischen Österreich und Deutschland abgeschlossene Abkommen über die Aufhebung des Sichtvermerkzwanges tritt in Kraft. Reisen in das Nachbarland werden den Touristen dadurch wesentlich erleichtert.

13. August, Donnerstag

Die österreichische Regierung gibt bekannt, daß sie dem NSDAP-Führer Adolf Hitler die Einreise zum Kongreß der österreichischen Nationalsozialisten verweigert.

Das preußische Ministerium für Handel und Gewerbe weist in einem Rundbrief auf das Überhandnehmen des Ausstellungs- und Messewesens hin.

Norwegen übernimmt Spitzbergen und die Bäreninsel in sein Hoheitsgebiet. Die neue Verwaltungseinheit erhält den Namen »Svalbard«.

Mit einer Festrede von Hugo von Hofmannsthal wird das Salzburger Festspielhaus anläßlich der diesjährigen Festspiele eröffnet. → S. 150

14. August, Freitag

In Paris unterzeichnen Vertreter der französischen und deutschen Regierung einen Grenzvertrag (→ 16. 10./S. 172)

Das deutsche Reichsministerium für Ernährung und Landwirtschaft gibt die Aufhebung des Ausfuhrverbots für Getreide und Mehl bekannt.

Der Zeichner Wilhelm Schulz karikiert anhand der Ausweisung deutscher Optanten aus Polen in bitterem Sarkasmus den Völkerbundsgedanken von der Selbstbestimmung der Völker

München, 17. August 1925 Preis 60 Pfennig 30. Jahrgang Nr. 20

SIMPLICISSIMUS

Herausgabe in München
Postversand in Stuttgart

Begründet von Albert Langen und Th. Th. Heine

Bezugspreis vierteljährlich 7.50 Reichsmark
Copyright 1925 by Simplicissimus-Verlag G. m. b. H. & Co., München

Der Völkerbundsgedanke marschiert

(Zeichnung von Wilhelm Schulz)

Die in Polen ausgeplünderten Deutschen dürfen ihr Leben retten.

15. August, Sonnabend

Die polnische Presse veröffentlicht Anweisungen an die Wojwoden von Posen und Pommerellen, worin die verordnete Ausweisung deutscher Optanten vorläufig nicht zwangsweise vollstreckt werden soll (→ 24. 7./S. 126).

In Paris beginnt der Parteitag der französischen Sozialisten. Hauptthema des Kongresses ist die innenpolitische Krise Frankreichs und die Haltung der Sozialisten in einer Koalition mit den bürgerlichen Parteien (→ S. 145).

16. August, Sonntag

Unter dem Motto »Hände weg von China« findet in Berlin der Kongreß der Internationalen Arbeiterhilfe (IAH) statt.

Infolge finanzieller Schwierigkeiten des Stinnes-Konzern bietet Edmund Stinnes der Belegschaft seiner Firma 65% der Anteile an. Mit diesem »Geschenk« will sich Stinnes offensichtlich Verbündete in seiner Forderung nach Staatshilfe schaffen. → S. 143

In Havanna wird die Kommunistische Partei Kubas gegründet.

Der von Charlie Chaplin gedrehte Spielfilm »Goldrausch« erlebt in den USA seine Uraufführung. → S. 150

Bei dem in Nimwegen stattfindenden Leichtathletik-Länderkampf Westdeutschland gegen die Niederlande siegen die Westdeutschen mit 63:49 Punkten.

Auf den Weltmeisterschaftskämpfen der Radfahrer in Amsterdam gewinnen die Titel der Flieger Kauffmann aus der Schweiz (Berufsfahrer) sowie Meyer aus den Niederlanden (Amateur).

17. August, Montag

Die Oberreichsanwaltschaft verfügt die Aufhebung des Haftbefehls gegenüber Waldemar Pabst. Pabst, Hauptmann und Geschäftsführer der Nationalen Vereinigung, stand unter dem Verdacht, führend an der Vorbereitung des Kapp-Putsches 1920 beteiligt gewesen zu sein.

Auf dem Internationalen Studentenkongreß in Kopenhagen wird erstmals die deutsche Sprache neben der englischen und französischen zugelassen.

In Southampton (Großbritannien) beginnt die alljährlich stattfindende Sechs-Tage-Prüfungsfahrt für Motorräder mit internationaler Beteiligung. An dem bis 22. August dauernden Rennen nehmen erstmals auch Deutsche teil.

18. August, Dienstag

Mit einer Ansprache eröffnet im Wiener Konzerthaus der Präsident der Zionistischen Weltorganisation, Chaim Weizmann, den 14. Zionistenkongreß. Schon vor Beginn der bis 31. August dauernden Veranstaltung kam es in den Straßen Wiens zu gewalttätigen Auseinandersetzungen mit nationalsozialistischen Gruppen. → S. 144

Die USA und Belgien legen gemeinsam einen Rückzahlungsmodus für während des Weltkrieges durch Belgien in den USA aufgenommene Kredite fest.

Einen Siedlungsplan für 1926 veröffentlicht das Kommissariat für Landwirtschaft in Moskau. Demnach sollen u. a. in Sibirien 35 000 und im Fernen Osten 25 000 Menschen angesiedelt werden.

In London übergeben die Bewohner der Insel Wight an Premierminister Stanley Baldwin eine Petition, worin sie auf die Verschmutzung der Küstengewässer durch Ölrückstände hinweisen. Seit der Einführung der Ölfeuerung auf Schiffen hat sich diese drastisch erhöht. → S. 149

Während eines Aufstiegs in den Schweizer Alpen verunglückt die bekannte deutsche Alpinistin Eleonore Nool-Hasenclever tödlich. Sie war 45 Jahre alt.

Die europäische Presse berichtet in großen Aufmachungen über die Adoption eines armen Mädchen durch einen US-amerikanischen Millionär. → S. 149

19. August, Mittwoch

Zur ersten Weltkirchenkonferenz (bis 28. 8.) treffen Christen aus der ganzen Welt in Stockholm ein. → S. 144

Aufgrund der ergebnislos verlaufenen Lohnverhandlungen im Ruhrbergbau wird in Essen ein Schiedsspruch gefällt, der Lohnerhöhungen ablehnt.

Die Regierung in Prag beginnt in Berufung auf die Bodenreform mit der Enteignung deutschen Besitzes in den nordböhmischen Bädern.

Im Berliner Admiralspalast hat die erfolgreiche Revue »Achtung! Welle 505« von Willi Wolff und Walter Kollo ihre Uraufführung. → S. 150

20. August, Donnerstag

Auf ihrer Tagung im Berliner Parteihaus beschließen die ZK-Mitglieder der Kommunistischen Partei Deutschlands (KPD) den Ausschluß der Mitglieder des linken Flügels Ruth Fischer und Arkadi Maslow (→ 1. 9./S. 156).

Wegen literarischen Hochverrats wird in Berlin der Schriftsteller Johannes R. Becher verhaftet. → S. 150

Aus Solidarität mit den seit Mitte Juli streikenden französischen Bankangestellten kommt es in mehreren Städten Frankreichs zum Generalstreik.

In Bayreuth gehen die im Juli begonnenen diesjährigen Richard-Wagner-Festspiele zu Ende.

Auf der Kykladen-Insel Santorin in Griechenland kommt es zum Vulkanausbruch. → S. 148

21. August, Freitag

In einem Bericht der Völkerbundskommission über die Abgrenzung des Danziger Hafengebietes wird eine Linie zugunsten des polnischen Postdienstes eingeräumt (→ 22. 10./S. 175).

Anläßlich des 25jährigen Bestehens der Zeppelin-Luftfahrtgesellschaft und des 25. Jubiläums des ersten Zeppelin-Überlandfluges findet in Friedrichshafen eine Festveranstaltung statt.

22. August, Sonnabend

Die »Deutsche Allgemeine Zeitung« sowie die Norddeutsche Buchdruckerei und Verlags AG gehen aus dem bisherigen Besitz des Stinnes-Konzern in den eines Konsortiums unter Walter Salinger über. → S. 143

In Stuttgart beginnt der bis morgen dauernde 64. Deutsche Katholikentag.

23. August, Sonntag

Aus einer Veröffentlichung statistischer Erhebungen geht hervor, daß etwa 1% der US-amerikanischen Bevölkerung vorbestraft ist. Zugenommen haben in letzter Zeit vor allem Alkoholschmuggel und Raubüberfälle.

19 Rennwagen gehen am Kloster Thorn an den Start des Taunusrennens, des ersten bedeutenden Autorennens im Deutschen Reich mit internationaler Beteiligung. Sieger wird der deutsche Fahrer August Momberger auf NSU mit einer 1,3-l-Kompressor-Maschine.

24. August, Montag

Auf den Beitritt Deutschlands in den Völkerbund und den Abschluß eines Garantiepaktes geht der französische Ministerpräsident Aristide Briand in seiner Note ein. Es ist dies eine Reaktion auf die deutsche Antwortnote vom 20. Juli (→ 10. 8./S. 144).

Die Fraktion seiner Partei verläßt der Zentrumspolitiker Josef Wirth, da er mit der Koalitionspolitik nicht einverstanden ist. Wirth versteht sich als ein Vertreter des sozialen, republikanischen Zentrums. → S. 142

25. August, Dienstag

Die sogenannten »Sanktionsstädte« Düsseldorf und Duisburg werden von den französischen Besatzungstruppen geräumt (→ 14. 7./S. 128).

In einem Artikel der »Frankfurter Zeitung« nimmt der demokratische Abgeordnete und Vorsitzende des Schutzverbandes deutscher Schriftsteller, Theodor Heuss, Stellung zu den staatlichen Sanktionen gegenüber Schriftstellern und Künstlern (→ 20. 8./S. 150).

Anläßlich des 25. Todestages des deutschen Philosophen Friedrich Nietzsche erscheint bei Kröner in Leipzig eine 19bändige Gesamtausgabe.

26. August, Mittwoch

Mit sofortiger Wirkung hebt Reichspräsident Paul von Hindenburg das von seinem Vorgänger Friedrich Ebert (SPD) 1921 erlassene Uniformverbot auf.

Unter der Führung des italienischen Ministerpräsidenten Benito Mussolini wird in Rom das italienische Luftfahrtministerium eingerichtet.

27. August, Donnerstag

Der am 22. August begonnene II. Kongreß der Sozialistischen Arbeiterinternationale geht in Marseille zu Ende.

Die »Frankfurter Zeitung« berichtet von einer Entdeckung in der Höhle bei Bedelhac in der Nähe von Tarascon (Frankreich). Dort wurden in einem schmalen Gang eine Anzahl von prähistorischen Felsmalereien gefunden. → S. 148

Bei einer Verkehrszählung in Berlin wird festgestellt, daß in beiden Richtungen der Straße »Unter den Linden« in einer Minute 123 Autos fahren (→ S. 26/27).

In Südafrika wird ein Rennen um Diamantenfelder veranstaltet. → S. 148

28. August, Freitag

Zu einer zweitägigen Jubiläumsveranstaltung treffen die Delegierten des Deutschen Handwerks- und Gewerbekammertages zusammen. Die Organisation wurde 1900 gegründet.

In einem Rundschreiben an seine Kunden auf dem Lande empfiehlt der US-amerikanische Industrielle Henry Ford, die Kühe abzuschaffen und statt dessen seine Maschine für die Herstellung künstlicher Butter anzuschaffen.

29. August, Sonnabend

In einem Erlaß des preußischen Kultusministeriums wird u. a. das Tragen von Abzeichen, Bändern und politischen Symbolen jeder Art in den Schulen, bei Wanderungen und Sportveranstaltungen untersagt.

30. August, Sonntag

Auf einer Kundgebung des österreichisch-deutschen Volksbundes in Wien setzt sich Reichstagspräsident Paul Löbe für den Anschluß Österreichs an das Deutsche Reich ein (→ 4. 6./S. 114).

Während eines Frühstücks zu Ehren freiwilliger US-amerikanischer Kampfflieger in Marokko plädiert der französische Ministerpräsident Paul Painlevé für ein gemeinsames westeuropäisches und amerikanisches Vorgehen gegen den Islam (→ 22. 6./S. 112).

31. August, Montag

In London beginnt die Konferenz der Rechtssachverständigen Deutschlands und der Entente zum Problem des Sicherheitspaktes (→ 16. 10./S. 172).

Um Mitternacht setzt ein Streik in dem Steinkohlenabbaugebiet des US-Bundesstaats Pennsylvania ein.

Das Wetter im Monat August

Station	Mittlere Lufttemperatur (°C)	Niederschlag (mm)	Sonnenscheindauer (Std.)
Aachen	16,6 (17,2)	100 (82)	– (188)
Berlin	17,6 (17,2)	82 (68)	– (212)
Bremen	17,4 (17,1)	48 (79)	– (182)
München	17,4 (16,6)	149 (96)	– (211)
Wien	– (18,6)	– (68)	– (242)
Zürich	16,6 (16,6)	123 (132)	– (219)

( ) Langjähriger Mittelwert für diesen Monat
– Wert nicht ermittelt

Die US-amerikanische Zeitschrift »Pictorial Review« weiß nicht nur den Glamour zu schätzen, sie druckt auch anspruchsvolle Literatur in Fortsetzungen, hier den Roman »Der Ruf der Wildgänse« der amerikanischen Schriftstellerin norwegischer Herkunft Martha Ostenso, die in ihren Romanen das Leben der in die USA eingewanderten norwegischen Bauern schildert

Hindenburg feiert den Verfassungstag

11. August. *Aus Anlaß des sechsten Jahrestages der Unterzeichnung der Weimarer Verfassung finden überall im Deutschen Reich Feiern zu Ehren dieses Ereignisses statt.*

In der Hauptstadt veranstaltet die Kampforganisation der SPD, der Reichsbanner, ein Volksfest im Treptower Park. Prominente Politiker und Künstler, darunter der Schriftsteller Fritz von Unruh und Intendant des Berliner Staatstheaters, Leopold Jessner, erinnern in ihren Reden an die Bedeutung dieses Ereignisses für die Demokratie. Mehr als eine halbe Million Teilnehmer lassen dieses Fest zu einer beeindruckenden Demonstration für die Republik werden.

Die offizielle Feier findet nach gewohntem Zeremoniell im Reichstag in Anwesenheit sämtlicher Abgeordneten statt.

◁ Paul von Hindenburg schreitet nach der Feier die Ehrenkompanie der Reichswehr ab

Vergewaltigungspolitik des Zollblocks

12. August. In Abwesenheit der sozialistischen und kommunistischen Abgeordneten verabschiedet der Reichstag die gesamte Zollvorlage.

Zwei Tage zuvor war es anläßlich der zweiten Lesung des Gesetzes zu heftigen Auseinandersetzungen gekommen. Sie entzündeten sich an dem Verfahren, mit dem die Vorlage durchgepeitscht werden soll. Sie kommt nur als Ganzes zur Abstimmung, d. h. sämtliche Änderungsvorschläge der Sozialdemokraten (SPD) und Kommunisten (KPD) fallen unter den Tisch. Sie wenden sich vor allem gegen die sog. Schutzzollpolitik. Sie glauben, daß sich Schutzzölle hemmend auf die Ankurbelung der Wirtschaft, insbesondere der Landwirtschaft, auswirken werden, da die ausländische Konkurrenz zurückgedrängt wird und sich gleichzeitig die Preise erhöhen.

Protestkundgebung gegen die Zollpolitik der Reichsregierung vor dem Berliner Schloß am 24. Juli; auf Plakaten wird auch der Krieg verurteilt

Da die Abgeordneten der rechten Parteien, der Deutschen Volkspartei (DVP), der Deutschnationalen Volkspartei (DNVP) und des Zentrums entschlossen sind, aufgrund ihrer Mehrheit das Zollpaket ohne Änderung zu verabschieden, verlassen die Abgeordneten der sozialdemokratischen Partei (SPD), sich ihrer Machtlosigkeit bewußt, den Plenarsaal. Ihnen folgt die KPD; die Deutsche Demokratische Partei (DDP) enthält sich der Stimme.

Diese Vorfälle lösen in der demokratischen Presse heftige Empörung aus. Die Journalisten sprechen von einer »Vergewaltigungspolitik des Zollblocks« und einer »Niederknüppelung der Opposition«. Harte Vorwürfe richten sich vor allem gegen die Zentrumspartei, deren Zusammengehen mit den Völkischen auf Kritik auch innerhalb der eigenen Reihen stößt. Außerhalb der Fraktion fürchtet man um das Vertrauensverhältnis gegenüber den anderen Verfassungsparteien.

Wirth verläßt die Zentrum-Fraktion

24. August. Der frühere Reichskanzler (1921/22) und Zentrumspolitiker Joseph Wirth teilt der Öffentlichkeit mit, daß er die Reichstagsfraktion seiner Partei verläßt.

Grund für diesen Entschluß ist die immer mehr auf die völkischen Koalitionsparteien ausgerichtete Politik seiner bisherigen Fraktion im Parlament. Sie hatte sich besonders deutlich während der Debatte um die Zollvorlage (→ 12. 8.) gezeigt. Wirth betont, daß er Mitglied seiner Partei bleibt und auch sein Mandat im Reichstag behalten wird. In einem Schreiben an den Fraktionsvorsitzenden bezeichnet er sich als Vertreter des »sozialen und republikanischen Zentrums«.

Der 1879 in Freiburg im Breisgau geborene Joseph Wirth begann seine Karriere bereits 1911 im linken Flügel der Zentrumspartei; vom Mai 1921 bis November 1922 war er Reichskanzler der Weimarer Republik.

Stinnes-Konzern steht vor dem Konkurs

16. August. Edmund Stinnes bietet dem Betriebsrat der Aga-Werke in Berlin als Schenkung die Hälfte seines 65% betragenden Anteils an den Werksaktien an.
In diesem Geschenk sieht Stinnes offensichtlich eine letzte Möglichkeit, das in Liquiditätsschwierigkeiten geratene Imperium vor dem Konkurs zu retten. Er rechnet sich größere Chancen auf eine rettende Staatsanleihe aus, wenn ein Teil des Betriebes der Arbeiterschaft gehört. Da der Betriebsrat das Angebot ablehnt, ist ein Auseinanderbrechen des Stinnes-Imperiums nicht mehr abzuwenden.

Zeichnung aus der Zeitschrift »Simplicissmus« zu den finanziellen Problemen beim Stinnes-Konzern: Die vor dem leeren Geldschrank knieenden Erben beten zu dem 1924 verstorbenen Konzernchef Hugo Stinnes. Die Unterzeile »Viel hast du uns hinterlassen, aber leider keine Inflation«, nimmt bezug auf die Tatsache, daß der Stinnes-Konzern vor allem während der Inflation in den Jahren 1922/23 enorme Gewinne erzielte.

Die Höhe der zu regulierenden Verpflichtungen der Stinnes-Unternehmensgruppe wird derzeit auf etwa 180 Millionen RM geschätzt. Einem größeren Kreis wurde dieses Problem im Juni des Jahres bekannt, denn zu dieser Zeit drang der Streit der Erben des 1924 verstorbenen Hugo Stinnes an die Öffentlichkeit.
Der Ruhrindustrielle Hugo Stinnes war bis zu seinem Tod einer der mächtigsten Persönlichkeiten in der deutschen Wirtschaft. Mit 22 Jahren löste er sich aus dem Familienbetrieb und gründete mehrere eigene Firmen. Bereits 1901 schuf er die Deutsch-Luxemburgische Bergwerks- und Hütten AG und das Rheinisch-Westfälische Elektrizitätswerk in Essen. Während der Inflationszeit baute er sein Unternehmen zum größten im Deutschen Reich aus. Mit hohen Entschädigungssummen für Verluste in Elsaß-Lothringen und Bankkrediten kaufte er, was er bekommen konnte: Banken, Hotels, Fabriken, Zeitungen. Die Anzahl der zum Stinnes-Imperium gehörenden Betriebe wird auf etwa 1600 geschätzt. Über die Hälfte der Anteile des maroden Unternehmens muß nun an ausländische Gläubiger abgegeben werden.

Der Bildteil der DAZ vom 22. 8.

Zeitung verkauft

22. August. *Die bisher zum Besitz des Stinnes-Konzerns gehörende »Deutsche Allgemeine Zeitung« (DAZ) geht mit der dazugehörigen Druckerei in den Besitz eines Konsortiums der preußischen Regierung über. Das in Berlin erscheinende Blatt mit bisher nationalistischem Charakter wird bald darauf von der Regierung übernommen, der es bis 1927 gehört.*

Deutsche Weine werden in Koblenz am Rhein präsentiert

8. August. In Koblenz wird die Reichsausstellung »Deutscher Wein« eröffnet. Auf dem Gelände zwischen Festhalle und Rhein können sich die Besucher bis Ende September über wissenschaftliche, wirtschaftliche und kulturelle Aspekte des Weinanbaus informieren.
In der wissenschaftlichen Abteilung zeigen die Aussteller u. a. Ergebnisse der Weinforschung in den Instituten Freiburg und Oppenheim. Hier erfährt das Publikum auch, daß 1925 erstmals Versuche unternommen wurden, Rebschädlinge von der Luft aus zu bekämpfen. Eine enge Zusammenarbeit zwischen Weinbauern und Technikern demonstrieren die Exponate auf dem Maschinengelände. Alle großen Hersteller von Geräten für die Weinherstellung sind hier vertreten.
Probleme der Zusammenarbeit zwischen Winzern und Staat nehmen einen großen Raum des wirtschaftlichen Bereichs ein. Hier steht, wie auch bei anderen landwirtschaftlichen Erzeugern, die Zollfrage im Mittelpunkt. Teilweise erwarten die Winzer von der deutschen Regierung nicht nur erhöhte Zölle auf die Einfuhr italienischer und französischer Weine, sondern sogar ein Importverbot. Vielfach kam es in diesem Jahr deshalb schon zu größeren Demonstrationen in den Landeshauptstädten der Weinanbaugebiete, auf denen die Teilnehmer entscheidende Maßnahmen forderten.

Zeitschriftenillustration anläßlich der Weinausstellung; das Bild zeigt eine Kellerei im Veranstaltungsort Koblenz; vorn rechts wird ein Fuder (1000 l) abgestochen, dahinter werden die Weinflaschen abgefüllt und verkorkt

Gespräch auf dem Londoner Bahnhof: Aristide Briand (l.) und Joseph A. Chamberlain

In Paris (hier auf dem Opernplatz) ist die Mehrzahl der Bevölkerung äußerst skeptisch gegenüber einer Annäherung an das Deutsche Reich

Briand berät über die Sicherheitsfrage

10. August. Zu mehrtägigen Beratungen über die europäische Sicherheitsfrage treffen in London die Außenminister der Großmächte Frankreich, Aristide Briand, und Großbritannien, Joseph Austen Chamberlain, zusammen.
Anlaß dieser Beratungen ist der Notenwechsel zwischen der französischen und deutschen Regierung infolge des deutschen Sicherheitsvorschlages vom 9. Februar (→ S. 38). Briand hatte daraufhin in einem Schreiben vom 16. Juni an den deutschen Außenminister Gustav Stresemann die Erfüllung von Sicherheitsgarantien gefordert, auf die Stresemann in der Note vom 20. Juli einging. Briand und Chamberlain erörtern nun, inwieweit sich die alliierten Mächte auf den ehemaligen Kriegsgegner verlassen können. Als sie ihre Gespräche beenden und Briand nach Paris zurückkehrt, sind sich beide Politiker darüber einig, daß mit dem Deutschen Reich in absehbarer Zeit ein Abkommen geschlossen werden sollte, in dem vor allem die Beziehungen zwischen den beiden Nachbarstaaten Frankreich und Deutschland geregelt werden müßten.
Offiziell erfährt die Regierung in Berlin von diesem positiven Ergebnis in einer französischen Note vom 24. August (→ 16. 10./S. 172).

»Weaner G'müt« – Wiener machen Jagd auf Juden (»Simplicissimus«)

Antisemitismus in den Straßen Wiens

18. August. In Wien eröffnet Chaim Weizmann in seiner Eigenschaft als Präsident den 14. Kongreß der zionistischen Weltorganisation. Er dauert bis zum 31. August.
Im Vorfeld dieser bedeutenden jüdischen Veranstaltung war es in der österreichischen Hauptstadt zu antisemitischen Ausschreitungen von nationalsozialistischen Organisationen gekommen.

600 Geistliche kommen zur ersten Weltkirchenkonferenz

19. August. Die Weltkonferenz für praktisches Christentum wird in Stockholm vom schwedischen König Gustav V. Adolf eröffnet.
An der ersten »Weltkirchenkonferenz« nehmen Vertreter aller christlichen Kirchen aus 37 Ländern teil, darunter auch Gesandte der russischen und griechischen Orthodoxen. Lediglich die römisch-katholische Kirche schickt nur Beobachter nach Stockholm.
Bis zum 30. August diskutieren die etwa 600 Teilnehmer in einzelnen Gremien über folgende Themen:

Deutsche Delegierte auf dem Weg zu König Gustav V.

Orthodoxe Christen besuchen den Festgottesdienst

- ▷ Die Verpflichtung der Kirche gegenüber den Zielen, die Gott der Welt bestimmt hat
- ▷ Ökonomische und industrielle Probleme
- ▷ Das Evangelium und das öffentliche Leben
- ▷ Nationale Zusammenarbeit
- ▷ Jugendliche und Minderjährige in der Industrie
- ▷ Die Stellung der Kirche zu sozialen und moralischen Fragen
- ▷ Die Alkoholfrage
- ▷ Der allgemeine Charakter der Kirche
- ▷ Das Rassenproblem
- ▷ Erziehungsfragen
- ▷ Internationale Beziehungen.

Einige diese Themen erwecken Interesse bei den Politikern. So läßt der deutsche Reichskanzler Hans Luther (parteilos) vor dem Plenum eine Rede verlesen, die sich u. a. mit der sozialen Problematik in der Industriegesellschaft beschäftigt.

Sozialistentreffen in Südfrankreich

27. August. Der am 22. August begonnene zweite Kongreß der sozialistischen Internationale geht in der südfranzösischen Hafenstadt Marseille zu Ende.
Die Tagesordnungspunkte des Treffens, zu dem 422 Delegierte aus 31 Ländern und 40 Parteien erschienen waren, hatten in der Hauptsache zwei Themenkreise zum Inhalt: Die allgemeine Friedenspolitik und die Arbeitslosigkeit. Nach mehrtägigen Diskussionen einigen sich die Teilnehmer auf eine gemeinsame Formel für eine Friedensresolution, worin der Kapitalismus mit seinem ausschließlich vom privaten Egoismus geleiteten Wirtschaftsmechanismus für den Krieg verantwortlich gemacht wird. Weiterhin präzisiert die Versammlung die Haltung der Sozialistischen Internationale zum Völkerbund. Sie stellt fest, daß der Völkerbund erst dann seiner ihm zugedachten Mission gerecht werden könne, wenn ihm alle Nationen mit gleichen Rechten und Pflichten angehören. In einer weiteren Resolution fordern die Delegierten Spanien und Frankreich zur Beendigung des Marokko-Krieges (→ 22. 6./S. 112) gegen die Rifkabylen auf.

Das nach dem Bombardement zerstörte Damaskus

Gefangene Drusen vor der Mauer der Burg Ezra

Drusenaufstand gegen die Franzosen

4. August. In Damaskus kommt es zu bewaffneten Auseinandersetzungen zwischen Drusen und französischen Soldaten.
Der Aufstand der Drusen begann am 20. Juli, als Mitglieder dieser islamischen Sekte im Haurangebirge einen französischen Posten überfielen. Seitdem sind schon 115 Franzosen gefallen, 385 verwundet und 432 vermißt. Im August stoßen die Drusen auf Damaskus vor, und bis zum Ende des Monats gelingt ihnen die Einnahme der Stadt Suweida.
Das Kampfgebiet im südlichen Syrien (ab 1926 Libanon) gehört seit 1920 zum französischen Mandatsgebiet in Vorderasien. Zuvor war es Teil des Vereinigten Königreichs von Syrien, das Groß-Syrien, Palästina, Transjordanien und den Libanon einschließen sollte. Als jedoch der Völkerbund in diesen Ländern das Mandatssystem anwandte, übernahmen Großbritannien und Frankreich die Herrschaft und vertrieben 1920 König Faisal I. (→ 12. 10./S. 174).

Die Macht des Ku-Klux-Klan

8. August. In ihren weißen Kapuzenmänteln demonstrieren etwa 200 000 Mitglieder des Ku-Klux-Klan aus allen Teilen der Vereinigten Staaten in den Straßen Washingtons.
Im Anschluß an die Veranstaltung kommen die Führer der Geheimverbindung in Sitzungen zusammen, um über die künftige Taktik und die Ziele der Bewegung zu beraten. U. a. wird die Frage geprüft, ob sich der Orden über die Propaganda gegen Katholiken, Juden und Neger hinaus auch für die gänzliche Abriegelung der USA gegen die Einwanderung und für ein Verbot der Lehre der Entwicklungstheorie in Schulen (→ 10. 7./S. 133) einsetzen soll.
Die machtvolle Kundgebung des Ku-Klux-Klans vermittelt einen Eindruck von der Stärke dieser Organisation in jenen Jahren. Ihre Mitgliederzahl wird auf etwa vier bis fünf Millionen geschätzt. In geheimen, meist nächtlichen Aktionen (Brandstiftung, Auspeitschung, Fememorde) üben sie vor allem in den Südstaaten eine Terrorherrschaft zum Zweck der »Reinhaltung ihrer amerikanischen Rasse« aus, deretwegen sie besonderen Wert auf die »Reinheit der Frau« legen. An mittelalterliche Orden erinnernde Riten, weiße Kapuzenmäntel und das drohende flammende Kreuz sollen Schrecken und Angst vor den Bünden noch erhöhen.
Gegründet wurde der Ku-Klux-Klan schon 1865, jedoch bereits 1869 wieder aufgelöst (1871 per Bundesgesetz). Soziale Unzufriedenheit unter den ärmeren Schichten im Süden und Mittelwesten der USA ließen die Bewegung seit 1915 wieder aufleben. Sie knüpfte inzwischen auch Verbindungen zu nationalistischen Gruppen im Deutschen Reich.

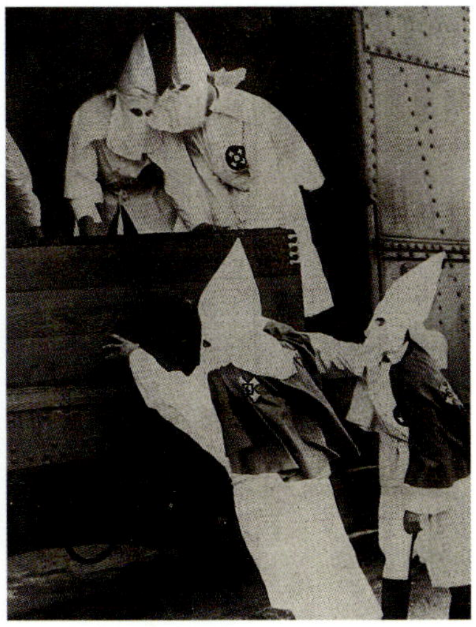
Ein verstorbener Ku-Klux-Klan-Anhänger auf dem Zugtransport

Mitglieder des »Ku-Klux-Klan« in ihren Kapuzenmänteln; die an mittelalterliche Bünde erinnernde Kleidung soll die Angst vor ihnen verstärken

Urlaub und Freizeit 1925:

Große Ferien in der Sommerfrische

Mit dem Wachsen der Großstädte, der steigenden Zahl der Fabrikarbeiter und der damit verbundenen schlechten Wohnsituation gewinnt die Freizeit im »Grünen« immer mehr an Bedeutung. Da sich viele eine Urlaubsreise nicht leisten können, verzeichnen die zahlreichen Wander- und Sportvereine einen regen Zulauf. Am Wochenende und im Urlaub zieht man gemeinsam mit den Vereinskameraden an die Seen und in die Wälder, um sich an frischer Luft von der Arbeit zu erholen. Familien der unteren Einkommensklassen finden Entspannung auch in ihrem »Schrebergarten«. Auf Brachflächen der Städte entstehen während der 20er Jahre sehr viele Kleingartenanlagen. Für einen relativ geringen Pachtbetrag genießen hier Eltern mit ihren Kindern ein Stückchen Natur als Ausgleich für ihre meist beengten Wohnungen.

Reisen ins europäische oder gar außereuropäische Ausland können sich nur wenige leisten. So kostet eine Schiffsreise nach Indien 3600 RM und nach Spanien, Portugal und Marokko mindestens 1400 RM. Das Gros der mittelständischen deutschen Familien macht sich während der Ferien dann auch auf in die Sommerfrische. In kleineren Pensionen heimatlicher Urlaubsorte mieten sie sich für einen Zimmerpreis von etwa vier bis acht Reichsmark ein. Einige Reisebüros bieten in diesem Jahr auch schon »volkstümliche« Pauschalreisen an. Für 420 RM kann man z. B. zwölf Tage an die oberitalienischen Seen inkl. Venedig fahren oder für 230 RM 14 Tage in das Berner Oberland. Insgesamt verzeichnen die Fremdenverkehrsämter 1925 eine größere Reisefreudigkeit gegenüber 1924. So ist das bekannte, nur drei Bahnstunden von Berlin entfernte Ostseebad Heringsdorf total überfüllt. Allein im Monat August machen hier über 9000 Personen Ferien – das sind 1500 mehr als im gleichen Monat des Vorjahres.

Zum Urlaubsort gelangt man normalerweise mit dem Zug, selten mit dem Auto – ganz im Gegensatz zu den USA. Die dort in Mode gekommenen Camps sind oft nur mit Auto oder Bus zu erreichen.

Nur für einen kurzen Augenbklick sind diese Touristen aus den Wagen gestiegen, um den phantastischen Anblick der Gletscher in den französischen Alpen zu genießen. Von Reiseveranstaltern organisierte Rundfahrten mit dem Automobil durch sehenswerte Landschaften gibt es noch selten, doch steigt die Nachfrage auch in Europa.

Der Schriftsteller Thomas Mann (r.) mit Familie auf der Ostseeinsel Hiddensee

Der Operettenkomponist Franz Lehár mit seiner Frau bei einem Spaziergang im österreichischen Kurort Bad Ischl, der ehemaligen Sommerresidenz des Kaisers

Ein Foto wie fürs Familienalbum: Theaterregisseur Max Reinhardt mit seinen Söhnen am Lido in Venedig; soviel Zeit hat er allerdings selten

Zwei modische Bubiköpfe staunen über die langhaarige Schöne am Strand des Ostseebades Heringsdorf – so beschreibt der Fotograf die Szene

»Aus der Steinhölle in die Strandhölle« lautet die Dachzeile in der »Berliner Illustrirten Zeitung« zu dieser Aufnahme; sie zeigt den überfüllten Strand von Coney Island bei New York

Prominentenreisen mit viel Publicity

Während der Sommermonate berichten die Illustrierten und Zeitungen der 20er Jahre gern über die Feriengewohnheiten berühmter Zeitgenossen. Wie in dieser Zeit üblich, haben die Prominenten häufig einen »Stammort«, in den sie fast jedes Jahr mit ihren Familien reisen. Meist liegen diese Orte in den allgemein beliebten Feriengebieten des Deutschen Reiches: In den Voralpen, den Mittelgebirgen oder an Nord- und Ostsee. Bedingt durch die Nähe zu Berlin sind besonders Ostseebäder vielbesucht, so hat z. B. das teure Heringsdorf den Ruf eines Prominentenbades. Bevorzugte Urlaubsgegenden im Ausland sind vor allem die oberitalienischen Seen. In den Wintermonaten zieht es die finanziell bessergestellten Stars in die großen Hotels von Venedig – wenn sich auch der aktive Winterurlaub in den Alpen, vor allem in Davos, immer mehr durchsetzt.

Das sehr lebendig wirkende Pferd zeugt von der großen Könnerschaft der damaligen Künstler

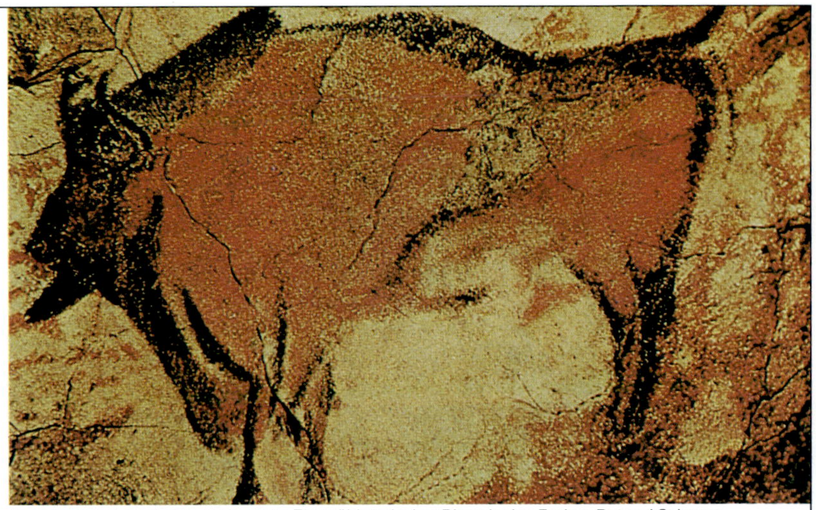

Auch heute noch wiederzuerkennen: Ein prähistorischer Bison in den Farben Rot und Schwarz

Höhlenzeichnungen aus der Eiszeit in einer Höhle bei Tarascon in Frankreich entdeckt

27. August. *Die »Frankfurter Zeitung« berichtet in ihrer Morgenausgabe von der Entdeckung prähistorischer Malereien in einer Höhle bei der französischen Stadt Tarascon de l'Ariège. Die Höhle Bédeilhac wurde bereits 1907 gefunden, jedoch stieß man erst jetzt in einem schmalen Gang auf die sehr gut erhaltenen Zeichnungen. Unter ihnen befindet sich die in Schwarz-Rot gehaltene Darstellung eines Pferdes. Bei späteren Ausgrabungen und Nachforschungen werden noch weitere Abbildungen gefunden, z. B. ein in den Boden gravierter Kopf eines Wildpferdes. In seiner Gestaltung ist der typische Zug der Kunst des mittleren Magdalénien (Kulturstufe der letzten Eiszeit, etwa 15 000 – 9000 v. Chr.) zu erkennen. Das Lebendige, das Plötzliche und Augenblickliche beeindruckt den Betrachter nachhaltig, so daß die Höhlen bald zu einer Attraktion für Besucher werden. Da die Höhlenzeichnungen dieser prähistorischen Kulturstufe häufig das Ren darstellen, wurde diese Epoche früher als Rentierzeit bezeichnet.*

Bebende Erde auf Santorin

20. August. Auf der griechischen Insel Santorin (Thira) kommt es zu einem heftigen Vulkanausbruch. Das Naturereignis löst unter der einheimischen Bevölkerung Angst und Schrecken aus, da durch uralte Legenden die Erinnerung an den verheerenden Vulkanausbruch von vor über 3000 Jahren bei den Griechen noch heute lebendig ist.
Santorin ist die Hauptinsel einer aus den Resten eines prähistorischen Kraterrandes bestehenden, ringförmigen Inselgruppe in den Kykladen. Wahrscheinlich 1500 v. Chr. wurde sie durch einen Vulkanausbruch total zerstört. Seitdem war hier immer wieder die brodelnde Erde unter dem Meeresboden zu spüren, wodurch inmitten des einstigen Kraterrandes weitere kleine Vulkaninseln entstanden.

Unheilverkündend steigen die ersten Rauchwolken über Santorin auf: Kennzeichen des Vulkanausbruchs, in dessen Folge eine neue Insel entsteht

Die Jagd zum Diamantenfeld geht los

Diamantenrennen

27. August. *Etwa tausend Männer nehmen an einem Lauf in Südafrika teil, an dessen Ziel ein Diamantenfeld abgesteckt werden kann. Sieger wird der südafrikanische Langstreckenläufer Len Richardson, der allerdings nicht für sich selbst, sondern für einen reichen älteren Herrn an den Start gegangen ist. Wieviel der ihm dafür bezahlt hat, ist nicht bekannt; doch es wird nicht wenig gewesen sein.*

Ein Ausweg aus der Kohlenkrise?

5. August. Im preußischen Handelsministerium beraten Vertreter der Regierung sowie der Bergbauverbände über die Realisierung eines von Friedrich Bergius entwickelten Verfahrens zur Herstellung von Öl aus Kohle. Die Methode zur Erzeugung flüssigen Kohlenwasserstoffes aus Kohle und Wasserstoff war von Bergius 1913 erstmals erprobt worden. Schon seit längerem wird in einer Versuchsanlage in Mannheim die Umsetzung der Erkenntnisse von Bergius in die industrielle Produktion geprüft. Aufgrund der Kohlenkrise (→ 31. 7./S. 131) wollen Staat und Vertreter der Wirtschaft des niederschlesischen Kohlereviers diesen Prozeß beschleunigen und in der nächsten Zukunft eine Produktionsstätte errichten.

Bereits 1913 meldete der 1884 in Breslau geborene Friedrich Bergius sein erstes Patent an; jetzt soll sein Verfahren industriell genutzt werden

Das Wunder der Bernadette von Lourdes

3. August. In der Klosterkapelle des französischen Ortes Nevers wird die heilige Bernadette von Lourdes ein zweites Mal beigesetzt.

Am 16. April war der Sarg der vor 46 Jahren im Novizinnen-Kloster von Saint-Gildard verstorbenen Bernadette aus dem Anlaß ihrer Heiligsprechung geöffnet worden. Man fand den Leichnam ohne die geringste Spur der Verwesung. So wie sie 1879 begraben wurde, in ihrer schwarzen Ordenskluft, das Haupt geneigt, die Hände über dem Herzen gefaltet, wird Bernadette zu ihrer neuen Ruhestätte in Nevers gebracht, wo sie in einem Sarg aus Gold und Kristall in der Klosterkapelle der Barmherzigen Schwestern aufgebahrt wird.

Bernadette Soubirous, der 1844 geborenen Tochter armer Tagelöhner, war 1858 in der Grotte von Massabielle bei Lourdes mehrmals die Jungfrau Maria erschienen. Diese hatte ihr aufgetragen, mit den Händen ein Loch zu graben, aus dem dann eine Quelle mit heilendem Wasser zutage trat. Bernadette selbst litt ihr ganzes Leben an schweren Krankheiten. Später trat sie in das Kloster der Caritasschwestern von Nevers ein.

Klosterschwestern säumen den Weg vor der St. Josephskapelle

Die letzte Ruhestätte der heiligen Bernadette: St. Marthe von Nevers

Protest gegen die Ölpest an Küsten

18. August. Eine Petition mit mehr als 18 000 Unterschriften übergeben Abgeordnete der Isle of Wight dem britischen Premierminister Stanley Baldwin in London.

In dieser Petition weisen die Bewohner der Insel auf die stark zunehmende Verschmutzung der britischen Küstengewässer durch Ölrückstände hin. Verursacher dieser Verunreinigung sind vor allem die großen Schiffe, aber auch die Industrien in den Küstenstädten. Betroffene dieses Zustandes sind nicht nur die Badegäste an der englischen Küste, sondern in großem Maße die Seevögel und Fische. Durch die schwimmenden Ölrückstände auf der Wasseroberfläche wird die Luftzufuhr auf großen Gebieten verhindert, so daß auf weiten Strecken gerade die nur wenig unter der Oberfläche schwimmenden Jungfische sterben. Seevögel gehen zugrunde, da sie durch das vom Fett verklebte Gefieder nicht mehr fliegen können. Zwar ist es seit 1922 verboten, innerhalb der Dreimeilenzone Öl abzulassen, jedoch kümmert sich niemand darum. Die Fischer fordern deshalb vom britischen Premierminister internationale Regelungen.

Meeresboden um 4000 m gestiegen

6. August. Das französische Marineministerium bestätigt, daß sich der Meeresboden des Golfs von Biscaya in den vergangenen Jahren bedeutend gehoben hat.

Man beruft sich dabei auf einen Bericht der Besatzung des Schiffes »Le Loiret«. Danach wurde die »Le Loiret« am 6. Juli auf der Fahrt von Oran nach Rochefort mitten im Golf von Biscaya von einer gewaltigen Welle überrascht. Dieses für diese Breiten ungewöhnliche Ereignis veranlaßte den Kapitän, Lotungen vorzunehmen. Es zeigte sich, daß statt der erwarteten und auf Marinekarten verzeichneten 4100 m nur eine Tiefe von 40 m gemessen wurde. Daraufhin wurden im gesamten Gebiet Tiefenmessungen vorgenommen, und das Ergebnis ließ nur einen für alle Fachleute beinahe unglaublichen Schluß zu: Innerhalb von nur wenigen Jahren hat sich der Meeresboden im Golf von Biscaya um immerhin 4000 m gehoben.

Aufstieg und Fall einer Millionärstochter

18. August. Der US-amerikanische Millionär Edward Browning erklärt der Presse, daß er das Adoptieren von Töchtern nunmehr satt habe. Damit setzt er einen Schlußstrich unter eine Affäre, die wochenlang die US-amerikanischen Boulevard-Blätter beschäftigte.

Browning und Adoptivtochter inmitten der Bewerbungsschreiben

Der geschiedene Großkonfektionär hatte vor einiger Zeit eine Zeitungsannonce aufgegeben, worin er eine Spielgefährtin für seine Adoptivtochter »Dorothy Sunshine« suchte. Aus den etwa 12 000 Anwärterinnen fiel seine Wahl auf die 16jährige aus Prag stammende Mary Stas. Die Sympathien der Journalisten, die zunächst rührende Geschichten über die Traumkarriere des armen Aschenbrödels aus Prag veröffentlichten, schlug jedoch bald um, als bei den Behörden ruchbar wurde, daß Mary ihren neuen Papa über ihr wirkliches Alter getäuscht hatte. Den neidischen Nachbarn war aufgefallen, daß sie ein überreifer Backfisch war und daß Browning außerdem mit mehreren potentiellen Töchtern in engerem Kontakt gestanden hatte. Daraufhin erklärt sich Browning bereit, Mary ihrer Mutter wieder zurückzugeben.

Hugo von Hofmannsthal (l.) und Max Reinhardt während einer Probe zu Hofmannsthals »Großem Welttheater« in Salzburg

Lil Dagover (r.) und W. Dieterle in K. Vollmöllers »Mirakel«; Regisseur ist Max Reinhardt

Festspielhaus in Salzburg ist eröffnet

13. August. Mit einem Staatsakt wird anläßlich der Salzburger Festspiele das Festspielhaus in der österreichischen Stadt eröffnet. Als erstes Stück kommt hier das »Große Welttheater« von Hugo von Hofmannsthal unter der Regie von Max Reinhardt zur Aufführung.

Den Plan für den Bau eines Festspielhauses faßte Reinhardt schon 1917 – noch bevor er 1920 die alljährlich stattfindende Veranstaltung ins Leben rief. In der Nähe von Schloß Hellbrunn sollte es nach Plänen des Architekten Hans Poelzig entstehen. Das Projekt scheiterte an den geringen finanziellen Mitteln, und so entschlossen sich die Künstler, zunächst in der 1840 errichteten Winterreitschule einen Festspielsaal einzurichten. Auf den Umbau hatte Reinhardt großen Einfluß, vor allem auf die Gestaltung der Bühne. Nach seinem Konzept entstand eine Bühne ohne jede maschinelle Einrichtung, eine »vertikale Raumbühne«, d. h. ein großer Raum ohne festes Podium, der äußerst variabel genutzt werden kann. Hier können Treppen installiert und die Spielebenen nach Bedarf des Stückes angelegt werden, selbst der Aufbau von mehreren Etagen ist möglich.

»Goldrausch« in den USA uraufgeführt

16. August. Der neueste Film von Charlie Chaplin, »The Gold Rush« (»Goldrausch«), kommt in den US-amerikanischen Kinos erstmals und mit großem Erfolg zur Aufführung. Charlie Chaplin sagt selbst über den in Hollywood gedrehten Streifen, daß er damit den Menschen in Erinnerung bleiben will. Er spielt darin einen »kleinen Mann« während der Zeit des Goldfiebers in Alaska.

Der 1908 in den fernen Norden kommende Held erlebt dort Hunger und Kälte, gerät in lebensgefährliche Situationen und erlebt bittere Enttäuschungen in der Liebe. Chaplin ist in der Rolle zwar ein unglücklicher und verfolgter, aber auch ein weitherziger und guter Mensch, der letztendlich als Besitzer von Goldminen vom Schicksal doch noch recht großzügig belohnt wird.

Charlie Chaplin, Tom Murray und Mark Swain (v. l. n. r.) in dem Film »Goldrausch«; es ist einer der berühmtesten Streifen von Charlie Chaplin

Sanktionen gegen Autor J. R. Becher

20. August. Aufgrund eines telegrafischen Haftbefehls aus Berlin wird in seinem württembergischen Urlaubsort der Schriftsteller Johannes R. Becher verhaftet.

Die Festnahme erfolgt nach einer Anweisung des Oberreichsanwalts, der in den Schriften Bechers »Vorbereitungen zum Hochverrat, Aufreizung zum Klassenhaß und Gotteslästerung« entdeckt zu haben glaubt. Insbesondere bezieht er sich dabei auf das kürzlich beschlagnahmte Buch »Der Leichnam auf dem Thron«. Becher ist Mitglied der Kommunistischen Partei und bezieht in revolutionären Schriften den Standpunkt der Arbeiterklasse. Die Verhaftung ruft auch bei den demokratisch gesinnten Intellektuellen Empörung hervor. So verurteilt der demokratische Abgeordnete Theodor Heuss aus diesem Anlaß alle staatlichen Sanktionen gegenüber Schriftstellern.

Johannes R. Becher wurde 1891 in München geboren; er wurde zunächst als Autor expressionistischer Lyrik bekannt, trat bereits 1917 der USPD bei und 1919 der Kommunistischen Partei

Premiere einer Haller-Revue

19. August. Im Berliner Admiralspalast findet die Uraufführung der Revue »Achtung! Welle 505« mit Texten von Willi Wolff und Melodien von Walter Kollo statt.

Die Premiere der von Herman Haller inszenierten Revue wird zu einem großartigen Erfolg, so daß die Theaterleitung hofft, auch dieses Programm längere Zeit spielen zu können. Die beiden vorangegangenen Haller-Revuen, »Drunter und Drüber« sowie »Noch und noch«, brachten es auf über 400 Aufführungen en suite. Im Vergleich zu diesen Produktionen ist in »Achtung! Welle 505« kaum noch ein Handlungsstrang zwischen den einzelnen Revueszenen erkennbar. Thematisch rücken technische Erfindungen nun in den Mittelpunkt.

Franzose wird Radweltmeister

23. August. In Amsterdam gehen die am 15. August begonnenen Radweltmeisterschaften der Amateure und Berufsfahrer zu Ende.
Weder in den Meisterschaften der Flieger, der Steher, noch bei den Straßenweltmeisterschaften können deutsche Rennfahrer eine der Medaillen erringen.

Louis Grassin aus Toulon (Frankreich) wird zum ersten Mal Weltmeister der Profi-Steher

Die 100 km der Profi-Steher gewinnt vor 25 000 Zuschauern der Franzose Louis Grassin in 1:10,45,2 h; bei den Sprint-Entscheidungen der Flieger siegen Ernst Kaufmann aus der Schweiz (Profis) und Jacob Mejer aus den Niederlanden. Den ersten Platz in dem 188 km langen Straßenrennen der Amateure belegt der Belgier Henri Hoevenaers in 5:34,9 h. Die Erstplazierten fahren ein Durchschnittstempo von etwa 34 km/h. Der deutsche Medaillenfavorit Otto Gugau aus Frankfurt am Main kann infolge einer schwereren Krankheit nicht an den Start gehen.

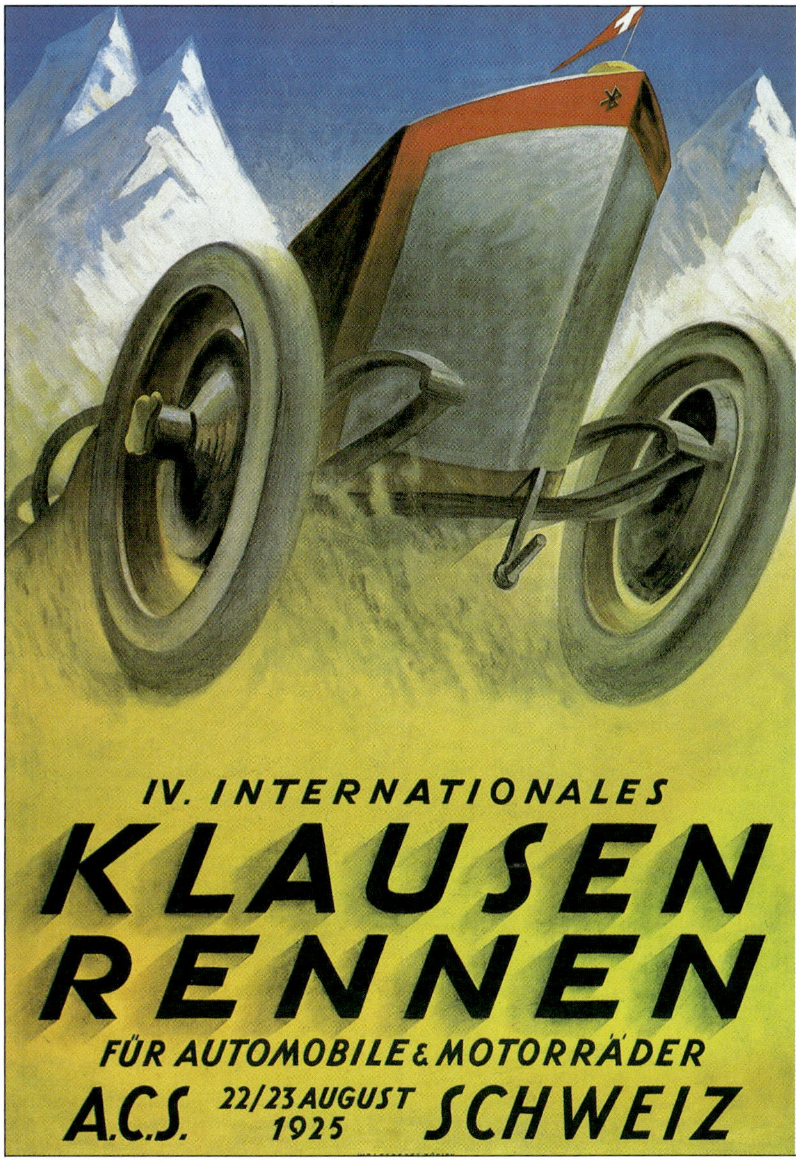

Das schwerste Rennen der Welt

23. August. Das am Vortag begonnene vierte internationale Klausenrennen geht mit dem Sieg des Italieners Graf Giulio Mazetti auf Sunbeam zu Ende. Die Mannschaftswertung gewinnt Mercedes mit den Fahrern Wilhelm Werner, Otto Merz und Rudolf Caracciola. Am Autorennen auf dem Schweizer Klausenpaß – dem schwersten Bergrennen der Welt – nehmen in diesem Jahr erstmals auch Motorräder teil. An den Start der 21,5 km langen Strecke, auf der ein Höhenunterschied von 1250 m überwunden werden muß, gehen 20 Fahrer, von denen allerdings nur zwölf das Ziel erreichen.

Mit 70 km/h über den Paß

Meisterschaft der Leichtathleten

30. August. In Berlin werden die am Vortag begonnenen Deutschen Leichtathletik-Meisterschaften beendet, die ohne weibliche Teilnehmer stattfanden. Sie treten am 9. September in Leipzig an.
Bereits am ersten Tag sorgt in den Vorläufen der favorisierte Sprinter Hubert Houben für eine Überraschung, als er im 100-m-Zwischenlauf ausscheidet. Deutscher Meister wird sein Stuttgarter Konkurrent Richard Corts mit 10,6 sec. Einen deutschen Rekord stellt Heinrich Troßbach aus Berlin mit 14,9 sec über 110 m Hürden auf. Er gewinnt auch die 400 m Hürden mit 55,0 sec. Zu den erfolgreichsten Athleten zählt weiterhin Georg Brechenmacher (Kugelstoßen) und Hermann Hänchen (Diskus).

Weltrekord von Johnny Weissmuller

4. August. Johnny Weissmuller stellt bei den US-amerikanischen Schwimmeisterschaften in Seattle im Wettbewerb über 100 Yards Freistil mit 50,4 sec einen Weltrekord auf. Er überbietet damit seine eigene, schon in diesem Jahr geschwommene Bestzeit auf dieser Strecke um eineinhalb Sekunden.
Der US-Amerikaner Johnny Weissmuller, das »Schwimmwunder« oder »der fliegende Fisch«, wie er von der Presse häufig genannt wird, erreichte 1922 als erster der Welt in 100 m Kraul eine Zeit unter einer Minute. Ein Jahr darauf, 1923, unterbot er erstmals in 400 m Kraul mit 4:57,0 min die Fünf-Minuten-Grenze. Erst im September 1925 wird ihn Arne Borg durch 4:50,3 min verbessern. Bei den Olympischen Spielen 1924 in Paris gewann er drei Goldmedaillen (100 m Kraul, 400 m Kraul, 4x200 m Kraul) sowie, vielseitig wie er ist, eine Bronzemedaille mit der Wasserballmannschaft der USA.
Der 1904 in Freidorf im Banat geborene Weissmuller war nach der Einwanderung seiner Eltern US-amerikanischer Staatsbürger geworden und begann im Alter von 16 Jahren mit dem Schwimmsport.

Johnny Weissmuller, der »fliegende Fisch«, schwimmt einem neuen Weltrekord entgegen

Johnny Weissmuller wird von seinen Fans verfolgt

September 1925

Mo	Di	Mi	Do	Fr	Sa	So
	1	2	3	4	5	6
7	8	9	10	11	12	13
14	15	16	17	18	19	20
21	22	23	24	25	26	27
28	29	30				

1. September, Dienstag

Ernst Thälmann wird neuer Vorsitzender der Kommunistischen Partei Deutschlands (KPD). → S. 156

Zu Beginn seiner Tätigkeit am Theater in der Berliner Königgrätzer Straße inszeniert Victor Barnowsky William Shakespeares Schauspiel »Wie es euch gefällt« mit Elisabeth Bergner und Fritz Kortner in den Hauptrollen.

In Frankfurt am Main wird der Bühnenvolksbund (BVB) zur Theaterpflege im christlichen deutschen Volksgeist gegründet (→ 11. 10./S. 178).

Der französische Marschall Philippe Pétain übernimmt in Marokko das Oberkommando über die französischen Truppen bei der Offensive gegen die Rifkabylen unter Abd el-Krim. → S. 157

Der von Australien ausgehende Streik der Seeleute droht nun auch britische und südafrikanische Häfen lahmzulegen. Zwischen kommunistischen und anderen Gewerkschaften des britischen Empire bestehen über diese Ausbreitung des Arbeitskampfes jedoch Meinungsverschiedenheiten, so daß der Ausstand außerhalb Australiens nach kurzer Zeit beendet wird.

2. September, Mittwoch

Zu Beginn der 25. Tagung des Völkerbundrates in Genf (bis 28. 9.) steht die Mosulfrage auf dem Arbeitsprogramm. Es wird vorgeschlagen, das umstrittene Gebiet mit dem Irak zu verbinden – vorläufig allerdings unter Aufsicht des Völkerbundes. → S. 157

Das türkische Kabinett beschließt, alle islamischen Klöster in der Türkei zu schließen sowie alle Titel der Scheichs und Derwische abzuschaffen. Zivilbeamte müssen künftig westeuropäische Kleidung tragen. → S. 158

In Peking kommt es zu Auseinandersetzungen zwischen US-amerikanischen und japanischen Rundfunkgesellschaften um die Konzessionen für das Betreiben von Sendern in China.

3. September, Donnerstag

Zum neuen Kommandeur der französischen Truppen in Syrien wird General Gamelin ernannt. Er ist der Nachfolger des im Kampf gegen die aufständischen Drusen gefallenen Generals Michaud (→ 4. 8./S. 145).

In Bad Homburg beginnt der neunte Internationale Psychoanalytische Kongreß ohne Sigmund Freud, der aus Gesundheitsgründen nicht anreisen konnte. Er übersandte jedoch ein Manuskript, das seine Tochter vorlesen wird.

Bei einem Absturz des US-amerikanischen Marine-Luftschiffes »Shenandoah« bei Cumberland (US-Staat Ohio) kommen 14 Besatzungsmitglieder ums Leben. Das Luftschiff wird dabei völlig zerstört. → S. 159

Nach vierwöchiger Dauer geht der Rhön-Segelflugwettbewerb zu Ende. → S. 167

4. September, Freitag

In Breslau endet der am 31. August begonnene Bundestag der freien Gewerkschaften (ADGB). Die Delegierten begrüßen Rationalisierungsmethoden und die Bildung von paritätisch von Gewerkschaften und Unternehmerverbänden besetzten Wirtschaftskammern. → S. 132

In Anwesenheit des Reichswirtschaftsministers Albert Neuhaus (DNVP) wird das Inn-Kraftwerk in Bayern seiner Bestimmung übergeben.

Der Hauptausschuß des Münchener Stadtrates lehnt den Antrag der Sozialdemokraten ab, eine Straße in Bayerns Hauptstadt »Ebert-Straße« zu nennen. Die Vertreter der Bayerischen Volkspartei, die Deutschnationalen sowie die Völkischen stimmten gegen die Ehrung des verstorbenen sozialdemokratischen Reichspräsidenten Friedrich Ebert.

Im Haus der Funkindustrie am Berliner Kaiserdamm beginnt die bis 13. September geöffnete Große Deutsche Funkausstellung. → S. 162

Im Kino am Berliner Nollendorfplatz wird der Film »Die Prinzessin und der Geiger« des britischen Filmregisseurs Alfred Hitchcock zum ersten Mal in einem deutschen Filmtheater aufgeführt.

5. September, Sonnabend

Mit der Verabschiedung eines Geheimentwurfs für einen Sicherheitspakt endet die seit 25. August in London stattfindende internationale Juristenkonferenz (→ 16. 10./S. 172).

Die aus Anlaß der rheinischen Jahrtausendfeier in Danzig veranstaltete »Rheinische Woche« geht in der Ostseestadt zu Ende (→ 16. 5./S. 97).

Der norwegische Polarforscher Fridtjof Nansen trifft in Berlin zu Gesprächen über die Polarschiffahrt im Reichsverkehrsministerium ein.

Im Berliner Schauspielhaus hat das Stück »Die große Katharina« des irischen Autors George Bernard Shaw Premiere. Agnes Straub spielt die Titelrolle.

Vom italienischen Autor Luigi Pirandello wird das Schauspiel »Besser als früher« im Kleinen Theater von Berlin uraufgeführt (→ S. 180/81).

In Paris beginnt der bis zum 14. September andauernde Internationale Spiritualistische Kongreß. → S. 163

Ein von der belgischen Arbeiterzeitung »Le Peuple« organisiertes Fußballspiel zwischen dem Brüsseler Arbeiterklub »Floréal« und Spielern des deutschen »Arbeiter-Turn- und Sportbundes« endet in Brüssel mit einem 3:1-Sieg für die deutsche Fußballmannschaft.

6. September, Sonntag

In der Kaiserhalle in Burgbrohl versammeln sich Naturschützer, um gegen den Plan der Rheinisch-Westfälischen Elektrizitätswerke zu protestieren, den Laacher See für ein Stauwerk auszunutzen.

In London führt der Erfinder der drahtlosen Telegrafie Guglielmo Marconi der Öffentlichkeit eine neue Konstruktion vor, die nach seinen Vorstellungen künftig Leuchttürme für die Schiffahrt ersetzen kann: Ein Sender, der strahlenförmig Morsezeichen aussendet.

Bei internationalen Leichtathletikwettkämpfen in Düsseldorf läuft Otto Peltzer aus Stettin die 500 m in der neuen Weltbestzeit von 1:05,3 min.

Den Großen Preis von Italien gewinnt auf der Autorennstrecke in Monza bei Mailand der Italiener Gastone Brilli-Peri auf Alfa Romeo.

Bei den Deutschen Meisterschaften der Leichtathletinnen in Leipzig stellt die 100-m-Siegerin Elaine Gutschow den deutschen Rekord (12,7 sec) ein.

7. September, Montag

Zur sechsten Völkerbundversammlung in Genf, die bis zum 26. September dauern wird, treffen Vertreter aus 50 Staaten in der Schweiz ein.

In Anwesenheit von Wissenschaftlern, Künstlern, Politikern und anderen Vertretern aus dem In- und Ausland wird in Leningrad, dem früheren St. Petersburg, das 200jährige Jubiläum der dortigen Akademie gefeiert.

Die diesjährige Hauptversammlung des Vereins deutscher Chemiker, die am 1. September begann, geht in Nürnberg zu Ende. Sie war verbunden mit einer Ausstellung chemischer Apparate.

8. September, Dienstag

Der preußische Landtag berät über den Bericht einer Kommission, die sich mit Problemen stillzulegender Zechen im südlichen Ruhrgebiet beschäftigt (→ 31. 7./S. 131).

Im Frankfurter Schauspielhaus wird die Tragödie in drei Akten »Das Leben, das ich dir gab« des italienischen Autors und Regisseurs Luigi Pirandello uraufgeführt (→ S. 180/81).

Die »Illustrirte Zeitung« veröffentlicht einen Bildbericht über den Bau eines Eisenbahndammes auf die Nordseeinsel Sylt. → S. 159

9. September, Mittwoch

In einem Brief an den ehemaligen deutschen Kronprinzen Wilhelm bezeichnet Außenminister Gustav Stresemann (DVP) als die Ziele seiner Außenpolitik u. a. die Revision der deutschen Ostgrenzen, die Rückgewinnung Danzigs und Schlesiens sowie den Anschluß Österreichs ans Reich (→ 15. 9./S. 156).

Der Berliner Polizei gelingt die Aufdeckung einer über Deutschland weit verzweigten rechtsradikalen Feme-Organisation (→ 14. 7./S. 129).

Das indische Parlament in Simla nimmt mit 72 gegen 45 Stimmen den Antrag der Sawairisten und Radikalen auf eine Verfassungsreform an, deren Ziel die Errichtung einer parlamentarischen Regierung ist. Am 13. September verwirft der Staatsrat diesen Antrag. → S. 157

10. September, Donnerstag

Im tschechoslowakischen Parlament in Prag protestieren die Abgeordneten der dort vertretenen deutschen Parteien gegen die Schließung deutscher Schulen im Land.

Auf der Geschäftsführerkonferenz des Reichsverbandes der deutschen Industrie in Düsseldorf steht vor allem die Preispolitik auf dem Programm.

Auf einer Massenkundgebung protestieren die Danziger gegen das Gutachten des Völkerbundes über den Postkonflikt um die Aufstellung von Briefkästen in der Hafenstadt zwischen der Freien Stadt Danzig und der polnischen Regierung (→ 5. 1./S. 18; 22. 10./S. 175).

Die US-amerikanische Steuerbehörde veröffentlicht die alljährlichen Steuerbücher, aus denen hervorgeht, daß John D. Rockefeller jr. von allen Steuerzahlern in den USA die höchsten Beiträge zahlen muß. → S. 163

In mehreren deutschen Städten wird der Film »Die vom Niederrhein« nach dem gleichnamigen Roman von Rudolf Herzog uraufgeführt.

Eine vom Bischof von Fulda erlassene Kleiderordnung enthält Richtlinien für die weibliche Bekleidung bei dem Besuch eines Gottesdienstes.

11. September, Freitag

Eine Konferenz der Eisenbahnergewerkschaften in Berlin beschließt die Ablehnung des am 10. September ergangenen Schiedsspruchs, der den Lohnstreit beenden sollte (→ S. 78/79).

Das australische Parlament in Sydney stimmt einem Gesetzentwurf zur Abschaffung der Todesstrafe zu.

Der Schwede Arne Borg verbessert in Stockholm den 400-m-Freistil-Weltrekord auf 4:50,3 min.

Vor 16 000 Zuschauern gewinnt in Berlin der Schwergewichtsboxer Hans Breitensträter den deutschen Meistertitel von Paul Samson-Körner zurück. → S. 167

Durch einen überraschenden 5:0-Endspielsieg gegen Frankreich holt sich Titelverteidiger USA zum sechsten Mal hintereinander den Tennis-Davispokal.

12. September, Sonnabend

Zur Jahreshauptversammlung (bis 14. 9.) treffen die Mitglieder des Deutschen Schriftstellerverbandes im Kurhaus von Wiesbaden zusammen.

Mit den Kämpfen gegen die Rifkabylen in Marokko beschäftigt sich die französische »L'Illustration«; das obere Bild zeigt einen im Juli zurückeroberten französischen Militärposten im Nordosten von Fes; unten sieht man ein französisches Militärlager bei Msila nördlich von Taza mit einem Aufklärungsluftschiff im Ruhezustand; das Luftschiff ist keine starre Konstruktion wie der Zeppelin; es ähnelt eher einem Fesselballon

Ce numéro, en grande partie consacré à l'Exposition des Arts décoratifs, comprend 32 pages, dont quatre en couleurs et huit en héliogravure. — En supplément, La Petite Illustration cinématographique.

L'ILLUSTRATION

RENÉ BASCHET, directeur. — SAMEDI 19 SEPTEMBRE 1925 — 83e Année. — No 4307. — Gaston SORBETS, rédacteur en chef.

Le poste d'Aïn Maatouf, au Nord-Est de Fez, remis en état, depuis sa délivrance en juillet dernier.

Au camp Desroches, près de Msila (Nord de Taza) : la « saucisse » au repos, entre deux ascensions.

En bas, à droite, une partie de l'avion d'où a été pris le cliché. — *Voir les articles et les autres photographies, pages 268 à 270 et 294 à 296.*

LES OPÉRATIONS AU MAROC

In Wien findet bis zum 14. September der achte Parteitag der Kommunistischen Partei Österreichs statt.

Die Illustrierte »London News« berichtet über den Stapellauf eines britischen Schlachtschiffes. → S. 158

13. September, Sonntag

In Heidelberg beginnt der bis 18. September stattfindende Parteitag der Sozialdemokratischen Partei. → S. 156

Die Delegierten des Parteitages der »Wirtschaftspartei« beschließen, sich künftig »Reichspartei des deutschen Mittelstandes« zu nennen.

Den in Köln ausgetragenen Tennis-Länderkampf zwischen Deutschland und den Niederlanden gewinnt die deutsche Mannschaft 10:7.

14. September, Montag

In Berlin trifft der französische Unterrichtsminister Anatole de Monzie zu zweitägigen Verhandlungen mit dem preußischen Kultusminister Carl Heinrich Becker ein. Gesprächsthema ist vor allem die Verbesserung kultureller Beziehungen zwischen den Ländern.

15. September, Dienstag

In Berlin überreicht die französische Botschaft dem deutschen Außenminister Gustav Stresemann (DVP) eine Einladung zu einer Ministerkonferenz der alliierten Staaten über den Sicherheitspakt. → S. 156

Die westfälische Akademie für Bewegung, Sprache und Musik wird in der Stadt Münster eröffnet.

Mit dem Titel »Ariadne« erscheint das erste Jahrbuch der Friedrich-Nietzsche-Gesellschaft.

16. September, Mittwoch

Auf der Tagung des Zentralverbandes des Deutschen Großhandels in Dresden entwirft Wirtschaftsminister Albert Neuhaus (DNVP) eine ausführliche Analyse der Wirtschaftslage.

In Wien stirbt der bekannte Operettenkomponist Leo Fall im Alter von 52 Jahren. Berühmt wurde er vor allem mit den Stücken »Der fidele Bauer« (1907), »Die Dollarprinzessin« (1907) und »Madame Pompadour« (1923).

17. September, Donnerstag

In der Eifel, ein von den Alliierten besetztes Gebiet, beginnen französische Truppen mit dem Herbstmanöver, das bis zum 25. September dauern wird.

Der norwegische Polarforscher Roald Amundsen hält im Großen Schauspielhaus von Berlin einen Vortrag über seine diesjährige Flugexpedition in Richtung Nordpol (→ 18. 6./S. 116).

18. September, Freitag

Die Reichsschulkonferenz geht in Leipzig ohne Ergebnis zu Ende, da sich die Teilnehmer nicht über das Reichsschulgesetz einigen konnten (→ S. 46/47).

Der Schriftsteller Hans Fallada (eigtl. Rudolf Ditzen) stellt sich in Berlin freiwillig der Polizei wegen begangener Unterschlagung (→ S. 166).

Während der Abendvorstellung des Zirkus Busch in Berlin stürzen die zwei Artisten Tankun und Koroniko bei der sog. Todesfahrt auf dem Drahtseil in die Tiefe. Sie erleiden schwere, lebensgefährliche Verletzungen.

19. September, Sonnabend

Im Beisein des Reichspräsidenten Paul von Hindenburg finden im Ruhrgebiet Feiern anläßlich des Abzugs der alliierten Truppen statt (→ 14. 7./S. 128).

Vor seiner Abreise zu Gesprächen nach China erläutert der britische Außenminister Joseph Austen Chamberlain seine Chinapolitik (→ 12. 1./S. 20; 12. 3./S. 63).

Das Stück des irischen Autors George Bernard Shaw, »Zurück zu Methusalem«, wird in der Tribüne Berlin mit Teil 1 und 2 das erste Mal auf einer deutschen Theaterbühne gezeigt.

In Berlin stirbt 88jährig der bekannte deutsche Afrikaforscher Georg Schweinfurth. Sein Buch »Im Herzen von Afrika« erschien 1874.

Unter der Regie des Autors wird im Deutschen Schauspielhaus Hamburg das Drama »Veland« von Gerhart Hauptmann uraufgeführt. → S. 166

In Moskau findet die Preisverleihung an die Sieger der Allrussischen Zuverlässigkeitsfahrt Leningrad – Tiflis – Leningrad statt. Den Staatspreis der sowjetischen Regierung für die besten Gesamtqualitäten für Personenautos erhielten Mercedes, Buick und Steyr. → S. 167

20. September, Sonntag

Mit heutiger Wirkung hebt die Regierung in Sofia den wegen des Attentats verhängten Belagerungszustand in Bulgarien auf (→ 16. 4./S. 77).

Auf ihrem Parteitag in Stockholm beschließt die im vergangenen Jahr aus der Moskauer Internationale ausgetretene Schwedische Kommunistische Partei den Anschluß an die Sozialdemokratische Partei Schwedens.

Nach Berichten der britischen Zeitung »Evening Standard« wurde eine der ältesten Normannenburgen Großbritanniens an den US-Millionär William R. Hearst verkauft. → S. 163

Im Westside Club im New Yorker Stadtteil Forest Hills enden die Internationalen Tennis-Meisterschaften der USA mit den Einzelsiegen von William »Bill« Tilden und Helen Wills.

21. September, Montag

Die »Wiener Allgemeine Zeitung« teilt mit, daß der weißrussische General Peter Wrangel sein nach dem Scheitern des Kampfes gegen die sowjetische Armee in Karlowitz (Slowenien) errichtetes Hauptquartier aufgelöst hat.

Das preußisch-patriotische Drama »Gneisenau« von Wolfgang Goetz gelangt im Württembergischen Landestheater Stuttgart zur Uraufführung.

22. September, Dienstag

In Berlin tritt der preußische Landtag zu seiner ersten Sitzung nach den Sommerferien zusammen. Zur Sprache kommen vor allem die Spekulationen und Korruptionsfälle in der Landespfandbriefanstalt von Preußen.

Auf der Insel Grönland nimmt die Radiostation Julianehaab ihren Betrieb auf. Sie steht in direkter Verbindung mit der dänischen Station Lyngby in Kopenhagen. Für die Arbeit des internationalen Wetterdienstes ergeben sich daraus erhebliche Verbesserungen.

23. September, Mittwoch

In Köln wird die diesjährige Herbstmesse (bis 28. 9.) eröffnet. Die Messe im westlichen Reichsgebiet stellt insbesondere ein Bindeglied zum westeuropäischen Ausland dar.

Die sowjetische Regierung veröffentlicht in Moskau ein neues Wehrpflichtgesetz. Jeder Werktätige zwischen 19 und 40 Jahren wird zu einer Dienstzeit von fünf Jahren verpflichtet.

24. September, Donnerstag

Die deutsche Reichsregierung beschließt, die Einladung nach Locarno (Schweiz) zur internationalen Ministerkonferenz um den Sicherheitspakt anzunehmen (→ 16. 10./S. 172).

Im bayerischen Landtag trennen sich die Nationalsozialisten vom völkischen Block und bilden mit sechs Abgeordneten eine eigene Fraktion.

25. September, Freitag

Die Ministerkonferenz der deutschen Länder billigt die Haltung der deutschen Reichsregierung zur Konferenz über den Sicherheitspakt (→ 16. 10./S. 172).

In Berlin beginnt die bis 4. Oktober geöffnete Kino- und Fotomesse. Anziehungspunkt für die Besucher ist u. a. die hier gezeigte Neuentwicklung der Kleinbildkamera »Leica«. → S. 159

Zum 100jährigen Bestehen der Eisenbahn – am 25. September 1825 fuhr ein Zug erstmals von Stockton nach Darlington – finden in Großbritannien Jubiläumsfeiern statt. → S. 159

Nach dem Umbau wird das repräsentativste aller Ufa-Theater, der Ufa-Palast am Zoo in Berlin, mit der Premiere von »Charleys Tante« wiedereröffnet.

26. September, Sonnabend

Über ihre Botschafter übergibt die deutsche Reichsregierung die positive Antwort auf die Einladung zur Konferenz über den Sicherheitspakt an die Regierungen der Alliierten (→ 16. 10./S. 172).

In Prag beginnt der dritte Parteitag (bis 28. 9.) der Kommunistischen Partei der Tschechoslowakei.

Auf der Versammlung des Völkerbundes in Genf beschließen die Teilnehmer, alle Länder des Völkerbundes aufzufordern, sich gegenseitig bei der Abschaffung der Sklaverei zu unterstützen.

27. September, Sonntag

Vom 27. bis zum 29. September weilt der sowjetische Außenminister Georgi W. Tschitscherin zu Gesprächen mit der polnischen Regierung in Warschau.

In Turku überspringt der norwegische Leichtathlet Charles Hoff mit dem Stab eine Höhe von 4,25 m – das ist neuer Weltrekord. → S. 167

Bei heftigen Regenfällen finden auf der Berliner Avus die Motorradrennen um den Großen Preis von Deutschland statt. Die Siegerpokale in den vier Klassen erringen Italiener und Deutsche.

28. September, Montag

Nach umfangreichen Razzien im Chinesenviertel verhaftet die New Yorker Polizei etwa 1200 Chinesen. Anlaß für diese Maßnahme sind gewalttätige Auseinandersetzungen unter der Bevölkerung.

29. September, Dienstag

Die Wiederherstellungsarbeiten am Freiburger Münster sowie »Farbe im Stadtbild« sind zwei der Hauptthemen auf dem »Tag der Denkmalpflege und des Heimatschutzes« in Freiburg.

In Stockholm beginnt ein internationaler Luftfahrtkongreß. U. a. stehen auf der Tagesordnung Nachtflüge und der Flugverkehr im Winter.

30. September, Mittwoch

In Berlin trifft der sowjetische Kommissar für Äußeres, Georgi W. Tschitscherin, zu Gesprächen ein (→ 12. 10./S. 175).

Die Delegierten der britischen Labour Party kommen in Liverpool zu ihrem Parteitag zusammen. → S. 157

Der französische Finanzminister Joseph Caillaux reist nach Washington, um eine Konzession in der Schuldenfrage zu erreichen.

Aufgrund der Außerkraftsetzung der Verfassung am Vortag löst die griechische Regierung in Athen das Parlament auf. Auf die folgenden Unruhen reagiert die Regierung mit der Verhängung des Belagerungszustandes am 5. Oktober (→ 9. 11./S. 188).

Das Wetter im Monat September

Station	Mittlere Lufttemperatur (°C)	Niederschlag (mm)	Sonnenscheindauer (Std.)
Aachen	11,4 (14,5)	122 (68)	– (160)
Berlin	11,4 (18,8)	108 (46)	– (194)
Bremen	12,2 (14,0)	80 (60)	– (164)
München	11,9 (13,4)	93 (84)	– (176)
Wien	– (15,0)	– (56)	– (184)
Zürich	11,6 (13,5)	125 (101)	– (166)

( ) Langjähriger Mittelwert für diesen Monat
– Wert nicht ermittelt

Amerikanischen Veröffentlichungen zufolge sind dies die beiden reichsten Männer der Welt: Der »Autokönig« Henry Ford (l.) und der »Ölkönig« John D. Rockefeller

20. September 1925
Nr. 38
34. Jahrgang

Berliner Illustrirte Zeitung

Preis des Heftes 20 Pfennig

Verlag Ullstein Berlin SW 68

Die reichsten Leute der Welt.

Henry Ford, der 62jährige amerikanische Industrielle, dessen Vermögen nach neuester amtlicher Schätzung eine Milliarde Dollars beträgt.

John D. Rockefeller, der amerikanische Oelkönig, dessen Vermögen kaum geringer ist. Der 86jährige beim Golfspiel.

Ernst Thälmann wird Führer der KPD

1. September. Die »Rote Fahne«, das Parteiorgan der Kommunistischen Partei Deutschlands (KPD), veröffentlicht einen Brief der Exekutive der Kommunistischen Internationale (EKKI) in Moskau, worin die bisherige Führung der KPD scharf kritisiert wird. Gleichzeitig erfahren die Leser, daß nunmehr Ernst Thälmann die Partei leitet.

Hintergrund dieses Vorgangs ist die Auseinandersetzung mit dem linken Flügel der Partei, deren Vertreter auf dem 10. Parteitag im Juli (→ 12. 7. / S. 129) in die Parteiführung wiedergewählt wurden. Ihnen wirft die Moskauer Zentrale vor, sich nicht genügend mit den ultralinken Tendenzen auseinandergesetzt und so die Isolierung der KPD innerhalb der Arbeiterschaft vorangetrieben zu haben. Ruth Fischer, Arkadi Maslow und Werner Scholem müssen deshalb die Parteileitung verlassen. Sie hätten zwar auf dem Parteitag der neuen Taktik zugestimmt, die eine Zusammenarbeit mit der Gewerkschaft und auch den Sozialdemokraten (SPD) vorsieht, diese aber in der Praxis aufs gröblichste vernachlässigt. Mit dieser »doppelten Buchführung« der Fischer-Maslow-Gruppe gegenüber der Komintern müsse nun endlich Schluß sein. »Das Problem der Eroberung der Massen der sozialdemokratischen Arbeiterschaft« sei in der gegenwärtigen Stabilisierungsphase des Kapitalismus die wichtigste Frage, vor der die KPD stehe. Die bisherige Parteipolitik, die ein jegliches Zusammengehen mit nichtkommunistischen Arbeitern ablehnte, sei Ursache für die Stimmenverluste der Partei bei den letzten Wahlen und antikommunistisch.

Weiterhin werden der Fischer-Maslow-Gruppe Verletzung der innerparteilichen Demokratie durch »Überzentralismus«, Kritik am Leninismus sowie der Versuch, die KPD auf nationalistische Bahnen zu lenken, vorgeworfen.

Broschüre der KPD, herausgegeben zum zehnten Parteitag mit einem Referat von Ernst Thälmann

Arthur Ewert, Sekr. d. Politbüros

Im Politbüro: Wilhelm Pieck

KPD-Chef Ernst Thälmann

Preußens sozialdemokratischer Ministerpräsident: Otto Braun

SPD beschließt neues Programm

13. September. In der Heidelberger Stadthalle am Neckar beginnt der Parteitag der Sozialdemokratischen Partei Deutschlands (SPD).

Nach einer gründlichen Einschätzung der gegenwärtigen politischen und wirtschaftlichen Situation in Deutschland wird den Teilnehmern ein neues Parteiprogramm vorgelegt, das die Delegierten am letzten Tag des Kongresses, am 18. September, verabschieden.

Aus dem Heidelberger Programm

»Das Ziel der Arbeiterklasse kann nur erreicht werden durch die Verwandlung des kapitalistischen Privateigentums an den Produktionsmitteln in gesellschaftliches Eigentum.

Die Sozialdemokratische Partei kämpft nicht für neue Klassenprivilegien und Vorrechte, sondern für die Abschaffung der Klassenherrschaft und der Klassen selbst, für gleiche Rechte und Pflichten aller, ohne Unterschied des Geschlechts und der Abstammung.«

Der theoretische Teil des Programms entspricht dem ideologischen Ansatz des Erfurter Programms von 1891, der auf der weltanschaulichen Deutung des Marxismus beruht. Ergänzt wird er durch von Rudolf Hilferding inspirierte Passagen zur wachsenden Bedeutung des Finanzkapitals.

Die außenpolitischen Ziele Stresemanns

15. September. Der französische Botschafter Bruno Jacquin Pierre de Margerie überreicht in Berlin dem deutschen Außenminister Gustav Stresemann (DVP) ein Memorandum, in dem das Deutsche Reich von den alliierten Mächten zu einer Konferenz über einen Sicherheitspakt eingeladen wird.

Ort und Zeit des Treffens sind darin noch nicht festgelegt. (Die Konferenz findet vom 5. bis zum → 16. Oktober in Locarno statt; S. 172.) Anläßlich dieser aktuellen politischen Ereignisse schreibt Stresemann im »Hamburger Fremdenblatt« über seine außenpolitische Ziele u. a.: »Die Aufgabe der deutschen Außenpolitik besteht zunächst darin, die aggressive französische Politik zu bekämpfen, ... (weiterhin im) Hinstreben auf die Revision der Ostgrenzen ..., das Ziel muß weiterhin darin bestehen, Deutschlands Anspruch auf koloniale Betätigung durchzusetzen und wieder Kolonialbesitz zu erhalten. Es muß endlich Vorkämpfer sein für das Selbstbestimmungsrecht der Völker, das in der Frage des Anschlusses Deutsch-Österreichs an Deutschland von den Alliierten mit einem Zynismus ohnegleichen behandelt und illusorisch gemacht worden ist ... Ein Vorwärtsschreiten auf dem Gebiet dieser ... Ziele bedingt keine kriegerischen Mittel ... Es bedingt aber ein Zusammenwirken und Verständigung mit den Mächten.«

»Stresemann über den Parteien« lautet der Titel dieser »Simplicissimus«-Karikatur. Mit der Unterzeile »Abseilen – die Richtung ist entschieden!« spielt der Zeichner auf die Kompromißfreudigkeit des Außenministers an, die für Stresemann selbst ein unentbehrliches politisches Prinzip darstellt – sowohl in der Außen- als auch in der Innenpolitik.

Konflikt um Erdölvorkommen bei Mosul

2. September. Vor der beginnenden 25. Tagung des Völkerbundes in Genf erstattet die sog. Mosul-Kommission Bericht. Sie hatte die Aufgabe, Vorschläge für die Beendigung des Konflikts um das im Osten des ehemaligen Osmanischen Reiches gelegene Mosul-Gebiet auszuarbeiten.
In dem Gebiet, das zwischen Persien, dem Irak, Syrien und der Türkei liegt, kam es in den vorausgegangenen Monaten wiederholt zu bewaffneten Auseinandersetzungen zwischen türkischen Truppenteilen und britischen Soldaten.
Die Kommission schlägt nun vor, das umstrittene Territorium ungeteilt zu lassen und mit dem Irak zu verbinden. Aus diesem Grunde solle die dortige britische Mandatshoheit des Völkerbundes für weitere 25 Jahre erhalten bleiben. Außerdem muß der Irak die nationalen Rechte der Kurden gewährleisten.
Gegen diesen Vorschlag wendet sich der türkische Abgesandte, da nach Ansicht seines Landes das Mosul-Gebiet zur Türkei gehöre. Als es zu keiner Einigung kommt, überträgt der Völkerbund am 19. September dem Internationalen Gerichtshof in Haag den Fall. Er entscheidet im Dezember zugunsten des Irak. Diesen Schiedsspruch jedoch lehnt die Türkei wiederum ab, so daß die Auseinandersetzungen weiter andauern.
Der Konflikt um das Mosul-Gebiet hat mehrere Ursachen. Ausgebrochen ist er nach der Zerschlagung des Osmanischen Reiches während des Ersten Weltkrieges und der darauffolgenden Aufteilung der arabischen Welt durch den Völkerbund. Das zunächst unter französisches Mandat gestellte Gebiet bei der Stadt Mosul am Tigris trat Paris 1924 an Großbritannien ab.
Das starke Interesse aller beteiligten Mächte gründet sich allerdings hauptsächlich auf bedeutende Erdölvorkommen in diesem Gebiet, ist also weniger nationaler als wirtschaftlicher Natur.

Vor der türkischen Botschaft in Berlin demonstrieren im Deutschen Reich lebende Türken für den Anschluß des Mosul-Gebietes an ihr Heimatland

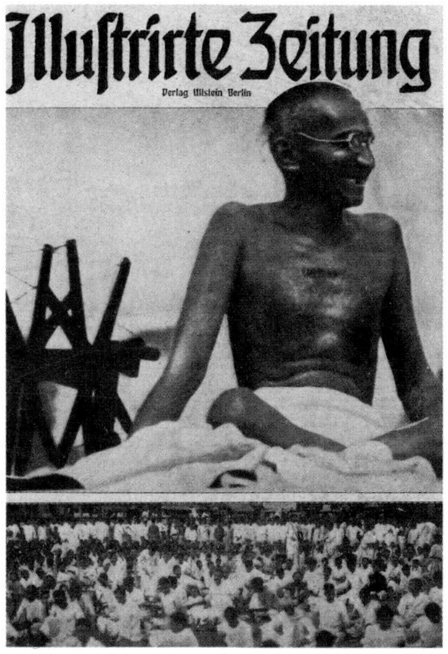

Gandhi propagiert Autarkie Indiens durch Spinnen in Heimarbeit

Keine Reformen in Indiens Regierung

9. September. Mit 42 gegen 25 Stimmen nimmt das indische Parlament in Simla einen Antrag der indisch-nationalen Partei an, in dem grundlegende Änderungen der Verfassung sowie der Staatsverwaltung Indiens gefordert werden. U. a. verlangen die Abgeordneten Verantwortlichkeit der britisch-indischen Regierung gegenüber dem Parlament. Bereits am 13. September jedoch verwirft der Staatsrat diesen Antrag mit der Begründung, Reformen seien erst dann möglich, wenn sich das indische Volk zu einer Kooperation mit der Regierung von Großbritannien entschlösse.
Die Verfassungsfrage beherrscht seit einigen Jahren Indiens Politik. Erste Reformvorschläge des britischen Staatssekretärs Edwin Montague stießen auf Widerstand, da hierin lediglich die Mitarbeit von Indern in den Verwaltungen der Provinzen vorgesehen war. Die Zentralregierung sollte wie bisher nur von Briten gebildet werden. Die Einstellung gegenüber diesen Vorschlägen gingen bei den indischen Politikern auseinander. Während Mahatma Gandhi 1920 – 22 zum ersten »Satyagraha«-Feldzug (gegen Zusammenarbeit mit Großbritannien und gegen die Verfassung) aufrief, vertraten andere Kräfte – darunter Motilal Nehru und Chittaranyam Das – die Auffassung, daß man durch eine Zusammenarbeit mit Großbritannien ein größeres Maß an Selbstbestimmung erreichen könne.

Treffen der Labour Party in Liverpool

30. September. In der englischen Industriestadt Liverpool treffen die Delegierten der Labour Party zu ihrem Parteitag zusammen. Die Mehrheit der Teilnehmer lehnt während der zwei Tage dauernden Diskussion Anträge kommunistischen Inhalts ab und befürwortet die bisherige Politik des Vorsitzenden James Ramsey MacDonald. Eine Forderung der Radikalen, die Arbeiterpartei solle keine Minderheitsregierung mehr übernehmen wie 1924, stößt auf den Widerstand der Mehrheit.

Der 59jährige James Ramsey MacDonald (geb. 1866 auf einer Seereise) war 1896 Mitbegründer der britischen Labour Party und wurde 1906 Unterhausabgeordneter. Von Januar bis November 1924 war er Premierminister des ersten Labourkabinetts.

Rückzug von Abd el-Krim

1. September. Das Oberkommando der französischen Truppen in Marokko übernimmt Marschall Philippe Pétain, der kurz darauf die Offensive gegen die aufständischen Rifkabylen einleitet.
Am 10. September beginnen zwei europäische Großmächte zugleich mit dem verstärkten Angriff gegen den marokkanischen Bergstamm unter Abd el-Krim. An dem Tag, wie die »Frankfurter Zeitung« bemerkt, an dem der französische Ministerpräsident Paul Painlevé in Straßburg eine völkerverbindende Rede hält.
Die Spanier landen unter dem Schutz der französischen Marinegeschütze in der Bucht von Alhucemas, besetzen das Vorgebirge von Morro Nuevo, um die Rifstämme in ihre Berge zurückzudrängen. Anschließend beginnen sie vom westlichen Tetuan aus die Offensive gegen das Rif, während die Franzosen gleichzeitig vom Süden aus anrükken. So muß sich Abd el-Krim mit seinen etwa 60 000 Kämpfern in die Berge zurückziehen. Nach diesem Erfolg stoppen die Europäer ihre militärischen Aktionen wegen der einsetzenden Regenzeit im November. Einen endgültigen Sieg erringen sie im Mai 1926 (→ 22. 6. / S. 112).

Vor der Offensive: Spanische Truppen an der Küste Marokkos

Türkei wird europäisiert

Demonstration türkischer Kinder gegen den in ihrem Land vorherrschenden Analphabetismus; die Schulpflicht ist eines der Ziele Kemal Paschas

2. September. Das türkische Kabinett in Angora (Ankara) beschließt neue Gesetze, die eine Europäisierung in dem Land vorantreiben. Aufgrund der Verordnungen sind alle islamischen Klöster zu schließen; es werden alle Titel der Scheichs und Derwische abgeschafft und Kleidervorschriften erlassen. Danach haben künftig bis auf wenige Ausnahmen alle Zivilbeamten europäische Garderobe zu tragen. Mit der Tradition des Fes-Tragens beschäftigt sich im November die Nationalversammlung. Mit nur zwei Gegenstimmen genehmigen die Abgeordneten ein weiteres Gesetz, wonach »die Mitglieder der Nationalversammlung und alle Beamten sowie die Angestellten öffentlicher und privater Unternehmungen verpflichtet sind, den von der türkischen Nation getragenen Hut zu tragen. Zu gleicher Zeit verbietet die Regierung, da die Kopfbedeckung der gesamten Bevölkerung der Türkei der Hut ist, jede dem zuwiderlaufende Sitte.« Diese Maßnahmen kennzeichnen einen wesentlichen Bestandteil der Politik von Staatspräsident Mustafa Kemal Pascha (ab 1934 Kemal Atatürk = Vater der Türken), dessen Ziel es ist, die am 19. Oktober 1923 gegründete Republik zu einem modernen Nationalstaat westeuropäischer Prägung umzuformen. Für diese »Westausrichtung«, die z. T. mit diktatorischen Methoden durchgeführt wird, formulierte Kemal Pascha sechs Prinzipien:

▷ Nationalismus – Konstituierung eines türkischen Nationalstaates bei gleichzeitiger Absage an osmanische und pantürkische Bestrebungen
▷ Laizismus – Forderung nach Freiheit von jeder religiösen Bindung im öffentlichen Leben
▷ Republikanismus – keine neuerliche Errichtung einer sultanischen oder kalifischen Verfassung im türkischen Staat
▷ Populismus – Gleichheit der Bürger ohne Ansehen von Rasse, Sprache und Glauben
▷ Etatismus – führende Rolle des Staates bei der wirtschaftlichen Entwicklung
▷ Reformismus – Permanenz des Transformationsprozesses von Staat und Gesellschaft.

Erstmals mit Zylinder: Kemal Pascha beim »Fest der Republik«

Die USA vernichten Teil ihrer Flotte aus dem Weltkrieg

12. September. Die Illustrierte »London News« berichtet in ihrer neuesten Ausgabe vom Stapellauf eines neuen britischen Kriegsschiffes, der »Nelson«. In dem Report wird betont, daß es entsprechend den Beschränkungen des Washingtoner Vertrages erbaut wurde. Gleichzeitig informieren US-amerikanische Militärs die Presse von der Vernichtung der für den Ersten Weltkrieg errichteten Holzschiff-Flotte. Auch dies geschehe aufgrund des Washingtoner Abkommens vom 6. Februar 1922. An diesem Tag unterzeichneten die Teilnehmerstaaten der Abrüstungskonferenz in der US-amerikanischen Hauptstadt ein internationales Flottenabkommen. Die Konferenz war auf Initiative des damaligen US-amerikanischen Außenministers Charles Evans Hughes zusammengekommen, der eine umfassende Rüstungsbeschränkung in der Marine vorschlug. Letztendlich legten die Vereinigten Staaten, Großbritannien, Japan, Frankreich und Italien die Flottenstärken ihrer Länder auf das Verhältnis 5:5:3:1,75:1,75 fest.

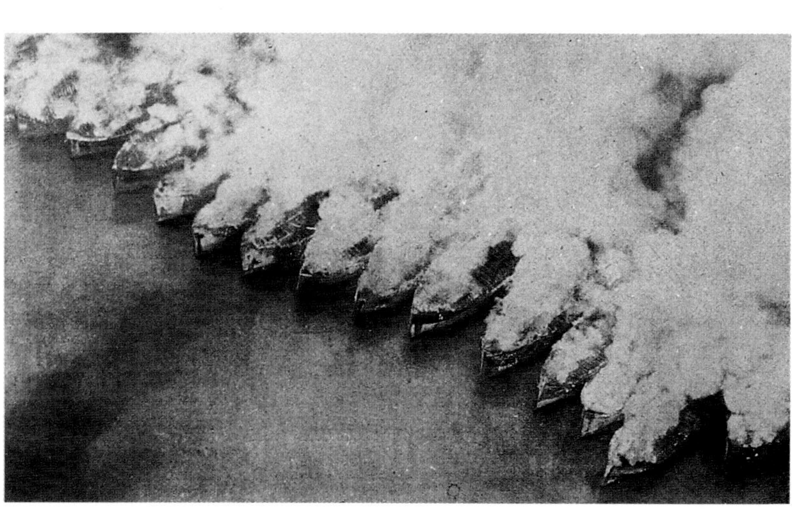

△ Stapellauf der »Nelson«, des ersten, nach dem Weltkrieg gebauten Schlachtschiffes der britischen Marine. Seine Ausrüstung entspricht den im Washingtoner Flottenabkommen von 1922 festgelegten Richtlinien. Das Schiff wird zunächst vor der nordirischen Küste eingesetzt.

◁ 31 Millionen US-Dollar in Flammen: Luftaufnahme vom Abbrennen der für den Ersten Weltkrieg gebauten US-amerikanischen Holzschiff-Flotte in Quantice (US-Staat Virginia); mit deren Vernichtung verringern die USA die Zahl ihrer Kriegsschiffe zugunsten moderner Geräte.

Luftschiffhavarie im US-Staat Ohio

3. September. Bei dem Absturz des US-amerikanischen Luftschiffes »Shenandoah« über Avia (Bundesstaat Ohio) kommen 14 Besatzungsmitglieder ums Leben.
Die »Shenandoah« befand sich auf einem Flug von Lakehurst nach dem Mittelwesten der USA, als sie etwa 30 km südlich von Cambridge in einen schweren Sturm geriet. Nach Darstellung des Marinedepartements brach das 1916 gebaute Schiff infolge heftiger Böen auseinander. Während das hintere Teil gleich zu Boden glitt, wurde das Vorderteil noch kilometerweit über hügeliges Gelände getrieben, ehe es in einem Wäldchen zerschellte.

Das Wrack des US-amerikanischen Luftschiffes »Shenandoah« nach dem Absturz: Man sieht den hinteren Teil des zerborstenen Schiffskörpers

Die Sphinx von Gise mit den schon vom Sand befreiten Riesenpranken

Eisenbahndamm nach Sylt im Bau

8. September. Die »Illustrierte Zeitung« veröffentlicht eine Fotoreportage vom Bau des Eisenbahn-Verbindungsdammes zu der nordfriesischen Insel Sylt.
1923 hatte man begonnen, Spundwände in das Watt zu treiben, die mit Hilfe einer Feldbahn mit Kleierde aufgefüllt wurden. Die untere Böschung erhielt eine Basaltpflasterung. Eigentlich war die Einweihung des elf Kilometer langen Dammes noch für dieses Jahr geplant. Da jedoch im Winter Sturmfluten Teile des Dammes wieder zerstören, kann die Inbetriebnahme des »Hindenburgdammes« erst 1927 stattfinden.

Aufschütten der Steine, um das Damm-Fundament zu verstärken

Transportzug mit Steinen auf dem Verbindungsdamm nach Sylt

Sphinx von Gise vom Sand befreit

September. Europäische Zeitschriften zeigen in ihren neueren Ausgaben Fotos von den Restaurierungsarbeiten an der berühmten ägyptischen Sphinx von Gise.
Bei den einige Monate andauernden Arbeiten werden nicht nur schadhafte Stellen an dem 57 m langen und 20 m hohen Fabeltier aus Felsgestein ausgebessert, sondern auch die vom Sand zugewehten Teile freigelegt. So kommen nun wieder die riesigen Pranken der Sphinx zum Vorschein, die das letzte Mal 1886 ausgegraben wurden. Entstanden ist das Monument unter dem Pharao Chephren etwa 2500 v. Chr.

Zugfahrt wie vor hundert Jahren

25. September. In Großbritannien begehen die Verkehrsgesellschaften das 100jährige Bestehen der Eisenbahn. Aus diesem Anlaß startet vom ältesten Bahnhof der Welt, der North-Road-Station in Darlington, ein originalgetreuer Zug des Jahres 1825 nach Stockton.
Am 25. September 1825 fuhr hier der erste Dampfzug der Welt. Die von George Stephenson gebaute »Locomotion« zog damals den Tender, sechs mit Kohle beladene Güterwagen, einen Personenwagen für Ehrengäste, 21 Wagen mit für die Eröffnungsfahrt bestückten Sitzbänken und abermals sechs Kohlewagen – insgesamt 70 t Last.

Unter dem Jubel der Zuschauer vorbei an der Ehrentribüne zieht die betagte Stephenson-Lokomotive ihre Last von Darlington nach Stockton

Kleinbildkamera auf der Fotomesse

25. September. In Berlin beginnt die bis zum 4. Oktober dauernde Kino- und Fotomesse.
Große Beachtung bei den Besuchern findet die neu auf den Markt kommende Kleinbildkamera »Leica«. Mit der Entwicklung dieses Fotoapparats begann der deutsche Feinmechaniker und Leitz-Entwicklungskonstrukteur Oskar Barnack bereits vor dem Ersten Weltkrieg. Sie wurde u. a. möglich durch eine verbesserte Filmqualität, die weitaus kleinere Negativformate zuläßt als bisher. Pro Filmspule lassen sich mit der Präzisionskamera »Leica« 36 Bilder in einem Format von 24 × 36 mm aufnehmen (→ S. 82).

Architektur 1925:

Als Schwerpunkt Städtebau

Stichworte wie Expressionismus, Traditionalismus, Organische Architektur und Rationalismus sind Ausdruck der Experimentierfreudigkeit einer nach zeitgemäßen Formen suchenden Architektengeneration. 1925 stellt z. B. der deutsche Architekt Peter Behrens das an den expressionistischen Stil angelehnte technische Verwaltungsgebäude der Farbwerke in Frankfurt-Höchst fertig. Beendet wird auch das von dem Deutschen Hugo Häring entworfene Gut Gerkau bei Lübeck. Mit seinen unregelmäßigen, aus den Funktionen abgeleiteten Grundrißformen ist es ein Beispiel für organisches Bauen. In Barcelona zieht die Kathedrale »Sagrada Familia«, das Hauptwerk des Katalaniers Antoni Gaudí y Cornet, Interessierte aus ganz Europa in ihren Bann. In Anlehnung an Strukturformen der Natur schuf Gaudí einzigartige Bauwerke, die eine Einheit aus Raum, konstruktiver Ausführung und Dekor bilden.

Der Schwerpunkt architektonischer Bestrebungen in jenen Jahren liegt jedoch im Städtebau. Eine Tatsache, die sich zwangsläufig aus der akuten Wohnungsnot in den Großstädten ergibt. Bei der Erarbeitung städtebaulicher Konzeptionen machen sich europäische Architekten und Städteplaner Erfahrungen ihrer US-amerikanischen Kollegen zunutze. Auf der Internationalen Städtebaukonferenz vom 20. bis zum 25. April in New York informieren sich die Teilnehmer über das Problem des enormen Wachstums in den Metropolen der USA, das jenes in den europäischen Städten weit übertrifft. So verzeichnet z. B. Detroit jährlich einen Zuwachs von 100 000 Einwohnern, von denen jeder dritte Besitzer eines Autos ist. Unkontrolliertes Bauen, überhöhte Grundstückspreise, überfüllte Wohnungen und Straßen sowie Mangel an Grünflächen sind nur einige der Probleme, die sich daraus ergeben.

Im Rationalismus sehen die Architekten die Möglichkeit, der städtebaulichen Problematik Herr zu werden. Der architektonische Rationalismus – im deutschen Sprachgebrauch bezeichnet man ihn als Funktionalismus – bedeutet funktionales Bauen mit den neuen Materialien Stahl, Glas und Beton und mit Hilfe moderner industrieller Fertigung. Der Begriff beinhaltet auch eine ideologische Komponente: Die Vorstellung, daß in einer progressiv und klar gestalteten Umwelt das menschliche Verhalten in fortschrittliche, bewußte Bahnen gelenkt würde. Eine Theorie, die u. a. Walter Gropius im »Bauhaus«-Konzept als dessen Leiter vertritt (→ S. 64; S. 89). Bedeutendster Städtebautheoretiker des Rationalismus ist der schweizerisch-französische Architekt Le Corbusier. Typisch für seine Entwürfe sind geometrische, orthogonale Stadtraster, Hochhäuser als einfache oder kombinierte Scheiben, gut durchlüftete und besonnte Wohnmaschinen mit integrierten Wohnfolgeeinrichtungen; großzügige Grünflächen zwischen den einzeln stehenden Bauten; getrennte Verkehrserschließung für Fahrzeuge (großmaschiges Netz von Schnellstraßen) und für Fußgänger (feinmaschiges Netz von Wegen). Die Hauptfunktionen der Stadt – Wohnen, Arbeiten, Erholung und Verkehr – sind voneinander getrennt. 1925 entwickelt Le Corbusier eine Studie (Plan Voisin) für die Umgestaltung des Stadtzentrums von Paris. Darin ersetzt er die historisch urbane Struktur durch 18 jeweils 200 m hohe Wolkenkratzer.

Solcherart abstrakter rationalistischer Idealismus erfährt Milderung durch die Zwänge der Realität. Umsetzung in der Praxis finden grundsätzliche soziale und formale Elemente in den Großsiedlungsbauten, die z. B. in Wien, Frankfurt am Main, Hoek van Holland und Berlin entstehen. Eine der bekanntesten ist die Hufeisensiedlung in Berlin-Britz, mit deren Bau in diesem Jahr begonnen wird. Rund um einen kleinen See soll eine hufeisenförmige Häuserzeile angelegt werden, der dieser Siedlung den Namen gibt. Von diesem Mittelpunkt gehen strahlenförmig Wohnstraßen ab. Architekt Bruno Taut und Stadtbaurat Martin Wagner vereinigen hier die typischen Merkmale einer Großsiedlung: Randbebauung an der Straße, großflächige Hofräume, ein Zentrum als Bezugspunkt und einheitliche Gestaltung der Architektur und Fassaden.

Siedlungsbauten in Köln-Bickendorf von Wilhelm Riphahn (o.), in Berlin-Lichtenberg von Erwin Gutkind (M.) und Häuser der Siedlung Georgsgarten in Celle, gebaut nach einem Entwurf von Otto Haesler. Dies sind Beispiele eines sozialreformerischen Wohnungsbauprogramms, das vor allem durch öffentliche Auftraggeber realisiert werden kann.

Das Düsseldorfer Marx-Haus – eines der ersten deutschen Hochhäuser. So hohe Gebäude, die erst seit der Entwicklung der Stahlskelettbauweise und der des elektrischen Fahrstuhls möglich wurden, gehören in den USA bereits zum Alltag.

1883 begann der spanische Architekt Antoni Gaudí mit dem Bau der »Sagrada Familia« in Barcelona. Der höchst eigenwillige Stil des Spaniers – eine sehr persönliche Form des europäischen Jugendstils – macht die Kirche weltberühmt.

Diesen Entwurf für einen Wolkenkratzer in Rom veröffentlicht eine Londoner Illustrierte: Mussolini soll begeistert gewesen sein. Das monumentale Bauwerk hat eine Höhe von etwa 360 m, links daneben zum Vergleich der Petersdom.

Ein Beispiel für den funktionalen Baustil der 20er Jahre ist dieses Haus in Paris, die von Robert Mallet-Stevens entworfene Villa Martal. Die neue Formensprache zeigt sich gerade an in dieser Zeit entstehenden Einfamilienhäusern. Der französische Architekt Mallet-Stevens gehört zu den Pionieren der modernen Architektur in Frankreich; sein Stil ist beeinflußt von Le Corbusier.

Pavillon für die Ausstellung »Esprit Nouveau« in Paris von Le Corbusier. Die ästhetische Gestaltung seiner Bauten werden von funktionellen Strukturformen und formaler Erfindungskraft bestimmt. Mit seiner Arbeit verfolgt er das Ziel, dem einzelnen und der Gemeinschaft Entfaltungsmöglichkeiten zu bieten und schuf so Grundlagen eines neuen Wohnungstyps.

865 000 Radiogeräte in Deutschlands Wohnzimmern

4. September. Im Haus der Funkindustrie am Berliner Kaiserdamm wird die zweite Große Deutsche Funkausstellung feierlich eröffnet.
In seiner Ansprache gibt Postminister Karl Stingl von der Bayerischen Volkspartei (BVP) einen Überblick über die bisherige Entwicklung des deutschen Rundfunks. Er erklärt, die Funkausstellung erbringe den Beweis, daß die schweren wirtschaftlichen Nöte des vergangenen Jahres es nicht vermocht haben, den Unternehmergeist des neuesten Industriezweiges zu brechen und das Vertrauen in die Zukunft zu erschüttern. Man stehe staunend vor dem, was in kaum zwei Jahren erreicht sei. Aus dem Nichts heraus sei eine über das Reich verbreitete, mit allen Mitteln neuzeitlicher Technik ausgestattete Rundfunkorganisation geschaffen worden und habe, unterstützt von den besten Wissenschaftlern, Künstlern und Technikern der Nation, sich einen noch nicht zu übersehenden Einfluß auf das geistige Leben des Volkes verschafft.
Tatsächlich hat der deutsche Rundfunk seit der Gründung am 29. Oktober 1923 einen enormen Aufschwung erlebt. So ist die Zahl der Empfangsapparate in dieser kurzen Zeit auf 865 000 gestiegen, was nicht zuletzt an dem wesentlich erweiterten und damit vielfältigeren Programmangebot liegt. So erstreckt sich z. B. ein Sonntagsprogramm über 18 Stunden:

- ▷ 6.30 – 8.00 Uhr Frühkonzert
- ▷ 9.00 – 10.00 Uhr Morgenfeier, Glockengeläut
- ▷ 11.30 – 12.55 Uhr Vormittagskonzert, Zeitmeldung, Tagesnachrichten
- ▷ 14.00 Uhr Literarische Sendung
- ▷ 15.00 Uhr Märchenerzählung
- ▷ 16.00 Uhr Literarische Sendung
- ▷ 16.30 – 18.00 Uhr Nachmittagskonzert
- ▷ 18.00 Uhr Literarisches
- ▷ 20.30 – 22.00 Uhr Geschlossene Abendveranstaltung, z. B. Schauspiel, Oper, Operette, Sinfonie-Konzert, Solistenkonzert, Bunter Abend
- ▷ 22.00 Uhr Letzte Nachrichten
- ▷ 22.30 – 0.30 Uhr Musik.

In den Kulturprogrammen haben sowohl Musiker als auch Schriftsteller und Lyriker die Möglichkeit, ihr Werk einem breiten Publikum zu präsentieren. So beginnt man vom zweiten Geburtstag der »Funkstunde« an (29. Oktober), den Autoren regelmäßig Vortragszeiten einzuräumen. Viel Aufmerksamkeit schenken die Initiatoren der Inszenierung von Hörspielen, so wird z. B. als erstes Stück am 3. Januar »Wallensteins Lager« von Friedrich Schiller gesendet (→ 15. 5. / S. 102).

Die moderne Radiotechnik macht's möglich: Kunstgenuß in der Küche

Die Radioprogramme greifen in den Tagesablauf ein: Morgengymnastik nach Lautsprecherkommandos, wie sie ein Zeichner sich vorstellt

Das Titelblatt betont die völkerverbindende Komponente des Radios

Der rauschende Hausball bei »Meiers« nach der Tanzmusik des Rundfunks erfreut sich bei der Dame des Hauses großer Beliebtheit

Im Funkraum der Mitteldeutschen Rundfunk AG während der Aufnahme von Ludwig Anzengrubers Stück »Das vierte Gebot«; links der Geräuschemacher

Kunst und Artistik auf Hinterhöfen

Durch Bilder von Glanzrevuen, festlichen Kinopremieren oder Fünf-Uhr-Tees in Tanzpalästen wird oftmals der Eindruck vermittelt, der größte Teil der Großstadtmenschen käme in den Genuß eines luxuriösen Unterhaltungsangebotes. Doch diejenigen, die über die dafür notwendigen finanziellen Mittel verfügen, sind weit in der Minderzahl. Trotzdem kommen auch die »kleinen Leute« auf ihre Kosten. Wohl zu keiner Zeit gab es so viele Straßenkünstler wie in den 20er Jahren. Oft sind es Arbeitslose, die mit ihren Musikinstrumenten, tanzenden Bären, Taschenspielertricks und artistischen Kunststücken von Ort zu Ort ziehen. Ihr Publikum finden sie bei Rummelveranstaltungen auf den Marktplätzen der Städte und in den Arbeitervierteln mit den zahlreichen Hinterhöfen. Dort erlebt die Laienkunst eine nie gekannte Blüte, wie die Aufführungen der vielen Laientheater in Berlin z. B. beweisen. Immer sind sie umringt von begeisterten Zuschauern, die ihre Darbietungen mit ein paar Groschen honorieren.

Ein Mann springt von der Kölner Hohenzollernbrücke vor hoffentlich zahlendem Publikum

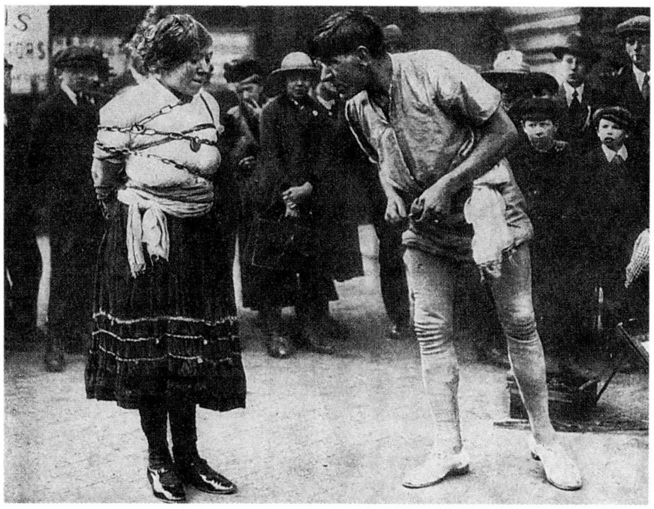

Von ihrem Partner wird »Arabella« aufgefordert, sich aus den Ketten ihrer Sklaverei zu befreien – was ihr gelingen wird

Skeptisch verfolgen Passanten Zauberkunststückchen

Eine Kraftprobe des Ringers Westergard-Schmidt

Conan Doyle bei den Spiritisten

5. September. Im Pariser Spiritistenhaus beginnt der bis zum 14. September geplante Internationale Spiritualistische Kongreß. Gleichzeitig findet eine spiritistische Ausstellung statt, u. a. mit Fotos von sog. Materialisationen und angeblichen Geistererscheinungen.

Attraktion der Veranstaltung ist der Vortrag des Briten Arthur Conan Doyle, Autor unzähliger Sherlock-Holmes-Romane. Polizei muß eingreifen, als die Menge draußen wartender Besucher versucht, in den schon überfüllten Veranstaltungssaal des »Hotel des Sociétés Savantes« hineinzukommen. Mit Lichtbildern, die zumeist Verwandte des Schriftstellers zeigen, berichtet Doyle von den Begegnungen mit seiner verstorbenen Mutter und seinem im Krieg gefallenen Sohn. Er bekennt sich zum Spiritismus, ist überzeugt vom Leben nach dem Tod und glaubt an Séancen, Medien und überirdische Kräfte.

Die reichsten Amerikaner

10. September. Die Steuerbehörde der Vereinigten Staaten von Amerika gewährt wie jedes Jahr um diese Zeit den Bürgern ihres Staates einen Einblick in die Steuerbücher. In sensationeller Aufmachung berichtet die US-amerikanische Presse die neuesten Informationen über die gezahlten Steuern für das Jahr 1924. Daraus kann jeder Amerikaner ersehen, wieviel die »Großen« in ihrem Lande verdienen.

Die höchste Summe mußte John D. Rockefeller jr. zahlen, insgesamt 6 278 000 US-Dollar. Das ist immerhin über die Hälfte seines Einkommens. Henry Ford, der eigentlich als reichster Mann der Welt gilt, entrichtete dagegen nur 3 290 000 US-Dollar. Im Vergleich zum Jahr 1923 bedeutet das für Ford eine Erhöhung von 800 000 US-Dollar. Es folgen der Bankier John P. Morgan mit 574 000 US-Dollar und William K. Vanderbilt mit 302 000 US-Dollar. Zu den sehr gut Verdienenden gehören ebenfalls die Filmschauspieler, von denen Douglas Fairbanks 182 000 US-Dollar, Gloria Swanson 57 000 US-Dollar und Mary Pickford 34 000 US-Dollar von ihren Einkünften des vergangenen Jahres an den Staat abliefern mußten.

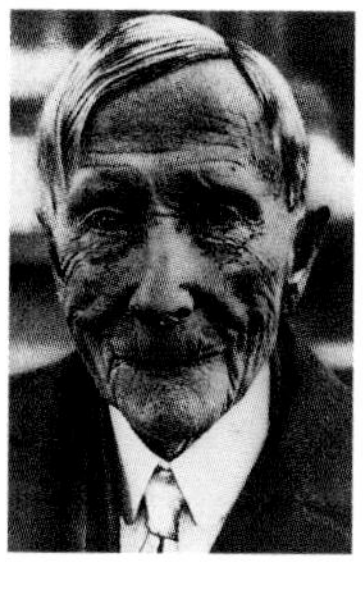

John Davison Rockefeller wurde am 8. Juli 1839 in Richford (New York) geboren; er ist einer der undurchsichtigsten »Ölmagnaten« in den USA; sein mit anrüchigen Geschäftsmethoden aufgebauter Standard Oil Trust kontrolliert fast die gesamte US-amerikanische Erdölwirtschaft.

Erwähnt werden in den Presseveröffentlichungen auch die Zahlungen der Industrieunternehmen, unter denen die United States Steel Corporation mit 11 005 000 US-Dollar die höchste Steuersumme verzeichnet. An zweiter Stelle steht die General Electric Company mit insgesamt 7 246 000 US-Dollar.

Hearst kauft eine Burg in Südwales

20. September. Die britische Zeitung »Evening Standard« berichtet vom Verkauf einer der ältesten und besterhaltensten Normannenburgen in Großbritannien an den US-amerikanischen Zeitungsmagnaten William R. Hearst.

Hearst, Besitzer von 23 Zeitungen und acht Zeitschriften, erwarb kürzlich das St. Donats Castle in Südwales. Er hatte in einer Illustrierten einen Bericht über das Schloß gesehen und »fand es in Wort und Bild so reizend beschrieben, daß er seinem Londoner Agenten den telegrafischen Auftrag erteilte, den Eigentümer des schönen Besitzes ausfindig zu machen und die Burg wie sie ist, samt dem dazugehörigen Land und dem Park sofort zu kaufen«. Innerhalb von drei Stunden soll, um welchen Preis ist nicht bekannt, der Abschluß erfolgt sein, ohne daß der Agent, geschweige denn Hearst, die Besitzung mit dem traditionellen Gebäude vorher gesehen hat.

Igor Iljinski in der Komödie »Der Schneider aus Torshok« des sowjetrussischen Regisseurs Jakow Protasanow, der vor allem mit seinen gut beobachteten Komödien aus dem sowjetischen Alltag Erfolg hat

Szene aus dem Film »Panzerkreuzer Potemkin«, der im Dezember in Moskau uraufgeführt wird; Sergej Eisenstein schuf mit diesem Revolutionsfilm ein Kunstwerk, das eine neue Epoche in der Filmgeschichte einleitet

Erstmals in Deutschland: Greta Garbo übernimmt eine Rolle in »Die freudlose Gasse« von G. W. Pabst

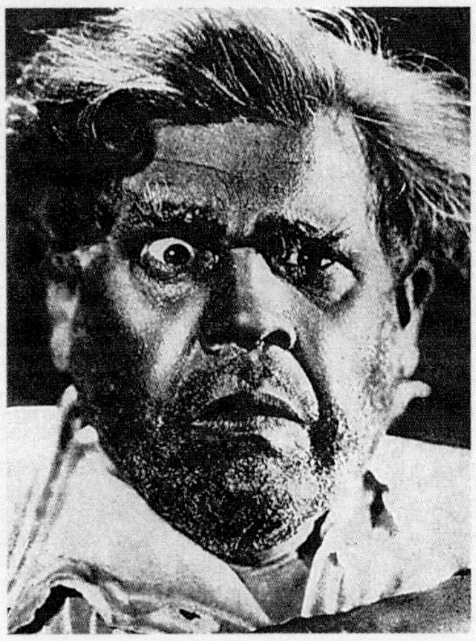

Iwan Moskwin als Postmeister im gleichnamigen Film (nach Puschkin) von J. Sheljabushski

Mady Christians als Prinzessin Alix und Willy Fritsch als Prinzgemahl in dem außergewöhnlich erfolgreichen Film »Ein Walzertraum« von Ludwig Berger nach der gleichnamigen Operette von Oscar Straus

Film 1925:

Deutscher Film in der Krise

Nach Ansicht der Kritiker ist die Blütezeit des deutschen Stummfilms mit dem Jahr 1924 zu Ende gegangen. Sichtbar wird dies einerseits in einem Qualitätsrückgang der Produktionen, andererseits aber auch an der immer kleiner werdenden Zahl deutscher Filme. Produzierte die deutsche Filmindustrie z. B. 1921 insgesamt 600 Spielfilme, sind es 1925 nur noch 244. Gleichzeitig steigt der Anteil ausländischer Filme in den Kinos auf über 50%. Von der Krise besonders betroffen ist der größte deutsche Filmkonzern, die Ufa. Sie ist deshalb gezwungen, einem gemeinsamen Verleih mit den US-Firmen Paramount und Metro-Goldwyn-Mayer, der »Parufament«, zuzustimmen.

Zu den bedeutenden deutschen Streifen des Jahres gehören »Die freudlose Gasse« von Georg Wilhelm Pabst (→ 23. 5. / S. 103) und »Zur Chronik von Grieshuus« (nach Theodor Storm). Drehbuchautor dieses Films ist Carl Mayer, der auch das Skript für den dieses Jahr von Friedrich W. Murnau abgedrehten Film »Tartüff« verfaßte. Vor allem wegen der großartigen Kameraführung Karl Freunds wird »Varieté« von E. A. Dupont mit Emil Jannings ein Erfolg. Aufsehen erregte der Ufa-Film »Wege zu Kraft und Schönheit« (→ 16. 3. / S. 67).

Größter Konkurrent in deutschen Lichtspielhäusern ist die US-amerikanische Filmindustrie. Nachdem sich New Yorker Banken in verschiedene Filmfirmen eingekauft haben und nun investieren, steigt die Produktion in den dortigen Studios ständig. Nur wenige Künstler können sich künftig den Forderungen der neuen Produzenten entziehen. Zu ihnen gehört Charlie Chaplin, dessen Film »Goldrausch« uraufgeführt wird (→ 16. 8. / S. 150). Regisseur King Vidor gelingt mit dem Kriegsfilm »Die große Parade« ein Kassenerfolg und der Durchbruch im Filmgeschäft. Erich Stroheim dreht »Die lustige Witwe«, ein Film, der die Degradierung der Liebe in der Aristokratie zeigt.

Die herausragende Figur der ausgesprochen schöpferischen sowjetischen Filmschaffenden ist ohne Zweifel Sergej M. Eisenstein, dessen Film »Panzerkreuzer Potemkin« am → 21. Dezember (S. 207) in Moskau Premiere hat. Für die Verbreitung der »Russenfilme« in Deutschland engagiert sich vor allem die von Willi Münzenberg gegründete proletarische Filmgesellschaft »Prometheus« in Berlin.

Eine Filmavantgarde macht in Paris von sich reden. Die Gruppe »Cinéma pur«, der u. a. René Clair, Fernand Lèger und Man Ray angehören, versucht durch Preisgabe jeden Inhalts in »Fünf Minuten reinen Films« zum Rhythmus des bewegten Bildes vorzudringen.

Robert Dinesen, einer der großen Filmpioniere Dänemarks, dreht den Stummfilm »Im Namen des Kaisers« mit Lya de Putti und Erich Kaiser-Titz

△ Die Gnomen im künstlichen Wald: Eine märchenhafte Welt stellt Kurt Neumann in seinem Film »Ein Sommernachtstraum« dar

Emil Jannings als Tartüff in dem gleichnamigen Film nach der berühmten Komödie des französischen Autors Molière; Friedrich Wilhelm Murnau führt Regie

◁ Lil Dagover und Paul Hartmann in »Zur Chronik von Grieshuus« nach einer Novelle von Theodor Storm; Arthur von Gerlach führt in diesem opulenten Film Regie

▽ »Die freudlose Gasse« von G. W. Pabst nach dem Roman von H. Bettauer; v. l. Asta Nielsen, Hertha von Walther, Werner Krauss

Hochzeitszug des Prinzen Gautama (später Buddha) bei den Dreharbeiten der Münchener Gesellschaft »Emelka«; sie verfilmt in Indien die Lebensgeschichte des Buddha

Begeisterung für Gerhart Hauptmann

19. September. Im Deutschen Schauspielhaus Hamburg wird das Drama »Veland« von Gerhart Hauptmann uraufgeführt.
Die Premiere bildet den Höhepunkt der Feiern anläßlich des 25jährigen Theaterjubiläums, in dessen Mittelpunkt Hauptmann steht. Am 15. September sprach er im Schauspielhaus seinen »Dank an die Schauspieler«, und bei seinem Stück, das er schon 1898 zu schreiben begonnen hatte, übernahm der Autor selbst die Regieführung.
Als Grundlage für das Drama diente Hauptmann die Wielandsage: Veland wird von seinem König Harald Schönhaar mit dem Durchschneiden der Sehnen bestraft. Auf Velandsholm haust er als Hofjuwelier des Königs und sinnt auf Rache. Als dessen Kinder ihn aufsuchen, tötet er die beiden schönen Knaben und entweiht die Tochter. Anschließend flieht er mit selbstgebauten Flügeln.
In Veland versammelt Hauptmann zwei Wesenszüge der menschlichen Kreatur, den rohen und den sanften Trieb, im Stück bekennt er sich zum Recht auf Selbstbestimmung eines jeden Individuums.
Obwohl sich das Drama mit seiner Tiefgründigkeit als zu schwer für die Bühne erweist, wertet es die Presse als ein »deutsches Ereignis«. Stefan Großmann schreibt dazu in »Das Tagebuch« am 6. Oktober u. a.: »Am Ende der Vorstellung ... erschien Gerhart Hauptmann, weißhaarig, glücklich, den Kopf zu den Sternen. Dieses Schauspiel im Schauspiel war der schönste Augenblick des Abends. Alle Leute, die den ›Veland‹ angehört, haben sich, seien wir ehrlich, achtungsvoll gelangweilt ... Aber wie groß ist der Sieg Hauptmanns über die Deutschen, daß sie drei Stunden lang ... sich nicht zu regen wagten und am Schluß doch, von der edlen Erscheinung hingerissen, in eine Huldigung von höchster Freudigkeit einstimmten! Ja, das ist der höchste Gipfel des Ruhmes, den eine Nation zu vergeben hat: Begeisterung für einen Dichter, auch wenn man sein Werk nicht begriffen, auch wenn sein Werk uns nicht ergriffen hat. Die Jubelnden hatten recht. Hauptmann ist mehr als sein ›Veland‹, der Schöpfer reicher als sein Geschöpf.«

Gerhart Hauptmann bei den Proben zum »Veland« mit Erika Beilke

Szenenbild aus Gerhart Hauptmanns »Veland« in der Aufführung des Schauspielhauses Hamburg; Otto Werther (r.) spielt die Titelrolle

Hans Fallada schildert in seinen Romanen das Leben »kleiner Leute«

Fallada stellt sich Berliner Polizei

18. September. Wegen begangener Unterschlagung stellt sich der Schriftsteller Hans Fallada (eigentl. Rudolf Ditzen) der Berliner Polizei.
Fallada bezichtigt sich der Veruntreuung von mehr als 15 000 RM der Graf Hahnschen Güterverwaltung in Neuhaus im holsteinischen Kreis Lütjenburg. Dort war er in den letzten Monaten als Rechnungsführer tätig. Obwohl ein Großteil des Geldes noch vorhanden ist, verurteilt ihn das Kieler Landgericht im März 1926 zu einer zweieinhalbjährigen Gefängnisstrafe.
Der 35jährige Fallada, der bisher zwei Romane veröffentlichte, scheint diesen Gefängnisaufenthalt geradezu herbeigesehnt zu haben. Für ihn bietet sich hier die Chance, von seiner Rauschmittelsucht loszukommen. Er schreibt z. B. im Oktober aus der Zelle: »... So vielleicht darf ich aber wohl sagen, daß es mir seelisch gut geht, besser als jemals in den letzten Jahren, so seltsam das auch klingen mag.« Durch die Bestrafung für ein kriminelles Delikt entgeht er auch einer eventuellen und unter Umständen lebenslangen Einlieferung zur Entziehung in eine psychiatrische Klinik.
Die Erfahrungen hinter Gefängnismauern finden in den späteren Werken Falladas ihren Niederschlag, vor allem in einem seiner berühmtesten Romane, »Wer einmal aus dem Blechnapf frißt«, den er im November 1933 beenden wird und der 1934 als Buch erscheint.

William Tilden – Star des Davis-Cup

11. September. Das Endspiel um den Davis-Pokal in Philadelphia (USA) gewinnt die US-amerikanische Mannschaft gegen Frankreich 5:0.
Star der Wettkämpfe ist der US-Amerikaner William T. Tilden, genannt »Big Bill«. Er schlägt den Wimbledon-Zweiten Jean Borotra 4:6, 6:0, 2:6, 9:7, 6:4. Wimbledon-Sieger René Lacoste unterliegt Bill Johnston 0:6, 1:6, 6:4, 3:6. Auch tags darauf im Doppel, gegen Norris Williams und Vincents Richards, verlieren die Franzosen 4:6, 4:6, 3:6. Die Ergebnisse vom Schlußtag: Tilden gegen Lacoste 3:6, 10:12, 8:6, 7:5, 6:2; Johnston gegen Borotra 6:1, 6:4, 6:0.

William T. Tilden beim Davis-Pokal-Finale in Philadelphia (USA)

Wo »Big Bill« Tilden spielt, kommt das Publikum auf seine Kosten

Russische Flieger in Bergen der Rhön

3. September. Der vor vier Wochen begonnene Rhön-Segelflugwettbewerb geht mit der Verleihung der Preise zu Ende.
Den mit einer Prämie von 5000 RM verbundenen sog. Bayernpreis erhalten drei Flieger gemeinsam: Martens mit seinem Flugzeug »Moritz«, Espenlaub mit »Espenlaub« und die Akademische Fliegergruppe Darmstadt mit »Konsul«. Attraktion des diesjährigen Wettbewerbs auf der Wasserkuppe, dem höchsten Berg in der Rhön, war die Teilnahme russischer Akteure. Es gelang ihnen, mit ihren hervorragenden Flugzeugen mehrere Stundenflüge hinter sich zu bringen. Sie vermittelten der Konkurrenz einen Elan, der sich auch auf deren Leistungen auswirkte. So stellte Hesselbach (»Margarethe«) mit einer Zeit über drei Stunden einen neuen Dauer-Weltrekord mit einem Fluggast auf und Nehring (»Konsul«) erweiterte den bisherigen Streckenweltrekord auf eine Entfernung von 21,5 km.

Clärenore Stinnes, die Tochter von Hugo Stinnes, am Steuer ihres Aga-Wagens, mit dem sie erfolgreich an der Fahrt in Rußland teilnahm

Autofahrer aus aller Welt beweisen ihr Können im Kaukasus

19. September. *In Moskau erhält die Firma Mercedes-Benz den ersten Preis als Gesamtsieger der allrussischen Zuverlässigkeitsfahrt.*
Veranstalter dieser Fahrt, die von Moskau nach der im Kaukasus gelegenen Stadt Tiflis (Tbilisi) und zurück führte, ist die sowjetische Regierung. Sie will auf diesem Weg prüfen, inwieweit die technische Beschaffenheit der Wagen den Bedingungen weiter Strecken und z. T. schlechter Straßen in ihrem Lande gewachsen ist. An die Hersteller der besten Fahrzeuge sollen Staatsaufträge größeren Umfangs vergeben werden. So schickten europäische und US-amerikanische Firmen PKW und Lastwagen an den Start, um die Qualität ihrer Erzeugnisse unter Beweis zu stellen.

Breitensträter neuer deutscher Meister

11. September. Bei dem Kampf um die deutsche Box-Meisterschaft im Schwergewicht schlägt Hans Breitensträter den Titelverteidiger Paul Samson-Körner in der Berliner Messehalle nach Punkten.
Über den Meisterschaftskampf berichtet die »Frankfurter Zeitung«: »Unter atemloser Stille begann der Kampf zwischen Samson-Körner und Breitensträter. Beide wurden bei ihrem Erscheinen lebhaft begrüßt. Der Meister wog 165, Breitensträter 169 Pfund. Gleich zu Beginn griff Samson mit seiner Linken scharf an, doch konnte Breitensträter alle schweren Sachen gut vermeiden. Bis zur fünften Runde war der Kampf so gut wie ausgeglichen, nahm dann jedoch einen hochdramatischen Verlauf. Samson verletzte Breitensträter am linken Auge, so daß die stark blutende Wunde den blonden Hans stark behinderte. Samson beging sodann eine große Unvorsichtigkeit, die ihm den Titel kostete. Er ging lässig im Ring umher, als ihn die gefürchtete Rechte von Breitensträter genau auf das Kinn traf. Wie vom Blitz getroffen sank Samson zu Boden und war noch stark benommen, als er sich von neuem wieder erhob. Wieder und wieder mußte Samson auf die Treffer Breitensträters hin den Boden aufsuchen und war noch in der achten Runde stark benommen. Samson erholte sich dann aber rasch . . ., als in der 15. Runde ihn ein neuer Zwischenfall endgültig um den Sieg brachte. Auf einen Treffer Breitensträters wurde Samson durch die Seile geschleudert. Anschließend verkündete das Schiedsgericht unter großem Beifall Breitensträters Sieg« (→ 8. 5. / S. 103).

Kampf um die deutsche Meisterschaft im Schwergewicht zwischen Breitensträter und Samson-Körner, der in der siebenten Runde zu Boden geht

Charles Hoff bei seinem Meistersprung

Ein Rekordsprung

27. September. *Bei einem Sportwettkampf in Turku erreicht der Norweger Charles Hoff mit 4,25 m einen neuen Weltrekord im Stabhochsprung; damit verbessert er seine eigenen Leistungen seit 1922 um 13 cm.*

Oktober 1925

Mo	Di	Mi	Do	Fr	Sa	So
			1	2	3	4
5	6	7	8	9	10	11
12	13	14	15	16	17	18
19	20	21	22	23	24	25
26	27	28	29	30	31	

1. Oktober, Donnerstag

Dem nationalen Wirtschaftsrat in Warschau legt der polnische Ministerpräsident Władysław Grabski ein Sanierungsprogramm vor (→ 13. 11./S. 188).

Der Schweizer Nationalrat billigt die Einführung eines Getreidemonopols, das eine Genossenschaft unter Aufsicht des Bundes durchführen soll.

Die erste Nummer der »Nationalsozialistischen Briefe« erscheint. Die Schriftleitung hat Joseph Goebbels.

Der Komponist Arnold Schönberg wird Leiter der Meisterklasse für Komposition an der Preußischen Akademie der Künste zu Berlin. → S. 179

In einer Startauflage von 30 000 Exemplaren erscheint die Biographie »Wilhelm der Zweite« von Emil Ludwig.

Der im Jahr 1924 in Stockholm abgeschlossene Weltpostvertrag tritt mit dem heutigen Datum in Kraft.

2. Oktober, Freitag

In einer Rede vor der Berliner Presse warnt der sowjetische Außenminister Georgi W. Tschitscherin Deutschland vor der englisch-französischen Paktpolitik und spricht sich gegen einen Beitritt des Reiches in den Völkerbund aus (→ 12. 10./S. 175).

Die Führung der deutschen Sozialdemokraten veröffentlicht in der Parteizeitung »Vorwärts« die ablehnende Antwort auf das Angebot der Kommunisten, zur Berliner Stadtverordnetenwahl eine gemeinsame Liste aufzustellen.

Im Rahmen der Herbstmesse in Frankfurt am Main, die eine Technische (bis 7. 9.) und eine Allgemeine (4. – 7. 9.) Messe umfaßt, findet auch eine vielbesuchte Autoschau statt.

In Ulan Bator, der Hauptstadt der Mongolei, wird das erste Krankenhaus des Landes eingeweiht. Die Mongolische Volksrepublik ist am 26. November 1924 gegründet worden.

Die Jubiläumsfeierlichkeiten des Deutschen Fußballbundes beginnen in Leipzig (bis 6. 10.). Vor 25 Jahren war der Verband gegründet worden. → S. 181

3. Oktober, Sonnabend

Eine Geldstrafe von 500 RM spricht das Nürnberger Schöffengericht gegen den völkischen Abgeordneten Julius Streicher wegen Beleidigung aus. Streicher hat in der Zeitung »Der Stürmer« den Vorsitzenden der Deutschen Demokratischen Partei Nürnbergs der Gesinnungslumperei bezeichnet. → S. 176

Bei den heute und am morgigen Tag stattfindenden Landtagswahlen in Lettland erhalten die Parteien der Minderheiten 14, Rechtsparteien acht, rechte Bauernparteien 21, Zentrumsparteien 22 sowie Linke und Sozialisten 37 Sitze.

4. Oktober, Sonntag

Ihr sechsjähriges Jubiläum begeht in Thüringen die Einrichtung der Volkshochschulen.

Erna Huneus aus Mönchengladbach schwimmt in Aachen mit 1:29,0 min neuen Weltrekord über 100 m Brust.

Vor 30 000 Zuschauern gewinnt in Leipzig Süddeutschland zum sechsten Mal hintereinander den Bundespokal des Fußballbundes. Die Mannschaft besiegt im Endspiel Mitteldeutschland mit 2:1 (→ 2. 10./S. 181).

5. Oktober, Montag

In dem Schweizer Ort Locarno am Lago Maggiore beginnt die Außenministerkonferenz über den Sicherheitspakt. Teilnehmende Staaten sind das Deutsche Reich, Frankreich, Großbritannien, Belgien, Italien, Polen und die Tschechoslowakei (→ 16. 10./S. 172).

Vor dem Wiener Landgericht beginnt der Prozeß gegen Otto Rothstock wegen Mordes an dem jüdischen Publizisten Hugo Bettauer am → 10. März (S. 61). Rothstock wird in eine psychiatrische Anstalt eingewiesen.

Zum ersten Mal seit dem Ende des Weltkrieges wird in Moskau wieder 40prozentiger Wodka in den Restaurants und Cafés ausgeschenkt.

6. Oktober, Dienstag

Reichspräsident Paul von Hindenburg empfängt in Berlin den sowjetischen Außenminister, Volkskommissar Georgi W. Tschitscherin (→ 12. 10./S. 175).

Die Mitglieder des Ostausschusses im Preußischen Landtag beginnen eine einwöchige Besichtigungsreise durch Schlesien, die sie vor allem in die Notstandsgebiete des oberschlesischen Bergbaus führen wird. → S. 175

In Berlin treffen Pädagogen aus ganz Deutschland zu einer Konferenz über Schullandheime zusammen (→ S. 46/47).

7. Oktober, Mittwoch

400 Delegierte aus 38 Staaten nahmen an der in Washington zu Ende gehenden Interparlamentarischen Konferenz teil. Auf der seit dem 1. Oktober dauernden Tagung war auch eine deutsche Delegation unter der Leitung von Reichstagspräsident Paul Löbe (SPD) anwesend.

In Paris, im Musiktheater am Champs-Élysées, hat die »Revue Nègre« Premiere. Star des Abends ist die farbige Tänzerin Josephine Baker. → S. 179

8. Oktober, Donnerstag

Der in dem britischen Seebad Brighton beginnende Parteitag der Konservativen (bis 11. 10.) behandelt u. a. das Vorgehen gegen die Gefahr des Kommunismus.

9. Oktober, Freitag

Hugo Preuß, ehemaliger Reichsinnenminister und Verfasser des Entwurfs der Weimarer Verfassung, stirbt im Alter von 64 Jahren in Berlin.

Die erste Nummer der von Willy Haas herausgegebenen Zeitschrift »Literarische Welt« erscheint in Berlin. → S. 179

10. Oktober, Sonnabend

In der Olympic-Hall in London wird die bis zum 18. Oktober dauernde internationale Automobilausstellung eröffnet. Zu sehen sind 650 Wagen im Wert von 377 000 englischen Pfund (→ S. 100/01).

Die Teilnehmer der zwölften internationalen Konferenz des Roten Kreuzes in Genf befürworten die von der Internationalen Waffenhandelskonferenz ausgesprochene Verurteilung chemischer Waffen (→ 17. 6./S. 113).

Anläßlich der am morgigen Tag stattfindenden Veranstaltung, die von Berufsverbänden der Künstler und Geisteswissenschaftler organisiert wurde, veröffentlicht Gerhart Hauptmann einen Brief im »Berliner Tageblatt«, worin er die Freiheit der Künste fordert (→ 11. 10./S. 178).

11. Oktober, Sonntag

Das tschechoslowakische Parlament in Prag verabschiedet ein neues Wahlgesetz, das den nationalen Minderheiten künftig weniger Rechte zugesteht (→ 16. 10./S. 174).

Während einer Veranstaltung im Berliner Theater am Nollendorfplatz unterzeichnen Schriftsteller, Künstler, Wissenschaftler und Politiker einen Aufruf »Für die Freiheit der Kunst«. → S. 178

Unter großer Anteilnahme der Bevölkerung wird am Friedhof der Märzgefallenen im Berliner Friedrichshain das neue Ehrenportal eingeweiht. Auf diesem Friedhof waren 1848 die Opfer der Revolution beigesetzt worden.

Die »Berliner Illustrirte Zeitung« berichtet über ein neues Heim für Strafentlassene bei Glogau. → S. 176

In Friedrichshafen beginnt die Zeppelin-Eckener-Werbewoche, aus dessen Anlaß zu einer landesweiten Spendenaktion für die Zeppelin-Luftfahrt in Deutschland aufgefordert wird.

12. Oktober, Montag

In Moskau unterzeichnen Vertreter beider Staaten den deutsch-sowjetischen Handelsvertrag. → S. 175

Etwa 800 000 Franzosen nehmen an zahlreichen Streiks gegen den Krieg in Marokko und gegen die Erhöhung der Steuerlasten teil, die überall in Frankreich stattfinden. → S. 174

Der italienische Schriftsteller Luigi Pirandello gastiert mit seinem römischen Theater im Berliner Staatlichen Schauspielhaus. → S. 178

13. Oktober, Dienstag

Die Kommunistische Partei teilt mit, daß die von ihr unterstützte Berliner Abendzeitung »Die Welt am Abend« nur noch bis Ende des Monats Oktober erscheinen wird.

Unter Regie von Berthold Viertel wird im Lessingtheater Berlin das Stück des US-Amerikaners Eugene O'Neill »Gier unter Ulmen« uraufgeführt.

Auf Spitzbergen beginnen die Arbeiten für die Anlage einer Luftschiffhalle, worin die erforderlichen Vorbereitungen für Roald Amundsens geplanten Polarflug getroffen werden sollen. Seinen zweiten Versuch, den Nordpol auf dem Luftweg zu erreichen, will der norwegische Forscher 1926 starten. Möglicherweise will er dabei ein Luftschiff benutzen (→ 18. 6./S. 116).

14. Oktober, Mittwoch

Aufgrund einer von den Arbeitgebern angestrebten Lohnkürzung von drei bis sechs Pfennig in der Stunde, treten die Beschäftigten der bayerischen Chemieindustrie in den Streik.

Die Reichsregierung legt den Länderregierungen des Deutschen Reiches eine Denkschrift über den Rundfunk vor, die der Reichsrat nun berät (→ 15. 5./S. 102).

Das Bauhaus nimmt seinen Lehrbetrieb in der mitteldeutschen Stadt Dessau wieder auf (→ 1. 4./S. 88).

In Berlin gelangt der Film »Götz von Berlichingen zubenannt mit der eisernen Hand« mit Eugen Klöpfer, Lucie Höflich und Eduard von Winterstein in den Hauptrollen zur Uraufführung.

Der erste Schnee ist eine Nacht zuvor im Westerwald, im Riesengebirge, in der Rhön und auch im Thüringer Wald gefallen. Die Temperaturen sanken bis auf minus zwei Grad.

15. Oktober, Donnerstag

Meinungsverschiedenheiten über die Verhandlungsführung der deutschen Delegation auf der Konferenz in Locarno führen in Berlin zu einer Regierungskrise (→ 1. 11./S. 186).

Bei einer Razzia der Londoner Polizei in der Zentrale der kommunistischen Partei Großbritanniens werden mehrere kommunistische Funktionäre verhaftet.

Die Delegierten der in Berlin stattfindenden Jahresversammlung der deutschen Industrie beschäftigen sich u. a. mit der Frage, welche Möglichkeiten sich für die chemische Industrie aus der weltweiten Rohstoffknappheit ergeben.

Aufgrund einer überraschenden Untersuchung der Berliner Polizei erhebt die Staatsanwaltschaft Anzeige gegen 554 Bäcker der Stadt wegen Brotwucher. Die Bäcker haben seit längerer Zeit Brot und Brötchen erheblich unter dem geforderten Gewicht verkauft.

Die in Locarno akkreditierten Journalisten geben am 15. Oktober den Delegationsleitern der Konferenz ein Essen, für das sie diese anspielungsreiche Speisekarte entwerfen; als »Friedensengel« sind zu sehen (v. l. unten nach r. unten): A. Skrzyński (Polen); E. Vandervelde (Belgien); A. Briand (Frankreich); A. Chamberlain (Großbritannien); H. Luther, G. Stresemann (Deutsches Reich); M. Scialoja (Italien); E. Beneš (Tschechoslowakei)

Bei London finden Versuche statt, Luftschiffe und Leichtflugzeuge miteinander zu koppeln. Man hofft, daß kleine Flugzeuge Aufgaben übernehmen könnten, z. B. als Barkassen für Luftschiffe.

16. Oktober, Freitag

In dem Schweizer Ort Locarno beschließen die Vertreter des Deutschen Reichs, Frankreichs, Großbritanniens, Belgiens, Italiens, Polens und der Tschechoslowakei ein Sicherheitsabkommen. → S. 172

Die am 12. Oktober in Panama einmarschierten US-Truppen ziehen wieder ab, nachdem die USA in Panama die Polizeigewalt übernommen hat. Sie waren wegen Unruhen ins Land geholt worden.

In Genf geht der Minderheitenkongreß (seit 14. Oktober) zu Ende. → S. 174

17. Oktober, Sonnabend

In Leipzig findet erstmals der deutsche Reichskriegertag statt. → S. 176

Als erste Sendung überträgt der neue Dortmunder Rundfunk die Rede des Reichspräsidenten Paul von Hindenburg auf der Bochumer Befreiungsfeier. Diese Sendung ist zugleich die erste Radioübertragung einer öffentlichen Kundgebung im Deutschen Reich.

Gegen die Redaktion der deutschen Zeitung in Litauen, das »Memeler Dampfboot«, wird ein Bombenanschlag verübt.

Am 50. Tag seines Hungerstreiks stirbt in dem Bukarester Gefängnis der rumänische Anarchist Max Goldstein. Seit seiner Verurteilung nach dem gescheiterten Generalstreik vor zwei Jahren befand er sich ständig in einer Dunkelzelle in Einzelhaft.

Anläßlich des 25jährigen Bestehens des Instituts für Schiffs- und Tropenkrankheiten in Hamburg findet in Anwesenheit bedeutender Persönlichkeiten aus Wissenschaft und Politik eine Festveranstaltung statt.

18. Oktober, Sonntag

In Nizza geht der am 15. Oktober begonnene Parteitag der radikalen und radikalsozialistischen Parteien Frankreichs zu Ende. Der Regierung sagten die Delegierten ihre Unterstützung zu.

Nach mehr als zweijährigen Verhandlungen wird in Angora (Ankara) der türkisch-bulgarische Freundschaftsvertrag unterzeichnet.

Wegen der einsetzenden Regenzeit kommt es in Marokko zwischen den französischen Truppen und den Rifkabylen unter Abd el-Krim zu einer relativen Waffenruhe (→ 1. 9./S. 157).

Reichspräsident Paul von Hindenburg legt auf dem Gelände am Berliner Grunewald den Grundstein zum Deutschen Sportforum. → S. 181

19. Oktober, Montag

Nach der Erschießung eines griechischen Soldaten an der griechisch-bulgarischen Grenze kommt es dort zu mehreren bewaffneten Auseinandersetzungen zwischen den Grenztruppen beider Länder. → S. 174

Das Drama von Klaus Mann, »Anja und Esther«, wird in den Hamburger Kammerspielen uraufgeführt. Die Hauptrollen spielen Klaus Mann, Erika Mann und Pamela Wedekind. → S. 178

20. Oktober, Dienstag

Zu einer Besichtigungsreise deutscher kultureller Einrichtungen trifft der ungarische Kultusminister Graf Kuno Klebelsberg in Berlin ein.

Auf einer Veranstaltung in Paris gelingt dem französischen Schwerathleten Charles Rigoulot die Verbesserung des eigenen Weltrekords im beidarmigen Reißen von 121 kg auf 122 kg.

21. Oktober, Mittwoch

In Berlin gründen der Deutsche Fachverband der Büroindustrie und die Berliner Handelshochschule eine Arbeitsgemeinschaft zur Förderung neuzeitlicher Bürotechnik.

Die Muldentalsperre am Zusammenfluß der Roten und Weißen Mulde im Vogtland wird feierlich eingeweiht und der staatlichen Wasserbauverwaltung übergeben.

Eine Ausstellung mit Bildern von Paul Klee wird in Paris eröffnet.

22. Oktober, Donnerstag

Der Völkerbund trifft eine Entscheidung im Danziger Postkastenstreit, worin Gebiete für die Aufstellung polnischer Briefkästen festgelegt werden. → S. 175

Die Lawn-Tennis-Association informiert in London die Presse darüber, daß der Bann gegen deutsche Tennisspieler bei internationalen Turnieren wie z. B. in Wimbledon aufgehoben wird.

23. Oktober, Freitag

In Paris überreicht der deutsche Botschafter Leopold von Hoesch die Antwort auf die Note vom 4. Juni zur Entwaffnungsfrage. → S. 175

Die polnische Regierung erklärt, daß sie mit Rücksicht auf die Verträge von Locarno auf die weitere Ausweisung deutscher Optanten verzichten werde (→ 24. 7./S. 126).

Unter der Leitung des sowjetischen Bildungskommissars Anatoli W. Lunatscharski findet im Moskauer Experimentaltheater eine Diskussion über idealistische Weltanschauungen statt, an der auch Vertreter der russischen Kirche teilnehmen (→ 2. 12./S. 206).

Zu einem zweitägigen internationalen Kongreß treffen in Berlin Fernheizungsingenieure zusammen.

24. Oktober, Sonnabend

Während einer Kundgebung der Dortmunder Nationalsozialisten, auf der Joseph Goebbels und Julius Streicher sprechen, kommt es zu einer Straßenschlacht, bei der mehrere Personen schwer verletzt werden.

In Frankfurt am Main beginnt die bis zum 4. November geöffnete Internationale Ausstellung für Kochkunst, Hotel- und Gastgewerbe. → S. 177

Infolge des Streiks in der chemischen Industrie Hessens und der darauffolgenden Aussperrung ruht auch in den Farbwerken Höchst die gesamte Produktion.

Am Vorabend des 100. Geburtstages des österreichischen Komponisten Johann Strauß wird im Wiener Rathaus eine Gedenkausstellung eröffnet. → S. 181

25. Oktober, Sonntag

Aus Protest gegen die Unterzeichnung der Verträge von Locarno scheiden die Minister der Deutschnationalen Volkspartei (DNVP) aus dem Kabinett Luther aus (→ 1. 11./S. 186).

Aus den Stadtverordnetenwahlen der Reichshauptstadt Berlin gehen die Sozialdemokraten als Sieger hervor.

Bei Landtagswahlen in Baden können die Parteien der Weimarer Koalition, Deutsche Demokratische Partei (DDP), Zentrum und Sozialdemokratische Partei (SPD), Gewinne verbuchen.

Aus den Wahlen zum Schweizer Nationalrat gehen die freisinnigen Demokraten und die Sozialisten gestärkt hervor.

In ihrem 56. Länderspiel gewinnt die deutsche Fußballmannschaft in Basel gegen die Schweiz mit 4:0. → S. 181

26. Oktober, Montag

In Paris beginnt die außerordentliche Sitzung des Völkerbundrates zu dem bulgarisch-griechischen Grenzkonflikt (→ 19. 10/S. 174).

Zum neuen Präsident von Chile wird in Santiago der Kandidat der Vereinigten Parteien Emiliano Figuerra gewählt.

Nach einer Einigung über die Erhöhung der Stundenlöhne nehmen die seit dem 18. Oktober streikenden Straßenbahner der Stadt Frankfurt am Main ihren Dienst wieder auf.

In der US-amerikanischen Stadt Cheyenne (Wyoming) stellt die letzte Straßenbahn, betrieben von der Electric Railway Company, ihren Betrieb ein. Die Konkurrenz der Autos ist inzwischen so groß geworden, daß sich die Aufrechterhaltung des Straßenbahnbetriebs nicht mehr rentiert.

Der seit dem 24. September in Stockholm stattfindende Tennisländerkampf zwischen Schweden und Deutschland geht mit dem Sieg der Gastgeber zu Ende.

27. Oktober, Dienstag

Der türkische Ministerrat lehnt den bevorstehenden Schiedsspruch des Völkerbundes in der Mosulfrage mit aller Entschiedenheit ab (→ 2. 9./S. 157).

In Erfurt treffen Vertreter des Reichsvereins sowie des Preußischen Landesvereins für das Höhere Mädchenschulwesen zu der Hauptversammlung zusammen, um über künftige Erziehungsaufgaben zu beraten (→ S. 46/47).

28. Oktober, Mittwoch

Die deutsche Reichsregierung teilt den Alliierten mit, daß sie trotz des Ausstiegs der DNVP-Minister die Locarno-Politik fortsetzen werde (→ 1. 11./S. 186).

Der französische Ministerpräsident Paul Painlevé nimmt eine Kabinettsumbildung vor. U. a. übernimmt er selbst zusätzlich das Finanzministerium. In den folgenden Tagen kommt es deshalb zu heftigen Auseinandersetzungen im Kabinett (→ 22. 11./S. 189).

Anläßlich des dritten Jahrestages des Marsches auf Rom werden überall in Italien Feste gefeiert. In Mailand nimmt der Duce Benito Mussolini eine Parade der Milizen ab (→ 3. 1./S. 17).

29. Oktober, Donnerstag

Bei den Wahlen in Kanada erzielen die Konservativen bedeutsame Stimmengewinne gegenüber der Fortschrittspartei.

In Karlsruhe beginnen die Feierlichkeiten zum 100jährigen Bestehen der dortigen Technischen Hochschule.

30. Oktober, Freitag

In einem privaten Arbeitszimmer Londons gelingt dem Briten John Logie Baird die erste Fernsehübertragung eines bewegten Objektes.

Die Operette »Paganini« von Franz Lehár wird in Wien uraufgeführt.

31. Oktober, Sonnabend

Im preußischen Landtag stimmen die Abgeordneten der Deutschnationalen Volkspartei (DNVP) und der Kommunistischen Partei (KPD) gegen den Locarno-Pakt (→ 1. 11./S. 186).

Auf der zwei Tage dauernden ersten Parteikonferenz der Kommunistischen Partei Deutschlands wird unter Vorsitz Ernst Thälmanns ein »leninistisches Zentralkomitee« gebildet (→ 1. 9./S. 156).

In Persien wird die Kadscharen-Dynastie abgesetzt und dem ehemaligen Kosakenkommissar Resa Khan vorübergehend die Führung übergeben. → S. 174

Der erst Anfang des Jahres ernannte sowjetische Kriegskommissar Michail W. Frunse stirbt in einem Moskauer Krankenhaus nach einer Operation.

Das Wetter im Monat Oktober

Station	Mittlere Lufttemperatur (°C)	Niederschlag (mm)	Sonnenscheindauer (Std.)
Aachen	10,1 (10,0)	95 (64)	– (123)
Berlin	8,5 (8,8)	33 (58)	– (123)
Bremen	9,8 (9,4)	53 (47)	– (104)
München	9,0 (7,9)	38 (62)	– (130)
Wien	– (9,6)	– (57)	– (118)
Zürich	9,6 (8,4)	30 (80)	– (108)

( ) Langjähriger Mittelwert für diesen Monat
– Wert nicht ermittelt

Die zweite Nummer der von Willy Haas herausgegebenen Zeitschrift »Die Literarische Welt«, deren erste Nummer am 9. Oktober erschien; in ihr kommen moderne und weltbekannte Autoren zu Wort, wie Thomas Mann oder Jakob Wassermann; aber auch Hedwig Courths-Mahler, die sich auf der Titelseite kritisch zu jenen Autoren äußert

DIE LITERARISCHE WELT

NR. 2
I. JAHRGANG

HERAUSGEBER: WILLY HAAS
Ernst Rowohlt Verlag, Berlin W 35, Potsdamer Str. 123 B. Erscheint jeden Freitag. Preis der Nummer 20 Pfennig, vierteljährlich RM 2.25. Bezug durch jede Buchhandlung, Postanstalt oder direkt durch den Verlag; für das Ausland nur direkt durch den Buchhandel oder durch den Verlag. Postscheckkonto: Berlin 53 840.

BERLIN
FREITAG, 16. OKTOBER
1925

PREIS
20
PFENNIG

INHALT DER ZWEITEN NUMMER

HEDWIG COURTHS-MAHLER ÜBER THOMAS MANN

Ein Gespräch mit der populären Romanschriftstellerin

Denn willst du wissen, was sich dort ziemt, wo die Bücher sechsstellige Auflagenziffern erreichen ... So fragte ich bei Hedwig Courths-Mahler an, wann ich mit ihr eine Stunde über Literatur sprechen könne.

Die Dichterin von „Ich lasse dich nicht!" ist eine Frau von beinahe 60 Jahren. Groß, stark, mit grauem, in der Mitte gescheiteltem Haar und auffallend rauhen Zügen, die, sobald sie spricht, von einem milden sächsischen Akzent desavouiert werden. Kein Zweifel: diese Frau hat Format, oder doch wenigstens jenen Anschein von Format, der durch das Fehlen jeglicher Differenziertheit entsteht, das Format einer unbändigen Vulgarität, die sich niemals in das Nippes-Milieu dieses Salons einfügen wird. Sie sieht aus – und läßt das als Ehrentitel gelten – wie eine große Leserin der Courths-Mahler.

Wir sprechen von Büchern und ich lasse sie erzählen. Zunächst von ihren eigenen.

„Mit 17 Jahren habe ich zu schreiben begonnen und seither nicht aufgehört es zu tun. Mit Leidenschaft seit meinem 25. Jahre, obwohl mein Mann es anfangs gar nicht gern sah und immer Krach machte, wenn er mich am Schreibtisch traf. Erst als er eines Tages wieder nach versteckten Manuskripten suchte und die Schreibtischlade voll mit Hundertmarkscheinen fand (meinem ersten Romanhonorar von der Zeitschrift „Buch für Alle"), gab er sich zufrieden. Als später während des Krieges sein Geschäft einging, mußte ich den Unterhalt der ganzen Familie auf mich nehmen. Ich hatte gehofft, mich im Alter *zur Ruhe setzen* zu können, aber da ich durch die Inflation mein ganzes großes Vermögen verloren habe, muß ich nun wieder schreiben. Ich arbeite jeden Tag von 10 Uhr vormittags bis 8 Uhr abends, mit Ausnahme jener Abende, wo ich das Theater besuche. Ich versäume keine Berliner Première; das ist eigentlich der einzige Kontakt, den ich mit der Außenwelt habe."

„Sie wissen, gnädige Frau, daß Sie viele Feinde haben, und nicht gerade unter den wertlosen Kritikern?"

„Gewiß weiß ich das und ich bekomme es ja auf Schritt und Tritt zu fühlen. Unangenehmer aber ist, daß man in kein Theater, in kein Kabarett gehen kann, ohne einen Witz über die Courths-Mahler zu hören. Die ehrliche Abneigung meiner literarischen Kritiker achte ich, aber meistens sind es doch, wie ich dokumentarisch beweisen könnte, persönliche Racheakte. Von meinen Gegnern bin ich Herrn Hans Reimann zu großem Dank verpflichtet. Ich kannte diesen armen Menschen noch, als er durch Leipzig seinen Handwagen schob und seine Bücher selbst verkaufte. Daß ein solcher Mann verbittert und neidisch wird, ist kein Wunder. Erst als ihm sein Verleger riet: schreiben Sie doch mal was gegen die Courths-Mahler, kam durch diesen Namen auf dem Titelblatt der große Erfolg. Herr Reimann hat mich eigentlich literaturfähig gemacht, vorher kannte mich nur das große Publikum, jetzt stellt man mich als Warnungszeichen in die ganz große Literatur."

„Was halten Sie selbst von Ihren Büchern?"

„Nun, ich würde nicht gerade immer Courths-Mahler lesen, aber hie und da einen Roman – das denke ich mir sehr schön. Ich stamme aus dem Volke, und das ist das Geheimnis meines Erfolges. Ich weiß genau, was mich in den harten Zeiten meiner Jugend die schwere Arbeit hat manchmal vergessen machen und ich werde das immer im Sinne behalten. Man sollte nicht so hart mit mir sein, denn ich bin überzeugt, daß mir gerade die Schriftsteller viel zu verdanken haben. *Ich lehre das Volk lesen. Machen wir uns doch nichts vor: wenn der Arbeiter heute ein Buch in die Hand nimmt, so doch sicher nicht eines von Wassermann oder Thomas Mann, sondern eines von mir. Ich bringe ihm überhaupt erst den Geschmack an Büchern bei!*"

„Sie haben die Namen Thomas Mann und Jakob Wassermann erwähnt. Schätzen Sie diese Romanciers?"

„Ich halte sie für außerordentlich begabt, aber ich finde etwas Krankhaftes in ihrem Wesen. Das ist überhaupt der Zug, der durch die ganze neue Literatur geht. Mit Dostojewski hat das begonnen. Ich habe von Thomas Mann „Der Tod in Venedig" und „Die Buddenbrooks" gelesen, auch Bücher von Heinrich Mann und Jakob Wassermann, bei denen dasselbe zutrifft. Ein Roman soll doch erquicken und stark und frisch machen, aber nicht krank und nervös! Eher gefällt mir schon Arthur Schnitzler, der wenigstens liebenswürdiger schreibt als die vorher Genannten.

Den größten Eindruck von all diesen Büchern hat aber doch der „Tod in Venedig" auf mich gemacht, der sicher ein kolossales Können verrät; nur stößt mich auch hier das Schlaffe und Krankhafte ab, insbesondre der Schluß ist sehr niederdrückend. Ganz ähnlich geht es einem mit den „Buddenbrooks" – Verfall, und immer wieder Verfall! Den „Zauberberg", der, wie Sie sagen, ja auch unter Kranken spielt, habe ich noch nicht gelesen."

„Und wer, gnädige Frau, ist Ihr Lieblingsautor?"

„*Mein Lieblingsschriftsteller ist Megede.* Seinen ‚Überkater' habe ich wenigstens 30 mal gelesen."

„Und unter den jungen Dichtern ist keiner, der Ihnen sehr zusagt?"

„Doch, einer wäre schon da, dessen Bücher mir in diesem Sommer viel Freude gemacht haben, aber ich weiß nicht, ob man ihn zu den ganz Jungen zählt: Ernst Rosner. Der eine Roman, ich glaube, er heißt „Der Reiter der Kaiserin" oder so ähnlich, ist wundervoll. Da ist Frische und Leben. Sonst lese ich meistens ältere Dichter. Als junges Mädchen hat die Marlitt einen großen Einfluß auf mich genommen; ich habe sie noch persönlich gut gekannt. Die arme Frau, wie hat man auch ihr die letzten Lebensjahre verbittert! Heute schätzt man sie schon wieder viel höher ein und es war immer meine Überzeugung, daß einem früher oder später Gerechtigkeit widerfährt, wenn man seiner wirklichen Art treu bleibt. Das hat mich auch an Sudermann enttäuscht, den ich sonst sehr achte: daß er sich in den letzten Jahren hat irritieren lassen und von seiner Art abgebogen ist."

Unter solchen Gesprächen ist die Dunkelheit hereingebrochen und (um im Stil zu bleiben) das weiße Mondlicht schimmert durch die hohen Scheiben. Die alte Frau gibt mir bis zur Tür das Geleite. „Hoffentlich", sagt sie zum Abschied, „behalten Sie die Courths-Mahler in einem Gedenken, das ein wenig besser ist als ihr Ruf."

MUSSOLINI – EIN PLAGIATOR?

Von einem italienischen Faszisten

Vor ungefähr drei Monaten veröffentlichte der Neapolitaner Philosoph *Benedetto Croce* in einer ihm nahestehenden, liberalen Zeitung eine durchaus fromm und nüchtern aussehende, dabei aber giftdurchtränkte Notiz, in welcher er Benito Mussolini des Plagiats an seiner vor mehreren Jahren erschienenen Kritik über Alessandro Manzoni bezichtigte. Ministerpräsident Mussolini, behauptete Croce, sei der Autor der kurzen Einleitung zur neuen, vom *Pater Ermenegildo Pistelli* veranstalteten Ausgabe der „Verlobten" von Manzoni, und in dieser Vorrede befinde sich der Satz:

HEDWIG COURTHS-MAHLER

„Die ‚Verlobten' gehören zu den harmonischsten und vollkommensten Werken der Weltliteratur"; sotaner Satz aber sei in seinem Wortlaut und Gehalt aus dem Zusammenhang besagter Croce-Kritik gehoben und in das Mussolini-Vorwort eingerenkt worden.

Wie man sieht, handelt es sich um eine unbedeutende Lappalie; der an sich trostlos langweilige Tatbestand wurde aber ins politische Gebiet gezogen, gigantisch aufgebauscht, mit sozialen, kulturellen und juridischen Hintergründen versehen, und seitdem wütet der Streit unentschieden zwischen den Parteien, da man noch nicht weiß, wer sich in den Schatten der grauen Phrase setzen darf, ob Mussolini oder Croce.

Die „Verlobten" gehören zu den harmonischsten und vollkommensten Werken der Weltliteratur ... Mag sein! Doch ist dieser Ausspruch weder gedanklich noch seelisch eingedeckt, er schwimmt schon sowieso als Gemeinplatz in jedem Wasserkopf und kann nicht einmal durch eine philosophische oder politische Autorität befruchtet werden. Kein Hund möchte das Gedankengut des Spießers stehlen.

Mussolini hat auf die Anschuldigung des Croce hin anständigerweise nicht geantwortet. Sein Schweigen war aber eine Morgengabe für den Aventin. Die Opposition jubelte: Mussolini schweigt, also gibt er sein Unrecht zu.

Der unbedeutende Anlaß verschwand bald unter einer Flut von politischen Beschimpfungen, so daß man zum Schluß nicht mehr genau wußte, ob Mussolini eigentlich plagiiert hatte oder nicht. Der Aventin drängte siegesbewußt zur genauen Definition, und ein Freund Croces, *Roberto Marvasi*, Herausgeber der Zeitung „La Scintilla", trat mit der Bitte um endgültigen Bescheid an den Neapolitaner Philosophen heran. Dessen Antwort brachte aber nicht die erhoffte Klarheit, sondern nur ein allen Interpretationen zugängliches Selbstzitat. „Die Erklärung des Tatbestandes", sagte Croce, „liegt in meinem Brief, in dem ich Ihnen mitteilte, daß Mussolini sich den Wirkungen meines Werkes keineswegs entziehen und meinen literarischen Urteilen gegenüber nicht immun bleiben konnte. Nun ist es ganz und gar nebensächlich, ob er diese Eindrücke durch einen seiner Sektionschefs oder durch einen faszistischen Literaten erfährt." Nun wußte man erst recht nicht, ob Mussolini ein *Plagiator* war, oder ob er nur den philosophischen und literarischen *Einflüssen* des seinerseits von Hegel beeinflußten Croce erlegen war. So dauerte der Prozeß um des Esels Schatten weiter, bis sich vor einigen Tagen, ganz unerwartet, *Padre Ermenegildo Pistelli* in einer römischen Zeitung wieder zum Worte meldete. Seine Zuschrift an die „Idea Nazionale", lautet wie folgt:

„Liebe *Idea*, als Benedetto Croce sich bei mir beklagte und öffentlich gegen das Plagiat des Duce protestierte, dabei auch vorgab, genau zu wissen, wer die in Frage kommende Stelle über Manzoni geschrieben hatte, was hättest Du da ohne weiteres angenommen? Zweifellos dasselbe, was ich mir dabei dachte, nämlich, daß Croce, der es immer mit dem Zitieren so genau nimmt, besagte Stelle gelesen hat, bevor er den großen Rummel begann. Nun aber hör' mal, was sich zugetragen hat – es ist wahrhaftig zu nett: ein armer Professor wie ich muß manchmal die Bücher, an denen er Freude hat, beiseite legen und sogar die „Offiziellen Berichte des Kultusministeriums" lesen. Heute nun kam mir durch einen glücklichen Zufall das Heft vom 24. Mai 1923 unter die Augen, wo man auf Seite 1690 ein an die königlich italienischen Botschaften und Konsulate gerichtetes Rundschreiben zur Gedächtnisfeier Alessandro Manzonis findet ... Ich konnte kaum meinen Augen trauen. Im Rundschreiben liest man unter anderem folgenden, zwischen Anführungszeichen stehenden Satz, der übrigens keine neue Entdeckung enthält: „Die *Verlobten* gehören zu den harmonischsten und vollkommensten Werken der Weltliteratur"; und dieser Ausspruch wird „*einem bedeutenden Kritiker*" zugeschrieben. Nun versteht es sich von selbst, daß unter dem „bedeutenden Kritiker" Benedetto Croce gemeint ist, und wer das nicht glauben will, lese seine Zeitschrift „La Critica" vom September 1921, wo dieses Urteil wörtlich gedruckt steht und von Benedetto Croce unterzeichnet ist. Croce hätte dem Duce für das Kompliment dankbar sein müssen, anstatt ihn anzufahren und ihn fälschlicherweise des Plagiats ohne Quellenangabe zu beschuldigen. Nein und abermals nein, die Quelle ist angegeben, und Croce ist als „bedeutender Kritiker" bezeichnet, vor allen Diplomaten und Konsuln dieser Welt. Und ich will gar nicht daran zweifeln, daß er so bedeutend ist, trotz seinen Essays über Dante, Leopardi und Pascoli. Ich hege nämlich zu viel Hochachtung vor einem Rundschreiben, das Mussolini unterzeichnet hat. Und nun, da die Sache beendet ist, glaube ich, daß man den Schlußpunkt setzen darf. Mit besonderer usw. usw. ..."

Die gegenwärtige Lage des Problems ist also wieder ganz unklar. Hat Croce das für ihn schmeichelhafte Rundschreiben gelesen? Mißt Croce seinem zahmen und spießbürgerlichen Ausspruch so viel Bedeutung zu, daß der Abdruck nur mit Quellenangabe gestattet ist? Besteht das geistige Eigentum Croces in Gemein-

Fortsetzung Seite 2, 1. Spalte

Hoffnung auf einen dauerhaften Frieden in Europa

16. Oktober. In dem schweizerischen Ort Locarno einigen sich Regierungsdelegationen Belgiens, des Deutschen Reichs, Frankreichs, Großbritanniens, Italiens sowie Polens und der Tschechoslowakei auf ein Vertragswerk (→), mit dem man hofft, die seit dem Ende des Krieges bestehenden Auseinandersetzungen zwischen dem Deutschen Reich und den übrigen Völkern Europas beseitigt zu haben.

Die am 5. Oktober begonnene Konferenz in dem Justizpalast des kleinen Ortes am Lago Maggiore bildet den Abschluß umfangreicher diplomatischer Verhandlungen zwischen den alliierten Mächten. Auslöser dafür war der vom deutschen Außenminister Gustav Stresemann (DVP) am → 9. Februar (→ S. 38) der französischen Regierung überreichte Vorschlag eines Sicherheitspaktes. Durch ihn sollten die Grenzen des Deutschen Reiches zu Frankreich und Belgien festgeschrieben werden und Großbritannien sowie Italien als Garantiemächte über die Einhaltung des Pakts wachen. Die Sicherung der Westgrenzen bildet einen wesentlichen Punkt in Stresemanns außenpolitischem Konzept (→ 15. 9. / S. 156). Er sieht darin die Voraussetzung für die Wiedererlangung der seiner Meinung nach dem Deutschen Reich zustehenden Machtposition. In den von Juni bis August erfolgten Notenwechseln zwischen Berlin und Paris kamen bereits Detailforderungen der französischen Regierung zur Sprache, und im Schreiben vom 24. August formulierte Frankreichs Außenminister Aristide Briand konkrete Forderungen, die in Locarno den Ausgangspunkt der Verhandlungen bilden:

▷ Unverletzlichkeit bestehender Verträge
▷ Eintritt Deutschlands in den Völkerbund ohne Vorrechte
▷ Abschluß des Garantiepakts ohne Preisgabe französischer Rechte bei der Besetzung des linken Rheinufers
▷ Abschluß eines deutsch-polnischen Schiedsvertrages.

Vor allem die letzte Forderung war in Locarno Gegenstand längerer Gespräche. Denn ein Schiedsvertrag mit Polen, verbunden mit dem Artikel 16 (Sanktionsparagraph) des Völkerbundvertrags, widerspricht dem Interesse des Deutschen Reichs, gute Beziehungen zur Sowjetunion zu pflegen. Denn im Falle eines russisch-polnischen Krieges z. B. müßte es Polen unterstützen. Deshalb möchte Stresemann die Sanktionsverpflichtung vermeiden.

Die Änderung des Artikels 16 erreicht Stresemann am 10. Oktober während einer Dampferfahrt. Stresemann hatte die übrigen Delegationen zu einem Ausflug mit dem Schiff »Orangenblüte« eingeladen. Dem Schiffsführer soll er die Weisung gegeben haben, so lange auf dem Lago Maggiore zu kreuzen, bis alle von deutscher Seite gewünschten Themen zufriedenstellend besprochen seien. Als das Motorboot am späten Abend wieder anlegte, hätte Briand ausgerufen: »Gott sei Dank – ich weiß nicht, was wir noch alles zugestanden hätten, wenn diese Spazierfahrt noch länger fortgesetzt worden wäre!« (nach Hagen Schulze, Weimar). Zugestanden wurde Stresemann die nur eingeschränkte Anerkennung des Sanktionsparagraphen, d. h., das Deutsche Reich übernimmt keine Verpflichtung, Polen gegen die Sowjetunion zu unterstützen.

Als die Konferenzteilnehmer nach dem Abschluß der Verträge am Abend des 16. Oktober das Tagungsgebäude verlassen, werden sie von einer wartenden Menge begeistert empfangen. Beifall gibt es vor allem für Briand, Stresemann und den britischen Außenminister Austen Chamberlain. Chamberlain, der an diesem Tag seinen 62. Geburtstag feiert, wird als der diplomatische Vermittler zwischen Deutschland und Frankreich gesehen.

Der Abschluß der Locarno-Verträge, deren Unterzeichnung am → 1. Dezember (→ S. 200) in London stattfindet, löst unter den Demokraten Zustimmung aus. Man betont die welthistorische Bedeutung des Paktes, durch den der Frieden in Europa künftig gesichert sein werde.

In Berlin hingegen stößt der Locarno-Pakt auf den heftigen Widerstand nationalistisch gesinnter Kreise und führt im Dezember zu einer Regierungskrise (→ 5. 12. / S. 202).

Die Flaggen der an den Sicherheitsgesprächen beteiligten Länder wehen über dem Eingang des Justizpalastes im Verhandlungsort am Lago Maggiore

Das Vertragswerk von Locarno

Mit der Unterzeichnung des Schlußprotokolls von Locarno besiegeln der deutsche Reichskanzler Hans Luther und die Außenminister Gustav Stresemann (Deutsches Reich), Emile Vandervelde (Belgien), Aristide Briand (Frankreich), Austen Chamberlain (Großbritannien), Alexander Graf Skrzyński (Polen), Eduard Beneš (Tschechoslowakei) sowie Italiens Staatsoberhaupt Benito Mussolini den Willen der europäischen Völker zu einer künftigen Entspannungspolitik. Die Pakt umfaßt folgende Verträge:

▷ Sicherheitsabkommen. Das Deutsche Reich, Frankreich und Belgien verzichten auf gewaltsame Änderung der gegenseitigen Grenzen. Das Deutsche Reich erkennt die Westgrenzen an, wofür Großbritannien und Italien die Garantie übernehmen. Damit verzichtet es endgültig auf Elsaß-Lothringen und es wird gewährleistet, daß Frankreich seine Annexionsbestrebungen bezüglich des Rheinlandes nicht weiter verfolgt. Die Entmilitarisierung der Rheinzone wird von allen anerkannt.
▷ Der Garantiepakt beschränkt sich auf die Westgrenzen, so daß dem Deutschen Reich im Osten noch die Möglichkeit einer Grenzrevision offen bleibt
▷ Frankreich sichert dem Deutschen Reich die baldige Räumung der Kölner Zone zu (→ 23. 10. / S. 175)
▷ Ergänzung des Garantievertrages durch Schiedsabkommen mit Frankreich, Belgien, Polen und der Tschechoslowakei. Das Deutsche Reich verpflichtet sich zu keiner Änderung der polnischen Grenze mit Gewalt und erkennt Frankreichs Beistandspakte mit Polen und der Tschechoslowakei an
▷ Der Eintritt des Deutschen Reiches in den Völkerbund soll 1926 stattfinden.

Die Delegierten am großen Konferenztisch in Locarno: Der deutsche Außenminister Stresemann (1), Reichskanzler Luther (2), der italienische Ministerpräsident und Duce Mussolini (3), der britische Außenminister Sir Chamberlain (4), der französische Außenminister und Ministerpräsident Briand (5), der tschechoslowakische Außenminister Beneš (6), der belgische Außenminister Vandervelde (7) und der polnische Außenminister Skrzyński (8)

Gelöst zeigt sich der deutsche Außenminister Gustav Stresemann nach der Unterzeichnung des Verhandlungsprotokolls den internationalen Journalisten

Aristide Briand (l.) bekräftigt nach Abschluß der Verhandlungen vor der Presse die Hoffnung auf eine friedliche Zukunft Europas

Sondersitzung des Völkerbundes in Paris, an der Aristide Briand (Frankreich) und Sir Joseph A. Chamberlain (Großbritannien) teilnehmen (3., 4. v. l. am Tisch)

Völkerbund berät über den griechisch-bulgarischen Grenzkonflikt

19. Oktober. *Ausgelöst durch die Erschießung eines griechischen Grenzsoldaten kommt es zwischen Griechenland und Bulgarien zu bewaffneten Auseinandersetzungen. Da Bulgarien auf das Verlangen Athens – Entschuldigung, finanzielle Entschädigung sowie Bestrafung der Verantwortlichen – nicht eingeht, überschreiten griechische Truppen die Grenze zu Bulgarien und marschieren gegen die Stadt Petrić. Draufhin protestiert Bulgarien beim Völkerbund, dessen Rat am 26. Oktober in Paris zu einer Sondersitzung zusammentritt (Foto). Die Mitglieder des Völkerbundrates, darunter auch der französische und der britische Außenminister, Aristide Briand und Austen Chamberlain, fordern die griechischen Truppen zum Rückzug auf. Aufgrund des Einverständnisses der Regierung in Athen erfolgt dieser am 30. Oktober.*

Resa Pahlawi erhält Macht über Persien

31. Oktober. In Teheran, der Hauptstadt Persiens (ab 1935 Iran), beschließt die Mehrheit des Parlaments die Absetzung des bisherigen Staatsoberhaupts Ahmad Schah und überträgt Resa Khan vorläufig dessen Befugnisse. Damit endet die Dynastie der Kadscharen, die seit 1794 die Geschicke Persiens bestimmte. Es beginnt die Herrschaft der Pahlawis. Diesen Namen einer mittelpersischen Dynastie nimmt Resa Khan anläßlich seiner Krönung zum Schah am 12. Dezember an. An diesem Tag überträgt ihm eine neugewählte Nationalversammlung die erbliche Königswürde. Entscheidend für die Wahl Resa Khans zum Monarchen sind dessen Führungsqualitäten, die ihn in den Augen der Politiker zum »Farmandeh«, Befehlshaber des Volkes, befähigen. Ziel des einstigen Kosakenoffiziers und Kriegsministers (1921), dem auch durch die Unterstützung der Engländer die Machtübernahme gelang, ist die Umwandlung Persiens in einen modernen Staat.

In dem von Resa Khans Truppen umlagerten Teheran warten Perser vor dem Parlamentsgebäude auf die Rücktrittsentscheidung des Kadscharen-Schahs

Resa Khan mit seinem Sohn, der 1941 die Macht übernehmen wird

Minderheiten für kulturelle Freiheit

16. Oktober. Nach zweitägigen Beratungen geht in Genf ein erstmals veranstalteter Minderheitenkongreß zu Ende. Infolge der auf keine Minderheiten Rücksicht nehmenden Neuordnung Europas nach dem Ersten Weltkrieg gewann dieses Problem in Jahren an Bedeutung.
Vertreter von 33 Nationalitäten sind in Genf zusammengekommen, um ihre gemeinsamen Probleme zu beraten und mehr Aufmerksamkeit in der Öffentlichkeit zu erreichen.
Meinungsverschiedenheiten zwischen den einzelnen Vertretern entstehen, als sich die Kongreßleitung weigert, politische Forderungen aufzustellen. Dies sprenge den Rahmen der Veranstaltung. Ihr Programm sei vielmehr »nationale Toleranz als ein internationales Rechtsprinzip«. Dementsprechend verabschiedet die Konferenz eine Resolution, in der allein eine freie kulturelle und wirtschaftliche Entwicklung für die Minderheiten in den jeweiligen Ländern gefordert, jedes Pochen auf politische Rechte jedoch vermieden wird.

Bombardement auf Damaskus

12. Oktober. In Frankreich finden Protestdemonstrationen gegen die militärischen Aktionen französischer Truppen in Syrien statt.
In Nachrichten wird vom brutalen Vorgehen der französischen Armee gegen die aufständischen Drusen berichtet. Seit der französischen Besetzung im Jahr 1920 gibt es Auseinandersetzungen mit den dort lebenden Mitgliedern der arabischen Sekte. Nach der Verhaftung von mehreren Drusenführern im Juli eskalierten die Auseinandersetzungen.
Am 10. Oktober setzen die Franzosen etliche Dörfer in Brand und bringen anschließend einige Dutzend Leichen nach Damaskus, um diese dort als Abschreckung auf Kamelen herumführen zu lassen. Der Vorgang zieht einen erbitterten Guerilla-Kampf nach sich. Am 18. Oktober schießen die Franzosen mit mehreren Tanks blindwütig in Basare und Häuser von Damaskus. Als sie durch Barrikaden daran gehindert werden, bombardieren sie die kommende Nacht hindurch die Altstadt. Über 1000 Menschen finden dabei den Tod (→ 4. 8. / S. 145).

Handelsvertrag in Moskau unterzeichnet

12. Oktober. In der sowjetischen Hauptstadt unterzeichnen Vertreter der UdSSR und der deutschen Regierung einen Handelsvertrag.

Der Vertrag konkretisiert die wirtschaftliche Zusammenarbeit beider Länder für das kommende Jahr, in dem Deutschland neben industriellen Fertigprodukten auch landwirtschaftliche Erzeugnisse an die Sowjetunion liefern wird. Wichtigste Importgüter für das Deutsche Reich sind Rohstoffe – vor allem Erdöl aus dem Kaspischen Meer. Die Grundlagen für das Abkommen wurden bereits in dem 1922 abgeschlossenen Rapallovertrag gelegt. Wie der deutsche Botschafter in Moskau, Ulrich Graf von Brockdorff-Rantzau, erklärt, bedeute eine handelspolitische Klarstellung des Verhältnisses zwischen zwei Ländern, die so aufeinander angewiesen sind wie das Deutsche Reich und die UdSSR, eine wesentliche Förderung der künftigen wirtschaftlichen Gesundung beider Staaten.

Die Unterzeichnung des Vertrages findet ohne den sowjetischen Außenminister Georgi W. Tschitscherin statt, da er sich zu diesem Zeitpunkt auf einer Westeuropareise befindet. Am 2. Oktober traf er in Berlin ein, um hier noch vor Beginn der Locarno-Konferenz (→ 16. 10. / S. 172) den deutschen Politikern seine Bedenken gegenüber den dort zu erwartenden Vertragsabschlüssen mitzuteilen.

Der sowjetische Außenminister Georgi Tschitscherin (l.) nach seiner Ankunft in Berlin am 2. Oktober. Noch vor der Locarno-Konferenz versucht er auf diplomatischem Wege, das Deutsche Reich von einer Unterzeichnung des Sicherheitspakts abzuhalten, da er in diesem eine Bedrohung für den sowjetischen Staat sieht.

Brockdorff-Rantzau (r.) und Litwinow bei der Übergabe des Handelsvertrages

Versprechen über Räumung Kölns

23. Oktober. Der Vertreter der deutschen Regierung in Paris, Leopold von Hoesch, überreicht der Botschafterkonferenz die Antwort auf die Note zur Entwaffnungsfrage vom → 4. Juni (S. 111).

In der Note informiert die deutsche Reichsregierung die Alliierten, inwieweit deren Forderungen nach Entwaffnung erfüllt werden konnten. Die Mächte erwarteten aufgrund der im Versailler Vertrag getroffenen Festlegungen u. a.:

▷ Einschränkung der Produktion chemischer Kampfstoffe
▷ Keine Verwendung von Fliegern, Tanks sowie Maschinengewehren bei der Reichswehr
▷ Keine Unterweisung während der militärischen Ausbildung an diesen Waffen
▷ Einschränkung der Herstellung militärischer Bekleidung
▷ Reduzierung der Schutzpolizei um 30 000 Mann.

Einen Teil dieser Bedingungen erfüllte Deutschland bisher noch nicht, die Erledigung wird jedoch bis zum 15. November in Aussicht gestellt.

In der dann am 8. November eintreffenden Kollektivnote registriert die Botschafterkonferenz zwar noch immer Verstöße, verspricht aber den Abzug der Besatzungstruppen aus der Kölner Zone ab dem 1. Dezember. Am 30. November beginnen die britischen Truppen mit der Räumung (→ 5. 1. / S. 15).

Ende im Briefkastenstreit

22. Oktober. Der Völkerbund beendet zugunsten Polens den Streit zwischen Polen und Danzig um die Aufstellung von Briefkästen in der Freien Stadt. Die Stadtverwaltung Danzigs hatte Beschwerde geführt gegen die Anbringung von polnischen Briefkästen auf ihrem Territorium (→ 5. 1. / S. 18).

Polen wird das Recht zugestanden, auch außerhalb des Hafens seine Briefkästen aufzustellen (auf nebenstehender Karte das schraffierte Gebiet). Diese Lösung widerspricht nach Auffassung der Danziger der Abmachung, wonach Polen zur Sicherung des Seedienstes erlaubt wurde, »im Hafen von Danzig zur direkten Verbindung mit Polen einen Post-, Telegrafen- und Telefondienst einzurichten«.

Die Regierung der Freien Stadt beabsichtigt deshalb, weiterhin Beschwerde beim internationalen Gerichtshof in Den Haag zu führen.

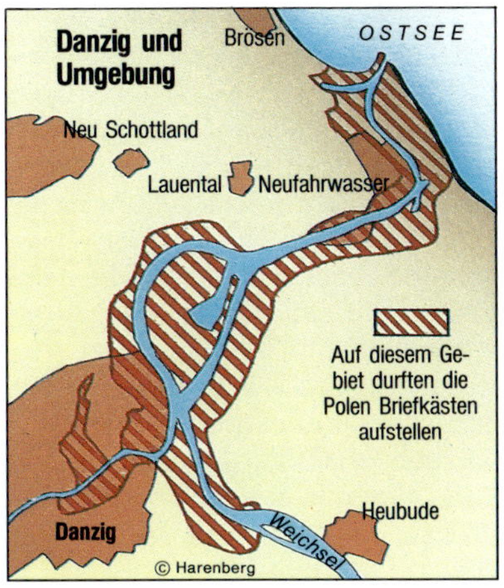

Not im Gebiet Schlesiens

6. Oktober. In Breslau beginnt der Ostausschuß des Preußischen Landtages eine Besichtigungsreise durch Schlesien. Die Mitglieder des Ausschusses wollen sich auf der bis zum 12. Oktober dauernden Fahrt über die wirtschaftliche Situation der in diesem Gebiet des Deutschen Reiches wohnenden Bevölkerung eingehend informieren.

Infolge der gegenwärtigen internationalen Kohlenkrise (→ 31. 7. / S. 131) herrscht vor allem im Raum des westoberschlesischen Bergbaus und in dem Waldenburger Grubenbezirk große Not. Besonders betroffen sind auch die Grenzgebiete zu Polen. So hat die Wohnungsnot in Beuthen ein weit größeres Ausmaß angenommen, als z. B. in Berlin, da durch die Flüchtlinge aus Ostoberschlesien die Bevölkerung gegenüber 1919 um etwa 20% zugenommen hat. Ungeheuer gestiegen sind die Zahlen der Tuberkuloseerkrankungen, und erschreckend ist das Elend der Kinder. Sie sind die ersten Opfer der durch Nahrungsmangel hervorgerufenen Krankheiten. Viele Kinder müssen sogar der Schule fernbleiben, weil es ihnen an Kleidern fehlt.

Auf Skepsis stoßen allerdings die Abhilfevorschläge der Beuthener Stadtverwaltung. Sie sieht die Lösung des Problems in der Erteilung von Staatskrediten an die westoberschlesische Großindustrie. Nur durch solche Kredite könnten Firmen wie Henckel-Donnersmarck und Giesche's Erben konkurrenzfähig bleiben und mehr Arbeiter beschäftigen.

Der Kyffhäuserzug (r.) und der Stahlhelmzug (l.) mit ihren mit monarchistischen Symbolen versehenen Vereinsfahnen während des Festumzuges anläßlich des Reichskriegertages in Leipzig

Kyffhäuserbund organisiert erstmals Reichskriegertag unter dem Völkerschlachtdenkmal

17. Oktober. *Erstmals in diesem Jahr findet in Leipzig der vom Kyffhäuserbund veranstaltete deutsche Reichskriegertag statt. Aus diesem Anlaß treffen etwa 120 000 Delegierte der Krieger- und Militärverbände aus dem gesamten Reichsgebiet in Leipzig ein. Nach der Aufführung des Weihefestspiels »Heldenehrung« nachmittags am Völkerschlachtdenkmal finden in allen größeren Lokalen der Stadt »Deutsche Abende« statt. Am zweiten und letzten Tag des Treffens formieren sich die Teilnehmer unter schwarzweißroten und anderen Vereinsfahnen zu einem Festumzug (Foto). In dessen Anschluß kommt es zu Auseinandersetzungen mit Mitgliedern des kommunistischen Roten Frontkämpferbundes (RFB). Sie protestieren an mehreren Punkten der Messestadt gegen den monarchistischen und militaristischen Charakter der Veranstaltung. Bei im Anschluß an die Krawalle verhafteten Mitgliedern von Kriegerverbänden beschlagnahmt die Polizei Schußwaffen und verschiedene Schlaginstrumente.*

Ein Übergangsheim für Strafentlassene

11. Oktober. Die »Berliner Illustrirte Zeitung« berichtet in einer Reportage von einer neuen Einrichtung des modernen Strafvollzuges, dem Paulinenhof im Kreis Glogau.
Der Gutshof wurde erst jüngst zu einem Übergangsheim für entlassene Sträflinge umgebaut. Hier soll vor allem jungen Menschen, die längere Zeit hinter Gefängnismauern zubringen mußten, Gelegenheit gegeben werden, sich auf das Leben »draußen« vorzubereiten. Hier wohnen sie und üben sie praktische Tätigkeiten aus. Die Betreuung durch sie hört auch nach der Entlassung nicht auf. Bei späterer Arbeits- und Wohnungssuche stehen ihnen zur Unterstützung Beschäftigte der Fürsorgeeinrichtung zur Verfügung. Wenn Probleme in der neuen Umgebung auftauchen, es Schwierigkeiten bei der Wiedereingliederung gibt, sollen sich ehemalige Gefangene jederzeit an die Beschäftigten des Heimes wenden können.
Solche Übergangsheime, die es noch nicht lange im Deutschen Reich gibt, sind Bestandteil einer z. Z. entstehenden Strafrechtsrefom. Grundlage dieser Reformbestrebung ist die Erkenntnis von Richtern, Psychologen und Sozialhelfern, daß die hohe Rate der Rückfälligkeit unter Strafentlassenen auf Probleme der Wiedereingliederung in die Gesellschaft zurückzuführen ist. So werden von jährlich 80 000 Verurteilten in dem Land Preußen etwa 40% nach Verbüßung der Strafe in kurzer Zeit wiederum kriminell.

Zimmer im Paulinenhof, der zum Übergangsheim für aus Gefängnissen entlassene Jugendliche umgebaut wurde – das erste deutsche Heim dieser Art

500 RM Geldstrafe für Julius Streicher

3. Oktober. Das Schöffengericht in Nürnberg verurteilt Julius Streicher wegen Beleidigung zu einer Geldstrafe von 500 RM und zur Übernahme sämtlicher Gerichtskosten.

Der 1885 geborene Julius Streicher, ein ehemaliger Lehrer, engagierte sich schon seit 1911 in politischen Parteien. 1922 trat er in die NSDAP ein und ist seit April Gauleiter Frankens.

Streicher, Landtagsabgeordneter und Mitglied der Nationalsozialistischen Deutschen Arbeiterpartei (NSDAP), hatte in seiner Zeitung »Der Stürmer« den Vorsitzenden der Deutschen Demokratischen Partei (DDP) Nürnbergs Kriecherei und Gesinnungslumperei vorgeworfen, ihn in der Stadtratssitzung »Lausbuben« geschimpft sowie mehrere Male Ohrfeigen angedroht.

Essen und Trinken 1925:

Gesunde Ernährung durch mehr Fleisch

Anziehungspunkt für Hunderttausende von Interessenten ist die vom 24. Oktober bis 4. November stattfindende »Internationale Kochkunstausstellung« in Frankfurt am Main. Der Andrang ist groß; bereits nach dem zweiten Veranstaltungstag gab es dreimal so viele Besucher wie 1911 während der gesamten Messedauer. Neben Gastwirten, Hoteliers und Köchen sind es vor allem Hausfrauen, die sich über neue Techniken in der Speisenherstellung, moderne Geräte und das Raffinement einer luxuriösen Küche informieren. Das Bedürfnis nach kulinarischen Genüssen steigt, denn, so schreibt ein Journalist, »die Küche des guten Gasthauses, des komfortablen Hotels dokumentiert, daß die Zeiten der Ersatzstoffe vorbei sind«. Aufgrund der allgemeinen wirtschaftlichen Stabilisierung kann man sich wieder mehr leisten – eine Tatsache, die auch Anlaß dafür ist, über gesunde Ernährungsweisen nachzudenken. So wird die Forschung über die Wirkung der bisher bekannten Vitamine A, B und C vorangetrieben, und Ernährungswissenschaftler Otto Kestner aus Hamburg plädiert für eine »Amerikanisierung« der Nahrung. Darunter versteht Kestner eine Erhöhung des Fleischkonsums, der mit einem umfangreicheren Verzehr von Obst, Gemüse und Salat gekoppelt sein muß. Nach seiner Ansicht steigt infolge einer Veränderung der Produktionsweise von der Muskel- zu mehr Geistesarbeit der Bedarf des Körpers an tierischem Eiweiß. Dieser wird durch die bisherige Gewohnheit der Deutschen, sich hauptsächlich von Brot und Kartoffeln zu ernähren, nur ungenügend gedeckt. Hindernis für eine notwendige Ernährungsumstellung sind allerdings die hohen Preise für Fleisch, Obst und Gemüse. Sie beruhen auf der Zollpolitik des Reiches, die Lebensmitteleinfuhren mit hohen Zöllen belegt – obwohl die inländischen Landwirtschaftsprodukte bei weitem nicht ausreichen. Eine gesunde Ernährung und kulinarische Genüsse werden also vorerst weiter das Vorrecht der Besserverdienenden sein.

△ Wenn auch von einer relativen wirtschaftlichen Stabilisierung die Rede ist, so ist es dennoch Tatsache, daß ein Großteil der Arbeiter sich und ihre Familien von sehr niedrigen Löhnen ernähren muß. Fleisch und Leckereien kommen z. B. in diesem Proletarierhaushalt so gut wie nie auf den Tisch.

◁ Durchgehende Arbeitszeiten zwingen industrielle Großbetriebe, in den Mittagspausen für die Verpflegung ihrer Angestellten zu sorgen. So wurde in den Siemens-Schuckert-Werken in Berlin eine moderne elektrische Großküche eingerichtet, von der 3000 Personen mit einer warmen Mahlzeit versorgt werden können.

Es der Johanna nachzutun, fordert diese Reklame für Abführmittel

Genußvoll widersetzt sich diese Dame den neuen Schlankheitsidealen

Offenbar so gesund wie Seeluft ist diese englische Fleischbrühe

Eiszeitmensch als begehrter Fotostar

31. Oktober. *Über ein Ausgrabungsereignis, das in seiner Bedeutung nicht geringer einzuschätzen sei wie die Entdeckung des Tutanchamun-Sarkophages (→ 25. 1./S. 28), berichtet die »London News« auf ihrer ersten Seite: Die Entdeckung eines 20 000 Jahre alten menschlichen Skelettes. Diesen sensationellen Fund machte der tschechoslowakische Professor D. K. Absolon, Archäologe an der Prager Universität, bei Grabungen in der Nähe von Predmost (Nordmähren). Schon 1880 fand man hier Knochenreste aus der Eiszeit. Zum großen Teil stammten sie von einer riesigen Mammutherde; ein menschliches Skelett jedoch war noch nicht darunter.*

Bei weiterem Suchen findet man noch mehr menschliche Zeugnisse aus der Urzeit, so daß Predmost bald zu einer der größten paläontologischen Freilandstationen in ganz Europa wird.

Prof. Absolon, Archäologe an der Prager Universität, fotografiert das alte Skelett ▷

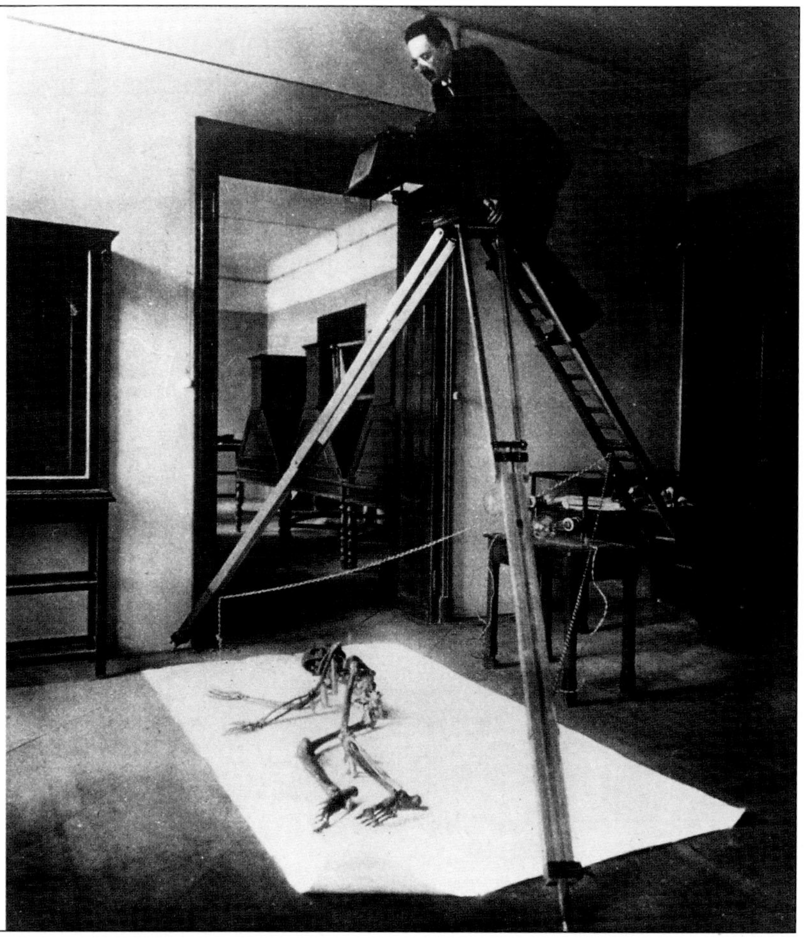

Kundgebung für Freiheit der Kunst

11. Oktober. Im Berliner Theater am Nollendorfplatz versammeln sich Künstler, Geisteswissenschaftler und Juristen zu einer Kundgebung gegen die Verfolgung der Kunst durch den Staat. Anlaß für die Veranstaltung sind in letzter Zeit erfolgte Verhaftungen von Künstlern, denen man in ihren Werken geäußerte Gesinnungen vorwirft. So wurde am → 20. August (S. 150) der kommunistische Schriftsteller Johannes R. Becher festgenommen.

Die Redner betonen, daß Voraussetzung für geistige Leistung die unbedingte Freiheit der Persönlichkeit sei. Die Demokratie, die den freien Geist in Hürden sperre, sei nicht freier, sondern gefährlicher als der alte Obrigkeitsstaat. Auch im Kommunismus lebe eine geistige Bewegung, aber genau wie man sich zu dieser Bewegung nicht zwingen zu lassen braucht, müsse man verlangen, daß sie nicht durch Polizeigewalt unterdrückt werde.

In einer abschließenden Resolution fordern die Teilnehmer eine uneingeschränkte Freiheit der Kunst.

Theaterensemble mit Dichterkindern

19. Oktober. In den Hamburger Kammerspielen findet die Uraufführung des Stückes »Anja und Esther« von Klaus Mann statt.

Besonderes Interesse in der Öffentlichkeit erfährt diese Premiere durch ihre prominente Besetzung: Die Rollen werden gespielt von den Kindern Thomas Manns, Erika und Klaus, sowie von der Tochter Frank Wedekinds, Pamela. Sie alle gehören einem vom Autor selbst und dem Schauspieler Gustaf Gründgens gegründeten Theaterensemble an.

Handlungsort von »Anja und Esther« ist ein »Erziehungsheim für gefallene Kinder«, in dem Tanzkultur betrieben wird. Beherrscht wird das Institut von seinem Leiter, einem dämonischen Greis. In die erotisch kompliziert verästelte Gemeinschaft bringt ein unbefangener, natürlicher Steptänzer Unordnung. Er entführt Esther von der Seite der ihr hörigen Anja in ein zwielichtiges Schicksal in der Großstadt.

In der Presse stößt vor allem das Bemühen des erst 19jährigen Verfassers und das der Darsteller auf wohlwollende Kritik.

△ Erika Mann (l.), Tochter von Thomas Mann und Frau von Gustaf Gründgens, ihr Bruder Klaus und dessen Verlobte Pamela Wedekind (M.) in »Anja und Esther« (l. in Zivil)

Bühnenspaß mit Luigi Pirandello

12. Oktober. Im Großen Schauspielhaus von Berlin gastiert das »Teatro d'Arte di Roma«, das z. Z. einzige Theater Italiens mit einem festen Standort. Erst im April des Jahres hat es der Schriftsteller Luigi Pirandello gegründet, dessen Stück »Sechs Personen suchen einen Autor« am ersten Abend gespielt wird.

Die höchst lebendige Aufführung voller Witz und südländischem Temperament löst bei den deutschen Zuschauern sowohl heftigen Beifall als auch Überraschung aus. An Pirandellos Werken, die gegenwärtig zu den meistgespielten Stücken auf den großen deutschen Bühnen gehören, interessiert die einheimischen Regisseure in erster Linie »die komplizierte Wechselbeziehung zwischen Wirklichkeit und Kunst«. In Pirandellos Inszenierung kommt hingegen mehr das Komödiantische zur Geltung; »hier war mehr Bühnenspiel. War mehr Kulissenspuk. Waren härter zupackende Effekte. Hier war nie aussetzende Spannung« (Julius Meier-Graefe in der »Frankfurter Zeitung« vom 14. 10. 1925).

Wien ehrt Johann Strauß

24. Oktober. Am Vorabend des 100. Geburtstages von Johann Strauß eröffnet im Wiener Rathaus der Bürgermeister der Stadt eine vielbeachtete, dem Komponisten gewidmete Gedächtnisausstellung.
Zum Jubiläum des Walzerkönigs, dem einst ganz Wien zu Füßen lag, ist auch Österreichs Staatspräsident Michael Hanisch erschienen. In seiner Rede huldigt er dem Schöpfer der »Schönen blauen Donau« und der »G'schichten aus dem Wiener Wald«, der zu Wien gehöre wie der Stephansdom. Unter großem Beifall gesteht er: »Nie habe ich es begriffen, daß fremde Tänze nach Trommeltönen den Wiener Walzer mit der Straußschen Musik haben verdrängen können.«
Im Anschluß an den Ausstellungsrundgang der Honoratioren erklingen in einem Chor- und Orchesterkonzert auf dem Rathausplatz vor etwa 5000 begeisterten Zuschauern die bekanntesten Strauß-Melodien.
Schani (Johann) Strauß (1825–1899), Sohn des ebenfalls durch seine Walzerklänge berühmt gewordenen Johann Strauß (1804–1845), komponierte in seinem Leben nicht weniger als 479 Marsch- und Tanzwerke, darunter 145 Walzer. Das berühmteste Operettenwerk des »musikalischsten Schädels Europas – eine Aussage von Richard Wagner über Strauß – ist »Die Fledermaus«.

Johann Strauß wurde mit seiner eigenen Kapelle schnell berühmt

Die »schwarze Perle« in ihrem Kostüm

Josephine in Paris

7. Oktober. *Josephine Baker, die farbige Tänzerin aus der amerikanischen Stadt Saint Louis, ist die Attraktion der »Revue Nègre«, die im Pariser Musiktheater am Champs-Élysées uraufgeführt wird. Diese Revue begründet ihren Weltruhm.*

Arnold Schönberg lehrt in Berlin

1. Oktober. Als neuer Leiter der Meisterklasse für Komposition an der Preußischen Akademie der Künste kommt der Wiener Musiker Arnold Schönberg nach Berlin. Er tritt die Nachfolge des am 27. Juli 1924 verstorbenen Komponisten und Pianisten Ferruccio Busoni an.
Berlin ist in jener Zeit ein Zentrum für neue Musik in Europa – dank der klugen und kunstfreundlichen Politik des Magistrats und des Preußischen Kultusministeriums. Busoni-Schüler Leo Kestenberg bekleidet hier über mehrere Jahre das Amt des Musik- und Theaterreferenten.
Mit der Berufung Arnold Schönbergs ist es der Stadt gelungen, einen der bedeutendsten zeitgenössischen Komponisten an Berlin zu binden. Der jetzt 41jährige entwikkelte aufgrund seiner Bestrebungen, die neuen musikalischen Sprachmittel zu systematisieren, die Zwölftontechnik. 1923 hatte Schönberg sie der Öffentlichkeit vorgestellt. Dieses System ermöglicht neue musikalische Ausdrucksformen, unbelastet von Traditionen (→ S. 52).

DIE LITERARISCHE WELT

NR. 1
1. JAHRGANG

HERAUSGEBER: WILLY HAAS
Ernst Rowohlt Verlag, Berlin W 35, Potsdamer Str. 123 B. Erscheint jeden Freitag. Preis der Nummer 20 Pfennig, vierteljährlich RM 2.25. Bezug durch jede Buchhandlung, Postanstalt oder direkt durch den Verlag; für das Ausland nur direkt durch den Buchhandel oder durch den Verlag. Postscheckkonto: Berlin 53 840.

BERLIN
FREITAG, 9. OKTOBER
1925

Anzeigenpreise in Goldmark: 1/1 S. 800, 1/2 S. 425, 1/4 S. 225, 1/8 S. 125, 1/16 S. 75. Keine Verbindlichkeit für Aufnahme in bestimmter Nummer. Anzeigenvermittlung durch Karo-Reklame, Berlin SW 19, Beuthstraße 19, oder Ernst Rowohlt Verlag, Berlin W 35, Potsdamer Straße 123 B.

PREIS
20
PFENNIG

Ein internationales Forum für Literatur

9. Oktober. Im Berliner Verlag von Ernst Rowohlt erscheint die erste Nummer der unabhängigen und progressiven Zeitschrift »Literarische Welt«.
Herausgeber ist Willy Haas, dem mit viel Elan und Engagement die Gestaltung einer ungeheuer vielfältigen und inhaltsreichen Wochenzeitung gelingt. Nach dem Vorbild der »Nouvelles litteraires« entsteht eine vollkommen neue Form der Literaturzeitschrift. Unterhaltsame Beiträge in lebendiger journalistischer Aufmachung informieren den Leser über nationale und internationale Neuigkeiten aus der Welt der Literatur, des Theaters und der Kunst. Überaus populär sind Rundfragen an berühmte Zeitgenossen.
Besondere Unterstützung erhält Haas in seiner Arbeit von den Autoren Robert Musil, Hugo von Hofmannsthal und Ernst Robert Curtius. Auch Schriftsteller wie Thomas Mann, Jakob Wassermann und Johannes R. Becher verfassen in den kommenden Jahren Texte für die »Literarische Welt«.

*Thomas Mann, * 1875*

*Willy Haas, * 1891*

*Moritz Heimann, * 1868*

*Jean Cocteau, * 1889*

Internationales Aufsehen erregt eine aktualisierte Aufführung von William Shakespeares »Hamlet« im Londoner Kingsway-Theater; das Bühnenfoto zeigt König Claudius (l.) und Prinz Hamlet

Ernst Deutsch und Grete Jakobsen in den Rollen von Romeo und Julia im gleichnamigen Schauspiel Shakespeares; die Aufführung im Wallner-Theater ist Anziehungspunkt für das Berliner Publikum

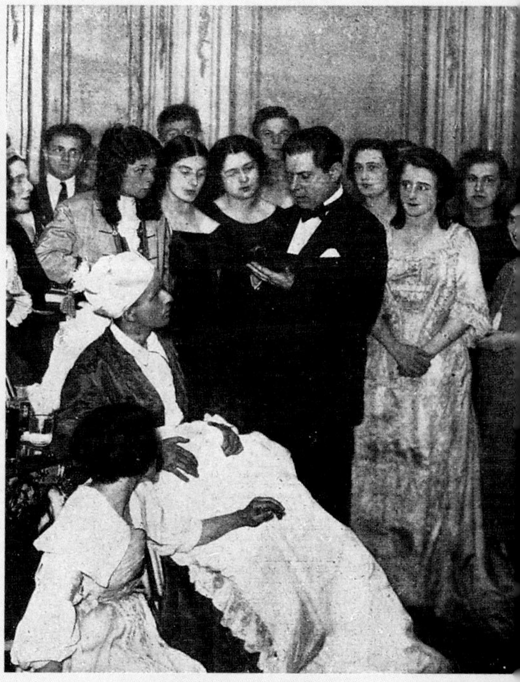

Regisseur Max Reinhardt (M.), der z. Z. hauptsächlich in Wien und Berlin inszeniert, während einer Probe zu »Der eingebildete Kranke« von Molière mit Schauspielschülern aus Wien

Theater 1925:

Neues Lachen über die deutsche Wirklichkeit

Die Verabschiedung des Expressionismus mit seinem Pathos und dem Ruf nach Wandlung und Erneuerung scheint im Jahr 1925 in der Kunst endgültig vollzogen. Das Suchen nach einer neuen Welt ist abgelöst durch den ungetrübten Blick auf die Wirklichkeit, »Neue Sachlichkeit« ist gefragt. Eine Zäsur, die sich auf der Bühne in der Wiederbelebung der Komödie widerspiegelt und in neu entstehenden Theaterformen: Erwin Piscator begründet das Dokumentartheater, Bertolt Brecht arbeitet an »Mann ist Mann« und veröffentlicht erste theoretische Arbeiten über die Dramaturgie einer künftigen Bühne, des epischen Theaters.

Ironie und Spaß gewinnen wieder Boden, der »deutsche dramatische Krampf löste sich«, wie Günter Rühle schreibt. Die »Heilige Johanna« des irischen Autors George Bernard Shaw stellt sich als Muster einer ironisch distanzierten Haltung zur Geschichte dar. Interesse beim Publikum finden zur Zeit auch die Stücke des Italieners Luigi Pirandello (→ 12. 10. / S. 178). Das mit großem Erfolg in Berlin uraufgeführte Lustspiel »Der fröhliche Weinberg« von Carl Zuckmayer wird zum Prototyp eines neuen realistischen Komödienstils in der Theatergeschichte. Zuckmayer, der als Expressionist begonnen hatte, sagt selbst über seine Arbeit an diesem, die irdischen Freuden verherrlichenden Volksstück: »Plötzlich brach die Natur aus mir heraus.«

Eine neue Form des proletarisch-revolutionären Theaters, die besonders in den späten 20er Jahren an Bedeutung gewinnt, entsteht mit den Agitprop-Gruppen. Am Erfolg dieser nach dem sowjetischen Vorbild der »Blauen Blusen« entstehenden Spielgruppen des Kommunistischen Jugendverbandes hat Piscator großen Anteil.

Die wichtigen deutschen Premieren

»Der Kreidekreis« von Klabund, → 3. Januar (S. 29) Frankfurt am Main; Berliner Erstaufführung am 20. Oktober, Regie: Max Reinhardt

»Wer weint um Juckenack?« von Hans José Rehfisch, 31. Januar in Berlin, Regie: Erwin Piscator

»Coriolan« von William Shakespeare, 27. Februar in Berlin, Regie Erich Engel

»Die Sündflut« von Ernst Barlach, → 4. April (S. 88) in Berlin, Regie: Jürgen Fehling

»Rheinische Rebellen« von Arnolt Bronnen, Uraufführung 16. Mai in Berlin, Regie: Leopold Jessner

»Die Exzesse« von Arnolt Bronnen, Uraufführung 7. Juni in Berlin, Regie: Heinz Hilpert

»Trotz alledem« von Felix Gasbarra und Erwin Piscator, → 12. Juli (S. 136) in Berlin, Regie: Piscator

»Veland« von Gerhart Hauptmann, Uraufführung → 19. September (S. 166) in Hamburg, Regie: Gerhart Hauptmann

»Zurück zu Methusalem« von George Bernard Shaw in Berlin: 21. September (Teil 1, 2), Regie: Martin Kerb; 26. November (Teil 3 – 5), Regie: Viktor Barnowsky

»Gneisenau« von Wolfgang Goetz, 26. Oktober in Berlin, Regie: Heinz Hilpert

»Der fröhliche Weinberg« von Carl Zuckmayer, → 22. Dezember (S. 206), Regie: Reinhard Bruck; 23. Dezember in Frankfurt am Main, Regie: Heinz Hilpert

Bühnenpremiere für den Filmstar Asta Nielsen (mit Josef Krahé)

Rudolf Forster in der Rolle des Dichters in der Uraufführung des Schauspiels »Oscar Wilde« von Carl Sternheim im Berliner Deutschen Theater

Deutsche Erstaufführung von Shaws »Zurück zu Methusalem« in München, v. l. C. Schulz als Eva, T. Giese als Schlange, E. Hetz als Adam

Mit alten Volksliedern und modernen Bühnenbildern hat das von russischen Emigranten gegründete Theater »Der blaue Vogel« großen Erfolg

Jubiläumsfeier des Fußballbundes

2. Oktober. In Leipzig beginnen die bis zu dem 6. Oktober dauernden Festveranstaltungen anläßlich des 25jährigen Bestehens des Deutschen Fußball-Bundes (DFB). Hier in Leipzig war am 28. Januar 1900 der Bund gegründet worden.

Das Jubiläumsprogramm reicht von Sitzungen der Fachausschüsse über eine festliche Opernaufführung – »Tannhäuser« – bis zu feierlichen Empfängen. Gleichzeitig wird auf dem Gelände der Technischen Messe die »Allgemeine deutsche Sportausstellung 1925« eröffnet. Höhepunkt für das Publikum aber ist das Endspiel um den deutschen Bundespokal am → 4. Oktober.

Süddeutschland neuer Pokalsieger

4. Oktober. Im Endspiel um den Bundespokal des Deutsches Fußball-Bundes (DFB) besiegt die süddeutsche Mannschaft die Elf aus Mitteldeutschland mit 2:1.

Das Endspiel, Glanzpunkt des DFB-Jubiläums, verfolgen 30 000 Zuschauer im Leipziger Sportstadion. Sie sehen ein bis zum Schluß spannendes Spiel der beiden Auswahlmannschaften. Erst drei Minuten vor dem Ende gelingt den Süddeutschen der Siegtreffer zum 2:1 und damit zum sechsten Pokal-Erfolg. Bei den Zwischenrundenspielen tags zuvor schlug der Meister die Berliner 7:0; Mitteldeutschland die Südostdeutschen sogar 8:0.

Das Turnrad aus der Rhön

Oktober. Auf Sportfesten in der Rhön testen Turner ein neues Sportgerät, das sog. Rhönrad.

Dieses nach seinem Entwicklungsort benannte Ding hat sich Otto Feick in dem Dorf Schönau in der Rhön ausgedacht. Es besteht aus zwei Stahlrohrreifen von 1,60 bis 2,20 m Durchmesser. In einem Abstand von 41 bis 47 cm sind sie durch Querstangen miteinander verbunden. An diesen Verstrebungen werden die Hände und Füße befestigt, so daß man sich bei einiger Geschicklichkeit mit dem Rad drehend fortbewegen kann. Das Rad wird bald zum weitverbreiteten Sport- und Artistengerät in ganz Mitteleuropa.

Das neue Sportgerät macht bald Furore: Berliner »Rhönrad-Mädel«

Länderspiel-Sieg gegen die Schweiz

25. Oktober. In Basel gewinnt die deutsche Fußballnationalmannschaft gegen die Schweizer Elf 4:0.

Vor rund 16 000 Zuschauern enttäuscht vor allem der schweizerische Sturm. Nach dem 0:2-Rückstand zur Pause werfen die Gastgeber in der zweiten Halbzeit zwar alles nach vorn, doch fehlt es in der Offensive an gekonntem Kombinationsspiel. Zudem können die zu unentschlossen wirkenden Schweizer ihre Torchancen nicht nutzen. Die deutsche Mannschaft überrascht durch ihr gutes Zusammenspiel. Kapitän Otto Harder vom Hamburger SV erzielt drei, der Nürnberger Georg Hochgesang einen Treffer.

Sportforum in Berlin geplant

18. Oktober. Auf dem erweiterten Gelände des Berliner Grunewaldstadions wird von Reichspräsident Paul von Hindenburg der Grundstein für das Deutsche Sportforum gelegt. Mit den Worten »Deutsche Jugend, der dieses Werk hier gewidmet ist, werde treu, werde einig, werde stark und hart!« vollführt er die ersten Hammerschläge.

Auf einem Gelände von 940 m Länge und 215 m Breite sollen u. a. das Hauptgebäude für eine Sportschule, des weiteren ein Verwaltungsgebäude des Reichsausschusses, eine Winterschwimmhalle, ein Turngebäude, drei Fußballfelder und ein Frauensportplatz entstehen.

November 1925

Mo	Di	Mi	Do	Fr	Sa	So
						1
2	3	4	5	6	7	8
9	10	11	12	13	14	15
16	17	18	19	20	21	22
23	24	25	26	27	28	29
30						

1. November, Sonntag

In einer öffentlichen Erklärung verteidigt die deutsche Reichsregierung ihre Locarno-Politik gegen die Angriffe der rechten Parteien. → S. 186

Auf der Schachtanlage I/II der Zeche »Holland« in Essen kommt es zu einer Schlagwetterexplosion, bei der 17 Bergleute getötet werden.

Im Rheingau ist für dieses Jahr die allgemeine Weinlese beendet. Obwohl die Winzer über die Auswirkungen der Rebschädlinge klagen und das Trauben- und Mostgeschäft schlecht geht, nehmen die Erzeuger an, daß die Weine des Jahres 1925 die Qualität der vergangenen vier Jahre übertreffen werden.

2. November, Montag

Der Nationalrat der sozialistischen Partei Frankreichs spricht sich mit einer großen Mehrheit gegen die Politik des Ministerpräsidenten Paul Painlevé aus (→ 22. 11./S. 189).

Der sowjetische Schriftsteller Maxim Gorki, der sich z. Z. aus Gesundheitsgründen in dem italienischen Ort Loretto aufhält, protestiert gegen die Durchsuchung seines Hauses von seiten der italienischen Polizei.

Unter dem Titel »Spießer-Spiegel« erscheinen 60 Zeichnungen des Künstlers George Grosz in Berlin.

3. November, Dienstag

In einer Rundfunkrede erläutert Außenminister Gustav Stresemann (DVP) die Ergebnisse der Konferenz von Locarno im Oktober (→ 16. 10./S. 172).

Im Anschluß an die Regierungserklärung des französischen Ministerpräsidenten Paul Painlevé wird ein Vertrauensvotum mit 221 gegen 189 Stimmen vom Parlament angenommen. 166 Abgeordnete, meist Sozialisten, enthalten sich der Stimme (→ 22. 11./S. 189).

Berlin erhält eine neue Bauordnung, die u. a. die Errichtung von sog. Mietskasernen für die Zukunft untersagt (→ S. 160/61).

Die ungarische Nationalversammlung spricht sich für die neue ungarische Währungseinheit, den Pengö, aus, sie löst die Papierkronen ab. Ein Pengö sind 12 500 Papierkronen.

4. November, Mittwoch

Bei der Verteidigung der Stadt Damaskus gegen die aufständischen Drusen kommen auch französische Bombenflugzeuge zum Einsatz (→ 4. 8./S. 145).

Von Viktor Ottmann erscheint das Buch »Paul von Hindenburg – des Deutschen Reiches treuer Eckart«.

5. November, Donnerstag

Wegen eines Attentatversuchs auf den italienischen Ministerpräsident Benito Mussolini werden in Italien die sozialistischen Parteien aufgelöst. → S. 188

Gegen die aggressive französische Politik in Syrien sprechen sich die konservativen Abgeordneten des französischen Parlaments aus (→ 4. 8./S. 145).

Die nationalistische Partei der US-amerikanischen Kolonie Philippinen bringt im Parlament einen Antrag zur Durchführung einer Volksabstimmung über die Unabhängigkeit der Inseln ein. → S. 189

Die »Frankfurter Zeitung« berichtet über Monopolpläne in der Tabakindustrie. → S. 191

Die »Internationale Gesellschaft zur Erhaltung des Wisents« veröffentlicht einen Arbeitsbericht. → S. 191

6. November, Freitag

Die Botschafterkonferenz in Paris beantwortet die deutsche Note vom 23. Oktober über die Entwaffnungsfrage. Einige Tage darauf, am 14. November, werden der deutschen Regierung Erleichterungen für die besetzten Gebiete in Aussicht gestellt (→ 23. 10./S. 175; 1. 11./S. 186).

Zwischen der Schweiz und Deutschland kommt es zum Abschluß eines provisorischen Handelsvertrages.

Im Berliner Kino »Alhambra« wird der Film »Der Trödler von Amsterdam« mit Werner Krauss uraufgeführt.

Zur Erleichterung des Personenverkehrs wurde eine direkte Schlafwagenverbindung zwischen Köln und der türkischen Stadt Konstantinopel (Istanbul) eingerichtet.

7. November, Sonnabend

Zum Nachfolger des am 31. Oktober verstorbenen sowjetischen Volkskommissars für Heer und Flotte, Michail W. Frunse, wird Kliment J. Woroschilow in Moskau ernannt.

Im zweiten Wahlgang bestätigt das lettische Parlament den bisherigen Staatspräsidenten Janis Tschakste für drei Jahre in seinem Amt.

Eine Delegation junger deutscher Arbeiter beginnt eine Reise in die Sowjetunion (bis 20. Dezember). → S. 187

Der Vertrauensmann der Kleiststiftung in Berlin, Paul Fechter, gibt die diesjährige Verleihung des Kleist-Preises an den Schriftsteller Carl Zuckmayer für dessen Stück »Der fröhliche Weinberg« bekannt (→ 22. 12./S. 206).

Eine internationale Kunstausstellung, in der erstmals nach dem Weltkrieg auch deutsche Exponate zu sehen sind, wird in der Royal Academy London eröffnet. → S. 194

Unter dem Jubel Tausender Zuschauer landet der Pilot de Pinedo sechseinhalb Monate nach seinem Start wieder in Rom. Er hat einen 55 000 km langen Flug rund um die Welt in einem Wasserflugzeug hinter sich. → S. 190

8. November, Sonntag

Anläßlich des Jahrestages der deutschen Revolution vom 9. November 1918 spricht der Dramatiker Ernst Toller im Großen Schauspielhaus Berlin über die »Deutsche Revolution«.

9. November, Montag

Nach dem Rücktritt mehrerer Minister wird in der griechischen Hauptstadt Athen ein neues Kabinett gebildet. → S. 188

Von den jubelnden Bewohnern wird in Brüssel das belgische Königspaar empfangen, das von seiner Silber-Hochzeitsreise aus Indien zurückkehrt.

Im Blauen Saal des Moskauer Gewerkschaftshauses wird der Internationale Schachkongreß, verbunden mit einem Turnier, eröffnet (→ 6. 12./S. 209).

10. November, Dienstag

In Brüssel beginnt die bis zum 13. November dauernde internationale Konferenz kommunistischer Parlamentarier. Sie diskutieren über die Auswirkungen der Verträge von Locarno, in denen sie ein imperialistisches Komplott gegen die UdSSR sehen (→ 16. 10./S. 172).

Nach Ablehnung des sozialistischen Steuervorschlages durch den französischen Finanzausschuß kommt es in Paris zum Bruch zwischen den Sozialisten und der Regierung (→ 22. 11./S. 189).

11. November, Mittwoch

Im »Verein Berliner Kaufleute und Industrieller« spricht Reichskanzler Hans Luther zur Locarno-Politik – eine Rede, die national und international große Beachtung findet (→ 1. 11./S. 186).

Reichspräsident Paul von Hindenburg stattet in den folgenden zwei Tagen den Landesregierungen in Stuttgart, Karlsruhe, Darmstadt und Frankfurt am Main seinen Staatsbesuch ab.

Die zuständigen staatlichen Instanzen erteilen der Stadt Frankfurt am Main die Genehmigung, bei US-Banken eine Anleihe in Höhe von vier Millionen US-Dollar aufzunehmen (→ S. 132).

In Den Haag stimmt die zweite Kammer mit 52 gegen 42 Stimmen einem Antrag zu, die niederländische Botschaft beim Vatikan aufzugeben. Infolgedessen treten vier katholische Minister zurück.

Der nach dem deutschen Minnesänger Walther von der Vogelweide benannte Waltherplatz in Bozen (Südtirol) wird von den italienischen Behörden in »König-Viktor-Emanuel-Platz« umbenannt.

12. November, Donnerstag

In Madrid versuchen mehrere Generale der Armee, in Spanien die Republik auszurufen. Der Militärputsch wird jedoch sehr schnell niedergeschlagen.

Wegen des auf ihn versuchten Attentats sagt der italienische Ministerpräsident Benito Mussolini die Reise nach London zur Unterzeichnung des Locarno-Paktes ab (→ 5. 11./S. 188).

Die neue griechische Regierung verbietet ab sofort das Tragen von vor ihrem Amtsantritt vergebenen griechischen Orden (→ 9. 11./S. 188).

Mit 60 Mann Besatzung sinkt ein britisches U-Boot. Die Rettungsmaßnahmen, an denen auch deutsche Taucher beteiligt sind, bleiben erfolglos.

Wegen der nach Peking übergreifenden Bürgerkriegskämpfe reist der Chef der chinesischen Zentralregierung, Tuang Tschi-jui, überraschend nach Tientsin, um dort in den ausländischen Niederlassungen Schutz zu suchen (→ 30. 5./S. 99).

13. November, Freitag

Polens Ministerpräsident Władysław Grabski tritt wegen der mangelnden Zustimmung gegenüber seinem Finanzprogramm zurück. → S. 188

In der Pariser Galerie »Pierre« wird die erste große Kollektivausstellung der Surrealisten eröffnet (bis 25. 11.). → S.194

14. November, Sonnabend

Auf der an diesem Wochenende stattfindenden Kulturtagung der Deutschen Volkspartei kritisieren die Delegierten u. a. die Form der Verträge zwischen Staat und Kirche (→ 3. 2./S. 42).

In Rom genehmigt der italienische Ministerrat einen neuen Gesetzentwurf, der die Befugnisse des Ministerpräsidenten entscheidend erweitert.

Der mexikanische Kongreß beschließt ein Gesetz, das Ausländern Grundbesitz in Grenz- und Küstengebieten des Landes verweigert. Betroffen sind davon vor allem US-Amerikaner. → S. 188

Als dritter Nordatlantik-Schnelldampfer der Hamburg-Amerika-Linie läuft die »Hamburg« auf der Werft Blohm & Voss vom Stapel.

Auf seiner Rückreise von den USA nach Moskau trifft der sowjetische Schriftsteller Wladimir W. Majakowski zu einem Zwischenaufenthalt in Berlin ein.

15. November, Sonntag

In Berlin findet ein zweitägiger Parteitag der Deutschnationalen Volkspartei (DNVP) statt (→ 1. 11./S. 186).

Bei den Parlamentswahlen in Australien erringen die Nationale Partei 35 Sitze, die Arbeiterpartei 27 sowie die Landespartei 12 Sitze. Premierminister Stanley M. Bruce wird wiedergewählt.

16. November, Montag

In Kassel eröffnet die Zentrumspartei ihren vierten Reichsparteitag.

Vor sieben Jahren, am 11. November 1918, war der Weltkrieg beendet, der Waffenstillstand von Compiègne wurde geschlossen; überall in Europa wird an diesem Tag der Opfer gedacht, wie hier in London, wo sich Tausende auf der Straße versammelt haben

Nummer 47
22. Novemb. 1925

Zeitbilder

Beilage zur Vossischen Zeitung

Zum Totensonntag. Sport General

Londons Gruß an die Gefallenen: Die Menschenmenge vor der Bank von England während der zwei Minuten Ruhepause am Jahrestage des Waffenstillstandes.

DIE FRAU AUF DER LANDSTRASSE.

Von Barry Pain.

Berechtigte Übersetzung von A. M. Glaser.

Henderson fuhr langsam. Es waren verschiedene kleine Wagen auf der Landstraße, die auf eine lässige, verständnislose, bäuerische Art gelenkt wurden; auch gingen einzelne Gruppen von Dorfbewohnern auf dem Fahrweg. Alle strebten in dieselbe Richtung und verschwanden in der Einfahrt von Jaspers Landhaus. Henderson hatte die Ankündigung der öffentlichen Versteigerung an der Außenseite der Gartenmauer aushängen sehen. Offensichtlich wurde alles versteigert; und „alles" schloß ein Automobil in sich. Möglich, daß es sich lohnte, es anzusehen. Henderson wollte einen stärkeren Wagen als den haben, den er jetzt fuhr. Vielleicht gab es dort auch noch andere Dinge, die man brauchen konnte. Jedenfalls waren diese Auktionen oft unterhaltend.

Ein Händler trat an ihn heran, als er aus seinem Wagen stieg und fragte ihn, ob er irgendeinen Auftrag für ihn ausführen könnte. Er ging mit Henderson zu dem großen Automobil.

„Herr Jasper fuhr es nur ungefähr einen Monat," sagte er.

„Warum soll es versteigert werden?" fragte Henderson.

„Alles soll versteigert werden. Herr Jasper hat Konkurs gemacht und sitzt jetzt im Gefängnis."

Es war ein moderner 36-PS-Wagen, fast neu. Henderson musterte ihn mit den sachverständigen Augen eines Ingenieurs und fand keinen Fehler. Als seine gründliche Prüfung beendet war, entschied er sich, den Wagen zu kaufen, wenn er ihn für 300 Pfund haben könnte. Er glaubte, daß man höher

Der am 14. November in Budapest begonnene Prozeß gegen den Kommunisten Mátyás Rákosi wird vom Stadtgericht an ein ordentliches Gericht zur Weiterverhandlung überwiesen. → S. 188

Großen Applaus erhält der im Berliner Ufa-Palast am Zoo uraufgeführte Film »Varieté« mit Emil Jannings.

17. November, Dienstag

Die Mehrheit des sächsischen Landtages spricht sich gegen eine von der Kirche beeinflußte Schule aus (→ S. 46/47).

Die US-amerikanische Morgan-Bank und der italienische Staat schließen in Washington ein Abkommen über eine Anleihe für Italien in einer Höhe von 100 Millionen US-Dollar.

In Berlin endet der Prozeß gegen die Gräfin Bothmer aus Potsdam, der einige Wochen die Aufmerksamkeit der Öffentlichkeit auf sich gezogen hat. Die Gräfin wird wegen Diebstahls in vier Fällen zu einem Jahr Gefängnis verurteilt.

18. November, Buß- und Bettag

In Madrid unterzeichnen Deutschland und Spanien einen provisorischen Handelsvertrag. Dadurch wird der deutsch-spanische Zollkrieg eingestellt. → S. 187

Mit einer Rede des Ministerpräsidenten und Duce Benito Mussolini wird in Rom das italienische Parlament eröffnet. Am selben Tag veröffentlicht das Parlament einen Gesetzentwurf über die künftigen Rechte der Arbeitgeber- und Arbeitnehmerverbände.

Der Vorsitzende der Agrarpartei, Stjepan Radić, übernimmt im jugoslawischen Kabinett das Amt des Unterrichtsministers (→ 5. 1./S. 18).

19. November, Donnerstag

Der österreichische Nationalrat in Wien genehmigt einen Gesetzentwurf über die Kranken-, Unfall-, Invaliden- und Arbeitslosenversicherung der österreichischen Arbeitnehmer.

Im österreichischen Tirol kommt es mehrfach zu Kundgebungen gegen die faschistische Entwicklung in Südtirol und die Diskriminierung der dortigen deutschen Bevölkerung. Von der Regierung in Wien wird verlangt, daß sie in Rom dagegen Einspruch erhebt.

Als ein kommunistischer Abgeordneter im italienischen Parlament die Regierung Mussolini kritisiert, werden die Kommunisten von faschistischen Abgeordneten brutal zusammengeschlagen.

20. November, Freitag

In Anwesenheit des Reichspräsidenten Paul von Hindenburg findet in Berlin eine Gedächtnisfeier für den Piloten Manfred von Richthofen statt. → S. 187

Die in Peking stattfindende internationale Zollkonferenz nimmt eine Entschließung an, wonach China künftig gestattet wird, seine Zolltarife autonom festzusetzen. → S. 188

In den frühen Morgenstunden werfen irische Republikaner eine Bombe in ein Dubliner Lichtspielhaus, wo z. Z. ein britischer Film auf dem Programm steht.

Auf Schloß Sandringham in Norfolk stirbt die britische Königinmutter Alexandra kurz vor ihrem 81. Geburtstag; sie wird in London beigesetzt. → S. 189

In der Mannheimer Kunsthalle beginnt eine Bauausstellung, die einen Überblick über das Schaffen der Architekten der letzten 15 Jahre gibt. → S. 194

21. November, Sonnabend

Von Gesprächen mit sowjetischen Regierungsvertretern und Wissenschaftlern kehrt eine Delegation der Sternwarte von Frankfurt am Main zurück. In Leningrad kam man überein, Forschungsprogramme gemeinsam durchzuführen.

Amelie Beese-Boutard, die erste deutsche Motorfliegerin, stirbt im Alter von 39 Jahren in Berlin.

Die in Berlin erscheinende Zeitschrift »Licht-Bild-Bühne« veröffentlicht die Ergebnisse einer Umfrage unter US-amerikanischen Kinobesuchern. Danach geht die Mehrheit nur in eine Vorführung, um ihren Lieblingsstar zu sehen.

22. November, Sonntag

Am letzten Tag der Finanzdebatte im französischen Parlament (seit 18. November) tritt das Kabinett zurück. → S. 189

Nach den Parlamentswahlen in der Tschechoslowakei am 15. und 22. November bleiben die bisherigen Koalitionsparteien an der Regierung. → S. 189

Die französischen Truppen umgeben Beirut mit Schützengräben und Stacheldrahtzäunen, da sie größere Kämpfe mit den aufständischen Drusen erwarten (→ 12. 10./S. 174).

Im Hamburger Hafen kehren die Mitglieder des Zirkus Sarrasani von ihrer Südamerikatournee zurück. → S. 194

23. November, Montag

Nach 42tägiger Verhandlung verurteilt ein Moskauer Gericht zwölf Angeklagte wegen Unterschlagungen im Leningrader Kriegshafen zum Tode.

Der Film »Go West« von Buster Keaton wird in den USA uraufgeführt. → S. 195

24. November, Dienstag

Von etwa tausend Menschen wird die Malerin und Grafikerin Clara Zetkin auf dem Schlesischen Bahnhof in Berlin begrüßt. Sie kehrt von einem zweijährigen Aufenthalt in Moskau zurück.

Von Sigmund Freud, Arzt und Psychoanalytiker, erscheinen erstmals die »Kleinen Beiträge zur Traumlehre«.

An zwei Tagen gastiert der junge russische Komponist Igor Strawinsky im Großen Saalbau von Frankfurt am Main.

25. November, Mittwoch

Die kommunistische Fraktion im Deutschen Reichstag bringt im Parlament einen Antrag auf Fürstenenteignung ein. → S. 187

In das badische Parlament zieht die neue Regierungskoalition von Demokraten, Zentrum und Sozialdemokraten ein.

Das persische Parlament überträgt dem neuen Herrscher des Landes, Resa Khan, die erbliche Würde als Schah (→ 31. 10./S. 174).

Der französische Schriftsteller Henry Barbusse muß seinen gegenwärtigen Aufenthaltsort Bukarest verlassen, da er von faschistischen rumänischen Gruppen angegriffen wurde. Barbusse war nach Rumänien zur Beobachtung eines Prozesses gegen Kommunisten gereist.

Anläßlich der Wiedereröffnung der Eisbahn im Berliner Sportpalast treffen die Eishockeymannschaften des SC Riessersee und des Berliner Schlittschuhclubs aufeinander. Der gastgebende Deutsche Meister gewinnt 4:1.

26. November, Donnerstag

Ein von der spanischen Regierung genehmigter Gesetzentwurf verbietet jede Tätigkeit von Arbeiterorganisationen sowie Streiks in Spanien (→ 3. 12./S. 204).

Prajadhipok, Bruder des verstorbenen Königs Wajirawudh, wird unter dem Namen Rama VII. König von Siam. → S. 189

Nach sechsjähriger Tätigkeit gibt der Komponist und Dirigent Max von Schillings das Amt des Intendanten an der Staatsoper in Berlin ab (→ 5. 12./S. 207).

Für eine Million Reichsmark erwerben die Staatlichen Museen Berlin die Statue einer attischen Göttin.

In Berlin hat der Film »Halbseide« mit Hans Albers Premiere.

Auf dem Berliner Messegelände beginnt die diesjährige Deutsche Autoausstellung. Sie ist bis zum 6. Dezember für das Publikum geöffnet (→ S. 101).

Durch den am 25. November einsetzenden Schneesturm in West- und Südwestdeutschland kommt es zu erheblichen Behinderungen im Straßenverkehr. Auch der Funkverkehr ist teilweise für mehrere Stunden gestört.

27. November, Freitag

Nach einer fünf Tage dauernden Debatte billigt der Deutsche Reichstag mit 300 gegen 174 Stimmen die Veträge von Locarno und ermächtigt die Regierung zum Eintritt in den Völkerbund. Der Reichsrat bestätigt tags darauf diese Entscheidung (→ 1. 11./S. 186).

In London scheitern deutsch-britische Gespräche über einen Handelsvertrag.

Die Regierung der Freien Stadt Danzig beantragt beim Völkerbund die Verlegung eines polnischen Munitionslagers von der Westerplatte nach Gdingen.

Die Berliner Volksbühne führt das Revolutionsstück »Der befreite Don Quichotte« von Anatoli Lunatscharsky, dem sowjetischen Volkskommissar für das Bildungswesen, auf.

40jährig stirbt in Grasse der französische Maler Roger de La Fresnaye.

28. November, Sonnabend

In Paris bildet der bisherige Außenminister Aristide Briand ein neues Kabinett. Briand behält sein Amt im Ministerium für Äußeres bei (→ 22. 11./S. 189).

Vertreter der beiden deutschen Luftverkehrskonzerne Junkers und Aero-Lloyd treffen in Berlin zu Gesprächen über eine Fusionierung zusammen. → S. 190

Mit einer großen Festveranstaltung wird die neu errichtete Dortmunder Westfalenhalle eingeweiht. → S. 195

29. November, Sonntag

Bei den Provinziallandtagswahlen in Preußen führen die beiden Rechtsparteien (DVP und DNVP) als Preußenblock vor den Sozialdemokraten.

Auf der Tagung des »Deutschen Ostbundes« in Berlin unterstreichen die Delegierten einstimmig ihr Bestreben, die deutschen Ostgebiete auf friedlichem Wege zurückzugewinnen.

Im Landtag in Preßburg fordern die slowakischen Abgeordneten die Autonomie innerhalb der Tschechoslowakei.

Das italienische Parlament verabschiedet mehrere Gesetze, die einer weiteren Festigung der faschistischen Macht dienen (→ 3. 1./S. 17).

Ein großer Erfolg wird der Auftritt des Tenors Richard Tauber in der Essener Oper mit »Hoffmanns Erzählungen« von Jacques Offenbach. → S. 195

30. November, Montag

Infolge einer Einigung zwischen dem Deutschen Reich und der Botschafterkonferenz in Paris beginnen die alliierten Truppen mit der Räumung der Kölner Zone (→ 1. 11./S. 186).

Ein Jahr nach dem Erscheinen der ersten Nummer der Arbeiterillustrierten »AIZ« beträgt die Auflagenhöhe 450 000.

Die sowjetische Regierung in Moskau beschäftigt sich mit dem Problem verwahrloster Waisenkinder im Land. Die Gesamtzahl der Jungen und Mädchen, die meist während des Bürgerkrieges ihre Eltern verloren, wird auf mehr als 300 000 geschätzt.

Das Wetter im Monat November

Station	Mittlere Lufttemperatur (°C)	Niederschlag (mm)	Sonnenscheindauer (Std.)
Aachen	2,6 (6,0)	86 (67)	– (62)
Berlin	2,6 (3,9)	36 (46)	– (50)
Bremen	3,1 (5,3)	42 (60)	– (50)
München	1,8 (3,0)	49 (53)	– (54)
Wien	– (4,5)	– (53)	– (58)
Zürich	2,5 (3,3)	64 (72)	– (51)

( ) Langjähriger Mittelwert für diesen Monat
– Wert nicht ermittelt

Auch im skandinavischen Raum fühlt man sich der modernen Kunst verpflichtet, wie dieses Titelbild der dänischen Kunstzeitschrift »Tik Tak« beweist; es stammt von Sven Brasch

Protest Deutschnationaler gegen den Locarno-Vertrag

1. November. Die deutsche Reichsregierung veröffentlicht eine Erklärung, worin sie zu der Kritik der Deutschnationalen Volkspartei (DNVP) an den Beschlüssen der Konferenz von Locarno (→ 16. 10. / S. 172) Stellung nimmt.

Schon während des Treffens in Locarno hatten die extrem nationalistischen Kreise gegen die Verhandlungsführung der deutschen Delegation unter Außenminister Gustav Stresemann (DVP) protestiert. Sie warfen Stresemann vor, daß er sich durch eine zu lasche Verhandlungsführung zum Erfüllungsgehilfen der ausländischen Mächte hergegeben hätte. Aufgrund dieses Widerstandes innerhalb der Partei beschloß der Vorstand der DNVP am 23. Oktober, den Vertrag abzulehnen und veranlaßte ihre Minister Martin Schiele (Inneres), Otto von Schlieben (Finanzen) sowie Albert Neuhaus (Wirtschaft) am 25. Oktober zum Austritt aus der Regierung.

Die Kritik der Deutschnationalen konzentriert sich u. a. auf folgende Punkte: »In dem Vertragswerk von Locarno sind die deutschen Lebensinteressen nicht gewahrt und die deutschen Richtlinien nicht erfüllt; die Vorleistungen unserer Gegner sind nicht erfüllt; Deutschlands Recht auf die Räumung der ersten Rheinlandzone ist nicht durchgesetzt, die Entwaffnungsfrage nicht in einer dem deutschen Interesse und dem deutschen Recht entsprechenden Weise geregelt.«

Um die Ratifizierung des Locarno-Vertrages durch die von dem Rücktritt der Minister heraufbeschworene Regierungskrise nicht zu gefährden, erklärt Reichskanzler Hans Luther (parteilos), daß das Rumpfkabinett bis zum Abschluß des Genehmigungsverfahrens im Reichstag und in der Regierung noch im Amt bleiben werde.

In der Folgezeit, die in der Öffentlichkeit gekennzeichnet ist von Demonstrationen für und wider Locarno, beraten die Parteien über ihre Haltung in den bevorstehenden Abstimmungen. Die Regierung versucht, eine verbindliche Erklärung in der Entwaffnungsfrage mit den Alliierten herbeizuführen, um so den äußerst populären Punkt der Räumung der Kölner Zone endgültig zu klären (→ 23. 10. / S. 175).

Der britische Botschafter Edgar Vincent d'Abernon schreibt in seinen Memoiren »Ein Botschafter der Zeitenwende« über diese Zeit in Berlin am 15. November: »Man glaubt hier ziemlich zuversichtlich, daß man eine genügende Mehrheit für die Ratifizierung des Sicherheitspaktes bekommen wird. Das Seltsame ist, daß, trotzdem jeder überzeugt ist, daß der Vertrag angenommen wird, kein Mensch sich irgendein bestimmtes Bild davon machen kann, welche Parteien die Reichstagsmehrheit bilden werden. Die Botschafterkonferenz in Paris hat zu der Besserung der Lage beträchtlich beigetragen. Es war von größter Bedeutung, eine bestimmte Erklärung in bezug auf die Räumung Kölns zu erlangen, bevor die Fraktionsverhandlungen eingesetzt haben.«

Der von der Botschafterkonferenz zugesagte Abzug der alliierten Truppen aus Köln ab Dezember trägt dann auch dazu bei, daß am 27. November der Deutsche Reichstag mit der notwendigen einfachen Mehrheit (300 zu 174 Stimmen) das Locarno-Gesetz verabschiedet. Am 28. November unterschreibt Reichspräsident Paul von Hindenburg das Vertragswerk (→ 1. 12. / S. 200).

Britische Soldaten verlassen die Stadt Köln; bereits am 29. November, zwei Tage vor dem in der Locarno-Konferenz vereinbarten Termin, ziehen die ersten britischen Truppenteile aus der sog. ersten Rheinlandzone ab

Auf dem Kölner Güterbahnhof warten britische Soldaten auf ihren Abtransport; von hier aus werden sie in Zügen zunächst nach Wiesbaden gefahren

Britische Offiziere vor dem Hotel Nassau in Wiesbaden; hier befindet sich das Hauptquartier der im Rheinland stationierten britischen Truppen

Deutsche Arbeiter besuchen Rußland

7. November. Von Berlin aus treten 17 jugendliche deutsche Arbeiter eine Reise in die Sowjetunion an.
Auf der bis zum 20. Dezember dauernden Fahrt wollen sich die von der sowjetischen Gewerkschaft und der Jugendorganisation Komsomol eingeladenen Jugendlichen über die Lebensbedingungen ihrer russischen Kollegen informieren. Die Initiative geht vom Kommunistischen Jugendverband Deutschlands (KJVD) aus, dessen Mutterpartei, die KPD, bereits im Sommer eine Fahrt für etwa 70 deutsche Arbeiter in die UdSSR organisiert hat. Von den auf der ersten Rußlandfahrt (14. 7. – 28. 8.) gemachten Erfahrungen berichten die Teilnehmer auf nahezu 1400 Veranstaltungen in Deutschland. Diese Sympathiewerbung für den kommunistischen Staat ist für die Regierung in Moskau wichtig, um der drohenden Isolierung durch die ohne ihre Mitwirkung abgeschlossenen Locarno-Verträge (→ 16. 10./ S. 172) entgegenzutreten.

Handelsvertrag beendet Zollkrieg

18. November. Einen für sechs Monate gültigen Handelsvertrag unterzeichnen in Spaniens Hauptstadt Madrid die Vertreter der spanischen und deutschen Regierungen.
Dieser nach zähen Verhandlungen erfolgte Abschluß beendet den seit Mitte Oktober bestehenden Zollkrieg zwischen beiden Ländern. Ausgelöst wurde er durch die von der deutschen Regierung ausgesprochene Kündigung des im Jahr 1924 geschlossenen Handelsvertrages. Die Minister der Deutschnationalen Volkspartei (DNVP) hatten dies im Hinblick auf die Wünsche der deutschen Winzer gefordert. Sie verlangten höhere Einfuhrzölle für spanischen Wein, da sie dessen Konkurrenz auf dem einheimischen Markt fürchten. Daraufhin belastete Spanien die Importe der deutschen Industrie mit Maximalzöllen. Im Vertrag einigte man sich nun wieder auf geringere Zölle.
Den erhöhten Belastungen der Winzer an Rhein und Mosel durch billige Einfuhren aus Spanien versucht man mit Hilfsmaßnahmen wie z. B. mit umfangreichen Krediten für die Betroffenen zu begegnen.

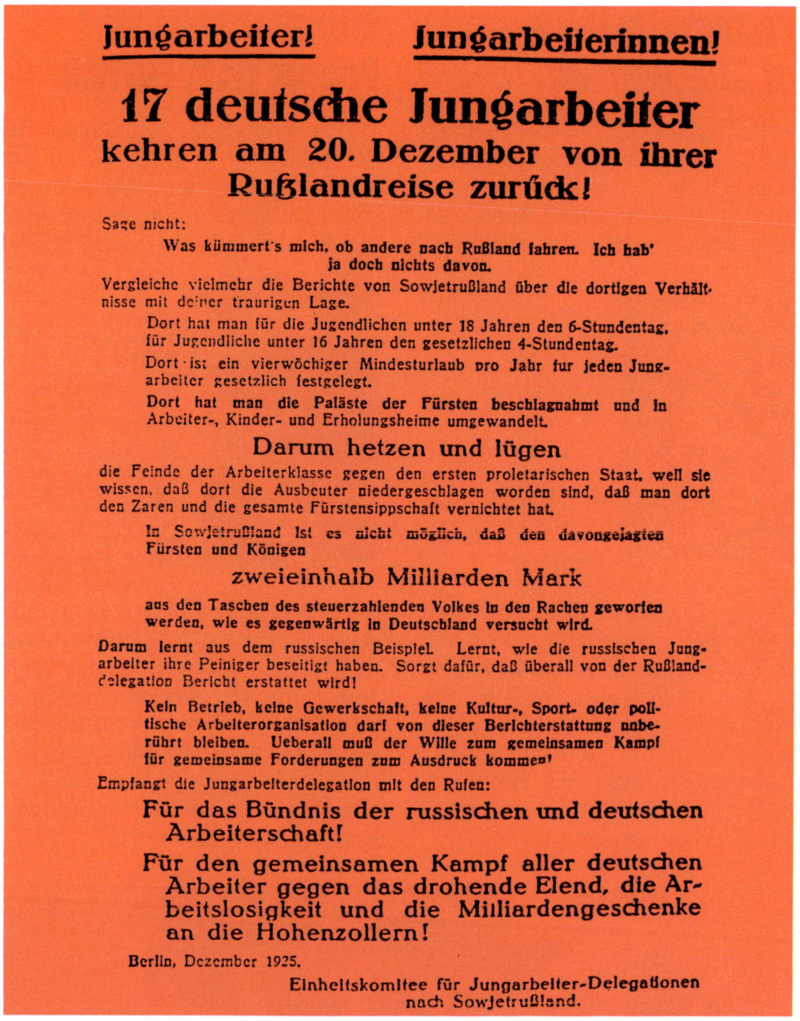

Jungarbeiter! Jungarbeiterinnen!

17 deutsche Jungarbeiter kehren am 20. Dezember von ihrer Rußlandreise zurück!

Sage nicht:

Was kümmert's mich, ob andere nach Rußland fahren. Ich hab' ja doch nichts davon.

Vergleiche vielmehr die Berichte von Sowjetrußland über die dortigen Verhältnisse mit deiner traurigen Lage.

Dort hat man für die Jugendlichen unter 18 Jahren den 6-Stundentag, für Jugendliche unter 16 Jahren den gesetzlichen 4-Stundentag.

Dort ist ein vierwöchiger Mindesturlaub pro Jahr fur jeden Jungarbeiter gesetzlich festgelegt.

Dort hat man die Paläste der Fürsten beschlagnahmt und in Arbeiter-, Kinder- und Erholungsheime umgewandelt.

Darum hetzen und lügen

die Feinde der Arbeiterklasse gegen den ersten proletarischen Staat, weil sie wissen, daß dort die Ausbeuter niedergeschlagen worden sind, daß man dort den Zaren und die gesamte Fürstensippschaft vernichtet hat.

In Sowjetrußland ist es nicht möglich, daß den davongejagten Fürsten und Königen

zweieinhalb Milliarden Mark

aus den Taschen des steuerzahlenden Volkes in den Rachen geworfen werden, wie es gegenwärtig in Deutschland versucht wird.

Darum lernt aus dem russischen Beispiel. Lernt, wie die russischen Jungarbeiter ihre Peiniger beseitigt haben. Sorgt dafür, daß überall von der Rußlanddelegation Bericht erstattet wird!

Kein Betrieb, keine Gewerkschaft, keine Kultur-, Sport- oder politische Arbeiterorganisation darf von dieser Berichterstattung unberührt bleiben. Ueberall muß der Wille zum gemeinsamen Kampf für gemeinsame Forderungen zum Ausdruck kommen!

Empfangt die Jungarbeiterdelegation mit den Rufen:

Für das Bündnis der russischen und deutschen Arbeiterschaft!

Für den gemeinsamen Kampf aller deutschen Arbeiter gegen das drohende Elend, die Arbeitslosigkeit und die Milliardengeschenke an die Hohenzollern!

Berlin, Dezember 1925.

Einheitskomitee für Jungarbeiter-Delegationen nach Sowjetrußland.

Kommunistisches Flugblatt, das die Beschlagnahme des russischen Adelsbesitzes als Beispiel für die Enteignung der deutschen Fürsten herausstellt

KPD-Reaktion auf Fürstenprozeß

25. November. Im Deutschen Reichstag stellt die Fraktion der Kommunistischen Partei (KPD) einen Antrag, in dem sie gesetzliche Grundlagen für die entschädigungslose Enteignung der Fürsten im Deutschen Reich fordert.
Aktueller Anlaß für diese Initiative sind die sog. Fürstenprozesse, in denen frühere Herrscherfamilien die Rückgabe ihres nach der Revolution von 1918 beschlagnahmten Vermögens fordern. Einige Gerichte entschieden bereits zu deren Gunsten, denn die Beschlagnahmungen waren ohne verbindliche Bestimmungen für eine Enteignung vorgenommen worden. So erhielt der Herzog von Gotha einen Großteil seines einstigen Eigentums zurück (→ 25. 6./ S. 111). Zumeist jedoch zahlten die Landesregierungen Entschädigungen in Form von jährlichen Renten.
Der Forderung der KPD schließen sich u. a. auch die Sozialdemokraten an. Ihre gemeinsam unterbreitete Gesetzesvorlage zur entschädigungslosen Fürstenenteignung lehnt die Mehrheit des Reichstages am 5. Mai 1926 ab.
Daraufhin beantragen sie einen Volksentscheid, bei dem jedoch am 20. Juni 1926 nicht die erforderlichen Stimmen erreicht werden.

Richthofen-Gedächtnisraum in dem Schweidnitzer Elternhaus des Piloten

Ehrenwache an dem Sarg Richthofens in der Berliner Gnadenkirche

Gedenkfeier für Deutschlands Fliegerheld Manfred von Richthofen

20. November. *In Anwesenheit des Reichspräsidenten Paul von Hindenburg werden nach einer Trauerfeier auf dem Berliner Invalidenfriedhof die sterblichen Überreste von Manfred von Richthofen beigesetzt.*
Der als großer deutscher Held gefeierte Jagdflieger, der wegen seines rotgestrichenen Dreideckers vom Typ Fokker auch der »Rote Baron« genannt wurde, war während des Ersten Weltkrieges am 21. April 1918 in Frankreich gefallen. Der erst 25jährige wurde damals mit allen militärischen Ehren dort begraben. Nun hatte man sich mit den Franzosen über eine Überführung des Sarges geeinigt. Die Veranstaltung wurde dazu benutzt, um den Mythos von der Unbesiegbarkeit des deutschen Militärs zu pflegen.

Attentatsversuch auf Mussolini

5. November. Der italienische Ministerpräsident Benito Mussolini befiehlt die Auflösung der sozialistischen Einheitspartei Italiens und verbietet gleichzeitig das weitere Erscheinen der Parteizeitung »Giustizia«. Die Redaktionsräume besetzen Militärs. Als Anlaß für diese Maßnahmen wird die Aufdeckung eines Attentatsversuchs auf Mussolini genannt. Nach Angaben der Polizei soll ein ehemaliger Parlamentsabgeordneter geplant haben, den Duce zu erschießen.

Benito Mussolini (geb. 1883 in Predappio), italiens Regierungschef und Faschistenführer, sagt infolge des aufgedeckten Attentatsversuchs auch die Teilnahme an der Unterzeichnung des Locarno-Pakts im Dezember in London ab.

Regierungskrise in Griechenland

9. November. Nach dem Ausscheiden von drei Ministern aus der griechischen Regierung in Athen übernimmt Kabinettschef Theodoros Pangalos zusätzlich das Finanzministerium. Der einer rechtsgerichteten politischen Bewegung zuzurechnende Pangalos unterdrückt seit seiner Machtübernahme am → 25. Juni (S. 113) die Opposition; am 30. September löste er die Nationalversammlung auf, verschob Wahlen auf unbestimmte Zeit und strebt Verfassungsänderungen an.

General Pangalos (geb. 1878 auf Salamis) – seit der Machtübernahme im Juni gelingt es ihm mit Hilfe antidemokratischer Mittel, seinen Einfluß in der griechischen Regierung in immer stärkerem Maße geltend zu machen.

Ministerpräsident Polens tritt zurück

13. November. In Warschau tritt Władysław Grabski vom Amt des polnischen Ministerpräsidenten zurück. Zu seinem Nachfolger wird am 20. November Alexander Graf Skrzyński bestimmt. Als Grund für seine Demission gibt Grabski an, daß der Sejm seine drei Sanierungsgesetze, die ihn zur Aufnahme ausländischer Anleihen ermächtigen sollen, verschleppe. Mit Hilfe von Krediten hoffte Grabski, die äußerst gespannte wirtschaftliche Lage Polens mildern zu können.

Alexander Graf Skrzyński, seit dem 20. November neuer polnischer Ministerpräsident, wurde am 18. 3. 1882 in Krakau geboren. Seit 1922 mit Unterbrechungen Außenminister, hat er maßgeblichen Anteil am Zustandekommen des Locarno-Vertrages. Das Amt des Außenministers behält er auch als Ministerpräsident bei.

Mexiko verbietet Ausländern Besitz

14. November. Das in Mexico City tagende mexikanische Parlament verabschiedet einstimmig ein neues Landgesetz. Es verbietet künftig Ausländern den Besitz von Grundeigentum in den Grenz- und Küstengebieten. Das trifft auch auf internationale Firmen zu, die oft im Besitz von riesigen Ländereien sind. Vorhandener Besitz muß innerhalb von zehn Jahren verkauft werden. Betroffen von diesem Gesetz sind vor allem US-Amerikaner, die z. B. große Ölfelder in Tampico besitzen.

Plutarco Elias Calles (geb. 1877 in Guayamas) bei seiner Vereidigung als Präsident 1924; Calles ist bemüht, ausländische Einflüsse auf das politische und wirtschaftliche Leben Mexikos, besonders durch die USA, abzubauen.

Ankunft des tibetanischen Pantschen Lama am Hauptportal des Kaiserpalastes in Peking; sein Wagen wird vom Wachpersonal umringt

Internationale Zollkonferenz tagt in der chinesischen Hauptstadt

20. November. *Die seit dem 26. Oktober in Peking tagende internationale Zollkonferenz verabschiedet eine Entschließung, worin die teilnehmenden europäischen Mächte die Zollautonomie Chinas künftig anerkennen. Diese Forderung stellten die Vertreter der chinesischen Zentralregierung, da in den bisherigen mit Ausländern geschlossenen Verträgen äußerst niedrige Einfuhrzölle festgeschrieben waren. Sie machten eine Konkurrenzfähigkeit einheimischer Waren nahezu unmöglich und hemmten so die Entwicklung der inländischen Industrie. Anläßlich der Konferenz hält sich auch der Pantschen Lama hier auf, neben dem Dalai Lama der höchste Priesterfürst Tibets. Der größte Teil des im Westen von China gelegenen Tibets ist seit der Konferenz von Simla im Jahr 1914 ein eigenständiger Staat (→ 30. 5./S. 99).*

Mátyás Rákosi in Ungarn verurteilt

16. November. Das Stadtgericht der ungarischen Hauptstadt Budapest überweist den Prozeß gegen den Kommunisten Mátyás Rákosi an das ordentliche Gericht, da die Verhandlung in der im Gesetz vorgeschriebenen dreitägigen Frist nicht beendet werden konnte.

Rákosi, während der ungarischen Räterepublik 1919 Volkskommissar, ist angeklagt, einen Aufruhr durch Entfaltung kommunistischer Agitation entfacht zu haben. Während des Verhörs erklärt er, daß er ausschließlich zu dem Zweck nach Ungarn zurückgekehrt sei, um hier eine kommunistische Bewegung zu organisieren und voranzutreiben. Nach seiner Ansicht leben in Ungarn etwa 10 000 kommunistisch gesinnte Menschen, die dafür zu begeistern seien. Er fühle sich nicht schuldig, da er nur die Massen befreien wolle. Er und vier mitangeklagte Genossen wollten endlich einen wirklichen Kommunismus schaffen; das, was 1919 existierte, sei nur eine mit vielen Fehlern behaftete Proletarierdiktatur gewesen.

Von der höheren Gerichtsinstanz wird Rákosi noch in diesem Jahr zu achteinhalb Jahren Haft verurteilt.

Frankreichs Finanzkrise

22. November. Im Pariser Élysée-Palast überreicht der französische Ministerpräsident Paul Painlevé dem Präsidenten der Republik Gaston Doumergue das Rücktrittsgesuch seiner Regierung.
Aktueller Anlaß dafür ist das Scheitern seiner Finanzvorlage zur Sanierung des Staatshaushalts im Parlament. Mit 278 gegen 275 Stimmen lehnen die Abgeordneten den Artikel fünf dieser Vorlage ab; doch gerade dieser Artikel ist Painlevé besonders wichtig, beinhaltet er doch den Zwangsabbau der vom Staat kurzfristig aufgenommenen Gelder. Das wiederum bedeutet, daß den Gläubigern gemachte Renditeversprechungen nicht eingehalten werden können. Dem widersetzt sich die Mehrheit des Parlaments. Da der Ministerpräsident die Entscheidung mit der Vertrauensfrage verbunden hat, bleibt ihm nichts anderes übrig als zurückzutreten.
Spätestens seit dem Rücktritt der Regierung Édouard Herriots am 10. April (→ S. 77) steht die linksgerichtete Regierung (ab 28. November unter Aristide Briand) wegen der schlechten Wirtschaftslage unter dem Druck mächtiger Finanzkreise, die zunehmend an Einfluß innerhalb der Staatsführung gewinnen.

Zurückgetreten: Frankreichs Ministerpräsident Paul Painlevé

Tschechoslowaken wählen Parlament

22. November. Die Parlamentswahlen in der Tschechoslowakei enden mit einer knappen Stimmenmehrheit für die Oppositionsparteien. Insgesamt erhalten sie 3 747 000 Stimmen, die Koalitionsparteien hingegen nur 3 633 000. Aufgrund einer zum ersten Mal zur Anwendung gekommenen Wahlrechtsreform wird jedoch die neue Regierung wiederum von der bisherigen Koalition gebildet. Diese Koalition besteht aus der Bauernpartei, der Gewerbepartei, den Nationalsozialisten und -demokraten, den Sozialisten und der Volkspartei. Zur Opposition, die insgesamt 55,17% auf sich vereinigen konnte, zählen u. a. die Vereinigungen der deutschen Minderheiten, die kommunistische Partei und die Vertreter der Klerikalen.
Bei der Regierungsbildung durch Anton Svehla am 12. Dezember kommt es dann zu keinen wesentlichen Änderungen, auch Eduard Beneš bleibt Außenminister.

Nach dem Tod seines Halbbruders nun König von Siam: Prajadhipok

Siam-König stirbt ohne Thronerben

26. November. In Bangkok stirbt Rama VI., König von Siam (Thailand), im Alter von 45 Jahren an den Folgen einer Operation. Die Nachfolge übernimmt sein jüngerer Halbbruder Prajadhipok als Rama VII.
Erst im Oktober hatte der Verstorbene seine Frau entthront. Die Königin, die den an britischen Universitäten ausgebildeten Herrscher 1922 geheiratet hatte, war kinderlos geblieben. Als feststand, daß sie »ihre Pflichten gegen Seine Majestät und das Land nicht in zufriedenstellender Weise erfüllen« konnte, erschien sie künftig ungeeignet für die hohe Stellung im Land Siam.

Philippinos wollen ihre Souveränität

5. November. In Manila, der Hauptstadt der Philippinen, bringen die Nationalisten im dortigen Parlament einen unerwarteten Gesetzesantrag ein. Darin fordern sie innerhalb der nächsten drei Monate eine Volksabstimmung, in der über die Unabhängigkeit der Philippinen entschieden werden soll. Der Antrag scheitert jedoch.
Die US-amerikanische Besatzungsmacht zeigt sich überrascht, da sie bisher der Meinung war, die Philippinos zögen eine Herrschaft der USA vor. Durch den Sieg über die einstigen spanischen Kolonialherren 1898 gingen die Philippinen in den Besitz der USA über.

Vor der Kirche in Sandringham: Die königliche Familie folgt dem Sarg

Der Trauerzug mit den sterblichen Überresten Alexandras in London

Zehntausende trauern um die Königinmutter Alexandra in London

20. November. *Auf ihrem Schloß Sandringham Hall in Norfolk stirbt die britische Königinmutter Alexandra kurz vor ihrem 81. Geburtstag. Sie wurde am 1. Dezember 1844 als Tochter des dänischen Königs Christian IX. geboren und heiratete 1863 den späteren König von Großbritannien, Eduard VII. (ab 1901). Ihr Sohn, König Georg V., bestieg nach dem Tode seines Vaters 1910 den königlichen Thron.*
Nachdem am 26. November die sterblichen Überreste der Toten von Sandringham nach London überführt werden, finden unter Anteilnahme Zehntausender Trauernder die Beisetzungsfeierlichkeiten in der britischen Hauptstadt statt. Unter den Trauergästen befinden sich Mitglieder aller adligen Häuser Europas, darunter die Könige von Norwegen, Dänemark und Belgien. Die Königinmutter war sehr beliebt.

Warenhausbummel leicht gemacht: Rolltreppe bei Tietz

Erste Rolltreppe in Köln

22. November. *Unter der Überschrift »Neues, Praktisches auf dem Gebiete des Verkehrs« veröffentlicht die »Münchener Illustrierte Presse« in ihrer neuen Ausgabe ein Foto von der ersten Rolltreppe Deutschlands im Warenhaus Tietz in Köln. Im gleichen Monat wird auch die erste Rolltreppe in dem Berliner Kaufhaus des gleichen Konzerns eingeweiht.*

In diesem Anzug tauchen Kieler Fachleute nach dem U-Boot »M 1«

Arbeit in 150 m Wassertiefe

21. November. *Die »London News« berichtet über den Einsatz eines von Ingenieuren einer Kieler Gesellschaft neu entwickelten Tauchgeräts bei den Bergungsarbeiten des gesunkenen britischen U-Bootes »M 1«. Das Schiff liegt etwa 75 m unter der Wasseroberfläche. Mit dem Gerät können die deutschen Helfer bis zu 165 m tief tauchen, um dort zu arbeiten.*

Der Brite John H. Hammond an der von ihm konstruierten Orgel

Musik mit Hammondorgel

1. November. *Von der Erfindung eines neuen elektrischen Musikinstruments berichtet die »Münchener Illustrierte Presse«. Dem Briten John Hans Hammond ist die Konstruktion einer Orgel gelungen, mit der man ganze symphonische Werke ohne Zuhilfenahme anderer Instrumente spielen kann. Auch für Unterhaltungsmusik soll die Orgel geeignet sein.*

Lufthansa-Gründung in Vorbereitung

28. November. In Berlin treffen Vertreter der beiden deutschen Luftverkehrskonzerne Junkers und Aero-Lloyd zu Gesprächen zusammen, in denen sie die wesentlichen Punkte der Vereinheitlichung des Luftverkehrs erörtern.

Im Vorfeld dieses Treffens verhandelte das Reichsverkehrsministerium, das die privaten Fluggesellschaften bereits seit 1920 finanziell gefördert hat, schon mehrere Wochen lang mit den beiden Unternehmen über eine Fusionierung. Als Ergebnis kann ein Vertreter der Behörde mitteilen, daß ein grundsätzliches Einvernehmen über die Art der Zusammenlegung erreicht wurde. Vor der eigentlichen Fusion muß allerdings noch eine Umgestaltung der bisherigen Junkers-Luftverkehrs A. G. erfolgen, damit das Reich maßgebenden Einfluß auf die Gesellschaft ausüben kann. Das betrifft jedoch nur den Verkehrsbereich. Die Produktion ist davon ausgeschlossen, da sich die Zusammenlegung lediglich auf den Betriebsbereich beschränkt.

Die Gründung einer einheitlichen Fluggesellschaft ist auch Thema einer Städtekonferenz im Dezember. Die Kommunen stellen folgende Forderungen:

▷ Beteiligung der Städte am Verkehrsausschuß
▷ Berücksichtigung der Flugplätze, die von den Städten zur Verfügung gestellt werden
▷ Offenhaltung von neuen Kapitalbeteiligungen an der Dachgesellschaft.

Inwieweit diese Komplexe in die Verträge mit aufgenommen werden, entscheidet sich erst bei der bevorstehenden Gründung der Deutschen Lufthansa am 6. Januar 1926.

Die Tiller-Girls, Stars der Berliner Revuetheater, posieren auf einer Maschine der Aero-Lloyd, einer der führenden deutschen Fluggesellschaften

Triumph für den Weltumflieger

7. November. In Rom kehrt der Pilot de Pinedo nach einem Flug um die Erde im Wasserflugzeug in seinen Heimathafen zurück. Über die Feier anläßlich seiner Ankunft berichtet die »Frankfurter Zeitung« am 12. November voller Begeisterung:

»Zu einem wahren Volkshelden ist der Flieger geworden, der auf seinem Wasserflugzeuge über drei Kontinente, immer an den Seeküsten oder den großen Flußläufen Asiens entlang, fünfundfünfzigtausend Kilometer zurückgelegt hat, den anderthalbfachen Erdgürtel, bis er nach sechs und einem halben Monat nach mancherlei Unterbrechungen durch Wetter, Sturm und andere Hindernisse die Heimat in der Hauptstadt wieder erreichte. Mit welcher fieberhaften Spannung erwartete die flutende Menge diesen Helden ihres modernen Geschmacks, wie reckten sich alle Hälse nach dem Himmel, bis ein Geschwader von schwalbengleichen Flugzeugen das Nahen des Helden in seinem einsamen grünen Apparat mit seinem fischartigen Steuer den Wartenden anzeigte.«

Ein Ballon in Form eines überdimensionalen Autoreifens als aufsehenerregende Werbeidee für die deutsche Automobilausstellung in Berlin

Deutsche Luxuswagen auf der Automobilausstellung in Berlin

26. November. *In den Messehallen am Berliner Kaiserdamm beginnt die bis zum 6. Dezember geöffnete Deutsche Automobil-Ausstellung. Gezeigt werden hier ausschließlich deutsche Fabrikate. Nicht nur aufgrund der zumeist hohen Preise haben sie den Charakter von Luxusgegenständen. Berichterstatter rühmen vor allem individuelle Gestaltung, solide Bauart und Eleganz im Detail. Kritiker allerdings erkennen gerade darin die Schwäche der einheimischen Autoindustrie, da deren Zukunft abhängig ist von den Bedürfnissen der Wirtschaft, und diese benötigt immer mehr das Auto als Transportmittel. Sie fordern deshalb einerseits eine Umorientierung in der steuerpolitischen Einschätzung des Wagens als Gebrauchsgegenstand und andererseits eine Modernisierung der Fertigungsmethoden, z. B. die Einführung der Fließbandfertigung. Leistungsstärker, zuverlässiger und zugleich billiger müßten die Fahrzeuge werden. Nur dann könnten sie künftig in dem harten internationalen Konkurrenzkampf, insbesondere im Vergleich mit den US-amerikanischen Fabrikaten, bestehen. Diese seien zwar in ihrer Ausführung allgemein schlechter als einheimische Produkte, doch sei durch die in den USA praktizierte Massenfertigung die Herstellung billiger.* → S. 101

Bedrohte Wisente in Europa gerettet

5. November. Nach Beendigung ihrer Hauptversammlung im Berliner Zoologischen Garten veröffentlicht die »Internationale Gesellschaft zur Erhaltung des Wisents« einen Bericht über ihre bisherige Arbeit.

Die Gemeinschaft wurde 1923 in Frankfurt am Main gegründet, um das vom Aussterben bedrohte Wisent zu retten. Von dem größten in Europa lebenden Landsäugetier, dessen Bestand vor dem Ersten Weltkrieg noch auf etwa 1000 Stück geschätzt wurde, waren im Entstehungsjahr der Gesellschaft nicht einmal mehr 100 Tiere übrig. In mühevoller Arbeit gelang es den Mitgliedern der Organisation, von jedem einzelnen noch lebenden Wisent genaueste Abstammungsnachweise zu erstellen. Der Zuchtkatalog, geführt von einem Zuchtbuchamt, ermöglicht nun die planmäßige Weiterzüchtung der mächtigen Rinderart. Man hofft, daß in einigen Jahrzehnten ihr Bestand so groß ist, daß sie auch in anderen Erdteilen angesiedelt werden können.

Monopolpläne in der Tabakbranche

5. November. In einem Kommentar der »Frankfurter Zeitung« gibt der Autor eine Einschätzung der wirtschaftlichen Situation der einheimischen Tabakindustrie und vermutet die Gründung eines Tabakmonopols im Deutschen Reich.

Anlaß für die Überlegung der Zigarettenfabrikanten, sich zusammenzuschließen, ist die schlechte ökonomische Lage der Branche, verursacht durch hohe Steuern, Überproduktion und mangelnden Absatz. Und das, obwohl der Zigarettenkonsum seit 1913 um mehr als das Doppelte angestiegen ist. Einige Hersteller haben bereits in den vergangenen Jahren ihre Produktionsstätten zu kleineren Konzernen vereint, von denen einer immerhin 50% des Zigarettenbedarfs im Deutschen Reich deckt. Dadurch hat sich natürlich die Konkurrenzfähigkeit der Tabakfabriken mit geringem Produktionsvolumen und aufwendigen Arbeitsmethoden erheblich verschlechtert, so daß auch für sie eine Fusionierung und der Eintritt in ein Tabakmonopol in der Zukunft unumgänglich zu sein scheint.

◁△ Werbung für Dunlop-Autoreifen in der britischen Zeitschrift »Illustrated London News«; die Firma des Erfinders des Luftreifens, John B. Dunlop, setzt in ihrer Anzeige auf den guten Ruf und den hohen Qualitätsgrad britischer Industrieprodukte.

△ Siegesgöttin mit Monteuranzug und Hammer als Symbol für hohen technischen Standard und wirtschaftlichen Erfolg; zwischen den Automobilherstellern Daimler und Benz, den ältesten Kraftwagenherstellern im Deutschen Reich, zeichnet sich eine Fusion ab. Sie wird im darauffolgenden Jahr vollzogen.

◁ Werbung auf Verkehrsmitteln: Eine neue Form der Reklame zeigt dieser »Chlorodont«-Straßenbahnwagen in der Dresdner Innenstadt; die Stadtverwaltung erzielt durch die Vermietung von Werbeflächen beträchtliche Einnahmen und wertet gleichzeitig das Produkt auf.

Ein hübsches Mädchen soll dem Konsumenten die handgemachte Zigarette schmackhaft machen

Assoziationen: Ein »süßes« Mädel für etwas »Süßes«

Werbung von Mouson für die fernöstliche Duftnote »Tai Tai«

Werbung 1925:

Über 30 Millionen Dollar im Jahr für Zeitungsinserate

Durch die Erhöhung der Massengüterproduktion und der zunehmenden Wirtschaftskonzentration aufgrund der sich durchsetzenden rationellen Fertigungsmethoden wird die Werbung zu einem äußerst wichtigen Verkaufsfaktor. Ausdruck für ihre wachsende Bedeutung ist z. B. die große Aufmerksamkeit der Öffentlichkeit für die erste Reichsreklamemesse vom 25. bis zum 30. April in Berlin. Veranstalter sind u. a. der Verband Deutscher Reklamefachleute, Verleger und Gebrauchsgrafiker. Sie haben es sich zum Ziel gemacht, die Reklame zu »veredeln« und neue Werbemöglichkeiten zu erschließen. So wird in einer Revue erstmals gesungene, getanzte und dialogisierte Werbung vorgeführt. Breiten Raum nimmt auch die sich in den Großstädten schnell verbreitende Lichtreklame ein. Den größten Effekt erreichen die Werbefirmen allerdings noch immer durch Anzeigen in Tageszeitungen. Das ergeben statistische Umfragen. Deshalb ist es kein Wunder, wenn die Unternehmen das meiste Geld darin investieren. So wenden Industrieunternehmen der USA jährlich etwa 30 Millionen US-Dollar für Zeitungs- und 20 Millionen für Zeitschrifteninserate auf. Die höchsten Reklameunkosten verzeichnet die Victor Talking Machine Company mit 3,5 Millionen US-Dollar (davon 1,6 Mio für Zeitungen). Wrigley (Kaugummi) benutzt seinen Gesamtetat (1 Mio) dafür.

Erste Ausstellung der Surrealisten

13. November. In der Pariser Galerie Pierre wird die erste große Ausstellung der Surrealisten eröffnet (bis 25. November).

Künstler wie Hans Arp, Max Ernst, Man Ray, Joan Miró, André Masson, Pierre Roy, Pablo Picasso, Giorgio de Chirico und auch Paul Klee geben mit ihren Werken einen umfassenden Eindruck von der neuen Richtung in der modernen Malerei. In ihren Bildern setzen sie sich mit dem Überwirklichen auseinander, stellen sie das Unbewußte und Traumhafte dar. Beeinflußt durch die Psychoanalyse Sigmund Freuds wollen sie durch eine visionäre Bildsprache unbewußte Wahrheiten offenbaren. Ausschaltung der rationalen Zensur im künstlerischen Schaffensprozeß, Hingabe an Träume und spontane Assoziationen sind Ausgangspunkt ihrer Arbeit. Die Programmatik ihrer Kunstauffassung veröffentlichte der französische Kunstheoretiker, Dichter und Nervenarzt André Breton bereits 1924 in seinem berühmt gewordenen »Surrealistischen Manifest«.

V. l. o.: Baron, Queneau, Breton, Boilfard, de Chirico, Vitrac, Eluard, Soupoult, Desnos, Aragon, Naville, Breton-Collinet, Morise, P. Soupoult

Die Ausstellung verdeutlicht zwei wesentliche stilistische Auffassungen auf der Grundlage des Programms. Die »veristische Gruppe« mit Salvador Dalí, Max Ernst und Yves Tanguy stellen in einer übergenauen Malerei traumhaft Erlebtes in phantastischen Räumen dar, und Künstler wie Miró und Masson liefern mit dem Stil einer Zeichenhaftigkeit ein flächiges Traumstenogramm (»Ecriture automatique«).

Deutsche Kunst in Londons Academy

7. November. In der Royal Academy in London werden bis Ende Dezember erstmals nach zehn Jahren wieder deutsche Kunstwerke im Rahmen einer großen internationalen Kunstausstellung gezeigt.

Infolge der langen Unterbrechung in den deutsch-britischen Beziehungen maßen die hiesigen Verantwortlichen der Auswahl für London besondere Bedeutung bei. Man wollte keine zufällige Jahresproduktion vorführen, sondern eine »eindrucksvolle Schau über das beste Schaffen der deutschen Künstler, deren Werke unsere Generation noch erlebt hatte«. So griff man zurück bis aufs Jahr 1900 und zeigt hauptsächlich Werke von Adolph Menzel, Wilhelm Leibl, Hans Thoma, Max Liebermann, Max Slevogt, Lovis Corinth, aber auch von Carl Hofer, Max Beckmann, Ernst Heckel und Ernst Barlach. Bei der Auswahl der Bilder legte man besonderen Wert darauf, daß sie den ausgesprochen »typischen« Charakter der gegenwärtigen deutschen Kunst betonen.

Zirkus Sarrasani aus Südamerika zurück

22. November. Nach der Rückkehr von einer Südamerika-Tournee des Zirkus Sarrasani werden im Hamburger Hafen die Tiere des Unternehmens ausgeladen.

Der Grund für Zirkusdirektor Hans Stosch-Sarrasani, im Herbst 1923 nach Südamerika aufzubrechen, war vor allem die schwierige finanzielle Situation gewesen, in die das Unternehmen durch Krieg und Inflation geraten war. Er hoffte, sich in dem vom Krieg weitgehend verschont gebliebenen Südamerika sanieren zu können, was ihm in zwei Jahren auch gelang. Er konnte neue Tiernummern einstudieren, Artisten einstellen und kehrt schließlich mit einem sensationellen Programm nach Europa zurück.

Damit beginnt für den schon seit 1901 bestehenden Zirkus eine neue Blütezeit. Bald wird sein wie eine Märchenkarawane aus 1001 Nacht ausgestatteter Zug mit 180 Wagen in ganz Europa zur Sensation.

Zirkusdirektor Stosch-Sarrasani (M.) beaufsichtigt das Ausladen eines Elefanten aus dem Transportkasten im Hafen von Hamburg

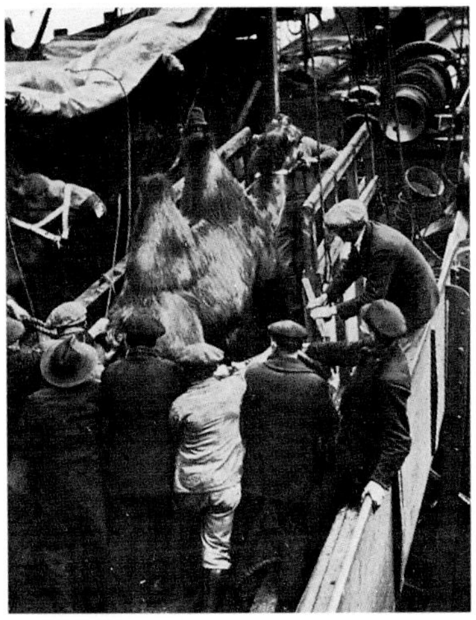

Mehrere Männer sind nötig, um dieses Kamel an Land zu bringen

Demonstration modernen Bauens

20. November. Im Anschluß an die Ausstellung »Neue Sachlichkeit« (→ 14. 6./S. 120) findet in der Mannheimer Kunsthalle eine Demonstration moderner Baukunst, vorrangig mit Arbeiten norddeutscher und niederländischer Künstler statt.

Anhand von Plänen, Fotografien und Modellen gibt sie einen Einblick in das Schaffen der Architekten seit etwa 1910 und vermittelt gleichzeitig einen Ausblick auf die Entwicklung künftiger Baukunst durch Entwürfe von Mies van der Rohe, Hans Poelzig, Walter Gropius, Bruno Taut, Fritz Höger u. a.

In den Ausstellungskritiken werden die überragenden Leistungen der Architekten hervorgehoben, die dem »neuen Prinzip des Bauens zum Sieg verhelfen: Absolute Ehrlichkeit, Material und Konstruktion bedingen den Stil. Die Baugesinnung erzielt eine Meisterung der Form voll Monumentalität. Der Architekt beugt sich im Einzelbau dem Ingenieur, wie er es im Komplex des Städtebaus tun muß, aber er steigert das Nur-Konstruktive zu einer erfühlten Form.«

Blick auf die Westfalenhalle in Dortmund, die nach sechs Monaten Bauzeit der Öffentlichkeit übergeben wird

Dortmunder Westfalenhalle eröffnet

28. November. Mit einer Festrede des Oberbürgermeisters Ernst Eichhoff wird in Dortmund die Westfalenhalle eingeweiht.

An der Eröffnungsfeier nehmen etwa 2000 Vertreter aller Dortmunder Sportvereine teil, die den Ehrengästen ein umfangreiches Sport- und Turnprogramm darbieten. Vor allem Sportveranstaltungen soll das neue Gebäude, der größte freitragende Hallenbau Europas, künftig dienen. Hier können Boxkämpfe, Radrennen, Turn- und Leichtathletikwettkämpfe ausgetragen werden sowie Ballspiele stattfinden.

Die Innenarchitektur stimmte man auf die 200 m lange und 6 m breite Radrennbahn ab, die in den Kurven um 3,70 m überhöht ist. Die Arena im Innern der Halle mißt 90 m in der Länge und 50 m in der Breite, das ist annähernd die Fläche eines Fußballfeldes. Sie wird von einem festbestuhlten Rang mit 5000 Klappsitzen umgeben. Bei Großveranstaltungen kann die Platzkapazität mit 10 000 Sitz- und 6000 Stehmöglichkeiten noch erheblich erweitert werden. Weiterhin gehören zur Halle ein großer Festsaal, eine Reithalle und geräumige Terrassen. Außerdem umfaßt die Gesamtanlage den Westfalenpark sowie das Sportstadion »Rote Erde«. Beide Einrichtungen werden allerdings erst im darauffolgenden Jahr endgültig fertiggestellt.

◁ Ohne die sichtbehindernden Säulen präsentiert sich der Innenraum. Die Decke tragen schwingende Bögen aus Holz

▽ Vollbesetzte Arena der neuen Halle anläßlich der Eröffnungsveranstaltung; 15 000 Menschen finden hier Platz

Buster Keaton, der stumme Cowboy

23. November. Der Film »Go West« mit dem weltberühmten Komiker Buster Keaton wird in den Vereinigten Staaten uraufgeführt.

Der Streifen mit dem deutschen Titel »Buster Keaton, der Cowboy« ist einer der bedeutenderen Filme des Stars, der selbst seine Drehbücher schreibt und Regie führt. Zumeist spielt er die Rolle eines Sonderlings, der sich – nie lächelnd – mit den unliebsamen Erscheinungen der Umwelt herumschlagen muß. Der 30jährige Künstler stand bereits mit vier Jahren auf der Bühne, und schon 1917 begann er zu filmen.

Buster Keaton (geb. 1896 in Pickway) ist neben Chaplin der berühmteste Komiker des US-amerikanischen Films; seinen Spitznamen »The Great Stone Face« (das große Steingesicht) verdankt er der sparsamen Mimik.

Richard Tauber begeistert in Essen

29. November. Mit überaus großem Erfolg endet in Essen das Gastspiel des Tenors Richard Tauber, der die Titelrolle in der Komischen Oper »Hoffmanns Erzählungen« des Franzosen Jacques Offenbach singt. Die Darbietung des 1891 in Österreich geborenen Sängers bleibt für den Großteil des Publikums ein unvergeßliches Erlebnis. Bisher war der Künstler mit der lyrischen Stimme vor allem als Interpret in Opern von Wolfgang Amadeus Mozart bekannt gewesen, nun ist er immer häufiger in Operettenpartien zu hören und zu sehen. Berühmt wird er durch seine Partien in Werken von Franz Lehár.

Richard Tauber (geb. 1891 in Linz) ist einer der populärsten Sänger in Deutschland während der 20er Jahre; vor allem durch seine Darstellungen in Operetten wird er zum Publikumsliebling Nummer eins.

Dezember 1925

Mo	Di	Mi	Do	Fr	Sa	So
	1	2	3	4	5	6
7	8	9	10	11	12	13
14	15	16	17	18	19	20
21	22	23	24	25	26	27
28	29	30	31			

1. Dezember, Dienstag

Die am 16. Oktober in Locarno vereinbarten Verträge werden von den Vertretern der Teilnehmerstaaten in London unterzeichnet. → S. 200

Die britische Regierung löst die Rheinlandkommission in Köln auf; die britischen Truppen verlassen diese Zone (→ 23. 10./S. 175).

In der Mongolei führt die Regierung der Volksdemokratie eine Währungsreform durch. Die neue nationale Währungseinheit ist der Tugrik.

In Berlin verliert der deutsche Schwergewichtsmeister Hans Breitensträter einen Kampf gegen den spanischen Meister Paolino durch k. o. in der neunten Runde. → S. 209

2. Dezember, Mittwoch

In einem offenen Brief fordert die Kommunistische Partei Deutschlands die SPD und Gewerkschaften zum gemeinsamen Vorgehen in der Frage der Fürstenenteignung auf (→ 25. 11./S. 187).

Die Firmen BASF, Bayer, Hoechst, Agfa u. a. schließen sich zu dem Chemiekonzern I.G. Farben zusammen. → S. 203

In Berlin findet eine Veranstaltung mit dem sowjetischen Bildungsminister Anatoli W. Lunatscharski statt. → S. 206

Vor der »Royal geographical Society« in London berichtet der dänische Polarforscher Knud Rasmussen, er habe die Überreste einer 1845 gescheiterten Franklin-Expedition gefunden. → S. 205

3. Dezember, Donnerstag

Der spanische Diktator Miguel Primo de Rivera formt nach Rücksprache mit König Alfons XIII. sein militärisches Direktorium durch Hinzunahme einiger Zivilpersonen in ein Kabinett um. Die Verfassung jedoch bleibt weiterhin außer Kraft gesetzt. → S. 204

In der New Yorker Carnegie Hall spielt der US-amerikanische Komponist und Pianist George Gershwin mit den New Yorker Philharmonikern erstmals sein Concerto in f-Moll. → S. 207

4. Dezember, Freitag

In Breslau beginnt der Parteitag der Deutschen Demokratischen Partei (DDP). Im Einführungsreferat des Treffens (bis 6. Dezember) grenzt sich Willy Hellpach von der »germanischen Agitation« der Völkischen ab. → S. 203

Der Völkerbund in Genf veröffentlicht den Bericht über den bulgarisch-griechischen Grenzkonflikt (→ 19. 10./S. 174).

5. Dezember, Sonnabend

Die durch die Unterzeichnung der Verträge von Locarno ausgelöste Krise in der deutschen Regierung führt zum Rücktritt des Kabinetts. → S. 202

In Berlin tagt der Normenausschuß der Deutschen Industrie (→ S. 82/83).

In Anwesenheit des preußischen Unterrichtsministers C. H. Becker eröffnet in Berlin die evangelische Kirche ihre erste verfassunggebende Generalsynode.

Die Akademie der Künste in Berlin verabschiedet ein von ihrem Präsidenten Max Liebermann unterzeichnetes Schreiben an den entlassenen Intendanten der Staatsoper Max von Schillings, in dem sich die Akademiemitglieder mit dem demissionierten Operndirektor solidarisieren. → S. 207

In Arnstadt wird der 100. Geburtstag der 1887 verstorbenen Erfolgserzählerin Eugenie Marlitt feierlich begangen. Hier, in ihrer Geburtsstadt, lebte sie seit 1863. → S. 206

Am Neuen Schauspielhaus in Königsberg wird das Stück »Erde – die vier Etappen eines Dramas zwischen Rhein und Ruhr« des Schriftstellers Paul Zech uraufgeführt. → S. 207

6. Dezember, Sonntag

In einer Volksabstimmung votieren die Schweizer für die Einführung der Alters- und Hinterbliebenenversicherung.

Seit Tagen nimmt in Deutschland die Kälte beständig zu. Vergangene Nacht wurden z. B. in der Stadt Gießen minus 22 °C gemessen.

Die 20. Runde des Moskauer Schachturniers bringt die Entscheidung. Den ersten Preis sichert sich der Russe Jefim Bogoljubow mit einem Remis gegen Emanuel Lasker. → S. 209

In einem in Paris ausgetragenen Schwimmvergleich zwischen Paris und Brüssel erringen die belgischen Sportler mit 3:0 einen klaren Sieg.

7. Dezember, Montag

In einer Petition an die Regierung in London fordern britische Geistliche, Wissenschaftler und Künstler die Abänderung der Schuldfrage im Versailler Vertrag. Sie wird darin allein dem Deutschen Reich zugeschrieben.

Die Opel-Werke in Rüsselsheim entlassen über 400 Arbeiter mit der Zusicherung einer Wiedereinstellung bei einer Verbesserung der Auftragslage.

In Genf beginnt die 27. Sitzung des Völkerbundrates (bis zum 16. 12.). U. a. wird die Einrichtung eines Büros zur Untersuchung von Epidemien an der Westküste Afrikas beschlossen.

In Berlin stirbt der deutsche Elektrotechniker Georg Klingenberg. U. a. leitete er die Arbeiten am im Bau befindlichen Kraftwerk Berlin-Lichtenberg, das nach ihm benannt wird (→ S. 82/83).

8. Dezember, Dienstag

Vor dem US-amerikanischen Kongreß in Washington verkündet Präsident Calvin Coolidge sein Regierungsprogramm und gibt eine Einschätzung der internationalen politischen Lage. → S. 204

Das britische Unterhaus in London nimmt unter allgemeinem Beifall das Grenzabkommen zwischen Ulster und Südirland an, das den schwelenden Konflikt zwischen Nord- und Südirland beenden soll. → S. 204

9. Dezember, Mittwoch

Die Münchener Polizei verbietet einen Konzertabend der kommunistischen Organisation »Rote Hilfe« für die Unterstützung politischer Gefangener.

Der Münchener Dolchstoß-Prozeß endet mit einer Geldstrafe von 3000 Reichsmark für den angeklagten Redakteur der »Münchener Post« wegen Beleidigung und übler Nachrede. → S. 202

Das britische Unterhaus genehmigt einen zweiten Kredit für die britische Kohleindustrie in einer Höhe von neun Millionen Pfund (→ 31. 7./S. 131).

Ein in Kairo veröffentlichtes neues ägyptisches Wahlgesetz wird von der Bevölkerung heftig kritisiert. → S. 205

In Madrid stirbt der spanische Politiker Pavlo Iglesias, der »spanische Bebel«, im Alter von 75 Jahren.

Olympiasieger Johnny Weissmuller (USA) schwimmt über 200 m Freistil mit 2:15,2 min einen neuen Weltrekord.

10. Dezember, Donnerstag

Die Sozialdemokratische Partei (SPD) legt dem deutschen Reichspräsidenten Paul von Hindenburg ihr Programm für eine Regierung der Großen Koalition vor. Die Bildung des neuen Kabinetts im Januar 1926 erfolgt jedoch ohne Teilnahme der SPD (→ 5. 12./S. 202).

Ohne die Beteiligung deutscher Firmen, die nicht zugelassen sind, beginnt in Brüssel der 19. Automobilsalon. Er ist bis zum 20. 12. geöffnet (→ S. 100/101).

11. Dezember, Freitag

Das Reichsgericht in Leipzig verurteilt Walter Bullerjahn zu 15 Jahren Zuchthaus wegen Landesverrats. Bei dem nationalistisch gesinnten Angeklagten war ein Waffenlager gefunden worden.

Der US-amerikanische Kongreß berät über einen Entwurf der Regierung, der sich mit der Rückgabe deutschen und österreichischen Eigentums aus dem Krieg beschäftigt.

Der für heute vorgesehene Boxkampf um die Deutsche Schwergewichtsmeisterschaft zwischen Hans Breitensträter und Franz Diener wird auf den 10. Januar 1926 verschoben, da Breitensträter sich von seinem Kampf gegen Paolino am 1. Dezember noch nicht erholt hat. Bis zum Januar stellt Breitensträter den Titel zur Verfügung.

12. Dezember, Sonnabend

Vertreter aus sechs Parteien sind in der neugebildeten tschechoslowakischen Regierung vertreten (→ 22. 11./S. 189).

Das neugewählte iranische Parlament übergibt Schah Resa Khan offiziell die Staatsgewalt. Damit beginnt die Dynastie der Pahlawi (→ 31. 10./S. 174).

Um die chinesische Stadt Tientsin kommt es zu heftigen Kämpfen zwischen den Truppen Feng Yu-hsiangs und Li Tsching-luis. Die französischen, japanischen und italienischen Truppen stehen unter Alarmbereitschaft.

13. Dezember, Sonntag

Gegen eine in Frankfurt am Main geplante Lehrerakademie protestiert der Bischof von Fulda in einem Telegramm an das preußische Unterrichtsministerium. Der Bischof fürchtet dadurch einen Rückgang der Bewerber für die katholischen Akademien.

Die New Yorker Polizei setzt seit neuestem bewaffnete Automobile – ausgerüstet mit Maschinengewehr, Handgranaten, Signalraketen und einem Radioapparat – zu Patrouillenfahrten gegen die immer rücksichtsloser werdenden Verbrecherbanden in der Stadt ein.

Zwei neue Weltrekorde stellt der Schweizer Gewichtheber Aeschmann in Lausanne auf: Der Mittelgewichtler stemmt im beidarmigen Reißen 101 kg und im beidarmigen Stoßen 131,5 kg. Sein Landsmann Jacquenod verbessert in Paris seinen eigenen Weltrekord im einarmigen Reißen links von 72,5 auf 74 kg.

14. Dezember, Montag

Das statistische Amt des Deutschen Reiches gibt bekannt, daß die Zahl der unterstützungsberechtigten Erwerbslosen z. Z. 700 000 beträgt. → S. 203

In Moskau schließen Japan und die UdSSR Verträge über Öl- und Kohlekonzessionen für den nördlichen Teil der Insel Sachalin.

In der Deutschen Staatsoper Berlin wird die Oper »Wozzeck« von Alban Berg uraufgeführt. Die Musikalische Leitung des Werks nach der Vorlage des Dramenfragments »Woyzeck« von Georg Büchner hat Erich Kleiber. → S. 207

Die Münchener Polizei beschlagnahmt die neueste Ausgabe der satirischen Zeitschrift »Simplicissimus« wegen eines Bildes des Berliner Zeichners Heinrich Zille. → S. 206

15. Dezember, Dienstag

Nach der Ablehnung mehrerer Gesetzesvorlagen des französischen Finanzministers Louis Loucheurs durch das Kabinett tritt dieser zurück. Zu seinem Nachfolger wird Paul Doumer bestimmt.

In Griechenland tritt ein Regierungserlaß in Kraft, der den Frauen die Kleiderlänge vorschreibt. Die Röcke dürfen von der Ferse an aufwärts nur 30 cm des Beines unbedeckt lassen.

»The Illustrated London News« zeigt ein Porträt des deutschen Außenministers Gustav Stresemann, gemalt von dem bekannten britischen Porträtisten Augustus John; die Bedeutung Stresemanns wird im Ausland sehr hoch eingeschätzt, er gilt zusammen mit Aristide Briand und Austen Chamberlain als der »Motor« des Locarno-Pakts, der am 1. Dezember in London feierlich unterzeichnet wird

THE ILLUSTRATED LONDON NEWS

REGISTERED AS A NEWSPAPER FOR TRANSMISSION IN THE UNITED KINGDOM AND TO CANADA AND NEWFOUNDLAND BY MAGAZINE POST.

SATURDAY, DECEMBER 12, 1925.

The Copyright of all the Editorial Matter, both Engravings and Letterpress, is Strictly Reserved in Great Britain, the Colonies, Europe, and the United States of America.

THE MOVING SPIRIT FOR GERMANY AT LOCARNO: DR. STRESEMANN—A PORTRAIT BY AUGUSTUS JOHN, A.R.A.

This portrait of Dr. Stresemann is of special interest as being the work of the famous British artist, Mr. Augustus John, who painted it in Berlin at the suggestion of the British Ambassador, Lord D'Abernon. A few days ago it was placed on view for a short time at the New Chenil Galleries

German Chancellor, Dr. Luther, for the historic ceremony of signing it. On their return to Berlin, Dr. Luther, as previously arranged, handed to President von Hindenburg the resignation of his Cabinet, and was requested to continue the administration pending the formation of a new one. It was

16. Dezember, Mittwoch

Die Berliner Polizei verhaftet zwei Männer, denen die Vorbereitung eines Attentats gegen Außenminister Gustav Stresemann (DVP) vorgeworfen wird. Sie geben die Absicht zu, den 47jährigen Politiker wegen seiner Locarno-Politik töten zu wollen. → S. 202

In Berlin stimmt der Reichsrat für einen Beschluß, den unteren Besoldungsgruppen der Beamten eine einmalige finanzielle Unterstützung vor Weihnachten zukommen zu lassen.

Die in Brüssel tagende Internationale Radiokonferenz beschließt die Ausarbeitung eines Programms zur Beseitigung der internationalen Störungen im gesamten Radioverkehr.

17. Dezember, Donnerstag

Auf der Sitzung des tschechoslowakischen Abgeordnetenhauses in Prag vom 17. bis zum 21. Dezember kommt es zu heftigen Auseinandersetzungen zwischen deutschen und tschechischen sowie zwischen slowakischen und tschechischen Abgeordneten (→ 22. 11./S. 189).

In Paris schließen die Türkei und die UdSSR einen zehnjährigen Nichtangriffspakt und Neutralitätsvertrag.

18. Dezember, Freitag

In Moskau beginnt der 14. Parteitag der Kommunistischen Partei der Sowjetunion/Bolschewiki (KPdSU/B). U. a. beraten die Delegierten auf dem bis zum 31. Dezember stattfindenden Kongreß über die Möglichkeiten einer Industrialisierung des Landes. → S. 205

Der österreichische Nationalrat in Wien verabschiedet das Gesetz zum Schutz der heimischen Arbeit. Dadurch werden die Arbeitsmöglichkeiten für Ausländer eingeschränkt.

Die Abgeordneten der französischen Linksparteien protestieren im Parlament gegen die Regierungspolitik in Syrien (→ 12. 10./S. 174).

Auf ihrer Sitzung in Konstantinopel verkündet die türkische Regierung ihre ablehnende Haltung gegenüber dem Schiedsspruch des Völkerbunds vom September zur Mosul-Frage. Der Völkerbund wird beschuldigt, ein Instrument Großbritanniens zu sein (→ 2. 9./S. 157).

Ludwig Bergers Film »Ein Walzertraum«, gedreht nach der gleichnamigen Operette von Oscar Straus, wird im Berliner Ufa-Palast uraufgeführt (→ S. 164).

Infolge starker Schneefälle in den vergangenen Tagen sind weite Gebiete Jugoslawiens von der Außenwelt abgeschnitten, vielerorts können keine Züge mehr verkehren. Einige Ortschaften sollen von Wolfsrudeln bedroht sein.

Etwa 15 000 Zuschauer verfolgen das Eishockey-Spiel zwischen den beiden Mannschaften aus den USA und Kanada im New Yorker Madison Square Garden. Bei dieser inoffiziellen Weltmeisterschaft gewinnt Kanada 3:1.

In Cleveland (US-Staat Ohio) verbessert der schwedische Schwimmer Arne Borg seinen eigenen Weltrekord über 440 Yards um vier Zehntel Sekunden auf 4:56,6 min.

19. Dezember, Sonnabend

In Düsseldorf treten der Wirtschaftsverband Langnam-Verein und die nordwestdeutschen Eisen- und Stahlindustriellen zu einem Industrietag zusammen, um Mittel zur Behebung der Wirtschaftskrise zu erörtern.

Willi Münzenberg, der Leiter der kommunistischen Organisation »Rote Hilfe«, gründet in Berlin die Filmgesellschaft »Prometheus«, die v. a. Werke der russischen Avantgarde hierzulande bekanntmachen will.

Die deutsche Filmgesellschaft Ufa schließt mit einer US-amerikanischen Schiffsgesellschaft einen Darlehensvertrag über 16,8 Millionen Reichsmark ab (→ S. 164/65).

20. Dezember, Sonntag

Die Generalversammlung des Norddeutschen Lloyd, der Roland-Linie, der Hamburg-Bremer-Afrika-Linie und der Reederei Nord beschließen die Fusion ihrer Schiffsgesellschaften zum 1. Januar 1926. → S. 203

Der König des Hedschas (Saudi-Arabien) verzichtet auf seinen Thron. → S. 205

In den Räumen des Malik-Verlages in Berlin empfängt die sowjetische Diplomatin Alexandra M. Kollontai anläßlich eines zweitägigen Aufenthaltes in der Hauptstadt die internationale Presse. Sie präsentiert dort ihr Buch »Wege der Liebe«. → S. 206

In der Eisarena des Berliner Sportpalastes treffen die Eishockeymeister Österreichs und Deutschlands aufeinander. Der Wiener Eislaufverein besiegt den Berliner Schlittschuhclub 4:3.

21. Dezember, Montag

Die im britischen Unterhaus in London für den heutigen Tag vorgesehene Debatte über die Mosul-Frage wird auf Antrag des Premierministers Stanley Baldwin bis zum Februar des kommenden Jahres vertagt (→ 2. 9./S. 157).

Im Deutschen Reichstag bringt die Fraktion der Demokratischen Partei (DDP) eine Anfrage zum einheitlichen rot-weißen Anstrich der Bahnschranken ein. Man befürchtet, daß die Reichsbahngesellschaft damit eine politische Absicht im Deutschen Reich verfolge.

Im Moskauer Bolschoi-Theater wird der sowjetische Film »Panzerkreuzer Potemkin« von Sergej M. Eisenstein uraufgeführt. → S. 207

22. Dezember, Dienstag

Auf seiner Rückreise nach Moskau macht der sowjetische Volkskommissar für Äußeres, Georgi W. Tschitscherin, in Berlin Station. Er beabsichtigt, mit der Regierung des Deutschen Reichs, insbesondere mit Außenminister Gustav Stresemann (DVP), intensive Gespräche zu führen.

Die deutsche Reichsregierung gibt bekannt, daß sie vom Völkerbundsrat in Genf zur Teilnahme an der im Februar 1926 beginnenden Konferenz der vorbereitenden Kommission für Abrüstung eingeladen wurde. → S. 201

Im Berliner Theater am Schiffbauerdamm wird Carl Zuckmayers Lustspiel »Der fröhliche Weinberg«, Regie Reinhard Bruck, uraufgeführt. → S. 206

23. Dezember, Mittwoch

Auf seiner Tagung in Berlin fordert der Vorstand des Deutschen Städtetages die gerechte Verteilung der durch die Arbeitslosigkeit entstehenden Lasten auf Gemeinden, Reich und Länder (→ 14. 12./S. 203).

In den Festräumen des Reichspräsidiums in Berlin veranstaltet Reichspräsident Paul von Hindenburg eine Weihnachtsfeier für das Personal seines Büros und alle Angestellten und Arbeiter des Hauses. → S. 210

Aufgrund einer Verfügung des Reichsverkehrsministeriums wird der gesamte deutsche Luftverkehr vorübergehend eingestellt. Diese Maßnahme hängt mit dem Neuaufbau des gesamten deutschen Luftfahrtwesens zusammen (→ 28. 11./S. 190).

Nach einer Mitteilung des italienischen Fremdenverkehrsvereins besuchten in diesem Jahr 855 000 Touristen das Mittelmeerland, von denen 186 000 aus dem Deutschen Reich kamen (→ S. 146/47).

Die plötzliche Schneeschmelze durch die wieder angestiegenen Temperaturen führen in Gebieten Hessens und am Rhein zu Überschwemmungen.

24. Dezember, Donnerstag

Die Republik der Wolgadeutschen hat von der sowjetischen Regierung die Genehmigung erhalten, einen ständigen Vertreter nach Deutschland zu entsenden. Im Rahmen der Handelsvertretung Moskaus soll er die Interessen der Wolgadeutschen wahrnehmen.

Die chinesische Stadt Tientsin ist von den Truppen Feng Yu-hsiangs eingenommen worden. Das Ausländerviertel blieb bisher unbehelligt.

Nach Sturm und Hochwasser in den vergangenen Tagen hält nun in höheren Lagen wieder der Winter seinen Einzug. Im Schwarzwald betragen die Schneehöhen 30 bis 70 cm.

25. Dezember, 1. Weihnachtstag

Unter der Schirmherrschaft des Reichspräsidenten Paul von Hindenburg findet im Berliner Primus-Palast die Uraufführung des Films »Bismarck I« statt.

26. Dezember, 2. Weihnachtstag

Auf der ersten Konferenz indischer Kommunisten in Kanpur (bis zum 28. 12.) schließen sich mehrere Gruppen aus verschiedenen Provinzen zur Kommunistischen Partei Indiens zusammen.

27. Dezember, Sonntag

Der weltweite Preisverfall für Baumwolle führt in den produzierenden Ländern wie Ägypten und den USA zu Überlegungen, die Produktion einzuschränken.

Die türkische Nationalversammlung beschließt die Einführung des Gregorianischen Kalenders.

28. Dezember, Montag

Der Sejm, das polnische Parlament in Warschau, genehmigt in Abwesenheit der sozialistischen Abgeordneten sowie der Vertreter nationaler Minderheiten das Gesetz zur Agrarreform.

In Leningrad scheidet der sowjetische Lyriker Sergei A. Jessenin im Alter von 30 Jahren freiwillig aus dem Leben.

Wegen des stetigen Ansteigens der Flüsse Rhein, Main, Neckar, Mosel und Lahn wird ein ständiger Hochwasserdienst eingerichtet.

29. Dezember, Dienstag

Eine Abordnung des Reichsverbandes der deutschen Industrie überreicht in Berlin dem Reichspräsidenten Paul von Hindenburg einen Bericht über die gegenwärtige Notlage der Industrie.

In Rapallo treffen sich Italiens Ministerpräsident und Duce Benito Mussolini und der britische Außenminister Joseph A. Chamberlain zu Gesprächen.

30. Dezember, Mittwoch

Der Vatikan erklärt die Freie Stadt Danzig zu einem eigenen, von Polen unabhängigen Bistum.

Das französische Parlament genehmigt gegen die Stimmen der sozialistischen Abgeordneten einen Marokkokredit in einer Höhe von 450 Millionen Francs.

Unzufrieden mit den Ergebnissen der vor einem Monat durchgeführten Volkszählung zeigt sich die Stadtverwaltung von New York. Demnach hatte die Stadt mit ihren knapp sechs Millionen Einwohnern in den vergangenen fünf Jahren nur einen Bevölkerungszuwachs von 253 000 Menschen.

31. Dezember, Donnerstag

In einer offiziellen Erklärung verzichtet der rumänische Kronprinz Karol endgültig auf seinen Thronanspruch.

Das Wetter im Monat Dezember

Station	Mittlere Lufttemperatur (°C)	Niederschlag (mm)	Sonnenscheindauer (Std.)
Aachen	2,4 (3,1)	149 (62)	– (49)
Berlin	–0,3 (0,7)	68 (41)	– (36)
Bremen	0,2 (2,2)	118 (54)	– (33)
München	0,2 (–0,7)	60 (44)	– (41)
Wien	– (0,9)	– (51)	– (41)
Zürich	1,0 (0,2)	140 (73)	– (37)

( ) Langjähriger Mittelwert für diesen Monat
– Wert nicht ermittelt

Mit diesem ein wenig melancholischen Bild stimmt die französische Zeitschrift »L'Illustration« ihre Leser auf das bevorstehende Weihnachtsfest ein

Locarno-Pakt in Großbritanniens Hauptstadt besiegelt

1. Dezember. In London unterzeichnen die Vertreter der beteiligten Länder den am → 16. Oktober (S. 172) geschlossenen Locarno-Pakt.
Die Formalitäten der Unterzeichnung beginnen pünktlich 12 Uhr im Empfangszimmer des britischen Auswärtigen Amtes. Das Zentrum des festlich ausgestatteten Raumes bildet ein großer Tisch, woran die oberen Regierungsvertreter Platz genommen haben. Die Sekretäre und die verschiedenen anderen Mitglieder der Delegationen sitzen an Tischen dahinter. Für die Gesandten der am Vertragswerk beteiligten Mächte sind besondere Stühle vorgesehen, ebenso für die britischen Botschafter in Paris, Lord Crewe, und in Berlin, Edgar Vincent d'Abernon. Beide haben sich um das Gelingen des Paktes in der Vergangenheit große Verdienste erworben.

Unterzeichnung des Locarno-Paktes am 1. Dezember im Empfangssaal des britischen Außenministeriums in London

Unterzeichner der Verträge:
Großbritannien: Austen Chamberlain (Außenminister), Stanley Baldwin (Premierminister)
Frankreich: Aristide Briand (Außen- u. Premierminister)
Deutsches Reich: Hans Luther (Reichskanzler), Gustav Stresemann (Außenminister)
Belgien: Emile Vandervelde (Außenminister)
Italien: Vittorio Scialoja (Vertreter für Benito Mussolini, der seine Londonreise wegen eines Attentatsversuches auf ihn absagte.)
Polen: Alexander Graf Skrzyński (Premier- und Außenminister)
Tschechoslowakei: Eduard Beneš (Außenminister)

Zu Beginn des feierlichen Aktes verliest Chamberlain die Botschaft des britischen Königs. In seiner Begrüßungsansprache betont er den epochalen Charakter des Vertragswerkes, der sich vor allem auf die Versöhnung mit dem Deutschen Reich gründe. Nach Reden der übrigen Hauptdelegierten unterschreiben die Staatsmänner das Vertragsdokument, das in Locarno ursprünglich in Schreibmaschinenschrift ausgefertigt und mit Siegel und Heftschnur in den Farben Blau und Rot dieses Ortes versehen war. Das Originaldokument wird am 14. Dezember dem Völkerbundsrat in Genf übergeben und dort deponiert.

Grundlage für eine Verständigungspolitik zwischen Völkern Europas

Das Vertragswerk von Locarno, dessen Zustandekommen im wesentlichen der Initiative des deutschen Außenministers Gustav Stresemann (DVP) zu verdanken ist, bildet eine wichtige Etappe in dessen außenpolitischem Konzept. (→ 15. 9. / S. 156). Grundmotiv seiner Politik ist die Geste der Abwehr, d. h. er ist bestrebt, Risiken zu beseitigen, die eine britisch-französische Entente und das Zusammenspiel Rußlands und Frankreichs über Deutschland hinweg bergen würden. Einer Garantie nach Osten hin dienen Stresemanns Bestrebungen einer Neutralitätspolitik mit der Sowjetunion, die ihren Niederschlag im Vertrag von Rapallo (1922) und dem Berliner Vertrag vom April 1926 finden. Eine Garantie an den Westgrenzen hat er nun durch den Sicherheitspakt mit den westeuropäischen Staaten erreicht. Das Deutsche Reich erkennt hierin erstmals die Ergebnisse des Ersten Weltkrieges an und somit auch die Bestimmungen des Versailler Vertrages. Dadurch ist es Stresemann gelungen, dem Verhältnis zwischen Siegern und Besiegten den Charakter von partnerschaftlichen Beziehungen zu geben – ein Novum in der europäischen Politik seit Beendigung des Krieges. Ein neuer, auf Verständigung beruhender Geist scheint hier eingezogen zu sein, der »Geist von Locarno«, wie er allgemein nun genannt wird. Er ist die Grundlage für die Versöhnung zwischen den Staaten, auf die führende Politiker wie der britische Außenminister Austen Chamberlain ihre Hoffnungen setzen. In seiner Rede vor den Unterzeichnern des Paktes sagt er u. a.: »Die englische Regierung wird alles tun, was in ihrer Macht liegt, unseren Bemühungen den endlichen Erfolg zu sichern, den Haß und das Mißtrauen der Vergangenheit zu begraben und die kommenden Generationen vor einer Wiederholung des Unheils zu bewahren, das die Welt von heute als Zeuge und als Opfer miterlebt hat.«

Völkerbund plant weltweite Abrüstungskonferenz

22. Dezember. In Berlin veröffentlicht die Regierung ein Völkerbundschreiben, in dem das Deutsche Reich zu der im Februar 1926 geplanten vorbereitenden Sitzung für eine Abrüstungskonferenz eingeladen wird, auf der u. a. folgende Punkte geklärt werden sollen:

▷ Begriffsbestimmung der militärischen, geografischen u. a. Faktoren, von denen die Stärke eines Landes in Kriegszeiten abhängt
▷ Bestimmung der Angabe von Besonderheiten der Faktoren, die die Rüstungen eines Landes in Friedenszeiten ausmachen
▷ Ist es möglich, die etwaige Kriegsrüstung eines Landes einzuschränken, oder sollen sich die Abrüstungsmaßnahmen nur auf die Friedensrüstung beziehen
▷ Nach welchen Regeln kann man die Rüstung eines Landes mit der eines anderen vergleichen?
▷ Gibt es »offensive« und »defensive« Rüstungen?
▷ Mit welchen Kriterien kann man zwischen Zivil- und Militärflugzeugen unterscheiden?
▷ Kann man bei der Bewertung der Seemacht den militärischen Wert der Handelsflotte einbeziehen?

Ein für die britische Armee entwickelter neuer Panzer, der eine Geschwindigkeit bis zu 50 km/h erreicht

Mit diesem, in den USA entwickelten Gerät soll das Herannahen von Flugzeugen festgestellt werden

Erprobung neuer Flugzeuge in Kalifornien; wie hier in den USA wird in vielen Staaten forciert aufgerüstet

Ein britisches Bombenflugzeug, das bis zu 2000 kg Bombenlast abwerfen kann, neben einem Jagd-Einsitzer

Das »ideale« Schlachtschiff für die britische Marine in den »Illustrated London News«

Die »V 1«, das neueste U-Boot der US-Kriegsmarine, ist zugleich das größte Unterseeboot der Welt

Übungen mit Abwehrgeschützen in New York

Luther erklärt Rücktritt der Regierung

5. Dezember. Am Nachmittag überreicht in Berlin Reichskanzler Hans Luther (parteilos) Reichspräsident Paul von Hindenburg die Demission seiner erst am → 15. Januar (S. 12) gebildeten Regierung.
Der Rücktritt, den die Regierung bereits im November angekündigt hatte, ist die Folge innenpolitischer Auseinandersetzungen aufgrund der Unterzeichnung des Locarno-Pakts am → 16. Oktober (S. 172). Die Deutschnationalen lehnen dieses Vertragswerk ab und waren deshalb aus der Regierung ausgeschieden (→ 1. 11./S. 186).
Hindenburg, der eine möglichst schnelle Kabinettsneubildung auf der Grundlage der »Großen Koalition« wünscht, empfängt bereits am 7. Dezember die Führer der einzelnen Parteien zu vorbereitenden Gesprächen. Als diese am 10. Dezember ihre künftigen politischen Vorstellungen formulieren, werden gravierende Unterschiede in den sozialen Zielen deutlich. Eine Einigung auf einen Kompromiß kommt auch unter der Verhandlungsführung Constantin Fehrenbachs (Zentrum) und des Demokraten Erich Koch-Weser nicht zustande. Erst im Januar 1926 gelingt Luther die Bildung eines Minderheitenkabinetts.

Karikatur des »Simplicissimus« zu den häufigen Regierungswechseln

Attentatsversuch auf Stresemann

16. Dezember. Die Berliner Polizei verhaftet zwei Männer, die des versuchten Attentats auf Außenminister Gustav Stresemann von der Deutschen Volkspartei (DVP) beschuldigt werden.
Die beiden Festgenommenen geben zu, daß sie beabsichtigten, den 47jährigen Politiker zu töten, da sie ihn als einen »Volksschädling« ansehen. Sie werfen ihm vor, mit seiner Locarno-Politik dem Deutschen Reich zu schaden. (Für diese Politik erhält Gustav Stresemann 1926 den Friedensnobelpreis.)
Die Berliner »Vossische Zeitung« berichtet über die Attentäter, daß der eine, Kalkdorff, Sohn eines höheren Beamten und verbummelter Akademiker, nach eigenen Angaben Anhänger Adolf Hitlers sei. Sein Gehilfe Lorenz, Büroangestellter und Sohn eines Oberstudienrates, ist ebenfalls nach eigenen Aussagen Deutschnationaler. Sie hätten nicht nur alle Einzelheiten zur Ausführung der Tat besprochen, sondern auch versucht, sich ein Flugzeug für eine anschließende Flucht zu beschaffen. Als Kalkdorff deshalb einen Parteifreund ins Vertrauen zog, sei der verbrecherische Mordplan schließlich aufgeflogen.

Kein klarer Sieg im Münchener »Dolchstoß-Prozeß«

9. Dezember. Im sog. Münchener Dolchstoßprozeß verurteilt das Gericht den Angeklagten Martin Gruber wegen Beleidigung und übler Nachrede zu einer Geldstrafe in Höhe von 3000 RM.
Gegen Gruber, Redakteur bei der »Münchener Post«, hatte Paul N. Coßmann, Herausgeber der Süddeutschen Monatshefte, geklagt, da dieser ihm bewußte Geschichtsfälschung vorgeworfen hatte. In den Monatsheften war ein Artikel zu der sog. Dolchstoßlegende erschienen, worin behauptet wurde, daß an der deutschen Niederlage des Krieges von 1914 bis 1918 in der Hauptsache die Sozialdemokraten und linken politischen Kräfte schuld gewesen seien. Sie wären den Soldaten an der Front durch die Revolution vom November 1918 in den Rücken gefallen.
In dem mehrere Wochen dauernden Prozeß unternahm die Verteidigung Grubers den Versuch, die Dolchstoßlegende ad absurdum zu führen, weshalb der Verhandlung überall im Deutschen Reich große Aufmerksamkeit geschenkt wurde. Historiker, Kriegsteilnehmer und Politiker sagten als Zeugen aus, so daß am Ende die Unhaltbarkeit der Dolchstoßlegende als erwiesen angesehen werden kann. Dennoch verurteilt das Gericht Martin Gruber mit der fadenscheinigen Begründung, daß der Vorwurf der bewußten Geschichtsfälschung beleidigend sei.

Als Zeuge geladen: Vizeadmiral a. D. von Trotha

Kläger Professor Coßmann vor Beginn des Prozesses

Angeklagter Martin Gruber von der »Münchener Post«

Landtagsabgeordneter Erhardt Auer (SPD) als Zeuge

Soziales Problem: Dauerarbeitslosigkeit

14. Dezember. Die Presse veröffentlicht die neuesten vom Statistischen Reichsamt bekanntgegebenen Arbeitslosenzahlen. Demnach haben z. Z. 700 000 Deutsche ein Anrecht auf Erwerbslosenunterstützung.
Die Daten beweisen zwar, daß die Arbeitslosigkeit im Vergleich zu den Vorjahren abgenommen hat, jedoch kann diese Tatsache nicht über das noch bestehende Problem hinwegtäuschen. Fachleute weisen auf dessen veränderten Charakter hin, der in den sich durchsetzenden neuen Produktionsmethoden begründet ist. Die gegenwärtig herrschende Arbeitslosigkeit wird immer mehr eine dauernde, da sie ihre Ursache nicht in einer vorübergehenden Krise hat, sondern in Strukturveränderungen und Rationalisierungsbestrebungen der Industrie. Um auf dem Weltmarkt bestehen zu können, muß kostengünstiger produziert werden, was meist den Abbau von Arbeitskräften und ihren Ersatz durch moderne Technik bedeutet. Die Arbeitsämter sind momentan zwar noch in der Lage, den Betroffenen eine – wenn auch geringe – finanzielle Hilfe zu gewähren, das löst jedoch nicht die Frage, auf welche Art es langfristig möglich sein wird, neue Arbeitsplätze zu schaffen.

Diese fünfköpfige Familie eines Arbeitslosen lebt in nur einem Raum

In der Hoffnung auf Arbeit warten zahllose Berliner vor dem Arbeitsamt

Chemiekonzern I. G. Farben gegründet

2. Dezember. Die führenden deutschen Unternehmen der Chemie-Industrie gründen die Interessengemeinschaft Farbenindustrie AG, den Chemiekonzern I. G. Farben.
An der Fusionierung zum größten Chemiekonzern der Welt sind folgende Werke beteiligt:

▷ Badische Anilin- u. Sodafabrik (BASF), Ludwigshafen
▷ Farbwerke, vorm. Meister, Lucius und Brüning, Hoechst
▷ AG für Anilinfabrikation, Berlin (Agfa-Gevaert-Gruppe)
▷ Chemische Fabriken, vorm. Weiler-ter-Meer, Uerdingen
▷ Chemische Fabrik Griesheim-Elektron, Frankfurt am Main.

Nicht einbezogen in den Akt des Zusammenschlusses werden die Werke »Leopold Cassella und Co.«, Frankfurt am Main, sowie »Kalle und Co. AG«, Biebrich, da sie sich bereits weitestgehend im Besitz anderer Gruppen befinden.
Zum Zeitpunkt der Fusionierung beträgt die Zahl der Beschäftigten 83 719, die Höhe des Aktienkapitals etwa 600 Millionen Reichsmark. Vorsitzender des Vorstandes, in den alle

Carl Duisberg, Vorsitzender des Aufsichtsrates der I.G. Farben

bisherigen Vorstandsmitglieder der einzelnen Firmen übernommen werden und der deshalb 83 Mitglieder zählt, wird Carl Bosch. Dem Aufsichtsrat steht Carl Duisberg vor. Die einzelnen Unternehmen bleiben in ihrer Geschäftsführung relativ selbständig, zentral geregelt werden lediglich der Einkauf von Rohstoffen, die Buchhaltung und die Finanzverwaltung. Der Verkauf erfolgt durch vorrangig autonom arbeitende Verkaufsgemeinschaften. Betriebsgemeinschaften koordinieren den regionalen Kreislauf, darüber hinaus werden Fachkommissionen geschaffen.
Die Gründung der I. G. Farben bildet den Endpunkt eines Konzentrationsprozesses in der deutschen Chemie-Industrie, der bereits 1904 mit dem Dreierbund (Bayer, BASF, Agfa-Gevaert), dem Dreierverband (Hoechst, Cassella, Kalle) und 1916 mit der I. G. der deutschen Teerfabriken begonnen hatte.

Zusammenschluß der Schiffahrt

20. Dezember. Die deutschen Schifffahrtsgesellschaften »Norddeutscher Lloyd«, »Rolandslinie«, »Hamburg-Bremer-Afrika-Linie« und die Reederei Nord beschließen auf ihrer Generalversammlung die Fusionierung zum 1. Januar 1926.
Die Initiative zu einem Zusammenschluß ergriffen die Gesellschaften aufgrund der schlechten Wirtschaftslage, in der sich die einheimische Handels- und Passagierschifffahrt seit dem Ende des Ersten Weltkrieges befindet. Die Gesamttonnage der Handelsflotte ist zwar wieder auf etwa drei Millionen Tonnen angewachsen, das sind jedoch erst drei Fünftel der Vorkriegstonnage. Erschwerend im internationalen Konkurrenzkampf wirkt sich auch die Tatsache aus, daß die Schifffahrtsunternehmen anderer Länder überwiegend vom Staat umfangreiche Subventionen erhalten.

Sechster Parteitag der Demokraten

4. Dezember. Im Konzerthaus von Breslau beginnt der sechste Parteitag der Deutschen Demokratischen Partei (DDP). Der Kongreß dauert bis zum 6. Dezember.
Bevor die Delegierten aus allen Teilen Deutschlands zu den Verhandlungen zusammenkommen, treffen sie sich zu einer großen Kundgebung im mit schwarzrotgoldenen Fahnen geschmückten großen Saal des Konzerthauses.
Als erster Redner ergreift der badische Staatspräsident Willy Hellpach das Wort zu dem Thema »Geistesfreiheit und Christentum in ihrem Verhältnis zum germanischen Volkstum und zum demokratischen Staat«. Der ehemalige Innenminister Erich Koch-Weser äußert sich zu finanzpolitischen und wirtschaftlichen Fragen. U. a. führt er aus: »In nichts hat die Regierung so sehr gesündigt wie in den handelspolitischen Fragen. Sie hat zwar einige Lufthiebe gegen die Kartelle losgelassen, aber sie hat bald den Degen wieder eingesteckt. Ein erfolgreicher Kampf gegen das Kartellwesen ist nur möglich, wenn man den Kartellen dadurch den Boden entzieht, daß man einen freien Warenaustausch in Europa fördert, . . . die europäische Zollunion.«

Grenzvertrag besiegelt endgültig die Spaltung Irlands

8. Dezember. Das britische Unterhaus genehmigt den zwischen Premierminister Stanley Baldwin und dem Präsident des irischen Freistaates, William T. Cosgrave, geschlossenen Grenzvertrag.

Der Vertrag schreibt den Grenzverlauf zwischen Ulster (Nordirland) und dem Freistaat fest. Die damit fixierte Trennung stößt bei einem Großteil der irischen Unabhängigkeitsbewegung auf heftigen Widerstand. Die irisch republikanische Armee (IRA) und die republikanischen Nationalisten unter Eamon de Valera sind Gegner der Spaltung und des Vertrages von 1921, zu dem Irland durch Kriegsdrohungen Großbritanniens gezwungen wurde. Der den katholischen Iren darin zugestandene Freistaat bleibt Bestandteil des Commonwealth, die protestantischen Grafschaften im Norden wurden abgetrennt. Während die 1900 gegründete Unabhängigkeitsbewegung »Sinn Fein« (»Wir selbst«) hoffte, auf dem Weg dieses Kompromisses zur unabhängigen Republik Irland zu gelangen, war die Vereinbarung für die Republikaner Auslöser eines Bürgerkrieges (1922/23), deren Auswirkungen die »Grüne Insel« auch in kommender Zeit prägen werden.

Präsident Cosgrave

Eamon de Valera

Exekutiert: Mellows

Exekutiert: O'Connor

Gefallen: C. Brugha

◁ Beisetzung der in Gefängnissen des Freistaates verstorbenen irischen Freiheitskämpfer in Dublin. Tausende säumen die Straßen, um ihnen die letzte Ehre zu erweisen. Der 1922 begonnene Bürgerkrieg zwischen Anhängern der kompromißbereiten Regierung unter Cosgrave und denen der radikalen Freiheitsbewegung sowie der militanten Sinn-Fein-Bewegung kostete viele Opfer. So starb Cathal Brugha, Kriegsminister der Sinn-Fein-Regierung, in Auseinandersetzungen gegen die Freistaat-Truppen; General O'Connor, Führer der aufständischen Streitkräfte, sowie Liam Mellows, Mitglied der Sinn-Fein-Regierung, wurden von der Freistaat-Regierung hingerichtet

US-Präsident über den Locarno-Pakt

8. Dezember. US-Präsident Calvin Coolidge nimmt vor dem amerikanischen Kongreß in Washington Stellung zur internationalen Lage. U. a. äußert er sich über den Locarnopakt (→ 16. 10./S. 172) folgendermaßen: »Das gut Beispiel der Vereinigten Staaten ist auf andere Länder nicht ohne Wirkung geblieben, so beruht darauf die endgültige Regelung des Reparationsproblems, die den Weg für die Konferenz von Locarno ebnete. Wenn auch die dort niedergelegten Vereinbarungen keine wirtschaftliche Wiederherstellung in sich bergen, stärken sie die Friedensgarantien und machen dadurch das Bedürfnis großer Rüstungen hinfällig. Wenn augenblicklich die für militärische Anstrengungen verwendeten Kräfte auf produktive Bemühungen übertragen würden, könnten diese Kräfte in Zukunft den wirtschaftlichen Fortschritt weitgehendst unterstützen.«

Diktator beherrscht weiterhin Spanien

3. Dezember. In Madrid tritt Militärdiktator Miguel Primo de Rivera zurück; zugleich beauftragt ihn König Alfons XIII. von Spanien mit der Neubildung des Kabinetts.

Durch zivile Minister erhält diese Regierung zwar äußerlich einen anderen Charakter, an der Politk ändert sich jedoch nichts. Die Verfassung bleibt außer Kraft, die Pressezensur bestehen und das Versammlungsrecht beschränkt. Rivera erklärt, er wolle eine Diktatur ausüben, wie sie für solche Länder nötig sei, in denen eine falsche Auslegung der Freiheitsidee zu Unordnungen und zum Sturz der Autorität geführt habe (→ 17. 5./S. 98).

Das neue spanische Kabinett mit Primo de Rivera (M.) und Premierminister Marquis de Estella (3. v. r.)

Diskrepanzen auf KPdSU-Parteitag

18. Dezember. In Moskau beginnt der 14. Parteitag der Kommunistischen Partei der Sowjetunion/Bolschewiki (KPdSU/B). An der bis zum 31. Dezember dauernden Veranstaltung nehmen 651 Delegierte mit beschließender und 602 Delegierte mit beratender Stimme teil. Sie vertreten 561 000 Mitglieder und 433 000 Kandidaten der Partei aus allen Teilen der Sowjetunion.
Der bereits mehrmals verschobene Kongreß war wegen der zu erwartenden Auseinandersetzungen in Fragen der Wirtschafts- und Innenpolitik mit Spannung erwartet worden. Parteivorsitzender Josef W. Stalin legt einen Wirtschaftsplan vor, der zum ersten Mal die »Verwandlung der Sowjetunion aus einem Agrarland in ein Industrieland« deutlich als Ziel herausstellt. Er basiert auf der These vom Sozialismus in einem Land und setzt den Aufbau einer Staatsindustrie mit Sozialisierung gleich. Gegen diese Verquikkung wenden sich vor allem Grigori J. Sinowjew und Leo Kamenew, woraufhin Stalin sie als »Streikbrecher der Oktoberrevolution« diskreditiert. Den Kritikern gelingt es nicht, sich mit ihren Auffassungen in dem Gremium durchzusetzen.

Ägyptische Studenten jubeln aus der Straßenbahn heraus dem Oppositionsführer Saad Saghlul zu, der in Kairo Verhandlungen führt

Gegen Wahlrecht in Kairo

9. Dezember. Die Großbritannien nahestehende ägyptische Regierung veröffentlicht in Kairo ein neues Wahlgesetz, gegen das die oppositionelle Wafd-Partei heftig protestiert. Das Gesetz erteilt den Männern über 30 Jahren uneingeschränktes Wahlrecht. 25 – 30jährige dürfen nur wählen, wenn sie in einer bestimmten Höhe Steuern zahlen oder wenn sie das Reifezeugnis für die Universität erworben haben. Abgeordnete müssen ebenfalls mindestens 30 Jahre alt sein, schreiben können und in ihrem Wahlkreis wohnen. Die Einschränkungen richten sich offensichtlich gegen die Wafd-Partei von Saad Saghlul, da diese um die Unabhängigkeit Ägyptens streitende Volkspartei besonders unter den jüngeren Bewohnern Ägyptens Anhänger hat (→ 23. 3./S. 63).

König von Hedschas muß abdanken

20. Dezember. Aus Port Sudan wird berichtet, daß der »König der Araber«, Husain Ibn Ali, auf den Thron von Hedschas (Saudi-Arabien) verzichtet hat. Die Macht übernimmt

Der 45jährige Abd Al Asis Ibn Saud eroberte bereits 1902 vom Exil in Kuwait aus den Stammsitz Ar Rijad zurück und wurde dann zum Herrscher im Nadschd und Führer der Wahabiten ausgerufen

Abd Al Asis Ibn Saud. Sein Ziel ist die Errichtung eines einheitlichen arabischen Staates. Bis auf Hedschas hat er bereits alle zum Reich des ehemaligen Wahabiten-Staates gehörenden Gebiete erobert. Seinen Kampf gegen König Ali konnte er ungestört von britischer Einmischung führen, da Großbritannien diesem seine einstmalige Unterstützung entzogen hatte, nachdem er auch die Kalifenwürde von Mekka anstrebte, was nicht im Interesse Großbritanniens war. Ibn Saud läßt sich am 8. Januar 1926 zum König von Hedschas ausrufen.

Spuren der Franklin-Expedition von 1845 im Eis entdeckt

2. Dezember. Der dänische Polarforscher Knud Rasmussen berichtet in London vor der »Royal geographical Society« über seine Suche nach Spuren der Franklin-Expedition aus dem Jahr 1845.
Die Expedition von John Franklin ist die bisher größte Katastrophe in der Polarforschung. Franklin startete mit den beiden Dampfschiffen »Erebus« und »Terror«, um die Nordwestpassage zu finden, die Durchfahrt vom Atlantik zum Pazifik nördlich des nordamerikanischen Festlandes.
Von den 119 Mitgliedern der Expedition ist niemand zurückgekehrt. Mehrere Forscher haben seitdem versucht, etwas über das Schicksal der Männer um Franklin zu erfahren, jedoch blieben sie bisher erfolglos. Rasmussen traf auf seiner letzten Fahrt einen Eskimo, dessen Vater den letzten Überlebenden von 1845 begegnet war. Die Eingeborenen konnten den Engländern allerdings kaum behilflich sein, da man sich nicht verständigen konnte. Später fanden Rasmussen und seine Leute eines der beiden Schiffe der Franklin-Expedition – das andere war anscheinend untergegangen. An Bord fand man viele Leichen, allerdings auch noch genügend Lebensmittel. Deshalb vermutet man, daß die Expeditionsteilnehmer an Skorbut gestorben sind. Später entdeckte Rasmussen im Eis noch einige Skelettreste und mehrere Gräber.
Gefunden hat die Durchfahrt zur Nordwestpassage 1850 – 1853 Sir Robert J. L. M. McClure.

Polarforscher Knud Rasmussen

Ein Eskimo macht seinen Sohn mit den Schlittenhunden vertraut

Buchpremiere mit der Kollontai

20. Dezember. Der Malik-Verlag in Berlin veranstaltet eine Pressekonferenz, auf der die Sowjetrussin Alexandra M. Kollontai ihr neues Buch »Wege der Liebe« vorstellt.

Die Aufmerksamkeit der zahlreich erschienenen Journalisten verdankt der Verlag wohl weniger dem neuesten Werk der Kollontai, von der ein Kritiker in der »Weltbühne« schreibt, die drei Erzählungen seien zum Gähnen langweilig. Von viel größerem Interesse für die Öffentlichkeit scheint die Autorin selbst zu sein. Die für zwei Tage in Berlin weilende Russin ist die erste Frau der Welt in einer höheren diplomatischen Stellung. Die 53jährige Publizistin und Schriftstellerin, die sich schon früh der kommunistischen Bewegung anschloß, bekleidet das Amt des Botschafters der sowjetischen Regierung in Norwegen.

Feier für Eugenie Marlitt

5. Dezember. Die Bewohner des Städtchens Arnstadt nahe Erfurt gedenken in vielen Veranstaltungen der hier vor 100 Jahren geborenen E. Marlitt (eigtl. Eugenie John).

Marlitt, die Tochter eines Kaufmanns, strebte zunächst eine Karriere als Sängerin an, mußte diese allerdings wegen eines auftretenden Gehörleidens bald wieder aufgeben. Bis 1863 war sie Vorleserin der Fürstin von Schwarzburg-Sondershausen und begann nebenbei, Unterhaltungsromane zu schreiben, die dank der äußerst spannenden Handlung viel gelesen wurden. So konnte sie sich 1863 als freie Schriftstellerin in ihrer Heimatstadt niederlassen, wo sie 1887 starb. Ihre ersten Romane erschienen in Fortsetzungen in der 1859 gegründeten Zeitschrift »Die Gartenlaube«, eine der ersten bürgerlichen Familienzeitschriften. Die Romane der Marlitt waren nicht nur

Schrieb für die »Gartenlaube«: Erfolgsautorin Eugenie Marlitt

spannend, sie vermittelten, wenn auch vorsichtig und auf moralischer Ebene, Kritik v. a. an der adligen und großbürgerlichen Gesellschaft.

Lunatscharski begeistert Berlin

2. Dezember. Die »Frankfurter Zeitung« berichtet von einer Rede des sowjetischen Bildungsministers Anatoli W. Lunatscharski im überfüllten Berliner Beethoven-Saal.

Unter den Zuhörern des Vortrages, zu dem die »Gesellschaft der Freunde des Neuen Rußland« geladen hatte, befanden sich u. a. der Physiker Albert Einstein, Theaterintendant Leopold Jessner und Reichstagspräsident Paul Löbe. Zwei Stunden lang sprach Lunatscharski über die Kunst und Kultur seines Landes, hauptsächlich widmete er sich dabei jedoch dem Erziehungsproblem. Beim Publikum hinterließ er großen Eindruck, von dem die Schlußsätze eines Zeitungsartikels zeugen: »In einer Nacht fährt man von Berlin nach Rußland. Aber der Abiturient weiß z. B. mehr von Pretoria, als ein Erwachsener vom heutigen Rußland ... Nicht den Hut, sondern das Gehirn hätte man in der Garderobe abgeben müssen, aber das geht nicht.«

Szene aus der erfolgreichen Aufführung des neuen Lustspiels von Zuckmayer, »Der fröhliche Weinberg«, im Theater am Schiffbauerdamm, Berlin

Großer Erfolg für Zuckmayers Komödie »Der fröhliche Weinberg«

22. Dezember. *Im Berliner Theater am Schiffbauerdamm wird mit großem Erfolg die Komödie »Der fröhliche Weinberg« von Carl Zuckmayer unter der Regie von Reinhard Bruck uraufgeführt. Das rheinische Volksstück, das tags darauf auch noch im Schauspielhaus Frankfurt am Main zu sehen ist (Regie Heinz Hilpert), erlebt von Beginn an ebensoviel Ablehnung wie Zustimmung. In der realistischen, oft mit derben Späßen gewürzten Darstellung sehen vor allem nationalsozialistisch gesinnte Kreise eine Verunglimpfung deutschen Volkstums. Die Theaterkritik feiert den »Weinberg« als eine Abkehr vom Expressionismus. Die Komödie erlebt über 500 Aufführungen, allein in Berlin hält sie sich zweieinhalb Jahre.* → S. 180

Polizei konfisziert »Simplicissimus«

14. Dezember. Die Münchener Polizei beschlagnahmt die neueste Ausgabe der satirischen Zeitschrift »Simplicissimus«.

Die Aktion erfolgt aufgrund einer in dem Heft veröffentlichten Zeichnung von Heinrich Zille, die den Künstler im Kreise seiner Modelle zeigt. Da diese Modelle nackt dargestellt sind, erregen sie Anstoß bei der Münchener Staatsanwaltschaft.

Für die Redaktion der Wochenzeitschrift ist ein solcher Vorgang nichts Neues. Seit der Gründung des Blattes im Jahr 1896 wurde dem »Simplicissimus« schon des öfteren der Vorwurf gemacht, »unsittlich«, »pornographisch«, »revolutionär« und »sozialkritisch« zu sein. Letztendlich, so meinen die Herausgeber, sei eine solche Beschlagnahme auch immer eine gute Werbung. Auf der Titelseite des am 4. Januar 1926 erscheinenden Heftes prangt dann eine Fotomontage mit Abbildungen nackter Mädchen, die auf Zilles Karikatur Bezug nimmt und die Widmung trägt: »Unsers lieben Herrn Staatsanwalts braver Normalmensch.« Auch diese Nummer wird natürlich beanstandet.

Gershwin spielt sein Konzert in f-Moll

3. Dezember. Unter der Leitung von Walter Damrosch spielen die New Yorker Sinfoniker mit großem Erfolg zum ersten Mal das Klavierkonzert in f-Moll des US-amerikanischen Pianisten und Komponisten George Gershwin.

Das Konzert schrieb Gershwin, der neben seiner Kompositionstätigkeit von seiner Leidenschaft als Pianist gleichsam besessen ist, als Auftragsarbeit für den seinerzeit berühmten Dirigenten Damrosch, der nach der überaus erfolgreichen Aufführung der »Rhapsody in Blue« (Klavierkonzert mit Jazzorchester) im vorausgegangenen Jahr Gershwin überreden konnte, zum ersten Mal eine solche Arbeit anzunehmen.

Mit der »Rhapsody in Blue«, die seinerzeit in einer beliebten Musiksendung live im Rundfunk übertragen wurde, wurde der erst 26jährige Gershwin über Nacht weltberühmt. Er vereinigte als erster Elemente des Jazz mit der klassischen, von Europa beeinflußten Musiktradition.

Sowjetisches Plakat für den Eisenstein-Film »Panzerkreuzer Potemkin«

Beifall für S. Eisenstein

21. Dezember. Unter großem Beifall findet im Moskauer Bolschoi-Theater die Uraufführung des Films »Panzerkreuzer Potemkin« statt.

Der Film des sowjetischen Regisseurs Sergej M. Eisenstein über den Matrosenaufstand im Jahr 1905 sollte eine neue Epoche in der internationalen Filmgeschichte einleiten. Der Film besticht einerseits durch seine Einfachheit und dramaturgische Konsequenz, die an ein antikes Drama erinnern, andererseits durch sein mit einer raffinierten und wegweisenden Montage erreichtes Pathos. (→ S. 164)

Arbeiteralltag auf der Theaterbühne

5. Dezember. Das Drama »Erde« des Schriftstellers Paul Zech wird im Neuen Schauspielhaus von Königsberg uraufgeführt.

Das Stück spielt im Schacht einer Kohlengrube des Ruhrgebiets und setzt sich mit Ereignissen und Problemen der unmittelbaren Gegenwart auseinander. Das Werk wird gerade wegen seiner Aktualität mit großem Interesse aufgenommen. Bisher war der Autor v. a. als Lyriker und Erzähler aufgetreten.

Der 44jährige Zech lebt als Redakteur und Dramaturg in Berlin. Er studierte in Bonn, Heidelberg und Zürich, ging jedoch anschließend aus »sozialem Idealismus« für zwei Jahre als Hauer, Steiger und Metallarbeiter in die Kohlengruben des Ruhrgebiets. Davon sind alle Themen seines Werkes sehr stark geprägt. In seinen sozialrevolutionären Gedichten und Erzählungen im Stil des Expressionismus kämpft er v. a. gegen Übertechnisierung und jede Art von Gewalt.

Alban Bergs Oper begeistert die Kritiker

14. Dezember. Trotz der Auseinandersetzungen um den Intendanten Schillings (→ 5. 12.) verzeichnet die Preußische Staatsoper Berlin ein großes Ereignis, und zwar die Uraufführung der Oper »Wozzeck«. Alban Berg komponierte sie nach dem Dramenfragment »Woyzeck« von Georg Büchner (1813–1837). Aus der bereits 1921 vollendeten Oper wurden schon 1924 einzelne Teile in Berlin aufgeführt, die A. Berg über Nacht berühmt machten. Die nunmehr vollständig gezeigte Oper stößt auf die einhellige Begeisterung der Kritiker. So schreibt Karl Holl: »Bergs Stunde hat jetzt wirklich geschlagen; sein Werk in der vollständigen, vollgültigen Uraufführung der Berliner Staatsoper hat in das musikalische Gewissen der Zeit eine bleibende Spur eingegraben.« Die Anerkennung gilt auch der vorzüglichen Aufführung mit Leo Schützendorf als Wozzeck und Sigrid Johanson als Marie unter der Leitung von Generalmusikdirektor Erich Kleiber.

A. Berg (M.), E. Kleiber (r.) und Wozzeck-Darsteller L. Schützendorf

Die Preußische Staatsoper in Berlin, in der am 14. Dezember die erfolgreiche Uraufführung der Oper »Wozzeck« von Alban Berg stattfindet

Unterrichtsminister als Stier im Orchester

Ein Intendant geht

5. Dezember. *Die Berliner Akademie der Künste unter ihrem Präsidenten Max Liebermann erklärt sich mit dem bisherigen Intendanten der Staatsoper Max von Schillings solidarisch. Er war am 25. November fristlos entlassen worden. Ursache war der von Schillings nicht befolgte Wunsch der Behörden, größeren Einfluß in finanziellen Dingen auszuüben, was er als Eingriff in seine Arbeit ansah.*

△ »Tänzerin« (Öl auf Leinwand, 115,5 × 88,5 cm; Galerie Rosengart, Luzern). Der spanische Maler Joan Miró schuf dieses Bild 1925, als er sich in Paris der surrealistischen Bewegung anschloß. Hier beteiligte er sich auch an deren erster Ausstellung.

△▷ »Dekorative Figur vor ornamentalem Hintergrund« (Öl auf Leinwand, 130 × 98 cm, Centre Georges Pompidou, Musée National d'Art Moderne, Paris). Dieses Bild malte Henri Matisse während der Jahre 1925/26. In seiner Anlage, in den Spannungen zwischen der Plastizität des Körpers und den kräftigen Farben erinnert es an die fauvistische Periode.

▷ »Im Blau« (Öl auf Pappe, 80 × 110 cm; Kunstsammlung Nordrhein-Westfalen, Düsseldorf), von Wassily Kandinsky, der seit 1922 zum »Bauhaus« gehört. Er unterrichtet dort Malerei und analytisches Zeichnen. In den Jahren 1925/26 entsteht sein vielbeachtetes theoretisches Werk »Punkt und Linie zu Fläche«.

Kunst 1925:

Neue Sichtweisen auf die Wirklichkeit

Die Tendenz, den Kunstbegriff auf eine alle Lebensbereiche umfassende Gestaltung auszudehnen, findet einerseits ihren Ausdruck in dem breiten Spektrum künstlerischer Produktion (Theater, Design, Architektur). Sie wird z. B. im Programm des »Bauhauses« sichtbar (→ 1. 4./S. 88). Andererseits ist sie jedoch auch Anlaß für abgrenzende Bemühungen von Konstruktivisten um eine reine Malerei. Das Bild soll, wie es Theo van Doesburg später formuliert, mit seinen Bestandteilen »Fläche, Linie, Farbe« ein autonomer Gegenstand sein, gemalt in unpersönlicher Technik, sich auszeichnend durch konstruktivistische Klarheit und Präzision. Durch Vollkommenheit müsse sich die Malerei von der unzulänglichen Realität unterscheiden.

Nicht Abgrenzung, sondern Auseinandersetzung und der Versuch des Eindringens in die Wirklichkeit kennzeichnen die neuen Stilrichtungen der realistischen Malerei, von der die Ausstellungen der »Neuen Sachlichkeit« (→ 14. 6./S. 120) und die der Surrealisten (→ 13. 11./S. 194) Beispiel geben. Beide Richtungen sind eine Reaktion auf den Pathos und die Ekstasen des Expressionismus sowie die Zukunftsgläubigkeit der Futuristen. So schreibt Wilhelm Michael über die neue Sachlichkeit: »Es handelt sich um die Ding-Entdeckung nach der Ich-Krise. Es handelt sich um die Weltergreifung nach jener wichtigen Wandlung, welche das schroff idealistische Zwischenspiel des letzten Jahrzehnts herbeigeführt hat.« Zu den bekanntesten Malern dieser Richtung gehören u. a. George Grosz, Otto Dix, Max Beckmann und Christian Schad.

Eine Verbindung zwischen den Malern der Sachlichkeit und den Surrealisten (z. B. Giorgio des Chirico, René Magritte) spiegelt sich u. a. auch in der Wahl der Motivkreise beider Richtungen wider. Dazu zählen Harlekin- und Clownsfiguren, gesichtslose Puppen, der Maschinenmensch sowie Zirkus, Maskeraden, Varieté und das Nachtleben der Großstädte.

Stars beim Moskauer Schachturnier: Weltmeister José Raoul Capablanca (l.) aus Kuba und der Deutsche Emanuel Lasker

Bogoljubow gewinnt gegen die weltbesten Schachspieler in Moskau

6. Dezember. *Die 20. Runde im Moskauer Schachturnier bringt die Entscheidung des Wettkampfes. Sieger wird durch ein Remis im Spiel gegen Emanuel Lasker (Deutsches Reich), einen der bedeutendsten Schachspieler, der im Schwarzwald lebende Russe Jefim Bogoljubow. Der 57jährige Lasker war von 1894 bis 1921 Schachweltmeister. Dem 36jährigen gelang es, sich gegen Lasker und José Raoul Capablanca aus Kuba, Inhaber des Weltmeistertitels seit 1921, so überzeugend durchzusetzen, weil er während des gesamten Turniers auf seine ausgezeichnete Form halten konnte. Seine Kontrahenten hatten dagegen mit Formtiefs zu kämpfen. Erleichtert wurde der Sieg auch durch das Fehlen des Schachmeisters Alexander A. Aljochin. Der in Rußland geborene Aljochin lebt seit der Oktoberrevolution 1917 in Frankreich und gilt als Schachgenie.*

Sieg für Paolino gegen Breitensträter

1. Dezember. Im Berliner Sportpalast verliert der deutsche Schwergewichtsmeister Hans Breitensträter einen Boxkampf gegen Spaniens Titelträger Paolino durch k. o. in der neunten Runde der Begegnung. Etwa 10 000 Zuschauer, die für ihre Karte zwischen 18 und 40 Reichsmark zahlen mußten, füllen die Halle an der Potsdamer Straße bis auf den allerletzten Platz. Alles, was in der Hauptstadt Rang und Namen hat, scheint hier versammelt. Unbeeindruckt von einer nicht sehr geglückten Organisation (z. B. ist die Farbe an frisch gestrichenen Stühlen noch nicht trocken), begrüßen sie enthusiastisch die Kämpfer. Der Spanier gilt als Favorit, vor allem, weil dieser dem Deutschen körperlich überlegen ist. Dennoch liefert der »blonde Hans«, wie Breitensträter von der Sportpresse gern genannt wird, einen hervorragenden Kampf. Gleich in der ersten Runde kann er ein paar kräftige Schläge am Kopf seines Gegners landen, die diesen jedoch nicht weiter beeindrukken. In der siebenten Runde muß Breitensträter zu Boden – nur der Gong rettet ihn vor der vorzeitigen Niederlage. Die muß er in der neunten Runde infolge eines Schlags in die Magengegend einstecken.

Zeichnung vom Boxkampf Paolino (l.) gegen den blonden Breitensträter

Aus der »Woche«: »Selbstversorger – er traut dem Weihnachtsmann nicht«

Titelblatt des ersten Weihnachtsheftes der Münchener Zeitschrift »Jugend«

In den Bergen Schnee, in den Niederungen das Wasser

23. Dezember. In den Festräumen des Reichspräsidiums in Berlin veranstaltet Präsident Paul von Hindenburg eine Weihnachtsfeier für die Angestellten und Arbeiter des Hauses. Es ist eine von vielen kleinen Festrunden, die in diesen Tagen anläßlich des bevorstehenden Heiligabends in Büros und Geschäften stattfinden. Wie jedes Jahr, arbeiten die Beschäftigten dort und in den Fabriken am 24. Dezember bis zum späten Nachmittag. Wenn sie dann am frühen Abend nach Hause kommen, beginnt das Fest im Kreise der Familie unter dem Tannenbaum.

In den höheren Lagen der Mittelgebirge und den Alpen herrscht auch richtige Weihnachtsstimmung, da es nach dem anfänglichen Tauwetter pünktlich zum Weihnachtsfest wieder geschneit hat. Problematisch entwickelt sich dagegen die Situation am Rhein und in den Flußregionen Hessens, wo Tauwetter und Regen zu Hochwasser führen.

Die alljährlich zum Weihnachtsfest stattfindende Prozession vor der Geburtskirche in Bethlehem

Hochbetrieb herrscht während der Vorweihnachtszeit in Spielwarengeschäften; nicht jeder Kinderwunsch kann jedoch von den Eltern erfüllt werden

Weihnachtsfeier in der Dorfkirche Berlin-Lichterfelde

Anzeigenseite mit Geschenkideen in der »London News«

Der Gabentisch ist wieder gedeckt

Nach den entbehrungsreichen Jahren infolge des Krieges und der Inflation ist für viele Familien in Deutschland Weihnachten 1925 wieder ein Fest, zu dem sie sich etwas leisten können: Einen Baum, einen Braten und auch Geschenke. Die Läden haben am Heiligabend bis 18 Uhr geöffnet, damit die Nachzügler und Angestellten, die gerade erst ihre Weihnachtsgratifikation erhalten haben, noch letzte Dinge für den Gabentisch erstehen können. Wie immer, wird das meiste Geld für die Kinder ausgegeben,und so sind die Spielwarenabteilungen der Warenhäuser mit ihrem Angebot an Schaukelpferden, Stofftieren, Holzspielzeugen, Puppen usw. schon seit Wochen überfüllt. Neben dringend benötigten praktischen Gegenständen für den Haushalt, neben Schmuck, Uhren und Lederwaren stehen auf relativ vielen Wunschzetteln der Erwachsenen die Bücher ganz oben.

Neue Postwertzeichen 1925 im Deutschen Reich

Sonderausgabe im Wert von fünf und zehn Pfennig zur Verkehrsausstellung in München mit einer Allegorie auf den Verkehr als Motiv

Wohltätigkeitsausgabe vom 1. Dezember für die Deutsche Nothilfe mit drei verschiedenen Wappenzeichnungen: Preußen (5 Pf), Bayern (10 Pf), Sachsen (20 Pf)

Sonderausgabe zur Tausendjahrfeier der Rheinlande im Wert von fünf und zehn Pfennig, Landschaft mit Burg, Hochofen und Adlerkopf

Anhang

Deutsches Reich, Österreich und die Schweiz 1925 in Zahlen

Die Statistiken für die drei deutschsprachigen Länder umfassen eine Auswahl von grundlegenden Daten. Es wurden vor allem Daten aufgenommen, die innerhalb der einzelnen Länder vergleichbar sind. Maßgebend für alle Angaben waren die amtlichen Statistiken. Die Zahlen beziehen sich auf die jeweiligen Staatsgrenzen von 1925. Nicht in allen gesellschaftlichen Bereichen finden jährliche Erhebungen statt, so daß mitunter die Daten aus früheren Jahren aufgenommen werden mußten. Das Erhebungsdatum ist jeweils angegeben (unter der Rubrik »Stand«). Die aktuellen Zahlen des Jahres 1925 werden – wo möglich – durch einen Vergleich zum Vorjahr relativiert. Wichtige Zusatzinformationen zum Verständnis einzelner Daten sind in den Fußnoten enthalten.

Deutsches Reich

Erhebungsgegenstand	Wert	Vergleich Vorjahr (%)	Stand
Fläche			
Fläche (km²)	468 717,77	–	1925
Bevölkerung			
Wohnbevölkerung[2]	62 410 619	– 0,7	1925
männlich	30 196 823	–	1925
weiblich	32 213 796	–	1925
Einwohner je km²	133,1	±0	1925
Ausländer	921 900	–	1925
Privathaushalte	15 275 000	–	1925
Einpersonenhaushalte	1 026 000	–	1925
Mehrpersonenhaushalte	14 249 000	–	1925
Lebendgeborene	1 292 499	+ 1,7	1925
Gestorbene	744 691	– 1,9	1925
Eheschließungen	482 792	–	1925
Ehescheidungen	36 542	–	1920
Familienstand der Bevölkerung[2]			
Ledige insgesamt	33 009 152	–	1925
männlich	16 492 437	–	1925
weiblich	16 516 715	–	1925
Verheiratete	25 437 499	–	1925
Verwitwete und Geschiedene	3 963 968	–	1925
männlich	976 957	–	1925
weiblich	2 987 011	–	1925
Religionszugehörigkeit			
Christen	60 295 591	–	1925
katholisch	20 193 334	–	1925
evangelisch	40 014 677	–	1925
sonstige	87 580	–	1925
Israeliten	564 379	–	1925
andere, ohne Konfession	1 550 649	–	1925
Altersgruppen			
unter 5 Jahren	5 871 500	–	1925
5 bis unter 10 Jahren	3 986 500	–	1925
10 bis unter 15 Jahren	6 213 600	–	1925
15 bis unter 20 Jahren	6 543 100	–	1925
20 bis unter 30 Jahren	11 457 700	–	1925
30 bis unter 40 Jahren	8 863 000	–	1925
40 bis unter 50 Jahren	7 754 000	–	1925
50 bis unter 60 Jahren	5 961 000	–	1925
60 bis unter 65 Jahren	2 165 900	–	1925
65 bis unter 70 Jahren	1 616 000	–	1925
70 bis unter 80 Jahren	1 605 900	–	1925
80 und darüber	335 600	–	1925

1) Letzte verfügbare Angabe
2) Stand bei der Volkszählung vom 16. 6. 1925

Erhebungsgegenstand	Wert	Vergleich Vorjahr (%)	Stand
Die zehn größten Städte			
Berlin	4 024 165	–	1925
Hamburg	1 079 126	–	1925
Köln	700 222	–	1925
München	680 704	–	1925
Leipzig	679 159	–	1925
Dresden	619 157	–	1925
Breslau	557 139	–	1925
Essen	470 524	–	1925
Frankfurt am Main	467 520	–	1925
Düsseldorf	432 633	–	1925
Erwerbstätigkeit			
Erwerbstätige	32 009 000	–	1925
männlich	20 531 000	–	1925
weiblich	11 478 000	–	1925
nach Wirtschaftsbereichen			
Land- und Forstwirtschaft, Tierhaltung und Fischerei	9 762 000	–	1925
Produzierendes Gewerbe	13 239 000	–	1925
Handel und Verkehr	5 274 000	–	1925
Sonstige	3 734 000	–	1925
Arbeitslose	682 000	– 30,2	1925
Betriebe			
Landwirtschaftliche Betriebe	5 096 534	–	1925
Industrie und Handwerk	1 618 216	–	1925
Baugewerbe	224 697	–	1925
Handel und Verkehr	1 495 266	–	1925
Theater, Musik und Schaustellung	16 506	–	1925
Gesundheitswesen und Hygiene	82 536	–	1925
Außenhandel			
Einfuhr (Mio RM)	12 362	+ 36,1	1925
Ausfuhr (Mio RM)	9 290	+ 41,8	1925
Einfuhrüberschuß (Mio RM)	3 072	+ 21,3	1925
Verkehr			
Eisenbahnnetz (km)	55 883,6	+ 7,6	1925
Beförderte Personen (in 1000)	2 128 631	+ 8,4	1925
Beförderte Güter (in 1000 t)	395 316	+ 15,4	1925
Bestand an Kraftfahrzeugen	417 536	+ 42,7	1925
davon Pkw	175 665	+ 32,9	1925
davon Lkw	80 363	+ 32,5	1925
Binnenschiffe zum Gütertransport (Tragfähigkeit in t)	6 972 500	–	1925
Beförderte Güter (t)	82 501 360	+ 16,3	1925
Handelsschiffe/Seeschiffahrt (BRT)	3 169 308	+ 5,3	1925
Beförderte Güter (t)	33 605 000	–	1925
Luftverkehr			
Beförderte Personen	55 185	+ 311	1925
Beförderte Güter (t)	917 700	+ 35,5	1925
Bildung			
Schüler an			
Volksschulen	8 930 070	–	1921/22[1]
Mittelschulen	329 344	–	1921/22[1]
Höheren Schulen	751 442	–	1921/22[1]
Studenten	90 970	– 9,7	1925
Rundfunk			
Hörfunkteilnehmer	899 200	–	1925
Gesundheitswesen			
Ärzte	40 139	–	1924[1]
Zahnärzte	7 494	–	1924[1]
Krankenhäuser	4 418	+ 0,4	1925
Sozialleistungen			
Mitglieder der gesetzlichen Krankenversicherung	18 234 970	+ 5,5	1925

Erhebungsgegenstand	Wert	Vergleich Vorjahr (%)	Stand
Sozialleistungen (Fortsetzung)			
Rentenversicherung der Arbeiter	3 020 443	+31,9	1925
Rentenversicherung der Angestellten	88 022	+32,8	1925
Knappschaftl. Rentenversicherung	347 112	+12,7	1925
Empfänger von Arbeitslosengeld u. -hilfe	729 432	–	Sept. 1924[1]
Finanzen und Steuern			
Reichshaushalt: Ausgaben (Mio RM)	5 321,4	–22,8	1925/26
Reichshaushalt: Einnahmen (Mio RM)	4 731,4	–39,2	1925/26
Schuldenlast (Mio RM)	2 795,5	–3,4	31. 3. 1925
Löhne und Gehälter			
Bruttostundenverdienst (Rpf) ungelernter			
männlicher Industriearbeiter	61,3	–	Oktober 1925
weiblicher Textilarbeiter	38,7	–	Oktober 1925
Bruttostundenverdienst (Rpf) gelernter			
männlicher Industriearbeiter	92,5	–	Oktober 1925
weiblicher Textilarbeiter	49,9	–	Oktober 1925
Preise			
Einzelhandelspreise ausgewählter Lebensmittel (RM)[2]			
Butter, 1 kg	4,57	– 0,2	1925
Weizenmehl, 1 kg	0,53	–	1925
Schweinefleisch, 1 kg	2,47	+ 2,9	1925
Rindfleisch, 1 kg	2,24	+12	1925
Eier, 1 Stück	0,15	–25	1925
Kartoffeln, 5 kg	0,55	+37,5	1925
Vollmilch, 1 l	0,31	–11,4	1925
Zucker, 1 kg	0,71	– 6,6	1925
Kaffee, 1 kg	7,17	–	1925
Index der Lebenshaltungskosten für einen 5-Personen-Arbeitnehmer-Haushalt mit mittlerem Einkommen (1913/14 = 100)	141,8	+8,5	1925

Erhebungsgegenstand	Bremen	Berlin	Breslau	Aachen	Stuttgart	München
Klimatische Verhältnisse						
Mittlere Lufttemperatur (°C)						
Januar	4,3	3,2	2,3	4,5	3,6	1,7
Februar	4,8	4,7	4,2	5,0	5,8	4,2
März	2,8	2,1	1,6	2,4	3,1	1,1
April	9,1	9,2	8,4	8,6	10,6	8,9
Mai	15,6	15,9	14,9	14,2	15,9	13,8
Juni	15,2	15,4	14,5	15,2	17,8	16,1
Juli	19,8	19,6	18,1	18,2	19,7	17,9
August	17,4	17,6	16,7	16,6	19,2	17,4
September	12,2	11,4	12,2	11,4	13,4	11,9
Oktober	9,8	8,5	8,4	10,1	11,3	9,0
November	3,1	2,6	2,8	2,6	3,2	1,8
Dezember	0,2	– 0,3	0,1	2,4	1,7	0,2
Eistage (Temp. unter 0°)						
Eistage	12	19	17	6	9	23
Sonnentage	28	25	23	30	49	19
Gewittertage	12	14	34	17	22	30

1) Letzte verfügbare Angabe
2) Durchschnittspreise von 72 Gemeinden

Erhebungsgegenstand	Bremen	Berlin	Breslau	Aachen	Stuttgart	München
Niederschlagsmengen (mm)						
Januar	33	59	33	135	23	15
Februar	48	39	24	68	25	27
März	78	43	30	81	46	59
April	32	37	31	38	87	95
Mai	31	26	33	66	50	55
Juni	41	45	70	58	49	84
Juli	45	52	142	74	101	118
August	48	82	132	100	101	149
September	80	108	43	122	73	93
Oktober	53	33	67	95	24	38
November	42	36	50	86	31	49
Dezember	118	68	29	149	70	60
Tage mit Schneedecke	24	41	35	25	33	45

Österreich

Erhebungsgegenstand	Wert	Vergleich Vorjahr (%)	Stand
Fläche			
Fläche (km²)	83 833	±0	1925
Bevölkerung			
Wohnbevölkerung	6 621 701	+0,6	1925
männlich	3 192 172	+0,6	1925
weiblich	3 429 529	+0,5	1925
Einwohner je km²	79,0	+0,6	1925
Ausländer	423 487	–	1920[1]
Lebendgeborene	135 841	–4,4	1925
Gestorbene	94 998	–3,1	1925
Eheschließungen	50 842	–3,8	1925
Ehescheidungen	5 350	–	1925
Familienstand der Bevölkerung			
Ledige insgesamt	3 587 774	–	1920[1]
männlich	1 783 063	–	1920[1]
weiblich	1 804 711	–	1920[1]
Verheiratete	2 072 203	–	1920[1]
Verwitwete und Geschiedene	471 471	–	1920[1]
männlich	124 848	–	1920[1]
weiblich	346 623	–	1920[1]
Altersgruppen			
unter 5 Jahren	556 292	–	1923[1]
5 bis unter 15 Jahren	1 077 837	–	1923[1]
15 bis unter 20 Jahren	633 698	–	1923[1]
20 bis unter 30 Jahren	1 150 756	–	1923[1]
30 bis unter 40 Jahren	953 190	–	1923[1]
40 bis unter 50 Jahren	850 234	–	1923[1]
50 bis unter 60 Jahren	649 361	–	1923[1]
60 bis unter 70 Jahren	432 957	–	1923[1]
70 und darüber	230 120	–	1923[1]
Die zehn größten Städte			
Wien	1 865 780	–	1923[1]
Graz	152 706	–	1923[1]
Linz	102 081	–	1923[1]
Innsbruck	56 401	–	1923[1]
Salzburg	37 856	–	1923[1]
Wiener Neustadt	36 956	–	1923[1]
St. Pölten	31 576	–	1923[1]
Klagenfurt	27 423	–	1923[1]
Baden	22 217	–	1923[1]
Steyr	22 111	–	1923[1]

Erhebungsgegenstand	Wert	Vergleich Vorjahr (%)	Stand
Erwerbstätigkeit			
Erwerbstätige	3 342 996	–	1923[1]
nach Wirtschaftsbereichen			
Land- und Forstwirtschaft, Tierhaltung und Fischerei	1 426 238	–	1923[1]
Industrie und Gewerbe	1 009 952	–	1923[1]
Handel und Verkehr	517 469	–	1923[1]
Öffentlicher Dienst und freie Berufe	210 524	–	1923[1]
Sonstige	178 813	–	1923[1]
Arbeitslose	183 599	+45,9	1925
Betriebe			
Landwirtschaftliche Betriebe	889	–	1925
Bergbau	187	–	1925
Baugewerbe	14 020	–	1925
Handel, Gastgewerbe, Reiseverkehr	8 266	–	1925
Sonstige und verarbeitendes Gewerbe	43 787	–	1925
Außenhandel			
Einfuhr in Mio öS (Mio RM)	2891,4 (125,8)	–16,8	1925
Ausfuhr in Mio öS (Mio RM)	1954,4 (85,0)	– 1,7	1925
Einfuhrüberschuß in Mio öS (Mio RM)	936,9 (40,7)	–37,0	1925
Verkehr			
Eisenbahnnetz (km)	7 038	+ 6,2	1925
Straßennetz (km)	31 313	–	1923[1]
Bestand an Kraftfahrzeugen	33 272	+31,6	1925
davon Pkw	11 058	+13,7	1925
davon Lkw	6 258	+23,8	1925
Luftverkehr			
Beförderte Personen	3 389	–	1924[1]
Beförderte Güter (t)	96 821	–	1924[1]
Bildung			
Schüler an			
Volks- und Bürgerschulen	717 210	–	1925
Realschulen	19 581	–	1925/26
Realgymnasien	14 026	–	1925/26
Gymnasien	12 515	+ 4,4	1925/26
Studenten	21 340	+58,9	1925
Gesundheitswesen			
Krankenhäuser	212	–	1924[1]
Sozialleistungen			
Mitglieder der gesetzlichen Krankenversicherung	1 226 878	– 1,7	1925
Empfänger von Arbeitslosengeld u. -hilfe	149 989	+58,3	1925
Finanzen und Steuern			
Gesamtausgaben des Staates in Mio öS (Mio RM)	1000,0 (43,5)	–	1925
Gesamteinnahmen des Staates in Mio öS (Mio RM)	1076,6 (46,8)	–	1925

1) Letzte verfügbare Angabe
4) Stand bei der Volkszählung 1920; Wohnbevölkerung 1920 = 3 880 320
5) Geschätzte Wohnbevölkerung

Schweiz

Erhebungsgegenstand	Wert	Vergleich Vorjahr (%)	Stand
Fläche			
Fläche (km²)	41 294,9	±0	1925
Bevölkerung			
Wohnbevölkerung	3 936 330	+0,4	1925
männlich	1 871 123[4]	–	1920[1]
weiblich	2 009 197[4]	–	1920[1]
Einwohner je km²	95,3	+0,4	1925
Ausländer	402 385[4]	–	1920[1]
Privathaushalte	886 874[4]	–	1920[1]
Lebendgeborene	72 570	–1,2	1925
Gestorbene	47 877	–2,2	1925
Eheschließungen	28 110	–1,4	1925
Ehescheidungen	2 223[4]	+4,9	1925
Familienstand der Bevölkerung			
Ledige insgesamt	2 281 170	–	1920[1]
männlich	1 127 467	–	1920[1]
weiblich	1 153 703	–	1920[1]
Verheiratete	1 337 653	–	1920[1]
Verwitwete und Geschiedene	261 497	–	1920[1]
männlich	74 844	–	1920[1]
weiblich	186 653	–	1920[1]
Religionszugehörigkeit			
Christen	3 815 908	–	1920[1]
Protestanten	2 230 597	–	1920[1]
Katholiken	1 585 311	–	1920[1]
Israeliten	20 979	–	1920[1]
andere, ohne Konfession	43 433	–	1920[1]
Altersgruppen			
unter 5 Jahren	328 866	–	1920[1]
5 bis unter 10 Jahren	364 063	–	1920[1]
10 bis unter 15 Jahren	390 365	–	1920[1]
15 bis unter 20 Jahren	386 901	–	1920[1]
20 bis unter 30 Jahren	653 485	–	1920[1]
30 bis unter 40 Jahren	543 828	–	1920[1]
40 bis unter 50 Jahren	488 576	–	1920[1]
50 bis unter 60 Jahren	363 569	–	1920[1]
60 bis unter 70 Jahren	227 417	–	1920[1]
70 bis unter 80 Jahren	108 445	–	1920[1]
80 und darüber	24 804	–	1920[1]
Die zehn größten Städte			
Zürich	206 323	+0,9	1925[5]
Basel	137 500	+0,7	1925[5]
Genf	126 350	–1,1	1925[5]
Bern	106 680	+1,5	1925[5]
Lausanne	71 700	+3,4	1925[5]
St. Gallen	66 700	–0,8	1925[5]
Winterthur	51 300	+1,5	1925[5]
Luzern	45 930	+4,9	1925[5]
La Chaux-de-Fonds	36 150	+0,7	1925[5]
Biel	35 500	+2,0	1925[5]
Erwerbstätigkeit			
Erwerbstätige	1 871 725	–	1920[1]
männlich	1 236 281	–	1920[1]
weiblich	635 444	–	1920[1]
nach Wirtschaftsbereichen			
Land- und Forstwirtschaft, Tierhaltung und Fischerei	482 758	–	1920[1]
Industrie, Handwerk, Baugewerbe usw.	802 876	–	1920[1]
Dienstleistungen	586 091	–	1920[1]
Ausländische Arbeitnehmer	216 224	–	1920[1]
Arbeitslose	11 090	–24,5	1925
Arbeitslosenquote (in %)	0,8	–	

Statistische Zahlen 1925

Erhebungsgegenstand	Wert	Vergleich Vorjahr (%)	Stand
Außenhandel			
Einfuhr in Mio sFr (Mio RM)	2 633,126 (3 238,745)	+ 5,1	1925
Ausfuhr in Mio sFr (Mio RM)	2 038,743 (2 507,654)	− 1,5	1925
Einfuhrüberschuß in Mio sFr (Mio RM)	594,383 (731,091)	+ 36,8	1925
Verkehr			
Eisenbahnnetz (km)	5 368,1	±0	1925
Beförderte Personen (in 1000)	347 597	+ 3,3	1925
Beförderte Güter (in 1000 t)	22 712	+ 0,3	1925
Bestand an Kraftfahrzeugen	37 078	+ 20,4	1925
davon Pkw	28 697	+ 27,3	1925
davon Lkw	8 381	+ 1,6	1925
Luftverkehr			
Beförderte Personen	6 862	+ 29,6	1925
Beförderte Güter (t)	91,8	−	1925
Bildung			
Schüler an			
Primarschulen	491 289	− 0,9	1925/26
Sekundarschulen	53 579	−	1924/25
Gymnasien, Kantonschulen, Höhere Töchterschulen	18 891	−	1924/25
Studenten (Schweizer)	4 832	− 5,2	1925
Studenten (Ausländer)	1 669	+ 9,6	1925
Rundfunk			
Hörfunkteilnehmer	33 532	−	1925
Gesundheitswesen			
Ärzte	3 008	−	1923 1)
Zahnärzte	406	−	1923 1)
Krankenhäuser	106	±0	1925
Sozialleistungen			
Mitglieder der gesetzlichen Krankenversicherung	1 160 716	+ 4,3	1925
Finanzen und Steuern			
Gesamtausgaben des Staates in Mio sFr (Mio RM)	307,9 (378,7)	+ 1,1	1925
Gesamteinahmen des Staates in Mio sFr (Mio RM)	298,9 (367,7)	+ 5,9	1925
Schuldenlast des Staates in Mio sfr (Mio RM)	48,5 (59,7)	+ 1,3	1925
Löhne und Gehälter			
Durchschnittlicher Tagesverdienst männlicher Arbeiter (sFr)	12,06	+ 0,2	1925
Preise			
Einzelhandelspreise ausgewählter Lebensmittel in sFr (Mio RM)			
Butter, 1 kg	5,94 (7,31)	− 11,1	Dez. 1925
Weizenmehl, 1 kg	0,76 (0,93)	− 3,8	Dez. 1925
Schweinefleisch, 1 kg	4,12 (5,07)	− 9,2	Dez. 1925
Rindfleisch, 1 kg	3,58 (4,40)	− 1,1	Dez. 1925
Eier, 1 Stück	0,23 (0,28)	− 4,2	Dez. 1925
Kartoffeln, 1 kg	0,20 (0,25)	− 25	Dez. 1925
Index der Lebenshaltungskosten (1914 = 100)	168	− 1,9	1925

Erhebungsgegenstand	Zürich	Basel	Bern	Genf	Davos	Lugano
Klimatische Verhältnisse						
Mittlere Lufttemperatur (°C)						
Januar	1,9	2,8	0,8	2,5	− 4,2	3,0
Februar	3,8	4,7	2,5	4,3	− 3,9	3,9
März	1,7	2,4	1,3	3,4	− 4,5	5,0
April	8,4	9,7	8,0	9,4	2,7	10,4
Mai	13,3	14,2	12,3	13,6	7,8	14,2
Juni	16,6	17,7	16,5	18,2	11,4	21,0
Juli	17,4	18,3	16,8	18,6	11,8	20,1
August	16,6	17,7	16,1	18,1	11,0	20,1
September	11,6	12,3	11,1	13,3	6,1	15,0
Oktober	9,6	10,2	9,3	10,8	4,2	12,0
November	2,5	3,2	1,7	4,0	− 2,2	6,8
Dezember	1,0	2,6	− 0,2	2,4	− 6,4	0,9
Niederschlagsmengen (mm)						
Januar	55	24	44	22	20	1
Februar	44	60	54	82	57	213
März	33	31	16	9	31	147
April	99	98	101	47	54	122
Mai	59	110	165	87	35	156
Juni	66	30	71	28	49	43
Juli	159	168	109	72	124	204
August	123	109	104	120	204	190
September	125	95	125	103	66	182
Oktober	30	38	28	29	30	125
November	64	35	64	56	41	85
Dezember	140	83	135	103	97	44
Sonnenscheindauer (Std.)						
Januar	63	89	87	54	115	151
Februar	107	80	108	133	111	123
März	85	88	103	138	130	190
April	133	129	123	163	133	155
Mai	193	222	210	235	176	164
Juni	276	301	315	342	228	294
Juli	214	231	234	261	153	239
August	196	214	239	282	192	279
September	147	151	175	216	139	177
Oktober	95	91	131	157	175	201
November	17	24	29	50	93	95
Dezember	48	69	55	56	61	124

1) Letzte verfügbare Angabe

Regierungen Deutsches Reich, Österreich und Schweiz 1925

Neben den Staatsoberhäuptern des Deutschen Reichs, Österreichs und der Schweiz sind in der Zusammenstellung die einzelnen Kabinette des Jahres 1925 in chronologischer Reihenfolge enthalten. Hinter den Namen der wichtigsten Regierungsmitglieder steht in Klammern der Zeitraum ihrer Tätigkeit.

Deutsches Reich

Staatsform:
Republik
Reichspräsident:
Friedrich Ebert (1919–28. 2. 1925),
Paul von Hindenburg (12. 5. 1925–1934)

1. Kabinett H. Luther (parteilos; 15. 1.–5. 12. 1925):
Reichskanzler:
Hans Luther (parteilos; 15. 1. 1925 – 1926)
Vizekanzler:
Unbesetzt
Auswärtiges:
Gustav Stresemann (DVP; 1923–1929)
Inneres:
Martin Schiele (DNVP; 15. 1. – 26. 10. 1925), Otto Geßler (DDP; beauftragt 26. 10. – 3. 12. 1925)
Finanzen:
Otto von Schlieben (DNVP; 15. 1. – 26. 10. 1925), Hans Luther (parteilos; 1923/24, beauftragt 26. 10. – 5. 12. 1925)
Wirtschaft:
Albert Neuhaus (DNVP; 15. 1. – 26. 10. 1925), Rudolf Krohne (DVP; beauftragt 26. 10. – 5. 12. 1925)
Arbeit:
Heinrich Brauns (Zentrum; 1920–1928)
Justiz:
Josef Frenken (Zentrum; 15. 1.–21. 11. 1925), Hans Luther (parteilos; beauftragt 21. 11.–5. 12. 1925)
Wehr:
Otto Geßler (Demokrat; 1920–1928)
Post:
Karl Stingl (BVP; 1922/23, 15. 1. 1925–1926)
Verkehr:
Rudolf Krohne (DVP; 15. 1. 1925–1926)
Ernährung:
Gerhard Graf von Kanitz (parteilos; 1923–5. 12. 1925)
Besetzte Gebiete:
Josef Frenken (Zentrum; beauftragt 15. 1.–21. 11. 1925), Heinrich Brauns (Zentrum; beauftragt 21. 11.–5. 12. 1925)
Staatssekretär der Reichskanzlei:
Dr. Kempner (parteilos; 15. 1.1925–1926)
Pressechef:
Otto Kiep (parteilos; 15. 1. 1925–1926)

Die Regierungschefs der deutschen Länder, Freien Hansestädte und Berlins
Anhalt:
Heinrich Deist (SPD), Ministerpräsident (1919–1932)
Baden:
Willi Hellpach (Demokrat), Staats- und Ministerpräsident (1924–22. 11. 1925, 1926/27), Gustav Trunk (Zentrum), Staats- und Ministerpräsident (1920/21, 23. 11. 1925–1926, 1927)
Bayern:
Heinrich Held (BVP), Ministerpräsident und Außenminister (1924–1930, geschäftsführend 1930–1933)
Berlin:
Gustav Böß (DDP), Oberbürgermeister (1921–1929)
Braunschweig:
Gerhard Marquordt (parteilos), Ministerpräsident, Inneres und Volksbildung (1924–1927)
Bremen:
Martin Donandt (DNVP), Bürgermeister (1920–1933)
Hamburg:
Karl Petersen, Regierender Bürgermeister (1924–1928)
Hessen:
Karl Ulrich, Ministerpräsident (1918–1928)
Lippe:
Heinrich Drake (SPD), Ministerpräsident (1920–1933)
Lübeck:
Johannes Neumann, Regierender Bürgermeister (1920–1927)
Mecklenburg-Schwerin:
Joachim von Brandenstein (DNVP), Ministerpräsident, Äußeres und Inneres (1924–1926)
Mecklenburg-Strelitz:
Karl Schwabe (DNVP), Ministerpräsident (1923–1928)
Oldenburg:
Eugen von Finkh (parteilos), Ministerpräsident (1923–1930)
Preußen:
Otto Braun (SPD), Ministerpräsident (1920/21, 1921–18. 2. 1925, 6. 4. 1925–1932), Wilhelm Marx (Zentrum), Ministerpräsident (18.–20. 2. 1925)
Sachsen:
Max Heldt (SPD), Ministerpräsident (1924–1929)
Schaumburg-Lippe:
K. Wippermann (parteilos), Ministerpräsident (1922 bis Mai 1925), E. Steinbrecher (SPD), Ministerpräsident (28. 5. 1925–1927)
Thüringen:
Richard Leutheußer (DVP), Ministerpräsident, Justiz und Volksbildung (1924–1928)
Württemberg:
Wilhelm Bazille (DNVP), Ministerpräsident, Kultur und Wirtschaft (1924–1928)

Österreich

Staatsform:
Republik
Bundespräsident:
Michael Hainisch (christlichsozial; 1920–1928)

1. Kabinett Ramek (1924–1926):
Bundeskanzler:
Rudolf Ramek (christlichsozial; 1924–1926)
Vizekanzler:
Leopold Waber (großdeutsch; 1924–1926)
Äußeres:
Heinrich Mataja (christlichsozial; 1924–1926)
Inneres:
Rudolf Ramek (christlichsozial; 1924–1926)
Justiz:
Leopold Waber (großdeutsch; 1924–1926)
Unterricht:
Emil Schneider (christlichsozial; 1922–1926)
Finanzen:
Jakob Ahrer (christlichsozial; 1924–1926)
Handel und Verkehrswesen:
Hans Schürff (großdeutsch; 1923–1929)
Soziale Verwaltung:
Josef Resch (christlichsozial; 1924–1929)
Heerwesen:
Karl Vaugoin (christlichsozial; 1921–1933)
Land- und Forstwirtschaft:
Rudolf Buchinger (christlichsozial; 1922–1926)

Schweiz

Staatsform:
Republik
Bundespräsident:
Jean-Marie Musy (1925, 1930)

Politisches Departement (Äußeres):
Giuseppe Motta (katholisch-konservativ; 1920–1940)
Inneres:
Ernest Louis Chuard (freisinnig; 1920–1928)
Justiz und Polizei:
Heinrich Häberlin (freisinnig; 1920–1934)
Finanzen und Zölle:
Jean-Marie Musy (katholisch-konservativ; 1919–1934)
Militär:
Karl Scheurer (freisinnig; 1919–1929)
Volkswirtschaft:
Edmund Schultheß (freisinnig; 1912–1935)
Post und Eisenbahn:
Robert Haab (freisinnig; 1918–1929)

Staatsoberhäupter und Regierungen ausgewählter Länder 1925

Die Einträge zu den wichtigsten Ländern des Jahres 1925 informieren über die Staatsform (hinter dem Ländernamen), Titel und Namen des Staatsoberhaupts sowie in Klammern dessen Regierungszeit. Es folgen – soweit vorhanden – die Regierungschefs, bei wichtigeren Ländern auch die Außenminister des Jahres 1925; jeweils in Klammern stehen die Zeiträume der Amtsausübung. Eine Kurzdarstellung gibt – wo es sinnvoll erscheint – einen Einblick in die innen- und außenpolitische Situation des Landes. Über bewaffnete Konflikte und Unruhegebiete, auf die hier nicht näher eingegangen wird, informiert der Anhang »Kriege und Krisenherde des Jahres 1925« gesondert.

Abessinien (heute Äthiopien)

Kaiserreich; *Kaiserin:* Woisero Zudito (1916–1928)

Afghanistan

Emirat; *Emir:* Aman Ullah Chan (1919–1929, König ab 1926)

Ägypten

Königreich; *König:* Fuad I. (1922–1936, zuvor Sultan 1917–1922)
Ministerpräsident: Ahmad Ziwar Pascha (1924–1926)
Britischer Oberkommissar: Edmund Henry Hynmann Allenby (1919–1925), George Ambrose Lord Lloyd of Dolobran 1925 – 1929)
Obwohl das Land seit 1922 eine unabhängige Monarchie ist, bleibt der Einfluß Großbritanniens, das den König auf seiner Seite weiß, bestehen. Die nationalistische Wafd-Partei fordert die Abschaffung der britischen Revervatrechte und bekämpft den »probritischen König«, der mit diktatorischen Maßnahmen und Ausschaltung der das Parlament beherrschenden Wafd-Partei reagiert.

Albanien

Republik; *Präsident:* Fan Noli (1924–21. 1. 1925), Achmed Zogu (21. 1. 1925–1928, zugleich Ministerpräsident 6. 1. 1925–1928, König 1928–1939)

Algerien

Französisches Generalgouvernement; *Generalgouverneur:* Théodore Steeg (1921–17. 4. 1925), Henri Dubief (17. 4.–12. 5. 1925), Maurice Viollette (12. 5. 1925–1927)

Annam

Kaiserreich (Unter französischem Protektorat); *Kaiser:* Khwai Dinh (1922–6. 11. 1925, zuvor König 1916–1922), Bao-Dai (6. 11. 1925–1949, danach Staatschef von Vietnam 1949–1955)
Annam ist als Teil der Indochinesischen Union französisches Protektorat.

Argentinien

Republik; *Präsident:* Marcelo Torcuato de Alvear (1922–1928)
Nach der Industrialisierungswelle während des Ersten Weltkriegs erlebte das Land bis zum Ausbruch der Weltwirtschaftskrise 1927 eine wirtschaftliche Blütezeit.

Australien

Bundesstaat im Britischen Empire; *Ministerpräsident und Außenminister:* Stanley Melbourne Bruce (1923–1929)
Britischer Generalgouverneur: Henry William Forster (1920–8. 10. 1925), John Lawrence Baird Baron Stonehaven (8. 10. 1925–1930)
Die Zeit nach dem Ersten Weltkrieg ist bis zum Ausbruch der Weltwirtschaftskrise 1927 durch eine Hochkonjunktur gekennzeichnet. Zugleich wächst das Gefühl der Bedrohung durch das übervölkerte Japan. Das Land beschränkt die Einwanderung von Asiaten und fördert den Zuzug europäischer Siedler.

Belgien

Königreich; *König:* Albert (1909–1934)
Ministerpräsident: Georges Theunis (katholisch; 1921–5. 4. 1925, 1934/35), Alois van de Vyvere (katholisch; 13.–22. 5. 1925), Prosper Poullet (katholisch; 17. 6. 1925–1926)
Außenminister: Paul Hymans (1924–5. 4. 1925, 1927–1934), Émile Vandervelde (17. 6. 1925–1927)

Bhutan

Königreich; *König:* Ugyen Wangchuk (1907–1926)
Das Land erkennt die britisch-indische Vormacht an, regelt seine inneren Angelegenheiten jedoch selbständig.

Birma

Provinz von Britisch-Indien; *Gouverneur:* Harcourt Butler (1922–1927)
Birma wird seit 1886 von Britisch-Indien verwaltet.

Bolivien

Republik; *Präsident:* Bautista Saavedra (1920–1. 9. 1925), José Cabino Villanueva (1. 9. 1925–1926)

Brasilien

Bundesrepublik; *Präsident:* Arturo da Silva Bernardes (1922–1926)

Bulgarien

Königreich; *König/Zar:* Boris III. (1918–1943)
Ministerpräsident: Alexandar Zankow (1923–1926)

Chile

Republik; *Präsident:* Arturo Alessandri y Palma (1920–2. 10. 1925), Emilio Figueroa-Larrain (23. 12. 1925–1927)

China

Republik; *Präsident:* Tuan Ch'i-jui (1924–1926)

Costa Rica

Republik; *Präsident:* Ricardo Jiménez Oreamuno (1910–1912, 1924–1928, 1932–1936)

Dänemark

Königreich; *König:* Christian X. (1912–1947)
Ministerpräsident: Thorvald Stauning (1924–1926, 1929–1942)
Außenminister: Carl Paul Oscar Graf Moltke (1924–1926)

Danzig

Freie Stadt (Unter dem Schutz des Völkerbundes); *Völkerbundskommissar:* Mervyn Sorley MacDonnell (Brite; 1923 bis Anfang November 1925), Joost Adriaan van Hamel (Niederländer; 12. 12. 1925–1929)
Senatspräsident: Heinrich Sahm (1920–1931)
Danzig gehört zum polnischen Zollgebiet. Polen vertritt die Freie Stadt auch im Ausland.

Dominikanische Republik

Republik; *Präsident:* Horacio Vásquez (1899, 1902/03, 1924–1930)

Ecuador

Militärdiktatur/Republik; *Präsident:* Gonzalo Hernández Córdoba (1924–9. 7. 1925), Francisco Gómez de la Torre (als Führer einer Militärjunta; 9. 7. 1925–1926)

El Salvador

Republik; *Präsident:* Alfonso Quinones Molina (1914/15, 1923–1927)

Estland

Republik; *Staats- und Ministerpräsident:* Jüri Jaakson (1924–16. 12. 1925), Johann Teemant (16. 12. 1925–1927, 1932)

Finnland

Republik; *Präsident:* Kaarlo Juho Stahlberg (1919–28. 2. 1925), Lauri Relander (1. 3. 1925–1931)
Ministerpräsident: Lauri Ingman (1918/19, 1924–31. 3. 1925), Antti Tulenheimo (31. 3.–31. 12. 1925), Kyösti Kallio (1922–1924, 31. 12. 1925–1926, 1929/30, 1936/37)

Frankreich

Republik; *Präsident:* Gaston Doumergue (1924–1931)
Ministerpräsident: Édouard Herriot (1924–10. 4. 1925, 1926, 1932), Paul Painlevé (1917, 17. 4.–27. 10. 1925, 9. 10.–22. 11. 1925), Aristide Briand (1909–1911, 1913, 1915–1917, 1921/22, 28. 11. 1925–1926, 1929)
Außenminister: Édouard Herriot (1924–10. 4. 1925, 1926, 1932), Aristide Briand (1915–1917, 1921/22, 17. 4. 1925–1932)

Griechenland

Republik; *Präsident:* Pavlos Konduriotis (1924–1926, 1926–1929)
Ministerpräsident: Andreas Michalakopulos (1924–26. 6. 1925), Alexander N. Chatzikyriakos (26. 6. 1925–1926)

Großbritannien

Königreich; *König:* Georg V. (1910–1936)
Premierminister: Stanley Baldwin (konservativ; 1923–24, 1924–1929)
Außenminister: Joseph Austen Chamberlain (1924–1929)

Guatemala

Republik; *Präsident:* José María Orellana (1922–1926)

Haiti

Republik (Von den USA besetzt); *Präsident:* Joseph Luis Bornó (1922–1930)
Seit 1915 ist Haiti von den USA besetzt (bis 1934).

Honduras

Republik; *Präsident:* Vicente Tosta (1924–1. 2. 1925), Miguel Paz Baraona (1. 2. 1925–1929)
Seit seiner Unabhängigkeit als Republik 1838/39 ist Honduras der unstabilste Staat in Zentralamerika.

Indien (Britisch-Indien)

Britisches Vizekönigreich; *Vizekönig:* Rufus Daniel Isaacs (ab 1926: Marquess of Reading) (1921–10. 4. 1925), Edward Frederick Lindley Wood 1. Baron Irwin (ab 1944: 1. Earl of Halifax) (19. 10. 1925–1929)

Indochinesiche Union

Französisches Protektorat; *Generalgouverneur:* Merlin (1922 bis April 1925), Montguillot (1919/20, April bis November 1925, 1928), Alexandre Varenne (November 1925 bis 1928)
Indochina besteht aus den 1887 vereinigten französischen Protektoraten Annam, Tonkin und Kambodscha, der Kolonie Kotschinchina und seit 1893 auch Laos.

Irak

Königreich; *König:* Faisal I. (1921–1933)

Iran

Siehe Persien (amtlich »Iran« ab 1934)

Irland

Republik (Freistaat innerhalb des Britischen Commonwealth); *Ministerpräsident:* Liam T. Mac Cosgair = William Cosgrave (1922–1932)
Außenminister: Desmond Mac Gearailt = D. Fitzgerald (1922–1927)
Britischer Generalgouverneur: Timothy Michael Healy (1922–1927)

Island

Republik (In Personalunion mit Dänemark bis 1944); *Ministerpräsident:* Jón Thorláksson (1924–1927)

Italien

Königreich/Diktatur; *König:* Viktor Emanuel III. (1900–1946)
Ministerpräsident: Benito Mussolini (1922–1943, 1943–1944); Außenminister 1922–1929, 1932–1936, 1943; Innenminister 1922–1924, 1926–1943; Kriegsminister 1933–1943; Marineminster 1933–1943; Luftfahrtminister 1933–1943)

Japan

Kaiserreich; *Kaiser:* Joshihito (1912–1926)
Ministerpräsident: Takaaki Fürst Kato (1924–1926)

Jemen (Sana)

Königreich; *König:* Hamid Ad Din Jahja (1918–1948, davor Imam 1904–1918)

Jordanien

Siehe Transjordanien

Jugoslawien

Siehe Königreich der Serben, Kroaten und Slowenen

Kambodscha

Königreich (Unter französischem Protektorat); *König:* Sisovath (1904–1927)
Zur Indochinesischen Union gehörendes französisches Protektorat.

Kanada

Parlamentarische Monarchie im Britischen Commonwealth; *Premier- und Außenminister:* William Lyon Mackenzie King (1921–1926, 1926–1930, 1935–1948)
Britischer Generalgouverneur: Julian Byng of Vimy of Thorpe-le-Soken (1921–1926)

Kirchenstaat
Siehe Papst

Kolumbien
Republik; *Präsident:* Pedro Nel Ospina (1922–1926)

Königreich der Serben, Kroaten und Slowenen
Königreich; *König:* Alexander I. (1921–1934)
Ministerpräsident: Nikola Pasić (1918, 1921–1926)

Korea
Japanisches Generalgouvernement Chosen (1910–1945); *Generalgouverneur:* Makoto Graf Saito (1919–1927)

Kuba
Republik; *Präsident:* Alfredo Zayas y Alonso (1921–20. 5. 1925), Gerardo Machado de Morales (20. 5. 1925–1933)

Kuwait
Emirat (Unter britischem Protektorat); *Emir:* Scheich Ahmad (1921–1950)

Laos
Königreich (Unter französischem Protektorat); *König:* Sisavong Vong (1904–1959)

Lettland
Republik; *Präsident:* Jānis Cakste (1922–1927)
Ministerpräsident: Hugo Celmins (1924–25. 12. 1925), Karlis Ulmanis (1918/19, 1919, 25. 12. 1925–1926, 1931, 1934–1940, Staatspräsident 1936–1940)

Libanon
Französisches Völkerbundsmandat

Liberia
Republik; *Präsident:* Charles Dunbar Burgess King (1920–1930)

Libyen
Italienisches Kolonialland

Liechtenstein
Fürstentum; *Fürst:* Johann II. (1858–1929)

Litauen
Republik; *Präsident:* Alexander Stulginskis (1922–1926)
Ministerpräsident: Anton Tumenas (1924–1. 2. 1925), Witold Petrulis (3. 2.–19. 9. 1925), Leo Bistras (25. 9. 1925–1926)

Luxemburg
Großherzogtum; *Großherzogin:* Charlotte (1919–1964)
Ministerpräsident und Außenminster: Emil Reuter (1918–1921, 1921–20. 1. 1925), Prüm (19. 3. 1925–1926)

Marokko
Sultanat (Unter französischem Protektorat); *Sultan:* Jusuf (1912–1927)
Großwesir: Muhammad al-Muqri (1917–1955)
Französischer Generalresident: Louis Hubert Lyautey (1912–1916, 1917 bis Oktober 1925), Théodore Steeg (Oktober 1925 bis 1929)

Memelgebiet
Autonomer Staat (Unter Litauen 1923/24-1939); *Landespräsident:* Viktor Gailius (Memellitauer; 1923–5. 2. 1925), Heinrich Borchert (Litauer; 5. 2.–20. 11. 1925), Juozupaitis (Litauer; 1. 12. 1925–1926)

Mexiko
Bundesrepublik; *Präsident:* Plutarco Calles (1924–1928)

Monaco
Fürstentum (Haus Grimaldi: 1889–1949); *Fürst:* Ludwig II. (1922–1949)

Mongolische Volksrepublik
Volksrepublik; *Vorsitzender des Präsidium des Großen Rates (Staatspräsident):* Korlin Tschoibalsan (1924–1930), Ministerpräsident (1924–1952)

Nepal
Königreich; *König:* Tribhuvana (1911–1950, 1952/53)

Neuseeland
Dominion im Britischen Commonwealth; *Premierminister:* William Ferguson Massey (1912–10. 5. 1925), Joseph Gordon Coates (1925–1928)
Britischer Generalgouverneur: Charles Fergusson (1924–1929)

Nicaragua
Republik; *Präsident:* Carlos Solórzano (1. 1. 1925–1926)

Niederlande
Königreich; *Königin:* Wilhelmina (1890–1948)
Ministerpräsident: Charles Joseph Maria Ruys de Beerenbrouck (1918–1922, 1922–30. 6. 1925, 1929–1933), Hendrikus Colijn (4. 8.–15. 11. 1925, 1933–1939)
Außenminister: Hermann Adriaan van Karnebeek (1918–1927)

Nordirland
Teil von Großbritannien; *Ministerpräsident:* James Craig Viscount Craigavon (1921–1940)

Norwegen
Königreich; *König:* Håkon VII. (1905–1957)
Ministerpräsident: Johann Ludwig Mowinckel (1924–1926)

Palästina
Britisches Völkerbundsmandat; *Oberkommissar:* Herbert Louis Samuel (1920 bis August 1925), Herbert Charles Onslow Baron Plumer (25. 8. 1925–1928)

Panama
Republik; *Präsident:* Roberto Chiari (1924–1928)
Die Republik Panama wird de facto finanziert von der US-amerikanischen Bananenfirma United Fruit Company.

Papst
Pius XI., vorher Achille Ratti (1922–1939)
Kardinalstaatssekretär: Kardinal Pietro Gasparri (1914–1930)
Der frühere Kirchenstaat ist seit 1870 dem italienischen Nationalstaat eingegliedert.

Paraguay
Republik; *Präsident:* Eligio Ayala (1923/24, 1924–1928)

Persien
Königreich (amtlich »Iran« ab 1934); *Schah:* Ahmad Schah (1909–31. 10. 1925), Mohammad Resa Khan (31. 10./12. 12. 1925–1941)
Ministerpräsident: Mohammad Resa Khan (ab 1925 = Schah Resa Pahlawi; 1920/21, 1921, 1923–31. 10. 1925), Mohammad Ali Khan Foroghi (1. 11. 1925–1926, 1933–1935, 1941/42)
Ahmad Schah, der letzte Herrscher aus der Kadscharendynastie, hat 1923 das Land verlassen und wird 1925 vom Parlament abgesetzt.

Peru
Republik; *Präsident:* Augusto Bernardino Leguía (1908–1912, 1919–1930)

Philippinen
Gouvernement der USA; *Generalgouverneur:* Leonard Wood (1921–1927)

Polen
Republik; *Präsident:* Stanisław Wojciechowski (1922–1926)
Ministerpräsident: Władysław Grabski (1920, 1923–13. 11. 1925), Alexander Graf Skrzyński (20. 11. 1925–1926)

Portugal
Republik; *Präsident:* Manuel Texeira Gomes (1923–12. 12. 1925), Bernardino Luis Machado Guimaraes (121. 12. 1925–1926)
Ministerpräsident: José Domingos dos Santos (1924–15. 2. 1925), Victorino Máximo de Carvalho Guimaraes (15. 2.–30. 6. 1925), António Maria da Silva (1920, 1922–1924, 30. 6.–1. 8. 1925, 17. 12. 1925–1926), João Pereira Bastos (7. 8. 1925–17. 12. 1925)

Rumänien
Königreich; *König:* Ferdinand I. (1914–1927)
Ministerpräsident: Ion I. C. Brătianu (1909/10/11, 1914–1918, 1918/19, 1922–1926)

Sansibar
Sultanat (Unter britischem Protektorat); *Sultan:* Califa II. (1911–1960)

Schweden
Königreich; *König:* Gustav V. (1907–1950)
Ministerpräsident: Hjalmar Branting (1920, 1921–1923, 1924–24. 1. 1925), Richard Sandler (24. 1. 1925–1926)

Siam
Siehe Thailand

Sowjetunion
Siehe UdSSR

Spanien
Königreich; *König:* Alfons XIII. (1886–1931)
Ministerpräsisent: Miguel Primo de Rivera y Orbaneja (1923–1930)
Genera Miguel Primo de Rivera, der Generalkapitän von Katalonien, hat 1923 gegen die spanische Regierung geputscht und eine Militärdiktatur errichtet. 1925 wird die Verfassung außer Kraft gesetzt und das Parlament aufgelöst, die politischen Parteien werden bis auf eine Einheitspartei verboten.

Südafrikanische Union
Dominion im Britischen Commonwealth; *Ministerpräsident:* James Barry Munnick Hertzog (1924–1939)
Generalgouverneur: Alexander Earl of Atholne (1924–1931)

Syrien
Französisches Völkerbundsmandat; *Oberkommissar:* Maurice Sarrail (2. 1.–6. 11. 1925), Henry de Jouvenel (6. 11. 1925–1926)

Thailand
Königreich; *König:* Rama VI. Maha Wajirawudh (1910–26. 11. 1925), Rama VII. Prajadhipok (26. 11. 1925–1935)

Tibet
Autonomer Staat seit 1914; *Dalai-Lama:* Thupten Gjatso (1876/95–1933)
Pantschen-Lama: Tschökji Njima (1883–1937)

Transjordanien
Königreich (Unter britischem Mandat); *König:* Abd Allah Ibn Al Husain (1921–1951)
Ministerpräsident: Rida Pascha ar-Riquabi (1924–1933)
(1883–1937)

Tschechoslowakei
Republik; *Präsident:* Tomáš Garrigue Mašeryk (1918/20–1935)
Ministerpräsident: Anton Svehla (1922–1929)
Außenminister: Eduard Beneš (1918–1935, danach Staatspräsident)

Tunis
Französisches Protektorat; *Bei:* Muhammad VI. (1922–1929)
Generalresident: Lucien Saint (1921–1929)

Türkei
Republik; *Präsident:* Mustafa Kemal Pascha, ab 1934 genannt Kemal Atatürk (1923–1938)
Ministerpräsident: Mustafa Ismet Pascha, ab 1934 genannt Ismet Inönü (1923–1937)

UdSSR
Republik; *Parteigeneralsekretär:* Josef W. Stalin (1922–1953)
Präsident (Vorsitzender des Präsidiums des Obersten Sowjets): Michail I. Kalinin (1919/1923–1946)
Ministerpräsident (Vorsitzender des Rats der Volkskommissare): Alexei I. Rykow (1924–1930)
Außenminister (Volkskommissar des Äußeren): Georgi W. Tschitscherin (1918–1930)

Ungarn
Monarchie; *König:* Otto II. (1922–1944/45) lebt in Bayern, nachdem sein Vater, König Karl IV. († 1922), 1921 zweimal an der Rückkehr nach Ungarn gehindert worden ist. 1921 hat die Nationalversammlung die Thronenthebung der Habsburger ausgesprochen.
Reichsverweser: Miklós Horthy (1920–1944)
Ministerpräsident: István Graf Bethlen von Bethlen (1921–1931)

Uruguay
Republik; *Präsident:* José Serrato (1923–1927)

USA
Bundesstaat; *29. Präsident:* Calvin Coolidge (Republikaner; 1923–1929)
Staatssekretär (Außenminister): Charles Evans Hughes (1921–10. 1. 1925), Frank Billings Kellogg (10. 1. 1925–1929)

Venezuela
Republik; *Präsident:* Juan Vicente Gómez (1908–1929, 1931–1935)

Kriege und Krisenherde des Jahres 1925

Die herausragenden politischen und militärischen Krisensituationen des Jahres 1925 werden – alphabetisch nach Ländern geordnet – im Überblick dargestellt. Internationale Kriege und Krisenherde sind dem Länderalphabet vorangestellt.

Locarnopakt

In Locarno am Lago Maggiore wird am 16. Oktober 1925 der Locarnopakt unterzeichnet. Das Deutsche Reich, Belgien und Frankreich verzichten in dem von Großbritannien garantierten Hauptvertrag (»Westlocarno«) auf eine gewaltsame Revision der deutsch-belgischen und deutsch-französischen Grenzen. Die Deutschen verzichten endgültig auf Elsaß-Lothringen sowie auf Eupen und Malmedy. Dafür geben die Franzosen ihre Ansprüche auf das Ruhrgebiet auf. Bezüglich der Grenzen im Osten (»Ostlocarno«) zwischen dem Deutschen Reich und Polen sowie der Tschechoslowakei lehnt das Deutsche Reich eine Festschreibung der Grenzen ab, schließt jedoch mit beiden Staaten Schiedsverträge ab, die eine gewaltsame Revision abschließen. Das Deutsche Reich erkennt zudem Frankreichs Defensiv-Verträge mit diesen Ländern an.
Außerdem wird dem Deutschen Reich die Aufnahme in den Völkerbund für das kommende Jahr zugesichert.

China: Chiang Kai-shek putscht

Nach einem Militärputsch am 20. März 1925 wird Chiang Kai-shek der führende General der Kuomintang (Nationalchinesische Volkspartei). Am 1. Juli errichtet er in Kanton die »Nationalregierung der Republik China«. Nach dem Tod von Sun Yat-sen (siehe Nekrolog, S. 231), dem Gründer der Kuomintang, hat sich seine Partei während der Nachfolgekämpfe in einen rechten und einen linken Flügel gespalten.

Italien: Opposition ausgeschaltet

Der italienische Ministerpräsident und Duce Benito Mussolini verkündet am 3. Januar 1925 die Ausschaltung der Opposition; antifaschistische Organisationen werden aufgelöst, ihre Führer verhaftet. Durch ein neues Gesetz erhält Mussolini fast unbeschränkte Regierungsgewalt. Vorausgegangen ist die Ermordung des sozialistischen Abgeordneten Giacomo Matteotti im Juni 1924. Giacomo Matteotti, seit 1922 Generalsekretär der Unitarischen Sozialistischen Partei, wurde am 10. Juni 1924 in Rom auf dem Weg zum Parlament von Faschisten überfallen, in ein Auto gezerrt und ermordet. Wenige Tage zuvor, am 30. Mai, hatte er im Parlament die Annulierung der Wahlen wegen des faschistischen Terrors gefordert.
Der Mord an Matteotti löste eine schwere Krise des Faschismus aus, die sog. Matteotti-Krise. Die Mehrheit der nichtfaschistischen Opposition beschloß, aus Protest gegen die Innenpolitik nicht mehr an den Parlamentsverhandlungen teilzunehmen; sie zogen aus der Kammer aus und begaben sich demonstrativ auf den Aventinischen Hügel, einen der Sieben Hügel Roms, auf dem sich in der Antike die römischen Plebejer während einer Auseinandersetzung mit den Patriziern zurückgezogen hatten. Die Forderungen der sog. Aventinianer: Aufklärung des Mordes, Auflösung der Miliz, Beendigung des Staatsterrors.

Umsturz in Persien

Der ehemalige Kosakenkommandeur Resa Khan begründet am 31. Oktober 1925 als Schah von Persien die Pahlawi-Dynastie und nimmt den Namen Resa Pahlawi an. Resa Khan stieg vom einfachen Soldaten zum höchsten persischen Offizier der Kosakenbrigade auf, war 1920/21 Ministerpräsident und wurde nach einem Staatsstreich 1921 Kriegsminister und Oberbefehlshaber der Armee. Als Ministerpräsident von 1923 bis 1925 zog er alle Macht an sich, baute eine starke Zentralregierung und eine schlagkräftige Armee auf und ließ mehrere Aufstände unterdrücken. 1925 setzte das Parlament den seit 1923 außer Landes weilenden Ahmad Schah, den letzten persischen Herrscher der Kadscharen-Dynastie, ab; Resa Khan wurde als Resa Pahlawi Schah von Persien. Die Dynastie Pahlawi bleibt bis 1979 an der Macht. Resa Pahlawi regierte als Gewaltherrscher, der jede Opposition unterdrückte. Er führte eine Agrarreform durch, die den Großgrundbesitz begünstigte und wurde selbst der größte Großgrundbesitzer seines Landes, das er 1934 offiziell in Iran umbenannte, um den arischen Ursprung zu betonen. Zugleich führte er wirtschaftliche und gesellschaftliche Reformen durch, die eine Modernisierung Irans nach europäischem Vorbild unter Wahrung islamischer Elemente vorangetrieben. Im Zweiten Weltkrieg blieb Resa Pahlawi offiziell neutral, doch besetzten nach dem deutschen Überfall auf die UdSSR 1941 britische und sowjetische Truppen das Land und zwangen ihn wegen seiner Sympathien für die Achsenmächte zur Abdankung zugunsten seines Sohns Mohammad Resa Pahlawi.

Ausgewählte Neuerscheinungen auf dem Buchmarkt 1925

Die Auswahl berücksichtigt nicht nur Neuerscheinungen von literarischem oder wissenschaftlichem Wert, sondern auch vielgelesene Bücher des Jahres 1925. Innerhalb der einzelnen Länder sind die erschienenen Werke alphabetisch nach Autoren geordnet (siehe auch Übersichtsartikel auf S. 104/105).

Deutsches Reich

Lion Feuchtwanger
Jud Süß
Roman
Angeregt von der gleichnamigen Novelle Wilhelm Hauffs, untersucht Lion Feuchtwanger (1884–1958) in dem Roman »Jud Süß«, der beim Drei Masken Verlag in München erscheint, am Beispiel des jüdischen Finanzmanns Joseph Süß-Oppenheimer einen Fall von Antisemitismus, aber auch von der Korrumpierbarkeit durch Macht. Süß-Oppenheimer, genannt Jud Süß, war Berater und Financier des Herzogs Karl Albert von Württemberg. Er wurde am 4. Februar 1738 nach dem Tod des Herzogs in Stuttgart hingerichtet. Als Inhaber eines großen Vermögens trat Süß-Oppenheimer 1732 mit dem Herzog in Verbindung, der ihm zuerst die Direktion des Münzwesens übertrug und ihn schließlich zum Geheimen Finanzrat und Kabinettsminister ernannte. Süß-Oppenheimer wurde ein für den Herzog unentbehrlicher Berater, den er beim Kampf gegen die Landstände unterstützte. Als Minister besetzte er alle entscheidenden Ämter mit Personen seiner Wahl, ließ elf Millionen Gulden Falschgeld prägen, errichtete ein Salz-, Wein- und Tabakmonopol, verkaufte für Riesensummen Privilegien, holte viele Juden ins Land und belastete das Volk mit Abgaben aller Art. Wegen seiner Steuerpolitik und seines aufwendigen Lebensstils zog er sich den Haß der Bevölkerung zu. Nach dem Tod des Herzogs 1737 wurde er wegen Amtserschleichung, Betrug und Hochverrat angeklagt und zum Tod verurteilt.
In seinen historischen Romanen beschäftigt sich Lion Feuchtwanger überwiegend mit der jüdischen Vergangenheit v. a. während des Dritten Reichs. Zu seinen bedeutendsten Romanen zählen »Die häßliche Herzogin Margarete Maultasch« (1923), der in der Veit-Harlan-Verfilmung zu trauriger Berühmtheit gelangte »Jud Süß« (1925) und die Trilogie »Der Wartesaal« (1930–1940), bestehend aus »Erfolg« (1930), »Die Geschwister Oppenheim« (1933) und »Exil« (1940).

Erwin Guido Kolbenheyer
Das dritte Reich des Paracelsus
Roman
Der Roman »Das dritte Reich des Paracelsus« ist der letzte Teil der völkisch-national gefärbten »Paracelsus«-Trilogie von Erwin Guido Kolbenheyer (1878–1962), die seit 1917 beim Verlag Müller in München erscheint. Die vorausgegangenen Bände waren »Die Kindheit des Paracelsus« (1917) und »Das Gestirn des Paracelsus« (1922). Zentrale Gestalt der Trilogie ist der vor allem in der Schweiz wirkende Arzt, Naturforscher und Philosoph Philippus Aureolus Theophrastus Paracelsus, der 1493 in Einsiedeln geboren wurde und 1541 in Salzburg starb, immer angefeindet wegen seiner unorthodoxen Behandlungsmethoden. Am Beispiel des »faustischen Wesens« von Paracelsus will Kolbenheyer die Universalität des »deutschen« Menschen vor Augen führen.

Hans Leip
Godekes Knecht
Roman
Der Hamburger Hans Leip (1893–1983), bekannt für spannende Romane und Erzählungen aus dem Leben der Seeleute und Küstenbewohner, legt mit dem beim Verlag Grethlein in Leipzig und Zürich erschienenen Roman »Godekes Knecht« die »Berichte des Magisters Wikbold über die Schönheit von Himmel, Land und Meer, sowie über den Untergang der Likedeeler im Sommer des Jahres 1402« vor, wie es im Vorspruch heißt. Erzählt wird die Geschichte der Seeräuber um Godeke Michel – Klaus Störtebeker – bis zu ihrer Niederlage gegen die Hamburger Flotte und zur Enthauptung der Anführer. Hans Leip schrieb weiterhin Dramen, u. a. »Idothea«, eine Komödie um die schöne Helena, und auch Gedichte, deren berühmtestes sicher das später von Norbert Schulze vertonte »Lili Marleen« wurde.

Heinrich Lersch
Mensch im Eisen
Gesänge von Volk und Werk
Gedichte und Prosa
Heinrich Lersch (1889–1936), gelernter Kesselschmied, legt mit dem Gedichtband »Mensch im Eisen. Gesänge von Volk und Werk«, der bei der Deutschen Verlags Anstalt in Stuttgart erscheint, eine lyrische Biographie in strophischen Gedichten, freien Rhythmen und Prosastücken vor. Lersch, der hier den Alltag eines Industriearbeiters schildert, ist seinem Handwerk treu geblieben, seit sein Name vor einem Jahrzehnt durch die Gedichtbände »Abglanz des Lebens« (1914) und »Herz, aufglühe dein Blut« (1916) bekannt wurde. In seinem vom Expressionismus beeinflußten Werk verbinden sich sozialistische und christliche Ideen zu einer Utopie menschlichen Zusammenlebens in einer humanen, von gegenseitiger Anerkennung geprägten, der Würde verpflichteten Umwelt. Die Nationalsozialisten stellen ihn später als »den deutschen Arbeiterdichter« heraus.

Alfred Neumann
Der Patriot
Novelle
Alfred Neumann (1895–1952) wirft in der Novelle »Der Patriot«, die bei der Deutschen Verlags Anstalt in Stuttgart erscheint, die Frage auf, ob man in der Politik durch fragwürdige Mittel ein ideales Ziel erreichen kann, ob ein Tyrannenmord gerechtfertigt ist oder nicht. Erzählt wird die dramatische Geschichte von der Ermordung des russischen Zaren Paul I. im Jahre 1801 durch dessen Sohn Alexander und den Vizekanzler Panin.

Frankreich

André Gide
Die Falschmünzer
(Les Faux-Monnayeurs)
Roman
»Die Falschmünzer« ist das einzige seiner erzählerischen Werke, das André Gide (1869–1951), Literaturnobelpreisträger 1947, »Roman« nennt. Es handelt sich um einen Experimentalroman, dessen eigentliches Thema die Diskrepanz zwischen Wirklichkeit und Erzählbarkeit der Wirklichkeit ist. Die Handlung erscheint einmal in den Tagebuchnotizen des Schriftstellers Edouard, der seine Erlebnisse zu einem Roman mit dem Titel »Die Falschmünzer« verarbeitet, und in der eigentlichen Handlung, die die Person Edouard mit einschließt. Auch das Wort »Falschmünzer« erscheint in zweifacher Bedeutung: Einmal bezeichnet es Falschspiel mit Gefühlen und Dichtung, dann wirkliches Falschgeld. Der 38jährige Edouard steht zwischen den Generationen, und zwar zwischen den Eltern und den Leuten unter 30, die sich in der bürgerlichen Gesellschaft nicht heimisch fühlen. – Die deutsche Übersetzung erscheint 1928.

Jacques de Lacretelle
Die Bonifas
(La Bonifas)
Roman
Jacques de Lacretelle (1888–1985) will in seinem psychologischen Roman »Die Bonifas« zeigen, daß eine Veränderung der äußeren Umstände eine einmal ausgebildete Charakterstruktur nicht verändern kann. Marie Bonifas, die reizlose und gehemmte Tochter eines Offiziers in der Provinz, macht durch ihr Verhalten die Einwohner von Vermont glauben, sie sei Lesbierin und gerät ins gesellschaftliche Abseits. Während des Weltkriegs leitet sie mit Autorität und Organisationstalent den Zivilschutz und wird nun allgemein anerkannt, obwohl sie im Grunde dieselbe geblieben ist.

François Mauriac
Die Einöde der Liebe
(Le Désert de l'amour)
Roman
Der Roman »Die Einöde der Liebe« von François Mauriac (1885–1970) wird 1926 mit dem »Grand Prix du Roman de l'Académie française« ausgezeichnet. Mauriac schildert eine von Trieben und Leidenschaft erfüllte Welt, in der es keine Geborgenheit gibt, in der jeder wie in einer Einöde lebt. Die Hauptperson sind Vater und Sohn Courréges, die sich beide zur selben Frau hingezogen fühlen. – Die deutsche Übersetzung erscheint 1927.

Großbritannien

William Somerset Maugham
Der bunte Schleier
(The Painted Veil)
Roman
William Somerset Maugham (1874–1965) schildert in dem psychologischen Roman »Der bunte Schleier« die Entwicklung einer gelangweilten Ehefrau zum gereiften Menschen, der sein Leben sinnvoll gestalten kann. Kitty, die Fau eines Arztes, mit dem sie nur wenig Interessen verbinden, läßt sich in Hongkong auf eine Beziehung mit einem britischen Kolonialoffizier ein. Als ihr Mann davon erfährt, läßt er sich in ein Seuchengebiet versetzen und stellt sie vor die Alternative, ihren Geliebten zu heiraten oder ihm in das Choleragebiet zu folgen. Da ihr Geliebter aus Karrieregründen die Heirat mit einer geschiedenen Frau ablehnt, muß Kitty ihrem Mann folgen. Unter Cholerakranken und den als Pflegerinnen tätigen Nonnen erkennt sie, daß das Leben mehr ist als nur ein »bunter Schleier«. Ihr Mann stirbt, ohne ihr verziehen zu haben, Kitty aber ist durch den Aufenthalt im Choleragebiet zur selbstbewußten, eigenverantwortlichen Frau gereift. – Die deutsche Übersetzung erscheint 1928.

P. G. Wodehouse
Weiter so, Jeeves!
(Carry on, Jeeves)
Kurzgeschichten
Die neun humoristischen Kurzgeschichten, die P. G. Wodehouse (1881–1975) unter dem Titel »Weiter so, Jeeves!« veröffentlicht, gehören zu einer Reihe von Erzählungsbänden, in denen Wodehouse der Figur des britischen Kammerdieners ein literarisches Denkmal setzt. Takt, Verschwiegenheit, Selbstbeherrschung und praktische Vernunft sind die Eigenschaften des Butlers Jeeves, der seinem Herrn und Schützling, dem einfältigen Junggesellen Bertie Wooster, in fast jeder Situation eine unentbehrliche Hilfe ist.

Virginia Woolf
Eine Frau von fünfzig Jahren
(Mrs. Dalloway)
Roman
Der Roman »Eine Frau von fünfzig Jahren« von Virginia Woolf (1882–1941) gilt als Markstein der modernen Erzählkunst. Es handelt sich um einen Bewußtseinsroman, in dem momentane Stimmungen, Eindrücke und Erinnerungen ohne chronologische Ordnung aneinandergereiht werden. Die Handlung ist fast völlig in das Bewußtsein der 53jährigen Clarissa Dalloway und der sie umgebenden Personen verlegt. Die zentralen Themen sind Leben und Tod, geistige Gesundheit und Geisteskrankheit. »Das Bewußtsein empfängt eine Myriade von Eindrücken – triviale, phantastische, vorüberhuschende oder solche, die sich mit stählernem Griffel eingraben. Von allen Seiten kommen sie, ein unaufhörlicher Schauer von ungezählten Atomen« hatte die Autorin 1924 in einem Essay geschrieben, in dem sie die Aufgabe des Schriftstellers so formulierte: »Ist es nicht die Aufgabe des Romanciers, diesen sich wandelnden und unumschriebenen Geist – ganz gleich, welche Verirrungen oder Komplexität er aufweisen mag – mit möglichst geringer Beimischung von Fremdartigem und Äußerlichem zu vermitteln?« – Die deutsche Übersetzung erscheint 1928.

Indien

Mohandas Karamchand Gandhi
Die Geschichte meiner Experimente mit der Wahrheit
(Satyano prayogo athava atmakatha)
Lebenserinnerungen
Der indische Freiheitskämpfer Mohandas Karamchand Gandhi (1869–1948), genannt Mahatma (»dessen Seele groß ist«), berichtet in »Die Geschichte meiner Ex-

perimente mit der Wahrheit« von seiner Jugendzeit und seinen Studentenjahren, seinem Aufenthalt in Südafrika und dem Beginn seiner politischen Tätigkeit bis zu seiner Verhaftung 1922. Das Werk ist nicht nur eine faszinierende Lektüre, sondern gilt als »inside book« der indischen Politik jener Jahre.
Gandhi kämpft nicht nur für die Unabhängigkeit Indiens von Großbritannien, er kämpft gegen jede Art von Kolonialismus, Rassismus und Gewalt. Es gelingt ihm immer wieder, in Konflikten zu vermitteln, zwischen Indern und Briten, Hindus und Moslems sowie Kastenangehörigen und Unberührbaren. Er entwickelt die Methode des gewaltlosen, passiven Widerstands, verweigert die Zusammenarbeit mit den britischen Behörden und proklamiert den bürgerlichen Ungehorsam. Das bringt ihm weltweit große Anerkennung. Schon zu Lebzeiten wird er von den indischen Massen als eine Art Heiliger verehrt. 1948 wird er in Delhi von einem Hindu erschossen.

Niederlande

Jo van Ammers-Küller
Die Frauen der Coornvelts
(De opstandigen)
Roman
Jo van Ammers-Küller (1884–1966), Verfasserin vielgelesener historischer Romane, die sich später vor allem im nationalsozialistischen Dritten Reich großer Beliebtheit erfreuen, schildert in dem Familienroman »Die Frauen der Coornvelts«, dem 1930 »Frauenkreuzzug« und 1932 »Der Apfel und Eva« folgen, die Geschichte einer Frauenemanzipation, die sich über drei Generationen hinzieht. Als die Frauen die Gleichberechtigung erlangt haben, folgt das Bedauern der Frauenrechtlerinnen darüber, daß ihre Töchter das ›Geschenk der Befreiung‹ nicht seiner Bedeutung gemäß würdigen. Die jungen Frauen empfinden es als Selbstverständlichkeit und erkennen für sich, daß »es doch nicht so schlimm ist mit unseren Lebensfragen und die Frauen im tiefsten Grunde ihres Herzens nicht so viel anders sind als früher«. – Die deutsche Übersetzung erscheint 1926. Die deutsche Übersetzung der gesamten Trilogie erscheint 1958.

Norwegen

Sigrid Undset
Olav Audunssohn
(Olav Audunssön)
Roman
Sigrid Undset (1882–1949) erhält 1928 den Literaturnobelpreis »vor allem für ihre kraftvollen Schilderungen des nordischen Lebens im Mittelalter«. Als ihre bedeutendsten Werke gelten die im 14. Jahrhundert spielende Romantrilogie »Kristin Lavranstochter« (1920–1922) und der im 13. Jahrhundert angesiedelte Doppelroman »Olav Audunssohn« (1925–1927). Während das zentrale Thema in den meisten Werken Sigrid Undsets die Aufgabe und Stellung der Frau im täglichen Leben und ihre Suche nach Lebensglück ist, schildert sie in »Olav Audunssohn« das Verhältnis der mittelalterlichen norwegischen Bauern zur Kirche. – Die deutsche Übersetzung erscheint 1928/29.

Österreich

Franz Kafka
Der Prozeß
Roman
Ein Jahr nach dem Tod des im Alter von nur 40 Jahren an Kehlkopftuberkulose verstorbenen österreichischen Erzählers Franz Kafka (1883–1924) gibt sein Freund Max Brod gegen den Willen des Autors, der seine Manuskripte testamentarisch zur Verbrennung bestimmt hat, beim Verlag Die Schmiede in Berlin Kafkas ersten großen Roman »Der Prozeß« heraus, vor dem »Schloß« (1926) und »Amerika« (1927). Wie Kafkas vorausgegangene Erzählungen »Das Urteil« (1916), »Die Verwandlung« (1916), »Ein Landarzt« (1919), »In der Strafkolonie« (1919) oder »Ein Hungerkünstler« (1924) entzieht sich auch »Der Prozeß« jedem Versuch einer klaren Deutung, das Werk wird je nach Standpunkt psychologisch, soziologisch, theologisch, existenzialistisch oder marxistisch interpretiert. An seinem 30. Geburtstag wird der Junggeselle Josef K., Prokurist in einer Bank, verhaftet. Er erfährt lediglich, daß er angeklagt ist, weil er gegen »das Gesetz« verstoßen habe, ein konkreter Grund wird ihm nicht mitgeteilt. Zunächst ändert sich für ihn der äußere Ablauf seines Lebens kaum, er muß sich lediglich von Zeit zu Zeit Verhören unterziehen. Doch je mehr er sein bisheriges Leben nach einem Grund für die Anklage überprüft, desto beherrschender wird »der Prozeß« für ihn. Jede Begegnung mit einem anderen Menschen bringt ihn auf rätselhafte Weise mit »dem Gesetz« in Berührung. Am Vorabend seines 31. Geburtstags richten ihn die beiden Männer, die ihn verhaftet hatten, in einem verlassenen Steinbruch mit einem Fleischermesser hin. Auf dem Weg zur Hinrichtung glaubt K., seine Schuld zu begreifen; dieses Begreifen ist eine dumpfe Ahnung von einem falsch geführten, verfehlten Leben.

Schweden

Selma Lagerlöf
Der Ring des Generals
(Löwensköldska ringen)
Roman
Der Roman »Der Ring des Generals« ist der erste Teil der »Löwensköld«-Trilogie von Selma Lagerlöf (1858–1940), Literaturnobelpreisträgerin 1909. Als zweiter Band erscheint im selben Jahr »Charlotte Löwensköld«, 1928 folgt »Anna Svärd«. In diesem ersten erzählerischen Werk seit dem Ende des Ersten Weltkriegs wendet sich die Autorin ihrer Heimat Värmland zu, die sie mit ihren Menschen und Sagen lebendig werden läßt. – Die deutsche Übersetzung der beiden ersten Bände erscheint noch im selben Jahr.

Schweiz

Alfred Huggenberger
Die Frauen von Siebenacker
Roman
Der Schweizer Bauerndichter und Verfasser realistischer Novellen, Romane und Dorfgeschichten, Alfred Huggenberger (1867–1960), schildert in dem Roman »Die Frauen von Siebenacker«, der beim Verlag Staackmann in Leipzig erscheint, den Kampf von Bauern, die sich ohne fremde Hilfe auf ihrem abgeschiedenen Stück Land behaupten und zu naturhafter Religiosität finden. Der Sinn bäuerlichen Schaffens wird so umrissen: »Die Erde hat ihren Segen dem noch nie versagt, der mit ganzem Herzen darum rang.« Im Unterschied zu Jeremias Gotthelf, dem Bahnbrecher des Bauernromans und der Dorfgeschichte, verklärt Huggenberger neuromantisch den Segen der Scholle, ohne die ganze Härte und das Elend des Existenzkampfes im Schweizer Dorf zu zeigen.

Tschechoslowakei

Egon Erwin Kisch
Der rasende Reporter
Gesammelte Reportagen
Der tschechische Journalist und Schriftsteller Egon Erwin Kisch (1885–1948), der die Reportage zu literarischem Rang erhob, veröffentlicht unter dem Titel »Der rasende Reporter« seine gesammelten Reportagen. Als Richtschnur für das Schreiben gilt für ihn die Devise: Der Reporter »hat unbefangen Zeuge zu sein und unbefangene Zeugenschaft zu liefern«. Kisch, seit 1904 als Journalist in Prag, Berlin und Wien, wurde als Führer der kommunistischen Roten Garde in Wien 1919 zu drei Monaten Haft verurteilt und ausgewiesen. In der Folgezeit avancierte er zum Starreporter Berliner Zeitungen und unternahm zahlreiche Reisen: England, Frankreich, Dänemark, Holland, Ungarn, Schweiz, Sowjetunion (1925/26, 1930/31), Nordafrika (1926), illegal in die USA (1928/29) und nach China (1932). 1933 wird er in der Nacht des Reichstagsbrandes in Berlin verhaftet und aufgrund tschechischen Protests nach Prag abgeschoben. Er nimmt am Spanischen Bürgerkrieg teil, geht 1940 nach Mexiko und kehrt 1946 in die Tschechoslowakei zurück.

UdSSR

Fjodor W. Gladkow
Zement
(Cement)
Roman
Fjodor W. Gladkow (1883–1958) hat mit seinem Roman »Zement«, in dem er als erster in der sowjetischen Literatur die Industrialisierung zum Thema macht, großen Erfolg. Dieses später auch dramatisierte und verfilmte Werk wird als erster sozialistischer Aufbauroman Standardlektüre der Schulkinder in der UdSSR. – Die deutsche Übersetzung erscheint 1927.

Maxim Gorki
Das Werk der Artamonows
(Delo Artamonovych)
Roman
Maxim Gorki (1868–1936) erzählt in dem Roman »Das Werk der Artamonows« die Geschichte einer degenerierten Kaufmannsfamilie über drei Generationen hinweg. Jede Generation steht für eine Phase im Zerfall der kapitalistischen Gesellschaft. Gorki (»der Bittere«) wurde schon vor der Jahrhundertwende durch seine realistischen Romane und Erzählungen auch in Westeuropa bekannt. Nach der Oktoberrevolution bekannte er sich zum Bolschewismus. Wegen seines gespaltenen Verhältnisses zur Sowjetunion lebte er jedoch jahrelang im Exil. Noch 1927 diskutiert die kommunistische Akademie darüber, ob er als »proletarischer« Schriftsteller gelten könne. Als er 1931 endgültig in die UdSSR zurückkehrt, erhält er eine Führungs- und Ehrenposition in literarisch-politischen Fragen, vor allem als Vorsitzender des Schriftstellerverbands, kommt in persönlichen Kontakt mit Stalin und bekennt sich zum etablierten System. Seine bekanntesten Werke sind die Romane »Foma Gordijew« (1899), »Die Mutter« (1907) und »Das Leben des Klim Samgin« (1936) sowie die Dramen »Die Kleinbürger« (1902), »Nachtasyl« (1903) und »Jegor Dulytschow« (1932). Die deutsche Übersetzung von »Das Werk der Artamonows« erscheint 1927.

USA

F. Scott Fitzgerald
Der große Gatsby
(The Great Gatsby)
Roman
Der Roman »Der große Gatsby«, das erfolgreichste Werk von F. Scott Fitzgerald (1896–1940), einem der Hauptvertreter der sog. »verlorenen Generation« in den USA nach dem Ersten Weltkrieg, fängt die Atmosphäre des hektischen »jazz age« in den 20er Jahren ein: Glanz und Glitter, Erfolgsstreben, Materialismus, Konformismus und Doppelmoral. Jay Gatsby hat sich mit illegalen Mitteln eine mysteriöse Existenz in märchenhaftem Luxus aufgebaut, um Daisy zu erobern, die er vor dem Krieg kennengelernt hat und die nun mit einem reichen, aber primitiven Playboy verheiratet ist, der seinerseits eine Geliebte hat. Gatsby beginnt ein Verhältnis mit Daisy, doch sie hat inzwischen zu sehr resigniert, um noch lieben zu können. Als Daisy die Geliebte ihres Mannes mit dem Auto überfährt, ohne zu wissen, um wen es sich handelt, wird Gatsby vom Ehemann der Getöteten ermordet. Die deutsche Übersetzung erscheint 1928.

Ernest Hemingway
In unserer Zeit
(In Our Time)
Kurzgeschichten
Jugend, Krieg, Ehe und Reife sind die Themen der 15 Kurzgeschichten, die Ernest Hemingway (1899–1961), Literaturnobelpreisträger 1954, unter dem Titel »In unserer Zeit« veröffentlicht. Hauptperson der meisten Erzählungen ist Nick Adams, der als Prototyp des Hemingwayschen Helden gilt. Tod und Angst im Krieg, beim Stierkampf oder in einer Welt voller Gewalt erscheinen als Situationen, in denen der Mensch die Wahrheit über sich selbst erkennt und akzeptiert. – Die deutsche Übersetzung erscheint 1932.

John Dos Passos
Manhattan Transfer
(Manhattan Transfer)
Roman
Der Roman »Manhattan Transfer« ist das erste Experiment von John Dos Passos (1896–1970) mit modernen Erzählstrukturen. So bedient sich Dos Passos der Technik der Montage, die auf andere Schriftsteller (Norman Mailer, Jean-Paul Sartre) großen Einfluß ausübt: Die Hand-

lung wird unterbrochen durch »Wochenschauen« aus Zeitungsschlagzeilen, Werbe- und Schlagertexten, politischen Schlagworten u. a., durch Kurzbiographien zeitgenössischer Politiker, Geschäftsleute, Künstler, Wissenschaftler und Techniker; in den »Streiflichtern«, die jedem Kapitel vorangestellt sind, wird jeweils eine bestimmte Atmosphäre suggeriert. Im Mittelpunkt der Handlung steht die Schauspielerin Ellen Thatcher, deren Geschichte von 1890 bis 1925 nachgezeichnet wird. Thema des Buchs ist aber Manhattan als anonymer, die Menschen vereinnahmender Moloch. – Die deutsche Übersetzung erscheint 1927.

Theodore Dreiser
Eine amerikanische Tragödie
(An American Tragedy)
Roman
Der vom französischen Naturalismus beeinflußte Roman »Eine amerikanische Tragödie« gilt als Meisterwerk von Theodore Dreiser (1871–1945). Clyde Griffiths, der Sohn eines verarmten Wanderpredigers, sieht seinen Traum vom gesellschaftlichen Aufstieg zerstört, als seine Geliebte, eine Fabrikarbeiterin, ein Kind von ihm bekommt und darauf besteht, ihn zu heiraten. Er plant, seine Geliebte bei einer Bootsfahrt zu ermorden, im letzten Augenblick halten ihn jedoch Gewissensbisse von der Tat ab. Durch einen unglücklichen Zufall ertrinkt Roberta dann tatsächlich, Clyde wird vor Gericht gestellt und zum Tode auf dem elektrischen Stuhl verurteilt. Nach Dreiser besteht die »Tragödie« darin, daß der passive und charakterschwache Clyde letztlich aufgrund seiner Herkunft und wegen der gesellschaftlichen Verhältnisse zu einem Verhalten getrieben wird, das ihn in eine moralische Schuld verstrickt, mit der er, der kein zynischer Emporkömmling ohne jedes Gewissen ist, nicht fertig wird. Deshalb nimmt Clyde die Schuld für eine Tat an, die er zwar gewollt, aber nicht begangen hat. Besonders in den Gerichtsszenen entlarvt Dreiser eine Gesellschaft voller Heuchelei und Gewissenlosigkeit. – Die deutsche Übersetzung erscheint 1927.

Sinclair Lewis
Dr. med. Arrowsmith
(Arrowsmith)
Roman
»Dr. med. Arrowsmith« ist einer der fünf Romane, die Sinclair Lewis (1885–1951) 1930 als erstem US-Amerikaner den Literaturnobelpreis eintragen »für seine kraftvolle, lebendige, von Witz und Humor erfüllte und von einer Begabung für Charakterzeichnung getragene Kunst der Schilderung«. Der Arzt Martin Arrowsmith wird dargestellt als idealistischer Wissenschaftler, der leidenschaftlich um seine Integrität als Mensch und Forscher kämpft und umgeben ist von inkompetenten Kollegen, Scharlatanen und Karrieristen, die sich vom Arztberuf u. a. eine gute gesellschaftliche Position erhoffen. Aber auch mit der Ignoranz der Patienten muß er sich herumschlagen, die von Kollegen gefördert wird. – Die deutsche Übersetzung erscheint 1925.

Ezra Pound
Cantos
(A Draft of XVI Cantos)
Versdichtungen
»A Draft of XVI Cantos« enthält die ersten 16 Cantos von Ezra Pound (1885–1972). Sie gelten als Exposition zu dem auf 120 Cantos geplanten Epos »Cantos«, von denen der Autor 109 vollendet. Dieses Epos ist ein im Aufbau Dante Alighieris »Göttlicher Komödie« nachgebildetes geschichts- und kulturphilosophisches Gedicht, in dem Pound die kapitalistische, wertelose moderne Welt mit den Kulturtraditionen der Antike und des Abendlandes kontrastiert, in den ersten 16 Cantos unter anderem mit der italienischen Renaissance und dem klassischen China des Konfuzius. Reflexionen über die Zusammenhänge zwischen Politik, Wirtschaft, Kunst und Moral schließen die ersten 16 Cantos ab. – Die deutsche Übersetzung erscheint 1964.

Gertrude Stein
Die Machart von Amerikanern
Eine Geschichte vom Fortgang einer Familie
(The Making of Americans
Being the History of a Family's Progress)
Roman
Der Roman »Die Machart von Amerikanern« von Gertrude Stein (1874–1946) entstand bereits in den Jahren 1906 bis 1908. Wie in der frühen Erzählung »Drei Leben« (1909) verwendet die Autorin hier Techniken, die die moderne Experimentierprosa beeinflussen: Über weite Passagen hinweg ohne Interpunktion, wiederholt, variiert und erweitert Gertrude Stein Sätze und Motive scheinbar grundlos und erreicht dadurch den durch die Sprache selbst verwirklichten Eindruck von der sich endlos und im selben Rhythmus abspielenden Geschichte der Menschen: »Jeder der einer wird der alt genug ist wird dann ein Toter. Sicher werden Alte zu Toten. Sicher wird jeder der nicht zum Toten wird bevor er alt genug ist alt genug zum Toten zu werden . . .«
Gertrude Stein, Kind einer wohlhabenden deutsch-jüdischen Familie, wuchs in Österreich und Frankreich auf. 1902, nach dem Studium der Psychologie bei William James und Henri Bergson, ließ sie sich endgültig in Paris nieder. Ihr Haus wurde zum Treffpunkt avantgardistischer Maler und Schriftsteller.

Uraufführungen Schauspiel, Oper, Operette und Ballett 1925

Die bedeutendsten Uraufführungen aus Schauspiel, Oper, Operette und Ballett sind innerhalb der einzelnen Länder alphabetisch nach Autoren/Komponisten geordnet (siehe auch Übersichtsartikel auf S. 52/53 und S. 180).

Deutsches Reich

Ferruccio Busoni
Doktor Faust
Dichtung für Musik
Postum wird am 21. Mai 1925 in der Staatsoper Dresden die Oper »Doktor Faust« des italienisch-deutschen Komponisten und Pianisten Feruccio Busoni (1866–1924) unter der musikalischen Leitung von Fritz Busch uraufgeführt. Das unvollendet gebliebene Werk wurde von Busonis Schüler Philipp Jarnach nach vorhandenen Skizzen ergänzt. Busoni errang internationalen Ruhm als Konzertpianist, ehe er mit eigenen Kompositionen – vor allem mit Werken für Klavier – hervortrat, die teilweise die Tonalität verlassen. Er lehnte die »programmatische Musik« ab und forderte statt dessen eine »junge Klassizität« mit Rückbesinnung auf Johann Sebastian Bach und Wolfgang Amadeus Mozart. Auch in »Doktor Faust« ist kein persönlicher Stil erkennbar; die Oper besteht aus Verfremdungen musikalischer Formen. Busonis bekannteste Oper neben »Doktor Faust« ist »Turandot« (uraufgeführt 1917 in Zürich).

Wolfgang Goetz
Neidhardt von Gneisenau
Schauspiel in fünf Akten
Wolfgang Goetz (1885 – 1955) zeichnet in seinem historischen Drama »Neidhardt von Gneisenau«, das am 28. November 1925 im Landestheater Stuttgart uraufgeführt wird, eine psychologische Studie des preußischen Generalfeldmarschalls. August Wilhelm Anton Graf Neidhardt von Gneisenau erscheint hier als sensibler Einzelgänger, dessen Leistung von anderen Militärs und einem unfähigen König immer wieder die gebührende Anerkennung versagt wird. Goetz stellt ihn als den eigentlichen Sieger der Schlachten von Leipzig und Belle-Alliance während der Befreiungskriege gegen die napoleonische Fremdherrschaft dar.

Klabund
Der Kreidekreis
Spiel in fünf Akten nach einem Chinesischen Singspiel
Klabund (= »Wandlung«), eigentlich Alfred Henschke (1890–1928), deutscher Lyriker, Dramatiker und Erzähler zwischen Impressionismus und Expressionismus, Nachdichter und Übersetzer aus dem Chinesischen, Persischen, Japanischen und Französischen, verarbeitet in dem Theaterstück »Der Kreidekreis«, das am 1. Januar 1925 im Stadttheater Meißen uraufgeführt wird, ein altes chinesisches Singspiel: Ein Richter entscheidet den Streit zweier Frauen um ein Kind dadurch, daß er das Kind in einen Kreidekreis zwischen die Frauen stellt und es derjenigen zusprechen will, die es zu sich ziehen kann; er erkennt die Mutter jedoch in der Frau, die diesen Kampf verliert, weil sie dem Kind nicht weh tun will. – Klabunds »Kreidekreis« liefert die Vorlage für Bertolt Brechts »Der kaukasische Kreidekreis« (1948). Brecht kehrt das Verhältnis um: Nicht die leibliche Mutter erhält das Kind, sondern das Mädchen Grusche, das die Verantwortung und Sorge übernommen hat; die Mutterschaft wird sozial bestimmt, nicht biologisch.

Carl Zuckmayer
Der fröhliche Weinberg
Lustspiel in drei Akten
Das Lustspiel »Der fröhliche Weinberg«, das am 22. Dezember 1925 im Theater am Schiffbauerdamm in Berlin uraufgeführt wird, bedeutet den Bruch Carl Zuckmayers (1896–1977) mit dem Expressionismus und seinen Übergang zu der als »Neue Sachlichkeit« bezeichneten Literaturströmung. Das diesseitsfreudige, derbrealistische Volksstück über eine Liebesepisode im Leben hessischer Weinbauern wird ein durchschlagender Erfolg, der Autor wird dafür mit dem Kleist-Preis ausgezeichnet.

Österreich

Alban Berg
Wozzeck
Oper in drei Akten
Die Oper »Wozzeck«, die am 14. Dezember 1925 in der Berliner Staatsoper unter der musikalischen Leitung von Erich Kleiber uraufgeführt wird, gilt als Hauptwerk von Alban Berg (1885–1935). Aus der schon 1921 vollendeten Oper wurde 1924 in Frankfurt am Main »Drei Bruchstücke für Gesang und Orchester« uraufgeführt, die den österreichischen Komponisten über Nacht berühmt machten. Die Berliner Uraufführung wird geteilt aufgenommen. Konservative Kritiker lehnen das Werk radikal ab, große Teile von Presse und Publikum sind jedoch begeistert zu. Die Oper, für deren Aufbau Berg fast ausschließlich Formen der frei-atonalen instrumentalen Musik verwendet hat, findet rasch auch im Ausland Verbreitung. 1933 wird »Wozzeck« im Deutschen Reich verboten. Alban Berg verwendet als Libretto eine gestaffelte Fassung des Dramenfragments »Woyzeck« von Georg Büchner (1813–1837). Erstmals fungiert hier ein recht- und besitzloser Angehöriger der Unterschicht als zentrale Gestalt einer Tragödie. Büchner rechnete Woyzeck der sozialen Kategorie »der geringsten unter den Menschen« zu. Woyzeck selbst sagt von sich: »Unseins ist doch einmal unselig in der und der andern Welt, ich glaub', wenn wir in Himmel kämen, so müßten wir donnern helfen.« Büchner verwendete einen historischen Kriminalfall als Vorlage und stützte sich auf den pathologischen Befund des Barbiers Woyzeck, der 1821 in Leipzig – möglicherweise im Zustand zeitweiliger Bewußtseinsstörung – seine Frau niedergestochen hatte und 1824 trotz öffentlich geäußerter juristischer Bedenken hingerichtet worden war. Die Kernfrage Büchners richtet sich jedoch nach der sozialen Determination Woyzecks und seines Verbrechens: »Was ist das, was in uns lügt, mordet, stiehlt?« Es sind »die Umstände«, die »außer uns liegen«. Die sozialen Verhältnisse haben Woyzeck zum Verbrecher gemacht.

Franz Lehár
Paganini
Operette in drei Akten
Der italienische Violinenvirtuose und Komponist Niccolò Paganini (1782–1840), der als größter Geiger aller Zeiten gilt, ist die Hauptfigur in Franz Lehárs (1870–1948) Operette »Paganini«, die am 30. Oktober 1925 im Johann-Strauß-Theater in Wien uraufgeführt wird. Lehár begann als Militärkapellmeister. Mit der Einführung des Tanzliedes schuf er die Tanzoperette, mit der er zum prominentesten Vertreter der heiteren österreichischen Musik im 20. Jahrhundert wurde. In seinen letzten Werken wird eine Annäherung an die Komische Oper und das Singspiel deutlich. Zu seinen meistgespielten Werken gehören »Die lustige Witwe« (uraufgeführt 1905), »Der Graf von Luxemburg« (1909), »Paganini« (1925), »Der Zarewitsch« (1927) und »Das Land des Lächelns« (1929). Berühmte Lieder aus »Paganini« sind »Gern hab ich die Frau'n geküßt« und »Wer soll heut Nacht mein Liebster sein?«.

Schweden

Hjalmar Bergman
Der Nobelpreis
(Schwedenhielms)
Komödie in drei Akten
Mit »Der Nobelpreis« schafft Hjalmar Bergman (1883–1931) nicht nur sein bedeutendstes Werk, sondern auch eine der lebendigsten Komödien der skandinavischen Dramatik. Am 25. Februar 1925 wird das Stück im Dramatiska teatern in Stockholm und im Lorensbergsteatern in Göteborg uraufgeführt. Anhand einer Wechselfälscheraffäre wird der Begriff »Ehre« und die Fragwürdigkeit seiner starren Auslegung diskutiert. In dem Augenblick, wo die Nachricht eintrifft, daß dem bekannten Wissenschaftler Swedenhjelm der Nobelpreis zuerkannt wird, präsentiert ein Geldverleiher Wechsel, die Swedenhjelms gefälschte Unterschrift tragen. Nun steht die Familienehre auf dem Spiel, denn nur aus diesem engen Kreis kann der Täter stammen. – Die deutsche Erstaufführung findet 1934 statt.

Tschechoslowakei

František Langer
Die Peripherie
(Periférie)
Drama in fünfzehn Bildern
Thema des Dramas »Die Peripherie« von František Langer (1888–1965), das am 26. Februar 1925 in Prag uraufgeführt wird, ist das Schuld- und Sühne-Problem. Das Stück wird von vielen Kritikern als Paraphrase von Fjodor M. Dostojewskis Roman »Schuld und Sühne« bezeichnet. Der Bartänzer Franci begeht aus Eifersucht einen Mord, kann jedoch alle Spuren der Tat, die auf ihn hinweisen, beseitigen. Doch sein Gewissen läßt ihm keine Ruhe, ein Geständnis würde ihn jedoch niemand glauben. In dieser verzweifelten Situation bringt ihn seine Freundin aus Liebe dazu, sie zu erdrosseln, woraufhin er sich als Mörder der Polizei stellen kann. – Die deutsche Erstaufführung findet 1926 in Berlin statt.

UdSSR

Wladimir N. Bill-Belozerkowski
Sturm
(Schtorm)
Drama in vier Akten
Mit dem Drama »Sturm«, das am 8. Dezember 1925 im Theater des städtischen Gewerkschaftssowjets in Moskau uraufgeführt wird, setzt Wladimir N. Bill-Belozerkowski (1885–1970) neue Maßstäbe für die sowjetische Dramatik. In diesem Revolutionsdrama, das den siegreichen Kampf der bolschewistischen Partei propagiert, wendet er sich von der starren, schematisch typisierten Heldendarstellung des agitatorischen Laientheaters ab. Individuelle Charaktere, lebendige, konfliktreiche Situationen zeichnen das Schauspiel aus, das zum klassischen Repertoire der sowjetischen Bühne zählt. Die deutsche Erstaufführung findet 1957 in Berlin (Ost) statt.

Filme 1925

Die neuen Filme des Jahres 1925 sind entsprechend der Nationalität der Regisseure dem Länderalphabet zugeordnet und hier wiederum alphabetisch nach Regisseuren aufgeführt (siehe auch Übersichtsartikel auf S. 164).

Deutsches Reich

Ludwig Berger
Ein Walzertraum
Ludwig Bergers Stummfilm »Ein Walzertraum«, uraufgeführt am 18. Dezember 1925 im Berliner Ufa-Palast am Zoo, gedreht nach der Novelle »Nux, der Prinzgemahl« von Hans Müller und der Operette »Ein Walzertraum« von Oscar Straus, setzt Maßstäbe für alle künftigen deutschen Operettenfilme. In den Hauptrollen spielen Willy Fritsch, Xenia Desni und Lucie Höflich. Der grandiose Erfolg dieses Werks führt zu einer Einladung des Regisseurs nach Hollywood.

Ewald André Dupont
Varieté
Der sensationelle Erfolg des im Artistenmilieu spielenden Stummfilms »Varieté«, der am 16. November mit Emil Jannings in der Hauptrolle im Berliner Ufa-Palast am Zoo uraufgeführt wird, bringt dem Regisseur einen Vertrag mit der US-Produktions- und Verleihgesellschaft Universal Pictures in Hollywood ein. Jannings spielt einen Mann, der nach zehn Jahren Gefängnis dem Direktor die Geschichte seines Verbrechens, eines Mordes aus Eifersucht, erzählt. »In jeder Hinsicht einer der besten Filme, die je in Deutschland gedreht wurden«, schreibt Hermann Stürmer nach der Uraufführung. »Eine technisch glänzend gearbeitete Mischung aus Kammerspiel und Sensationsfilm. Auch hier war es die alte Geschichte vom Artisten, dem der Kollege die Geliebte wegnimmt, so daß furchtbare Rache folgt. Luftakrobaten sind es, und jeder glaubt, der Betrogene wird nun den Betrüger abstürzen lassen. Aber er beherrscht sich auf schwebendem Trapez, sticht ihn aber später im Messerzweikampf ab; erblickt jedoch das, was jeder erwartete, den Absturz, als blitzschnelle Vision, so daß dem Zuschauer diese Vision nicht genommen wird. Dies Raffinement im Aufbau des Films, dessen Manuskript der Regisseur selbst schrieb, ist charakteristisch.« »Varieté« wurde nach dem Roman »Der Eid des Stephan Huller« von Felix Hollaender gedreht. Dieser Roman ist bereits 1912 von und mit Viggo Larsen und 1919 von Reinhard Bruck mit Anton Edthofer verfilmt worden.

Gerhard Lamprecht
Die Verrufenen – Der fünfte Stand
Gerhard Lamprechts Stummfilm »Die Verrufenen – Der fünfte Stand«, uraufgeführt am 28. Juli 1925 in Berlin, ist eine Sozialstudie über das Leben in den Berliner Slums nach Beobachtungen und Zeichnungen Heinrich Zilles, ein sog. Milljöh-Film. »Wir haben ja schon manchen Film gesehen, der das Berliner Leben schildert, aber keinen, der es mit so hohem Ernst und mit solcher tief erschütternder Eindringlichkeit tut«, urteilt »Der Kinematograph« nach der Premiere. »Alles ist schlicht und echt, und bei aller Tragik immer wieder echter Berliner Humor und Mutterwitz. Gerhard Lamprecht, der junge Regisseur, der schon in mehreren Filmen, so den ›Buddenbrooks‹, Zeugnis seiner großen Filmbegabung ablegte, inszenierte den Film, daß man nur sagen kann ›Hut ab!‹ ... Die Bilder aus dem Asyl der Obdachlosen, der Wäschekellerei, die düsteren Höfe der Armeleutequartiere, all das ist nicht nur mit Regiekunst, sondern mit echter Menschlichkeit filmgemäß umgesetzt.«

F. W. Murnau
Tartüff
Emil Jannings spielt die Titelrolle in F. W. Murnaus Stummfilm »Tartüff«, der nach der gleichnamigen Komödie von Molière gedreht wurde. Werner Krauss ist als Orgon, Lil Dagover als Elmire und Lucie Höflich als Dorine zu sehen. Der Film wird am 25. Januar 1926 in Berlin uraufgeführt.

G. W. Pabst
Die freudlose Gasse
Als schockierend empfindet das Publikum G. W. Pabsts Schilderung von Spekulantentum, Verbrechen, Prostitution und Elend im Wien der Inflationszeit. Der Stummfilm »Die freudlose Gasse«, der im Mai 1925 in Berlin uraufgeführt wird, wird in Großbritannien verboten und kann in Österreich, Frankreich und Italien nur in einer gekürzten Fassung gezeigt werden. Die noch unbekannte Greta Garbo spielt die Tochter eines pensionierten Hofrats, der durch Spekulation sein ganzes Vermögen verloren hat. Asta Nielsen ist als Straßenmädchen zu sehen, Valeska Gert als Bordellmutter, und Werner Krauss spielt einen Metzger, der seine Machtstellung als Händler ausnutzt und dem sich verzweifelte Mütter für ein Stück Fleisch hingeben.

Wilhelm Prager
Wege zu Kraft und Schönheit – Ein Film über moderne Körperkultur
In Berlin wird am 16. März 1925 der Freikörperkulturfilm »Wege zu Kraft und Schönheit – Ein Film über moderne Körperkultur« von Wilhelm Prager uraufgeführt. Der Film soll zeigen, »wie die höhere und unbefangene Anschauung der menschlichen Nacktheit siegreich triumphiert über das Übel der dunkleren Triebe im Sinnenvorgang«. Für diese »unbefangene Anschauung« wirbt er mit harmonischen Bildern von schönen Körpern bei Gymnastik, rhythmischem Tanz und Badefreuden in römischen Thermalbädern. Dieser Ufa-Film, der das Prädikat »Volksbildend« erhält, ist zugleich ein Propagandafilm für körperliche Ertüchtigung, d. h. Wehrfähigkeit.

Paul Wegener
Lebende Buddhas
Paul Wegener ist Regisseur und Hauptdarsteller – neben Asta Nielsen und Käte Haack – des Stummfilms »Lebende Buddhas«, der bereits 1923 gedreht wurde, aber wegen des unkonventionellen Themas keinen Verleiher gefunden hat. Er wird nun am 12. Mai 1925 in gekürzter Fassung unter dem Titel »Götter von Tibet« im Kino am Nollendorfplatz in Berlin uraufgeführt. Wegener spielt einen tibetanischen Lama, der einen europäischen Forscher (Hans Sturm) als Menschenopfer darbringen will. Käte Haack ist in der Rolle der Frau dieses Forschers zu sehen, Asta Nielsen spielt eine Tibetanerin. »Es wird hier eine Handlung, die so spannend ist, daß mir, dem reichlich Abgebrühten, der Schweiß ausbrach, um Probleme und Milieus geflochten, welche die gesamte Menschheit aller Kontinente augenblicklich wild bewegen«, schreibt Kurt Pinthus nach der Premiere. »Die Geheimlehren Asiens, Buddhismus und seine Entartungen, Tibet und Lama, Mystik und übermenschliche Kräfte ... Dieser Film bringt tolle Tricks, Tricks, die nicht nur mechanisch erzeugt sind und mechanisch wirken, sondern – und das verstärkt die Wirkung – die Unheimlichkeit und Bedeutung jener geheimnisreichen asiatischen Lehren für unsere Augen und Nerven überzeugend fühlbar machen.«

Dänemark

Carl Theodor Dreyer
Der Herr des Hauses
(Du skal ære din hustru)
Carl Theodor Dreyer, einer der bedeutendsten Vertreter des Stummfilms, schildert in dem Film »Der Herr des Hauses« die Geschichte von der Zähmung eines tyrannischen Hausherrn (Johannes Meyer) durch seine Familie. Der Film, der sich vor allem durch seine naturalistischen Details und die Betonung der kommunikativen Eigenschaften von Mienenspiel und Gestik auszeichnet, ist einer der ersten dänischen Filme, in dem der Alltag gewöhnlicher Menschen im Mittelpunkt steht.

Frankreich

Marcel L'Herbier
Mattia Pascal
(Feu Mathias Pascal)
Marcel L'Herbier, bekannt durch vom Symbolismus beeinflußte stimmungsvoll-poetische Stummfilme, die zu den bedeutendsten Dokumenten des frühen französischen Avantgardefilms zählen, schildert in dem nach einer Novelle von Luigi Pirandello gedrehten Film »Mattia Pascal« die Geschichte eines in Träumen und Phantasien verhafteten Bibliotheksangestellten (Iwan Mosjukin), der völlig von seiner herrischen Mutter (Marthe Belot) und seiner ebenso boshaften Frau (Marcelle Pradot) abhängig ist. Durch einen Zufall gelingt es ihm, aus diesem miserablen Leben auszubrechen und eine neue Existenz aufzubauen.

Österreich

Josef von Sternberg
Die Heilsjäger
(The Salvation Hunters)
Der 1908 in die USA ausgewanderte Österreicher Josef von Sternberg dreht 1925 seinen ersten Film, »Die Heilsjäger«, weitgehend in und vor den Lehmhütten von San Pedro in Kalifornien. »Der Junge« (George K. Arthur) und »das Mädchen« (Georgia Hale) leben auf einem Bagger, »der Junge« sucht vergeblich Arbeit, um seine Gefährtin und ein kleines Kind ernähren zu können. – Der mit einem sehr geringen Budget gedrehte Film wird ein Überraschungserfolg und schafft die Voraussetzung für Sternbergs Engagement bei Metro-Goldwyn-Mayer.

UdSSR

Sergej M. Eisenstein
Panzerkreuzer Potemkin
(Bronenosez Potemkin)
In »Panzerkreuzer Potemkin« schildert Eisenstein in mitreißender Montagetechnik die Meuterei an Bord des Panzerkreuzers »Potemkin« im Jahre 1905. »Panzerkreuzer Potemkin« zählt zu den bedeutendsten sowjetischen Filmen überhaupt und war lange Zeit das große Vorbild der europäischen Filmavantgarde. Herbert Ihering schreibt nach der deutschen Premiere 1926: »Wenn von den Dokumenten der letzten 20 Jahre alles verlorenginge und nur der ›Panzerkreuzer Potemkin‹ gerettet würde, man hätte ein zeugnisablegendes, gültiges Menschenwerk bewahrt, wie die Ilias, wie das Nibelungenlied.«

USA

Charlie Chaplin
Der Goldrausch
(The Gold Rush)
»Der Goldrausch« zählt zu den Höhepunkten von Charlie Chaplins frühem Filmschaffen. Chaplin, Regisseur, Drehbuchautor und Hauptdarsteller in einem, ist in der bekannten Rolle des Tramps zu sehen, doch diesmal nicht in der Stadt, sondern als Goldsucher in der Eiswüste Alaskas. Chaplin selbst wertet diesen Film, dessen Produktionskosten die astronomische Summe von 800 000 Dollar verschlungen haben, als eine Art Vermächtnis. Zahlreiche Szenen gehen in die Filmgeschichte ein, so z. B. die Schuhmahlzeit mit Schuhbändern als Spaghettibeilage, der Brötchentanz, die auf dem Bergabhang kippende Blockhütte.

Sam Taylor/Fred Newmeyer
Harold Lloyd, der Sportstudent
(The Freshman)
Harold Lloyd spielt in diesem Film einen jungen Studenten, der davon träumt, auf der Universität zu Ruhm zu gelangen und in allerlei komische Abenteuer verwickelt wird bei seinem Bemühen, es allen recht zu machen und von allen beachtet und geachtet zu werden. In der Fußballmannschaft bringt er es nur zum Balljungen, doch als während eines Entscheidungsspiels ein Spieler seiner Mannschaft nach dem anderen k. o. geht, sichert er kurz vor dem Abpfiff durch einen sensationellen Einsatz den Sieg.

King Vidor
Die große Parade
(The Big Parade)
Dieser Stummfilm von King Vidor ist trotz zahlreicher sentimentaler und melodramatischer Elemente die realistische Schilderung von den Erlebnissen eines US-Soldaten während des Ersten Weltkriegs. Der Film überzeugt weit mehr durch die unromantischen, eindrucksvollen Details als durch die romantische Geschichte vom Soldaten (John Gilbert), der sich in ein französisches Bauernmädchen (Renée Adoré) verliebt.

Sportereignisse und -rekorde des Jahres 1925

Die Aufstellung erfaßt Rekorde, Sieger und Meister in wichtigen Sportarten. Aufgenommen wurden nur solche Wettbewerbe, die in den vergangenen Jahren bereits regelmäßig ausgetragen worden sind und ab 1925 kontinuierlich zu den Sportprogrammen gehörten. Sportarten in alphabetischer Reihenfolge.

Automobilsport

Grand-Prix-Rennen			
Großer Preis von (Datum) Kurs/Strecke (Länge)	Sieger (Land)	Marke	Ø km/h
Europa (28. 6.) Spa-Francorchamps (805,4 km)	Antonio Ascari (ITA)	Alfa-Romeo	119,919
Belgien	Ausgetragen als Großer Preis von Europa		
England/André Gold Cup Brooklands (323,7 km)	Henry Segrave (GBR)	Darracq	125,670
Frankreich (26. 7.) Monthlery (1000 km)	Robert Benoist (FRA)/ Albert Divo (FRA)	Delage	112,215
Coupe Georges Boillot (30. 8.) Boulogne/FRA (523,3 km)	André Lagache (FRA)	Chenard-Walcker	102,313
Italien (6. 9.) Monza (800 km)	Gastone Brilli-Peri (ITA)	Alfa-Romeo	152,596
St. Sebastian (19. 9.) Lasarte/SPA (708 km)	Albert Divo (FRA)/ André Morel (FRA)	Delage	123,124
Langstreckenrennen			
Kurs/Dauer (Datum)	Sieger (Land)	Marke	Ø km/h
Indianapolis/500 ms (30. 5.)	De Paolo (SPA)/Batton (FRA)	Duesenberg	162,747
Le Mans/24 h (20./21. 6.)	De Courcelles (FRA)/ Rossignol (FRA)	La Lorraine	93,082
Spa/Francorchamps/24 h (11./12. 7.)	André Lagache (FRA)/ Albert Leonard (FRA)	Chenard-Walcker	91,830
Targa Florio/ 540 km (3. 5.)	Bartolomeo Constantini (ITA)	Bugatti	71,240
Rallyes			
Monte Carlo (22.–27. 1.)	François Repusseau (FRA)	Renault	

Boxen/Schwergewicht

Weltmeister (Land)	
Jack Dempsey (USA)	1925 keine Titelkämpfe

Eiskunstlauf

Turnier	Ort	Datum
Weltmeisterschaften	Wien (Herren/Paare)	14./15. 2.
	Davos (Damen)	31. 1./1. 2.
Europameisterschaften	Triberg	7./8. 2.
Deutsche Meisterschaften	Titisee	12./13. 2.
Einzel	**Herren**	**Damen**
Weltmeister	Willy Böckl (AUT)	Herma Jaross-Szabo (AUT)
Europameister	Willy Böckl (AUT)	nicht ausgetragen
Deutsche Meister	Werner Rittberger (Berlin)	Ellen Brockhöft (Berlin)
Paarlauf		
Weltmeister	Herma Jaross-Szabo/Ludwig Wrede (AUT)	
Europameister	nicht ausgetragen	
Deutsche Meister	Förster/Jüngling (Oppeln)	

Fußball

Länderspiele	Ergebnis	Ort	Datum
Deutschland (+2, =0, −2)			
Holland – Deutschland	2:1	Amsterdam	29. 3.
Schweden – Deutschland	1:0	Stockholm	21. 6.
Finnland – Deutschland	3:5	Helsingfors	26. 6.
Schweiz – Deutschland	0:4	Basel	25. 10.
Österreich (+7, =1, −1)			
Österreich – Schweiz	2:0	Wien	22. 3.
Belgien – Österreich	3:4	Lüttich	
Finnland – Österreich	1:2	Helsinki	
Frankreich – Österreich	0:4	Paris	
Schweden – Österreich	2:4	Stockholm	
Tschechoslowakei – Österreich	1:3	Prag	
Österreich – Ungarn	3:1	Wien	
Schweiz – Österreich	2:0	Bern	8. 11.
Ungarn – Österreich	1:1	Budapest	
Schweiz (+2, =1, −4)			
Österreich – Schweiz	2:0	Wien	22. 3.
Ungarn – Schweiz	5:0	Budapest	25. 3.
Schweiz – Holland	4:1	Zürich	19. 4.
Schweiz – Belgien	0:0	Lausanne	24. 5.
Schweiz – Spanien	0:3	Bern	1. 6.
Schweiz – Deutschland	0:4	Basel	25. 10.
Schweiz – Österreich	2:0	Bern	8. 11.

Landesmeister	
Deutschland	1. FC Nürnberg – FSV Frankfurt 1:0 n. V. (7. 6., Frankfurt)
Österreich	SC Hakoah
Schweiz	Servette Genf
Belgien	AC Beerschot
Dänemark	Boldklubben Kopenhagen
England	Huddersfield Town
Finnland	JK Helsinki
Holland	HBS Den Haag
Italien	AC Bologna
Jugoslawien	Jugoslawija Belgrad
Norwegen	Brann Bergen
Schottland	Glasgow Rangers
Schweden*	Brynäs (Polkalsystem) GAIS Göteborg

* 1925 zwei Meister

Landespokal	
Österreich	Austria Wien – Vienna Wien 3:1
Schweiz	FC Bern
England	Sheffield United – Cardiff City 1:0
Frankreich	CAS Generaux
Holland	Haager FC
Schottland	Celtic Glasgow
Spanien	FC Barcelona – Arenas 2:0

Gewichtheben

Weltrekordhalter (Land)	Dreikampf	Drücken	Reißen	Stoßen
Karl Mörke (GER)	380,0 kg			
Karl Swoboda (AUT)		121,5 kg		
Charles Rigoulot (FRA)			122,0 kg	161,5 kg

Leichtathletik

Deutsche Meisterschaften		
Disziplin	Sieger (Ort)	Leistung
Männer (Berlin, 8./9. August)		
100 m	Richard Corts (Stuttgart)	10,6
200 m	Jakob Schüller (Krefeld)	22,0
400 m	Reinhold Schmidt (Berlin)	49,0
800 m	Otto Peltzer (Stettin)	1:55,2
1500 m	Otto Peltzer (Stettin)	4:02,0
5000 m	Peter Frandsen (Oldesloe)	15:20,2
10 000 m	Fred Wachsmuth (Berlin)	32:54,0
110 m Hürden	Heinrich Troßbach (Berlin)	14,9

Disziplin	Sieger (Ort)	Leistung
400 m Hürden	Heinrich Troßbach (Berlin)	55,0
3000 m Hindernis	nicht ausgetragen	
Marathon 1)	Paul Hempel (Berlin)	2:48:25,5
4 × 100 m	DSC Berlin	42,2
Hochsprung	Max Skorczinski (Berlin)	1,88
Stabhochsprung	Achilles Reeg (Neu-Isenburg)	3,60
Weitsprung	Rudolf Dobermann (Köln)	7,15
Kugelstoßen	Georg Brechenmacher (München)	13,81
beidarmig	Georg Brechenmacher (München)	24,63
Diskuswurf	Hermann Hänchen (Berlin)	42,03
beidarmig	Hermann Hänchen (Berlin)	75,05
Speerwurf	Walter Lüdeke (Berlin)	55,71
beidarmig	Walter Schnurr (Berlin)	95,81
Zehnkampf 1)	Arthur Holz (Berlin)	559
Frauen (Leipzig, 6. September)		
100 m	Elaine Gütschow (Dresden)	12,7
4 × 100 m	Berliner Sport-Club	53,3
Hochsprung	Eva von Bredow (Berlin)	1,415
Weitsprung	Herta Aschenbacher (Berlin)	5,10
Kugelstoßen	Anneliese Henoch (Berlin)	10,91
Diskuswurf	Milly Reuter (Frankfurt)	25,65
Speerwurf	Margarete Riewe (Berlin)	30,04
Dreikampf	Mimi Luxem (Hamburg)	150

1) 5./6. 9., Leipzig

Weltrekorde (Stand: 31. 12. 1925)

Disziplin	Name (Land)	Leistung	Datum	Ort
Männer				
100 m	Charles Paddock (USA)	10,4	23. 4. 1921	Redlands
200 m (Gerade)	Charles Paddock (USA)	20,8	26. 3. 1921	Berkeley
200 m (Kurve)	William Applegarth (GBR)	21,2	4. 7. 1914	London
400 m	James Meredith (USA)	47,4	27. 5. 1916	Cambridge
800 m	James Meredith (USA)	1:51,9	8. 7. 1912	Stockholm
	James Meredith (USA)	1:52,2	13. 5. 1916	Philadelph.
1000 m	Sven Lundgren (SWE)	2:28,5	12. 9. 1922	Stockholm
1500 m	Paavo Nurmi (FIN)	3:52,6	19. 6. 1924	Helsinki
Meile	Paavo Nurmi (FIN)	4:10,4	23. 8. 1923	Stockholm
3000 m	Edvin Wide (SWE)	8:27,6	7. 6. 1925	Halmstad
5000 m	Paavo Nurmi (FIN)	14:28,2	19. 6. 1924	Helsinki
10000 m	Paavo Nurmi (FIN)	30:06,2	31. 8. 1924	Kuopio
110 m Hürden	Earl Thomson (CAN)	14,8	18. 8. 1920	Antwerpen
400 m Hürden	Stig Pettersson (SWE)	53,8	4. 10. 1925	Paris
	Ivan Riley (USA) 2)	52,1	31. 5. 1924	Ann Arbor
3000 m Hindern.	Ville Ritola (FIN) 2)	9:33,6	9. 7. 1924	Paris
4 × 100 m	USA	41,0	13. 7. 1924	Paris
4 × 400 m	USA	3:16,0	13. 7. 1924	Paris
Hochsprung	Harold Osborn (USA)	2,03	27. 5. 1924	Urbana
Stabhochsprung	Charles Hoff (NOR)	4,25	27. 9. 1925	Turku
Weitsprung	William DeHart Hubbard (USA)	7,89	13. 6. 1925	Chicago
Dreisprung	Archibald Winter (AUS)	15,53	12. 7. 1924	Paris
Kugelstoßen	Ralph Rose (USA)	15,54	21. 8. 1909	San Francisco
Diskuswurf	Glenn Hartranft (USA)	47,89	2. 5. 1925	San Francisco
Hammerwurf	Patrick Ryan (USA)	57,77	17. 8. 1913	New York
Speerwurf	G. Lindström (SWE)	66,62	12. 10. 1924	Eksjö
Zehnkampf	Harold Osborn (USA)	7710,775	11./12. 7. 24	Paris
Frauen				
100 m	Mary Lines (GBR)	12,8	20. 8. 1922	Paris
200 m	Eileen Edwards (GBR)	26,2	20. 8. 1924	London
400 m 2)	Eileen Edwards (GBR)	60,8	11. 7. 1924	London
800 m	Mary Lines (GBR)	2:26,6	30. 8. 1922	London
	Edith Trickey (GBR) 2)	2:24,0	1. 8. 1925	London
4 × 100 m 2)	Kanada	50,2	19. 9. 1925	Toronto
	USA	51,0	1924	Georgetown
Hochsprung	Phylis Green (GBR)	1,52	11. 7. 1925	London

2) inoffiziell, offiziell (auch später) nicht anerkannt

Disziplin	Name (Land)	Leistung	Datum	Ort
Weitsprung	Marie Mejzlikova (CSR)	5,30	23. 9. 1933	Prag
	Margarete Furchheim (GER) 2)	5,50	29. 8. 1925	Leipzig
Kugelstoßen	Violette Gouraud-Morris (FRA)	10,15	14. 7. 1924	Paris
	Anneliese Hennoch (GER) 2)	11,57	16. 8. 1925	Leipzig
Diskuswurf	Marisa Vidlakova (ČSR)	31,15	11. 10. 1925	Paris
Speerwurf	Maria Janderova (ČSR)	27,24	25. 5. 1924	Ostrau

Deutsche Rekorde (Stand: 31. 12. 1925)

Disziplin	Name (Ort)	Leistung	Datum	Ort
Männer				
100 m	Richard Rau (Berlin)	10,5	13. 8. 1911	Braunschweig
200 m	Richard Rau (Berlin)	21,6	28. 6. 1914	Berlin
400 m	Hanns Braun (München)	48,3	13. 7. 1912	Stockholm
800 m	Hanns Braun (München)	1:52,2	13. 7. 1912	Stockholm
1000 m	Friedrich-Franz Köpcke (Berlin)	2:31,9	22. 6. 1922	Berlin
1500 m	Otto Peltzer (Stettin)	3:59,4	15. 7. 1923	Göteborg
3000 m	Emil Bedarff (Frankfurt/M.)	8:44,5	13. 7. 1922	Düsseldorf
5000 m	Emil Bedarff (Frankfurt/M.)	15:14,2	17. 8. 1923	Frankfurt
10000 m	Emil Bedarff (Düsseldorf)	32:14,2	15. 8. 1924	Düsseldorf
110 m Hürden	Heinrich Troßbach (Berlin)	14,9	8. 8. 1925	Berlin
400 m Hürden	Gerhard von Massow (Berlin)	56,2	28. 6. 1922	Berlin
4 × 100 m	Nationalstaffel	42,2	31. 8. 1924	Düsseldorf
	DSC Berlin	42,2	9. 8. 1925	Berlin
4 × 400 m	Mannheimer TG	3:25,4	24. 8. 1924	Berlin
Hochsprung	Robert Pasemann (Berlin)	1,923	13. 8. 1911	Braunschweig
Stabhochsprung	Heinrich Fricke (Hannover)	3,80	20. 8. 1922	Duisburg
Weitsprung	Karl Hornberger (Kreuznach)	7,33	21. 8. 1921	Hamburg
Dreisprung	Arthur Holz (Berlin)	14,99	1. 7. 1922	Berlin
Kugelstoßen	Ernst Söllinger (Darmstadt)	14,33	9. 8. 1925	Berlin
Diskuswurf	Gustav Steinbrenner (Frankfurt/M.)	46,66	27. 8. 1922	Aschaffenburg
Hammerwurf	Max Furtwengler (Berlin)	39,87	21. 8. 1920	Stuttgart
Speerwurf	Walter Lüdeke (Berlin)	62,14	16. 7. 1924	Berlin
Zehnkampf	Arthur Holz (Berlin)	644	18./19. 8. 22	Duisburg
Frauen				
100 m	Emmi Haux (Frankfurt)	12,7	21. 5. 1925	Frankfurt
200 m	Wally Wittmann (Berlin)	27,4	13. 7. 1924	Berlin
800 m	Wally Lingner (Berlin)	2:36,4	2. 8. 1925	Halle
4 × 100 m	Berliner Sport-Club	51,6	13. 7. 1924	Berlin
Hochsprung	Marie Heister (Wilhelmshaven)	1,48	20. 7. 1924	Hannover
Weitsprung	Marie Kießling (München)	5,54	29. 5. 1921	München
Kugelstoßen	Lilly Henoch (Berlin)	11,57	16. 8. 1925	Leipzig
Diskuswurf	Milly Reuter (Frankfurt)	32,33	26. 9. 1925	Frankfurt
Speerwurf	Margarete Riewe (Berlin)	30,58	19. 7. 1925	Berlin

Pferdesport

Disziplin/Turnier	Sieger (Land)	Pferd (Gestüt)	Datum
Galopprennen			
Deutsches Derby	E. Haynes	Roland	
Trabrennen			
Deutsches Derby	Charlie Mills (IRL)	Zora (Bindon)	
Turniersport			
Springreiten			
Deutsches Derby	von Wietersheim	Kreon	

Radsport

Disziplin, Ort	Plazierung, Name (Land)	Zeit/ Rückstand
Straßenweltmeisterschaft		
Amateure (188 km) Amsterdam/23. 8.	1. Henry Hoevenaers (BEL) 2. Bocher (FRA) 3. van den Berghe (HOL)	
Rundfahrten (Etappen)		
Tour de France (18) Datum: 21. 6. – 19. 7. Länge: 5430 km 130 Starter, 49 im Ziel	1. Ottavi Bottecchia (ITA) 2. Lucien Buysse (BEL) 3. Bartolomeo Aimo (ITA)	219:10:18 54:20 56:37
Giro d'Italia (12) Datum: 16. 5. – 7. 6. Länge: 3419,6 km 126 Starter, 39 im Ziel	1. Alfredo Binda (ITA) 2. Costante Girardengo (ITA) 3. Giovanni Brunero (ITA)	137:31:13 4:58 17:22

Schwimmen

Deutsche Meisterschaften (Bremen, 8./9. August)

Disziplin	Sieger (Ort)	Leistung
Männer		
Freistil 100 m	Herbert Heinrich (Leipzig)	1:02,9
Freistil 400 m	Herbert Heinrich (Leipzig)	5:23,6
Freistil 1500 m	Werner Neitzel (Magdeburg)	22:30,1
Freistil 3 × 100 m	Magdeburg 1896	3:17,3
Freistil 3 × 200 m	Magdeburg 1896	7:32,7
Brust 100 m	Erich Rademacher (Magdeburg)	1:18,9
Brust 3 × 100 m	Rhenus Köln	4:13,8
Seite 100 m	Robert Dahlem (Ruhrort)	1:13,1
Rücken 100 m	Gustav Frölich (Magdeburg)	1:15,5
Lagenstaffel	Hellas Magdeburg	5:10,2
Stromschwimmen (7500 m)	Ernst Vierkötter (Köln)	50:02,4
Kunstspringen	Fritz Wiesel (Leipzig)	114,80
Turmspringen	Hans Luber (Berlin)	113,24
Mehrkampf	Artur Mund (Halberstadt)	67,3
Wasserball	Hellas Magdeburg	
Frauen		
Freistil 100 m	Lotte Lehmann (Dresden)	1:19,3
Freistil 3 × 100 m	Poseidon Dresden	4:24,0
Brust 100 m	Erna Murray (Leipzig)	1:30,8
Brust 3 × 100 m	Bille Hamburg	4:51,5
Rücken 100 m	Anni Rehborn (Bochum)	1:30,8
Stromschwimmen (7500 m)	Käthe Preissler (Dresden)	54:11,3
Kunstspringen	Lini Söhnchen (Osnabrück)	69,0

Weltrekorde (Stand: 31. 12. 1925)

Disziplin	Name (Land)	Leistung	Datum	Ort
Männer				
Freistil 100 m	Johnny Weissmuller (USA)	57,4	17. 2. 1924	Miami
Freistil 200 m	Johnny Weissmuller (USA)	2:15,2	9. 12. 1925	McKeesport
Freistil 400 m	Arne Borg (SWE)	4:50,3	11. 9. 1925	Stockholm
Freistil 800 m	Arne Borg (SWE)	10:37,4	25. 8. 1925	Harnus
Freistil 1500 m	Andrew Charlton (USA)	20:06,6	15. 7. 1924	Paris
Freistil 4 × 100 m	Deutschland	4:34,0	20. 7. 1912	Hamburg
Freistil 4 × 200 m	Deutschland	9:50,0	20. 8. 1924	Budapest
Brust 100 m	Erich Rademacher (GER)	1:15,0	22. 3. 1924	München
Brust 200 m	Erich Rademacher (GER)	2:50,4	4. 3. 1922	Duisburg
Rücken 100 m	Warren Kealoha (USA)	1:12,4	13. 4. 1924	Honolulu
Rücken 200 m	Bernhard Skamper (GER)	2:47,1	29. 9. 1923	Darmstadt

Disziplin	Name (Land)	Leistung	Datum	Ort
Frauen				
Freistil 100 m	Mariechen Wehselau (USA)	1:12,2	19. 7. 1924	Paris
Freistil 200 m	Gertrud Ederle (USA)	2:45,2	4. 4. 1923	Brooklyn
Freistil 400 m	Gertrud Eberle (USA)	5:53,2	4. 8. 1922	Indianapolis
Freistil 800 m	Elizabeth McGary (USA)	12:56,0	15. 8. 1925	Indianapolis
Freistil 1500 m	Elizabeth McGary (USA)	24:07,6	31. 12. 1925	Coral Gables

Disziplin	Name (Land)	Leistung	Datum	Ort
Freistil 4 × 100 m	USA	4:58,8	18. 7. 1924	Paris
Brust 100 m	Erna Huneus (GER)	1:29,0	4. 10. 1925	Aachen
Brust 200 m	Erna Murray (GER)	3:20,2	5. 4. 1925	Leipzig
Rücken 100 m	Sybil Bauer (USA)	1:22,4	6. 1. 1924	Miami
Rücken 200 m	Sybill Bauer (USA)	3:03,8	9. 2. 1924	Miami

Deutsche Rekorde (Stand: 31. 12. 1925)

Disziplin	Name (Land)	Leistung	Datum	Ort
Männer				
Freistil 100 m	Herbert Heinrich (Leipzig)	1:02,1	5. 4. 1925	Leipzig
Freistil 200 m	Herbert Heinrich (Leipzig)	2:23,2	28. 11. 1925	Spandau
Freistil 400 m	Herbert Heinrich (Leipzig)	5:16,4	15. 11. 1925	Leipzig
Freistil 800 m	Otto Fahr (Cannstatt)	11:45,0	20. 4. 1912	Magdeburg
Freistil 1500 m	Friedel Berges (Darmstadt)	22:18,0	5. 7. 1924	Magdeburg
Freistil 4 × 100 m	Hellas Magdeburg	4:37,8	1922	Berlin
Freistil 4 × 200 m	Hellas Magdeburg	10:54,4	1922	Berlin
Brust 100 m	Erich Rademacher (Magdeburg)	1:15,0	22. 3. 1924	München
Brust 200 m	Erich Rademacher (Magdeburg)	2:50,4	4. 3. 1922	Duisburg
Rücken 100 m	Gustav Frölich (Magdeburg)	1:14,0	2. 10. 1921	Darmstadt
Rücken 200 m	Bernhard Skamper (Köln)	2:47,1	29. 9. 1923	Darmstadt
Frauen				
Freistil 100 m	Lotte Lehmann (Dresden)	1:19,3	9. 8. 1925	Bremen
Freistil 200 m	Lotte Lehmann (Dresden)	2:50,4	15. 9. 1925	Duisburg
Freistil 400 m	Lotte Lehmann (Dresden)	6:41,2	7. 4. 1925	Magdeburg
Freistil 800 m	Lotte Lehmann (Dresden)	15:45,0	14. 6. 1925	Breslau
Freistil 1500 m	Lotte Lehmann (Dresden)	29:33,9	14. 6. 1925	Breslau
Freistil 4 × 100 m	DSV Hannover	6:21,6	1922	Berlin
Brust 100 m	Erna Huneus (Mönchengladbach)	1:29,0	4. 10. 1925	Aachen
Brust 200 m	Erna Murray (Berlin)	3:20,2	5. 4. 1925	Leipzig
Rücken 100 m	Anni Rehborn (Bochum)	1:29,2	15. 11. 1925	Duisburg
Rücken 200 m	Eva Henschel (Berlin)	3:54,0	1922	Berlin

Tennis

Meisterschaften	**Ort**	**Datum**
Wimbledon	London	22. 6.–6. 7.
French Open	Paris	
US Open	Forest Hills (Einzel, Damendoppel)	10.–20. 9.
	Chestnut Hill (Herrendoppel, Mixed)	
Australian Open	Melbourne	
Intern. Deutsche	Hamburg	
Daviscup-Endpiel	Philadelphia	9.–11. 9.

Turnier	Sieger (Land) – Finalgegner (Land)	Ergebnis
Herren		
Wimbledon	René Lacoste (FRA) – Jean Borotra (FRA)	6:3, 6:3, 4:6, 8:6
French Open	René Lacoste (FRA) – Jean Borotra (FRA)	7:5, 6:1, 6:4
US Open	Bill Tilden (USA) – Bill Johnston (USA)	4:6, 11:9, 6:3, 4:6, 6:3
Australian Open	James Anderson (AUS) – G. Patterson (AUS)	11:9, 2:6, 6:2, 6:3
Int. Deutsche	Otto Frotzheim (GER) – B. v. Kehrling (UNG)	6:4, 6:1, 4:6, 6:1
Davis-Cup	USA – Frankreich 5:0	
Damen		
Wimbledon	Suzanne Lenglen (FRA) – Joan Fry (GBR)	6:2, 6:0
French Open	Suzanne Lenglen (FRA) – Kitty McKane (GBR)	6:1, 6:2
US Open	Helen Wills (USA) – Kitty McKane (GBR)	3:6, 6:0, 6:2
Australian Open	Daphne Akhurst (AUS) – Esma Boyd (AUS)	1:6, 8:6, 6:4
Int. Deutsche	Nelly Neppach (GER)	
Herren-Doppel		
Wimbledon	Jean Borotra (FRA)/ René Lacoste (FRA) – R. Casey (AUS)/ J. F. Hennessey (AUS)	6:4, 11:9, 4:6, 1:6, 6:3
French Open	Jean Borotra (FRA)/ René Lacoste (FRA) – J. Brugnon (FRA)/ Henri Cochet (FRA)	7:5, 4:6, 6:3, 2:6, 6:3
US Open	Vince Richards (USA)/ Noris Williams (USA) – John Hawkes (AUS)/ Gerald Patterson (AUS)	6:2, 8:10, 6:4, 11:9
Australian Open	P. O'Hara Wood (AUS)/ Gerald Patterson (AUS) – James Anderson (AUS)/ F. Kalms (AUS)	6:4, 8:6, 7:5

Turnier	Sieger (Land)	–	Finalgegner (Land)	Ergebnis
Herren-Doppel (Fortsetzung)				
Int. Deutsche	Otto Froitzheim/Oskar Kreuzer			
Damen-Doppel				
Wimbledon	S. Lenglen (FRA)/ Elizabeth Ryan (USA)	–	Kathleen Bridge (GBR)/ Mary McIlquham (GBR)	6:2, 6:2
French Open	S. Lenglen (FRA)/ Julie D. Vlasto (FRA)	–	E. Colyer (GBR)/ Kitty McKane (GBR)	6:1, 9:11, 6:2
US Open	Mary K. Browne (USA)/ Helen Wills (USA)	–	May S. Bundy (USA)/ Elizabeth Ryan (USA)	6:4, 6:3
Australian Open	D. Akhurst (AUS)/ S. Lance-Harper (AUS)	–	Esna Boyd (AUS)/ Kathrine LeMesurier (AUS)	6:4, 6:3

Turnier	Sieger (Land)	–	Finalgegner (Land)	Ergebnis
Int. Deutsche	Nelly Neppach/H. Kaeber			
Mixed				
Wimbledon	Jean Borotra (FRA)/ Suzanne Lenglen (FRA)	–	Umberto de Morpurgo (ITA)/ Elizabeth Ryan (USA)	6:3, 6:3
French Open	J. Brugnon (FRA)/ S. Lenglen (FRA)	–	Henri Cochet (FRA)/ Julie D. Vlasto (FRA)	6:2, 6:2
US Open	John Hawkes (USA)/ Kitty McKane (GBR)	–	Vince Richards (USA)/ E. H. Harvey (USA)	6:2, 6:2
Australian Open	J. Willard (AUS)/ Daphne Akhurst (AUS)	–	R. E. Schlesinger (GBR)/ Silvia Lance-Harper (AUS)	6:4, 6:4
Int. Deutsche	A. Lüdke/N. Neppach			

Abkürzungen zu den Sportseiten

AUS	Australien	CAN	Kanada	FRA	Frankreich	HOL	Niederlande	NOR	Norwegen	UNG	Ungarn
AUT	Österreich	ČSR	Tschechoslowakei	GBR	Großbritannien	IRL	Irland	SPA	Spanien	USA	Vereinigte Staaten von Amerika
BEL	Belgien	FIN	Finnland	GER	Deutsches Reich	ITA	Italien	SWE	Schweden		

Nekrolog 1925

Bekannte Persönlichkeiten aus allen Bereichen des gesellschaftlichen Lebens, die im Jahr 1925 gestorben sind, werden – alphabetisch geordnet – in Kurzbiographien dargestellt.

Fritz Baedeker

deutscher Verleger (* 4. 12. 1844, Koblenz), stirbt am 9. April in Leipzig.
Baedeker war Seniorchef des von seinem Vater Karl Baedeker 1827 gegründeten Reiseführerverlages. Gemeinsam mit seinen Brüdern setzte er das Werk seines 1859 gestorbenen Vaters fort. Unter seiner Führung erlebte der Verlag in den Jahrzehnten bis zum Weltkrieg eine unvergleichliche Blüte. 1872 wurde das Verlagshaus nach Leipzig verlegt, der »Hauptstadt« des deutschen Buchhandels.

George Bellows

US-amerikanischer Maler und Grafiker (* 12. 8. 1882, Columbus/Ohio), stirbt am 8. Januar in Rom.
Bellows war ein Vertreter der Ash Can School, die Themen des Alltags und des Großstadtlebens kraß realistisch behandelt. Neben Bildern aus der Welt des Boxsports und der Arenen malte er Porträts und Landschaften.

Marco Enrico Bossi

italienischer Organist und Komponist (* 25. 4. 1861, Salò in der Lombardei), stirbt am 20. Februar auf See während einer Reise von Amerika nach Europa.
Bossi leitete von 1895 bis 1902 das Konservatorium von Venedig, von 1902 bis 1911 das Konservatorium von Bologna und von 1916 bis 1923 das Konservatorium Santa Cecilia in Rom. Er komponierte Orgel-, Chorwerke und Kammermusik.

Hjalmar Branting

schwedischer Politiker (* 23. 11. 1860, Stockholm), stirbt am 24. Februar in Stockholm.
Branting gehörte 1889 zu den Gründern der Sozialdemokratischen Arbeiterpartei, deren spätere Abkehr von marxistischen Doktrinen und Hinwendung zu einer engen Zusammenarbeit mit den Gewerkschaften er maßgeblich initiierte. Als Premierminister der ersten sozialdemokratischen Regierung 1920 bis 1923 und erneut 1924/25 reformierte er die Sozialgesetzgebung. 1921 erhielt er zusammen mit dem Norweger Christian Lange den Friedensnobelpreis.

Josef Breuer

österreichischer Arzt (* 15. 1. 1842, Wien), stirbt am 20. Juni in Wien.
Breuer, Physiologe und Neurologe, arbeitete in den 90er Jahren des 19. Jahrhunderts mit Sigmund Freund zusammen, mit dem er die »Studien über Hysterie« (1895) herausgab.

Aristide Bruant

französischer Dichter und Chansonnier (* 6. 5. 1851, Courtenay/Loire), stirbt am 11. Februar in Paris.
Bruant wurde als Sänger realistisch-satirischer Chansons bekannt, die er im Pariser Kabarett »Chat-Noir«, dem von 1881 bis 1896 bestehenden ersten literarischen Künstlerkabarett auf dem Montmartre, und dann in seinem eigenen Kabarett »Le Mirliton« vortrug. Außer Chansons und Gedichten schrieb er auch Romane. Sein Wörterbuch des Pariser Argot (1901) beruht auf seinen intimen Milieukenntnissen.

George Washington Cable

US-amerikanischer Schriftsteller (* 12. 10. 1884, New Orleans), stirbt am 31. Januar in Saint Petersburg im US-Bundesstaat Florida.
Cable schilderte in Erzählungen und Romanen in einer Mischung aus Realismus und Romantizismus das Leben der Kreolen in Louisiana und die Gesellschaft von New Orleans, wobei seine Sympathien für die Farbigen klar erkennbar bleiben: »Old Creole Days« (1879), »Madame Delphine« (1881), »The Silent South« (1885). Darüber hinaus verfaßte er die Streitschrift »The Negro Question« (1890).

Franz Graf Conrad von Hötzendorf

österreichisch-ungarischer Feldmarschall (* 11. 11. 1852, Penzing/Wien), stirbt am 25. August in Bad Mergentheim im Deutschen Reich.
Conrad von Hötzendorf gilt als eine der bedeutendsten militärischen Persönlichkeiten während des letzten Jahrzehnts der Donaumonarchie. Er wurde 1906 Generalstabschef der k. u. k. Armee und setzte trotz heftiger Widerstände der Regierung die Reorganisierung der Armee durch mit dem Ziel, durch die Annexion Serbiens die südslawische Frage gewaltsam zu lösen und durch einen Präventivkrieg gegen Italien die Irredentisten – sie forderten ihrerseits die Annexion der italienischsprachigen Gebiete, die noch im Besitz nichtitalienischer Staaten waren – auszuschalten. Diese Haltung führte 1911 zu seiner Entlassung, doch erzwang der Thronfolger Franz Ferdinand 1912 seine Rückberufung. Während des Ersten Weltkriegs leitete er bis zum Tod Kaiser Franz Josephs die Operationen des österreichisch-ungarischen Heers, immer bedacht auf die Erhaltung der österreichisch-ungarischen Monarchie. Differenzen mit dem jungen Kaiser Karl führten am 1. März 1917 zu seinem Rücktritt.

Lovis Corinth

deutscher Maler und Grafiker (* 21. 7. 1858, Tapiau bei Königsberg/Preußen), stirbt am 17. Juli in dem niederländischen Nordseebad Zandvoort.
Corinth war einer der Hauptvertreter des deutschen Impressionismus. Seine Ausbildung erhielt er an der Königsberger Akademie, in München und an der Académie Julian in Paris. 1900 übersiedelte er von München nach Berlin, wo sich seine Wandlung zu einer ganz spezifisch deutschen Variante des Impressionismus vollzog (»Blick auf die Landungsbrücke in Hamburg«, 1911) mit heftiger Pinselschrift, oft drastisch-naturalistischer Deutung religiöser und mythologischer Themen (»Das Urteil des Paris«, 1907) und einer manchmal groben Sinnlichkeit. 1903 heiratete er in Berlin die Malerin, Zeichnerin und Grafikerin Charlotte Berend, 1911 wurde er zum Vorsitzenden der Berliner Sezession gewählt. Nach einem Schlaganfall (1911), der eine deutliche Zäsur im Schaffen des Künstlers brachte, hielt er sich viel im Süden auf und geriet in den Bannkreis des Expressionismus. Ab 1919 wohnte er meist am Walchensee, wo seine berühmten Walchenseelandschaften mit ihrer ausdrucksstarken Farbigkeit und ihrem rhythmischen Wogen entstanden.

Charles Cottet

französischer Maler und Radierer (* 12. 7. 1863, Le Puy), stirbt am 20. September in Paris.
Cottet wurde 1895 berühmt mit seinem Gemälde »Begräbnis in der Bretagne«. In der Folgezeit malte er überwiegend bretonische Landschaften in dunklen, schweren Farben (Triptychon »Au pays de la mer«, 1898) und Genreszenen aus dem Leben der Fischer.

George Nathaniel Marquess Curzon of Kedlestone

britischer Politiker (* 11. 1. 1859, Kedlestone Hall/Derbyshire), stirbt am 20. März in London.
Curzon kam 1886 als Konservativer ins britische Unterhaus und war von 1898 bis 1905 Vizekönig von (Britisch-)Indien. 1915/16 war er unter Herbert Henry Asquith Lordsiegelbewahrer. 1916 wurde er im Kriegskabinett David Lloyd Georges Vorsitzender des Geheimen Rats (bis 1919). Unter den Premierministern Lloyd George (1919–1922), Andrew Bonar Law (1922/23) und Stanley Baldwin (1923/24) leitete er das Außenministerium. 1924/25 war er im zweiten Kabinett Baldwin Vorsitzender des Geheimen Rats. Nach ihm ist die sog. Curzon-Linie benannt, die 1920 vorgeschlagene Demarkationslinie zwischen Sowjetrußland und Polen, die 1945 in ihrem wesentlichen Verlauf als Grenze zwischen der UdSSR und Polen anerkannt wird.

Camille Decoppet

schweizerischer freisinniger Politiker, Bundespräsident 1916 (* 4. 6. 1862, Suscévaz bei Yverdon), stirbt am 14. Januar in Bern.
Decoppet leitete als Bundesrat von 1912 bis 1917 das Militärdepartement, 1916 war er turnusmäßig Bundespräsident. Von 1917 bis 1922 leitete er das internationale Büro des Weltpostvereins in Bern.

Friedrich Ebert

deutscher SPD-Politiker, erster Reichspräsident von 1919 bis 1925 (* 4. 2. 1871, Heidelberg), stirbt am 28. Februar in Berlin.
Ebert wurde 1912 Mitglied des Reichstags und 1913 neben Hugo Haase Parteivorsitzender, 1916 wurde er Vorsitzender der SPD-Fraktion. Beim Ausbruch der Novemberrevolution übergab ihm Prinz Max von Baden am 9. November 1918 das Reichskanzleramt. Im Rat der Volksbeauftragten, der provisorischen deutschen Regierung vom 9./10. November 1918 bis zum 10. Februar 1919, hatte er den Vorsitz inne, zunächst neben Hugo Haase (USPD = Unabhängige SPD), der jedoch noch 1918 aus dem Rat ausschied. Diese Zeit ist gekennzeichnet durch den antirevolutionären Ordnungspakt zwischen Ebert und General Wilhelm Groener, der die Rückführung und Demobilisierung des Heers leitete und die Konstituierung von Räterepubliken verhinderte. Am 11. Februar 1919 wurde Ebert von der Weimarer Nationalversammlung zum ersten deutschen Reichspräsidenten gewählt. Daß er als Mann proletarischer Herkunft (Sattler) zum ersten Mann im Deutschen Reich gewählt wurde, wertete er als symbolisch für die innere Wandlung Deutschlands. Seine Amtszeit stand im Zeichen der Stabilisierung der politischen Verhältnisse in der Weimarer Republik, jedoch mehrte sich zuletzt die Zahl radikaler Rechtskreise, die seinen Ruf als unbescholtener Politiker zu untergraben versuchten. Aber auch von der SPD war eine vorsichtige Distanzierung spürbar.

Leo Fall

österreichischer Operettenkomponist (* 2. 2. 1873, Olmütz), stirbt am 16. September in Wien.
Zwei Jahre vor seinem Tod übertraf Fall mit der Operette »Madame Pompadour«, die am 2. März 1923 in Wien uraufgeführt wurde, noch seine früheren Erfolge »Der fidele Bauer« (1907), »Die Dollarprinzessin« (1907) und »Die geschiedene Frau« (1908). Mit ihren flotten Melodien und ihrem dezent erotischen Flair wurde diese Operette, zu der Rudolf Schanzer und Ernst Welisch das Textbuch schrieben, ein bleibender Erfolg. Eine der markantesten Rollen ist die des Dichters Calico (Baßbuffo), dessen Szene mit der Pompadour, »Ach, Joseph«, besonders populär wurde. Weitere Operetten Falls sind »Der liebe Augustin« (1912) und »Die Rose von Stambul« (1916).

Gottlob Frege

deutscher Mathematiker und Philosoph (* 8. 11. 1848, Wismar), stirbt am 26. Juli in Bad Kleinen bei Wismar.
Frege ist der Begründer der modernen mathematischen bzw. formalen Logik. Seine grundlegenden Werke sind die »Begriffsschrift, eine dem Arithmetischen nachgebildete Formelsprache des reinen Denkens« (1879), »Grundlagen der Arithmetik. Eine logisch-mathematische Untersuchung über den Begriff der Zahl« (1884), »Über Sinn und Bedeutung« (1892) und »Grundgesetze der Arithmetik« (1893–1904).

Hermann Greulich

schweizerischer Gewerkschafter und Politiker (* 9. 4. 1842, Breslau), stirbt am 8. November in Zürich.
Greulich gründete 1869 die Wochen-

schrift »Züricher Tagwacht« als erste sozialistische Zeitung der Schweiz. Im März 1870 konstituierte sich in Zürich unter seiner Leitung die Sozialdemokratische Partei der Schweiz, Publikationsorgan wurde die »Züricher Tagwacht«. Die Sozialdemokratische Partei der Schweiz entwickelte sich jedoch nicht zu einer Massenpartei und wurde 1878 und 1888 neugegründet. Von 1887 bis 1925 war Greulich Arbeitersekretär des Schweizerischen Arbeiterbunds, 1902 wurde er Mitglied des Nationalrats.

Eduard Ritter von Grützner
deutscher Maler (* 26. 5. 1846, Großkarlowitz/Oberschlesien), stirbt am 3. April in München.
Geprägt durch die Genreszenen von Wilhelm Busch und Carl Spitzweg, schilderte Grützner, ein Schüler des Historienmalers Karl von Piloty, humoristische Szenen aus dem Klosterleben, dem Theater und der Jagd. Seine große Popularität verdankt er vor allem seinen Trinkbildern (»Der schlesische Zecher«, 1884).

Henry Rider Haggard

englischer Schriftsteller (* 22. 6. 1856, Bradenham Hall, Norfolk), stirbt am 14. Mai in London.
Haggard wurde berühmt mit seinen phantastischen und okkulten Abenteuerromanen und beeinflußte mit seinen Werken viele spätere Autoren dieses Genres. Besondere Berühmtheit erlangte seine Figur des Allan Quatermain. Auch heute noch gern gelesen: »König Salomos Schatzkammer« (»King Salomon Mines«, 1885), das die Sehnsucht nach verborgenen Schätzen und geheimnisvollen Riten im exotischen Afrika befriedigt. Weitere Werke: »Sie« (»She«, 1886), »Das unerforschte Land« (Allan Quatermain, 1887).

Jakob Christoph Heer
schweizerischer Erzähler (* 17. 7. 1859, Töß = Winterthur), stirbt am 20. August in Rüschlikon bei Zürich.
Der 1900 erschienene Roman »Der König der Bernina« zählt neben den Romanen »An heiligen Wassern« (1898), »Joggeli« (1902) und »Der Wetterwart« (1905) zu den bekanntesten Werken des vielgelesenen Erzählers Jakob Christoph Heer. Die zum Teil an Ludwig Ganghofer erinnernde trivial-romantische, auf Sittlichkeit im Bürgerhaus bedachte Gefühlswelt Heers verbindet sich mit spannender Handlung. Die malerischen Schilderungen der schweizerischen Alpenwelt sicherten den Werken Heers den Beifall weiter Kreise des deutschsprachigen Publikums.

Moritz Heimann
deutscher Schriftsteller (* 19. 7. 1868, Werder/Havel), stirbt am 22. September in Berlin.
Heimann förderte als Lektor im Verlag S. Fischer Schriftsteller des Naturalismus und entdeckte junge Talente. Er selbst schrieb psychologische Novellen (»Gleichnisse«, 1905) und Lesedramen. Bedeutender sind seine Essays (»Die Wahrheit liegt nicht in der Mitte«, postum 1966) und Aphorismen.

Elisabeth Freifrau von Heyking

deutsche Schriftstellerin (* 10. 12. 1861, Karlsruhe), stirbt am 5. Januar in Berlin.
Der in der Adels- und Diplomatensphäre spielende Roman »Briefe, die ihn nicht erreichten« (1903) von Elisabeth Freifrau von Heyking war eines der erfolgreichsten Bücher im ersten Jahrzehnt des 20. Jahrhunderts und wurde in alle Kultursprachen übersetzt. Die Autorin war die Enkelin der Schriftsteller Achim und Bettina von Arnim und die Schwester der Schriftstellerin Irene Forbes-Mosse.

Julius Hirschberg
deutscher Augenarzt (* 18. 9. 1843, Potsdam), stirbt am 17. Februar in Berlin.
Hirscherg leistete ab 1869 eine private Augenklinik in Berlin, wo er 1879 zugleich Professor an der Universität wurde. In dem 1877 von ihm gegründeten »Zentralblatt für Augenheilkunde« veröffentlichte er seine wissenschaftlichen Arbeiten zur Ophthalmologie und zu ihrer Geschichte. Nach ihm ist der Hirschberg-Magnet benannt, ein Elektromagnet zur Entfernung metallischer Fremdkörper aus dem Auge.

Sergei Alexandrowitsch Jessenin
sowjetischer Lyriker (* 3. 10. 1895, Konstantinowo = Jessenino/Gebiet Rjasan), scheidet am 28. Dezember durch Freitod aus dem Leben.
Jessenin zählt zu den bedeutendsten russischen Lyrikern des 20. Jahrhunderts. Von bäuerlicher Herkunft, wuchs er im streng religiösen Haus seiner Großeltern auf, was seine Arbeit (Verbindung von religiösem Gedankengut und revolutionärer Thematik) sehr prägte. Als »Sänger des russischen Dorfes« wurde er bereits vor der Oktoberrevolution bekannt. Sein Poem »Inonien« (1918) beschreibt seinen Traum von einem russischen »Bauernparadies«, dessen Verwirklichung er sich von der Revolution erhoffte. 1918/19 war er Mittelpunkt der russischen Imagisten, verfiel jedoch in der Stadt immer öfter einem haltlosen Leben in der Gesellschaft von Trinkern, Prostituierten und Drogensüchtigen (»Das Moskau der Kaschemmen«, 1924). 1922 heiratete er die US-amerikanische Tänzerin Isadora Duncan. Die unglückliche Ehe, die bereits 1923 wieder geschieden wurde, war von Skandalen begleitet, die weltweit in der Presse erörtert wurden. 1924 kehrte er in die Heimat zurück, konnte sich jedoch der kommunistischen Realität nicht mehr anpassen. In dem Poem »Rus' sovetskaja« (1925) beschreibt er diese Veränderungen.

Felix Klein
deutscher Mathematiker (* 25. 4. 1849, Düsseldorf), stirbt am 22. Juni in Göttingen.
Felix Klein gilt als einer der letzten Universalisten der Mathematik und war einer der bedeutendsten Mathematiker seiner Zeit. Seine bei der Berufung nach Erlangen vorgelegte Antrittslesung wurde als »Erlanger Programm« berühmt (»Vergleichende Betrachtungen über neuere geometrische Forschungen«, 1872) und beeinflußte wesentlich die Forschung über das Wesen der Geometrie und die Bedeutung der Gruppen- und Invariantentheorie. Er verfaßte ferner das grundlegende Werk »Elementarmathematik vom höheren Standpunkt aus« (1921–1923). Postum werden seine »Vorlesungen über die Entwicklung der Mathematik im 19. Jahrhundert« (1926/27) herausgegeben.

Georg Klingenberg

deutscher Elektrotechniker (* 28. 11. 1870, Hamburg), stirbt am 7. Dezember in Berlin.
Klingenberg, AEG-Vorstandsmitglied ab 1902, errichtete mehr als 70 Kraftwerke im In- und Ausland, darunter das nach ihm benannte Klingenberg-Kraftwerk in Berlin-Lichtenberg, das er ab 1924 zusammen mit Werner Issel als Stromzentrale des gesamten Berliner Ostens errichtete. Das 1927 fertiggestellte Kraftwerk mit einer Leistung von 270 000 kW gilt als eines der fortschrittlichsten Kraftwerke Europas. Seine acht Schornsteine sind mit Entstaubungsanlagen ausgestattet.

Christian Krohg
norwegischer Maler und Schriftsteller (* 13. 8. 1852, Vestre Aker = Oslo), stirbt am 16. Oktober in Oslo.
Krohg studierte in Karlsruhe und Berlin und lernte in Paris die französischen Impressionisten kennen, 1909 wurde er Professor der Akademie in Kristiania (Oslo). Bedeutend sind neben seinen Porträts (»Georg Brandes«, 1879) und Bildern aus dem Leben der Fischer und Seeleute (»Ruder backbord«, 1879, »Nordwind«, 1887) seine sozialkritischen Bilder (»Krankes Mädchen«, 1880 »Albertine im Wartezimmer des Polizeiarztes«, 1886/87, »Kampf ums Dasein«, 1890). 1886 veröffentlichte er den – später verbotenen – Roman »Albertine« um das Leben einer Prostituierten, in dem er die Methoden der norwegischen Sittenpolizei scharf angriff.

Roger de La Fresnaye
französischer Maler (* 11. 7. 1885, Le Mans), stirbt am 27. November in Grasse.
La Fresnaye war ab etwa 1911 ein Vertreter des (synthetischen) Kubismus, ohne seine Farbpalette so stark wie andere Kubisten zu reduzieren oder sich auf geometrische Formgebung zu beschränken. Kräftige Farben kennzeichnen seine Bildnisse, Stilleben und Landschaften. Sein Spätwerk ist nicht mehr dem Kubismus zuzurechnen.

Arthur Moeller van den Bruck
deutscher Schriftsteller (* 23. 4. 1876, Solingen), scheidet am 30. Mai in Berlin durch Freitod aus dem Leben.
Moeller van den Bruck, Theoretiker der Jungkonservativen, verband in seinen Werken »Der preußische Stil« (1916) und »Das Recht der jungen Völker« (1919) die Ideologie von einer deutschen Sendung mit Preußentum, Reichsmetaphysik und Gemeinschaftsidee und schuf durch die These von der Nähe des deutschen Volkes zu den »jungen Völkern des Ostens« (vor allem Rußland, Moeller van den Bruck war u. a. Übersetzer von Werken Fjodor M. Dostojewskis) einen Mythos, der in der völligen Verneinung des »Westens« gipfelt. Seine politisch-spekulative Schrift »Das Dritte Reich« (1923) gilt als Programmschrift einer konservativen Revolution und ist eines der wichtigsten Zeugnisse antidemokratischen Denkens in der Weimarer Republik. Moeller van den Bruck strebt hier eine ständisch-aristokratische Stufung der Nation an, wobei er von einem ideell-bildungsmäßigen (nicht von einem blutmäßig-nationalsozialistischen) Volksbegriff ausgeht. Eine Nation sei eine »Wertungsgemeinschaft«, denn: »Leben im Bewußtsein seiner Nation heißt Leben im Bewußtsein seiner Werte.«

Teuvo Pakkala
finnischer Schriftsteller (* 9. 4. 1862, Oulu), stirbt am 7. Mai in Kuopio.
In zahlreichen Erzählungen schilderte Pakkala realistisch das Leben von Jugendlichen und Kindern in seiner Heimatstadt Oulu und ihren Randbezirken (»Oulua souztamassa«, 1885, »Lapsia«, 1895).

Hugo Preuß

deutscher DDP-Politiker und Staatsrechtslehrer (* 28. 10. 1860, Berlin), stirbt am 9. Oktober in Berlin.
Hugo Preuß gilt als der geistige Vater der Weimarer Verfassung. Der Mitbegründer der linksliberalen Deutschen Demokratischen Partei (DDP, 1918), der als Kommunalpolitiker in Berlin begann, vertrat die These vom organischen Leben des Staats und war ein Anhänger der Selbstregierung. Nach der Novemberrevolution wurde er vom Rat der Volksbeauftragten, der provisorischen deutschen Regierung, zum Staatssekretär des Innern berufen und legte in diesem Amt den Entwurf einer republikanischen Reichsverfassung vor. Dieser Entwurf wurde die Grundlage für die Weimarer Verfassung vom 11. August 1919. Unter Philipp Scheidemann (SPD) wurde Preuß am 13. Februar 1919 Reichsinnenminister. Aus Prostest gegen den Versailler Vertrag trat er am 20. Juni 1919 mit Scheidemann u. a. Mitgliedern des ersten Nachkriegskabinetts zurück.

Władysław Stanisław Reymont

polnischer Schriftsteller, Literaturnobelpreisträger 1924 (* 7. 5. 1867, Kobiele Wielkie/Woidwodschaft Piotrków), stirbt am 5. Dezember in Warschau.
Reymont erhielt 1924 den Literaturnobelpreis für sein großes Nationalepos »Die Bauern«. In diesem von 1902 bis 1909 erschienenen, vierbändigen Roman-

zyklus gibt er eine nach Jahreszeiten gegliederte Darstellung vom Leben auf einem polnischen Dorf.

John Singer Sargent

US-amerikanischer Maler (* 12. 1. 1856, Florenz), stirbt am 15. April in London.
Sargent, der meist in Europa (Paris, London, Spanien) lebte, galt als einer der bedeutendsten Porträtmaler im ausgehenden 19. Jahrhundert und zur Zeit der Belle Époque (»Mrs. Charles Gifford Dyer«, 1880, »Daughters of Edward Darley Boit«, 1882, »Madame Pierre Gauteau«, 1884).

Georg Schweinfurth

deutscher Afrikaforscher (* 29. 12. 1836, Riga), stirbt am 19. September in Berlin.
Schweinfurth bereiste von 1863 bis 1866 zu botanischen Forschungen das Nilgebiet und die nubischen Küstenländer. 1868 bereiste er erneut den oberen Nil, 1869 den Fluß Bahr Al Ghasal und durchstreifte das Land zwischen Dschur und Bahr Al Dschabal, 1870/71 das Gebiet des Stamms der Niam-Niam, der Monbuttu und der Aka-Zwergvölker und entdeckte den Fluß Uelle. Mit dieser Entdeckung konnte er das Nilgebiet im Südwesten abgrenzen. Ab 1872 unternahm er Reisen in Nordostafrika. 1874 veröffentlichte er das in mehrere Sprachen übersetzte Werk »Im Herzen von Afrika«.

Armando Spadini

italienischer Maler (* 29. 7. 1883, Poggio a Caiano bei Florenz), stirbt am 31. März in Rom.
Spadini war einer der Hauptvertreter des Auguste Renoir nahestehenden Florentiner Impressionismus, ohne sich dem Einfluß des Jugendstils zu entziehen (Vignette, Buchumschläge). Ab 1910 erstrebte er in der Malerei eine Synthese aus Naturalismus und der Tradition der Renaissance mit stark sinnlichem Einschlag.

Rudolf Steiner

österreichischer Anthroposoph (* 27. 1. 1861, Kraljevica/Kroatien), stirbt am 30. März in Dornach bei Basel.
Nach dem Studium der Mathematik und Naturwissenschaften in Wien und umfangreichen Goethe-Forschungen – »Einleitung zu den naturwissenschaftlichen Schriften Goethes« (1883–1897) – wurde Steiner 1890 Mitarbeiter am Goethe- und Schiller-Archiv in Weimar (»Goethes Weltanschauung«, 1897). 1902 schloß er sich der Theosophischen Gesellschaft an, trennte sich jedoch nach Differenzen mit Annie Besant, der Präsidentin, von ihr und gründete 1913 die Anthroposophische Gesellschaft. Im selben Jahr gründete er in Dornach bei Basel das Goetheanum als »freie Hochschule für Geisteswissenschaft«. Anthroposophie ist laut Steiner »ein Erkenntnisweg, der das Geistige im Menschenwesen zum Geistigen im Weltenall führen möchte. Sie tritt im Menschen als Herzens- und Gefühlsbedürfnis auf. Sie muß ihre Rechtfertigung dadurch finden, daß sie diesem Bedürfnisse Befriedigung gewähren kann. Anerkennen kann Anthroposophie nur derjenige, der in ihr findet, was er aus seinem Gemüte heraus suchen muß. Anthroposophen können daher nur Menschen sein, die gewisse Fragen über das Wesen des Menschen und die Welt so als Lebensnotwendigkeit empfinden, wie man Hunger und Durst empfindet« (»Anthroposophische Leitsätze als Anregungen vom Goetheanum ausgegeben«, 1924, 1. Leitsatz).

Sun Yat-sen

chinesischer Politiker, erster Präsident der Republik China 1912 (* 12. 11. 1866, Siangshan/Kwangtung), stirbt am 12. März in Peking.
Sun Yat-sen gilt als Gründer der Republik China und als »Pionier der Revolution«. Als Sohn eines christlichen Landpächters besuchte er ab 1879 in Honolulu eine Missionsschule und wurde 1883 Christ. Nach dem Medizinstudium wurde er Wundarzt. 1894 gründete er in Honolulu die Vereinigung zur Erneuerung Chinas und mußte nach einem gescheiterten Putschversuch in Kanton 1895 ins Ausland flüchten, wo er große Teile der fortschrittlichen Kaufmannschaft und der chinesischen Auslandsstudenten für seine Revolutionspläne gewann. 1905 gründete er in Tokio den »Chinesischen Revolutionsbund« als Nachfolgeorganisation der »Vereinigung zur Erneuerung Chinas«. Nach der chinesischen Revolution von 1911 und dem Sturz des Kaisertums übernahm er am 1. Januar 1912 in Nanking die vorläufige Präsidentenschaft der Republik China, überließ dieses Amt jedoch bereits am 15. Februar Yüan Schih-k'ai und bereitete eine »Zweite Revolution« vor, die jedoch 1913 scheiterte. 1917 wurde er Generalissimus einer Gegenregierung in Kanton, wo er 1921 auch zum Präsidenten gewählt wurde, ein Amt, das er bis zu seinem Tod innehatte, obwohl er 1922 von einer regionalen Militärclique vorübergehend vertrieben wurde. 1919 benannte er seine Partei in Kuomintang (Nationale Volkspartei) um und schloß 1923 ein Bündnis mit der Sowjetunion. 1924 wurden seine »Drei Grundlehren vom Volk« (Nationalismus, Demokratie, Wohlfahrt) als Parteiprogramm angenommen.

Tichon

eigentlich Wassili Iwanowitsch Belawin, russisch-orthodoxer Theologe und Patriarch (* 31. 12. 1865, Toropez/Gebiet Kalinin), stirbt am 7. April in Moskau.
Tichon, der Metropolit von Moskau, wurde im November 1917, kurz nach der Oktoberrevolution, per Losentscheid zum neuen Patriarchen der russisch-orthodoxen Kirche bestimmt und mit Erlaubnis des bolschewistischen Kommandanten im selben Jahr inthronisiert. Als die Sowjetregierung am 15. Februar 1922 das Dekret über die Beschlagnahmung von Kirchenschätzen zur Unterstützung der Hungernden erließ, rief Tichon die Gläubigen zum Widerstand auf. Am 9. Mai 1922 wurde er daraufhin angeklagt und legte am 12. Mai sein Amt nieder. Als er am 16. Juni 1923 eine Reue- und Loyalitätserklärung gegenüber der Sowjetregierung unterzeichnete, wurde er aus der Haft entlassen. Nach seinem Tod veröffentlichten die Zeitungen »Iswestija« und »Prawda« am 15. April 1925 einen Aufruf, den Tichon angeblich an seinem Todestag unterschrieben hat. In diesem umstrittenen »Testament« wird die russisch-orthodoxe Kirche aufgerufen, sich aller staatsfeindlichen Aktivitäten zu enthalten und die Sowjetregierung anzuerkennen.

Félix Vallotton

schweizerischer Maler und Grafiker (* 28. 12. 1865, Lausanne), stirbt am 29. Dezember in Paris.
Vallotton, der u. a. für die »Revue Blanche« zeichnete, war ein Vertreter von Symbolismus und Art Nouveau (Jugendstil) und zugleich ein Vorläufer der Neuen Sachlichkeit. Den Idealismus des Jugendstils bereicherte er durch nüchterne Betrachtung der Realität, vor allem des bürgerlichen Alltagslebens. Auf dem Gebiet des Holzschnitts, oft von pessimistisch-realistischer Natur, dabei aber äußerst dekorativ, setzte er als einer der ersten mächtige schwarze Flächen reinem Weiß gegenüber. Berühmt wurde er durch seine Holzschnittfolge bekannter Persönlichkeiten.

August von Wassermann

deutscher Mediziner und Bakteriologe (* 21. 2. 1866, Bamberg), stirbt am 16. März in Berlin.
Von Wassermann übernahm 1913 die Leitung des neuerrichteten Instituts für experimentelle Therapie der Kaiser-Wilhelm-Gesellschaft in Berlin. Er arbeitete vor allem auf den Gebieten Serologie, Immunitätslehre, Tuberkulose- und Krebsforschung. Durch die nach ihm benannte Wassermann-Reaktion, eine Blutuntersuchung zum Nachweis von Syphilis, wurde er weltbekannt.

Ulrich Wille

schweizerischer General (* 5. 4. 1848, Hamburg), stirbt am 31. Januar in Meilen.
Wille, ab 1867 Offizier der schweizerischen Artillerie, wurde nach dem Ausbruch des Ersten Weltkriegs von der Bundesversammlung am 3. August 1914 zum General gewählt und kommandierte das Schweizer Heer bis zum 11. Dezember 1918. Wegen seiner deutschfreundlichen Haltung war er sehr umstritten.

Stefan Zeromski

polnischer Romancier (* 1. 11. 1864, Strawczyn bei Kielce), stirbt am 20. November in Warschau.
Ursprünglich wollte Zeromski Tierarzt werden, mußte jedoch das Studium wegen Geldmangel und Krankheit aufgeben und schlug sich als Hauslehrer und Bibliothekar durch. Dank des außergewöhnlichen Erfolges seines Romanepos »In Schutt und Asche« (1904) konnte er sich noch im gleichen Jahr als freier Schriftsteller in Warschau niederlassen. Dieser Roman ist ein großangelegtes Werk über die Zeit der Napoleonischen Kriege und erinnert an Tolstois »Krieg und Frieden«. Zeromski verband unter dem Einfluß der skandinavischen und russischen Literatur Realismus, Naturalismus und Romantik; der polnische Nationalgedanke steht im Vordergrund ebenso wie die Anklage gegen soziale Ungerechtigkeit. Weitere Romane: »Die Heimatlosen« (1900), »Die Geschichte einer Sünde« (1908), »Der Rächer« (1912), »Vorfrühling« (1924).

Personenregister

Das Personenregister enthält alle in diesem Buch genannten Personen (nicht berücksichtigt sind mythologische Gestalten und fiktive Persönlichkeiten sowie Eintragungen im Anhang mit Ausnahme des Nekrologs). Herrscher und Angehörige regierender Häuser mit selben Namen sind alphabetisch nach den Ländern ihrer Herkunft geordnet. Kursive Zahlen verweisen auf Abbildungen.

Sachregister

Das Sachregister enthält Suchwörter zu den in den einzelnen Artikeln behandelten Ereignissen sowie Hinweise auf die im Anhang erfaßten Daten und Entwicklungen. Kalendariumseinträge sind nicht in das Register aufgenommen. Während politische Ereignisse im Ausland unter den betreffenden Ländernamen zu finden sind (Beispiel: »Marokkokrieg« unter »Frankreich«), wird das politische Geschehen im Deutschen Reich unter den entsprechenden Schlagwörtern erfaßt. Begriffe zu herausragenden Ereignissen des Jahres sind ebenso direkt zu finden (Beispiel: »Rheinlandbesetzung« eben dort). Ereignisse und Begriffe, die einem großen Themenbereich (außer Politik) zuzuordnen sind, sind unter einem Oberbegriff aufgelistet (Beispiel: »Luftfahrt« unter »Verkehr«).

Bildquellenverzeichnis

Adam Opel AG, Rüsselsheim (1); Allgemeiner Deutscher Nachrichtendienst, Berlin/DDR (2); Bauhaus-Archiv, Museum für Gestaltung, Berlin (4); Berghaus Verlag, Kirchdorf (1); Bettmann Archive, New York/USA (1); Deutsche Presse-Agentur, Frankfurt (1); Deutsches Theatermuseum, München (1); Dietz-Verlag/Renate und Horst Ewald, Berlin/DDR (1); Friedrich-Ebert-Stiftung/Archiv der sozialen Demokratie, Bonn (3); Galerie Rosengart, Luzern/CH (1); Archiv Gerstenberg, Wietze (14); Harenberg Kommunikation, Dortmund (510); Historia-Photo, Hamburg (5); Historisches Museum am Hohen Ufer, Hannover (1); Institut für Marxismus-Leninismus beim Zentralkomitee der SED, Zentrales Parteiarchiv, Berlin/DDR (5); Internationaal Instituut voor Sociale Geschiedenis, Amsterdam/NL (2); Internationales Archiv für den Bahnradsport Udo Schmidt-Arndt, Köln (3); Archiv Dr. Karkosch, Gilching (3); Keystone Pressedienst, Hamburg (14); Kunstsammlung Nordrhein-Westfalen, Düsseldorf (1); Langewiesche-Brandt KG, Ebenhausen (2); Leitz GmbH, Solms (1); Musée de la Publicite, Paris/F (2); Musée des Arts Décoratifs, Paris/F (1); Musée National d'Art Moderne, Centre Georges Pompidou, Paris/F (1); Lucia Moholy (1); National Ghandi Museum, Rajghat/Indien (1); Neuer Malik Verlag, Kiel (1); Otto-Dix-Stiftung, Vaduz (2); Philosophisch-Anthroposophischer Verlag, Dornach/CH (2); Plakatsammlung des Museums für Deutsche Geschichte, Berlin/DDR (1); Plakatsammlung des Museums für Gestaltung, Zürich/CH (2); Dr. Jürgen Schebera, Berlin/DDR (1); Pressebild-Agentur Schirner, Meerbusch (2); Familie Schlemmer, Nachlaß Oskar Schlemmer, Badenweiler (1); Saint-Denis-Musée d'Art et d'Histoire, Saint-Denis/F (1); Stadtarchiv Duisburg (1); Stadtarchiv Frankfurt (2); Stinnes AG, Mülheim (1); Süddeutscher Verlag Bilderdienst, München (3); Tapabor, Paris/F (1); Thyssen AG, Duisburg (1); Marc Vaux (1); VEW Bezirksdirektion Dortmund (1); Verkehrsmuseum Nürnberg (1); Westfalenhalle GmbH, Dortmund (3); Bertha zu Klampen, Oldenburg (1)

Trotz größter Sorgfalt konnten die Urheber des Bildmaterials nicht in allen Fällen ermittelt werden. Es wird gegebenenfalls um Mitteilung gebeten.